茶山文史論稿

陈贺周 著

華南理工大學出版社
SOUTH CHINA UNIVERSITY OF TECHNOLOGY PRESS
·广州·

图书在版编目（CIP）数据

茶山文史论稿/陈贺周著. —广州：华南理工大学出版社，2023.12
（茶山优秀传统文化系列丛书）
ISBN 978-7-5623-7502-9

Ⅰ.①茶… Ⅱ.①陈… Ⅲ.①乡镇-文化史-东莞 Ⅳ.①K296.55

中国国家版本馆CIP数据核字（2023）第242162号

Chashan Wenshi Lungao
茶山文史论稿
陈贺周 著

出 版 人：柯 宁
出版发行：华南理工大学出版社
（广州五山华南理工大学17号楼，邮编510640）
http://hg.cb.scut.edu.cn E-mail: scutc13@scut.edu.cn
营销部电话：020-87113487 87111048（传真）
策划编辑：王魁葵
责任编辑：刘绮雯 王魁葵
责任校对：梁樱雯
印 刷 者：恒美印务（广州）有限公司
开 本：889mm × 1194mm 1/16 印张：26.25 总字数：510千
版 次：2023年12月第1版 印次：2023年12月第1次印刷
定 价：220.00元

《茶山优秀传统文化系列丛书》编委会

目录

上篇：文史 /001

上篇

文史

“茶园”“茶山”地名初考[①]

【摘　要】广东省东莞市茶山镇旧称“茶园”。本文通过考察古籍、族谱、碑刻、出土文物关于“茶园”“茶山”地名的记载，认为“茶园”地名最早的、可信的记载是在南宋德祐元年（1275年），“茶山”（山名）最早的、可信的记载是在明宣德八年（1433年）；“茶园”别称“茶苑”；约在明万历年间，“茶园”改称“茶山”，但“茶园”地名以口头等方式延续至今。本文还辩驳了“‘茶山’原名‘查山’”说，认为该说不实。

【关键词】东莞　地名　考证

广东省东莞市茶山镇旧称“茶园”。旧地方志均称茶园（茶山）因种茶而得名。清光绪《茶山乡志》载《茶山古今记》：“至梁武时佞佛，始创寺，有僧于铁炉岭造雁塔寺，僧众植茶自给而芳发蔓沿，以此，茶山之名始自来也。”[②]民国《东莞县志》卷九十六：“茶山雁塔寺，相传梁天监中（502—519年）僧徒建，僧于寺旁种茶数百株，故后名茶园。”[③]民国《茶山乡志》卷十三载《茶山古今录》：“爰及六朝，梁武帝好佛，诏民间广立寺院，于是土人创有雁塔寺。僧人沿山种茶，年中分给居士，岁以为常，此茶园乡名所由始也。”[④]

近年，有“‘茶山’原名‘查山’”说，称茶园（茶山）之名与香氏有关。2010年出版的《东莞市茶山镇志》载《“茶园”名称的由来》，称“茶山原名‘查山’”。[⑤]2018年出版的《茶园泥公仔》载《香氏与茶山》，将此说“发扬光大”。[⑥]此后，“‘茶山’

①本文荣获2022年广东省地方志理论研讨活动优秀论文二等奖。2023年8月，在明成化《广州志》卷二十五发现重要史料：“雁塔寺。在县东茶园村，刘汉时（917—971年）觉□和尚创□，立石塔于寺，取昔比丘葬雁立塔之事，因名。”据此，本文作了修改。

②清光绪《茶山乡志》，清光绪甲辰年（1904年）抄本，不分卷。

③民国《东莞县志》，东莞县养和书局，民国十六年（1927年）。

④民国《茶山乡志》，石龙南方印务局，民国二十四年（1935年）。

⑤《东莞市茶山镇志》编纂委员会编：《东莞市茶山镇志》，岭南美术出版社，2010年，第779页。

⑥李培军、李翠薇：《茶园泥公仔》，北京燕山出版社，2018年，第37—41页。

原名‘查山’”说在茶山镇内、镇外流传更广，甚至进入了茶山某学校的校本教材，产生的影响不可谓不大。

下面，通过考察古籍、族谱、碑刻、出土文物关于“茶园”“茶山”地名的记载，追溯“茶园”“茶山”地名的起源。

一、与“茶园”“茶山”地名密切相关的“雁塔嘉泉”

雁塔寺旧址在今茶山粮所附近，附近仍存地名“寺下”。

明天顺《重刻卢中丞东莞旧志》卷三：“雁塔，在道家山，淳祐间（1241—1252年）邑丞王阊所建，邑进士题名其上，迨今百余年。”同书卷三：“雁塔寺，在茶园村，田、地、塘九十四亩五分，粮米五石五升五合八勺。”

明成化《广州志》卷二十五：“雁塔寺。在县东茶园村，刘汉时（917—971年）觉□和尚创□，立石塔于寺，取昔比丘葬雁立塔之事，因名。国朝洪武十四年（1381年）归并资福寺丛林。寺毁，有田、地、塘九十四亩五分。”南汉时，先有茶园村再有雁塔寺，还是先有雁塔寺再有茶园村，雁塔寺所在之山有没有种茶，此地地名是否为“茶园”，俱不可考。明成化《广州志》记载了茶园雁塔寺的确切创建年代（早于莞城道家山雁塔近三百年），后代史家、文人却未见引用，反而凭想象产生了“梁武帝时创建雁塔寺”之说。

元末，有何真在雁塔寺收服王成之事。民国《东莞县志》卷三十引张穆《茶山志》：“（元至正二十六年，1366年）王成树栅守茶山，何真募壮士拔木大破之，逐至溪南，编筏再战，复遁。真悬赏构成，成仆擒其主，献于雁塔寺。”不过，“献于雁塔寺”一事没有记载于记录何真事迹极详的《庐江郡何氏家记》。

明初，庾氏曾向茶园雁塔寺捐献。明陈琏《琴轩集》卷二一七《庾处士墓志铭》（约作于明正统元年，1436年）：“讳德信、号月翁者，大父也……月翁为人醇谨知学，笃于善行，家虽饶于资而喜施予，以陈子山等田（该租三十石），舍茶园雁塔，寺克常住。”庾氏《族谱旧序》（作于明成化二十年，1484年）：“及洪武初，贵戚贻患，父子兄弟，遂尔分散四方……（德信公）舍陈子山田（租五十石）于茶山雁塔寺。”[①]庾德信后迁谷涌（今属万江街道），其向雁塔寺捐献时当仍在茶山。

雁塔寺所在之山，在明代或之前称作“茶山”。《卫氏族谱》载陈用元撰于宣德八年（1433年）的《重修安人庾氏墓志铭》：“庾之先，茶园庾家坊人……铭曰：茶山之阳，厥地允臧。”[②]庾氏墓在今茶山圩公园凤山南麓，正是在雁塔寺所

①庾锦辉：《庾氏族谱》，1986年。

②《卫氏族谱》，明万历二十四年（1596年）抄本。此墓志铭今存残片，残片上有“茶山”二字。

在的铁炉岭之阳。清光绪《茶山乡志》载欧苏作于清乾隆年间的《雁塔嘉泉序》云：“雁塔寺旧址在茶山之麓，今社学是也”，所载“雁塔嘉泉”插图中注有“铁芦（炉）岭俱茶山”，亦可佐证。可能雁塔寺所在之山在不种茶之后，由“茶山”改名为“铁炉岭”。

明正统三年（1438年），雁塔寺已荒废，改为社学。清光绪《茶山乡志》载《茶山社学记》：“自正统三年雁塔寺荒废，遂改为社学。”民国《茶山乡志》卷三《明事迹》：“正统三年，茶山迁社学，即铁炉岭雁塔寺为之。吾乡社学，初在北门邱氏祠侧，今将铁炉岭雁塔寺改作焉。”

约在明隆庆、万历年间（1567—1620年），“雁塔嘉泉”等“茶山八景”已有题咏，故清乾隆年间（1736—1795年），欧苏云：“予乡八景，昉自前明。”①《茶山上步林氏谱传》“永广公派九世”载林寅《象岭遗踪》《凤山朝阳》二诗②，“象岭遗踪”“凤山朝阳”名称与今传茶山八景名称相同，则同时应有“雁塔嘉泉”之名，有僧人沿山种茶、“茶园”（“茶山”）因而得名的传说。据《茶山上步林氏谱传》，林寅之弟林宇生于明嘉靖二十一年（1542年），则林寅之诗当作于隆庆、万历年间，但其时雁塔寺早已改为社学，八景中的“雁塔嘉泉”应只是怀古而已。

明万历至崇祯年间（1573—1644年），雁塔寺仍存其名。民国《东莞县志》卷九十七载张穆（1607—1683年）《故园茶山记》云：“予穉时，先子已七十。诸父老角巾扶杖，朔望期于废寺雁塔为社学。”明崇祯《东莞县志》卷三《学较》：“茶园社学，计地五亩二分七厘八毫，前后厅各五间，左右廊各三间，厨房一间，大门三间，旧雁塔寺。”

约在清初，有“梁武帝时创建雁塔寺”说。清光绪《茶山乡志》载《茶山古今记》：“至梁武时佞佛，始创寺，有僧于铁炉岭造雁塔寺，僧众植茶自给而芳发蔓沿，以此，茶山之名始自来也。”民国《茶山乡志》卷十三载《茶山古今录》：“爰及六朝，梁武帝好佛，诏民间广立寺院，于是土人创有雁塔寺。僧人沿山种茶，年中分给居士，岁以为常，此茶园乡名所由始也。”按，《茶山上步林氏谱传》载《茶园古今记录（亦名茶山）》，与上述二文均记事至清顺治甲午年（1654年），三文内容大同而小异，当为清初袁立俊所撰。③

清康熙六十年（1721年），袁起元《义祠记》云：“粤稽吾乡，自梁武帝时创建雁塔寺。”④这是笔者已知的、有确切年代的关于茶山始于梁武帝时的最早记载。

---

①民国《茶山乡志》卷九《茶山八景》。

②《茶山上步林氏谱传》，清咸丰七年（1857年）编，抄写年代不详。

③《茶山乡东隅坊袁氏族谱》（2000年）所载《袁立俊传略》：“东粤已隶版图（笔者按：指清朝版图），闭户著书，不入城市，年七十八卒于家。著有《茶山乡志》，惜未脱稿。”

④民国《茶山乡志》卷二。

中国有雁塔，始于唐玄奘，梁武帝之时应无“雁塔”之名。明成化《广州志》卷二十五：“雁塔寺。在县东茶园村，刘汉时（917—971年）觉□和尚创□，立石塔于寺，取昔比丘葬雁立塔之事，因名。”这是非常合理的。茶山文人可能因为未见过明成化《广州志》的记载，又因为“梁武帝好佛，诏民间广立寺院”，故将茶山雁塔寺的创建年代附会于其时。从另一个角度来看，也说明茶山文人确信茶山的历史远在唐宋之前。

约在清乾隆年间（1736—1795年），欧苏（1750年—？）作《茶山八景序》。[1]《雁塔嘉泉序》（此据清光绪《茶山乡志》）云：“雁塔寺旧址在茶山之麓，今社学是也。当寺未废，僧众沿山莳茗，分赠居士，茶山实缘此得名。寺外有井一坎，泉水清冽，凉沁心肺，耽卢仝癖者必买力募致之。研金书画，非此不消融其渣滓。当年陆羽尝饮兹泉品藻，《茶经》何至中泠之泉为天下第一也？”欧苏所辑《咏雁塔嘉泉》诗，其中有关僧人、种茶的诗句如下。邓云鹤：“何年卓锡仝谈易，水涌聪明自昔传。”欧铨：“种茶分馈当年事，茗碗风流仰昔贤。”马世图：“卓锡人何处，而今尚有泉。”叶焕：“古寺有荒址，寒泉香不歇。犹忆种茶人，时来汲秋月。”[2]由此可知，在乾隆初年或更早之前的明代，茶山文人是确信“雁塔寺僧人沿山种茶”之说的。

民国十六年（1927年）出版的《东莞县志》卷九十六称：“茶山雁塔寺，相传梁天监中（502—519年）僧徒建，僧于寺旁种茶数百株，故后名茶园。（《茶山乡志》）”此说称源于《茶山乡志》，但此种《茶山乡志》已佚，所言“梁天监中”比“梁武帝时”更具体，但也只是“相传”而已，无文献佐证。又，民国《东莞县志》卷十四《茶》云：“邑有茶山，旧以种茶得名。今水帘山巅有种茶为业者。”

民国二十四年（1935年）出版的袁应淦《茶山乡志》，亦沿用了“梁武帝时”说。卷首《凡例》：“《事迹略》：书阙有间，前事多不可考。梁武帝时，乡人创建雁塔寺，僧人沿山种茶，茶山之名实始于此，事迹之可考亦始于此。”卷一《物产》：“吾乡以种茶得名。梁武帝时，僧人建雁塔寺于铁炉岭，沿山莳茶。清季万寿庵尚存古茶一树。”卷九《寺观》：“雁塔寺，在茶山铁炉岭。闻此寺建于梁武帝时，今圮。当寺未废时，寺僧沿山莳茶，采以分赠居士，茶山之乡以此得名。前有井，味甘而清冽，名‘雁塔嘉泉’，为茶山八景之一。”

在2010年出版的《东莞市茶山镇志》中，陈雪轩认为：“我国种茶历史虽久，而梁武帝时尚无饮茶之风……茶山即有种茶，断非始于梁武帝时。”[3]此说不确。

[1] 民国《茶山乡志》卷九，《茶山八景》序言后有“里人欧苏霭楼氏识于阳草堂”语。

[2] 清光绪《茶山乡志》。

[3]《东莞市茶山镇志》，第781页。

晋裴渊《广州记》："西平县出皋卢，茗之别名，南人以为饮。新平县出皋芦，茗之别也。茗叶大而涩，南人以为饮。"[①]南朝宋沈怀远《南越志》亦有记载："浈阳县北五里有茶山……茗，苦涩，亦谓之过罗。"[②]茶山在古代隶属广州，在汉以前已有人居住[③]，故梁武帝时有人在茶山种茶是有可能的，只是梁武帝时茶山有没有寺庙就不可考了。

《广东省志·农业志》称："广东茶叶生产历史悠久。东汉年间（25—220年），广东开始利用茶叶。"又据民国《茶山乡志》称："南朝梁武帝（502—549年）时，东莞僧人建雁塔寺于铁炉岭（今东莞县茶山镇境内），沿山种茶，是见诸记载的广东人工种茶的开端。"[④]

二、茶山乡邦文献关于"茶园""茶山"的记载

民国《茶山乡志》卷三载张穆《茶园乱后记》（1652年）称："昔蛋民居其滨，宋末诸姓始从此居。相传由珠玑巷至，则皆海内避乱流寓者。"清光绪《茶山乡志》载《茶山古今记》称："至宋始聚庐……多自异省而来居。"

查阅旧茶山乡（包括今茶山圩、茶山村、横江村、下朗村、上元自然村等地）及今茶山镇所辖各村的族谱及相关古籍，可知今茶山各姓氏（含后来从茶山迁至万江谷涌的庾氏）多在宋代从外省迁至茶园（今茶山），如：上茶园袁氏祖先在北宋元丰甲子年（1084年）前"道经文顺乡"[⑤]（笔者按：文顺乡含茶园）；庾氏祖先在北宋政和年间（1111—1118年）"因公至茶园，乐观风土之美，遂占籍焉"[⑥]；茶山村钟氏祖先在南宋隆兴元年（1163年）后"迁茶园"[⑦]。可以推测，早至北宋元丰甲子年（1084年）前已有"茶园"地名。

笔者之所以不将《庾氏族谱·族谱旧序》所载"宋政和间（1111—1118年）……因公至茶园"列为"茶园"地名最早的记载，是考虑到该《序》撰于成化二十年（1484年），明代时此地名"茶园"，不一定代表北宋时此地亦名"茶园"，正如今天所说的"东莞"，并不代表汉代时此地一定名"东莞"，因为地名可能会随时代而改变。同理，明成化《广州志》卷二十五："雁塔寺。在县东茶园村，刘汉

---

① 引自骆伟、骆廷：《岭南古代方志辑佚》，广东人民出版社，2002年，第91页。

② 引自《岭南古代方志辑佚》，第162、175页。

③《东莞市茶山镇志》，第498页。

④ 广东省地方史志编纂委员会编：《广东省志·农业志》，广东人民出版社，2002年，第275页。

⑤ 王希文《石屏遗集》下卷《袁氏族谱序》。王希文、王猷：《石屏遗集 壮其遗集》，上海古籍出版社，2011年，第201页。

⑥《庾氏族谱·族谱旧序》。

⑦ 钟学修：《淳家坊钟氏族谱》，民国三十七年（1948年）抄本。

时（917—971年）觉□和尚创□，立石塔于寺，取昔比丘葬雁立埣之事，因名。”南汉时此地是否名“茶园”，亦不可考。当然，考虑到所有古籍或碑刻记载的无非是“茶园”“茶园山”“茶山”“茶苑”，均含“茶”字，故这种可能性微乎其微，可以不予考虑。

笔者已知“茶园”地名可信的、最早的记载，是周塘陈氏“姹祖蒙庵公暨配谭氏墓”之碑文：“始居茶园……时宋德祐元年岁在乙亥十二月念五日。”[①]因此，比“宋德祐元年（1275年）”早一百多年的“宋政和间（1111—1118年）”已有“茶园”地名，合乎情理。

“茶园”又称“茶苑”。立于元至正三年（1343年）的下朗袁氏七世祖“菊隐袁公处士何氏孺人之墓”的碑文称：“乃合葬于茶苑井面山乙向之原。”[②]其地在《重修菊隐公墓记》（1810年）中称作“本乡井面山”[③]，故可知“茶苑”为“茶园”的旧称或别称。又，明陈琏《琴轩集》卷十七《林氏家族序》“予同邑林氏（笔者按：即茶山上步林氏）之在茶苑者，《谱》言其先为闽人”亦可佐证。

“茶园”可能曾被误称作“茶园山”。林光《南川冰蘖全集》卷二林光《重修族谱序》：“吾宗始祖讳乔……及终于官，子日新扶柩葬于东莞茶园、山名‘金钗脑’之原，因居茶园。”[④]《南川冰蘖全集》卷末章拯《南川林公墓志铭》：“扶榇择葬东莞之茶园山，因世家焉。”《南川冰蘖全集》卷末陈白沙《宝安林彦愈墓志铭》：“其子日新葬之宝安之茶园山，因家茶园。”章拯、陈白沙二人可能将林光所称的“葬于东莞茶园、山名‘金钗脑’之原”误解为“葬于东莞之茶园山”。

下面，大致按时间先后，分述北宋、南宋期间各姓氏路经茶园或迁居茶园的年代，追溯“茶园”“茶山”地名的起源。

1. 上茶园袁氏：北宋元丰甲子年（1084年）前

明王希文（1492—1565年）《石屏遗集》下卷《袁氏族谱序》：“君能公，仕宋朝奉议大夫，领使命于广，道经文顺乡，乐其风土，志留焉。既以复命，不果。迄徽宗（1101—1125年）末，遂携家逾岭而南，至柯子里，病革，葬凤鸣冈。男松华公，仕宋孝宗都尉，甫致政，奉母陈氏夫人迁文顺乡之象岭，承考志也。”[⑤]《茶山乡东隅坊袁氏族谱》“世系纪”：“（袁）艺：元鹏公长子，字君能，世居江西袁州府宜春县，宋元丰奉议大夫，甲子还政，入广，卒于南雄柯子里，葬凤鸣冈。原配孙

---

①《周塘陈氏族谱》，清道光十九年（1839年）抄本。

②陈贺周：《茶山历代碑刻》，世界图书出版广东有限公司，2018年，第2页。

③《茶山历代碑刻》，第39页。

④林光：《南川冰蘖全集》，清咸丰元年刻本。

⑤《石屏遗集 壮其遗集》，第201、202页。

氏，生二子……后配陈氏，生一子松华……松华：艺公八子，字子英，宋孝宗都尉，刚明俊，弗阿时好，奉母亲陈氏东居上岭坊，数年移居芦葭墩，建祠芦舍，配吴氏，生一子嗣昌。”[①]王希文《袁氏族谱序》及《茶山乡东隅坊袁氏族谱》“世系纪”，二者所载人物、时间、地点大致吻合[②]。综合二者所载，袁艺（君能）在元丰甲子年（1084年）致仕之前，因公事路经文顺乡，有留居之志。约在宋孝宗时（1163—1189年），袁松华继承其父留居文顺乡之志，奉母陈氏迁文顺乡之象岭（象岭属茶园上岭坊），数年后迁芦葭墩（今茶山卫屋附近），象岭、芦葭墩均属茶园[③]。因此，北宋元丰甲子年（1084年）之前，袁艺“道经文顺乡”之时，应有“茶园”地名。庾观圣于北宋政和年间（1111—1118年）“因公至茶园”，亦可佐证北宋元丰甲子年（1084年）前已有“茶园”地名。

民国《茶山乡志》卷二《寨所》称“茶山在元以前原名文顺乡（《上元坊袁氏族谱》）”，所据当为王希文《袁氏族谱序》。此说不确。周塘陈氏立于南宋德祐元年（1275年）的“始祖蒙庵公暨配谭氏墓”碑载“始居茶园”，可证宋末之前已有“茶园”地名。宋元时的《广州图经》载：“坊里……东莞县：文顺上、文顺下、延福、归城、归化、恩德、第一都至二十七都。”[④]《广州图经》的《广州府东莞县之图》，在“茶园巡检司”之东有“文顺下里”[⑤]，故“茶山在元以前原名文顺乡”应作“茶山在元以前属文顺上里”。明天顺《重刻卢中丞东莞旧志》卷三称“文顺乡：第一都、第二都、第三都、第四都”，则明天顺年间，茶园仍属文顺乡。[⑥]因此，王希文《袁氏族谱序》所称“文顺乡之象岭”，应理解为其时象岭隶属茶园，而茶园隶属文顺乡，而不应理解为其时有“文顺乡”地名而无“茶园”地名。王希文《石屏遗集》下卷《守澹袁翁同孺人叶氏合墓志铭》“松华公以郡尉入于广，卜筑文顺乡，是为茶山之鼻祖”[⑦]亦可证“文顺乡”与“茶山”之关系。

2. 庾氏：北宋政和年间（1111—1118年）

《庾氏族谱》（庾锦辉于1986年抄写）载作于明成化二十年（1484年）的《族谱旧序》：“其初，盖自邳州下邳来也。今其地又属江南，淮安即其处矣。下邳初来，

---

①《茶山乡东隅坊袁氏族谱》，自印本，2000年。

②王希文《袁氏族谱序》：“松华……奉母陈氏夫人迁文顺乡之象岭。”《茶山乡东隅坊袁氏族谱》：“松华……奉母亲陈氏东居上岭坊。”民国《茶山乡志》卷一：“北门城外曰上岭坊。”则象岭（今东岳公园）附近属上岭坊。

③《庾氏族谱·重修族谱后序》：“粤考吾祖，来于下邳，官于粤东，家于茶山，不四五传，科第显宦，辉映当时……首以合祭茶山象弼祖茔为亟。”“象弼岭”即“象岭”。《南社谢氏族谱》：“一世始祖，姓谢氏，讳尚仁……乃徙于东莞茶园之芦荻墩。”何崇祖《庐江郡何氏家记》第三页：“高祖娶茶园横冈袁氏。”

④引自《岭南古代方志辑佚》第283页。

⑤引自《岭南古代方志辑佚》第257页。

⑥据清雍正《东莞县志》卷一《地舆》、卷三《坊都》，茶园在第三都，而第三都旧属文顺乡。

⑦《石屏遗集 壮其遗集》，第214页。

祖讳东旸，仕宋为广南东路经略安抚使，其子观圣，宋政和间（1111—1118年），为广南东路提举，因公至茶园，乐观风土之美，遂占籍焉，故名其处为庾家坊……自茶山、谷涌之后……”

作于清康熙五十七年（1718年）的《重修族谱后序》：“粤考吾祖，来于下邳，官于粤东，家于茶山，不四五传，科第显宦，辉映当时……首以合祭茶山象弼祖茔为亟。”

作于清康熙五十七年（1718年）的《具启十九文峻》：“我祖东旸公，为宋朝名宦，提刑东粤，遂占籍焉……茶山祖墓……矧兹茶山合祀……”

《先世缙绅名节备考》：“二世观圣公：宋政和间，为广南东路提举，卜居邑之茶山……合葬于茶园象弼岭，一子；三世昆善公……创建爱月楼，李子长先生作记，以子贵，赠朝议大夫……四世岳辅公：以贤良，举朝散郎，不就，归数月逾，复举为朝议大夫，德政声闻中外……五世孟奇公：举明经进士，不就……后锱积甚富……娶茶山桥头袁氏……六世祖万子七郎……生当宋末，威弧不弦，抱膝长吟……合葬于茶山象弼岭三世祖茔内，邑进士赵秋晓作铭。”又，在茶山圩公园旁的卫氏墓园，有卫氏三世祖卫申宗之妻庾氏墓，作于明宣德癸丑年（1433年）的墓志铭称：“庾之先，茶山庾家坊人，父某，素善治产，家裕乐施。”[①] 由此可见，茶山在宋代已颇为富庶、人才辈出。

3. 周塘陈氏：约北宋宣和六年（1124年）

《周塘陈氏族谱》（1839年）卷二《始祖蒙庵公暨配谭氏墓》：“公讳行，字顾之，别号蒙庵。其先建康人，自六世祖，任广州别驾，讳嘉谋。高祖讳典，补宝安弟子员，始居茶园。曾大父之下皆不仕。父竹山翁，讳大模，男二人，长曰言；次曰行，先生也。自幼颖悟，凡书过目辄能成诵。领乡荐，仕至宣义郎、太常寺典簿。致仕，隐居邱园，别业于周塘，所观山水奇壮，乃贻谋就厥居焉……生于嘉定甲戌（1214年）三月初五日，终于咸淳癸酉（1273年）九月初九日，春秋六十……其子惟岩，具以行实请言为志，以彰先人之德，予忝居门下，稔知先生平素好德乐善之心，敬述先生之行……右迪功郎建阳县主簿郡人翟鸣时撰并篆，时宋德祐元年岁在乙亥（1275年）十二月念五日，孝男陈惟岩、八世孙仲信、本兰、十世宗孙彦綏等重修立石。”按，卷一《古今纪年事略》云：“又案，乡名周塘，据宋碑已然。”所称“宋碑”，当指“始祖蒙庵公暨配谭氏墓”碑（碑文载“周塘”），则此碑在编族谱时（1839年）当尚存。卷一“谱源”中“始居茶园”之后有按语“案，今亦曰茶山”，则此谱所录《始祖蒙庵公暨配谭氏墓》碑文中的“茶园”，在石碑上就是“茶园”

---

① 墓志铭载于《卫氏族谱》。

二字，绝非后人抄碑时将“茶山”抄作“茶园”。因此，此碑所载“茶园”，是“茶园”地名在宋德祐元年（1275年）之前已有的铁证。

按蒙庵公生于宋嘉定甲戌年（1214年）、三十年一世计，又假设其高祖、“补宝安弟子员”的陈典三十岁时“始居茶园”，则“始居茶园”之时应上溯九十年，即北宋宣和六年（1124年）。据碑文，蒙庵公“领乡荐，仕至宣义郎、太常寺典簿”，亦可证茶园在宋末已颇为富庶、人才辈出。

4. 茶园卫氏：南宋建炎年间（1127—1130年）

陈琏《卫氏族谱序》（宣德四年，1429年）：“东莞茶园卫氏，先世大名人曰宁远府君，四子，长早世，次弘，仕宋为福州司户。建炎中，昆季同入广，讳达者居番禺之沥滘，讳衍者与司户同居茶园。”[①]

卫宁远之孙、卫弘之子卫申宗，卒于南宋嘉定八年十二月十二日[②]（1216年1月2日，此日期或为下葬之日），今存卫申宗之子卫文会等人所立墓碑，残存碑文为：“宋故卫公墓。时嘉定八年乙亥岁十二月十……会立。公讳申宗，配孺人庾氏、缪氏，别葬……”此碑已有八百多年历史，是茶山已知的、年代最早的碑刻，是卫氏在南宋时已迁至茶山的铁证。另，民国《茶山乡志》卷二“北帝庙”：“铁炉岭侧之北帝庙内有一匾……上书‘玄天真宰’四字，旁有‘咸淳年（1265—1274年）立’字样。”茶山在南宋时已建有北帝庙，可见其时人口已颇旺。

5. 横冈、下朗袁氏：南宋绍兴三十年（1160年）

下朗《袁氏族谱》载夏时正（官衔为“赐进士第嘉议大夫资治尹南京大理寺卿”）约作于1455年至1499年间的《袁氏族谱序》：“讳祯，当绍兴之初，挟其二子琚、珂由江西袁州府迁南雄，宦游东莞，始为茶山人。”[③]《初世祖天佑公来历》：“宋绍兴三十年（1160年），天佑公卜居茶山。”三山陈敬《三世国彦公墓志》：“宋绍兴初，太父讳祯者宦游东莞，卒于官，卜葬邑之茶园。”钟卿《宋将袁公墓表》（1569年）：“宋绍兴间，公始徙吾莞，家茶园。”[④]

---

①此据《琴轩集》卷十七。《卫氏族谱》所载陈琏《卫氏族谱旧序》中“先世大名曰宁远府君”，应为“先世大名人曰宁远府君”。

②据“宋三世祖考卫公府君妣孺人庾氏妣孺人缪氏神位”碑（立于明万历十九年,1591年），今存于茶山凤山卫氏墓园。

③下朗袁氏：《袁氏族谱》，年代不详。

④《茶山历代碑刻》，第4页。

6. 淳家坊钟氏：南宋隆兴（1163—1164年）后

《淳家坊钟氏族谱》载作于明弘治十一年（1498年）的《文隐公暨元配余氏孺人墓志铭》：“亮府君，宋隆兴中（1163—1164年）任福建归化县主簿，以下至先生，凡四世之为茶园人。其迁茶园，自亮府君始……先生生于宋嘉定癸未（1223年）五月四日，卒于元至元壬午年（1282年）九月十七日。”[①]

7. 龙头、下朗陈氏：南宋开禧二年（1206年）前

龙头《陈氏族谱·重修谱序》：“彦清，字永德，庆元二年（1196年）丙辰科进士，历任福建泉州府刺史，配氏李夫人、封恭人。宦成归，道经东莞，值寇盗蜂起，水陆难进，遂寓茶山。未几，父卒（笔者按：在开禧二年，1206年），卜葬黄旗峰。”[②]陈彦清为“南雄珠玑巷沙水乡人”，其从福建回南雄而“道经东莞”“遂寓茶山”，佐证此前袁艺“道经文顺乡”、庾观圣“因公至茶园”，可知茶山在宋代已为东江流域的交通要道。

8. 下步林氏：南宋绍定年间（1228—1233年）

林光《南川冰蘖全集》卷二，林光《重修族谱序》：“吾宗始祖讳乔，其先福建莆田人，世居于鄞。宋绍定间，任广州路同知，及终于官，子日新扶柩葬于东莞茶园山名‘金钗脑’之原，因居茶园。”

9. 水步头叶氏：南宋嘉熙二年（1238年）前

龙头《叶氏族谱》（1900年）：“九世祖仲伟，公字叔杰，乃行甫公三子，生一子，迁于东莞茶山。”[③]又据《叶氏族谱》于2004年的补记，叶仲伟生于南宋乾道七年（1171年），卒于南宋嘉熙二年（1238年）。

10. 员头山何氏：南宋宝祐五年（1257年）前

何真之子何崇祖于明宣德九年（1434年）撰《庐江郡何氏家记》云：“祖讳乾符……因宋南渡，旅游羊城，抵东莞，初居邑西附郭栅口，生高祖……高祖娶茶园横冈袁氏，生曾祖发藻，家道寖昌，创土名员头山、石壁头、周塘等宅场，筑居员头山……生祖父兄弟七人……祖父……娶祖母上茶园叶氏，生吾父名真，字邦佐，号

---

① 钟学修：《淳家坊钟氏族谱》，民国三十七年（1948年）抄本。
② 龙头陈氏：《陈氏族谱》，民国十七年（1928年）抄本。
③ 龙头叶氏：《叶氏族谱》，清光绪二十六年（1900年）抄本。

罗山。”[①]

今存于茶山镇粟边村何真公祠、原立于清光绪十四年（1888年）、重刻于1998年的“明诰封庐江郡公三世祖考粤南何公墓”碑云：“讳发藻，号粤南，乃嗣祖之子也……祖生于宋丁巳二月念四日（1257年3月11日），终于壬子八月十四日（1312年9月15日）。”《庐江郡何氏家记》称“高祖娶茶园横冈袁氏，生曾祖发藻”，则在何真祖父何发藻出生（南宋宝祐五年,1257年）之前，必有“茶园”这个地名。

《东莞何氏简谱》（1867年）：“（二世）嗣祖：七郎祖长子……妣夫人茶山袁氏，生一子，名发藻，惧胡贵妃祸及，奉母辛氏迁居莞城西栅口，复迁员头山立业……受祖：七郎祖第三子，居茶山深巷，分迁赤冈，祖号‘茶冈先生’，以地为号，以兄嗣、袭三人同奉母辛氏以竹排为船由广而至者。”[②]《东莞圆头山庐江何氏族谱·前言》：“东莞圆头山支派奉贵七郎为一世祖，长子嗣祖于南宋度宗咸淳十年，即公元一二七四年，至今凡二十六世，历七百三十九年。”[③]文中应漏“生”或“终”字，参考何嗣之子何发藻生于南宋宝祐五年（1257年），则文中所漏应为“终”字，即何嗣终于咸淳十年（1274年）。何嗣之弟号“茶冈”，这也是“茶园（茶山）”地名在南宋时已有的佐证。

11. 茶山邓氏：南宋开庆元年（1259年）后

《茶山邓氏家谱》载邓廷喆作于清雍正十二年（1734年）的《旧序》：“府君讳大观，宋开庆（1259年）选贡，仕承直郎，由增城占籍东莞，尝卜寿藏于邑之超萌……命次子平信曰：‘汝居茶山。’”[④]

12. 上步林氏：南宋景炎年间（1276—1278年）

《茶山上步林氏谱传》（1857年编）之《始祖传》：“初世天与公，字惟贤，号南隐，达卿公长子，原居福建福州府福清县鳌里。宋景炎间，父任广州，侍从南游，遂家于东莞茶山。杜门不仕，因以‘南隐’自号。肇基厥业，克勤厥家。生于宋宝祐四年丙辰六月初九日（1256年7月2日）卯时，终于元延祐二年乙卯三月二十七日（1315年5月1日）□时，享寿六十岁。”《南隐公墓志》：“公讳天与，字惟贤，达卿公长子也。初，达卿任监广州盐场，累转朝奉，公侍南游，家于东莞茶山，杜门不仕，因以‘南隐’自号。”

---

① 何崇祖：《庐江郡何氏家记》，明万历三十二年（1604年）何渐逞抄本。
② 《东莞何氏简谱》，清同治六年（1867年）抄本。
③ 何桉景：《东莞圆头山庐江何氏族谱》，2013年抄本。
④ 邓淳：《茶山邓氏家谱》，清道光十年（1830年）抄本。

明陈琏《琴轩集》卷十七《林氏家族序》："予同邑林氏（笔者按：即茶山上步林氏）之在茶苑者，《谱》言其先为闽人。"陈琏《梅隐公墓志铭》（载于《茶山上步林氏谱传》）："姓林氏，先世闽之福清人也，宋季宦游于广，曾大父侍及至宝安之茶园，见其风俗淳厚，遂定居焉。曾大父号南隐。"

13. 南社谢氏：南宋末（约1279年前）

《南社谢氏族谱》："一世始祖，姓谢氏，讳尚仁，追号东山。其先会稽人，宋末讳希良者，进士，为南雄州推官，卒于任。有子曰'念三郎'，值乱，路梗不归，乃徙于东莞茶园之芦荻墩，而见其荒旷，复迁于南社定居焉，是为谢之初祖。寿八十四，度其生，当在宋理宗嘉熙间。配吉氏，寿七十九。合葬春山向癸。祖以明哲立家，而务仁义勤俭，大孚于乡，故间关肇迹，发祥远矣。子：士昌。"[①]此段文字与谢尚仁墓碑（立于明万历三十五年十二月，1608年1月）碑文大致相同[②]，亦可证地名"茶园"在宋末已有。

三、宋元明史志关于"茶园"地名的记载

（一）元大德《南海志》

元大德《南海志》成书于元成宗大德八年（1304年），卷七："榄香，新会上下川山所产。白木香，亦名青桂头，其水漫渍而腐者，谓之水盘头；雨浸经年，凝结而坚者，谓之铁面。惟榄香为上，香即白木香，材上有蛀孔如针眼，剔白木，留其坚实者，小如鼠粪，大或如指，状如榄核，故名。其价旧与银等，今东莞县地名茶园，人盛种之，客旅多贩焉。"文中所说的"榄香"，即莞香。

"今东莞县地名茶园"，强调"地名"二字，可见其时茶园虽因盛产莞香而为人所知，但还没到人尽皆知的程度；"客旅多贩焉"，说明其时有很多商人到茶园采购莞香，可知当时茶园已经在广州一带有一定的知名度。

（二）《广州图经》

《广州图经》载于明《永乐大典》卷一一九〇五至一一九〇六。《广州图经》有两处明确记载"茶园"地名。

其一："榄香，东莞县茶园所产。白木香，亦名青桂头，其水漫渍而腐者，谓之水盘头；雨浸经年，凝结而坚者，谓之铁面。惟榄香为上，即白木香，珠上有蛀孔

---

①《南社谢氏族谱》，清光绪三十四年（1908年）抄本。

②《茶山历代碑刻》，第97页。

如针眼，剔白木，留其坚实，小如鼠粪，大或如指，如榄核，故名。其价旧与银等。”[①]

这段记载几乎与元大德《南海志》完全相同，仅有个别字、句相异，当以元大德《南海志》所载为原始[②]。元大德《南海志》关于榄香的记载是陈大震撰写的，还是陈大震引自前人的书籍，无从稽考[③]。假设现存《广州图经》所载与元大德《南海志》所载均引自南宋王中行所撰《广州图经》，而王中行又曾在淳熙年间（1174—1189年）任职于东莞，则“茶园”地名可追溯至淳熙间，当然，这仅仅是没有证据的假设而已。从另一方面来说，在南宋淳熙年间，庾氏已移居茶园几十年了，其时茶园盛种莞香也是有可能的。

其二，《广州府东莞县之图》上有地名“茶园巡检司”[④]，其方位正与今茶山相同。该地图所标地名仅四十来个，而茶园当时设有巡检司，可见茶园是当时东莞颇为重要的一个地方。

关于《广州图经》的成书年代，骆伟、骆廷《岭南古代方志辑佚》称：“《广州图经》，编纂于宋代……阮元《广东通志•艺文志》记载有两种，即：‘《广州图经》二卷，宋王中行撰，佚。’考王中行，揭阳人，宋隆兴元年（1163年）进士，淳熙间（1174—1189年）官东莞。‘《广州新图经》，未详名氏，佚。’……卷首所附《广州府境之图》……《广州府东莞县之图》……等10幅，不仅说明宋代广州府所辖地域，而且也是现有多种图经中，唯一有舆图的方志，弥足珍贵……该影印《永乐大典》，为清末文廷式钞本，前有顺德李文田题记称：‘宋元间广州舆地之书，大半今人所不得复见，其可宝也。’”[⑤]又，《广州图经》中有“景定壬戌（1262年）冬，尝过州境”句[⑥]，可知其中一种《广州图经》成书于南宋景定壬戌年（1262年）之后。

（三）明成化《广州志》

明成化《广州志》卷二十五：“雁塔寺。在县东茶园村，刘汉时（917—971年）觉□和尚创□，立石塔于寺，取昔比丘葬雁立塔之事，因名。”同书卷十四“元官制”：“东筦县……巡检五员……茶园寨一员。”可见，茶园当时虽然只是一个村，但有寨。

---

①引自《岭南古代方志辑佚》第310页，标点略改。“珠上有蛀孔如针眼”，元大德《南海志》作“材上有蛀孔如针眼”，当以“材”字为正。

②元大德《南海志》：“其价旧与银等，今东莞县地名茶园，人盛种之，客旅多贩焉。”句中“旧”与“今”并举，可知是完整的句子，由此可见《广州图经》所载只是将“今东莞县地名茶园，人盛种之”的意思移到开头，改为“榄香，东莞县茶园所产”，更加强调了“茶园”这个地名。

③陈大震《南海志序》：“爰即旧志而增益之。若尽去其旧，则三百年前事，不能详知矣，故兼取之。”

④《岭南古代方志辑佚》，第257页。

⑤《岭南古代方志辑佚》，第247、248页。

⑥《岭南古代方志辑佚》，第313页。

四、“茶园”何时称作“茶山”

何时出现“茶园”地名，已不可考。如前所述，“茶园”地名已知可信的、最早的记载是《周塘陈氏族谱》（1839年）卷二所载、立于南宋德祐元年（1275年）的“始祖蒙庵公暨配谭氏墓”碑：“始居茶园。”其次，是成书于元大德八年（1304年）的《南海志》卷七所载：“今东莞县地名茶园。”

何时开始出现“茶山”地名呢？虽然现存茶山各姓族谱或其他古籍中有大量“茶园”“茶山”的记载，但现存族谱、古籍的成书年代较晚，且经历代传抄、刊刻，很难判断族谱、古籍所载“茶园”“茶山”有没有被篡改。例如，现存《南川冰蘖全集》刊刻于清咸丰元年（1851年），卷二《重建茶山东岳行宫记》中的“茶山距东莞邑治三十里”句，现存明代碑刻作“茶园距东莞邑治三十里”。如果根据刊刻于清咸丰元年（1851年）的《南川冰蘖全集》而断定明正德甲戌年（1514年）有“茶山”地名，那是不可信的。

“茶山”可信的、最早的记载是《卫氏族谱》所载陈用元撰于明宣德癸丑年（1433年）的《重修安人庾氏墓志铭》：“庾之先，茶园庾家坊人……铭曰：茶山之阳，厥地允臧。”① 但此处的“茶山”是山名，而非乡名。

明代进士袁昌祚撰有对联：“南雄梅岭乌猿洞，东莞茶山青鹤湾。”② 撰联时间约在明嘉靖三十八年（1559年）。③ 1930年袁应淦所编袁昌祚《莞沙续集》亦载此联。如果此联真的是袁昌祚所撰，则此时“茶山”已作为乡名，并且此联是已知的“茶山”乡名的最早记载。事实上，此联极可能是袁昌祚所撰，因为30年后的明万历十七年（1589年）所立“卫氏小宗祠记”碑（此碑今存）已确切地刻着：“而衍者与司户同居东莞之茶山……皆茶山产也。”但如果有人认为此联是后人所撰而附会于袁昌祚，那就百口莫辩了。

既然现存族谱、古籍所载“茶园”“茶山”存在被篡改的可能，那么，我们将目光转向有确切年代、不会被篡改的碑刻、出土圹志。下面的考察，据《茶山历代碑刻》《东莞市茶山镇岗地遗存考古调查报告》④ 所载碑刻22通（按，引自《东莞市茶山镇岗地遗存考古调查报告》者在碑名后注明“引自《报告》”，其余皆引自

---

① 茶山圩公园旁的卫氏墓园今存庾氏残碑两片。一碑存篆额之“重”字，存碑题“重修安人庾氏墓志铭”，残存的碑文与《卫氏族谱》所载《重修安人庾氏墓志铭》完全相同，可断定为明宣德癸丑年（1433年）所立原碑。另一碑存碑题的“祖妣庾氏”四字，可辨认的字有“茶山之……春秋雨……砖石孔……行秋万……”等，与《卫氏族谱》所载《重修安人庾氏墓志铭》完全相同，但碑上的“庾”字与“重修安人庾氏墓志铭”残碑写法完全不同，两碑石材也不一样，估计两碑不是同时所立，但此残碑的碑文必本于“重修安人庾氏墓志铭”碑，故将此碑上的“茶山”断为宣德癸丑年（1433年）“重修安人庾氏墓志铭”碑原有的碑文。

② 民国《茶山乡志》卷十三《杂录》。

③ 陈贺周：《茶山乡贤》，世界图书出版广东有限公司，2021年，第106—111页。

④ 东莞市博物馆：《东莞市茶山镇岗地遗存考古调查报告》，2019年。

《茶山历代碑刻》）、大朗屏山村出土的明代袁奇瑀圹志1个[①]、茶山出土的钟道閶圹志1个[②]。

元至正三年（1343年）《菊隐袁公处士何氏孺人之墓》：“乃合葬于茶苑井面山乙向之原。”明正德庚辰年（1521年2月）《大明处士谢公孺人王氏之墓》：“次适茶园林时孔。”明嘉靖壬午年（1522年）《守澹遗嘱记》：“土名上茶园庙前鱼塘壹口。”明嘉靖二十年（1541年）《重建东岳行宫记》：“茶园距东莞邑治三十里。”明嘉靖三十四年（1555年）《大明显祖考松崖袁公府君妣袁母卫氏孺人之墓》（引自《报告》，第293页）：“娶茶园塘边卫氏。”明隆庆二年（1569年1月）《宋将袁公墓表》：“宋绍兴间，公始徙吾莞，家茶园。”明万历十七年（1589年）《卫氏小宗祠记》：“而衍者与司户同居东莞之茶山……皆茶山产也。”明万历二十九年十二月（1602年1月）《明寿官怀淡曾公淑德孺人林氏墓》：“自高祖始迁茶山。”明万历三十二年（1604年）《五世处士戚公暨孺人卢氏尹氏墓志铭》（引自《报告》，第253页）：“宋季始迁东莞茶园。”明万历三十三年十二月（1606年1月）袁奇瑀圹志（引自《报告》）：“莞之茶山夏荫坊人。”明万历三十七年（1609年）《明处士仰山林公墓》：“茶园，辄谒仰山舅翁。”明崇祯六年（1633年）钟道閶圹志：“维明崇祯六年正月十一日茶山□□□钟复次父亲道閶，生于万历……”明崇祯十二年（1640年1月）《明显考邑学生静生张公府君显妣张母谭氏孺人墓》：“次适茶山刘庠生宸辅。”明崇祯十五年（1642年）《云蟠祖考妣世系》：“一适茶山濮。”清雍正三年（1725年）《重修袁氏大宗记》：“爰卜茶山。”清雍正十二年（1734年）后《显考蓼伊邓公淑德邓母陈氏太夫人之墓》：“居茶园罗山上元坊。”清乾隆二十八年（1763年）《清显祖考庚月袁公府君妣苏氏淑德孺人墓》（引自《报告》，第156页）：“世居茶山大巷。”清乾隆三十七年（1772年）《王氏立合同碑》：“仲祖之子云冈迁居茶山。”清嘉庆二年季冬（1798年1月）《重修东岳庙碑记》：“象山者，茶山乡主山也。”清嘉庆九年（1804年）《皇清例赠正七品孺人貤赠正八品孺人显妣黄母石氏太夫人墓》（引自《报告》，第287页）：“次适茶山何。”清道光九年（1829年）《清陈、黄氏合葬墓》（引自《报告》，第206页）：“孺人黄氏系茶山鳌洲围。”清同治八年（1869年）《皇清例赠太宜人故室谢母刘氏太宜人墓》（引自《报告》，第271页）：“先室原配刘氏，茶山乡人。”民国二十二年（1933年）《重修茶山东岳行宫记》。民国二十五年（1936年）《新建粥炉碑记》：“在茶山东岳庙侧。”[③]

---

①《茶山乡贤》，第404页。

②陈效坚先生藏。

③上述引自《茶山历代碑刻》的碑刻，分别引自第2、82、132、140、4、211、161、73、222、101、26、178、242、149、156、262页。

上述碑刻、圹志共24例，其中“茶山”地名最早的记载是明万历十七年（1589年）《卫氏小宗祠记》，在此之前的6通碑刻所记载的均为“茶苑”或“茶园”[笔者按：明宣德八年（1433年）《重修安人庾氏墓志铭》中的“茶山”指的是山而不是乡，故不算]。明万历十七年（1589年）至民国二十五年（1936年）的16通碑刻、2个圹志，只有明万历三十二年（1604年）、明万历三十七年（1609年）、清雍正十二年（1734年）后的3通碑刻载“茶园”（占16.7%），其余13通碑刻、2个圹志均载“茶山”（占83.3%）。由此可知，“茶园”改称“茶山”大约在明万历年间或更早，至于因何而改称，待考。

大略考察刊刻、抄写于明代、清代的古籍，所载“茶园”“茶山”地名，多不违背上述考察碑刻、圹志所得论点：“茶园”改称“茶山”大约在明万历年间。分述如下：

明天顺《重刻卢中丞东莞旧志》（明天顺八年刻本，1464年）均称“茶园”。

陈履《悬榻斋集》（明万历年间刻本，万历二十三年后，即1595年后），既有“茶园”亦有“茶山”，如卷四《明故宪副乐华钟公行状》：“始家莞之茶园。”《明故义士养原钟公墓志铭》：“首称茶山。茶山居邑上游。”《明故处士半醒钟公暨配孺人刘氏墓志铭》：“迁于莞之茶山。”

《庐江郡何氏家记》，明宣德九年（1434年）何崇祖撰，明万历三十二年（1604年）何渐逞抄，所载均为“茶园”，如第三页：“高祖娶茶园横冈袁氏”，第四页：“上茶园叶氏”，第三十六页：“丙午年成退守茶园营”。

明崇祯《东莞县志》（明崇祯十二年抄本，1639年）既有“茶园”亦有“茶山”，如卷三《学校》：“茶园社学”及《附庙》：“东岳庙……茶山刘钜建于象岭”。

清康熙《东莞县志》（清康熙二十八年刻本，1689年）既有“茶园”亦有“茶山”，如卷一《东莞县总图》中有“茶山”地名，卷三《坊都》：“（村）在三都……曰茶园”。

张穆（生于明万历三十五年，1607年）《铁桥集》（清康熙刻本）所载均为“茶山”①，如诗题《苍头还山言故乡茶山离散之状感作》《茶山孟秋十三夕家奉准提镜乍发光与儿其振共瞻礼恭赋以纪其事》等。

陈琏（卒于明景泰五年，1454年）《琴轩集》（清康熙刻本），所载为“茶园”或“茶苑”，如卷十五《卫学稼寿藏记》：“始徙东莞之茶园。”卷十七《卫氏族谱序》：“东莞茶园卫氏。”《林氏家族序》：“予同邑林氏之在茶苑者。”

①民国《茶山乡志》卷三《事迹略》载张穆《茶园乱后记》，文中均称“茶园”，但此文已知有四个版本，分别是：咸丰七年（1857年）所编《茶山上步林氏谱传》所载《茶山记》，光绪甲辰年（1904年）桐山居士重辑《茶山乡志》（抄本残本）所载《茶山古记序》，民国《东莞县志》卷九十七《杂录》（中）引何浣《张铁桥年谱》所载《故园茶山记》，民国《茶山乡志》卷三《事迹略》所载《茶园乱后记》。

罗亨信（卒于明天顺元年，1457年）《觉非集》（清康熙刻本），所载均为“茶园”，如卷二《东官茶园卫氏族谱序》，卷四《李处士墓碣铭》：“贸迁至东莞，爱茶园风土之美”。[①]

虽然大约在明万历后，碑刻、古籍多数称“茶山”，但“茶园”一词并没有消失，而是一直流传至今，如“茶园路”“茶园商场”和《茶园报》等。据笔者个人记忆，直至20世纪80年代初，茶山本地人在口头上仍称今“茶山圩”为“茶园”，称今上元村为“上茶园”。

五、驳“茶山”原名“查山”说

（一）“茶山”原名“查山”说

2010年出版的《东莞市茶山镇志》载《“茶园”名称的由来》[②]，称“茶山原名‘查山’”。相关文字摘录如下：

“茶山”名称起源另有一说。据横沥长巷《香氏族谱》，茶山原名“查山”。洋平（横沥村头一带）香氏始祖铃辖“本姓查，原居山东……仕于宋季……后随宋帝幼主……主崩，公乃卜居于南雄珠玑巷。闻保安风俗淳厚，又卜居于查山。因元兵追急，复卜居于洋平，改姓查为姓香”（把“查”字末横上移变成撇），逃过一劫（村头后来分出长巷、六甲二村，香氏族人部分迁徙异地）。查山自此改名茶山。村头香氏祠堂（“文革”前已拆）及香氏后人香棣芳所著《四声词谱·后记》均纪其事。香氏后人至今每年都来茶山沙墩金盆岭拜祭查氏祖先。茶山、横沥村头乃至广西香氏聚落等地一直流传着这样的歌谣：

来到茶山不见查，只见陶洪柳陆家。
袁林卫叶初抽蕊，欧濮岑彭未发芽。

据说，这是元兵追杀查氏时某官回禀上司所附的诗。

2015年12月25日《东莞日报》载殷利华《千年东岳庙牵出香氏跌宕家族史》，称：“相传（东岳庙）是行宫，宋端宗或在此暂住”，“八百年民谣，揭秘一段家族

---

①《卫氏族谱》的一个版本（抄本），抄写年代不详。此谱所载罗亨信、陈琏文章，载“茶园”“茶山”皆有，与二人文集仅载“茶园”（或“茶苑”）不同，如此谱所载罗亨信《卫氏族谱序》：“东莞茶园卫氏”，罗亨信《皇明学稼卫公配安人翟氏合葬墓碣铭》（约1452年）：“国家东莞茶山”，陈琏《宋卫公墓志铭》：“居东莞之茶山”。

②《东莞市茶山镇志》，第779页。

传奇”，“茶园与查园，隐藏香氏如烟往事”。[1]

2018年出版的李培军、李翠薇《茶园泥公仔》载《香氏与茶山》，认为“‘茶山’名称起源另有一说——源自‘查园’或‘查山’”[2]，其内容与《东莞日报》所载基本相同。

（二）香氏族谱的源流及香氏与茶山的关系

既然《东莞市茶山镇志》称：“据横沥长巷《香氏族谱》，茶山原名‘查山’。”那么，我们就梳理一下香氏族谱的源流及香氏与茶山的关系。横沥镇村头村香少峰向笔者提供了十种香氏族谱，兹以其年代为序，简述如下。

1.《荣茂祖谱》（旧）。此谱据其字迹不同，可知由三个年代编写的内容组成。第一部分无纪年，中有“咸丰年间已经散去”句，可知是清咸丰（1851—1861年）之后所编，载《村头始祖香钤辖公行传》（笔者按：与《香氏少于第家谱》所载《香氏钤辖公行传》大致相同，皆无署名，不知何人于何时撰写）。第二部分亦无纪年，世系载至二十二世，其时大概在清光绪末年至民国时期。第三部分，为当代所辑。

2.《集群公家谱》。二十三世香荣晃编于清宣统二年（1910年）。《修集群公家谱小序》曰：“盖族谱自怀瑶氏修订以来，百有余年于此矣。”

3.《宸臣公家谱》。此谱载至二十四世，载“二一三世连成……择民国三年十二月十六日午时安葬”，可知起码是民国三年（1914年）之后所编。此谱载《洋平香氏世系》，与《万三郎房谱》所载大致相同。

4.《万三郎房谱》。民国二十二年（1933年）编。此谱载十七世香怀瑶于乾隆五十三年（1788年）所撰《重修族谱序》（题下有“此序由族谱抄入”按语），曰：“吾家自明季遗忘族谱，百有余岁。”又载香怀瑶所撰《洋平香氏世系》，曰：“时因元兵入中原，世道攘扰，公乃携其家眷迁于南雄珠玑巷，闻宝安风俗淳厚，卜居茶山。因元兵复扰，又徙于老洋平，改为姓香。”此谱又载“道光二十九年（1849年）己酉复重修族谱”。

5.《应祥祖家谱》。此谱由香杨焯于民国二十三年（1934年）编，《序》曰：“昉于清初经延十五世渐逵公重编辑族谱，惜乎……通族全谱自是以失。”此谱载十五世香伯芊作于康熙四十四年（1705年）的《长庆坊五房满逊祖系谱序》，节录如下：

太祖号铃（笔者按：当为“钤”）辖，仕于宋朝，职居太子保、衢谷水陆左都督，时与文、陆诸人股肱宋室，登四海于升平，经济群生，拯万民于涂炭，皆一时之俊、

---

① 《东莞日报》2015年12月25日第A06版。

② 《茶园泥公仔》，第37—41页。

命世之英，功盖天壤，名称宇宙。当是时也，休哉！余祖盛焉！无何，赵氏天革，幼主不存，文、陆已罹其惨，余祖亦受其灾。黄麖之战，既悼奔北之凄凉；涯门之祷，尤悲天道之剥落。国破家亡时运转，于是弃南国之风云，入东官之疆界，乃卜居于茶山。因元兵追急，复卜居于老洋平。清静自娱，竟恝然利禄功深之境，洋平终老，只自适其高山流水之情。

又载《族谱说》，曰："当宋末，偕其子开祥、开瑞迁居南雄珠玑巷，复徙茶山，因元兵追急，又卜居于老洋平。"

又载《详考洋平始祖》，曰："旧《谱》云……公乃卜居于南雄珠玑巷，闻保安风俗淳厚，又卜居于查山。因元兵追急，复卜居于洋平……元兵退时，有诗曰：来到茶山不见查……"

6.《肃群祖族谱》。此谱编于民国二十三年（1934年），载《重修族谱序》《洋平香氏世系》（笔者按：均与《万三郎房谱》所载大致相同）。又载："诗曰：来到茶山不见查……"

7.《香氏少尹第家谱》。此谱由二十一世香文翰的塾师据"十七世叔祖怀瑶续纂通谱"创编于己未岁（1919年，《序》有"岁己未"句）。然此谱载二十四世香锦全生四子，而香锦全生于1917年，则此谱起码成书于二十年后的1937年之后。此谱载《太始祖系纪》（笔者按：与《万三郎房谱》所载香怀瑶撰《洋平香氏世系》大致相同），曰："后因元兵入中原，世道攘扰，公率二子迁于南雄珠玑巷。公生于宋光宗绍熙二年辛亥（1191年）四月初八，终于度宗咸淳元年（1265年）乙丑二月初八日。"又载《香氏钤辖公行传》，全文如下：

一世祖五八郎，号钤辖，字开祥，乃诰封光禄大夫铨録公之长子、提统制开瑞公之胞兄。本姓查，原居山东古之齐地，故宗祠书"齐郡堂"。宋孝宗时，有伏阙乞斩主议和金之宰相易思退而用查□等以济大计者，□乃公族人也。公少有智略，膂力过人，初任宋为衢谷因水陆左都督，以事左迁，隐于下位。理宗末朝，胡元入寇中国，公随父避乱，携眷远家于南雄珠玑巷。咸淳度宗年号元年（笔者按：1265年），铨録公卒，因奉讳家居。德祐，度宗次子帝显。临安及杭洲都城失守，元伯颜以帝及皇太后全臣等北去。附马都尉杨镇同杨亮节奉二王（益王昰，度宗长子；王昺，度宗末子）。以杨太妃渡浙而南，以图复。陆秀夫等及追招张世杰，共迎益王即位福州（笔者按：事在1276年），是为端宗。我祖兄弟忠义激发，复奋从戎。斯时，文天祥开督南剑，收复城邑，我祖负少主如泉（福建泉洲），航海岭表开关。迨端宗崩于碙洲（笔者按：事在1278年），崩年十一岁。诸臣欲散，陆秀夫曰："度宗一子尚在，将焉之？"相以复立帝昺，时年八岁。以功封辅位信国公，加少保。我祖封官钤辖，弟为统制。后黄麖一战（在新会）而奔殿，五以被袭而郎当，文丞相惨遭其执（笔者按：事在1279年1月4日），我祖负伤而逃。无何，天不祚宋，弘范来攻，世杰兵溃厓门，秀夫抱帝赴海（笔者按：事在1279年3月19日），从死十余万人。“厓门失玺”即此。今宋有十八主、三百廿年之社稷，竟淹没于洪涛波浪之中。呜呼！痛哉！我祖于是效遯荒之逋臣，适宝安之境域，隐于茶山，改姓查改姓香，取后来居上之义。又以元兵追急，复窜于三都老洋平。有元兵复帅之。诗曰“来到茶山不见查，只见桃红柳绿家。衰林卫叶初抽蕊，欧卜岑彭始吐芽”之句。见其山蟠水绕，俗厚风淳，喟然叹曰：“是真可长子孙矣！”遂家焉。终身耻言仕进，以孝弟忠信之家法，以读书耕织为本业。偶闻人说宋兴亡事，辄潸然出涕，若不能释。于今之，则钤辖祖实我村头乡香氏承先启后之鼻祖也。因公前领钤辖之职，子孙遂追以为号，迄今子姓蕃昌，衣冠济美，皆公燕翼贻谋之所致。爰次行略，以诏来者。

上述查开祥抗元事迹除了香氏族谱外，没有任何文献（含历代《东莞县志》）、碑刻可以佐证。

8.《徽五公家谱》。2007年后辑。

9.《荣茂祖谱》（新）。2008年辑。

10.《深圳龙岗香氏族谱》。此谱编辑年月不详，无“茶山”“查山”或“来到茶山不见查”等记载。

（三）驳“查山”说

笔者遍查十种香氏族谱，仅编于民国二十三年（1934年）的《应祥祖家谱》所载《详考洋平始祖》有一处关于“查山”的记载：“旧《谱》云……公乃卜居于南雄珠玑巷，闻保安风俗淳厚，又卜居于查山。”其实，这只是将各种香氏族谱所载“卜居茶山”改为“卜居于查山”而已。

用编于1934年的、仅此一句的“卜居于查山”作为“茶山”原名“查山”的所谓“依据”，岂能成立？

作为姓氏的“查”，音同“渣”，而非同“茶”，那么“查（渣）山”怎会演变为“茶山”？其实，既然“查山”的前提已经不成立，用查姓的读音去论证已属多此一举。如果曾经有“查园”“查山”地名，那么，何时、因何而改为“茶园”“茶山”？其实，这也是越扯越远、多此一举的反问而已。

相反，比1934年更早的“茶园”“茶山”的证据，如上文所述，在历史文献、碑刻中简直数不胜数！假如要肯定“查山”而否定“茶园”“茶山”，那么，必须一一否定历史文献、碑刻中关于“茶园”“茶山”的记载——这根本是不可能的事！

孰是孰非，一目了然，不言而喻！

记载查开祥抗元事迹的《香氏钤辖公行传》，抄载于1937年后编成的《香氏少尹第家谱》，无作者与年代。假设《香氏钤辖公行传》是香怀瑶在清乾隆五十三年（1788年）撰写的，那么，在香氏族谱在明末已将此事迹“遗忘”的前提下，再由香怀瑶去写五百多年前查开祥抗元之事，其真实性是大大存疑的。如前所述，如此“重大”的事迹，没有任何文献（含历代《东莞县志》）、碑刻可以佐证，则这种所谓的“事迹”不可信。

说查开祥曾“隐于茶山”，这有可能，但若说“茶山”原名“查山”，绝无可能。假设如《香氏钤辖公行传》所言，查开祥与其父查铨録避乱于南雄，南宋咸淳元年（1265年）查铨録去世后，查开祥随文天祥等人抗元，“秀夫抱帝赴海”［笔者按：事在元至元十六年（1279年）］后“隐于茶山”，再迁洋平。但是，如前所述，立于南宋德祐元年（1275年）的周塘陈氏“始祖蒙庵公暨配谭氏墓”碑已明确记载“茶园”地名，那么，在元至元十六年（1279年）之后，怎么会有“查园”“查山”地名？

况且，据明成化《广州志》卷二十五，比元至元十六年（1279年）早300多年的南汉（917—971年）时期，茶园已有雁塔寺，说明此地人口已稠密。在元至元十六年（1279年）之前，茶园早已有庾氏、卫氏、袁氏、陈氏、钟氏、林氏、叶氏等众多姓氏聚居，最早的庾氏已定居茶园一百多年，各姓人才辈出且颇为富裕，暂居茶园的查开祥何德何能，能将起码已有300多年历史的众姓聚居之地以其“查”姓命名？

《东莞市茶山镇志》中所载的“来到茶山不见查”歌谣，在茶山民间亦有流传，但据笔者所知，除香氏族谱外，此歌谣别无文献记载。此歌谣首句作“来到茶山不见查”，而非“来到查山不见茶”，不正是强调此地是“茶山”而非“查山”吗？以此歌谣作为“茶山”原名“查山”的“依据”，岂不正是自打嘴巴？与“来到茶山不见查”歌谣相近者，清乾隆年间进士、东莞石涌吴濂《宝安杂咏》云：“罗山凤山皆旧家，上埗下埗多名花。桃红柳绿乌衣尽，浪说茶山不见茶。”①（按，“桃红柳绿”代指“陶洪柳陆”四姓，“不见茶”的“茶”或代指“查”姓）又，民国《茶山乡志》卷首《刘序》（作于民国二十年，1931年）有“陶洪柳陆，岂犹户集三千”句。

① 《东莞市横沥镇志》编纂委员会编：《东莞市横沥镇志》，岭南美术出版社，2010年，第370页。

六、结语

综合以上论述，对“茶园”“茶山”地名的起源作一简单小结。

南汉时（917—971年），僧人在茶园村立石塔，创建雁塔寺，其时是否有“茶园”地名，不可考。北宋元丰七年（1084年）前，上茶园袁氏祖先“道经文顺乡”，其时可能已有“茶园”地名。北宋政和年间（1111—1118年），庾观圣“因公至茶园”。北宋、南宋期间，陆续迁到茶园的姓氏有庾氏、卫氏、横冈下朗袁氏、上茶园袁氏、周塘陈氏、淳家坊钟氏、下步林氏、上步林氏、水步头叶氏、南社谢氏等。立于南宋德祐元年（1275年）的周塘陈氏“始祖蒙庵公暨配谭氏墓”碑载“始居茶园”，这是已知关于“茶园”地名可信的、最早的记载。成书于元成宗大德八年（1304年）的《南海志》，记载茶园盛种榄香（莞香）。据立于元至正三年（1343年）的“菊隐袁公处士何氏孺人之墓”碑记载，“茶园”又称作“茶苑”。编于宋元时，载于《永乐大典》的《广州图经》，地图上明确记载“茶园”地名。元朝时，东莞有茶园巡检司。已知“茶山”可信的、最早的记载是明宣德八年（1433年）的“重修安人庾氏墓志铭”碑：“茶山之阳。”但此处的“茶山”是山名，非乡名。约在明嘉靖三十八年（1559年），袁昌祚撰对联：“南雄梅岭乌猿洞，东莞茶山青鹤湾。”明万历十七年（1589年）的《卫氏小宗祠记》明确记载“茶山”。此后，“茶园”通常称作“茶山”，但“茶园”地名至今仍未消失。约在明末清初，有“梁武帝时创建雁塔寺，僧人沿山种茶，茶山因此得名”之说。

清绣何真《铁券文》丝幛

清绣何真《铁券文》丝幛[①]由清代书法家何仁山书于咸丰甲寅年正月人日（1854年2月4日），由何真后人、寮步镇岗头村何氏宗族珍藏。何仁山，字梅士，东莞人，道光己酉（1849年）举人，作有《草草草堂诗草》。2020年，此文物由张笑艳修复。

此丝幛“尺寸约为2.5米×3.5米，真丝缎本”“中间部分文字和印章用金粉以正楷抄写，在文字四周，前人用各色丝线混合了金丝在四周刺绣了人物、花卉等图案以作装饰，并绣上真头发作为人物胡须的装饰”。[②]

一、《铁券文》释文[③]

维洪武二十年岁次丁卯八月戊申朔，越十一日戊午，奉天承运皇帝制曰：

昔人有云：“识时务者，谓之俊杰。”曩者元运将终，华夷鼎沸，擅声势以役生民，朝兴暮泯，若此者，相继累累，终不能识时务而知天道，尚驱民以应锋镝。如此者，岂一二人哉？当是时，尔何真率岭南诸州县，保境全民，他非其人，安敢轻入？尔守疆界，斯已有年矣。其岭南诸州之民，莫不仰赖安全于乱。洪武初，朕命将四征，所在虽有降者，非见旌旗，则未附。又闻八闽负固，驱民海上逃生，亦不量力。独尔真心悦诚服，罄岭南诸州，具在表文入朝，全境归附，得非识时务者乎？曩者事务繁冗，有失抚顺之道，致尔职微。今特命尔为“东莞伯”，食禄一千五百石，使尔禄及子孙，世世相承。朕本疏愚，皆遵前代哲王之典礼。兹与尔誓：除谋逆不宥，其余死罪，尔免二死，子免一死，以报尔推诚之功。尚期益加恭顺，以保禄位，延于永久，岂不伟哉？尔其敬哉！

---

① “清绣何真《铁券文》丝幛”名称由李伯璋建议。修复此文物的张笑艳原将其命名为“何真家族丝织品”。

② 张笑艳：《何真家族丝织品文物修复小记》，微信公众号“遂初书房”，2020年5月29日。

③ 丝幛上所书《铁券文》，与《庐江郡何氏家记》、明崇祯《东莞县志》卷六等文献所载略异。

此明太祖赐罗山公《铁券文》也。冈头为公支裔，旧有锦轴录藏于祠，代远遗失，因制此幅补书之，以存宗器云。

大清咸丰甲寅年正月人日，二十三世侄孙仁山谨书并识[①]

二、《铁券文》大意

洪武二十年岁次丁卯八月戊申朔越十一日戊午（1387年9月23日），奉行天命、承接天运的皇帝命令如下：

古人说："识时务者，谓之俊杰。"元朝的天命即将终结时，中外动荡不安，像开水在鼎里沸腾。各地军阀僭越天子声势，劳役天下百姓。这些军阀早上兴起，晚上消亡，一个取代一个，始终不能识时务、知天道，只顾驱使百姓参战。这样的军阀岂止一两人？当是时，你何真统率岭南诸州县，保卫辖境完整，保护百姓平安，不是王者之师，岂敢轻易进入？你守卫岭南疆土已有多年，岭南诸州百姓无不仰赖你的保护，在战乱之时得以安全。洪武初年，我命令将士征伐四方，所到之处，虽有投降者，但都是未见军旗，不肯归附。例如，福建军阀负隅顽抗，桂林军阀驱逐百姓从海上逃生，都是不自量力而已。唯独你何真对我大明心悦诚服，将岭南诸州全部写在表文之中，入朝禀告，以岭南全境归附我朝，你岂是不识时务的人？以前，我事务繁忙，对你有失招降、安抚之道，让你何真只担任卑微的职务。如今，我特封你为"东莞伯"，食禄一千五百石，并可以永远传给子孙后代。我本是个粗疏、愚笨的人，我这是遵循古代贤明君主的典法、礼仪。我向你发誓：除了谋反、叛逆不可原谅之外，其余死罪，免你两次死罪，免你儿子一次死罪，以报答你对我推心置腹、诚心归顺的功劳。希望你愈加恭谨、顺从，确保你的俸禄、爵位代代相传。这难道不是伟大的荣耀吗？你要恭敬对待！

三、丝幛纹样

丝幛所绣纹样，均为清代常见纹样，皆有吉祥的寓意。茶山古建筑的装饰亦多有此类纹样。

1. 二龙戏珠。以龙（龙有四爪）作为装饰纹样，可见此幅丝幛有较高的等级。

2. 寿。中间为"寿"的艺术字。"寿"字之下有一对寿桃，寓意"长寿"。"寿"字左右为牡丹花，寓意"花开富贵"。两边各有一个手持如意的文官。

3."福禄寿"三星拱照。共有九个人物。右一为持戟小童，"戟"与"吉"谐音。

---

① 此幅书法有三个钤印，右下角为"香树润印"，左下角为"仁山私印""己酉解元"。

右二为举花瓶小童，瓶中花为牡丹花，“瓶”与“平”谐音，有“平安”的寓意。右三为抱着婴孩的福星，婴孩手持石榴，石榴有“多子”的寓意。右四为手持如意的禄星。右五为手持宫扇的侍女。右六为与寿星戏耍的小童。右七为右手扶杖、左手举寿桃的寿星。右八为骑鹿、手持莲花的小童，“鹿”与“禄”谐音。

4. 八仙。右起，从上至下，依次为：汉钟离（法器为扇子），曹国舅（法器为笏板），蓝采和（法器为花篮），铁拐李（法器为葫芦），吕洞宾（法器为宝剑），韩湘子（法器为笛），张果老（法器为渔鼓），何仙姑（法器为荷花）。

5. 山水。从右至左，有三组纹饰图案，分别为“海屋添筹”“雁塔题名”以及“太师少师”“英雄相会”。

“海屋添筹”，寓意“添寿”。图案主体为：仙鹤叼着算筹（用以计数的竹签），飞向大海中的房屋，欲将算筹投到屋里的筹筒内。据宋代苏轼《东坡志林》，有位老人吹嘘自己年纪很大，说：“每次海水变为桑田时，我就用一支筹来记录，这么久以来，筹已装满了十间屋。”

“雁塔题名”，寓意“高进士”。图案主体为：五层宝塔（雁塔）、仙鹤。“唐代科举制度，新科进士接受赐宴均在曲江杏园，宴后入慈恩寺游观，寺内有大雁塔。代宗大历以后，有雁塔题名之举。”[①]

“太师少师”“英雄相会”。图案主体为：两只狮子、一只老鹰。“师”与“狮”谐音，两只狮子，寓意“太师少师，带子上朝”。松树上有一只鹰，“鹰”与“英”谐音，鹰与狮一起，寓意“英雄相会”。[②]

6. 缠枝莲花纹。左右边框为缠枝莲花纹，有吉祥的寓意。

---

①王连海：《中华传统吉祥图案知识全集》，气象出版社，2015年，第271页。
②陈贺周：《茶山古建筑装饰文化》，岭南美术出版社，2022年，第100、111、134、135页。

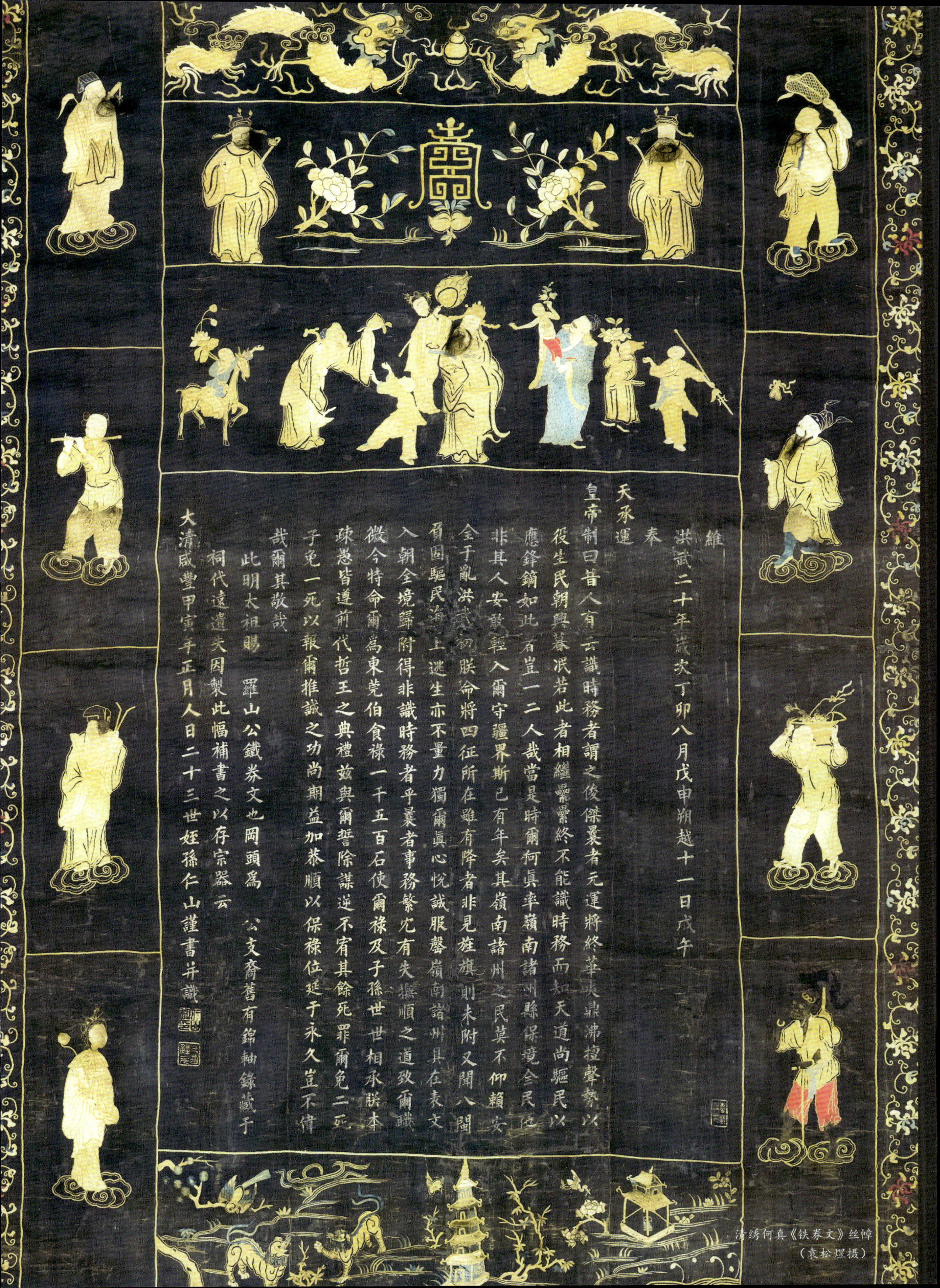

清绣何真《铁券文》丝帏
（袁松煜摄）

故妣夫人叶氏墓

本碑位于深圳市罗湖区笋岗村，为何真母亲叶氏之墓碑，立于明洪武十七年十月望日（1384年10月29日），高70厘米，宽44.5厘米。《庐江郡何氏家记》载：“元丁酉至正十七年六月二十八日（1357年7月15日），祖母终世，葬土名蔨贝寅向之原。”又载：“甲子，洪武十七年夏，钦差父回广收集未到官头目、军士。事完，八月回朝，蒙赐致仕。”可推测，何真在回广东收集军队时，筹备为母亲修墓、立碑。在何真致仕后的本年十月，本碑竖立。本碑所载何真八子、何迪四子，与《岗头何氏族谱》（何真五子何崇在东莞市寮步镇岗头村的后人所编）所载基本相同。本碑所载“曾孙何公仪”，可证《岗头何氏族谱》所载“何公议”之笔误。本碑为何真亲自所立，是目前所知的何真遗留下来的唯一实物，极其珍贵。

碑文

故妣夫人叶[氏]墓

洪武十七[年岁次甲]子十月望日，长男：中奉[大]夫、山西等处承宣布政使司左布政使何真，次男：何迪，孙：何荣祖，何华祖，[何富，镇南卫指挥]使司指挥佥事，何贵，何崇祖，□□守卫管军百户何弼，何朝弼，何宏祖，何辅弼，何康弼，何成祖，何维祖，曾孙：何公仪等立。

说明：中括号“[]”之内的字，在原碑上已剥落，为编者据有关资料推测所补。“□□”代表二字不可辨识。

附录

叶氏事迹

何真父亲何叔贤（1297—1329年），为人耿直，重文勇义，乡称善士，娶上茶园（今上元村）叶氏，生何真、何迪。何叔贤卒年仅三十三岁，其时何真仅八岁。何真母亲叶氏十分贤惠，寡居后，慈爱且严格地抚育、教育何真、何迪兄弟二人。何真少年时，英俊魁伟，好骑马奔驰、练习剑术。母亲对他说："时世平安，你不攻读诗书，以树家风，只顾着骑马射箭，你父亲寄望你致仕为官、兴家立业，你这样不是辜负他了吗？"何真聆听母亲教诲后，树立远大的志向，认真攻读诗书，文、武、医、卜之书，无一不通。[①]

① 陈贺周：《茶山乡贤》，世界图书出版广东有限公司，2021年，第2页。

卫氏祖茔碑刻

卫氏祖茔位于茶山圩凤山，内有多通碑刻。“宋故卫公墓”，高49厘米，宽34.5厘米。“宋三世祖考卫公府君、妣孺人庾氏、妣孺人缪氏神位”，高156厘米，宽75厘米。“皇清待赠淑配卫母霍孺人墓”，高66厘米，宽45厘米。

“宋故卫公墓”，是茶山卫氏三世祖卫申宗的墓碑，由其子卫文会立于南宋嘉定八年十二月（1216年1月），至今已有800多年历史，是茶山目前已发现的年代最早的碑刻。据《东莞市博物馆藏碑刻》《东莞历代碑刻选集》等资料，此碑是继“石经幢”（962年）、“梁文奎及妻花氏敕命碑”（1214年）之后，东莞现存年代最久远的碑刻之一。

碑文

宋故卫公墓

宋故卫公墓。公讳申宗，配孺人庾氏、缪氏，别葬……时嘉定八年乙亥岁十二月十……会立。

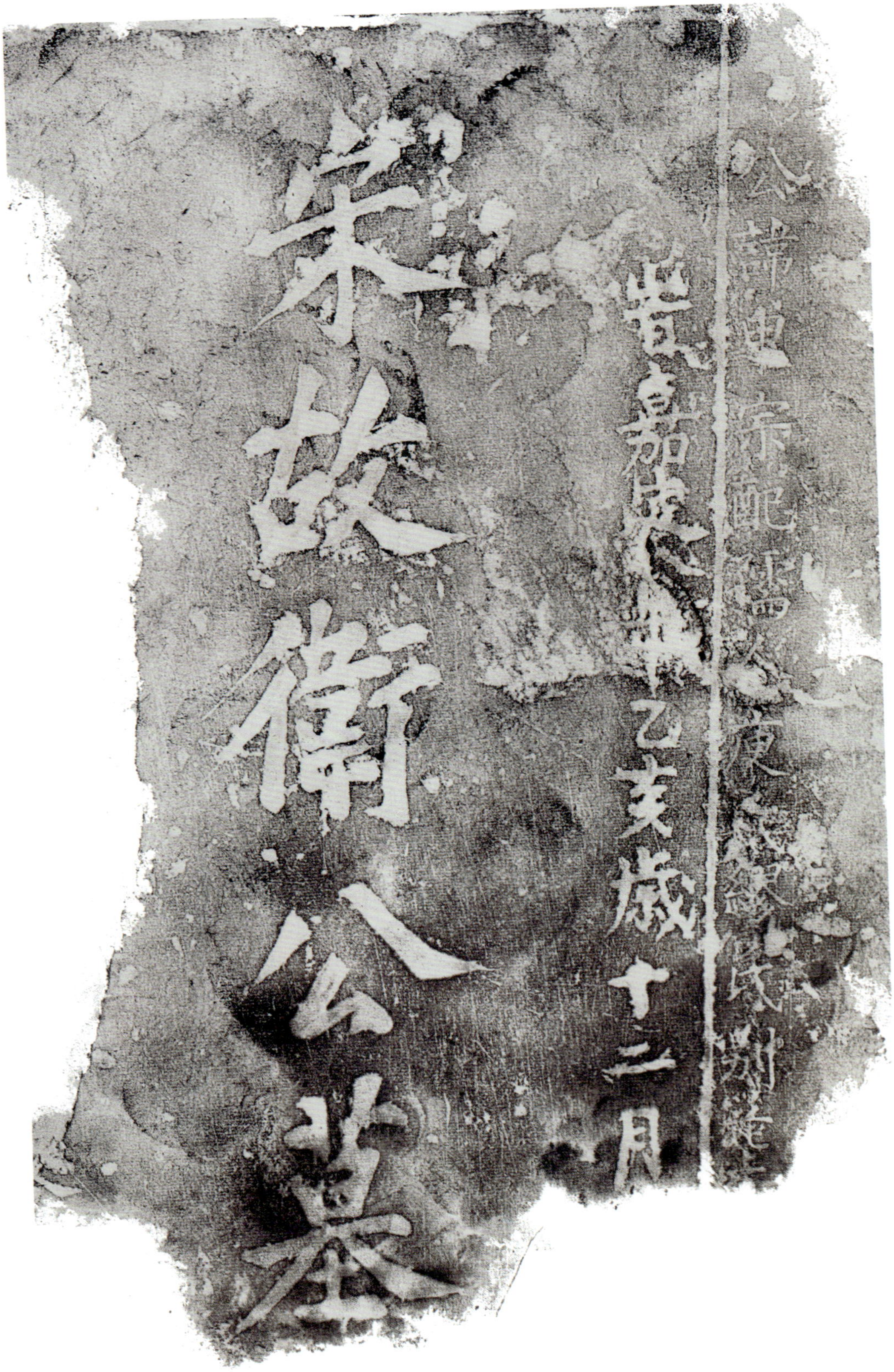
宋故衛公墓
乙亥歲十二月

碑文

宋三世祖考卫公府君、妣孺人庾氏、妣孺人缪氏神位

公讳申宗，宋福州司户弘之子也，配孺人庾氏、缪氏，男文庆、文俊、文佐、文会。俊，宋朝请大夫。孙延明，宋举明经，知新州，通判福州。宋嘉定八年乙亥十二月十二日丙申，公卒，葬塘边祖屋后园申庚向。孺人列葬凤山丙午向，左右分窆，虚中以俟公。今追遵先志，秖奉公神，建亭立碑于中。岁时合享，惟神歆祐。

万历十九年辛卯季冬廿二日，十三世孙大邦、十四世孙世□、十五世孙□、十六世孙□□、十七世孙□□、十八世孙□□仝立

碑文大意

卫公名申宗，是宋朝福州司户卫弘之子，妻子：庾氏孺人、缪氏孺人，儿子：卫文庆、卫文俊、卫文佐、卫文会。卫文俊，为宋朝朝请大夫。孙子卫延明，为宋朝“明经”，曾任新州知州、福州通判。卫申宗卒于宋嘉定八年乙亥十二月十二日丙申（1216年1月2日），葬于塘边祖屋后园。庾氏孺人、缪氏孺人葬于凤山，二墓并列，中间虚位以待卫申宗迁葬。卫氏子孙如今遵从先人意愿，在凤山恭敬地供奉申宗公的神灵，建亭立碑于墓园之中。愿先人接受卫氏子孙四时祭拜，愿先人神灵保佑卫氏子孙。

宋三世祖考衛府君神位
妣孺人龐氏
妣孺人

碑文

皇清待赠淑配卫母霍孺人墓

孺人系出南海禅山右族，候选训导俊伯公长女，敕援广州府教授、登仕郎茶源公次媳，东莞廪庠亦叫公之元配也。生于康熙庚戌年十月初九日戌时，终于康熙丁酉年八月初三日酉时。赋性贞静，素娴内则。在闺出阁，皆以孝名。篝灯佐读，樛木贤声。琴瑟静好，淑配允称。螽斯和集，福履绥成。今令子奉柩卜葬于东邑平园岗坐甲向庚之原。铭曰：“松虬而茂，脉正而奇；非德弗护，惟善可期；生死贤淑，福地自宜；荣华叠起，流荫孙支。”

岁进士、教授、登仕郎、韶州府英德县儒学训导、加一级、前选授□源县儒学训导、年家姻弟谭骏顿首拜铭

拔进士郎、选儒学教谕、叔弟秉义顿首拜书

雍正九年十一月十九日戊寅吉旦，孝男元□、元枞，孙吉人、天相、天佑等泣血百拜立石

碑文大意

霍氏孺人出生于南海禅山（今广东佛山）的豪门大族，是候选训导霍俊伯的长女，广州府教授、登仕郎茶源公（卫金章）的次媳，东莞秀才卫亦叫的原配夫人。生于康熙庚戌年十月初九日（1670年11月21日）戌时，终于康熙丁酉年八月初三日（1717年9月7日）酉时。她天性贞洁、娴静，熟习妇道、妇德。在父母、丈夫家，皆以孝闻名。她协助丈夫挑灯夜读，有着贤惠的名声。她和丈夫琴瑟和谐，堪称贤淑妻子。她子孙众多，福禄双全。如今，她的儿子将她的灵柩葬于东莞平园岗。碑铭曰：“松树虬曲而茂密，根脉端正而奇特。有德之人才能得到上天护佑，善良之人才能得到上天眷顾。孺人在生时贤良淑德，死后葬于适宜的福地。孺人将庇荫子孙后代，保佑子孙荣华迭起。”

皇清待贈淑配衛母霍孺人墓
雍正九年十一月十九日

卢挺之母谢氏太孺人墓碑刻

卢挺之母谢氏太孺人墓位于东莞市寮步镇刘屋巷村，立于康熙三十九年（1700年），有4通碑刻。“皇清敕命旌表孝节卢母谢氏孺人之墓”，高62厘米，宽51.5厘米。“卢母谢氏旌表公文碑”，高80.5厘米，宽56厘米。“皇清敕命旌表孝节卢母谢氏太孺人墓志铭”，高80.5厘米，宽53.5厘米。“卢其渐、谢氏敕命碑”，高78厘米，宽48厘米。其中，《皇清敕命旌表孝节卢母谢氏太孺人墓志铭》记载了卢挺母亲、一个“女中丈夫”抚养孤儿、勤俭持家的感人事迹，极为宝贵。此碑亦记载了卢挺为芦鞭乡（今东莞市茶山镇卢边村）人，生于1647年，可裨文献之阙。《卢母谢氏旌表公文碑》记载了谢氏孺人受旌表的过程，亦有相当价值。

碑文

皇清敕命旌表孝节卢母谢氏孺人之墓

孺人氏曰谢，里曰南社，嫔于芦鞭夫子曰毅庵——即今敕赠登仕郎、儒学教谕卢公者也。明天启辛酉九月二十五日孺人□□□，康熙［戊寅］[①] 正月十九日其死辰。七十八岁，其寿也。庚辰二月十八日，其葬□。竹径大公岭艮寅向，其宅兆也。康熙丁丑冬，朝廷嘉其孀节，赐之建坊，褒其教子，锡之敕命，厥后祀之贞祠，传之史乘。令名芳徽，百世瞻奉，报之隆也。宜□□慈、□俭、敏达、慎勤诸懿行，具详神道碑，兹祇题其里氏、封爵云。

赐进士第、文林郎、知江南常州府宜兴县事、庚午科乡试同考……文超灵顿首拜题

康熙三十九年庚辰岁二月谷旦，男挺，孙遇梅、遇春、遇纶、遇扬、遇锡等立石

---

① 碑文漏“戊寅”二字，补。

碑文大意

孺人姓谢，南社人，嫁给芦鞭乡卢毅庵（如今敕赠登仕郎、儒学教谕）。明天启辛酉九月二十五日（1621年11月8日）是孺人的生辰，康熙戊寅正月十九日（1698年3月1日）是孺人的死辰。七十八岁，是孺人的寿命。庚辰二月十八日（1700年4月7日），是孺人的下葬之日。竹径大公岭艮寅向（位于今寮步镇刘屋巷村），是孺人的墓地。康熙丁丑（1697年）冬，朝廷嘉奖孺人的坚贞节操，赐予孺人建立旌表牌坊；康熙皇帝褒奖孺人教子有方，颁下敕命诏书，赐予“孺人”封号。其后，孺人被供奉于贞祠，在家谱里记载其传记。孺人将以其美名、封号，受到百世子孙瞻仰，得到隆重祭祀。孺人的慈爱、节俭、聪敏、通达、谨慎、勤劳等诸多善行，已经详细记载于神道碑，在此仅仅敬题孺人的乡里、姓氏、爵位。

赐进士第、文林郎、江南常州府宜兴县知县、庚午科（1690年）乡试同考……文超灵[康熙十五年（1676年）进士，今长安镇涌头村人]顿首拜题

康熙三十九年（1700年）庚辰岁二月谷旦，儿子卢挺，孙卢遇梅、遇春、遇纶、遇扬、遇锡等立石。

皇清敕命旌表孝節盧母謝氏孺人
儉敏達慎勤諸懿行具詳神道碑茲祇題其里氏封爵云
賜進士第文林郎知江南常州府宜興縣事庚午科

碑文

卢母谢氏旌表公文碑[①]

康熙三十五年二月，恭奉诏书，令郡县采访孝子、顺孙、义夫、节妇，举报有司核实，题请旌表。东莞县诸生及里邻、约族，公举节妇谢氏，乃故贡士谢重华之女，故儒士卢其渐之妻，康熙戊午科举人卢挺之母，赋性幽贞，秉躬端淑。受父训以成壶范，通《内则》而绍徽音。事继室祖姑承欢尽孝，相怀才夫子苦志食贫。年当廿七，寡鹄兴悲，志凛冰霜，柏舟自矢。鬻数亩薄业而葬殓尽诚，抚五月遗孤而乱离相保。虽迁移造次，必奉神主以行。荒乱频仍，不废先茔之祭。秉礼守义，闺閪不踰；饮蘖茹荼，俭勤弥著。夙兴夜寐，复祖业于多艰；纯孝弘慈，建祠尝于百世。且也严于教子，不惮负笈以从师；暠之成材，每尝和熊以励志。及其贤书甫荐，犹令恪守寒素之风，谓将民社是膺，必期无忘清白之操。展也，妇道无亏；允矣，母仪足式者也。今行年七十六，孀守五十秋，年例相符，旌扬宜锡。呈赴东莞县儒学教谕刘注、训导何作霖、东莞县知县杜珣，具文申详；广州府知府陈于朝，提督广东学政、按察司佥事王郝，广东承宣布政使司布政使张建绩，巡抚广东、都察院右副都御史高承爵，具疏题请旌表，以励风化。康熙三十六年三月奉旨："该部议奏。"康熙三十六年十一月十八日，礼部尚书张英、佛伦具奏："谢氏允称贞恪，守节尽孝是实，应俟命下之日，听其建坊旌表可也。"康熙三十六年十一月二十日，奉旨："依议。"

碑文大意

康熙三十五年（1696年）二月，恭奉康熙皇帝诏书之命，天下郡县寻访孝子、顺孙、义夫、节妇，将事迹呈报给上级官员核实，题请康熙皇帝下诏旌表。东莞县秀才及有关乡邻、亲属，共同推举谢氏作为"节妇"人选。谢氏是已故贡士谢重华之女，已故儒士卢其渐之妻，康熙戊午科（1678年）举人卢挺之母。谢氏天性高洁、坚贞，为人端正、贤淑，得到父亲亲自教诲，成为妇女学习的楷模；认真学习《内则》等有关妇女品德的书籍，有志于传承传统妇女的美名。谢氏倾尽孝心，孝顺地服侍丈夫的继祖母，深得老人欢心；贤惠地辅佐丈夫攻考科举，虽然贫困而苦心不已。谢氏正值二十七岁时，丈夫早逝，谢氏悲痛欲绝。谢氏坚贞之志凛若冰霜，因而矢志守寡。谢氏变卖数亩薄田，竭尽自己的诚心，厚葬丈夫。适逢时世动乱，谢氏艰难地抚育才五个月大的遗孤，并带着丈夫的神主牌，迁回娘家避乱。虽然兵荒马乱、灾难频繁，谢氏仍坚持到祖先坟墓祭拜。在生活中，谢氏秉守礼

① 本碑无标题，标题为编者所拟。

义，从不在外面抛头露面，含辛茹苦地劳作，以勤俭闻名。谢氏每天清早起来，劳作至深夜才睡觉，经历艰难险阻，恢复了祖先产业。谢氏又弘扬孝道，营建祖祠，购置祀田，让百世子孙都能够祭祀祖先。谢氏更加严于教子，督促儿子负笈从师，勉励儿子要苦学成才，并常常为儿子提供帮助。在儿子考中举人、当官之后，谢氏告诫儿子要恪守寒门家风，如果想要治理好社会、管理好百姓，一定不能忘记清白节操。谢氏一生，作为妻子，无亏于妇道；作为母亲，足以成为学习典范。如今谢氏七十六岁，已经守寡五十年，符合朝廷历年旌表节妇的惯例，应该予以褒扬、旌表。东莞县秀才将谢氏的事迹报告给东莞县儒学教谕刘注、训导何作霖、东莞县知县杜珣，由其撰写公文向上级官员详细申报。广州府知府陈于朝，提督广东学政、按察司佥事王郙，广东承宣布政使司布政使张建绩，巡抚广东、都察院右副都御史高承爵，撰写疏文，题请康熙皇帝旌表谢氏，以激励良好的民风习俗。康熙三十六年（1697年）三月，奉康熙皇帝之旨："交由礼部商议后上奏。"康熙三十六年十一月十八日（1697年12月30日），礼部尚书张英、佛伦向康熙皇帝禀奏："谢氏堪称贞洁、诚敬，其守节尽孝事迹属实，建议等到皇上下旨之日，准予其建立牌坊，以示旌表。"康熙三十六年十一月二十日（1698年1月1日），奉康熙皇帝之旨："依照礼部建议执行。"

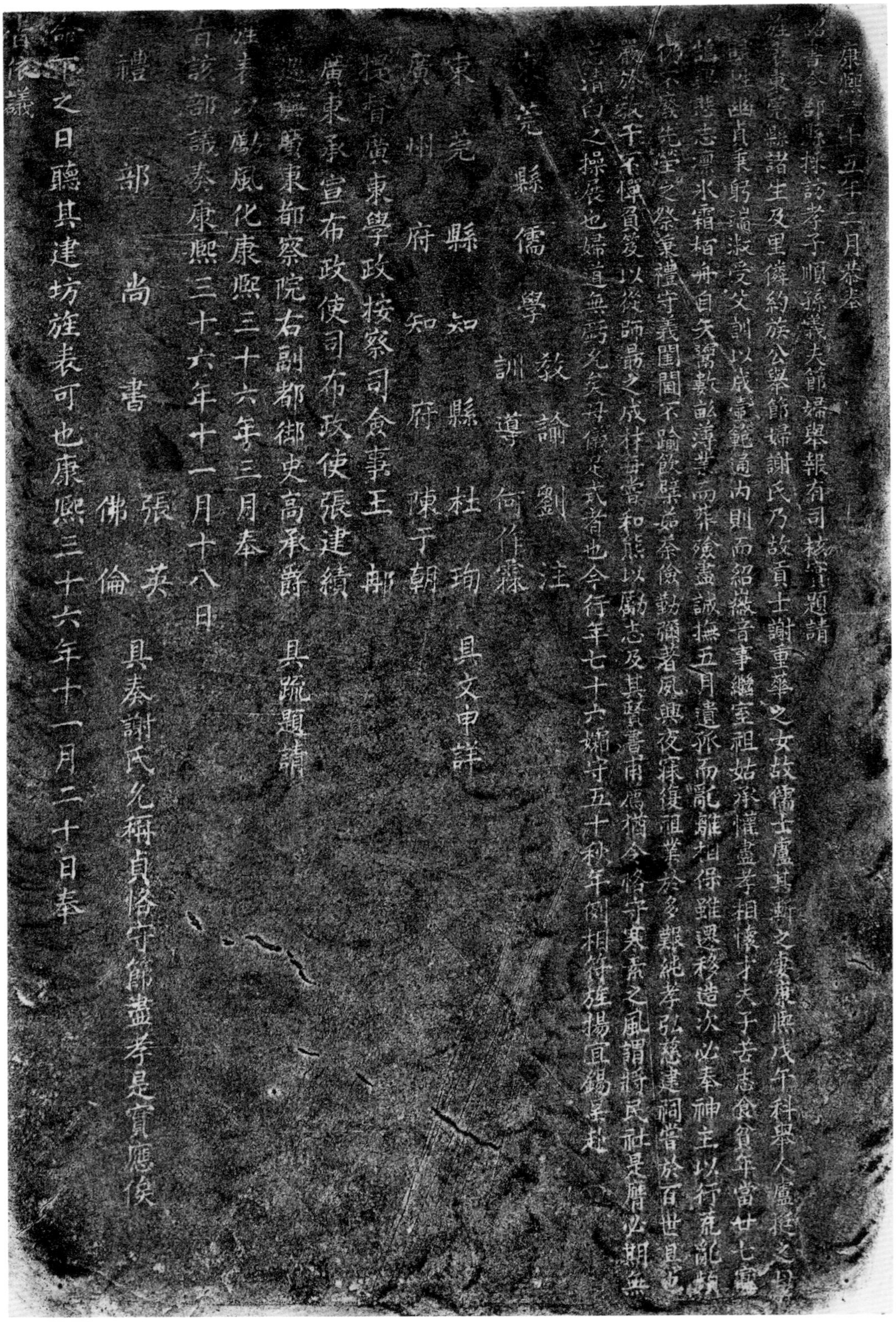

康熙三十五年二月恭奏

[illegible]部採訪孝子順孫義夫節婦舉報有司核實題請

旌表東莞縣諸生及里鄰約族公舉節婦謝氏乃故貢士謝重華之女故儒士盧其斯之妻康熙戊午科舉人盧挺之母

[illegible]性幽貞秉躬端淑受父訓以成壼範遵內則而紹徽音事繼室祖姑承懽盡孝相[illegible]夫子苦志食貧年當廿七寡

臨[illegible]悲志凜冰霜栢舟自矢鬻數畝薄業而葬殮盡誠撫五月遺孤而亂離相保雖遷移造次必奉神主以行荒亂頻

仍不廢先塋之祭秉禮守義閨閫不踰飲糵茹荼儉勤彌著夙興夜寐復祖業於多艱純孝弘慈建祠嘗於百世且迪

嚴於教子不憚負笈以從師冀之成材每嘗和熊以勵志及其賢書甫售猶令恪守寒素之風謂將民社是膺必期無

忝清白之操展也婦道無虧允矣母儀足式者也今行年七十六孀守五十秋年例相符旌揚宜錫等赴

東莞縣儒學教諭劉注

訓導何作霖

東莞縣知縣杜珣　具文申詳

廣州府知府陳于朝

提督廣東學政按察司僉事王郵

廣東承宣布政使司布政使張建績

巡撫廣東都察院右副都御史高承爵　具疏題請

旌表以勵風化康熙三十六年三月奉

旨該部議奏康熙三十六年十一月十八日

禮部尚書張英

部佛倫　具奏謝氏允稱貞恪守節盡孝是實應俟

命下之日聽其建坊旌表可也康熙三十六年十一月二十日奉

旨依議

碑文

皇清敕命旌表孝节卢母谢氏太孺人墓志铭

今上御宇之三十有五年，四裔宾服，德化翔洽，乃诏天下郡县举报节孝，以崇励风俗，于是莞诸生数百人以卢母谢孺人节行扬言于县，县牒于府，府白于藩臬、监司、大中丞核实，题请天子嘉之，予坊旌表。会孺人以子贵，奉恩例得褒封。逾年而孺人卒，绅士咸悼其不及大享禄养。顾志节已完，身名已显，足以报夫子于地下也。其子挺卜宅兆于丹竹径大公岭艮寅向，葬日以庚辰年二月十八，而泣请志铭，谓焘年家子，知之详、言之实也。谨按，孺人姓谢氏，莞南社贡士谢恬斋公长女，生而聪慧，授《内则》《女诫》诸书，洞识大义，归芦鞭乡赠登仕郎毅庵卢公。公笃学，弗治生，孺人黾勉造家，以佐占毕，婉事继祖姑，内外无间言。年廿七，举子甫五月而夫子蚤世，椎心呼天，曰："吾敢死殉夫子哉？吾将伸夫子之志！"厚治殡，具将鬻田，亲族谓："先业薄，糊口将奈何？"泣曰："必勿使后悔。与其薄先骸也，毋宁薄余口。"戊子岁，避乱迁谢家，椟主以行，弗僦居，宁典簪珥，筑一室，谓："吾素严内外，虽服亲少相见。今孀居，何能溷处？且他宅栖其鬼，吾先人其能栖乎？"方竖栋时，夜光者三人，以为孝感云。事鬼神至敬，朔望必拜，有物必荐。虽离乱，远墓祭弗缺。曰："吾敢馁先人哉？且祭则有主，人弗敢侵。"其敬慎如此。平生勤俭自励，鸡鸣必兴，椎髻操作，匪惟勤于女红纺绩，且能明消长，权子母为久长计。凡税粮钱谷盈缩之数，布算书记，详晰明敏，人莫能欺。料事多中，必慎必豫，而家日隆隆起矣。性严毅，不为妇人之仁，虽一子，督之不少宽，令嗣君登贤书。年过强艾，犹以"谨言行，无辱先人"谆谆告诫。嗣君每事必请命，母曰可则行，否则止。忆壬戌岁，嗣君在京考职，例当邑宰，孺人手书邮寄，言："为宰难，必就教职。禄虽微，吾无忧。"时嗣君出以示，予辈见其字义端重，长安去粤东万里，犹凛然若慈母在前也。孺人取财不苟，未尝妄受一钱。自奉甚啬，未尝侈用一钱。及创积营建，规模久远，人急而求济，虽当食，必辍箸出纳不少滞。盖其介而惠，俭而识大体，明决而谨密。求之巾帼，岂易得此？即今节妇不乏，而无如孺人才足徇志、功足配德。真所谓女中丈夫者。追忆当年，奉神主、挈孤儿，避乱图存，茹荼集蓼，且仅有二十亩之瘠田而佃租匿焉，四十亩之虚粮而追呼棘焉，虽健妇计无复之，只有死耳。孺人独能忍饥寒、焦心思，用是天悯其诚、神牖其明，乃得核税察租，以保全藐孤。且能母也、父母也，师曷之有成，展夫子之赍志。犹念夫子志敬先，乃建祠堂，乃置祀田；志利济，乃赈荒，乃救丧，乃修梁；志兴文，乃修社学，乃筑书楼，以垂荫后昆。洵足以伸夫子之志。倘仅以死殉，非不称节烈，顾安得与今之功业比？古人谓"死易，立孤难"，今孺人抚孤造家，才节并懋，褒重天朝，岂非卓然女中丈夫哉？孺人生于明天启辛酉九月二十五日辰时，终于康熙戊寅正月十九日子时，享寿七十有八。子挺，康熙戊午科举人，署儒学教谕，娶茶山袁公讳桂女，封孺人；孙遇梅，聘原武县知县邓公讳奇孙女、内阁中书舍人邓公讳廷喆女。铭曰："在女称贤，不愧其父；在妇称贤，不愧其夫；在母称贤，克成其子为名儒。余曰：未也。朝廷方表扬于通衢，使天下之为女、为妇、为母者咸视诸。"

时康熙三十九年庚辰岁仲春谷旦
赐进士第、征仕郎、内阁中书舍人、眷年侄梁贻焘顿首拜撰
乡进士、登仕郎、儋州儒学学正、眷年侄钟冠斗顿首书丹
丰城甘元藻相地，孝子卜吉，乃定兹阡

碑文大意

康熙皇帝登位后的第三十五年（1696年），四方臣服，德教广施，百姓融洽。康熙皇帝颁下诏书，要求天下郡县举荐、呈报有节操、有孝行的人，目的是推崇、激励高尚的民风习俗。于是，东莞县数百名秀才向东莞知县宣扬卢挺母亲谢氏孺人的贞节事迹。东莞知县呈报牒文于广州知府，广州知府呈请广东布政使、按察使、巡抚等大臣核实事迹，题请康熙皇帝嘉奖谢氏孺人，准予建立旌表牌坊。因此，谢氏孺人母以子贵、敬奉皇恩，循例得到了康熙皇帝的褒奖，被封为"孺人"。次年，谢氏孺人去世，绅士们都惋惜她来不及好好享受儿子卢挺的赡养。只不过，谢氏孺人的名望已经显扬，足以告慰九泉之下的丈夫。其子卢挺为其挑选了丹竹径大公岭艮寅向的一处墓地（位于今寮步镇刘屋巷村），在庚辰年二月十八（1700年4月7日）下葬。卢挺哭泣着请求我为谢氏孺人撰写墓志铭，说我与他同为考中科举的广东人，详细知道谢氏孺人的生平事迹，写出来肯定会非常翔实。

根据谢氏孺人的行状（生平事迹），她是东莞南社贡士谢重华（号恬斋）的长女，生而聪慧。父亲向她讲授《内则》《女诫》等书籍，她能够洞识书中的女德大义。长大后，谢氏孺人嫁给芦鞭乡（今茶山镇卢边村）卢其渐（号毅庵，后来被封赠为登仕郎）。卢其渐矢志攻读，不过问生产。谢氏孺人辛勤地维持家中生计，供养丈夫读书，孝顺丈夫的继祖母。家中内外对谢氏孺人从来没有闲言闲语。谢氏孺人二十七岁生下儿子卢挺，才五个月，丈夫早逝。谢氏孺人捶胸哭号，呼天抢地，说："我难道不敢以死殉夫吗？我为的是实现丈夫的志向！"谢氏孺人变卖田产，厚葬丈夫。亲人们劝她说："你丈夫留下来的产业本来就很少，你还变卖了，日后怎样糊口？"谢氏哭泣着说："我绝不能让自己后悔。与其菲薄地殓葬丈夫遗骸，不如刻薄地对待我自己，节衣缩食。"

戊子年（1648年），有李万荣之乱，谢氏孺人用木盒装起丈夫的神主牌，带着幼子卢挺，迁回娘家南社避乱。她没有租房子，而是典当首饰，建起一间小房子

居住。她说：“我向来严于妇德，注重内外之别，就算是自己的亲人，也很少相见。如今我守寡独居，怎能和别人混居？而且，别人的住宅供奉着别人的先人，我的丈夫怎能供奉在其中？”谢氏孺人建房时，才竖起柱子，当夜隐约显现三个人的光影，大家都认为是谢氏孺人的孝义感动了上天。谢氏孺人供奉先人至为恭敬，初一十五、逢年过节必定献上供品，虔诚祭拜。那时时世动乱，有些先人的墓地也离得很远，但谢氏孺人从不遗漏祭拜。她说：“我岂敢让先人挨饿？而且，我去祭拜了，证明墓地是有主人的，别人就不敢侵占了。”谢氏对待先人正是如此恭谨、慎重。

谢氏孺人生平勤劳、节俭，严格要求自己。每天清早鸡鸣时必定起床，梳起简陋的发髻、穿着朴素的衣服，便开始一天的劳作。谢氏孺人不但勤于女红、纺织，而且深谙财富的消长之道，将省下来的积蓄用于借贷收息，为长远做打算。谢氏孺人精明、聪敏，凡是税粮、钱谷数目的增加、减少，必定详细计算并记录下来，账目明晰，谁也欺骗不了她。谢氏孺人很有眼光，凡事多如她所料，加上她处事谨慎、提早预备，家产日渐兴隆。

谢氏孺人天性严正、刚毅，不像有些妇女处事带着“妇人之仁”。谢氏孺人虽然只有一个儿子卢挺，但从不溺爱，从不松懈对卢挺的督促、教育，让卢挺攻考科举。卢挺四五十岁了，谢氏仍然谆谆告诫卢挺要谨言慎行，不能辱没先人。卢挺凡事一定要请示母亲，母亲同意后才做，母亲不同意就不做。壬戌年（1682年），卢挺在北京参加任职考试，循例可以当知县。谢氏孺人写信邮寄给卢挺，说：“知县难当，还是出任教职为好。教职的俸禄虽然微薄，但你不用为我担忧。”当时，卢挺将母亲的信拿给我们看。我们见信中语句端庄、凝重而蕴含大义，感同身受地觉得：北京虽然离广东有万里之遥，但严正、慈爱的母亲犹如就在卢挺跟前。

谢氏孺人取财有原则，从不妄受一钱不义之财；吝啬于自己的日常享用，从不浪费一钱。但如果是为了家族的长远之计而积蓄或营建，又或者是有人因急事而寻求帮助，谢氏孺人就算是吃着饭，也一定会放下筷子，马上拿钱出来，不会有半刻迟滞。谢氏孺人自身耿介而能施惠于人，节俭而能识大体，英明果决而谨慎细密。以这样的品格去要求普通妇人，岂能轻易做到？就算是如今有很多贞洁的妇女，也很少能像谢氏孺人那样，其聪明才干足以实现她的远大志向，其宏伟功业足以匹配她的高尚品德。谢氏孺人真所谓女中丈夫！

追忆当年，谢氏孺人带着丈夫的神主牌、抱着自己的幼子到娘家避乱，为了生存，不知吃了多少苦头、遭了多少险难。丈夫仅仅留下二十亩瘦田，佃户却不肯交租；虚构的四十亩田的税粮又落在自己头上，被官府逼着缴税。在这种情况下，就算是强健的妇女也无法恢复产业，只有自杀一条路了。谢氏孺人为此忍耐饥寒、日夜焦虑、竭尽心思，终于，上天怜悯她的心诚，神明庇佑她的聪敏。她得到官府重新核算税粮，也查明了佃户的租粮，这才得以将遗孤卢挺养大。

谢氏孺人在既做母亲又做父亲的同时，聘请老师教育卢挺，卢挺得以读书识字、成功考中举人，实现了丈夫生前的志向。谢氏想到丈夫生前有志于敬奉先人，便建起了祠堂，购置了祀田；想到丈夫生前有志于施恩救济，便积极赈济饥荒、救死扶伤、捐资建桥；想到丈夫生前有志于振兴文化教育，便重修了社学，兴建了书楼，造福子孙后代。谢氏孺人实实在在地实现了丈夫生前的志向！假如在丈夫去世时，谢氏孺人仅仅是以死殉夫，虽然也称得上是节烈，但岂能与如今的赫赫功业相比？古人说：“死易，立孤难。”（以死殉夫容易，抚养遗孤成人就很难）如今谢氏孺人已经将遗孤卢挺抚育成才，又造福了卢氏家族，其才干、贞节两全，受到朝廷褒奖、器重。谢氏孺人实在称得上是卓有成就的女中丈夫！

谢氏孺人生于明天启辛酉九月二十五日（1621年11月8日）辰时，终于康熙戊寅正月十九日（1698年3月1日）子时，享寿七十八岁。儿子卢挺，康熙戊午（1678年）科举人，任职儒学教谕，娶茶山袁桂（号古怀，茶山镇上元村人）的女儿为妻，妻子被朝廷封为“孺人”。孙子卢遇梅，与原武县知县邓奇的孙女、内阁中书舍人邓廷喆的女儿定婚。

墓铭曰：“在女称贤，不愧其父；在妇称贤，不愧其夫；在母称贤，克成其子为名儒。余曰：未也。朝廷方表扬于通衢，使天下之为女、为妇、为母者咸视诸。”（谢氏孺人作为女儿，堪称贤惠，不愧于其父亲谢重华；作为妻子，堪称贤惠，不愧于其丈夫卢其渐；作为母亲，堪称贤惠，能够培养儿子卢挺成为广东名儒。我认为，“贤惠”还未足以称颂谢氏。朝廷刚刚批准在通衢大道为谢氏孺人建立旌表牌坊，让天下的女儿、妻子、母亲都见到牌坊而以谢氏孺人为楷模。）

康熙三十九年（1700年）庚辰岁仲春（二月）谷旦（吉日）

赐进士第、征仕郎、内阁中书舍人、眷年侄梁贻焘［新会人，康熙三十年（1691年）进士］顿首拜撰

乡进士（举人）、登仕郎、儋州儒学学正、眷年侄钟冠斗［良平（今属寮步镇）人，卢挺同科（康熙十七年，1678年）举人］顿首书丹（书写碑文）

丰城甘元藻相地，孝子卜吉（占卜吉日），乃定兹阡（定下了这处墓地）。

皇清敕命旌表孝節盧母謝氏太孺人墓志銘

今上御極之三十有五年四裔賓服德化翔洽乃詔天下郡縣舉報孝節以崇勵風俗於是莞諸生數百人以盧母謝孺人節行揚言于縣縣牒于府府[illegible]
臬監司大中丞核實題請
天子嘉之予坊旌表會孺人以子貴奉
恩例得授封逾年而孺人卒紳士咸悼其不及大享祿養顧志節已完身名已顯足以報夫子于地下也其子[illegible]卜宅兆于丹竹徑大公嶺良寅向墓日以庚[illegible]
午二月十八而泣請志銘謂吾年家子知之詳言之實也謹按孺人姓謝氏莞南社貢士謂恬齋公長女生而聰慧授内則女誡諸書洞識大義[illegible]
登仕郎發庵盧公公篤學弗治生孺人罷勉造家以佐佔俾姚事繼祖姑内外無間言年廿七舉子甫五月而夫子登仕棄世椎心呼天曰吾敢死殉夫子[illegible]
仲夫子之志厚治殯具將營田親族謂先業薄餬口將奈何泣曰必勿使後悔與其薄先骸也毋寧薄余口戊子歲避亂還鄉[illegible]積土以行[illegible]
第一室曰吾素嚴内外雖服親少相見今孀居何能溷處且他宅模其鬼吾先人其能精乎乃[illegible]時夜光者三人以爲孝感云事鬼神至敬朔望必拜[illegible]
必虔雖離亂遷墓祭弗缺曰吾敢餒先人哉且祭則有主人弗敢侵其敬慎如此平生勤儉自勵雞鳴必興椎髻操作匪懈勤於女紅紡績且能明消長[illegible]
母爲久長計凡稅粮錢穀盈縮之數布算書記詳晰明敏人莫能欺料事多中必慎必豫而家日隆隆起矣性嚴毅不爲婦人之仁雖一子督之不少寬令[illegible]
若從賢書年過强艾猶以謹言行無辱先人諄諄告誡嗣君每事必請命母曰可則行否則止憶壬戌歲嗣君在京考職例當[illegible]
必就教職祿雖微吾無憂時嗣君出以示予肇見其字義端重具安去粵東萬里猶稟於若慈母在前也孺人取財不苟未嘗妄費[illegible]自奉甚[illegible]
一錢又創積營建規模久遠人急而求濟雖當食必輟箸出納不少滯蓋其介而惠儉而識大體明決而謹容永之巾幗豈易得此[illegible]
人才足稱志功足配德真所謂女中丈夫者追憶當年奉神主挈孫兒避亂圖存[illegible]且僅有二十畝之瘠田而佃租匿焉四千畝之虛粮而追呼[illegible]
雖使婦[illegible]無復之[illegible]有死耳孺人獨能忍飢寒焦心思用是天憫其誠神觸其明乃得聚稅[illegible]以保全[illegible]孤且能母也父母也師也使之有成使夫子之貴志
猶今夫子志敬先乃建祠堂乃置祀田志利濟乃賑荒乃救喪乃修梁志興文乃倡社學乃與書樓以垂蔭後昆洵足以伸夫子之志倘僅以死殉非不稱節
烈顧安得與今之功業比古人謂死易立孤難今孺人撫孤造家才節並稱[illegible]
朝豈非卓然女中丈夫哉孺人生于明天啓辛酉九月二十五日辰時終于康熙戊寅正月十九日子時享壽七十有八子[illegible]康熙戊午科舉人署儒學教[illegible]
[illegible]山袁公諱桂女封孺人孫遇梅聘原武縣知縣鄧公諱奇孫女内閣中書舍人鄧公諱廷喆女銘曰
在女稱賢不愧其父在婦稱賢不愧其夫在母稱賢克成其子爲名儒余曰未也
朝廷方表揚于通衢使天下之爲女爲婦爲母者咸視諸
旨
康熙三十九年庚辰歲仲春穀旦
賜進士第徵仕郎内閣中書舍人年姪梁[illegible]頓首拜譔
[illegible]進士登仕郎[illegible]儒學學正眷年姪鍾[illegible]頓首書丹
豐城甘元[illegible]相地孝子卜吉[illegible]

碑文

卢其渐、谢氏敕命碑①

奉天承运皇帝，制曰：“资父事君，臣子效匪躬之谊；作忠以孝，国家弘锡类之恩。尔卢其渐乃现任广东惠州府归善县儒学教谕卢挺之父，善积于身，祥开厥后。教子著义方之训，传家裕堂构之遗。兹以尔子遵例急公，赠尔为登仕郎、广东惠州府归善县儒学教谕，锡之敕命。于戏！殊荣必逮于所亲，宠命用光夫有子。承兹优渥，永庇忠勤。”

制曰：“抒悃奉公，嘉教劳之有自；推恩将母，宜锡典之攸隆。尔现任广东惠州府归善县儒学教谕卢挺母谢氏，壶范宜家，夙协承筐之美；母仪诒谷，载昭画荻之芳。兹以尔子遵例急公，赠尔为孺人。于戏！彰淑德于不瑕，式荣象服；膺宠命之有赫，永贲泉垆。”

康熙五十一年十月十六日

敕命之宝

碑文大意

奉行天命、承继天运的康熙皇帝，颁下诏书命令百官说：“儿子赡养父亲、臣子服侍君主，都要忠心耿耿、奋不顾身，这是义不容辞的。对君主尽忠、对父亲尽孝的人，国家将对其大开恩典。你卢其渐，是现任广东惠州府归善县儒学教谕卢挺之父，积善于身，开启后世祯祥。你教子有方，对儿子进行合乎正义的训诲；你以道德传家，能够让儿子全面传承你的事业。因你儿子遵依成例、热心公务，朕赠封你为登仕郎、广东惠州府归善县儒学教谕，赏赐你敕命诏书（皇帝封赠六品以下官职的命令）。啊！你儿子的殊荣一定要和你这位至亲分享；朕封赠给你的爵位，你有儿子去发扬光大。你得到朕如此优厚的待遇，你要永远庇佑你忠心、勤政的儿子。”

康熙皇帝颁下诏书命令百官说：“至诚奉公的精神源自母亲，朕要嘉奖母亲教子的功劳。儿子将恩典推及母亲，朕的恩典因而要更加优隆。你谢氏，是现任广东惠州府归善县儒学教谕卢挺之母。你有崇高的女德，一生持家有道，让家庭呈现出《诗经·小雅·鹿鸣》中推崇的“承筐是将”的和洽之美。你也深谙为母之道，像宋代欧阳修母亲郑氏用荻管画地写字教欧阳修读书一样，在贫苦的条件下教育儿子成才。因你儿子遵依成例、热心公务，朕封赠你为孺人。啊！你彰显完美无瑕的女德，将身穿华美礼服，享受殊荣；你得到朕封赠的“孺人”封号，将显赫于九泉之下！”

---

① 本碑无标题，标题为编者所拟。

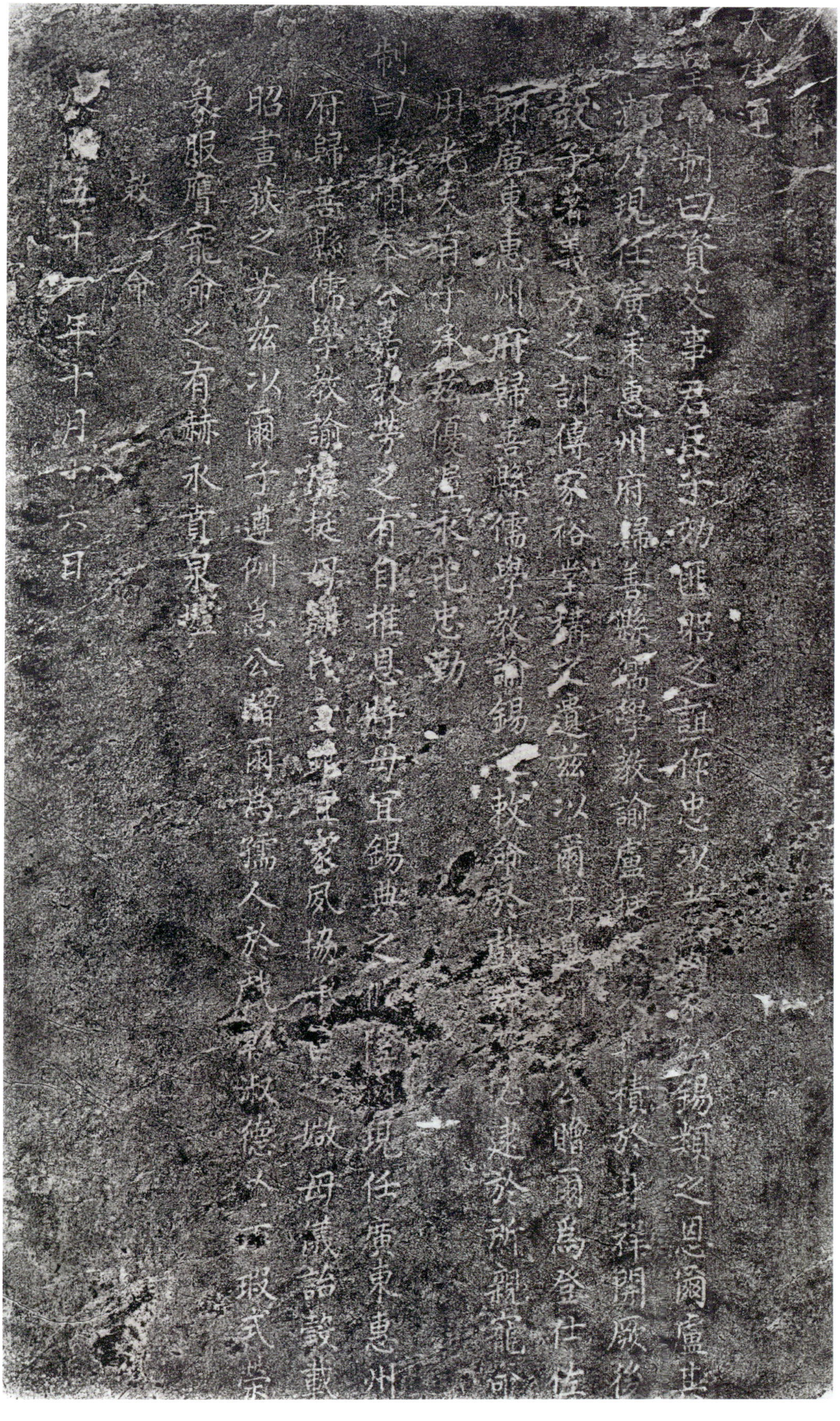

蓢泉公祠碑记

此碑位于茶山镇下朗村蓢泉公祠，立于清乾隆丁丑年（1757年），高约30厘米，宽约28厘米，已碎裂成数块，有少量碑文缺失。碑文主要记载了袁氏世裕堂的若干条家规，称“故维家风者，首以孝弟”，这是有一定意义的。碑文又称“各专实业，勤书、勤耕、勤货、勤作”，可见当时下朗袁氏族人并非仅仅从事耕种、读书，也从事商贸、手工业等。碑文还记录了乾隆乙亥年（1755年）水灾。此碑碑文不算多，但所记载的内容颇丰富。

袁大恩（1505—1578年），字绍仁，号蓢泉，为明代东莞富商。《茶山乡志》卷一《风俗》：“明代富商巨贾，以本邑而论，茶山最占多数……下蓢之袁蓢泉、少泉……可谓盛矣。”

碑文

蓢泉公祠碑记[①]

本祠世守先人遗泽，诗礼传家，八代于兹矣。原有家祠，以水倾圮于乾隆之乙亥年五月。而今丁丑仲春，复营祠宇，其规模较宏壮于昔日，并以堂颜“世裕”，所期大显扬而光世业也。第支派繁衍，贤者固赖作育栽培，而“中养不中，材养不材”，端在申以家规之诰诫。故维家风者，首以孝弟。慈之教，严加谨焉，使子弟知所率循耳。如有不孝者，罪固难宽，于情或可原，即重责以改过；有不恭之弟侄，于情或可原者，亦重责以改过；不可倚专（尊）凌卑，不可恃强欺弱，不可慢妻宠妾；务须和以处众，宽以御下；各专实业，勤书、勤耕、勤货、勤作；毋骄奢淫佚，毋斗狠滋事，毋赌博□□，庶几能浚（？）先人□泽而长发……时乾隆……珠、见乾等立石。

---

① 本碑无标题，标题为编者所拟。

碑文大意

本祠宗族，世代守护祖先荫泉公遗传下来的品德、家业，诗礼传家，至今已有八代。我们宗族原有家祠，在乾隆乙亥年（1755年）五月，因水灾倒塌。今年（丁丑年，1757年）仲春（二月），我们重修家祠。重修后的家祠比昔日更加宏伟、壮观。中堂命名为“世裕堂”，是希望族人能光宗耀祖，将祖先家业发扬光大。我们宗族繁衍不息，支派越来越多，固然有赖贤能之士为宗族培育人才，正如孟子所说：“中养不中，材养不材。”（品德修养好的人教育品德修养不好的人；有才能的人教育没有才能的人）但更重要的是，我们要用家规、家风告诫、教育子弟。家风，首先要做到“孝弟”（孝顺父母、友爱兄弟）。在母亲教育子女的基础上，父亲对子女更要严加教育，让我们宗族的子弟都知道遵循家规。如有不孝者，其罪行固然难以宽恕，但如果情有可原，则立即严厉斥责，让他改正过错。如有不恭敬的子弟，如果情有可原，也要立即严厉斥责，让他改正过错。不能仗着地位尊贵而欺凌地位低下的人；不能仗着强大而欺负弱小；不能怠慢妻子而宠爱妾侍；一定要与族人和睦相处，对下人要宽宏大量；各人要专注于实业，无论读书、耕作、做生意、做事，事事都要勤劳；不能骄奢淫逸，不能斗殴滋事，不能赌博。只有这样，我们才能继承我们祖先的品德、家业，我们宗族才能兴旺发达！

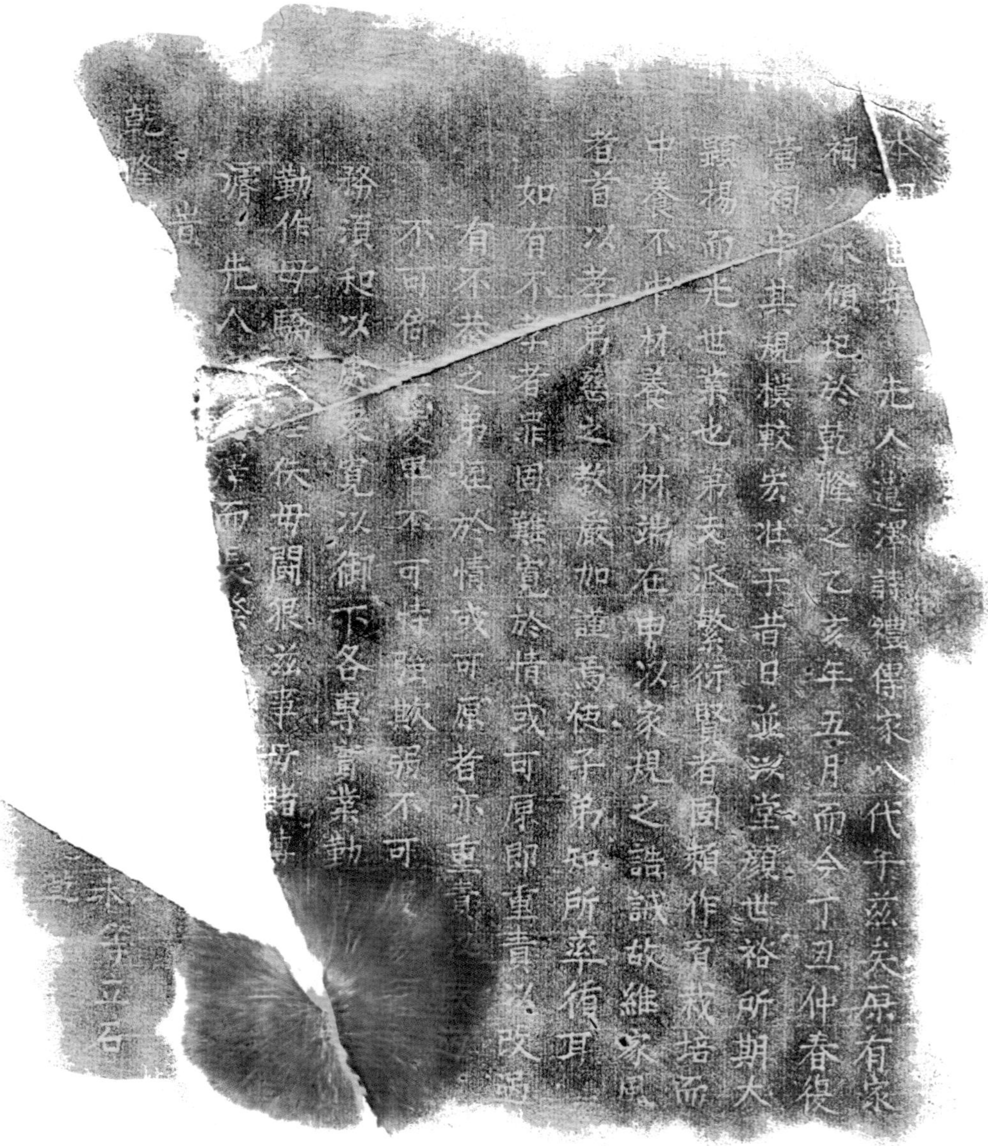

林[illegible]堂先人遺澤詩禮傳家八代于茲矣原有家
祠以來傾圯於乾隆之乙亥年五月而今丁丑仲春復
營祠宇其規模較宏壯于昔日並以堂額世裕所期大
顯揚而光世業也第支派繁衍賢者固賴作育栽培而
中養不中材養不材端在申以家規之語誡故維家風
者首以孝弟慈之教嚴加謹飭使子弟知所率循耳
如有不孝者罪固難寬於情或可原即重責以改過
有不恭之弟[illegible]於情或可原者亦重責
不可侮[illegible]甲不可恃強欺弱不可
務須和以處[illegible]覽以御下各專責業勤
勤作毋驕[illegible]依毋鬬狠滋事毋賭博
濟之先人[illegible]孝而[illegible]
乾隆[illegible]岩
皇[illegible]朱[illegible]立石

显考振宇刘公府君之墓

本碑位于博头村，立于清康熙五十年（1711年），高70.5厘米，宽47.5厘米。博头村原名“涵头”（本碑写作“函头”），本碑是目前仅见的记载“涵头”地名的碑刻，有一定的价值。

碑文

显考振宇刘公府君之墓

公讳应凤，字弘韬，号振宇，乃□□公之行四子也，生于崇祯五年八月廿二日（1632年10月5日）丑时，终于康熙四十二年三月廿五日（1703年5月10日）子时。淑配王氏，耀光公之次女。享寿七十二岁。祀男奉柩葬于本乡祖地函头岭坐艮向□之原。

祀男国玉、国圣，祀孙明宗、昭宗、成宗、绍宗立碑。

康熙五十年（1711年）岁次辛卯仲春吉旦

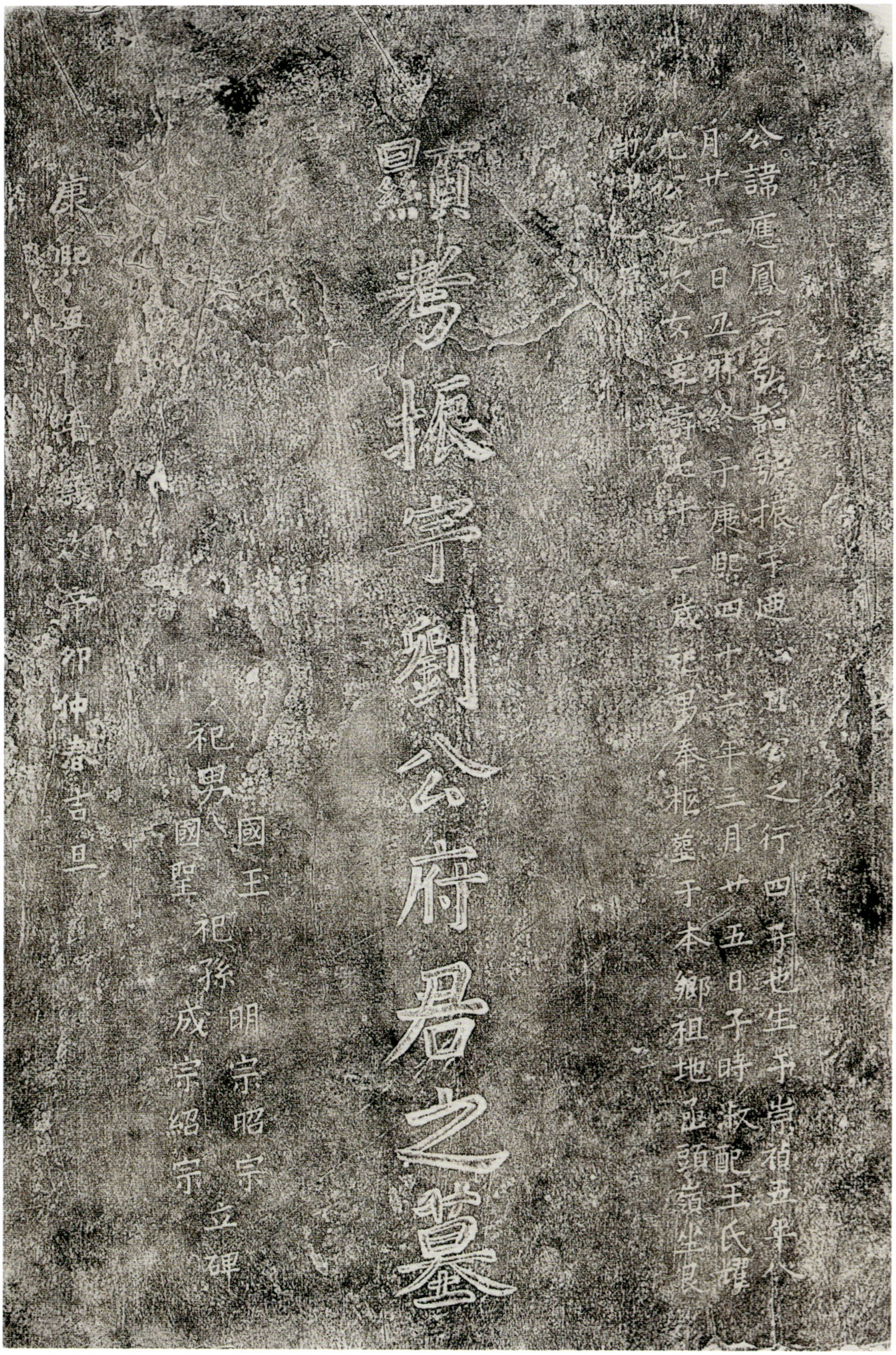
顯考振宇劉公府君之墓
國王 明宗 昭宗 立碑
祀男 國聖 祀孫 成宗 紹宗

蓢泉公祠“科岁”匾

此匾位于茶山镇下朗村蓢泉公祠。匾上记载了从明万历丙子年（1576年）至清道光庚子年（1840年）共264年间，蓢泉公（十五世）的同辈、后代共11人在“科岁”（科考、岁考）中所取得的功名，其中有6名举人。由此可见，此家族称得上是“科甲鼎盛”。下朗《袁氏族谱》之《十三世月川公例式》：“凡科甲，竖桅上扁，系众自备，与新贵无干。”可见登科后上匾，其来有自。

此匾“清乾隆辛卯科举人二十二世孙廷凤”及之前内容为同一字体，其后三行明显是后来加刻的。因此，此匾应立于乾隆辛卯年（1771年）袁廷凤中举后不久，即蓢泉公祠重修（1757年）后不久。

此匾所载功名与《茶山乡志》有出入。袁兆彬在此匾中为“康熙癸酉（1693年）岁贡生”，而在《茶山乡志》则为“康熙十五年（1676年）贡”；袁文澜在此匾中为“雍正己酉（1729年）岁贡生”，在《茶山乡志》则为“雍正六年（1728年）贡”。

释文

科岁

明万历丙子科举人十五世孙应传；明万历戊午岁贡生十五世孙天培；明万历甲午科举人十六世孙格言；明万历丙午岁贡生十七世孙日华；清康熙癸酉岁贡生十九世孙兆彬；清康熙庚子科举人二十世孙起元；清雍正己酉岁贡生二十世孙文澜；清乾隆辛卯科举人二十二世孙廷凤；清嘉庆戊辰科举人二十三世孙大任；清邑庠钦赐副贡二十三世孙树荣；清道光庚子科举人二十四世孙起凤。

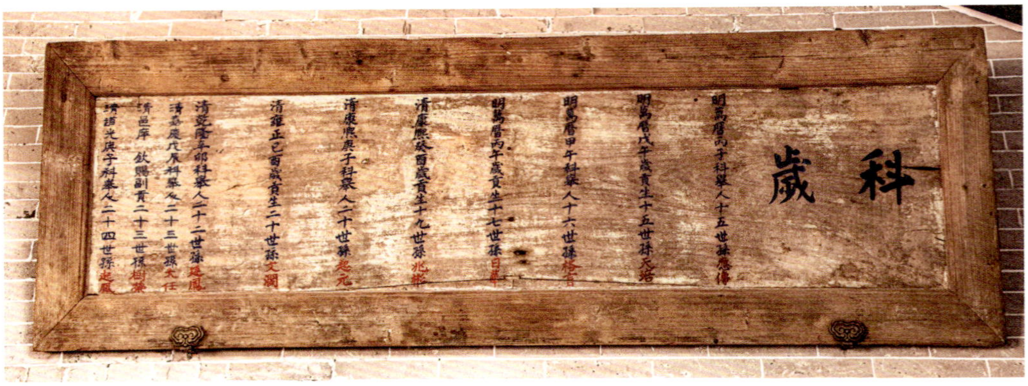

荫泉公祠“科岁”匾。（骆炳根摄）

“春生草堂”匾

“春生草堂”匾位于下朗村陈云庵住宅。释文：“春生草堂。陈瑞麒书。”此匾书法甚佳。陈瑞麒为何人，待考。

“春生草堂”匾。

顺天时，尽地力

——《茶山历代碑刻》中与农业相关的明代碑刻（之一）

【引言】

《茶山历代碑刻》于2018年9月出版，收录元代至民国的80通碑刻。茶山历代的碑刻中有很多关于农业的记载，如《宋朝奉大夫知南雄州初祖考巨山陈公太府君之墓》（1757年）载南宋末年塘角陈氏始迁祖巨山公“偕四子避隐于东莞，见其山水清秀，乃择地置田，筑室凿池”，《菊隐公世行》（约1594年）载元朝时下朗七世祖菊隐公“家故丰饶，娶何孺人，益夵田三顷，岁课童仆，租入致赀巨万”，《谢氏四世祖存耕府君暨配陈孺人墓志》（1607年）载元末明初南社谢氏四世祖存耕公“以世明农也，号存耕”。

以下三通明代茶山碑刻，与茶山农业尤有密切关系。“故处士吴公孺人梁氏墓”碑，立于明成化三年（1468年1月），碑文以优美的文笔记载了茶山人吴弘政的农业生产活动及“顺天时、尽地力”的农业思想；“守澹遗嘱记”，立于明嘉靖壬午年（1522年），记载了守澹公多达35项的田产和详细税赋，足见其农业经营规模之巨大；“百岁翁社田自述碑”，立于明万历乙未年（1595年），除了记载社田公的多项田产外，还记载社田公曾经从事“船香珠户”（用船贩运莞香并充当下海采珠的珠户）并被选为万历年间东莞县丈量田地的“公正”。

兹就三通碑刻略作阐述，浅薄、错误之处，敬祈方家见谅、教正。

"故处士吴公孺人梁氏墓"碑现存于南社村，立于明成化三年（1468年1月），高62厘米，宽45厘米。碑文记载了吴弘政的生平，着重记载其孝友、治农圃的事迹，尤其歌颂其治农圃的功绩。撰文者为丘濬，是明代著名的思想家、史学家、政治家、经济学家和文学家，官至户部尚书兼武英殿大学士。丘濬撰写此碑文时任职翰林院侍讲兼修国史。

丘濬"以经济自负"，在此碑文中，可窥见其重农的经济思想。丘濬认为明初取消"孝弟力田"科目（提倡孝悌和以农为本）非常可惜（"自孝弟力田之科废……而风俗日趋于浮华，可叹也哉"），不然，以吴弘政这样致力于农业生产并取得成绩的人，是可以获得官职的（"使生当二科未废之前，殆必有以"）。

据碑文，吴弘政壮年时在全国各地经商，回到故乡后，一直从事农业生产，直至去世。吴弘政不是普通的农民，他是有"童仆"的，而且很勤劳（"日课童仆"）。在农业生产中，吴弘政以"顺天时，尽地力"的农业思想作为指导（《淮南子》："上因天时，下尽地才，中用人力，是以群生遂长，五谷蕃殖。"《齐民要术》："顺天时，量地力，用力少而成功多。"）。吴弘政十分注重农业技术，开垦、种植、施肥、灌溉等生产活动（"垦辟树艺，蔬植粪溉"），能做到"咸尽其理"。由此，吴弘政的家里渐渐富裕（"用是家日饶裕"）。

碑文除了记载吴弘政"治农圃"，也记载吴弘政孝敬父母、友爱兄弟、惠及宗姻的事迹，同时记载了他的众多后代。从碑文中，我们可以窥见明代茶山农村的一个理想缩影：农民致力于农业生产，种植各种农作物，有较高的农业生产技术，孝顺父母，儿孙满堂，亲属相助。

碑文文笔流畅、观点鲜明，刻画人物生动，诚为散文、韵文佳作。这是不负丘濬"明代著名文学家"之名的。

2018年10月

碑文

故处士吴公孺人梁氏墓（篆书）

明故鹤林处士吴公墓志铭

赐进士翰林院侍讲兼修国史琼台丘濬撰文

赐进士第大中大夫福建左参政致仕惠阳吴高书篆

自孝弟力田之科废，而士之椎鲁少文者，往往不能自见于世，而风俗日趋于浮华，可叹也哉！吾广南之宝安，有鹤林翁者，质实之士也。生而天性孝友，甫三岁失所怙，即哀恸如成人。及其长也，恒以不逮事父为憾。笃于事母，晨昏之间，承候颜色惟谨，甘软之物，意欲即至。母殁，哀毁柴立，葬祭一依古礼以行。年既艾，遇忌日，犹悲戚如新丧然。事其兄如父，怡怡相周旋，未尝有违言忤色。

壮年尝出客四方，虽以商游，而意不在利。迨其倦游而归也，治农圃，以为终焉计。日课童仆顺天时、尽地力，垦辟树艺，蔬植粪溉，咸尽其理，用是家日饶裕，惠及宗姻，凡乡邻有所困乏者，趋而归焉，无不得其所欲。於乎！若翁者，使生当二科未废之前，殆必有以，取世资，著功烈，以自效于当世，不苟然矣。

翁姓吴氏，讳弘政，字用宣，鹤林其别号也。其先南雄人，有讳觉者，始居东莞之员头山。高大父讳华，曾大父讳哲卿，俱不仕。大父讳善夫，仕为本府之番禺主簿。父讳功茂，乡称善人，母谢氏。翁娶梁氏，有淑行，先翁二十四年卒。子男三人，曰宗，曰义，曰诚。女四人，林仁茂、陈纪、刘祖、叶信，其婿也。孙男九人：瑽、璨、瑢、珣、琏、珎、琚、矩、准。曾孙五人：世英、世亹、世裕、世宽、世祚。翁生于洪武辛酉十月初八日，终于成化丙戌三月十九日，享年八十有六。宗将以丁亥年十二月庚申日，葬翁夫妇于椿山未坤向之原，介其乡人朱君忱求予铭。

铭曰："士生于古，易以自见；今也不然，匪文弗炫；有伟一翁，不文而质；躬天之性，尽地之力；古科不兴，老死遐方；政施其家，名留其乡；位则弗阶，寿则多有；铭以昭之，永世不朽。"

成化三年十二月二十八日

孝男宗、义、诚立石

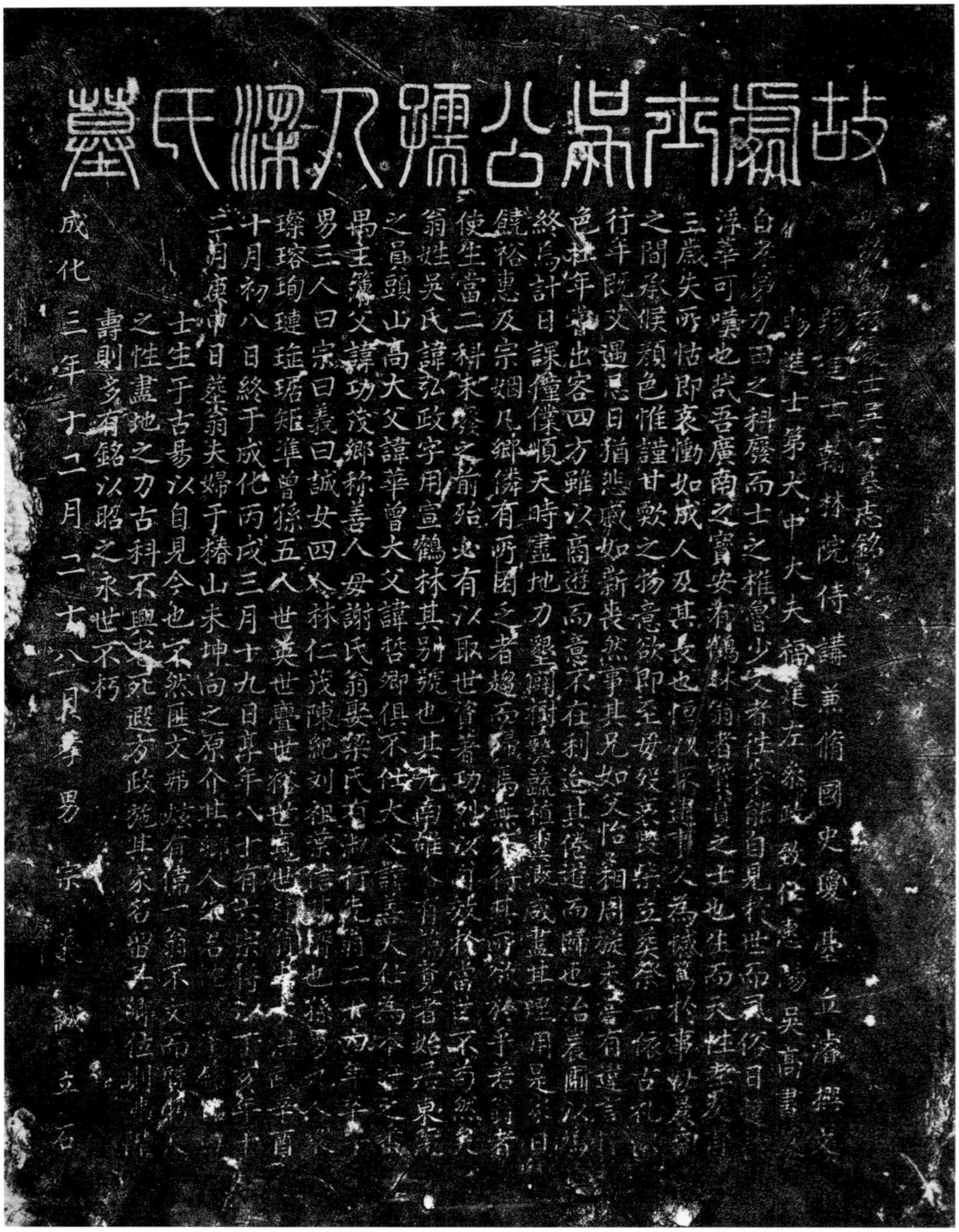

明代赋役制度的珍贵史料
——《茶山历代碑刻》中与农业相关的明代碑刻（之二）

“守澹遗嘱记”碑现存上元村，立于明嘉靖壬午年（1522年），高173厘米，宽96厘米。碑文记载了袁守澹对其田产、身后事务的处置以及对家族的期望、训示。碑文记载十分详尽，对于研究明代历史、家族治理、赋役、行政区域均有极高的价值。尤其对于研究明代赋役，此碑称得上是极其重要、绝不能忽视的资料。碑文所列35项田产，列明其土名、大小、租金等详细资料，这在广东碑刻中是绝无仅有的（据《广东碑刻集》《东莞历代碑刻选集》等），可补史书之阙。此碑的重要意义、价值，不言而喻。

下面，征引各种资料，对碑文的若干文句略作阐释。

维兹嘉靖改元时事，鼎新民册。既造版籍一统。此句涉及明代赋役制度的一个重要概念——“民册”。“民册”当即“黄册”。明代丘濬曰：“今世之黄册也……我朝每十年一大造，其册首著户籍（若军、民、匠、灶之属），次书其丁口（成丁、不成丁），次田地（分官、民等则例）、房屋、牛只。”刘志伟《明代一条鞭法改革前广东地区赋役制度考述》：“明代赋役征派一以黄册为依据，册内明确登记着每一户拥有的土地数、科则、应纳税粮数，征收时按册征收。”

从碑文中我们可知，嘉靖改元时（1522年），重新编造了黄册，也就是说，重新登记了袁守澹家族的人口、田地、房屋、牛只等财产。黄册的内容，也是碑文下文提到的“夏税秋粮”“均平、甲首”等赋役的依据。因此，在田产、赋役重新登记，袁守澹自身已八十高龄的情况下，他立下遗嘱，将名下的田产、赋役进行分配。

中年游侠江湖，颇克成立。袁守澹虽然拥有大量田产，但他不是纯粹的农民，主要是通过在外经商（“游侠江湖”）获得财富（“颇克成立”）。袁守澹的富有，在史志中也有记载，《茶山乡志》卷一《风俗》：“按，明代富商巨贾，以本邑而论，茶山最占多数……上元之袁守淡。”

平生创置乡邑田宅、基塘等业，共该官、民、灶税贰顷，远近肥硗，高低广狭，难以相等。在碑文下文所列35项田产中，合计“官税”6.7亩，“民税”约

210.5亩，民地1亩，这些田产都是要根据黄册上的税则交纳赋税的。田租合计209.3石，田租大多每亩一石，亦有例外，如“民税贰亩伍分，该租贰石”“民税叁亩，该租叁石叁斗”。“土名上茶园庙前鱼塘壹口，计民税叁亩，民地壹亩，官税壹亩伍分”，这口鱼塘的赋税分属“民税”“民地”“官税”三类。“土名横岭松山壹所”，无税赋记录。田产清单中所载“食种”，如“食种叁石陆斗”，其含义待考。

何为“官、民、灶税”？刘志伟《国家与社会之间》第58页：“明代广东地区所征田赋，有官米、民米之分……官米征自官田地山塘，民米征自民田地山塘……民田相当于私人所有的土地，地租由地主征收，政府所收民米是赋税；官田相当于国有土地，政府征收的官米是地租与赋税的合一，故民田赋轻，官田赋重……又按土地的自然属性分为田地山塘四大类，每一类还可能根据土壤的肥瘠等因素划分若干等级……田赋科则的轻重繁简，各地不一。”

碑文中的“灶”，当指灶田。冯志强《明代广东的盐户》：“明初，官府分给盐户一小块田地，称为‘灶田’……盐户的‘灶田’不仅要承担‘盐税’，还要和民户一样承担田赋……成化以后……民户多买灶田……遂并灶丁灶田与民一般科派。”可能在袁守澹当时，灶田与民田的赋税没有区分，故在35项田产中没有“盐税”的记录，也没有注明哪项田产是灶田。

先将田肆拾亩，写立分单，与汝四男间次轮收……实田则间一位轮收，蒸尝则照尊卑房次轮收。袁守澹的各项田产，由四位儿子按袁守澹定下来的顺序轮流收获、管理。东莞《梁氏崇桂堂族谱》所载可佐证：“烝有二名，曰落轮，曰归箱。落轮者，轮房收管，周而复始，循环不已；归箱者，择贤主计岁收租息，贮归公箱而谨其度支也。”又如，《南社谢氏族谱》：“崇恩堂编列物业引……以上物业落轮，丁壬长房，戊癸二房，甲己三房，乙庚四房，丙辛五房。”可见，袁守澹的田产由四位儿子轮流收管的办法（即“落轮”），并非袁守澹独创，是袁守澹之前和之后都通行的办法。轮收的目的，正如碑文下文所说：“遗泽既久，就中倘有造化不齐、贫富不等，故田必轮收……互相纠制，使典易之变，他人亦不得而图之。”

其各项年例，夏税秋粮，四分籍定，各人办纳。何为“夏税秋粮”？刘志伟《国家与社会之间》第56、57页：“明代税收，以田赋为正赋……以夏税秋粮为正项。明代夏税主要以麦为本色，秋粮主要以米为本色……到明代中叶，广东全省的夏税征收显然基本上都改征米了。”碑文所说“夏税秋粮，四分籍定”，是指黄册里登记的袁守澹每年需要交纳的“夏税秋粮”，由四个儿子平分、交纳。

若遇均平、甲首、差徭、盐钞、水夫、民壮，一应大役，俱随各人名下。此句涵义复杂，简单地说，就是各种需要出钱、出人力的事情，由各人承担。“均平、甲首、差徭、盐钞、水夫、民壮”这六个词，似应分为三类，一是“盐钞”，二是“甲首”，三是“均平、差徭、水夫、民壮”。

“盐钞”。据刘志伟《国家与社会之间》第64页，明代初年，政府按官民户口定量配给食盐并征收一定的钱粮，后来官府不再支盐，令民自买于商，盐钞照旧征收，嘉靖后改为征银。

“甲首”。据刘志伟《国家与社会之间》第65、66页，“是于一里一百一十户之中，推丁粮多者十户为里长；其余百户（按，称作‘甲首’），分为十甲，十年内，每年各有里长一户率领一甲十户轮流应役。”根据《大明律》，轮年应役的里长、甲首的基本职责是“催办钱粮、勾摄公事”。

“均平、差徭、水夫、民壮”。据刘志伟《国家与社会之间》第103页，“均平”是用按丁粮征收货币赋税作为地方上公费开支（按，如祭祀、科贡、表笺、乡饮等）的办法，取代原来由甲首到官府值日，供应衙门各种不时之需的办法。据同书94页，所谓“均徭法”，是为改善各级官府佥派杂泛差役（按，如官员随从、伙夫、马夫、看门人等）负担越来越不均的状况所实行的一种改革。“水夫”，即“驿传”的一种，据同书69页，洪武元年（1368年），明朝政府就已在各地设置水马驿站，所用的马船人夫主要由附近人户供办，水夫佥有粮五石以上十石以下的人户应充。茶山古时为东江流域的一个重要码头，明代茶山有水夫之役，则当时在茶山设有驿站。“民壮”，据同书69、70页，民壮是明代民兵中最重要及最普遍的一种，弘治七年（1494年），按州县里数，定民壮名额，佥编人民充当，如顺德县，大约七八十石而编一人。

坐派米数出钱，应当其年轮。据刘志伟《国家与社会之间》第62页，《海丰县志》：“核桃、银朱、黄白蜡……共折银……为坐派物料……为额派物料。”“坐派”当指上供物料折银摊派到民户的一项税收。

关于“夏税秋粮”“均平、差徭、水夫、民壮”“坐派”，刘志伟《国家与社会之间》第127页有综合的论述：“明代广东地区的赋役制度，经过由正统到正德年间的改革，基本上形成了以‘粮料’（粮即田赋，料指上供物料，这是两者的合称）和‘四差’（均平、均徭、驿传、民壮）为主体，以白银货币为主要征收手段，分别照丁田摊派的格局。”本碑称“甲首”“一应大役”，则袁守澹之时，这些徭役未必全部以白银征收，而需要民户亲自应役或雇人应役。袁守澹称“俱随各人名下”，即由四个儿子各自承担，而四个儿子是否分立各自的黄册户口，具体又如何承担，这是更深入的问题了。

土名十八都大步西涡田壹号，计民税壹拾叁亩，该租壹拾叁石。此碑共列35项田产，各有地名。民国《东莞县志》卷三《舆地略》：“明以前……在野则以乡统都，乡四而都十三。”而此碑有“十六都”“十八都”，与民国《东莞县志》所载十三都大异，待考。此碑所载各处地名是极重要的资料，值得深入研究。

总的来说，“守澹遗嘱记”碑文所载内容极丰富，可为各领域的研究提供第一手明代史料，值得学者们加以重视。正因此碑所载内容极丰富，故本文只能征引有关资料对碑文作出有限的阐释，而不能全面、详细、准确地还原当年的历史事实。又因鄙人学识浅陋，本文的错误之处，敬请方家见谅。本文仅作抛砖引玉之用，企望方家教正。

2018年10月

主要参考文献

[1] 广东历史学会.明清广东社会经济形态研究[M].广州：广东人民出版社，1985.

[2] 明清广东省社会经济研究会.明清广东社会经济研究[M].广州：广东人民出版社，1987.

[3] 梁方仲.明代赋役制度[M].上海：中华书局，2008.

[4] 刘志伟.在国家与社会之间[M].北京：中国人民大学出版社，2018.

碑文

守澹遗嘱记（篆书）

维兹嘉靖改元时事，鼎新民册。既造版籍一统，余因念寿踰耄耋，岁月几何，故乃聚诸子众孙而谕之曰：大丈夫处世，达则建功立业，康国宁民；隐则创产肇基，诒谋燕翼，固其所也。

爰念我生质既朴，尝不能攻习儒业，显亲扬名。壹奉祖宗垂庇，父母生成，中年游侠江湖，颇克成立。汝母叶氏，内相闺门，同甘共苦，鞠育汝等成人，各遂家室。孰料汝母中逝，继室管氏无出，汝皆同胞兄弟，谅无他言。念我业已绍先，功将传后，若匪遗言于素定，何以垂示于将来？

除祖父田产已与汝四男均分，本里地基建立家庙，祠我祖宗考妣，用妥先灵，尚思贻孙谋以燕翼子者，惟怀永图也。缘我平生创置乡邑田宅、基塘等业，共该官、民、灶税贰顷，远近肥硗，高低广狭，难以相等，不可分收。先将田肆拾亩，写立分单，与汝四男间次轮收。其余田，我今收贮，身后通作蒸尝。如今年长男琮收大蒸尝，则前项实轮田从次男理与四男璠收管。明年次男理收大蒸尝，则前项实轮田从长男琮与三男瓘收管。实田则间一位轮收，蒸尝则照尊卑房次轮收。除土名等处田租肆拾亩，写立嘱书，与继室张氏供赡。终身之日，处置葬祭毕，其田肆拾亩，权作四分，粜钱平分。直听蒸尝轮至，长男即凑前项，总大作蒸尝轮收。其各项年例，夏税秋粮，四分籍定，各人办纳。若遇均平、甲首、差徭、盐钞、水夫、民壮，一应大役，俱随各人名下。坐派米数出钱，应当其年轮。该管业之人，不许外方生理，专一在家主行祭祀，应答公务。而科敛之间，务要以时干济，不得假公营私、生端横扰。至于祭祀之典，亦要丰俭惟宜，不得以时年丰歉、物价低昂而欺心吝刻。

此皆后事，难以逆知。况乎身教不若垂范之亲，言传不若遗典之远。故立嘱书，备述其概，一样五本，佥以姻戚，合以图篆，俾汝四男并妻张氏各收执照。呜呼！吾以一人之身，欲作千年之计，不知曾玄以下，亦知我之用心否乎？

夫田名以蒸尝，固不特为我祖宗计，实所以为子孙计也。常念一派之分，生息既繁，遗泽既久，就中倘有造化不齐、贫富不等，故田必轮收，则利丰可以济事。后必同理，则力众可以骤完，而又互相纠制，使典易之变，他人亦不得而图之。是我祖宗祀典，远而弥兴，子孙基业，久而益盛矣。

日后倘有登名跻秩、荣耀门庭者，固为积善之庆。其资理克成，登至殷丰者，亦宜体我之心，继我之志，增立田产，添设蒸尝，以昌厥后。不得倚尊凌卑，恃强侮弱，或涂擦文卷，而将多作寡，或改易丘段而诡有言无，以致分割匝产，刻剥蒸尝。苟犯其一，显怀忝祖之心，其忍心逆伦，莫此为甚。虽千祀而下，悖我遗言，均为不孝。许族长召赴祠堂，初则劝化，继则叱责。而又不悛，则执此闻官约治。庶乎质者劝而愚者惩焉，则斯言不徒为纸上之弥文，而吾袁氏之族远且光也。岂不韪欤？岂不盛欤？

言止于斯。勗哉！故嘱。

时嘉靖龙集岁在壬午正月初四日壬子，恩赐寿官父守澹瑞禨嘱。

一、土名梅林小陂独林松莲塘下□□□，大小共拾柒丘，食种叁石陆斗，民税拾亩，该租拾石。

一、土名十八都何郡海田壹号，计民税拾□亩，租拾石，大小壹拾□。

一、土名良善莆棺材陂田壹所，□□□□□，食种贰石伍斗，计民税捌亩，该租捌石。

一、土名十六都横坑乌□□田壹所，大小贰拾壹丘，食种壹石陆斗，计民税肆亩，官税壹亩，租伍石。

一、土名盐婆岭下田贰丘，食种捌斗，计民税肆亩，该租肆石。

一、土名鸥鸪坑马鞍山下田壹丘，食种肆斗，计民税贰亩，该租贰石。

一、土名十六都新塘岭贝坑田壹所，贰丘，食种壹石，计民税五亩，该租伍石。

一、土名鸥鸪坑马鞍山下田贰丘，食种柒斗，计民税贰亩，该租贰石。

一、土名蛟塘坑田壹所，大小陆丘，食种壹石贰斗，计民税伍亩伍分，该租伍石伍斗。

一、土名麦家径存得门口田贰丘，食种伍斗，计民税贰亩伍分，该租贰石。

一、土名上茶园庙前鱼塘壹口，计民税叁亩，民地壹亩，官税壹亩伍分（与弟瑞祐仝买）。

一、土名乌石坑田壹所，大小陆丘，食种壹石贰斗，计民税叁亩伍分，该租叁石伍斗。

一、土名十六都龙骨坑田壹所，大小捌丘，食种壹石贰斗，计民税伍亩，该租伍石。

一、土名新塘塘壆下田壹所，大小贰丘，计民税贰亩，该租贰石。

一、土名鸥鸪坑马鞍山下田壹丘，食种肆斗，计民税贰亩，该租贰石。

一、土名十八都大步西涡田壹号，计民税壹拾叁亩，该租壹拾叁石。

一、土名十六都新塘小禾蒴田壹所，大小玖丘，高田叁丘，食种贰石伍斗，计民税拾亩，该租拾石。

一、土名第二都小坑学堂口田壹所，大小拾丘，计民税肆亩伍分，该租肆石伍斗。

一、土名十六都水牛湖田壹坑，计民税贰拾壹亩，该租贰拾壹石。

一、土名十八都大步深□大　田壹所，及蚬涌另又田肆丘，计民税拾贰亩，该租拾贰石。

一、土名十八都大步拾叁涌田壹所，大小肆丘，计民税拾亩，该租拾石。

一、土名宝积庙□田，大小肆丘，食种壹石贰斗，计民税肆亩，该租肆石。

一、土名十六都芦荻坑田壹所，大小陆丘，食种壹石肆斗，计民税叁亩，该租叁石叁斗。

一、土名十六都铁炉塘坑田贰丘，食种陆斗，计民税贰亩捌分，该租贰石捌斗。

一、土名□□沙步水田壹所，大小壹拾伍丘，食种贰石，计民税陆亩，该租陆石。

一、土名芦荻坑另高田壹丘，食种贰斗伍升，计民税贰分，该租贰斗。

一、土名十六都乱岭田壹所，大小壹拾壹丘，食种贰石叁斗，计民税捌亩柒分，该租捌石柒斗。

一、土名十八都沙步水田壹所，大小壹拾伍丘，食种壹石柒斗，计民税陆亩，该租陆石。

一、土名十八都大步海西□□沙□□，计民税壹拾玖亩，官税肆亩柒分，该租壹拾玖石。

一、土名□林竹园村前田壹所，大小陆丘，食种壹石贰斗，计民税伍亩伍分，该租伍石伍斗。

一、土名十六都岭贝坑田壹所，大小贰丘，计民税叁亩，该租叁石。

一、土名浮竹山鼓贝岭坑田壹所，大小□壹拾丘，食种壹石肆斗，计民税柒亩，该租柒石。

一、土名稍潭深涌田大壹丘，计民税叁亩，该租叁石。

一、土名浮竹山鼓贝岭坑田玖丘，食种玖斗，计民税肆亩叁分，该租肆石叁斗。

一、土名横岭松山壹所。

此契一样四本，共计壹百贰拾张，原契叁拾张，俱在长男琮收贮，尚余玖拾张，俱系□

白，在次男理、瓘、播各执照，不许紊乱，故嘱。

一个明代茶山富农的自述

——《茶山历代碑刻》中与农业相关的明代碑刻（之三）

“百岁翁社田自述碑”现存南社村社田公祠，立于明万历乙未年（1595年），高91厘米，宽64厘米。碑文记载了“祀田土名租数”“赡学书田土名”，并记载了各处田地的租金，这是宝贵的明代农业经济资料。碑文中的“百岁翁社田自述”，记载了社田公谢彦庆（字天瑞，号社田，1504.2.13—1597.3.2）一生的事迹、荣誉，对于研究明代社会、经济有重要价值。与本碑同时、同处的“百岁翁祠记”碑，记载社田公的事迹甚详，是本碑的重要参考资料。

“百岁翁社田自述碑”碑文如下：

计开祀田土名租数具于后：东门蔗地租银捌两壹钱；本乡各处共计租五拾柒石肆斗；新塘各处共计租五拾肆石五斗；员头山各处共计租贰拾捌石玖斗；周塘溢湖坑田贰丘计租柒石；石壁头西冈背田肆丘计租陆石；赵荫田肆丘计租陆石五斗；黄边坑各处共计租贰拾玖石叁斗；塘角各处共计租肆拾柒石陆斗；琥珀坑各处共计租贰拾石壹斗；霞坑各处共计租贰拾玖石陆斗；屏山水口共计租壹拾壹石五斗；牛过荫各处共计租贰拾捌石；土塘田计租柒石五斗；大荫各处计租陆拾柒石壹斗；黄竹麝田计租拾石；水村基田各处共计租壹百五拾石。赡学书田土名开于后：望牛墩基田计租叁拾贰石；鸭母井田计租玖石；杨婆岭计租柒石；东门外油榨坑鸭母井共计租肆石；石桥坑田计租肆石五斗。

惟我老夫，生于盛世，长于此乡；忝徽祖德，长发其祥；义方有训，遗我以安；遭家不造，怙恃连亡；抚我弟妹，拮据不遑；赖有今日，俾炽俾昌；船香珠户，以次充当；点为公正，奉命皇皇；见旌当道，厥服用章；先茔修建，冀其予享；天锡遐龄，惠我无疆；坊名百岁，花县表扬；亭号硕宽，乐也阳阳；既膺乡饮，阐我幽光；爰述始终，俾知予艰；凡我子孙，绎思不忘。

百岁翁社田自述

“百岁翁社田自述”的大意如下：老夫我生于盛世，长于此乡。幸得祖先保佑，诸事吉祥。祖先教给我做人的规矩，这让我一生平安。早年，我家遭遇不幸，父母接连逝世，我独自抚养弟妹，生活拮据、忙碌。到了今天，我的事业红火兴旺。我曾用船贩运莞香，也曾充当下海采珠的珠户。我被县府任命为丈量田地的“公正”，谨慎地完成任务。我得到当政者旌表，被赐予带有花纹的官服。我修建祖墓，希望祖先能够享受祭祀。上天赐我长寿，恩惠无边。朝廷赐建百岁坊，我得到县官褒扬。我家里有一个“硕宽亭”，快乐地生活着。我受邀请参加官方举办的“乡饮酒礼”，在典礼上阐述自己的品德情操。我现在讲述我的人生经历，是想让子孙们知道我曾经的艰辛。凡是我的子孙，都不能忘记我所说的话。

下面，就自述中的若干文句略作阐释。

赖有今日，俾炽俾昌。社田公的田产收租达一千一百石，家产富裕，完全称得上“俾炽俾昌”（事业兴旺）。“百岁翁祠记”碑记载：“俗尚勤俭，尤善计然策，故人多素封……公以勤俭治家，家务悉亲力之，以故赀蓄甚饶。”社田公不是单纯的农民，他同时也是勤俭的商人，“善计然策”（计然为春秋时期著名谋士、经济学家），有商业头脑，从事过莞香贩运和采珠。

船香珠户，以次充当。今茶山镇所辖区域，古来便是莞香的最佳产地。元大德《南海志》：“白木香……今东莞地名茶园，人盛种之，客旅多贩焉。”社田公的族侄谢飔所作《谢氏竹子罗墓碑》（1609年）：“买香者趣檐而去，遗数金棍左。”屈大均《广东新语》：“莞香，以金钗脑所产为良。”金钗脑在今茶山镇南社村。屈大均赠诗予社田公（十世）族曾孙谢重华（十三世），有“故人只有香农父”“汝种多香与子孙”之句。茶山古时水路发达，通惠州、广州，社田公在明代用船贩运莞香是无疑的。碑文中的“船香”二字，是关于莞香的珍贵记载。

“珠户”，即采珠之户。茶山进士袁昌祚于万历年间为下朗村人所作《萌泉伯暨李氏孺人行状》：“丙辰（1556年），复取珠。珠出巨海，下多毒鱼，能杀人，其难与香等。伯祇役如前。”明末清初茶山著名画家张穆所作《茶园乱后记》(1652年)：“万历中，刘、陈、袁、原以大贝明珠起家，富辄千万。”民国《东莞县志》卷十五《舆地略》：“珠螺，出东莞大步海（按，即今香港大埔），南汉尝置三千人采之……据李调元说，则嘉庆大步海固有之。”但叶灵凤《大埔的珠池》称：“洪武七年……认为大埔产珠已尽，遂移地合浦，不再在大埔采珠了。”据此碑、袁昌祚及张穆的文章，以及民国《东莞县志》，可以确信大步海在万历年间仍产珠。从“船香珠户，以次充当”的字面上来看，社田公是亲自下海采珠的珠户。但社田公可能未必亲自采珠，可能如《茶山乡志》中所载的“刘、陈、袁、原”一样，只是贩卖珍珠的商人，并以此起家。

点为公正，奉命皇皇。万历八年（1580年）十一月，在张居正主持下，明朝政府下令全国清丈土地。崇祯《东莞县志》:“(万历)九年(1581年)诏天下复所部田以清赋税……简公正二十有五人为区长,以核沃瘠不实……浮税一清。”流传下来的万历十年(1582年)“分亩归户票”,其后有公正的签名。社田公应为当年东莞县清丈土地的二十五名公正之一。社田公当时“奉命皇皇”(接受任务,彷徨不安),可见他十分重视此事,也将“公正”之职视作自己的荣誉。因此,社田公是为东莞县清丈土地、减轻税赋作出过贡献的。

见旌当道,厥服用章……坊名百岁,花县表扬……既膺乡饮,阐我幽光。《百岁翁祠记》:“前邑侯杨公宠以冠带,继而董公延之宾筵。”又据《南社谢氏族谱》,社田公得到的荣誉是“冠带寿官、乡饮介宾”。寿官是虚职,奖励“德行著闻,为乡里所敬服者”,只有官帽、官服(即碑文“厥服用章”),没有爵位,受赐年龄最初为百岁,到万历以后降为七十岁。乡饮酒礼为古代社会敦伦常、行教化的官办酒会,“介宾”在乡饮酒礼中地位较高。综合几种材料,社田公应在万历九年(1581年)清丈土地之后,在万历十年(1582年)被东莞知县杨寅秋授予“寿官”;在万历十七年(1589年)至二十年(1592年)间,被知县董兆麟邀请,以“介宾”身份参加东莞县乡饮酒礼;在万历二十年(1592年)至二十三年(1595年)间,被知县李文奎授予“帙开百岁”匾。社田公受到连续三位东莞知县表彰,可见其当时在东莞县有较高的社会地位。

关于碑文开头的“祀田土名租数”,参考《百岁翁祠记》所载,略阐述如下。

《百岁翁祠记》:“所置祀田,则与诸子若孙共,书田独与其才而隽,凡补弟子员者得与。诚一家之盛典也……祀田陆百五拾石,内基田壹百五拾石,收者贮纳粮差并整田周。东门地租银拾两,鱼塘三口。书田陆拾石。三男共拨租肆佰伍拾石。共计壹千壹百石。”由此可见,社田公将较大部分(占61%)的田产用作祀田和书田,由子孙共同拥有。“收者贮纳粮差并整田周”,可见祀田由三个儿子轮流收获。本碑所记祀田合计561石,书田合计56.5石,均与《百岁翁祠记》有异,差异原因待考。

据本碑,祀田、书田除了分布在南社本乡外,还分布在新塘(今属茶山镇超朗村)、员头山(今茶山镇刘黄村、孙屋村、粟边村何屋等处)、石壁头(今粟边村)、琥珀坑(今东坑镇丁屋村)、大萌(今属大朗镇)、望牛墩等处,可见社田公的田产分布较广。本碑记载约18个地名,一些地名今已不用,如“石壁头”“琥珀坑”等,可反映历史的变迁,是重要的历史资料。

《百岁翁祠记》:“祀田陆百五拾石,内基田壹百五拾石”,碑文特别提及“基田”,可见“基田”与其他田绝不相同,在当时是一种新鲜事物。又,本碑记载“水村基田各处共计租壹百五拾石”“望牛墩基田计租叁拾贰石”。基田,当指筑基(堤围)所得之田,即沙田。明清时广东社会经济迅速发展的一个重要原因是沙田的垦殖，社田公当年想必也顺应历史潮流，参与了沙田的投资、开发。

祀田、书田的作用，叶显恩、谭棣华在《论珠江三角洲的族田》中认为：“首先，为祠堂的兴建、修葺，族谱的修撰，以及春秋烝尝之祭、迎神赛会等宗族活动提供经费……其次，赡族……以赈济鳏寡孤独和族之贫者为主……三、用来办学，资助贫寒子弟入学笔墨膏火及应试路费，亦即用来培养封建人才。”据《百岁翁祠记》及本碑，社田公所置祀田、书田的用途，也是如此。

碑文中“东门蔗地租银捌两壹钱”，与《百岁翁祠记》“东门地租银拾两”有异。此句的意义在于，蔗地的地租是用银子交纳的，与祀田以实物交租相异。叶显恩、谭棣华在《论珠江三角洲的族田》中称：“货币地租早在明末清初已经零星出现。”因此，本碑所记地租银在社会经济史研究上有一定的意义。

除了本碑及“百岁翁祠记”碑外，今茶山镇南社村仍保存的与社田公相关的文物、古迹有六处：纪念社田公的社田公祠，社田公为其曾祖父创建的晚翠公祠，纪念社田公等四位南社村百岁老人的百岁坊（以上三处均为全国重点文物保护单位），社田公之墓，社田公祖父之墓，社田公曾祖父之墓（即碑文中的“先茔修建，冀其予享”）。由此可见，作为一个对社会、对家族作出过重大贡献的人，社田公不仅在当时获得了荣誉，在身后也实现了“流芳百世”。

2018年10月

計開祀田土名租數具于後
東門廣地租銀捌两壹錢　本鄉各處共計租五拾柒石肆斗
新塘各處共計租五拾肆石五斗　員頭山各處共計租貳拾捌石玖斗
周塘溼湖坑田貳坵計租柒石　石壁頭西岡背田肆坵計租陸石
趙前田肆坵計租陸石五斗　黃邊坑各處共計租貳拾玖石叁斗
塘角各處共計租肆拾柒石陸斗　琥珀坑各處共計租貳拾石壹斗
霞坑各處共計租貳拾玖石陸斗　屏山水口共計租壹拾壹石五斗
牛過前各處共計租貳拾捌石　土塘田計租柒石五斗
大前各處計租陸拾柒石壹斗　黃竹蓢田計租拾石
水村基田各處共計租壹百五拾石
贍學書田土名開于後
坒牛墩基田計租叁拾貳石　鴨毋井田計租玖石　楊婆塘計租柒石
東門外油榨坑鴨毋井共計租肆石　石橋坑田計租肆石五斗
惟我老夫生于盛世長于此鄉恭徵祖德長發其祥義方有訓遺我以安遺家不
造怙恃違亡撫我弟妹拮据不遑賴有今日俾熾俾昌船香珠户以次充當點為
公正奉命皇皇見旌當道厥服用章先塋蒲建冀其子享天錫遐齡惠我無疆坊
名百歲花縣表揚亭號頤貞樂也陽陽既膺鄉飲闡我幽光爰述始終俾知予艱
凡我子孫繹思不忘　百歲翁祉田自述

张穆《茶园乱后记》校译

本文的校勘参考了四个版本：咸丰年间《茶山上步林氏谱传》第七册所载《茶山记》（以下简称“谱传”），光绪甲辰年（1904年）桐山居士重辑的《茶山乡志》（抄本残本）所载《茶山古记序》（以下简称“桐志”），民国《东莞县志》卷九十七《杂录》引何浣《张铁桥年谱》所载《故园茶山记》（以下简称“县志”），1935年出版、袁应淦撰《茶山乡志》卷三《事迹略》所载《茶园乱后记》（以下简称“乡志”）。《茶山乡志》卷十三引《意园小草》，则称本文为《前事记》。

谱传共963字，桐志共971字，县志共838字，乡志共980字。谱传与桐志基本相同，县志在前两者的基础上，遗漏何真、王成事及野禾自秀、拾饥骨事，可见谱传、桐志、县志应源于同一原始版本，题目也基本为《茶山记》；乡志题目作《茶园乱后记》，记乱最详，文字细节亦与另外的三个版本多有出入（如“茶山”作“茶园”、“余”作“予”、“小仆得回”作“予亦回乡”等），可见原始版本有异。愚以为张穆作此文时，前后有所修改，故出现两个版本，以乡志所载《茶园乱后记》为早。

本文曾向先师陆璧轩先生请教，并蒙杨宝霖先生致函赐教并赐赠《茶山上步林氏谱传》所载《茶山记》复印件。限于篇幅，本文仅列出点校的结果，不枚举各个版本的异同。

《茶园乱后记》点校

茶园，莞邑巨镇也。背山临水，周圜百里皆浅泽，秋夏积水汪洋无际，中有罗山、台山、凤山、鹊岭诸小岭。昔疍民居其滨，宋来诸姓始从此居。相传由珠玑巷至，则皆海内避乱流寓者。

予张氏出曲江，当宋末，祖某为澄海令不能归，后从西湖东洲迁茶园。吾党借疍民之地开，岁宴会招之。年远不能如约，以糕饼散其老幼，至今遂以为常焉。

当元末，邑人何真与王成俱起草莽，争长掠地，转战茶园东门桥头之外。王成树栅守茶园，何真募壮士拔木大破之，人赖以安。明初，巨盗黄萧养流劫，欲袭茶园，次于渡壆，闻夜中声喁喁，疑有备，乃引去。是时，茶园犹荒落也。

及宣、成、嘉、隆间，科第鼎盛，先达林南川等宗陈白沙先生谈理学。里皆殷富，筑浮梁如百步长堤，连筋竹冈，接为桥者六。环居凿水为墙，五千余武逶迤，池塘绕其后。

万历中，刘、陈、袁、原以大贝明珠起家，富辄千万。闾巷斗奢，子弟华靡。三月东岳降神，城内外十三坊倾动，无不香花候驾。远来舟楫盈河，衢陌肩摩。素馨花气与沉水旃檀，薰蒸如雾。岳宫前地平旷，木棉、榕树、刺桐垂荫数百亩，结驷牵犬，为少年游冶之场。上元灯市，五彩绚烂如锦城。四乡来市，不远携抱。而灯夕箫鼓，步步相闻，火树烟花，争奇盈夜。虽菜傭贩夫，亦贮床头一斗，为数夕欢也。

天启后，古道渐漓，旧积渐销，樗蒲一掷百万以为奇豪，智者知不可遏矣。

予穉时，先子已七十。诸父老角巾扶杖，朔望期于废寺雁塔为社学。狂酒肆恶者，父兄率责若一家，使知愧而去。学人不敢醉经长者之前，见必曰：“少年当如处子，杜门潜养，何自轻乃尔？”皆鹄立惭汗，唯唯而去。今日可复道哉？

崇祯壬午、癸未，海内骚动，山寇窃发，贵贱奔投，地方焚掠。石冈、南社失守，茶园东西相连十里，犹能会合声势。分社主兵，夜灯千头，贼相望不敢正视。至少平，里中异同，罢不复御。丁亥十月，寇兼程夜袭，焚杀虏掠，寻拔去。至戊子岁四月，大饥，寇空巢而下数千众，各乡不能固，乏食者多从，遂遍百里，踞地为窟。茶园弱者不能远窜，强者夺之食，死亡十之七。

予三月中犹居莞城东廓，知旱必及乱，与舅元佩、友人翟伏一商避地谋之。蒲溪有故人陈君闇（华叔），买舟先过之。归经里门，闻山寇从莲花迳下矣。促舟还新沙，载家口便行，不可携者忍而弃之。至板桥畔，宿叶启庸斋，并语亲故宜早择地隐。黎明，予将去，启庸徘徊执予手曰：“事至此，无力追随，奈何！”启庸悲，予亦为泣下。出见道途，携男带女者哭泣之声闻于数里。是夜贼至，男女被害数千人。

后佟、李返冠裳，盗与饥民受抚，予亦回乡。视里中骸骼填沟、尸横遍巷，或有不起于室者。目不忍见，惨何可言！询故旧，启庸兼妻子俱死矣。昔称富宦之家，乃伟男子，皆流离向人，曾无一饭怜王孙者。

七月，野禾自秀，燕巢于林。幸西江不遏籴，始斗粟三钱。当时，闾舍未遭燬所存者，十仅一二耳。八月，石冈王崇际先生请僧印初来施佛事，拾残骸饥骨，积于岳宫之左，如雪山二，委薪焚之。十日火息，为普同穴，封而志之。

玉帛既空，木石旋尽。壬辰，侨于水南数里许，不堪回首。当年层楼华厦无隙地，今无片瓦容身。青山依旧，野木丛森，积石当街，鳞游在渚。岂前日之梦非，而今日之梦是耶？记之日，岁在壬辰秋九月也。

《茶园乱后记》译文

茶园，是东莞的一个巨镇。茶园背山临水，周围百里都是浅泽地。夏秋之间，浅泽里积水汪洋无际。茶园乡内，有罗山、台山、凤山、鹊岭等多个小山岭。以前，只有渔民居住在浅泽的岸边。到了宋朝，各个姓氏才来到茶园定居。相传这些百姓都是从南雄珠玑巷迁来的，也就是说，他们都是当时躲避国内战乱而流离迁居的难民。

我们张氏出自广东曲江。宋朝末年，先祖在澄海做县令，因战乱不能回去，先到了西湖东洲（今石龙镇西湖水厂附近），再从西湖迁到茶园。那时，茶园的先祖们借渔民的土地开荒，约定每年开办宴会招待他们。后来因年代久远不能如约，改为分派糕饼给他们的老人、孩子，至今已成常例。

元朝末年，东莞人何真、王成起于草莽，争夺霸权，抢掠土地。何真与王成转战于茶园东门桥头之外（今茶山圩罗山桥附近）。王成竖起木栅据守茶园，何真募集壮士拔去木栅，大败王成，茶园百姓赖以平安。明朝初年，巨盗黄萧养流窜劫掠，打算袭击茶园，驻扎在茶山渡头边的河堤上。夜里，他们听到人声低语，怀疑茶园百姓早有防备，只好离去。那时，茶园还是一个荒芜冷落的地方。

到了明朝的宣德、成化、嘉靖、隆庆年间，茶园科甲鼎盛、人才辈出。先辈通达之人如林南川（林光）等，拜陈白沙先生为宗师，研究、探讨理学。茶园殷实富裕，建起六条浮桥，浮在河面上如百步（约186.6米）长堤，连接筋竹冈（今属增埗）等地。同时，环绕茶园开凿护城河，建起长达五千余武（约4665米）、蜿蜒逶迤的城墙。城墙之内，又挖了多个池塘。

万历年间（1573—1619年），刘孔武、陈王道、袁东溪、原抱奇等人以贩卖明珠起家，富裕人家往往拥有千万资产。百姓争奢斗富，年轻子弟奢华浪费。

每年农历三月二十八日“东岳诞”之前，茶园举办盛大迎神赛会。每到此时，茶园城内外十三坊百姓倾城而动，无不以香火、鲜花恭候东岳大帝出巡。远道而来的船只挤满了城外的河面，街道上人头涌涌，摩肩接踵。素馨花的花香融汇了沉水（即莞香）、檀香的熏香，像云雾一样升腾缭绕。东岳行宫前土地平旷，木棉、榕树、刺桐垂荫数百亩，是少年人跑马牵狗、攀比排场的游乐场地。

正月十五的灯市，茶园的花灯五彩绚烂，如同“锦城”成都。茶园周边各乡百姓不怕路远，带着、抱着小孩前来买卖货物。灯市之夜，箫鼓步步相闻。整夜燃放的烟花就像火树银花，争奇斗艳。即使是卖菜的、做小贩的，也会贮起一斗酒（约21.5斤），在灯市期间享受数晚的欢乐。

天启（1621—1627年）之后，古道人心渐趋淡薄，旧时积下的家产也渐渐消耗掉。人们为了显示自己豪爽超群，不惜在赌博中一掷百万。这时，聪明的人已经知道坏风气不可遏止了。

我童年时，父亲已经七十岁。每月初一、十五这两天，茶园的父老们头戴隐士帽、拄着拐杖，前往在雁塔寺遗址开办的社学，为后辈们讲学。那时，如果有人酗酒闹事，父老、兄长就像家人一样斥责他们，让他们知道愧疚而离去。读书人不敢醉酒经过长者面前。如果给长者遇见了，长者一定说："少年人应当安静如处子，闭门潜心修养，为何这样自暴自弃？"读书人肃立聆听，唯唯称是，为自己感到惭愧汗颜，然后离去。如今世风日下，还有什么好说的呢？

崇祯壬午、癸未年（1642年、1643年，明朝即将灭亡），国内动荡，山贼趁乱而生。无论贵贱，都投奔他方。很多地方遭到焚烧、抢掠。石冈（包括现石排镇燕窝、中坑等多个村）、南社失守，茶园东西相连十里，百姓尚能联合起来，守望相助。茶园各处分别建立防御队伍，晚上提着灯笼夜巡的乡勇多达千人。面对如此森严的防卫，山贼们只敢远远眺望，不敢正视乡勇们的凌厉目光。局势稍稍平静后，百姓间出现不同意见，便不再防御。丁亥年（1647年）十月，山贼兼程夜袭茶园，焚杀掳掠之后不久离去。

戊子年（1648年）四月，东莞发生大饥荒，数千山贼空巢而下，各乡不能固守，很多缺乏粮食的百姓加入了山贼队伍。于是，山贼遍布方圆百里，在各个地方占地为巢。在茶园，弱者不能远逃，强者夺其粮食，全乡死了七成人口。

三月中旬，我还居住在莞城东边，料想到旱灾必然导致社会动乱，便与舅父元佩、友人翟伏一商量找地方躲避。我在蒲溪（今属石龙镇）有个陈姓友人，先租船去拜访他，再回茶山。回到茶山西门时，我听说山贼已从莲花山（今长安、厚街、大岭山交界处一带）跑下来抢掠。我催促船家赶快返回莞城新沙，立即载上家人、细软起程逃难，不能携带的只能忍心抛弃。行至板桥（今东城上桥、下桥）东江岸边，我在叶启庸家留宿，力劝亲人故旧及早寻找地方躲避。黎明时，我即将离去，叶启庸忧心彷徨地握着我的手说："事已至此，我无力追随您一起逃难，实在无可奈何！"叶启庸十分悲痛，我亦为之泪下。出门离去时，路上携男带女的逃难者的哭泣之声，数里之外都可以听到。这天晚上，山贼来到茶园，茶园男女被害数千人。

后来，佟养甲、李成栋统率军队镇守广东。盗贼投降，饥民得到安抚，我也回到茶园。乡里渠沟填满了死者骸骨，尸横遍巷，有的人躺在家里起不来，真是目不忍见，惨无可言！我去寻访旧友，得知叶启庸和他的妻子、儿女都已经死了。过去被称作是富裕、官宦之家，曾经都是有骨气的"伟男子"，只能流离各处，向人讨饭。但没有人肯施舍哪怕一碗饭，去可怜这些曾经的王孙贵族。

七月，田里没人耕种，野禾自己开花，自生自灭。房屋大多被毁了，燕子因没有屋檐可供筑巢，只能在树林里结窝。所幸的是，西江那边（指肇庆等西江流域）不阻止灾民过去买米，米价才开始回落到一斗米（约9.44公斤）三钱银子（即每斤米约值现在的2.8元）。那时，茶山的房屋未遭烧毁而保存下来的，仅十分之一二而已。

八月，石冈王崇际先生请僧人印初来茶园做法事超度亡灵，将劫后残骸和饥民尸骨收拾起来，分成两堆，堆在东岳行宫的左边，用柴火焚化尸骨。那两堆白骨，高如两座雪山！十日之后，火熄灭了，人们为死者挖了个共同的墓穴。埋好后，撰写碑文记载此事。

至此，茶园昔日的金银财富已经消失一空，木石筑成的房屋也被焚毁殆尽。壬辰年（1652年），我侨居在距水南（今属石碣镇）数里的地方，往事不堪回首。想当年，茶园高楼华厦林立，街上没有多少空隙之地，如今却是无片瓦容身！青山依旧，废墟上野树丛生，砖石堆积在街上，鱼儿在水里因无人惊扰而闲游，茶园的繁华早已不再！

经历如此巨变，我像是做了一场梦。或者，昔日的繁华之梦是假的，今日的悲凄之梦才是真的。记载之日：壬辰年（1652年）秋九月。

2009年10月译

守护茶山古建筑，留住悠悠乡愁[1]

何处是乡愁？乡愁是参天古榕的绿荫之下，有着数百年历史的古老祠堂；乡愁是祠堂两边通向古村深处，早已被脚步磨凹了的、悠长的红石小巷；乡愁是小巷两边用古老青砖筑起的高耸的镬耳山墙；乡愁是雕刻着精美花鸟、人物吉祥图案的屋檐；乡愁是古老民居里升起的袅袅炊烟……

但随着近几十年迅猛的城市化进程，茶山有了翻天覆地的变化，城市建设日新月异。于是，一些古老的围门、祠堂被拆掉重建；一些有着独特茶山特色的古民居被荒弃，在风雨飘摇之中濒临倒塌；古老的红石小巷，再没人肯留下光临的脚步，长满了丛丛杂草……乡愁，只留存在我们的记忆之中。

我们还能找回我们的乡愁吗？其实，乡愁就在我们寻访的脚步之下。只要我们肯用心走访，走遍茶山18个村（社区）的每一条古老小巷，我们依然可以在略显衰颓的房屋之中，寻找到一处处仍然保存良好、有着重要历史文化价值的古建筑，让我们对古人的建筑艺术赞叹不已，让我们对曾经居住、生活在这里的茶山乡贤心生无限景仰。

这些在漫长岁月中保存下来的、珍贵的茶山古建筑，正是茶山深厚文化底蕴的重要物质载体。这些茶山古建筑，承载着茶山人心中悠悠的乡愁。如果没有这些古建筑，茶山人如何记得起往昔的峥嵘岁月？如果没有这些古建筑，茶山青少年将如何认知茶山的历史、文化？如果没有这些古建筑，茶山人如何传承、弘扬茶山优秀传统文化？

所幸的是，《粤港澳大湾区发展规划纲要》已将保护古建筑列入了规划："保护、宣传、利用好湾区内的文物古迹、世界文化遗产和非物质文化遗产……彰显独特文化魅力。"

目前，茶山共有分布于南社、超朗等7个村（社区）的38处文物保护单位。在

---

① 本文提出了对茶山古建筑进行普查、测绘的倡议，曾发表在《茶园》报上。其后，茶山古建筑普查、测绘工作正式开展。2021年，此项工作的成果——《茶山历史建筑图志》（袁艺峰主编、陈贺周副主编）由华南理工大学出版社出版。

这38处文物古迹之外，茶山各村（社区）尚有大量未列入保护名录、仍然保留历史原貌、有着重要历史文化价值的古建筑，值得我们、亟待我们去关注、保护、研究、传承。例如：下朗榄山“公甫停骖”围门（纪念明代理学家陈献章来茶山访问林光）、下朗菊隐公祠、下朗医灵庙和西门、茶山圩上步林氏宗祠、粟边游氏宗祠、增埗洋楼、塘角霞坑碉楼、横江旭和家塾等。

我们可以通过专业的建筑普查，将全茶山18个村（社区）每一处具有重要历史文化价值、需要重点保护的古建筑调查清楚，摸清茶山古建筑的家底；我们可以运用先进的古建筑保护技术去保护这些古建筑，让它们在岁月长河中巍然屹立、世代流传；我们可以对重点古建筑进行专业测绘，为若干年后的修复工程留下准确的原始资料；我们可以通过横向比较，研究茶山古建筑在粤港澳大湾区中的独特风格和重要价值；我们可以在全世界范围内，大力宣传茶山丰厚的古建筑文化遗产，吸引全世界的游客……

我们可以做、需要做的工作实在太多太多。只要我们肯付出努力，我们一定可以让茶山古建筑在新时代焕发出新的生机，为茶山子孙后代留下一份光辉灿烂的古建筑遗产，为茶山人永远留住心中悠悠的乡愁。

2019年4月

陈培坤先生为《茶山古建筑装饰文化》一书所拍摄的茶山上步林氏宗祠。（摄于2018年1月17日）

下篇

方言

19 世纪东莞方言音系

——基于《字彙较正》《东莞方言》《粤语东莞方言》的研究

【摘要】《字彙较正》(1851年)是东莞人吴锡荣编写的按平水韵编排的东莞方言同音字汇。J. Dyer Ball 的*The Tungkwun Dialect*(1889-1890年)及C.J.Saunders 的*The Tungkwun Dialect of Cantonese*(1896-1897年)是两篇关于东莞方言的英文论文。本文根据三者的语音资料,分析出其音系(《字彙较正》更分析出其音节表),显示出19世纪东莞方言语音的大致面貌。最后,将三者的音系与今东莞方言比较,考察东莞方言历时演变的轨迹。

【关键词】历时研究　东莞方言音系　方言韵书　《中国评论》

《字彙较正》完成于咸丰元年(1851年),作者为东莞人吴锡荣,是一本按平水韵编排的东莞方言同音字汇,亦收少数俗音、俗字、俗词。

J. Dyer Ball的*The Tungkwun Dialect*[1889-1890,*The China Review*, Vol.18,pp.284-299(据李立林,2015)。以下称作《东莞方言》]。这篇论文记录的是东莞石龙方言的语音(声、韵、调),主要语音资料含共617个条目的字音表(字音只包括声母、韵母,不含声调)、83字“主祷辞”的语音(字音含声、韵、调)以及注释中的少量语音。

C.J.Saunders的*The Tungkwun Dialect of Cantonese* [1896-1897,*The China Review*, Vol.22,pp.465-476(据李立林,2015)。以下称作《粤语东莞方言》]。这篇论文记录的是19世纪末的东莞石龙方言,论述范围包括声调、语音演变规律及部分词汇和零星的语法。

以上三种资料均由庄初升教授向笔者提供,谨致谢忱!

《字彙较正》与《东莞方言》《粤语东莞方言》的年代前后仅相差46年,三者语音较接近,可以互相印证。我们仔细分析其语音资料,得出其音系,可窥得19世纪东莞方言语音的大致面貌。将三者的音系与今东莞方言比较,可窥见东莞方言历时演变的轨迹。

《东莞方言》音系

一、声母

声母23个（每个声母举5个例字，第1个例字按原文标注音标）：

帮 p：巴 pá 拜 品 班 北

滂 p^h：怕 p‘á 排 朋 跑 平

明 m：马 má 买 文 万 墨

非 f：花 fá 块 分 凡 法

端 t：打 tá 歹 得 担 丹

透 t^h：他 t‘á 太 贪 炭 塔

泥 n：拿 ná 乃 南 难 能

来 l：罅 lá 拉 林 蓝 冷

精 ʦ：字 tsai 浸 簪 津 习

清 $ʦ^h$：慈 ts‘ai 寻 惨 亲 残

心 s：心 sam 三 新 散 塞

庄 ʧ：揸 chá 斋 斟 斩 珍

初 $ʧ^h$：差 ch‘á 搀 尘 橙 出

崇 ʃ：沙 shá 晒 衫 身 山

见 k：加 ká 皆 金 监 巾

溪 k^h：卡 k‘á 琴 勤 及 其

君 kw：瓜 kwá 怪 轰 骨 刮

群 k^hw：夸 k‘wá 坤 愧 狂 括

吾 ŋ：牙 ngá 岩 银 眼 牛

晓 h：下 há 鞋 喊 恨 坑

喻 j：也 yá 音 因 邑 幼

哀 ∅：吖 á 挨 罂 鸭 欧

为 w：华 wá 坏 云 环 屈

在《东莞方言》中，声母 y 与 [i] 前零声母都有记录，但并不对立，如 i 又记录为 yi，in 又记录为 yin，it 又记录为 yit；声母 y 与 [y] 前零声母都有记录，但并不对立，如 ü 又记录为 yü，üt 又记录为 yüt。为简化韵母，《东莞方言》的声母设立“喻 j”，表示 [i] 前零声母，或韵头 [i-] 或 [y] 前零声母。声母 w 与 [u] 前零声母都有记录，但并不对立，如 ú 又记录为 wú，ún 又记录为 wún。同上理，声母设立“为 w”。“肺”记音为 fwoi，但《东莞方言》中以 fw 为声母的仅此一字，故不将 fw 设为声母。

与今东莞石龙话的声母［共16个，包括零声母（据李立林，2015，第168、169页）］相比，《东莞方言》最大的区别是多了一套齿音，即精组与庄知章组对立，而今东莞石龙话则混同。其余的区别仅是记音方法的不同，李立林将j、w处理成韵头i、u，故李著的声母少而韵母多。

在《东莞方言》中，声母k与kw、k‘与k‘w略有相混，如ku又记录为kwu，k‘u又记录为k‘wu，kun又记录为kwun，kut又记录为kwut，k‘ut又记录为k‘wut。

下面，重点讨论《东莞方言》两套齿音的相混。《东莞方言》的齿音所含的例字枚举如下（原文的自造字、方言字除外）：

ts：字浸簪曾津讚习则疾卒酒借席井即尖戋晶接椒左租作葬匠在醉足尊宗绝就罪僧樽

ts‘：慈寻惨亲层巡残戢贼七擦秋邪请戚签千清妾切鏊错粗雀仓祥财脆速全从撮飧鹚此似姒俟刺

s：卅嘶四心三信新散塞膝戌撒修写醒昔先星洩小锁须洗索削桑想顋碎宿孙宋雪赐

ch：斋斟斩珍诤准盏争汁劄仄质扎周者只正之织占氈烝折招阻制濯着庄章朱锥竹转中拙旨至芍绌慈

ch‘：沉差搀尘春刬橙恻出册察抽巢车尺痴赤廛秤设朝初卓创昌枢吹畜川充拯产差（ch‘í）雌眥呰

sh：沙晒参衫身顺山甥省十煤失术杀收筲赊声时色闪善升摄舌烧梳数誓欶烁爽常书水叔船崇圣成世诚所柿

由上可见，ts、ts‘、s来源于精组，ch、ch‘、sh来源于庄知章组。庄知章组混入精组的有“俟”字，精组混入庄知章组的有“差（参差）雌眥呰”四字，“慈”字分别见于两组。

二、韵母

韵母共41个。

韵类 / 元音	阴声			阳声	入声
	无韵尾	圆唇韵尾	i 韵尾		
i		宵 iu	支 i	先 in	屑 it
				清 iŋ	昔 ik
ɛ	车 ɛ			青（白读）ɛŋ	锡（白读）ɛk
ɐ		侯 ɐu	微 ɐi	真 ɐn	质 ɐt
				侵 ɐm	缉 ɐp
a	麻 a	肴 au	佳 ai	山 an	陌 at
				咸 am	乏 ap
ɔ	歌 ɔ		齐 ɔi	江 ɔŋ	觉 ɔk
œ	茄 œ			阳 œŋ	药 œk
o		豪 ou		东 oŋ	屋 ok
u	姑 u		灰 ui	桓 un	末 ut
y	鱼 y			元 yn	月 yt
m̩				唔 m̩	
ŋ̍				吾 ŋ̍	

《东莞方言》的韵母与今东莞石龙话的韵母（据李立林，2015，第169、170页）大致相同，主要有以下几点差别：

例字	《东莞方言》	今东莞石龙话	说明
咸 / 乏	am/ap	aŋ/ak（aʔ）	今东莞石龙话“山咸”相混
山 / 陌	an/at		
桓 / 末	un/ut	oŋ/ok	今东莞石龙话“东桓”相混
阳 / 药	œŋ/œk	iɔŋ/iɔk（iɔʔ）	李著记音疑有误，今东莞石龙话应为 œŋ/œk，与《东莞方言》同
屑	it	ik	
月	yt	yk	
吾	ŋ	n̩	

韵母例字及分析

例字不包含原文的自造字，不过这不影响韵母的归类。总体来说，《东莞方言》的韵母是有规律的，但因少数字记音不准或有不同的发音人，导致有些韵母归字不准确（如“得”分别归ak、at韵），并且可以明显看出《东莞方言》中混入了周边（广州或东莞其他地方）的方言，而石龙其时是广东省内一大城镇，临东江，商贸发达，故此。

宵韵

iú韵例字：招朝晓叫桥料苗鸟票漂烧小丢条椒锹要

iú相当于国际音标[iu]。

支韵

í韵例字：之痴时啲衣旨意试至制差雌

í相当于国际音标[i]。

“制”分别归í韵和oí韵，归í韵应该是混入了其他地方口音。

先、屑韵

ín韵例字：占氈廛欠兼坚钳廉莲面念年边偏闪善先点瘨添天尖戔签千严言免现苋

ít韵例字：折设协歇劫洁揭猎列灭齧必撇摄舌泄蝶跌贴铁接节妾切叶热揭

ím韵例字：欠

íp韵例字：摺聂

ín/ít相当于国际音标[in]/[it]，ím/íp相当于[im]/[ip]。

ím韵仅有一个“欠”字，而与“欠”字音韵地位相同的字都归入ín韵，故《东莞方言》中的ím韵应该是混入了广州口音，因此不将ím（[im]）列为《东莞方言》的韵母。同理，íp（[ip]）亦不列为韵母。

清、昔韵

ing韵例字：烝秤兄京倾憬凌明盟宁兵平升星丁亭晶清永英圣成拯荣诚莹

ik韵例字：织赤亟侐力觅溺偪劈色昔滴愓即戚亦

ing/ik相当于国际音标[iŋ]/[ik]。

车韵

e韵例字：者唏嘅咧咩啤写赊爹借邪爷奢

e相当于国际音标[ɛ]。

青、锡韵

eng韵例字：正颈领名饼平醒声钉听井请

ek韵例字：只尺屐剧擘踢席瘌

eng/ek相当于国际音标[ɛŋ]/[ɛk]。

豪韵

ò韵例字：好高劳巫奴澳保菩数鬓刀图租粗到

ò相当于国际音标[ou]。

“好”分别归au韵和ò韵，前者应该是混入了周边地方口音。

肴、侯韵

au韵例字：抽浮侯楼扭掊修收斗头酒秋有仇幼休好

áu韵例字：周就抓巢考九交抠铐捞谋矛锚牛爻包筲幼又救钩休丘蚯邱鸺朽卣

áu相当于国际音标[au]，au相当于国际音标[ɐu]。

由上述例字可见，au韵基本是流摄字（“好”除外），而áu韵则混合了流摄和效摄字，“休幼”分别归入au韵和áu韵。就今石龙话、莞城话而言，上述例字均混同于韵母[au]，今茶山话（茶山圩）则没有混同，流摄归[ɐu]，效摄二等归[au]。因此，在《东莞方言》中，流摄和效摄二等的区分还是明显的，流摄字与效摄二等字同归áu韵可能是混入了其他方言，或显示流摄趋向于与效摄二等混同。

微韵

éi韵例字：非喜饥其理尾你俾湃呗败皮地霾弭鎞毁

aí韵例字：唉咡嘶四字慈地似赐知篦披跛呰呰餈鹚比姒俟刺

aí韵母包含的字多数是舌齿音，如“嘶字慈似赐知呰呰餈鹚似此似姒俟刺”，这些字在今广州话中韵母都读[i]，但aí韵母中的“地披篦”三字在今广州话中韵母读[ei]，而且“地”字在两个韵母中都出现，可见éi、aí两个韵母其实并没有严格对立，因此，éi、aí归并为[ɐi]韵母。在《东莞方言》的注释中有这样一条：“篦is paí，鎞is péi。”，但“篦鎞”均读“边兮切”，韵母照理应相同，之所以记为两个不同的韵母，可能是记音不准或发音人不同。

“跛”分别归入aí韵和oí韵，前者应该是混入了其他地方口音。

真、质韵

an韵例字：嘤珍诤准尘春分宏恨幸巾勤髋君坤文撚品崩牝朋银信新身顺墩灯吞藤湍曾津亲层巡云因人引耿

at韵例字：握扤仄质恻出克乞吉咳骨勒肋甪律墨乜北不疋塞膝戌失

术 凸 怵 黜 则 疾 卒 贼 七 屈 一 得 日

ang 韵例字：轰 能 僧 擤

ak 韵例字：得

an/at 相当于国际音标 [ɐn]/[ɐt]；ang/ak 相当于国际音标 [ɐŋ]/[ɐk]。

ang 韵仅有“轰 能 僧 擤”四字，而与“轰 能 僧”三字同属梗摄的“崩 朋 藤 曾 品”等字归入an韵，因此，《东莞方言》中的an、ang两个韵母并不对立，而应该合并于归字更多的an韵。同理，ak 韵仅有一个“得”字，与“得”字韵母相同的其他字都归入at韵，故ak韵应合并于at韵。

侵、缉韵

am韵例字：揞 斟 沉 金 琴 林 脸 唅 心 参 噤 浸 寻 音 临 今 钦

ap韵例字：洽 汁 哈 合 急 及 笠 粒 吸 咂 十 嗒 执 戢 习 邑 入

òm韵例字：音 瘖 含

om韵例字：㯺

am/ap相当于国际音标 [ɐm]/[ɐp]，òm 相当于 [om]，om 相当于 [ɔm]。

òm韵仅有“音 瘖 含”，而“音”又见于am韵，可见òm韵是混入的其他方言，故不列为韵母。om韵仅有一字：㯺，此字不明其义，也不知其语音来源，故亦不列为韵母。

麻韵

á韵例字：吖 揸 茶 花 下 加 卡 瓜 夸 鲱 马 拏 牙 巴 怕 卅 沙 打 他 华 也

á 相当于国际音标 [a]。

佳韵

ái韵例字：唉 斋 差 块 鞋 皆 械 怪 拉 买 乃 耐 奈 厓 拜 排 嗺 晒 歹 太 坏 埋

ái 相当于国际音标 [ai]。

山、陌韵

án韵例字：罿 盏 争 划 橙 凡 闲 坑 间 庚 耕 关 逛 茎 呤 冷 栏 万 孟 难 眼 硬 班 攀 蟛 散 山 甥 省 丹 炭 赞 残 环 横 享 哼 行

át韵例字：押 压 答 札 册 察 拂 法 客 革 掴 刮 辣 擘 抹 捺 阸 额 扤 百 八 撒 杀 筲 挞 擦 或 滑 域 惑 获

án/át 相当于国际音标 [an]/[at]。

在《东莞方言》中，曾摄、梗摄的部分字已和山摄混同；少数咸摄字也和山摄混同，如“押压答”。

咸、乏韵

ám韵例字：斩搀杉喊含咸监瞰蓝南岩三衫担簪惨堪

áp韵例字：鸭劄扱甲鸽立纳煤搭塔

ám/áp相当于国际音标[am]/[ap]。

第295页：“This（心。周按，疑“心”为“三”之误）is pronounced sáng in some part or parts of the country”这显示咸韵的韵尾[m]向[ŋ]演变。

歌韵

o韵例字：阻初火何哥过罗摩我糯柯波婆梳锁多拕左错和所

o相当于国际音标[ɔ]。

齐韵

oí韵例字：制肺系笄改启归愧米呆泥跛批誓洗位为世契柿

oí相当于国际音标[ɔi]。

唐、铎韵

ong韵例字：庄创方康伉光狂浪亡戆囊盎邦旁爽桑当堂葬仓王

ok韵例字：濯擢学各确国洛幕诺恶雹扑欶索度托作错镬莫霍廓扩缚

ong/ok相当于国际音标[ɔŋ]/[ɔk]。

茄韵

ö韵例字：靴

ö相当于国际音标[œ]。

虽然ö韵仅有一个例字，但《粤语东莞方言》和今东莞石龙话“茄靴唾”均归同一韵母，故设立茄韵。

阳、药韵

öng韵例字：章昌香姜强良娘常想匠祥羊样粮

ök韵例字：着卓脚却略烁削琢雀约芍汋

öng/ök相当于国际音标[œŋ]/[œk]。

茶山文史論稿

东、屋韵

ung 韵例字：中充风凶公穷龙梦篷崇宋宗从东通饔用熊浓

uk 韵例字：竹畜哭曲六木躅卜仆叔宿足速督秃屋玉旭

ung/uk 相当于国际音标 [oŋ]/[ok] 或 [uŋ]/[uk]。

姑韵

ú 韵例字：夫古轱乌父负乎壶弧湖瑚瓠糊胡葫蝴醐互岵怙户濩芋护

ú 相当于国际音标 [u]。

灰韵

ui 韵例字：锥吹虚居区吕女水腮碎罪

úi 韵例字：灰开盖来泪妹杯配在醉财脆代堆台推煨蕊拽在

ui、úi 相当于国际音标 [ui]。

《东莞方言》中有ui、úi韵两个韵母，很显然，这是记音问题或笔误，这两个韵母应该合并。

桓、末韵

ún 韵例字：官干门本盆换闰樽

út 韵例字：割括末讷钵拨活褐阔喝

ún/út 相当于国际音标 [un]/[ut]。

鱼韵

ü 韵例字：朱枢书如

ü 相当于国际音标 [y]。

元、月韵

ün 韵例字：转川圈揵騝卷乾虔拳乱暖船孙尊全端团元愿权献谳尊

üt 韵例字：拙绌血撅抉劣雪绝撮夺脱月

ün/üt 相当于国际音标 [yn]/[yt]。

唔韵

m 韵例字：唔

m 相当于国际音标 [m̩]（声化韵）。

吾韵

ng韵例字：吾

ng相当于国际音标[ŋ̍]（声化韵）。

三、声调

共9个声调：上平（即今“阴平”，下同）、下平（阳平）、上上（阴上）、下上（阳上）、上去（阴去）、下去（阳去）、上入（上阴入）、中入（下阴入）、下入（阳入）。《东莞方言》的声调几乎没有《粤语东莞方言》中的“俗话变音”（即今“小称变调”），但两篇论文相差仅7年，但《东莞方言》中的“俗话变音”仅记录一例。

在《东莞方言》中，仅有“主祷辞”的语音含声、韵、调。“主祷辞”的译文如下：“我哋嘅父在天，愿你嘅名系圣，你嘅国降临，你嘅旨意得成就，在地好似在天一样。我哋需（?）用嘅粮，今日赐我，又免我哋嘅欠负，好似我哋免休人欠负我哋嘅。莫引我哋入试惑，拯救我出罪恶。因为国啊、权啊、荣啊，皆喺你有，至到世世。诚心所愿。”

声调例字如下（首个例字按原文注音，其他不注音）：

上平（阴平）：名꜀meng（周按，原文误，“名”应为阳平）休

下平（阳平）：天꜁t‘in（周按，原文误，“天”应为阴平）临粮人权荣皆（周按，疑误）诚心（周按，疑误）

上上（阴上）：旨꜂chi 所

下上（阳上）：我꜃ngo 你好（周按，疑误）免拯有

上去（阴去）：嘅ke꜄ 父在系（周按，疑误）圣降意愿（周按，疑误）样用（周按，疑误）欠负引试救因（周按，疑误）啊至到

下去（阳去）：哋tái² 成（周按，疑有误）就似今（周按，疑误）赐又罪为系世愿

上入（上阴入）：得tat꜆ 一

中入（下阴入）：国kwok 出（周按，疑误）

下入（阳入）：莫mok꜇ 入惑恶

就以上58个例字来看，声调归字肯定有错误的地方（如“名”记作阴平、“天”记作阳平，“系”“愿”均见于阴去、阳去二调），剔除这些明显错误的例字及存疑的例字，我们还是可以从中窥得《东莞方言》声调的一斑。《东莞方言》的声调与今东莞石龙话唯一的区别是上声分阴阳，即清声归阴上，浊声归阳上，而今东莞石龙话则“次浊上、部分全浊上归入阴去，部分全浊上归入阳去”（据李立林，2015，第170页），但亦可看出《东莞方言》已有这种趋势（如全浊上的“父负”

归阴去，全浊上的“似罪”归阳去），其余则与今东莞石龙话完全相同。另外，小称变调为阴上（可参考《莞语探源》第83页）在《东莞方言》中有一例：“杉goes into a rising tone, said to be a 上上.”“杉”为平声字，读阴上是小称变调。

《粤语东莞方言》音系

《东莞方言》和《粤语东莞方言》前后仅相差7年，根据本文分析，二者音系完全相同。

《粤语东莞方言》第466页：“As a natural consequence many expressions from Canton or other parts of the Prefecture may be heard there which are not in any sense Tungkwun and which would not be understood by the women and children of the place.”据此可知，《粤语东莞方言》所记录的东莞石龙方言与《东莞方言》记录的东莞石龙方言一样，混杂了一些其他方言的成分。《粤语东莞方言》所载有些字音互相矛盾（如“楼”有lau、láu两种读音），有些词明显来自东莞不同地方的方言（如“鸟”有“毕”“雀”两种说法）。据笔者分析，可能是因为该文的调查对象不止一人，而石龙为东江重要商埠，有些调查对象并非石龙土著而是来自石龙周边地区。总体来说，《粤语东莞方言》的音系还是相对确定的。

《粤语东莞方言》以英文写成，部分语音有对应的中文，更多的语音只有对应的英文释义，但绝大部分语音可根据英文释义及今东莞方言推断出其中文字，如“yat shü (or ch‘ü) tăi fong ‘a place’”显然就是“一处地方”，且可知“处”字文读为ch‘ü、白读为shü，这种文读、白读和今石龙话相同。为方便起见，除非论述声调，引用《粤语东莞方言》的注音时省略声调符号。

一、声母

声母23个（每个声母举5个例字，第1个例字按原文标注不含声调的音标）：

帮 p：捧pung跛把布睥

滂 p^h：品p‘an铺平朋婆

明 m：麻má马魔埋蜢

非 f：核fat户妇汗海

端 t：打tá对肚丢大

透 t^h：头t‘au跳通天条

泥 n：柰nái女男你娘

来 l：绿luk联聋老厘

精 ʦ：子ʦăi总做灶仔

清 ʦ^{h}：草ʦ‘ó造在前松

心 s：三sam泻相赐新

庄 ʧ：疹chan种指针住

初 ʧ^{h}：吹ch‘úi茶穿杉撑

崇 ʃ：神shan衫船鼠水

见 k：肩kin架狗个鸡

溪 k^{h}：钳k‘in孔霍拱局

君 kw：鬼kwoi廓骨果干

群 $k^{h}w$：狂k‘wong概屈扩掘

吾 ŋ：芽ngá耳眼牛硬

晓 h：乞hat起好考孩

喻 j：一yat日影人熊

哀 ∅：阿a莺暗埃奩

为 w：围woi伟岸云会

在《粤语东莞方言》中，声母y与[i]前零声母并不对立（《东莞方言》亦一样），例如“二”“意”本应只是声调不同，而“二”记音为yi，“意”则记音为i。为简化韵母，《粤语东莞方言》的声母设立“喻j”，表示[i]前零声母或韵头[i-]或[y]前零声母。同理，设立声母“为w”，表示[u]前零声母或韵头[u-]。“肺”记音为fwoi，但《粤语东莞方言》中以fw为声母的仅此一字（《东莞方言》亦一样），故不将fw设为声母。“蜗”（青蛙），既记作kái，又记作kwái，可能是发音人不同所致。综上，《东莞方言》和《粤语东莞方言》的声母完全一样。

下面，重点讨论《粤语东莞方言》的齿音。《粤语东莞方言》的齿音所含的例字枚举如下（限于能在原文中辨识的字且不含方言字及存疑的字）：

ʦ：总做灶仔左子奖炙浆焦净蘸酒转

ʦ‘：造在似草逐床窃贼雀前松菜脆邪刺签层蔡齐

s：泻相欶摄涉赐设新先三星塞熄送锡

ch：整嘴正猪只蛛芍疹炙盏着种指折针住掌眨丈寨

ch‘：茶穿杉撑柴差（参差）雌巡匙蜀蜘床灶处疮重春池长窗肠捶吹千秋酬

sh：衫船鼠水试处上谁城士师锈霜石乘仇生柿世手树色剩处时食蛇沙湿屎绳神杀寿射声誓说

由上可见，ʦ、ʦ‘、s来源于精组，ch、ch‘、sh来源于庄知章组。庄知章组混入精组的有“蘸转逐摄涉设”6字，精组混入庄知章组的有“嘴差雌巡千秋锈霜”8字，“炙床”分别见于两组。在《东莞方言》中，庄知章组混入精组的有“俟”字，精组混入庄知章组的有“差（参差）雌呰呰”4字，“慈”字分别见于两组。由此可见，精组与庄知章组有混同的趋势。

二、韵母

韵母40个。

韵类 / 元音	阴声			阳声	入声
	无韵尾	圆唇韵尾	i 韵尾		
i		宵 iu	支 i	先 in	屑 it
				清 iŋ	昔 ik
ɛ	车 ɛ			青（白读）ɛŋ	锡（白读）ɛk
ɐ		俟 ɐu	微 ɐi	真 ɐn	质 ɐt
				侵 ɐm	缉 ɐp
a	麻 a	肴 au	佳 ai	山 an	陌 at
				咸 am	乏 ap
ɔ	歌 ɔ		齐 ɔi	江 ɔŋ	觉 ɔk
œ	茄 œ			阳 œŋ	药 œk
o		豪 ou		东 oŋ	屋 ok
u	姑 u		灰 ui	桓 un	末 ut
y	鱼 y			元 yn	月 yt
m̩				唔 m̩	

《东莞方言》和《粤语东莞方言》的韵母可以说完全一样，唯一不同的是《东莞方言》多了一个声化韵[ŋ̍]，今东莞石龙话有声化韵[n̩]（李立林，2015，第169页），可推测《粤语东莞方言》的音系中亦有声化韵[ŋ̍]（含“午五”等字），只是文中的例字中没有出现这些字而已。

韵母例字及分析

宵韵

例字：桡、腰、妖 iú，小 siú，跳 t^{h}iú，丢 tiú，猫 miú。

iú 相当于国际音标[iu]。

支韵

例字：指 chi，二 yi，意 i，时 shi，试 si，匙 ch‘i。

i 相当于国际音标[i]。

先、屑韵

例字：砚、烟in，面min，癫tin，前ts‘in，先sin，虔k‘ün，千ch‘eng，献hin、hün，签ts‘in，钳k‘in，蘸tsin，结kit，撇p‘it，窃ts‘it，设sit，页yit，夹kit，摄sit。

in/it相当于国际音标[in]/[it]。

“签钳蘸夹摄”这几个字均属咸摄，韵尾应为[m]/[p]，但记音为n/t，可见咸摄细音已和山摄细音混同，故《粤语东莞方言》中无[im]、[ip]这两个韵母。“千、献、虔”照理应分别读ts‘in、hin、k‘in，读ch‘eng、hün、k‘ün可能是混入了其他方言（如莞城）。

清、昔韵

例字：鹰yeng，菱leng，星seng，敬keng，炙chik，色shik，熄sik，积tsik，食shik、shek，翼、忆、页yik，煏pek。

eng/ik相当于国际音标[iŋ]/[ik]。

“食、煏”韵母读ek应是笔误或混入了其他方言。“页”属山摄，韵尾应为[t]，韵尾读k应是笔误。

车韵

例字：泻se，姐tse，蛇she，邪ts‘e，骑k‘e，射she，廿yä。

e、ä相当于国际音标[ɛ]。

“廿”的韵母应与“泻”等字相同，读音应为ye，记作yä应该是笔误。

青、锡韵

例字：城shäng，顶täng，平p‘eng、p‘äng，赢yäng，屏päng，轻häng，净tsäng，屐käk，锡säk，石shäk、shek，炙chik、tsäk，鹊ts‘äk，笛täk。

äng/äk相当于国际音标[ɛŋ]/[ɛk]。

“平”文读p‘eng，白读p‘äng，“城、顶、赢、屏、轻、净、炙、锡”同理。“石”读音记作shek应是笔误。

豪韵

例字：草ts‘ó，铺p‘ó，做tsó，老ló，喉hó。

ó相当于国际音标[ou]。

“喉”属流摄，读hó可能是因为其他地方读[hɐu]，与[hou]近似而混入豪韵。

肴、侯韵

例字：铙 náu，考 háu，狡 káu。喉 háu、hó，酒 tsau，口 hau，透 tau，休 hau，窦 tau，油 yau，手 shau、sháu，楼 lau、láu，头 t'au、t'áu，牛 ngáu，友 yáu，狗、沟 káu，浮 fáu。

áu 相当于国际音标 [au]，au 相当于国际音标 [ɐu]。

广韵肴韵在《粤语东莞方言》中读 áu 是无疑的。在今东莞方言（如石龙、莞城）中，广韵肴韵、流摄韵母混同为 [au]，但在今东莞茶山话中二者并没有混同（塘角村：肴韵读 [au]，流摄读 [ɔ]；茶山村：肴韵读 [au]，流摄读 [ɐu]）。在《粤语东莞方言》中流摄字有两个韵母 au、áu，"手、楼、头"有两个读音，对此，我们可理解为混入了其他方言，亦可理解为广韵肴韵、流摄的韵母在《粤语东莞方言》中是不同的，即肴韵读 [au]，流摄读 [ɐu]。在此，从分不从合。此现象亦见于《东莞方言》。

微韵

例字：地 tăi，子 tsăi，耳 ngăi，似、刺 ts'ăi，赐 săi，气 hăi，背 păi，利 lăi、léi，机 kéi，鼻 péi，起 héi，厘 léi。

ăi 相当于国际音标 [ɐi]，éi 相当于国际音标 [ei]。

在今东莞方言中，例字属同一个韵母 [ɐi]。今东莞方言不像广州话有 [ɐi]、[ei] 的对立。在广州话中，例字的韵母分为两类，"地 气 利 机 鼻 起 厘"韵母读 [ei]，"子 耳 似 刺 赐"韵母读 [i]。显然，《粤语东莞方言》上述例字的韵母分为 ăi、éi 两类，应是因调查对象不同而混入了其他的方言。此现象亦见于《东莞方言》。

真、质韵

例字：根 kan，春 ch'an，神 shan，巾 kan，熏 fan，新 san，问 man，人 yan；乞 hat，蜜 mat，一、日 yat，骨 kwat；凳 tan；得 tat，墨 mat，贼 ts'at；生 shang、shán，芒（芒果）mang，莺 an，等、戥 tan，剩 shan；核 fat。

an/at 相当于国际音标 [ɐn]/[ɐt]；ang 相当于国际音标 [ɐŋ]，án 相当于国际音标 [an]。

例字分属山摄、臻摄、曾摄、梗摄，这四摄的部分字显然在《粤语东莞方言》已经混同，即 [ɐŋ]/[ɐk] 混同为 [ɐn]/[ɐt]（如"生 shang、芒 mang"）。

侵、缉韵

例字：涵 ham，撼 hong，暗 yam、ám、ong，抌（投掷）tan；金 kam，针 cham，禽 k'am，今 kan；蛤 kap；湿 shap。

am/ap 相当于国际音标 [ɐm]/[ɐp]；ong 相当于国际音标 [ɔŋ]；ám 相当于国际音标 [am]；an 相当于国际音标 [ɐn]。

例字均属咸摄、深摄，韵尾应为 [m]/[p]。“撼 暗 扰 今”韵母非 [ɐm]/[ɐp]，显然是混入了其他方言。

麻韵

例字：麻、马 má，打 tá，架 ká，牙 ngá，假 ká。

á 相当于国际音标 [a]。

佳韵

例字：奶 nái，埋 mái，大 tái，柴 ch‘ái。

ái 相当于国际音标 [ai]。

山、陌韵

例字：奸、间 kán，弹 tán，板 pán，眼 ngán；袜 át，八 pát，发 fát；生 shán，羹 kán，朋 p‘án，莺 án，硬 ngán；拍 p‘át，域、获 wát，白、百 pát，伯 pák，□（摔到地上）mák。

án/át 相当于国际音标 [an]/[at]。

“生 羹 朋 莺 硬 拍 域 获 白 百 伯”这些字属曾摄、梗摄，韵尾应为 [ŋ]/[k]。在《粤语东莞方言》中，曾摄、梗摄已经和山摄混同，仅有两个字保留韵尾 [k]。在此，韵母从合不从分。

咸、乏韵

例字：咸、喊 hám，探 t‘ám，男 nám，邯 kám，三 sám，缆 lám，衫 shám，暗 ám；眨、煤 cháp，“垃圾插”láp sáp ch‘áp，鸭 áp，瓦 ngáp。

ám/áp 相当于国际音标 [am]/[ap]。

“瓦”读 ngáp 应属讹读，但假摄部分字读入声亦是今东莞方言的一种现象，如“瓦”在茶山话（塘角村）中读 [ŋa^{下阴入}] 或 [ŋak^{下阴入}]，两个读音并不对立（可参考《莞语探源》第 56 页）。

歌韵

例字：禾 wo，左 tso，婆 p‘o，挪 no，我 ngo，个 ko。

o 相当于国际音标 [ɔ]。

齐韵

例字：鸡 koi，鬼 kwoi，纬、位 woi，仔 tsoi，礼、犁 loi，启 k‘oi，梯 t‘oi，誓 shoi，围 woi、wai，米、谜 mǎi，泥 nai，低 tai。

oi 相当于国际音标 [ɔi]；ai、ǎi 大致相当于国际音标 [ɐi]。

“围米谜泥低”韵母读 ai 或 ǎi 应是混入了其他方言。

唐、铎韵

例字：疮 ch‘ong，床 ts‘ong，霜 shong，方 fong，郎 long；箔 pok，霍 k‘ok，廓 kwok，角 kok。

ong/ok 相当于国际音标 [ɔŋ]/[ɔk]。

茄韵

例字：茄 k‘ö，螺 lö，唾 t‘ö。

ö 相当于国际音标 [œ]。

阳、药韵

例字：上 shöng，香 höng，量 löng，长 ch‘öng，羊 yöng，掌、丈 chöng，窗 ch‘öng，浆 tsöng，娘 nöng，相 söng；着 chök，雀 ts‘ök，芍药 chök yök，脚 kök。

öng/ök 相当于国际音标 [œŋ]/[œk]。

东、屋韵

例字：聋 lung，通 t‘ung，公 kung，浓 nung，风 fung；屋 uk，绿 luk，逐 ts‘uk，局 k‘uk，哭 huk。

ung/uk 相当于国际音标 [oŋ]/[ok] 或 [uŋ]/[uk]。

姑韵

例字：户、妇 fú，牯、鼓 kwú。

ú 相当于国际音标 [u]。

灰韵

例字：该、概 k‘úi，乳 yúi，嘴 chúi，海、开 fúi，会、外 wúi，在 ts‘úi，妹 múi，吹 ch‘úi，墟、去 húi，改 kwúi，腮 súi，渠 k‘úi，水 shúi、shóü，举 kóü，对 tóü。

úi 相当于国际音标 [ui]。óü 大致相当于国际音标 [øy]。

“水举对”三字的韵母为 óü，可能混入了其他地方（如广州）方言。

桓、末韵

例字：汗 fún，岸 wún，官 kwún，伴 pún，门 mún，干 kún；钹、钵 pút，抹 mút。

ún/út 相当于国际音标 [un]/[ut]。

鱼韵

例字：鱼 yü，树 shü，炷 chʻü，鼠、处 shü，蛛、住 chü。

ü 相当于国际音标 [y]。

元、月韵

例字：联、乱 lün，穿 chʻün，遵、旋 tsün，损 shün，软 yün。决 kʻüt，月 üt。

ün/üt 相当于国际音标 [yn]/[yt]。

唔韵

例字：唔 mp。

原文为“mp 唔係”，即今东莞茶山话的 [m p^hɔi]（不是）。按习惯将 mp 设为声化韵 [m̩]。

三、声调

《粤语东莞方言》第466页：“There are at Sheklung nominally ten tones and actually nine different tones; there are six (or more accurately seven) different pitches.”第467页：“Here, it must be remembered that it is impossible to distinguish the 上去 and the 下上”。

《粤语东莞方言》共10个声调：上平、下平、上上、下上、上去、下去、上入、中入、下入、俗话变音，用如今通用的说法就是：阴平、阳平、阴上、阳上、阴去、阳去、上阴入、下阴入、阳入、小称变调（小称变调在《莞语探源》中称作“变调”）。

《粤语东莞方言》所载东莞话（T，石龙音）、广州话（C）声调调值。

声调例字如下（首个例字按原文注音，其他不注音）：

上平（阴平）：休꜀hau 公新生肩

下平（阳平）：前꜁ʦ‘in 还时娘茶

上上（阴上）：晓꜂hiú 小子佬姐

下上（阳上）：老꜃ló 礼妹奶嘴冷眼米翘痒

上去（阴去）：相söng꜄ 暗带气背粪铺喊叫敬放送

下去（阳去）：大tái꜅ 外丈鼻利

上入（上阴入）：得tat꜆ 屋乞一蛤

中入（下阴入）：八pát 百只伯脚

下入（阳入）：月yüt꜇ 食核机页

俗话变音：仔ʦoi 爷婆头话

“下上”（阳上，声母为浊）的例字中只有“妹翘”二字不合演变规律，“上去”（阴去，声母为清）的例字只有“喊”字不合规律，可见在《粤语东莞方言》中，阳上和阴去虽然相近，但还是有明显区分的。在今东莞石龙方言中，阳上和阴去已经混同。

《东莞方言》与《粤语东莞方言》的声调完全相同。今东莞石龙话的调类和调值如下：阴平32，阳平21，上声35，阴去24，阳去43，上阴入5，下阴入24，阳入3[据李立林，2015，第170页。（李立林没有将小称变调55看作是一种调类，《莞语探源》则和《粤语东莞方言》一样将“俗话变音”看作是一种调类）]。

《字彙较正》音系

一、《字彙较正》简述

《字彙较正》的作者是宝安（今东莞）吴锡荣（号星河），书成于清咸丰元年（1851年）闰中秋前（见唐承恩《叙》），“书成而岁月已八易寒暑矣”（见莫来仪《跋》）。本文所据的版本是莞城萃英楼“光绪十三年（1887年）新刊”。

吴锡荣编写此书的目的在于正字、正音，其《自序》云：“五方之风气不同，百里之土音顿异。临池执笔，求其音义详明、形画端楷者往往难之。近阅村圩字彙一书，雅俗兼收，详略各半，而师傅弟受，更复谬以踵谬，讹益加讹，不有以正之，恐鲁鱼亥豕之差不免也。”

此书的编写方法亦见于《自序》：“取字彙一书（周按，即同音字彙，见莫来仪《跋》），印合字典（周按，指《康熙字典》）而厘订之。音联以一，昭其同也；义取诸分，严其辨也。”而此书封面则明确写明：“点画、音韵、注释遵依国朝《康熙字典》。”

莫来仪《跋》则云："特取是书详加厘订，凡《说文》《三篇》《广韵》《集韵》《韵会》《正韵》诸篇，靡不萃荟收罗，提元揭要，复钦遵国朝《康熙字典》以定指归。"

此书按平水韵编排，共分五卷：上平声乾集（15韵，234小韵）、下平声元集（15韵，271小韵）、上声亨集（29韵，385小韵）、去声利集（30韵，448小韵）、入声贞集（17韵，238小韵）。合计106韵，1576小韵（实际约共1227个音节）。

各韵的字按读音的对立归入不同的小韵，每个小韵有一个字作为字头，小韵所收的字都是同音字。各字之下，大致根据《康熙字典》列明简要字义、又音，如"熊：姓熊，熊罴，音雄，俗读融。"极少数字的字音、字义与《康熙字典》不同。多音字按不同读音（主要依据《康熙字典》的直音，即莫来仪《跋》所称"复钦遵国朝《康熙字典》以定指归"）分别归入不同的韵或小韵，如"陈"见于真韵"秦"小韵和震韵"陈"小韵，"缔"见于荠韵"弟"小韵和霁韵"帝"小韵。"陈"音"秦"和"阵"是因字义不同，而"缔"既音"弟"又音"帝"，虽然二音都见于《康熙字典》，但这样的一字多音、字无定音，势必将字音复杂化。值得注意的是，同一个字归入不同的韵或小韵并不代表一定是多音字，如"吻刎扻"分别归入轸韵"敏"小韵和吻韵"吻"小韵，"敏""吻"二小韵应是同一个音；又例如，"债"小韵分别见于蟹韵和卦韵，所收的字亦相同，这两个小韵应是同一个音。

此书虽按平水韵编排，但例外不胜枚举，如"吹"本是平水韵支韵字，但此书归入灰韵；又如"泥"，本是平水韵齐韵字，但此书归入支韵；"筛"本是平水韵支韵字，但此书归入齐韵；"骚操"本是平水韵豪韵字，但此书归入虞韵；"危"本是平水韵支韵字，但此书归入支韵和齐韵；"意懿愧"本是平水韵去声寘韵字，但此书归入上声纸韵；"醉再最"本是平水韵去声泰韵字，但此书归入上声贿韵；"管赶"本是平水韵上声旱韵字，但此书归入去声翰韵；此书上声旱韵"旱"小韵与去声翰韵"汉"小韵虽然分属上声、去声，但"旱"小韵与"汉"小韵所收的字基本相同。很显然，此书的归字很大程度上受到了作者方言的影响，而我们也正好根据书中的归字分析出其音系，这是此书最大的、不可取代的价值。

《字彙较正》的字音依据是《康熙字典》的直音，作者将与《康熙字典》所载直音不同的读音称作"俗音"，如"尾……音委，俗音美"。"尾"音"委"见于《康熙字典》，显然这是北方音，按本地语音的演变规律，"尾"的正确读音应为"美"。这反映出作者对语音的演变没有见解而只是机械地依照《康熙字典》。所幸的是，不论所谓的"俗音"是否有错，《字彙较正》都忠实地将其记录下来（具体论述见下文）。同时，此书记录了少量俗词（具体论述见下文），也有一定的价值。

《字彙较正》收字众多及字音对《康熙字典》的机械依照，也造成了《字彙较正》中有很多生僻字和由此带来的"生僻"的读音，即这些读音只是理论上存在的，而未必是口语或书面语中实际存在的，例如震韵中的"搸：吞去声"。一些小韵仅有一个字（如震韵的“抻”），这个字本身是生僻字，由于书中对这些字没有任何形式的注音（直音或反切），这就无从去推断其声、韵、调了。不过，这不会给分析《字彙较正》音系带来重要影响。

在字形方面，《字彙较正》收入了很多俗写、简写、异体字，如“會”又写作“会”，这对于字形研究来说是有价值的。

纵览全书，书中所载读音与今东莞茶山话绝大部分相同，是可信的。因此，此书是研究19世纪中叶东莞方言语音的不可代替的重要文献。

二、《字彙较正》的音系属东莞方言

《字彙较正》的作者吴锡荣是东莞人（《自序》的落款为“宝安吴锡荣星河氏”，东莞旧称“宝安”）。校正者莫韶阶、唐芝房亦是东莞人。“莫韶阶，莫来仪字韶阶，韩屋水（周按，今东莞市茶山镇寒溪水村）人，道光十七年（1837年）举人。唐芝房，唐承恩字芝房，水南（周按，今东莞市石碣镇水南村）人，道光二十四年（1844年）举人”。代书唐芝房《叙》者刘尚廉为东莞石龙人（《叙》后有“龙溪后学刘尚廉代书于浣花草堂”落款，“龙溪”为东莞石龙的别称）。《字彙较正》封面刻“莞城萃英楼藏版”，萃英楼在东莞莞城；封面背面刻“乐善家塾藏版”，乐善家塾在今何处待考。综上，《字彙较正》的音系必属东莞方言。

判定《字彙较正》音系属东莞方言，书中的俗音和所收的俗字、方言词可作为依据（具体论述见下文），更主要的依据是书中同音字的归字。书中同音字的归字，与今东莞茶山话绝大部分相同，仅有零星不同。下举平声为例，对《字彙较正》、东莞方言、粤语（除东莞方言之外）、官话作一个简单的比较，东莞方言以今东莞茶山话作为代表，粤语以广州话为代表，官话以普通话为代表。

真韵“津”小韵，“津、臻”同音，东莞茶山话、广州话同音，普通话不同音；真韵“宾”小韵，“宾、奔”同音，东莞茶山话、广州话同音，普通话不同音。类似的东莞茶山话、广州话同音而普通话不同音的例子，在书中不胜枚举，可佐证本书音系属于粤语。

东韵“熊”小韵：“熊，音雄，俗读融。”“熊”小韵中收“融、戎”等字。东莞茶山话“熊”与“融”同音（《粤语东莞方言》“熊”音꜀yung，可佐证），而广州话、普通话均不同音，可佐证本书音系属粤语东莞方言。

真韵、寒韵、质韵不分开口、合口，这是本书音系属粤语东莞方言的铁证。真韵，“真”小韵，“真”与“谆”同音；“臣”小韵，“臣”与“唇、纯、淳”同音；“秦”小韵，“秦”与“旬、巡”同音。寒韵，“乾”小韵，“乾、拳、虔”同音；“干”小韵，“干、官、冠”同音。质韵，“蟋、蟀”同音，“戍、膝”同音。以上这些《字彙较正》

同音字在广州话、普通话中均不同音，可证此书音系属粤语东莞方言。

此书音系无m韵尾、n与ŋ韵尾不对立（相关论述见后文），参考今东莞各镇街方言（据李立林，2015），可知此书音系与茶山、石排、东城、大岭山、大朗、东坑、横沥、厚街周边方言相近，而此书的校正者莫韶阶为东莞荟山寒溪水人，此书原刻本（极可能是孤本）由东莞茶山袁振鸣收藏，此书音系与今东莞茶山方言极接近，故此书的音系极有可能属东莞茶山方言。

三、《字彙较正》音系

（一）声母

声母23个：

帮 p：邦 悲 跛 杯 宾

滂 p^{h}：蓬 庞 披 蒲 批

明 m：蒙 微 无 迷 梅

非 f：风 飞 夫 灰 辉

端 t：东 都 低 堆 敦

透 t^{h}：通 徒 梯 胎 吞

泥 n：农 泥 奴 宁 难

来 l：隆 黎 卢 伦 阑

精 ts：踪 精 津 将 蕉

清 ts^{h}：充 亲 餐 翔 情

心 s：西 绥 辛 萧 些

庄 ʧ：中 制 真 章 朝

初 $ʧ^{h}$：聪 春 撑 长 呈

崇 ʃ：筛 衰 身 烧 水

见 k：鸡 佳 根 间 歌

溪 k^{h}：倾 勤 崎 规 渠

君 kw：圭 乖 君 关 戈

群 $k^{h}w$：坤 群 困 夸 狂

吾 ŋ：危 银 颜 肴 敖

晓 h：空 稀 虚 奚 欣

喻 j：雍 衣 恩 夭 爷

哀 ∅：挨 哀 爱 奥 庵

为 w：为 威 乌 怀 回

参考《东莞方言》《粤语东莞方言》，《字彙较正》声母设kw、k^hw，故韵母不设韵头[u-]，如“关”拟音为[kwan^{阴平}]，而不拟音为[kuan^{阴平}]。声母设j，故韵母不设韵头[i-]，如“恩”拟音为[jɐn^{阴平}]，而不拟音为[iɐn^{阴平}]。两套舌齿音的拟音参考彭小川《粤语韵书〈分韵撮要〉及其声母系统》（《粤语论稿》第20页，暨南大学出版社，2004年）。

《东莞方言》《粤语东莞方言》与《字彙较正》的声母完全相同。

《字彙较正》的齿音明显分为精组、庄知章组两套，但有相混的迹象（《东莞方言》《粤语东莞方言》亦有相混，见上文论述），如真韵的“津”（广韵精母）“真”（广韵章母）为对立的两个小韵，但“真”小韵中有“津”字，又如“臻”（广韵庄母）字分别见于“真”“津”小韵，又如支韵的“师”“狮”（广韵生母）亦见于“思”（广韵心母）小韵，又如“战”（广韵章母）见于霰韵的“荐”（广韵从母）小韵。

《字彙较正》保留“泥来”之分，仅有一例相混：钌（分别见于“鸟”“了”小韵）。《粤语东莞方言》“泥来”亦有相混，如第469页“L for N”（周按，即[n]混为[l]）。

《东莞方言》《粤语东莞方言》均有声母“吾ŋ”，《字彙较正》亦有，如“去声二十号”中“傲”与“奥”对立，则“傲”归吾母，“奥”归哀母。

《东莞方言》《粤语东莞方言》的声母w，在今东莞茶山话老年音、中年音中，为韵头[u-]或声母[w]、[v]，三者不对立，如“弯”读作[uan^{阴平}]、[wan^{阴平}]、[van^{阴平}]，不形成对立。在《字彙较正》中未发现有证据证明这种不对立存在与否，故《字彙较正》亦设立声母“为w”。

（二）韵母

1.《字彙较正》的“通”“转”问题

与《广韵》韵目“东：独用”“冬：钟同用”类似，《字彙较正》每一韵之下均有说明，如“一东古通冬转江，《韵略》通冬江”，这里所称的“通”“转”对于《字彙较正》音系的韵母的归类有极大关系。

《字彙较正》的“通”“转”与［宋］吴棫《韵补》的主张最为接近（参考王力，2008，第137页），而与其他音韵学家的主张绝异，可知作者吴锡荣是有自己的观点的。吴锡荣之所以提出“通”“转”这两个概念，最大的原因应该是为平水韵的韵与韵之间在语音演变之后出现韵母的分化或归并，借“古通”“古转”之名作出解释（具体的分化或归并见下文音节表）。另一方面，《字彙较正》中的一些“通”“转”在古音中确实存在而不在《字彙较正》音系中存在，只能说是“存古”而已。

现举平声来分析。

上平声乾集。一东古通冬转江，《韵略》通冬江　二冬古通东　三江古通阳　四支古通微齐灰转佳，《韵略》通微齐佳灰　五微古通支　六鱼古通虞，《韵略》同　七虞古通鱼　八齐古通支　九佳古通支　十灰古通支　十一真古通庚青蒸转文元，《韵略》通文元寒删先　十二文古通真　十三元古通真　十四寒古转先　十五删古通覃咸转先

下平声元集。一先古通盐转寒删　二萧古通肴豪，《韵略》同　三肴古通萧　四豪古通萧　五歌古通麻，《韵略》通麻　六麻古通歌　七阳古通江转庚，《韵略》独用　八庚古通真，《韵略》通青蒸　九青古通真　十蒸古通真　十一尤古独用，《韵略》同　十二侵古通真，《韵略》通覃盐咸　十三覃古通删　十四盐古通先　十五咸古通删

我们先说“通”。

“通”的字义是无疑的。下面分几种情况来分析“通”。

(1) 全通。“二冬古通东”“十二文古通真”，在古音(这里所称“古音”是指《字彙较正》作者心中的《字彙较正》之前的一切音系，包含现今音韵学上所称的“古音”)和《字彙较正》音系都无疑是通的，因此这些韵可以合并。

(2) 半通。分A、B两种情况。

A：“上平声乾集。三江古通阳　四支古通微齐灰　五微古通支　六鱼古通虞　七虞古通鱼　八齐古通支　九佳古通支　十灰古通支　十三元古通真　下平声元集。六麻古通歌　七阳古通江”。从古音和《字彙较正》音系来看，这是可以通的，也就是说这些韵所含的韵母有相同者(具体分析见下文)。

B：“上平声乾集。十一真古通庚青蒸　十五删古通覃咸　下平声元集。一先古通盐　八庚古通真　九青古通真　十蒸古通真　十二侵古通真　十三覃古通删　十四盐古通先　十五咸古通删”。

B类的几组“通”，如同吴棫《韵补》一样混淆了阳声的三种韵尾，在音韵学来说是极错误的，但反映出一个重要问题，那就是在《字彙较正》音系里，阳声只有一种韵尾(n或ŋ，二者不对立)，没有m韵尾。这里所谓的“古通”，笔者认为是《字彙较正》作者为自己方言韵母的合并找到的一个虚假的理由而已。《东莞方言》《粤语东莞方言》都有三种阳声韵尾(但有时会相混)，而《字彙较正》与今东莞茶山话一样，只有一种阳声韵尾。

这几组“通”在今东莞茶山话中都可以容易地找到证据，较难理解的是“十二侵古通真，《韵略》通覃盐咸”。在今东莞茶山话(塘角村)中，“侵”的主元音是[ɔ]，“真”的主元音是[ɐ]，而这两个元音常有混淆的情况(参考《莞语探源》第84页)，也就是说“十二侵古通真”是成立的。举例来说，在今东莞茶山话(塘角村)中，“今”(侵韵)文读[kɔŋ阴平](与“侵”同韵母)，白读[kɐŋ阴平](与“真”同韵母)。在平声侵韵对应的上声寝韵(“古通轸”)中，“品”小韵的韵母在今东莞茶山话中与其他小韵不同而与轸韵相同，亦可佐证侵韵“古通真”。又例如，“蛤”见于“急”小韵，亦可证“侵古通真，《韵略》通覃盐咸”。

(3) 不通。“下平声元集。二萧古通肴豪　三肴古通萧　四豪古通萧”从古音来说，这几

组是通的，但在《字彙较正》音系中是不通的（具体分析见下文），笔者认为这种“通”只是存古。

再说“转”。

吴棫《韵补》与《字彙较正》的韵类的“转”不尽相同，《字彙较正》平声韵的“转”有这些：“上平声乾集。一东古转江　四支古转佳　十一真古转文元　十四寒古转先　十五删古转先。下平声元集。一先古转寒删　七阳古转庚。”吴棫《韵补》的“转”是指“转入”，如“东部（江或转入）”，但《字彙较正》的“转”，笔者认为“转”是双向的，既可以“使之转入”，也可以是“转向”。下面举例说明。

“一东古转江”：这个“转”在古音是成立的，亦见于吴棫《韵补》。在《字彙较正》中，“胸”“龙”分别见于“东”“江”二韵。

“四支古转佳”：这个“转”在古音是成立的，且《韵略》亦说“通”。在《字彙较正》中，“霾”（佳韵）亦见于支韵“梨”小韵。

“十一真古转文元”：这个“转”在古音是成立的。在《字彙较正》中，“泯”（真韵）见于文韵“文”小韵。今东莞茶山话“文”（文韵）、“根”（元韵）与“真”同韵母，类似的例子有很多。

“上平声乾集。十四寒古转先　十五删古转先。下平声元集。一先古转寒删”：这几个韵都属于山摄，“转”起来没多大问题。在今东莞茶山话中，“寒”韵、“先”韵包含同一个韵母[in]，故可“转”。在《字彙较正》中，编（先韵）见于“删”韵“班”小韵和“先”韵“篇”“边”小韵，可见“十五删古转先”亦成立。

“七阳古转庚”。“行”，广韵胡郎切、户庚切，归阳韵、庚韵，在《字彙较正》中亦归这两韵；“轰”，在《字彙较正》中见于庚韵“横”小韵和阳韵“方”小韵，可见“阳转庚”亦成立。

2.《字彙较正》的韵母

《字彙较正》共106韵、1576小韵，但绝不代表《字彙较正》音系有1576个音节（实际有约1227个音节，具体音节见下文音节表），例如《字彙较正》中“东通冬”，参考今天的汉语方言（含东莞方言），东冬二韵是相混的，因此，东冬二韵的一些小韵可以合并。例如，东韵的“风”小韵和冬韵的“封”小韵属同一个音节。我们考察《字彙较正》的韵母，就是参考《字彙较正》的“通”“转”以及《东莞方言》《粤语东莞方言》和今东莞茶山话，找出其中的韵包含哪些韵母、哪些韵的哪些小韵可以归并到一起。同时，我们亦参考《东莞方言》《粤语东莞方言》和今东莞茶山话，对《字彙较正》韵母的音值进行构拟。

下面主要分析《字彙较正》的平声韵，求得其韵母，之后根据阳入对转的原则，求得入声韵母。

侵韵及相关联的韵

据《粤语东莞方言》：暗om（“暗芽仔”的“暗”。韵母相当于国际音标[ɔm]，下同），暗ong（“暗疮”的“暗”，[ɔŋ]），暗yam（[ɐm]），今kan（[ɐn]），撼hong（白读，指撞击，[ɔŋ]），针cham（[ɐm]），涵ham（白读，[ɐm]），蛤kap（[ɐp]）。以上的字均属咸摄，在今广州话、东莞话中，其韵母应该属同一类。但“撼”“暗”（暗疮）二字的韵母ong明显与大多数字的韵母am、ap不同。那么，只说明了一个问题，那就是调查对象不同而导致音系混乱。如前所述，《粤语东莞方言》混入了东莞石龙周边的方言，而《字彙较正》阳声只有一种韵尾，那么，我们根据“暗”的韵母为ong（即[ɔŋ]，与今东莞茶山话相同）去构拟《字彙较正》侵韵的韵母为[ɔŋ]，对应的入声为[ɔk]，并以侵韵为基准，参考《东莞方言》《粤语东莞方言》和今东莞茶山话，去构拟《字彙较正》其他的一些韵母。

在蒸韵，“冰”“崩”同为帮母而对立，则“冰”“崩”的韵母不同。在今东莞茶山话中二字的韵母亦不同。那么，我们根据今东莞茶山话将蒸韵的“崩、滕、曾、层、恒”几个小韵归入侵韵。“恒”小韵含“痕衡”二字，“衡”字亦见于庚韵“行”（行走）、“横”小韵，而“行”“横”的韵母拟为[aŋ]是无疑的（今东莞方言“衡”亦有与“行”同音的读法，读[haŋ[阳平]]），“恒”小韵中的“衡”的韵母又不大可能是[aŋ]，那么它的韵母应该与今东莞茶山话一样混入“侵”韵。“痕”字本是元韵字，又见于“恒”小韵，应是一种受周边方言影响的俗读［例如，今东莞茶山话（粟边村）“跟”的韵母为[uɔŋ]（李立林，2015，第158页），而东莞茶山话（塘角村）“跟”的韵母为[ɐŋ]，即侵韵主元音[ɔ]与真韵主元音[ɐ]有混淆的情况（参考《莞语探源》第84页）。

覃韵“含”小韵的“含”，又见于咸韵的“咸”小韵，那么，这两个小韵的韵母是相同还是不同呢？在此，笔者从分，理由是在《东莞方言》中，“含”有hám、hòm两个读音，在今东莞方言中，“含”字可归入两种韵母，如茶山话“含函”二字，读[haŋ[阳平]]或[hɔŋ[阳平]]均可。在此，根据今东莞茶山话，将覃韵的“堪”“含”“庵”三个小韵归入侵韵。此处亦可参考《莞语探源》第66页关于咸摄演变的论述。

青韵的“弘登”二小韵，今茶山话归入侵韵，在此亦归入侵韵。在上声迥韵中，“顶等”二小韵对立；在去声径韵中，“定订橙（凳）邓”四小韵对立。因此，“顶”与“等”、“定”与“邓”的韵母一定不同（今东莞茶山话亦不同），这是“登”小韵归入侵韵的直接证据。“登”小韵有“蹬”字，今茶山话有“打蹬[ta[阴上] tɐŋ[阴平]]”（婴儿尝试站立）一词，“蹬[tɐŋ[阴平]]”的韵母（真韵）与“登[tɔŋ[阴平]]”（侵韵）不同，但考虑“蹬”只是口语，故仍认为“蹬”在《字彙较正》中归入侵韵。

《字彙较正》“侵韵[ɔŋ]”（平声，含阴平、阳平，下同）包括如下诸韵的小韵：

青韵：弘登；蒸韵：崩滕曾层恒；侵韵：琳琳侵寻心斟沉深忱金衿琴歆音吟；覃韵：堪含庵。

《字彙较正》“侵韵[ɔŋ]”的上声（阴上）、烞声（阴去、阳去）及对应的入声所包含的小韵，见下文的音节表。下同。

真韵及相关联的韵

《字彙较正》侵韵的韵母构拟为[ɔŋ]，而如前所述《字彙较正》“侵通真”，参考今东莞茶山话[ɔŋ]与[ɐŋ]有时混淆的情况，那么真韵的韵母应为[ɐŋ]。而《字彙较正》“真古通庚青蒸转文元”（如，在“上声十一轸”的“谨”小韵中有“哽”字，而“哽”属梗摄），那么“庚青蒸文元”的全部或部分韵母为[ɐŋ]，如“真（真韵）、文（文韵）、根（元韵）、丁（庚韵）、青（青韵）、冰（蒸韵）”的韵母为[ɐŋ]。

在《粤语东莞方言》中，上述几韵的韵母是不同的（分为[ɐn]、[iŋ]），但亦有混同的现象（见上文《粤语东莞方言》真、质韵的论述）。在《粤语东莞方言》中，梗摄有白读的记载（见上文《粤语东莞方言》青、锡韵的论述），但在《字彙较正》中未发现有白读的证据，如“丁钉”“梗颈”“秉饼”“斥尺”这四组字在《字彙较正》中是同音的，而在今东莞茶山话中，“丁梗秉”韵母为[ɐŋ]，“斥”韵母为[ɐʔ]，“钉颈饼”韵母为[ɛŋ]，“尺”韵母为[ɛʔ]。

《字彙较正》的“真韵[ɐŋ]”（平声）包括如下诸韵的小韵：

真韵：宾贫民伦津亲秦辛真春身臣银恩人；文韵：文分焚勤君群欣云；元韵：蚊敦吞根坤痕温；庚韵：平明丁精情铮呈成京倾鲸卿英；青韵：厅廷宁灵青星升迎；蒸韵：冰蒸称。

江韵、阳韵

江韵、阳韵在《粤语东莞方言》中演变为“唐[ɔŋ]/铎[ɔk]”和“阳[œŋ]/药[œk]”。在今东莞茶山话中亦分为相应的两类，音值为[oŋ]/[ok]、[œŋ]/[œk]。在《字彙较正》中，阳韵亦分为两类，如“疮床”与“昌长”对立，而“阳通江”，则江韵亦分为两类（即“江”和“双”两类）。

我们在上面构拟侵韵的韵母为[ɔŋ]，那么江韵、阳韵的主元音应在侵韵的推动下向上演变以形成对立，则我们构拟江韵、阳韵其中一类（“疮床”）的韵母为[oŋ]（如同今东莞茶山话），另一类（“昌长”）的韵母为[œŋ]（亦如同今东莞茶话）。

《字彙较正》的“江韵[oŋ]”（平声）包括如下诸韵的小韵：

江韵：邦庞江；阳韵：忘方房当汤唐裆囊郎仓桑庄疮床霜光狂昂康杭汪黄。

《字彙较正》的“阳韵[œŋ]”（平声）包括如下诸韵的小韵：

江韵：双；阳韵：娘良将锵翔湘常章昌长姜强香鸯阳。

东韵、冬韵

东韵在《粤语东莞方言》中读音为[oŋ]，那么《字彙较正》的东韵应在江韵[oŋ]的基础上继续向上演变为[uŋ]，而寒韵已有[un]韵母（论述见后）且阳声韵尾混同，则东韵应被迫再作演变，演变为[əŋ]（如同今东莞茶山话）。

在《粤语东莞方言》中，东韵、冬韵是相混的，如“风”（东韵）“浓”（冬韵）的韵母均为ung，故《字彙较正》中东韵、冬韵亦应归并。

《字彙较正》的“东韵[əŋ]”（平声）包括东韵、冬韵的全部小韵。

删韵及相关联的韵

《字彙较正》“删通覃咸”，则删韵与覃韵（“堪”“含”“庵”三个小韵除外）、咸韵的韵母相同（如“瞰”属咸摄，但见于“上声十五潸”；“饭”见于“范”小韵）。《粤语东莞方言》中，“奸间”（删韵）、“弹”（寒韵）、“生”（庚韵）、“朋”（蒸韵）的韵母同为án，则《字彙较正》删、咸等相关的韵的韵母应拟音为[an]。

寒韵的“刊”小韵，今茶山话读[fəŋ^{阴上}]（与“寒”字同韵母），旧读[haŋ^{阴平}]（与“删”同韵母）。在《字彙较正》中，“刊”小韵含“悭”（节省）字，显然，“刊”小韵应归并到“删”韵，即与茶山话旧读相同。

庚韵的“莺”小韵含“莺罂樱”等字，“英”小韵含“婴罂樱”等字。“莺”在今东莞茶山话中与“侵”同韵母。“罂”在今东莞茶山话中文读为[əŋ^{阴平}]（罂粟），白读为[aŋ^{变调}]（陶瓷做的小罐，如“盐罂”“钱罂”），“莺”在《粤语东莞方言》中有两个读音an、án，那么，我们可以确定在《字彙较正》中“莺”小韵归并到删韵，即与“罂”的白读同音。

侵韵的“簪”小韵，《东莞方言》读tsám，今东莞茶山话读[ʧaŋ^{阴平}]，因此，“簪”归并到删韵。

《字彙较正》的“删韵[an]”（平声）包括如下诸韵的小韵：

元韵：翻凡；寒韵：单滩檀难阑餐残刊；删韵：班攀蛮删间关颜闲湾还；庚韵：烹彭盲争撑橙生庚亨行莺横；覃韵：眈贪覃南蓝参惭甘；咸韵：衫岩咸；侵韵：簪。

先韵及相关联的韵

在《字彙较正》中，“先”和“宣”、“连”和“联”、“肩”和“涓”、“偃”和“阮”、“忖”和“浅”这几对小韵是对立的；在《粤语东莞方言》中也是对立的，如“烟”in、“联”lün；在今东莞茶山话（塘角村）中不对立，韵母均为[in]。因此，《字彙较正》的先韵分为两类，一类为“先韵”，韵母拟音为[in]；另一类与“元”同韵母，名之曰“元韵”，韵母拟音为[yn]。但这两类韵母有混同的例子，如“建”与“眷”、“健”与“倦”同音，“宪”“献”为对立的两个小韵而二字均见于这两个小韵。

在《字彙较正》中，“十四寒古转先”“一先古通盐转寒删”，则寒韵、盐韵与先韵相通（如“上声十三阮”的“蹇”小韵有“检”字属咸摄；“去声十四愿”的“宪”小韵有“慊歉欠芡”字属咸摄；“宴”见于“琰”小韵；“业”见于屑韵，与“热”同音；“截”见于“捷”小韵；“窃”见于“妾”小韵）。在《粤语东莞方言》中也一样（见上文《粤语东莞方言》先、屑韵和元、月韵的论述），且包含元韵（平赅上去入）的部分字（如“月”）。因此，《字彙较正》中的元、寒、先、盐诸韵，分别归并到“先韵”和“元韵”。

《字彙较正》的“先韵[in]”（平声）包括如下诸韵的小韵：

先韵：边篇绵颠天田撚年连戋千前先鷏肩牵烟贤；盐韵：恬拈廉尖纤潜占蟾兼钳谦奄盐。

《字彙较正》的“元韵[yn]”（平声）包括如下诸韵的小韵：

元韵：豚尊村元；寒韵：端乾；先韵：联全宣旋船涓圈玄渊。

寒韵及相关联的韵

据上文，《粤语东莞方言》中桓、末韵包含了寒韵（平赅上去入，例字：汗岸官伴干钹钵抹）、元韵（例字：门）的字。据此，《字彙较正》音系设“寒韵”，拟音为[un]。“寒韵[un]”（平声）包括以下诸小韵：

元韵：潘盘门；寒韵：般欢寒干安。

在今东莞石龙话（据李立林，2015，第169页）和今东莞茶山话中，“寒门”等字归并到东韵，但在《字彙较正》中没有直接的证据证明寒韵与东韵有关联，故从分。

支韵及相关联的韵

在《粤语东莞方言》中，“支韵[i]”包含的字有：指二意时试匙（平水韵支韵，平赅上去，下同）；“微韵[ɐi]”包含的字有：地子耳似赐利机鼻起厘刺（支），气（微）；“灰韵[ui]”包含的字有：该海在妹改腮（灰），概（微），嘴吹水（支），乳（虞），墟去渠（鱼），会外（泰）；“齐韵[ɔi]”包含的字有：鸡礼犁启梯誓（齐），鬼纬围（微），位（支）。《粤语东莞方言》的这种归字方式、读音与今东莞茶山话相同，因此，我们认为在《字彙较正》中亦一样，故设立“支韵[i]”“微韵[ɐi]”“灰韵[ui]”“齐韵[ɔi]”。

《字彙较正》的“支韵[i]”（平声）包括如下诸韵的小韵：

支韵：丕支痴池师时衣仪。

在《字彙较正》中，“丕”和“披”是对立的不同小韵（在清代粤语韵书《分韵撮要》中同属“披”小韵），故将“丕”归入支韵。丕，今东莞茶山话读[pʰɐi阴平]，与“微”同韵母。

《字彙较正》的“微韵[ɐi]”（平声）包括如下诸韵的小韵：

支韵：悲披皮怩旎梨姿词思崎祈；微韵：微飞肥玑稀。

“怩”小韵中含“蜺”（蜻蜓）字，故可知“怩”归入“微韵”，声调为阳平。

《字彙较正》的“灰韵[ui]”（平声）包括如下诸韵的小韵：

支韵：绥追谁；鱼韵：沮车渠虚；虞韵：须驱衢；灰韵：杯培梅灰堆胎台来灾才吹锤衰该哀回。

《字彙较正》的“齐韵[ɔi]”（平声）包括如下诸韵的小韵：

支韵：梶泥仔龟规葵危为；微韵：辉归威围；齐韵：跛批迷低梯提黎跻妻齐西筛柿鸡溪携圭危尸㞘奚。

尤韵、豪韵、鱼韵、虞韵、肴韵

在《粤语东莞方言》中，平水韵尤韵、豪韵、鱼韵、虞韵、肴韵（平赅上去）的相关例字有：草（平水韵豪韵，平赅上去，下同）ts‘ó，铺（虞）p‘ó，老（豪）ló，铙（肴）náu，狡（肴）káu，喉（尤）háu、hó，酒（尤）tsau，口（尤）hau，休（尤）hau，窦（尤）tau，油（尤）yau，手（尤）shau、sháu，楼（尤）lau、láu，头（尤）t‘au、t‘áu，牛（尤）ngáu，友（尤）yáu，狗（尤）、沟（尤）káu，浮（尤）fáu，户（虞）、妇（尤）fú，牯（虞）、鼓（虞）kwú，鱼（鱼）yü，树（虞）shü，炷（虞）ch‘ü，鼠（鱼）、处（鱼）shü，蛛（虞）、住（虞）chü，唔mp。

平水韵尤韵、豪韵在今东莞茶山圩茶山话中是相混的，韵母为[ɐu]；在今东莞塘角村茶山话中是分的，尤韵韵母为[ɔ]，豪韵韵母为[ɐu]。在《字彙较正》中未发现有证据证明二者相混（仅有一例外，遇韵“务”小韵，“戊……音茂，俗音芼”），在此从分。

平水韵肴韵、尤韵在今东莞方言（如石龙、莞城）中，韵母混同为[au]。在《字彙较正》中，肴韵与尤韵基本不相混，仅有两例相混。巧韵“卯”小韵：“牡：音母，俗作卯。”肴韵“掊”小韵（含“涪”字）与尤韵相混，今东莞茶山话无[fau阳平]这个音节，而“涪”字亦见于尤韵“浮”小韵。故此，可知肴韵的“掊”小韵是受了附近方言的影响而归入肴韵。

在《字彙较正》中“鱼通虞”，而豪韵与鱼、虞部分相混，如豪韵的“毛”小韵的“庑”本属平水韵虞韵，豪韵的“菰”本属平水韵鱼韵。

在《字彙较正》中，尤韵与鱼韵、虞韵应该不相混（仅有一字例外，尤韵的“谋”小韵有“瞴”字，本属平水韵虞韵）。

在《字彙较正》中，未发现有证据证明支韵与鱼韵、虞韵相混，而在今东莞茶山话中有部分相混，如“朱”“支”同音。

在《粤语东莞方言》中，有“唔 mp”，对应的今东莞茶山话为[ŋ]，且《字彙较正》中无[m]韵尾，故将《字彙较正》的虞韵“吾”小韵拟音为[ŋ̍]。

综上所述，在《字彙较正》音系中设“尤韵[ɐu]”“豪韵[ou]”“肴韵[au]”“鱼韵[y]”“姑韵[u]”“吾韵[ŋ̍]”。

《字彙较正》的“尤韵[ɐu]”（平声）包括尤韵的全部小韵。

《字彙较正》的“豪韵[ou]”包括虞韵的“哺蒲无都徒奴卢租粗苏”小韵和豪韵的全部小韵。

《字彙较正》的“肴韵[au]”（平声）包括肴韵的全部小韵。

《字彙较正》的“鱼韵[y]”(平声）包括鱼韵的“储书于鱼”小韵和虞韵的“朱厨枢殊吁虞”小韵。

《字彙较正》的“姑韵[u]”（平声）包括鱼韵的“初锄疏”小韵和虞韵的“夫乎姑乌”小韵。

《字彙较正》的“吾韵[ŋ̍]”（平声）包括虞韵的“吾”小韵。

歌韵

在《粤语东莞方言》中，平水韵歌韵（平赅上去）的相关例字有：禾 wo，左 tso，婆 p‘o，挪 no，我 ngo，个 ko，茄 k‘ö，螺 lö，唾 t‘ö。

在今东莞茶山话中，“歌”“姑”同音，但在《字彙较正》中未发现有证据证明歌韵与鱼韵、虞韵相混。在《字彙较正》中，“罗”“螺”二小韵对立，“螺”的注释为：“音果裸，俗作田螺。”故可知“螺”小韵为俗读。

综上所述，在《字彙较正》音系中设“歌韵[ɔ]”“茄韵[œ]”。

《字彙较正》的“歌韵[ɔ]”（平声）含歌韵的“波婆摩磨科多拖沱傩罗矬蹉蓑歌戈柯莪呵何和”小韵。

《字彙较正》的“茄韵[œ]”（平声）含歌韵的“螺茄”小韵。

麻韵

在《粤语东莞方言》中，平水韵麻韵（平赅上去）的相关例字有：麻、马 má，架 ká，牙 ngá，假 ká，泻 se，姐 tse，蛇 she，邪 ts‘e，射 she。

《字彙较正》麻韵的归字应与《粤语东莞方言》无异。在《字彙较正》音系中设“麻韵 [a]”“车韵 [ε]”。

《字彙较正》的“麻韵 [a]”（平声）包括麻韵的“巴琶麻花拿渣差搽沙家瓜夸鸦牙遐哇华”小韵和歌韵的“他”小韵。

《字彙较正》的“车韵 [ε]”（平声）包括麻韵的“爹遮斜些嗟车奢蛇爷”小韵。

萧韵

在《粤语东莞方言》中，平水韵萧韵（平赅上去）的相关例字有：桡、腰、妖 iú，小 siú，跳 t‘iú，丢 tiú，猫 miú。

《字彙较正》萧韵的归字应与《粤语东莞方言》无异，故在《字彙较正》音系中设“萧韵 [iu]”。“萧韵 [iu]”（平声）含萧韵的全部小韵。

佳韵

在《粤语东莞方言》中，平水韵佳韵（平赅上去）的相关例字有：奶 nái，埋 mái，大 tái，柴 ch‘ái。

《字彙较正》佳韵的归字应与《粤语东莞方言》无异，故在《字彙较正》音系中设“佳韵 [ai]”。“佳韵 [ai]”（平声）含佳韵的全部小韵。

综上所述并根据阴阳对转原则，可知《字彙较正》的韵母有如下 34 个。

韵类 元音	阴声			阳声	入声
	无韵尾	圆唇韵尾	i 韵尾		
i		宵 iu	支 i	先 in	屑 it
ε	车 ε				
ɐ		侯 ɐu	微 ɐi	真 ɐŋ	质 ɐk
a	麻 a	肴 au	佳 ai	山 aŋ	合 ak
ɔ	歌 ɔ		齐 ɔi	侵 ɔŋ	缉 ɔk
œ	茄 œ			阳 œŋ	药 œk
o		豪 ou		江 oŋ	觉 ok
u		姑 u	灰 ui	桓 un	末 ut
y	鱼 y			元 yn	月 yt
ə				东 əŋ	屋 ək
ŋ̍				唔 [ŋ]	

下面，对《东莞方言》《粤语东莞方言》《字彙较正》及今东莞茶山话（塘角村）的韵母作一个简单的比较。总体来说，三者的音系是相近的。

从韵类来看，阳、入声韵，《东莞方言》《粤语东莞方言》的韵母保留了三套韵尾[m]/[p]、[ŋ]/[k]、[n]/[t]，但这三套韵尾已有部分混同，如咸摄与山摄混同，山摄、臻摄与曾摄、梗摄混同；《字彙较正》及今东莞茶山话（塘角村）只有一套韵尾（无[m]/[p]，[ŋ]/[k]与[n]/[t]不对立），混同的情况更甚。正因为韵尾的混同，《粤语东莞方言》的清、昔韵及咸、乏韵在《字彙较正》及今东莞茶山话（塘角村）中分别归并到真、质韵及山、合韵。《粤语东莞方言》及《字彙较正》有桓、末韵及元、月韵，而在今东莞茶山话（塘角村）中则分别归并到东、屋韵及先、屑韵。《东莞方言》《粤语东莞方言》及今东莞茶山话（塘角村）梗摄有白读（即青、锡韵），《字彙较正》未发现有证据证明梗摄有白读。阴声韵，《东莞方言》《粤语东莞方言》及《字彙较正》的歌、姑韵及鱼、支韵，在今东莞茶山话（塘角村）中归并为歌、支韵。

从韵母的音值来看，《字彙较正》和今东莞茶山话（塘角村）较为相近，《字彙较正》和今东莞茶山话（塘角村）的侵、缉韵，东、屋韵及江、觉韵都与《东莞方言》《粤语东莞方言》有较大的区别。

（三）声调

平声

《字彙较正》平声分阴阳，这是无疑的，在此不作讨论。

上声

平水韵的上声在《字彙较正》中分化为阴上、阴去、阳去，例如“贿诲害”“宰载在”“枉往旺”三组字，每组字声、韵相同而声调分别为阴上、阴去、阳去。大致的规律是清声为阴上，次浊为阴去，全浊为阳去（可参考《莞语探源》第81页）。这与今东莞茶山话、石龙话基本相同，而与《东莞方言》《粤语东莞方言》分化为阴上、阳上不同。

平水韵去声字今东莞茶山话读阴去的，见于《字彙较正》“上声亨集”的有以下诸例（非枚举）：“以”小韵的“意懿噫衣”（均为影母、去声）；“伟”小韵的“喟”（溪母，去声）；“潜”小韵的“篡”（初母，去声）；“有”小韵的“幼”（影母，去声）；“琰”小韵的“髯”（日母，去声）；“吕”小韵的“屡”（来母，去声）；“载”小韵的“醉再最”（均为精母、去声）；“肾”小韵的“舜”（书母，去声）；“旱”小韵的“看”（溪母，去声）、“汉”（晓母，去声）；“柱”小韵的“箸”；“愧”小韵的“愧”；“倍”小韵的“佩珮”。

平水韵去声字今东莞茶山话读阳去的，见于《字彙较正》“上声亨集”的有以下诸例（非枚举）：“动”小韵的“洞恫恸”；“技”小韵的“忌芰”；“债”小韵的“债”；“重”小韵的“仲”；“在”小韵的“聚”；“奉”小韵的“凤”；“巨”小韵的“具惧”；“诲”小韵的“诲晦”；“棒”小韵的“傍”；“树”小韵的“署曙戍”；“伴”小韵的“畔叛”；“父”小韵的“附赋仆付赴讣瓠护傅”；“但”小韵的“惮”；“士”小韵的“示豉莳”；“道”小韵的“镀悼”；“旺”小韵的“旺王”。

平水韵上声字见于《字彙较正》“去声利集”的有以下诸例（非枚举）：寘韵的“你”小韵；未韵“畏”小韵的“苇”；谏韵“挽”小韵的“挽鲩”。

在《东莞方言》中可见到一例小称变调变为阴上：杉（原为平声字）。在《字彙较正》中可见到如下诸例小称变调变为阴上：杉、缝、脂、翠、院、蒜、槼。《字彙较正》原文：“蒜：俗作选。”按，“蒜”在《字彙较正》中为阴去字，而“选”为阴上字，可见“蒜”俗读为“选”是小称变调。《字彙较正》原文：“槼：饼槼。”按，在今东莞茶山话中“饼槼”指的是“饼印”，即做饼的印模，可知“槼”即“印”变调为阴上（“槼”的声旁“隐”为阴上字）。同理，今东莞茶山话“脚印”的“印”在口语中也变调为阴上。

去声

去声大致的演变规律是：清声为阴去，浊声为阳去（可参考《莞语探源》第81页）。纸韵“士”小韵的“市”又音“试”。“试”“士”在今东莞茶山话中，声母、韵母相同而声调分别为阴去、阳去，可见《字彙较正》的去声亦分阴、阳。《字彙较正》的阴去、阳去略有混淆，即同一个字既归阴去亦归阳去，如遇韵“赋”小韵（阴去），“赋……音付，俗音富”，“赋”亦见于上声麌韵“父”小韵（阳去）；“庑”见于遇韵“赋”小韵（阴去）、麌韵“父”小韵（阳去）；宥韵“旧”小韵（阳去），“臼……音咎，俗音旧”，“臼”亦见于宥韵“究”小韵（阴去）；寘韵“试”小韵（阴去），“市……音恃，俗音諟”，“市”亦见于纸韵“士”小韵（阳去）。

《字彙较正》中阴去、阳去的归字与今东莞茶山话略有不同，但更符合演变规律，如“富”（帮母）在《字彙较正》中归阴去，今则归阳去；“据”（见母）归阴去，今归阳去；“势”（心母）归阴去，今归阳去；“眷”（见母）归阴去，今归阳去；“怨”（影母）归阴去，今归阳去。

入声

《字彙较正》入声分上阴入、下阴入、阳入，大致演变规律是：清声为上阴入、下阴入，但上阴入、下阴入不在同一韵中同时出现（仅屑韵除外）；浊声为阳入（可参考《莞语探源》第82页）。

《字彙较正》的每一韵由多个对立的小韵组成，而各小韵为何对立则没有任何说明，我们考察入声的分化，只能从声、韵相同而对立的各对小韵入手。在《字彙较正》中我们可以找到如下数对（少量字头生僻的小韵除外），并分成两组。

第一组：福服，叔孰，曲局，质姪，率实，一日，弗佛，迹夕，的狄，匿溺，职直，式食，棘极，湿十，邑入。

第二组：壳学，发伐，抹末，八拔，挖滑，咽业，博薄，约药，伯白，责宅，客覈，答踏。

无论第一组还是第二组，每一对对立小韵的末字（如“福服”的“服”字），均为阳入，这是无疑的。关键是，第一组和第二组的首字都归同一声调吗？我们参考今东莞方言、今广州话，得出否定的答案。也就是，第一组的首字归上阴入，第二组的首字归下阴入。论证如下。

在今广州话中，第一组的首字全部归上阴入（即《广州方言词典》的上入），第二组的首字全部归下阴入（即《广州方言词典》的中入），第一组、第二组的末字全部为阳入。

据《莞语探源》（东莞茶山），第一组的首字全部归上阴入，第二组的首字全部归下阴入，第一组、第二组的末字全部为阳入。据《东莞音字典》（东莞莞城），第一组、第二组的末字全部为阳入，第一组的首字全部归上阴入，第二组首字中的“壳发八挖博伯责客”归阳上，第二组首字中的“抹咽约答”归阳入。据《东莞粤语语音研究》，厚街入声分阴阳，“约”归阳入；东坑入声分上阴入、下阴入、阳入，“约”归下阴入，“药”归阳入；石排入声分上阴入、下阴入、阳入，“约药”归阳入。假设在《字彙较正》中，入声只分阴入、阳入，那么第一组的首字和第二组的首字必然同声调，这是得不到如今方言的支持的。因此，在《字彙较正》中，第二组字入声的对立，只能是上阴入之外的一种入声与阳入的对立，也就是下阴入与阳入的对立。

《东莞方言》《粤语东莞方言》的入声分为三种，相近时期的广州话《正音咀华》（1837年）的入声亦分为三种。因此，《字彙较正》的入声分为三种，是有相近时期的邻近方言的佐证的。

虽然《字彙较正》入声的归字与今东莞茶山话几乎一样，但有如下少数字不同：“鹤”（今东莞茶山话归下阴入，下面简写作“今下阴入”）见于“学”小韵（《字彙较正》归阳入，下面简写作“阳入”）；“钵”（今下阴入）见于“襏”小韵（阳入）；“跌”（今下阴入）见于“垤”小韵（阳入）；“缀”（今阳入）见于“拙”小韵（下阴入）；“裂”（今下阴入）见于“列”小韵（阳入）；“昨”（今下阴入）见于“昨”小韵（阳入）；“谪摘”（今阳入）见于“责”小韵（下阴入）；“劈”（今下阴入）见于“僻”小韵（上阴入）；“滴”（今阳入）见于“的”小韵（上阴入）；“隻”（今下阴入）见于

“职”小韵（上阴入）；“笠”（今上阴入）见于“力”小韵（阳入）；“粒”（今上阴入）见于“立”小韵（阳入）。

入声的归字，如今茶山镇内各村也不完全相同，例如“鹤”，茶山圩归阳入，塘角村归下阴入。这说明在入声分化成上阴入、下阴入、阳入的过程中，虽然有较明显的分化规律，但仍有例外的情况出现。

四、《字彙较正》的俗音与俗词

《字彙较正》的俗音与俗词是判定其音系属何地方言的重要证据。《字彙较正》的俗音与俗词绝大部分都与今东莞茶山话相符。

（一）俗音

《字彙较正》作者所理解的俗音，是指与《康熙字典》不同的读音，有以下五种情况（分类可能未尽完善，但力求穷尽书中提及的所有俗音以供参考）。

第一类，真正的俗音，即大众的、口语的、白读的读音，如“子，音子咨，俗音济”。有些读音未注明是俗音，但实际属俗音，例如“稗”见于霁韵“敝”小韵和卦韵“稗”小韵，“稗”音“敝”未见于《康熙字典》，也不符合广韵“傍卦切”的语音演变，可见是本地俗音。又例如，“含”见于覃韵和咸韵，这是因为“含”字可读作两个不同的韵母（今东莞茶山话亦如此）。其余例子如下：“圩，音于，俗音墟。”“椎，音追，俗音锤。”“馒，馒头，面食也，音瞒，俗作民。”“蚊，音文，俗作蚊。（周按，“文”为阳平，“蚊”俗读阴平）”“攒，音钻，俗作全。”“找，进船也，俗音爪。（周按，“找”归“哗”小韵）”“爹，音舵，俗音爹娘。”“庄，音彭，俗音莊。”“个，俗音箇。”“甬，音勇，俗音壅，误。”“俑，音勇，俗音壅，误。”“祉，音耻，俗音止，非。”“姊，音姐，俗音子。”“浒，音虎，俗音邬。”“襬，俗音摆。”“棓，音棒，俗音倍。”“煖，音萱，俗音暖。”“蒜，俗作选。（周按，“蒜”读“选”属声调的小称变调）”“杉，音衫，俗音杉。（周按，属小称变调）”“盥，音贯，俗音碗。”“胆，音壇，俗音膽。”“吮，音盾、衮，俗作吮舐。”“藻，音草，俗音造。”“妈，俗称母曰妈，音姥。”“砌，俗音次。”“饵，俗音泥。”“媚，音眉，俗音未。”“葸，音□，俗音岁。”“癞，俗作□癞。（周按，即“赖”的阴去声）”“魅，音未，俗音妹。”“鬚，音苏。”“柿，俗作果名，音士。”“脐，音齐，俗作肚脐。”“菌，音窘，俗作□信。”“苋，音俭，俗音欠。”“莞，音桓、官，俗音馆。”“笊，音□，俗音罩。”“竟，音景，俗音径。”“臼，音咎，俗音旧。”“荏，音稔，俗作衽。”“踧，音蹴，俗音叔。”“蜀，音属，俗音浊。”“妯，音逐、禄、柚，俗作淑。”“桔，音结，俗音吉。”“喫，俗读迄。”“祷，音绮，俗音崎。”

第二类，习惯的文读读音，因与《康熙字典》不符，又或者与作者的读音不符，作者认为是俗音，如“盅，音虫，俗音中”。有一些习惯读音有依据而未见于《康熙字典》，作者认为是俗音，如“亢：音冈，俗音抗”，“亢”广韵有古郎切、苦浪切，“亢”音“抗”由苦浪切而来。其余例子如下：“丰，音冯，俗音峰。”“鸱，音摛，俗音痴。”“埋，音霾，俗音埋。”“帏，音挥，俗音为。”“桅，音诡，俗音为。”“栖，音西，俗音妻。”“蹊，音奚，俗音溪。”“孩，音奚、胡，俗音谐。”“胎，音怡、驼，俗音推。”“轰，音横、荒，俗音君。”“萑，音桓，俗音元。”“宽，音圈、权、桓，俗音欢。”“戋，音残、津、践、翦，俗音沾。”“烹，音镑，俗音烹。”“跪，音诡，俗音馈。”“倶，音拘，俗音巨。”“屡，音虑，俗音吕。”“赋，俗音富。（周按，“赋”归“父”小韵）”“缚，俗音斛。（周按，“缚”归“父”小韵）”“禘，俗音帝。（周按，“禘”归“弟”小韵）”“饷，音向，俗音享。”“况，音贶，俗音放。”“悻，音幸，俗音肯。”“瘖，音音，俗音闇。”“滭，音濞，俗音譬。”“市，音恃，俗音諟。”“块，音蒯，俗音块。”“棍，魂上声，俗作棰棍。”“眷，音卷，俗音建。”“怨，音苑、渊，俗音远。”“爨，音窜，俗作寸。”“换，俗音玩。”“腮，音馆，俗音馔。”“绽，音电，俗音馔。”“办，音辨，俗音办。”“扮，音粉，俗以装饰为打扮。”“棒，音傍，俗作棍棒。”“船，音专，俗作渡船。”“漂，音飘，俗作漂白。”“甚，音任，俗音葚。”“苜，音末，俗作苜。”“襞，音璧，俗音僻。”“紼，音弗，俗作紼。”

第三类，读音符合语音演变规律，作者认为是俗音，如“尾，音委，俗音美。”“尾”音“美”才符合本地的语音演变规律；又如“熊……音雄，俗读融。”“熊”音“融”是符合本地的语音演变规律的（广州话“熊音雄”则与《康熙字典》同）；又如，“兕”见于寘韵“字”“次”两小韵，作者认为“次”是俗音，其实“兕”为邪母，音“次”是符合全浊阳去变送气阴去的规律的（可参考《莞语探源》第114、115页）。其余例子如下：“雄，音熊，俗音红。”“暨，音既，俗音企。”“伺，音四，俗音字。”“髠，音坤，俗音分。”“浑，音混，俗音焚。”“亏，音规，俗音辉。”“季，音记，俗音贵。”“毅，音劓，俗音伪。”“箸，音宁著，俗音住。”“绪，音叙，俗音碎。”“缴，音皎叫，俗音矫。”“热，音茶，俗音业。”“实，音矢，俗音述。”“集，音篁，俗音习。”“赫，音释，俗音克。”“畜，音触、旭，俗作束。”“涸，音鹤、护，俗作涸。”“必，音毕，俗音鳖。”“迫，音百、必，俗音碧。”

第四类，可能保留了古音，作者以为是俗读，如“舐：吮舐，音士，俗音晒”，“舐”音“晒”可能是保留了“舐”字的古音（可参考《莞语探源》第62、394页）。

第五类，误读，如“杞，音起，俗音已”；“郅，音质，俗音至”，“郅”广韵之日切，不应读作“至”；遇韵“务”小韵“戊……音茂，俗音芼”，“铿，音坑，俗音欣”，读音可能由邻近方言传入。

（二）俗词

《字彙较正》记录了部分俗词，绝大部分俗词与今茶山话相同，下面将其列举出来并稍加按语以供参考。极少数词不见于《康熙字典》也和今茶山话不同，因未能辨别是否为俗词，故不列举，如“鍒，铁鍒，俗字”，“鍒”未知何义。

“糒糕，俗字。”按，用米粉做成的方块形糕点。“蜫，蠰蜫。”按，蜻蜓。“鱰鳅，鱼名，俗字。”按，即泥鳅。“糍，粉糍，俗字。”“铘，铘头。”按，即锄头，茶山旧时有此说法。“飧，油飧。”按，一种油炸小吃。“煲，煲煮，俗字。”“堤，壆也。”按，“壆”指堤坝。“搋，俗谓以拳触物也。”按，音“差”（差事），即“搓”。“鶪，鶪鹰，恶鸟，俗字。”按，即老鹰。“孻，老人生子曰孻。”按，指最小的子女。“棰，棰棍，棰棒，俗字。”按，即木棍。“膥，蛋也，俗字。”按，音“春”。“鲢，鱼名，鬍鬚，鱼也。”按，“鬍鬚”是鲢鱼的土名。“箩笈，竹器。”按，“笈”音“白”，指竹筐。“蠼，蟾蠼，俗字。”按，指蜘蛛。“痳，痳疯，俗字。”“粆，糖粆。”按，“粆”音“沙”，“糖粆”指甘蔗加工成的糖粉。“搽，擦拭也。”“揸，手执曰揸。”“踏，足踏也。”按，“踏”音“差”（差错），指踩。“瘀瘫，疮痕。”按，“瘀”音“拿”，“瘫”音“能”阴平声。“劏，宰也，杀也。”“睢，偷睢，私视也。”按，“睢”指偷看。“蛱，青蛱，蚄名。”按，“青蛱”指一种皮肤灰黄色带鲜黄色条纹的蛙类，“蚄”指蛙类。“盯，足踢也。”按，音“丁”。“睁，手睁。”按，“睁”指手的肘部或脚跟。“埕，埕塔，俗。”按，“埕”和“塔”均指坛子。“麖，黄麖，大鹿也。”按，“黄麖”今指黄鹿，一种小鹿。“鲮，土鲮，四足，如獭。”按，即穿山甲。“拎，执持也。”“鞦，韆鞦，绳戏也。”按，“韆鞦”即秋千。“炦，炦软。”按，指软。“鳣，鳣鲂，鱼名。”按，“鳣鲂”指鲦鱼，一种小鱼。“探，试也，伺也，取也，索也，平声。”“罽，鱼罽，丝网。”“冇，无也。”“檿，饼檿。”按，“檿”指印模。“鴝，鴝鵒，鸟名。”按，指八哥。“龅，龅牙。”按，指龅牙。“猓，猓狸，兽名。”按，指果子狸。“戥，厘戥。”按，指用来称贵重物品的小秤。“妗，俗谓舅妻曰妗。”“俐，伶俐，俗字。”按，“伶俐”指干净。“莆，草莆地。”按，“莆”音“布”，“草莆”指水边的大片草地。“埠，埠头，水濒也。”“攋，攋粉。”按，指一种粗米粉。“鲩，鱼名。”按，音“挽”，指草鱼。“湴，泥湴，深泥也。”按，“湴”音“办”。“稖，浮稖，谷不实也。”按，音“盼”，指秕谷。“滘，涌滘，俗字。”按，“滘”“涌”均指小河。“钞，钱钞。”按，“钱钞”指钱财。“畛，畛田，俗谓耕田也。”按，“畛”即耖。“龅，龅牙，俗字。”按，指龅牙。“炕，慢火煎物曰炕。”按，音“杭”阴去声。“墈，俗谓□为墈。”按，指坡。“罧，鱼罧，水中聚鱼也。”按，音“林”阳去声。“椂，椂柚，果名。”按，指柚子。“蝠，飞鼠名。”按，“飞鼠”即蝙蝠。“鳡，塘鳡，鱼名。”按，“塘鳡”指鲶鱼。“簕，簕竹，有刺曰簕。”“聐，耳聐。”按，“耳聐”指耳朵。“臌，臀也。”“荬，蒲荬，菜名。”按，即苦瓜。“蓬，莙蓬，菜名。”按，即叶用甜菜。“箔，取鱼具，簾也。”“壁，墒壁，垣也。”按，“墒”即“篱”，指墙壁。“鳪，鳪鸽，鸟名。”按，不论何种颜色的鸽子均称作“鳪鸽”。“揞，以手招人曰揞。”按，音“也”阳入声。“篃，竹器。”按，指畚箕。“蛤，蛤蚜，俗音急。”按，指青蛙。

19世纪东莞方言与今东莞方言比较

下面，对《东莞方言》《粤语东莞方言》《字彙较正》及今东莞方言的音系作一个简单的比较。因《东莞方言》《粤语东莞方言》（二者音系相同）记录的是石龙话，《字彙较正》的方言可能是茶山话，故选择与三者比较的今东莞方言分别是石龙话（参考李立林，2015；并据笔者调查）、茶山话（茶山圩）、茶山塘角话。据笔者调查，茶山（茶山圩）90多岁的老人能区分“鱼、仪”，70来岁的老人则有些能区分，有些不能区分，故茶山话（茶山圩）分作“茶山话（老老）”“茶山话（老）”两类。又据笔者调查，茶山塘角话中、老年音有区别，故分作“茶山塘角话（老）”“茶山塘角话（中）”两类。这几个音系的声、韵、调存在明显的演变规律。

声母的比较

<table>
<tr><th></th><th>《字彙较正》
共23个</th><th>《东莞方言》
《粤语东莞方言》
共23个</th><th>石龙话
共20个</th><th>茶山话（老老）
共20个</th><th>茶山话（老）
共20个</th><th>茶山塘角话
（老）
共18个</th><th>茶山塘角话
（中）
共16个</th></tr>
<tr><td>帮</td><td>p</td><td>p</td><td>p</td><td>p</td><td>p</td><td>p</td><td>p</td></tr>
<tr><td>滂</td><td>p^h</td><td>p^h</td><td>p^h</td><td>p^h</td><td>p^h</td><td>p^h</td><td>p^h</td></tr>
<tr><td>明</td><td>m</td><td>m</td><td>m</td><td>m</td><td>m</td><td>m</td><td>m</td></tr>
<tr><td>非</td><td>f</td><td>f</td><td>f</td><td>f</td><td>f</td><td>f</td><td>f</td></tr>
<tr><td>端</td><td>t</td><td>t</td><td>t</td><td>t</td><td>t</td><td>t</td><td>t</td></tr>
<tr><td>透</td><td>t^h</td><td>t^h</td><td>t^h</td><td>t^h</td><td>t^h</td><td>t^h</td><td>t^h</td></tr>
<tr><td>泥</td><td>n</td><td>n</td><td>n</td><td>n</td><td>n</td><td>n</td><td rowspan="2">l</td></tr>
<tr><td>来</td><td>l</td><td>l</td><td>l</td><td>l</td><td>l</td><td>l</td></tr>
<tr><td>精</td><td>ts</td><td>ts</td><td rowspan="2">ʧ</td><td rowspan="2">ʧ</td><td rowspan="2">ʧ</td><td rowspan="2">ʧ</td><td rowspan="2">ʧ</td></tr>
<tr><td>庄</td><td>ʧ</td><td>ʧ</td></tr>
<tr><td>清</td><td>ts^h</td><td>ts^h</td><td rowspan="2">$ʧ^h$</td><td rowspan="2">$ʧ^h$</td><td rowspan="2">$ʧ^h$</td><td rowspan="2">$ʧ^h$</td><td rowspan="2">$ʧ^h$</td></tr>
<tr><td>初</td><td>$ʧ^h$</td><td>$ʧ^h$</td></tr>
<tr><td>心</td><td>s</td><td>s</td><td rowspan="2">ʃ</td><td rowspan="2">ʃ</td><td rowspan="2">ʃ</td><td rowspan="2">ʃ</td><td rowspan="2">ʃ</td></tr>
<tr><td>崇</td><td>ʃ</td><td>ʃ</td></tr>
<tr><td>见</td><td>k</td><td>k</td><td>k</td><td>k</td><td>k</td><td rowspan="2">k</td><td rowspan="2">k</td></tr>
<tr><td>君</td><td>kw</td><td>kw</td><td>kw</td><td>kw</td><td>kw</td></tr>
<tr><td>溪</td><td>k^h</td><td>k^h</td><td>k^h</td><td>k^h</td><td>k^h</td><td rowspan="2">k^h</td><td rowspan="2">k^h</td></tr>
<tr><td>群</td><td>k^hw</td><td>k^hw</td><td>k^hw</td><td>k^hw</td><td>k^hw</td></tr>
<tr><td>吾</td><td>ŋ</td><td>ŋ</td><td>ŋ</td><td>ŋ</td><td>ŋ</td><td>ŋ</td><td rowspan="2">ŋ</td></tr>
<tr><td>哀</td><td>ø</td><td>ø</td><td>ø</td><td>ø</td><td>ø</td><td>ø</td></tr>
<tr><td>晓</td><td>h</td><td>h</td><td>h</td><td>h</td><td>h</td><td>h</td><td>h</td></tr>
<tr><td>喻</td><td>j</td><td>j</td><td>j</td><td>j</td><td>j</td><td>j</td><td>j</td></tr>
<tr><td>为</td><td>w</td><td>w</td><td>w</td><td>w</td><td>w</td><td>v</td><td>v</td></tr>
</table>

说明：李立林（2015）记录的石龙话声母无 kw、kʰw、j、w，但韵母中设 [u-]、[i-] 韵头，为反映语音演变，对其声母、韵母作出相应调整，但不影响其音系。

韵母的比较

<table>
<tr><th></th><th>《字彙较正》
共 34 个</th><th>《东莞方言》
《粤语东莞方言》
共 41 个</th><th>石龙话
共 36 个</th><th>茶山话（老老）
共 31 个</th><th>茶山话（老）
共 29 个</th><th>茶山塘角话
（老）
共 30 个</th><th>茶山塘角话
（中）
共 27 个</th></tr>
<tr><td>宵</td><td>iu</td><td>iu</td><td>iu</td><td>iu</td><td>iu</td><td>iu</td><td>iu</td></tr>
<tr><td>支</td><td>i</td><td>i</td><td>i</td><td>i</td><td rowspan="2">i</td><td rowspan="2">i</td><td rowspan="2">i</td></tr>
<tr><td>鱼</td><td>y</td><td>y</td><td>y</td><td>y</td></tr>
<tr><td>车</td><td>ε</td><td>ε</td><td>E</td><td>ε</td><td>ε</td><td>ε</td><td rowspan="2">ε</td></tr>
<tr><td>茄</td><td>œ</td><td>œ</td><td>œ</td><td>œ</td><td>œ</td><td>œ</td></tr>
<tr><td>豪</td><td>ou</td><td>ou</td><td>ou</td><td>ɐu</td><td rowspan="2">ɐu</td><td>ɐu</td><td>ɐu</td></tr>
<tr><td>侯</td><td>ɐu</td><td>ɐu</td><td rowspan="2">au</td><td>ɔ</td><td>ɔ</td><td>ɔ</td></tr>
<tr><td>肴</td><td>au</td><td>au</td><td>au</td><td>au</td><td>au</td><td>au</td></tr>
<tr><td>微</td><td>ɐi</td><td>ɐi</td><td>ɐi</td><td>ɐi</td><td>ɐi</td><td>ɐi</td><td>ɐi</td></tr>
<tr><td>麻</td><td>a</td><td>a</td><td>a</td><td>a</td><td>a</td><td>a</td><td>a</td></tr>
<tr><td>佳</td><td>ai</td><td>ai</td><td>ai</td><td>ai</td><td>ai</td><td>ai</td><td>ai</td></tr>
<tr><td>歌</td><td>ɔ</td><td>ɔ</td><td>o</td><td rowspan="2">u</td><td rowspan="2">u</td><td rowspan="2">u</td><td rowspan="2">u</td></tr>
<tr><td>姑</td><td>u</td><td>u</td><td>u</td></tr>
<tr><td>吹</td><td>ui</td><td>ui</td><td>ui</td><td>ui</td><td>ui</td><td>ui</td><td>ui</td></tr>
<tr><td>先</td><td>in</td><td>in</td><td>in</td><td rowspan="2">in</td><td rowspan="2">in</td><td rowspan="2">in</td><td rowspan="2">in</td></tr>
<tr><td>元</td><td>yn</td><td>yn</td><td>yn</td></tr>
<tr><td>屑</td><td>it</td><td>it</td><td>it</td><td rowspan="2">iʔ</td><td rowspan="2">iʔ</td><td rowspan="2">iʔ</td><td rowspan="2">iʔ</td></tr>
<tr><td>月</td><td>yt</td><td>yt</td><td>yt</td></tr>
<tr><td>清</td><td rowspan="3">ɐŋ</td><td>iŋ</td><td>eŋ</td><td rowspan="2">ɐŋ</td><td rowspan="2">ɐŋ</td><td rowspan="2">ɐŋ</td><td rowspan="2">ɐŋ</td></tr>
<tr><td>真</td><td>ɐn</td><td>ɐn</td></tr>
<tr><td>青（白读）</td><td>εŋ</td><td>Eŋ</td><td>εŋ</td><td>εŋ</td><td>εŋ</td><td rowspan="2">εŋ</td></tr>
<tr><td>阳</td><td>œŋ</td><td>œŋ</td><td>œŋ</td><td>œŋ</td><td>œŋ</td><td>œŋ</td></tr>
<tr><td>昔</td><td rowspan="3">ɐk</td><td>ik</td><td>ek</td><td rowspan="2">ɐʔ</td><td rowspan="2">ɐʔ</td><td rowspan="2">ɐʔ</td><td rowspan="2">ɐʔ</td></tr>
<tr><td>质</td><td>ɐt</td><td>ɐt</td></tr>
<tr><td>锡（白读）</td><td>εk</td><td>Ek</td><td>εʔ</td><td>εʔ</td><td>εʔ</td><td rowspan="2">εʔ</td></tr>
<tr><td>药</td><td>œk</td><td>œk</td><td>œk</td><td>œʔ</td><td>œʔ</td><td>œʔ</td></tr>
<tr><td>侵</td><td>ɔŋ</td><td>ɐm</td><td>ɐm</td><td>ɔŋ</td><td>ɔŋ</td><td>ɔŋ</td><td>ɔŋ</td></tr>
<tr><td>缉</td><td>ɔk</td><td>ɐp</td><td>ɐp</td><td>ɔʔ</td><td>ɔʔ</td><td>ɔʔ</td><td>ɔʔ</td></tr>
<tr><td>山</td><td rowspan="2">aŋ</td><td>an</td><td rowspan="2">aŋ</td><td rowspan="2">aŋ</td><td rowspan="2">aŋ</td><td rowspan="2">aŋ</td><td rowspan="2">aŋ</td></tr>
<tr><td>咸</td><td>am</td></tr>
<tr><td>百</td><td rowspan="2">ak</td><td>at</td><td rowspan="2">ak</td><td rowspan="2">aʔ</td><td rowspan="2">aʔ</td><td rowspan="2">aʔ</td><td rowspan="2">aʔ</td></tr>
<tr><td>乏</td><td>ap</td></tr>
<tr><td>齐</td><td>ɔi</td><td>ɔi</td><td>ɔi</td><td>ɔi</td><td>ɔi</td><td>ɔi</td><td>ɔi</td></tr>
<tr><td>江</td><td>oŋ</td><td>ɔŋ</td><td>ɔŋ</td><td>oŋ</td><td>oŋ</td><td>oŋ</td><td>oŋ</td></tr>
<tr><td>觉</td><td>ok</td><td>ɔk</td><td>ɔk</td><td>oʔ</td><td>oʔ</td><td>oʔ</td><td>oʔ</td></tr>
<tr><td>东</td><td>əŋ</td><td>oŋ</td><td rowspan="2">oŋ</td><td rowspan="2">əŋ</td><td rowspan="2">əŋ</td><td rowspan="2">əŋ</td><td rowspan="2">əŋ</td></tr>
<tr><td>桓</td><td>un</td><td>un</td></tr>
<tr><td>屋</td><td>ək</td><td>ok</td><td rowspan="2">ok</td><td rowspan="2">əʔ</td><td rowspan="2">əʔ</td><td rowspan="2">əʔ</td><td rowspan="2">əʔ</td></tr>
<tr><td>末</td><td>ut</td><td>ut</td></tr>
<tr><td>吾</td><td rowspan="2">ŋ̍</td><td>ŋ̍</td><td>n̍</td><td rowspan="2">ŋ̍</td><td rowspan="2">ŋ̍</td><td rowspan="2">ŋ̍</td><td rowspan="2">ŋ̍</td></tr>
<tr><td>唔</td><td>m̍</td><td>m̍</td></tr>
</table>

声调的比较

			《字彙较正》共8个	《东莞方言》《粤语东莞方言》共10个	石龙话共9个	茶山话（老老）共9个	茶山话（老）共9个	茶山塘角话（老）共9个	茶山塘角话（中）共9个
平声	清		阴平	阴平	阴平	阴平	阴平	阴平	阴平
	浊		阳平	阳平	阳平	阳平	阳平	阳平	阳平
上声	清		阴上	阴上	阴上	阴上	阴上	阴上	阴上
	浊	次浊	阴去	阳上	阴去	阴去	阴去	阴去	阴去
		全浊	阳去		阳去	阳去	阳去	阳去	阳去
去声	清		阴去	阴去	阴去	阴去	阴去	阴去	阴去
	浊		阳去	阳去	阳去	阳去	阳去	阳去	阳去
入声	清		上阴入	上阴入	上阴入	上阴入	上阴入	上阴入	上阴入
			下阴入	下阴入	下阴入	下阴入	下阴入	下阴入	下阴入
	浊		阳入	阳入	阳入	阳入	阳入	阳入	阳入
变调				变调	变调	变调	变调	变调	变调

说明：李立林（2015）没有将小称变调55看作是一种调类，本文与之不同。茶山塘角话（老、中）除表中所列9个声调外，另有变入调，仅用于口语中的拟声词，例字极少，其调值与阳平相同而短促，如piʔ^{变入} paʔ^{变入}。

《字彙较正》音节表

本表共1227个音节。表中各音节的例字均为《字彙较正》的小韵，同一个音节可能包含多个小韵。《字彙较正》共1576个小韵，而本表共收入1476个小韵，其余100个小韵因字头为生僻字，未知其读音，因而未列入表中，但相信不会对《字彙较正》的音系有重大的影响。

东韵 [əŋ]

		p	pʰ	m	f	t	tʰ	n	l	ts	tsʰ	s	ʧ	ʧʰ	ʃ	k	kʰ	kw	kʰw	ŋ	h	j	ø	w
əŋ	阴平				风封	东冬	通			踪宗	充	嵩鬆	中钟	聪冲		公供					空	雍廱		
	阳平		蓬	蒙	逢缝		同朣	农	隆龙		从松			虫	崇		穷䓖				红	熊容		
	阴上				俸	董	统			总		耸	肿	宠		拱	孔巩					壅		
	阴去					栋	痛		陇	纵		送宋	众	铳		贡						勇		甕
	阳去			梦	奉	动		弄		讼			重			共					閧	用		

江韵 [oŋ]

		p	pʰ	m	f	t	tʰ	n	l	ts	tsʰ	s	ʧ	ʧʰ	ʃ	k	kʰ	kw	kʰw	ŋ	h	j	ø	w
oŋ	阴平	邦			方	当	汤	裆			仓	桑	庄	疮	霜	江		光			康			汪
	阳平		庞	忘	房		唐	囊	郎					床					狂	昂	杭			黄
	阴上	榜			仿	党	倘	曩				颡			爽	讲		广			慷			枉
	阴去		棒	罔	放	当			朗	葬		丧		创		绛	亢		扩		炕		盎	往
	阳去	谤		望	幌	荡			浪	脏			撞状							戆	项巷			旺

阳韵 [œŋ]

		p	pʰ	m	f	t	tʰ	n	l	ts	tsʰ	s	ʧ	ʧʰ	ʃ	k	kʰ	kw	kʰw	ŋ	h	j	ø	w
œŋ	阴平									将	锵	湘	章	昌	双	姜					香	鸯		
	阳平							娘	良		翔	常		长			强					阳		
	阴上								两	桨	抢	想	掌		赏		繦				享	鞅		
	阴去								两	酱		相	帐	唱	上		强				向	养		
	阳去								谅	象			丈		上							漾		

支韵 [i]

		p	pʰ	m	f	t	tʰ	n	l	ts	tsʰ	s	ʧ	ʧʰ	ʃ	k	kʰ	kw	kʰw	ŋ	h	j	ø	w
i	阴平		丕										支	痴	师							衣		
	阳平													池	时							仪		
	阴上												纸	侈	史							倚		
	阴去												寘	炽	试							以		
	阳去												治		士							义		

微韵 [ɐi]

		p	pʰ	m	f	t	tʰ	n	l	ts	tsʰ	s	ʧ	ʧʰ	ʃ	k	kʰ	kw	kʰw	ŋ	h	j	ø	w
ɐi	阴平	悲	披		飞			怩		姿		思				玑	崎				稀			
	阳平		皮	微	肥			旎	梨		词						祈							
	阴上	比	否		斐					子	此	死				己					喜			
	阴去	庇	譬	尾				你	里		次	四				寄	冀			耳	气			
	阳去	鼻		未	剕	地		腻	利	字					事	技								

灰韵 [ui]

		p	p^h	m	f	t	t^h	n	l	ts	ts^h	s	ʧ	$ʧ^h$	ʃ	k	k^h	kw	k^hw	ŋ	h	j	ø	w
ui	阴平	杯			灰	堆	胎			沮灾		绥须	追	吹	衰	车该	驱				虚		哀	回
	阳平		培	梅			台		来		才			锤	谁		渠衢							
	阴上		俖		贿		腿			宰	采娶				水	举改					许		蔼	
	阴去	背	配	每	诲	对	退	女	吕缕侏	载	赛	岁			髓税	句	佢槩		绘		去	乳	爱	
	阳去	倍		妹	害	憝代队		内	虑	在		瑞				巨						裔		会

齐韵 [ɔi]

		p	p^h	m	f	t	t^h	n	l	ts	ts^h	s	ʧ	$ʧ^h$	ʃ	k	k^h	kw	k^hw	ŋ	h	j	ø	w
ɔi	阴平	跛	批		辉	低	梯	梶		跻	妻	西			筛	鸡	溪	圭龟归	瓶		屎			威
	阳平			迷			提	泥	黎		齐				柿				葵揆	危	奚			为围
	阴上					底	体			仔		洗					启	鬼			傒			委
	阴去	闭			费	帝	剃		礼	霁	切	细	荠制		世	计	契	揆贵	愧	蚁				伟畏
	阳去	敝		袂	吠	弟			丽				滞		誓	偈		跪篑		伪				为

鱼韵 [y]

		p	p^h	m	f	t	t^h	n	l	ts	ts^h	s	ʧ	$ʧ^h$	ʃ	k	k^h	kw	k^hw	ŋ	h	j	ø	w
y	阴平												朱		书枢							于吁		
	阳平													储厨	殊							鱼虞		
	阴上												主		暑									
	阴去												注	柱处								语麌饫		
	阳去												住		树恕							御遇		

姑韵 [u]

		p	pʰ	m	f	t	tʰ	n	l	ts	tsʰ	s	ʧ	ʧʰ	ʃ	k	kʰ	kw	kʰw	ŋ	h	j	ø	w
u	阴平				夫									初	疏	姑								乌
	阳平				乎									锄										
	阴上				甫								俎	楚	所	古								邬
	阴去				赋				擢		错				踈	故								
	阳去				父								助											恶

吾韵 [ŋ̍]

		p	pʰ	m	f	t	tʰ	n	l	ts	tsʰ	s	ʧ	ʧʰ	ʃ	k	kʰ	kw	kʰw	ŋ	h	j	ø	w
ŋ̍	阴平																							
	阳平																			吾				
	阴上																							
	阴去																			五				
	阳去																			悟				

豪韵 [ou]

		p	pʰ	m	f	t	tʰ	n	l	ts	tsʰ	s	ʧ	ʧʰ	ʃ	k	kʰ	kw	kʰw	ŋ	h	j	ø	w
ou	阴平	哺				都	叨			租	粗	苏				高					蒿			
	阳平		蒲	无毛			徒	奴	卢劳		曹									敖	豪			
	阴上	宝	普			肚				祖	草	嫂			数	稾					好			
	阴去	布	铺	武		到	兔	弩	老	灶	造胙	素			数	告					靠			
	阳去	步		务		道		怒	路											傲	皓号		奥	

佳韵 [ai]

		p	pʰ	m	f	t	tʰ	n	l	ts	tsʰ	s	ʧ	ʧʰ	ʃ	k	kʰ	kw	kʰw	ŋ	h	j	ø	w
ai	阴平								㺜				斋	差		佳		乖			揩		挨	歪
	阳平		徘	埋										柴							谐		崖	怀
	阴上	摆										徙				解	楷	拐					矮	
	阴去	拜	派	买	快蒯	戴	舵泰	迺	癞		蔡	洒	债		晒	界		怪		駃	蟹		隘	
	阳去	罢败		荚迈				柰	赖	眥			寨							聩	骇懈			坏

真韵 [ɐŋ]

		p	pʰ	m	f	t	tʰ	n	l	ts	tsʰ	s	ʧ	ʧʰ	ʃ	k	kʰ	kw	kʰw	ŋ	h	j	ø	w
ɐŋ	阴平	宾冰		蚊	分	敦丁	吞厅			津精	亲青	辛星	真铮蒸	春称	身升	根京	倾	君	坤		欣卿	恩英		温
	阳平		贫平	民文明盟	焚		廷	宁	伦灵		秦情			呈	臣成		勤鲸		群	银	痕	人迎		云
	阴上	秉	品		粉	顶嵿	挺	撚	屛	井		醒笋	轸整	蠢逞	哂	谨梗		衮	阃迥		垦	隐映		稳
	阴去	摈柄	喷聘	敏吻暝	奋	订	褪湍听		领			信性	震正诤	疢艳	圣	敬		棍	困		釁庆	引应		尹永
	阳去	病		问命		遯定		佞	论令	尽静赆		慎	陈郑		肾抻盛	近劤艮径		郡		慭	恨	认迎		运混詠

侵韵 [ɔŋ]

		p	pʰ	m	f	t	tʰ	n	l	ts	tsʰ	s	ʧ	ʧʰ	ʃ	k	kʰ	kw	kʰw	ŋ	h	j	ø	w
ɔŋ	阴平	崩			弘	登				曾	侵	心	斟		深	金	衿				歆堪	音	庵	
	阳平						滕		琳		层寻			沉	忱		琴				恒含	吟		
	阴上					等				怎	寝	伈	枕	踸	审	锦					坎	饮		
	阴去					橙			廪	甑沁			譖	谶		更禁	妗				勘	荫	暗揞	
	阳去					邓洇			罧	赠			朕		甚						幸颔	任	闇	

先韵 [in]

		p	p^h	m	f	t	t^h	n	l	ts	ts^h	s	ʧ	$ʧ^h$	ʃ	k	k^h	kw	k^hw	ŋ	h	j	ø	w
in	阴平	边	篇			颠	天	撚拈		戋尖	千纤	先	鹯占			肩兼					牵谦	烟奄		
	阳平			绵			田恬	年	连廉		前潜				蟾		钳					贤盐		
	阴上	贬				典点		捻		剪	浅	铣	展	谄	闪	蹇		卷			显险	偃揜膁		
	阴去	变	片	免		玷	忝		辇敛	荐	僭	霰	占		扇	建见剑					宪	琰厌		
	阳去	便		沔面		殿		念	鍊	贱	倩	羡	渐		善蟮	件俭健					苋	彦艳		

元韵 [yn]

		p	p^h	m	f	t	t^h	n	l	ts	ts^h	s	ʧ	$ʧ^h$	ʃ	k	k^h	kw	k^hw	ŋ	h	j	ø	w
yn	阴平					端				尊	村	宣				涓					圈	渊		
	阳平						豚		联		全	旋			船		乾					元玄		
	阴上					断			恋	缵	忖	选	传								犬	阮		
	阴去							煖		钻	寸	算	转		吮						献	远		
	阳去					段		嫩	乱				传			圈						愿炫		

桓韵 [un]

		p	p^h	m	f	t	t^h	n	l	ts	ts^h	s	ʧ	$ʧ^h$	ʃ	k	k^h	kw	k^hw	ŋ	h	j	ø	w
un	阴平	般	潘		欢											干								安
	阳平		盘	门	寒																			
	阴上	本			罕											馆								腕
	阴去	半	泮	满	旱汉													盥灌						案
	阳去	伴		闷	翰																			玩

山韵 [aŋ]

		p	pʰ	m	f	t	tʰ	n	l	ts	tsʰ	s	ʧ	ʧʰ	ʃ	k	kʰ	kw	kʰw	ŋ	h	j	ø	w
aŋ	阴平	班	攀 烹		翻	单 耽	滩 贪			簪	餐 参		争	撑	删 生 衫	间 甘 庚		关			刊 亨		莺	湾
	阳平		彭	蛮 盲	凡		檀 覃	难 南	阑 蓝		残 惭			橙						颜 岩	闲 行 咸			还 横
	阴上	板			反	刑 胆	亶	揇	揽		惨	散	盏 斩	杉 掺	产	感 赚 涧								
	阴去		盼	猛 孟			探 叹	赧 腩	懒 冷 览	赞	灿	三 散	蘸 醮	铲 忏	潸 汕	谏 鉴		惯		眼	僩 阚 勘		晏	挽
	阳去	办 棒		万	范 泛	但 啿 旦 澹	倓		槛 烂 缆	暂			湛 馔							雁 硬	限 憾 陷			宦

宵韵 [iu]

		p	pʰ	m	f	t	tʰ	n	l	ts	tsʰ	s	ʧ	ʧʰ	ʃ	k	kʰ	kw	kʰw	ŋ	h	j	ø	w
iu	阴平	标	飘			刁	挑			蕉	锹	萧	朝	超	烧	骄					枭	夭		
	阳平			苗			调		聊		憔				韶		乔					遥		
	阴上	表				屌		扰		剿	悄	小	沼		少	矫 缴					晓	殀		
	阴去		缥	杳		弔	眺	鸟	了	照	肖	少 啸			少	叫	窍					要		
	阳去			妙		篠 掉		尿	料				赵		肇							耀		

肴韵 [au]

		p	pʰ	m	f	t	tʰ	n	l	ts	tsʰ	s	ʧ	ʧʰ	ʃ	k	kʰ	kw	kʰw	ŋ	h	j	ø	w
au	阴平	包	抛										嘲	抄	筲	交					敲			
	阳平		庖	茅	掊			铙						巢						肴				
	阴上	饱											爪	吵		皎					巧		拗	
	阴去		豹	卯				桡					棹 罩	勦 钞	哨 稍	教					孝		咬	
	阳去			貌				闹												乐	效		凹	

歌韵 [ɔ]

		p	p^h	m	f	t	t^h	n	l	ts	ts^h	s	ʧ	$ʧ^h$	ʃ	k	k^h	kw	k^hw	ŋ	h	j	ø	w
ɔ	阴平	波		摩	科	多	拖			矬	蹉	蓑				歌		戈		柯	呵			
	阳平		婆	磨			沱	傩	罗											莪	何			和
	阴上		颇		火	朵		娜	裸	左		锁				果		咼			可			祸
	阴去	播	破		货		妥			佐	挫					个		过		我				
	阳去			磨		堕		糯	逻	座										卧	贺			和

茄韵 [œ]

		p	p^h	m	f	t	t^h	n	l	ts	ts^h	s	ʧ	$ʧ^h$	ʃ	k	k^h	kw	k^hw	ŋ	h	j	ø	w
œ	阴平																							
	阳平								螺								茄							
	阴上																							
	阴去						唾																	
	阳去																							

麻韵 [a]

		p	p^h	m	f	t	t^h	n	l	ts	ts^h	s	ʧ	$ʧ^h$	ʃ	k	k^h	kw	k^hw	ŋ	h	j	ø	w
a	阴平	巴			花		他	拿					渣	差	沙	家		瓜	夸	鸦				哇
	阳平		琶	麻										搽						牙	遐			华
	阴上	把				打										假		寡					哑	
	阴去	霸	怕	马	化			乸	罅				诈	蜡		驾		卦		雅	嗄	也		
	阳去	罢		祃									乍	衩						迓	夏			话

车韵 [ɛ]

		p	pʰ	m	f	t	tʰ	n	l	ts	tsʰ	s	ʧ	ʧʰ	ʃ	k	kʰ	kw	kʰw	ŋ	h	j	ø	w
ɛ	阴平					爹				遮		些	嗟	车	奢									
	阳平										斜				蛇							爷		
	阴上									姐	且	写			舍									
	阴去									借		泻	蔗		赦							野		
	阳去												谢		射							夜		

侯韵 [ɐu]

		p	pʰ	m	f	t	tʰ	n	l	ts	tsʰ	s	ʧ	ʧʰ	ʃ	k	kʰ	kw	kʰw	ŋ	h	j	ø	w
ɐu	阴平	彪				兜	偷		篓	邹	秋	修	周	抽	收	沟	抠			讴	休	忧		
	阳平			谋	浮		投		流					绸	愁		求			牛	侯	尤		
	阴上		剖		否	斗	妵		扭	酒		叟		丑	手	久	叩					黝	呕	
	阴去		泡	亩		斗	透		柳	奏		秀	昼	臭	兽	究	寇			偶		有	沤	
	阳去			茂	阜	豆		槈	漏	宙			酎		受	旧					厚	宥		

屋韵 [ək]

		p	pʰ	m	f	t	tʰ	n	l	ts	tsʰ	s	ʧ	ʧʰ	ʃ	k	kʰ	kw	kʰw	ŋ	h	j	ø	w
ək	上阴入	卜			福	笃	秃	搙		足	促	宿	竹	束	叔	谷	曲				哭	沃	屋	
	下阴入																							
	阳入	仆		目	服	读			鹿	族					孰		局					玉		

觉韵 [ok]

		p	pʰ	m	f	t	tʰ	n	l	ts	tsʰ	s	ʧ	ʧʰ	ʃ	k	kʰ	kw	kʰw	ŋ	h	j	ø	w
ok	上阴入																							
	下阴入	博	朴				讬			作		索									壳		恶	
	阳入	薄		莫	缚	度		诺	落	昨			濯		朔	觉	恪	国		乐	学			镬

质韵 [ɐk]

		p	pʰ	m	f	t	tʰ	n	l	ts	tsʰ	s	ʧ	ʧʰ	ʃ	k	kʰ	kw	kʰw	ŋ	h	j	ø	w
ɐk	上阴入	毕碧	匹僻	乜	弗	的	惕	匿惄		迹	七戚	戌涩锡	质职	出赤	率式	吉棘	咳	骨	洫			一益		郁
	下阴入																							
	阳入	勃		密物陌	佛	突狄		溺讷	律力	疾夕			姪直	黜	实食石	极屐			屈	迄		日翼		杌

月韵 [yt]

		p	pʰ	m	f	t	tʰ	n	l	ts	tsʰ	s	ʧ	ʧʰ	ʃ	k	kʰ	kw	kʰw	ŋ	h	j	ø	w
yt	上阴入																							
	下阴入						脱				撮	雪	拙		说		厥		决		血			
	阳入						夺		劣	绝												月		

末韵 [ut]

		p	pʰ	m	f	t	tʰ	n	l	ts	tsʰ	s	ʧ	ʧʰ	ʃ	k	kʰ	kw	kʰw	ŋ	h	j	ø	w
ut	上阴入																							
	下阴入			抹	阔													割			曷			
	阳入	襏		末																				活

合韵 [ak]

		p	p^h	m	f	t	t^h	n	l	ts	ts^h	s	ʧ	$ʧ^h$	ʃ	k	k^h	kw	k^hw	ŋ	h	j	ø	w
ak	上阴入																							
	下阴入	八 伯	拍		发	詛 答	挞 塔	疕	拉	匝	策	萨 霎	扎 责 剳	刷 察 插	杀	格 甲		刮			客 敌		遏 押	挖
	阳入	拔 白		袜	伐	达 踏		捺 纳	辣 臘	杂			宅							逆	覈 合 峡	揸		滑 或

屑韵 [it]

		p	p^h	m	f	t	t^h	n	l	ts	ts^h	s	ʧ	$ʧ^h$	ʃ	k	k^h	kw	k^hw	ŋ	h	j	ø	w
it	上阴入	必				尐																		
	下阴入						铁 贴			节 捷	切 妾	屑	折	彻	设 摄	黠	揭				歇 挟	咽		
	阳入	别	撇	灭		蝶		聂	列 猎						舌	杰 劫					頁	业 叶		

药韵 [œk]

		p	p^h	m	f	t	t^h	n	l	ts	ts^h	s	ʧ	$ʧ^h$	ʃ	k	k^h	kw	k^hw	ŋ	h	j	ø	w
œk	上阴入																							
	下阴入					琢				爵		削	着 卓			脚	卻					约		
	阳入								掠						铄	噱						药		

缉韵 [ɔk]

		p	p^h	m	f	t	t^h	n	l	ts	ts^h	s	ʧ	$ʧ^h$	ʃ	k	k˥	kw	k^hw	ŋ	h	j	ø	w
ɔk	上阴入					德				昃	缉	塞	执		湿	急	恰				乞 克 洽	邑		
	下阴入																							
	阳入			默					立	习	贼				十		及					入		

参考文献

[1] 王力.汉语音韵[M].上海：中华书局，2008.

[2] 詹伯慧，陈晓锦.东莞方言词典[M].南京：江苏教育出版社，1997.

[3] 彭小川.粤语论稿[M].广州：暨南大学出版社，2004.

[4] 李吉劭.东莞音字典[M].广州：广东人民出版社，2012.

[5] 罗伟豪.《广韵》与广州话论集[M].广州：中山大学出版社，2020.

[6] 李立林.东莞粤语语音研究[M].广州：暨南大学出版社，2015.

[7] 陈贺周.莞语探源[M].广州：世界图书出版广东有限公司，2015.

《花笺记》用韵研究（稿）

说明：本稿最初写于2013年8月，虽未尽完善，但对《花笺记》的用韵特点作了分析，有一定的意义。不揣鄙陋，以期抛砖引玉。

一、研究目的

《花笺记》成书于明末或清初，今存康熙五十二年（1713年）刻本，是木鱼歌唱本。

本文研究《花笺记》的用韵，研究目的有二：一是研究《花笺记》的韵脚，为粤语语音演变研究提供一点资料；二是根据《花笺记》用韵的特点，推测《花笺记》作者是何处人。

二、《花笺记》的韵部

本文以系联法研究《花笺记》的全部韵脚。系联是指韵脚甲与乙押韵，乙与丙押韵，则甲、乙、丙属同一个韵部。《花笺记》共用了11个韵部，如下所示：

韵部1：凉 香 郎 妨 忘 荒 长 梁 良 沧 光 芳 肠 鸯 行 厢 妆 堂 章 方 床 装 觞 张 翔 娘 康 当 方 苍 廊 房 忙 详 乡 场 旁 塘 坊 唐 狂 裳 墙 藏 亡 王 扬 霜 量 常 伤 杨 强 尝 浆 扬 凰 庠 茫 双 邦 窗 江 缸 看 杆 安 肝 寒 干 怆 望 上

韵部2：易 衣 时 知 义 儿 施 师 支 思 祷 迟 池 漪 枝 依 痴 事 持 丝 宜 姿 疑 诗 飞 记 理 喜 味 湄 悲 机 眉 畿 奇 棋 机 陂 旗 离 饥 皮 嘻 期 欺 厘 稀 奇 篱 姬 非 微 系 滞 闭 批 提 樨 梯 围 为 闺 归 追 陲 随 书 泥

韵部3：陈 人 津 匀 真 神 身 亲 新 尘 臣 辰 姻 唇 民 晨 因 贫 灯 登 曾 憎 生 行 更 庚 盟 寻 沉 林 侵 心 针 禁 衿 音 金 阴 深 今 淋 吟 斟 琴 临 衾 根 痕 恩 婚 昏 魂 分 文 君

纷云欣群裙军闻焚纹坟荫运忿问恨阵春邻轮伦旬论樽信

韵部4：边天筵肩癫坚眠圆颠穿川牵娟莲仙连笺鲜前篇缘年传迁贤田怜然蝉涟先缠千烟弦延钿船园言喧酸鸾尖帘恹添瞻甜严见片遍面恋苑蹇软变断乱算愿

韵部5：徊催偎堆灰对悔会妹配

韵部6：流头愁休秋悠诱舟洲由刘州侯俦羞收浮忧投勾游修丘后首偶透旧手茂久有旧就候救走

韵部7：红容中空蓬公送痛梦种凤

韵部8：丹间颜烂散惯难闲衫生谈番山单鬟弹返斑还凡惭澜三南悭潭栏行蛮檀

韵部9：牙花家琶纱差沙揸茶麻吧娅鸦华假话圾洒寡

韵部10：高豪路刀涛恼土诉

韵部11：牌怀斋解

三、《花笺记》韵部分析

从《花笺记》的语法、词汇来看，所用的方言属粤语无疑。从语音（用韵特点）来看，也是粤语。这两点在此不作论述。

《花笺记》的11个韵部，韵部4至韵部11在今粤语中都是押韵（或通押）的，在此不作论述。韵部1、韵部2、韵部3，今粤语不大能押韵，将重点论述。

在这三个韵部的论述中，先按平水韵进行归类，以考察《花笺记》韵脚与平水韵的异同；再按广州话、东莞沙田话、东莞莞城话、客家话、中山话五种方言进行归类，以考察这三个韵部与这五种方言的相似程度。各方言的语音资料据《广东粤方言概要》《汉语方言字汇》《东莞粤语语音研究》等。

（一）韵部1

韵脚：凉香郎妨忘荒长梁良沧光芳肠鸯行厢妆堂章方床装觞张翔娘康当方苍廊房忙详乡场旁塘坊唐狂裳墙藏亡王扬霜量常伤杨强尝浆扬凰庠茫双邦窗江缸看杆安肝寒干怆望上

1. 按平水韵归类

韵部1的韵脚按平水韵归类，归入4个韵目：

阳韵：凉香郎妨忘荒长梁良沧光芳肠鸯行厢妆堂章方床装觞张翔娘

康当方苍廊房忙详乡场旁塘坊唐狂裳墙藏亡王扬霜量常伤杨强尝浆扬凰庠茫

江韵：双邦窗江缸

寒韵：看杆安肝寒干

漾韵：怆望上

2. 按广州话归类

从广州话来看，以上韵脚的韵母分成两类，两类互不押韵。

（1）[œn]、[œŋ]：凉香上庠长梁良肠鸯厢章觞张翔娘洋乡场墙扬量杨强尝浆扬双窗裳常伤

（2）[ɔn]、[ɔŋ]：郎妨忘荒沧光芳行妆堂邦江缸看杆安肝寒干怆望方床装康当方苍廊房忙旁塘坊唐狂藏亡王霜凰茫

3. 按东莞沙田话归类

从东莞沙田话来看，全读[ɔn]，全部押韵。

4. 按东莞莞城话归类

从东莞莞城话来看，韵脚分成三类，三类互不押韵。

（1）[œn]、[œŋ]：凉香上庠长梁良肠鸯厢章觞张翔娘详乡场墙扬量杨强尝浆扬双窗裳常伤

（2）[ɔn]、[ɔŋ]：郎妨忘荒沧光芳行妆堂邦江缸怆望方床装康当方苍廊房忙旁塘坊唐狂藏亡王霜凰茫

（3）[un]：看杆安肝寒干

5. 按客家话归类

从客家话来看，韵脚分为两类，两类是押韵的。

（1）[ɔn]、[ɔŋ]：郎、妨，等。

（2）[iɔn]、[iɔŋ]：凉、香，等。

6. 按中山话归类

从中山话来看，韵脚分类大致与广州话相同。但在宕摄开口三等里，中山话与广州话不同而读[iɔŋ]、[iɔk]的字有：酿、让、弱、仰、虐、秧、约、羊、养、样、跃，

这些字可与宕摄开口一等押韵。可以推测，以前的中山话与今客家话一样，宕摄一等与三等是可以押韵的。

（二）韵部2

韵脚：易衣时知义儿施师支思𬬰迟池漪枝依痴事持丝宜姿疑诗飞记理喜味湄悲机眉畿奇棋机陂旗离饥皮嘻期欺厘稀奇篱姬非微系滞闭批提樨梯围为闺归追陲随书泥

1. 按平水韵归类

韵部2的韵脚按平水韵归类，归入8个韵目：

微韵：衣飞机畿依稀非微归围

支韵：时知儿湄悲施眉师支思奇枝棋迟陂旗池漪离饥皮痴嘻期欺厘奇持丝为篱姬宜姿疑诗随陲追

鱼韵：书

齐韵：泥批闺提樨梯

未韵：味

纸韵：𬬰理喜（按：𬬰，音绮，为仄声字，《花笺记》与平声韵相押）

寘韵：义事记易

霁韵：系滞闭

2. 按广州话归类

从广州话来看，韵脚归入以下6个韵母，（1）和（2）可押韵，（4）和（5）可押韵，其余互不押韵。

（1）[i]：易衣时知义儿施师支思𬬰迟池漪枝依痴事持丝宜姿疑诗

（2）[y]：书

（3）[ei]：飞记理喜味湄悲机眉畿奇棋陂旗离饥皮嘻期欺厘稀奇篱姬非微

（4）[ɐi]：系滞闭泥批提樨梯

（5）[uɐi]：闺归围为

（6）[øy]：追陲随

3. 按东莞沙田话归类

从东莞沙田话来看，韵脚归类、读音大致与广州话相同。

4. 按东莞莞城话归类

从东莞莞城话来看，韵脚归类与广州话大致相同，广州话的（4）、（5）类在莞城话中不分为两个韵母。韵脚读音与广州话略有差异。

5. 按客家话归类

从客家话来看，韵脚归入以下5个韵母，（1）和（2）可押韵，其余互不押韵。可押韵的韵脚占了90%，只有“追 陲 随 书 泥”出韵。

（1）[i]：易 衣 时 知 义 儿 施 师 支 思 椅 迟 池 漪 枝 依 痴 事 持 丝 宜 姿 疑 诗 飞 记 理 喜 味 湄 悲 机 眉 畿 奇 棋 陂 旗 离 饥 皮 嘻 期 欺 厘 稀 奇 篱 姬 非 微 系 滞 闭 批 提 樨 梯 围 为

（2）[uiː]：闺 归

（3）[ui]：追 陲 随

（4）[u]：书

（5）[ai]：泥

6. 按中山话归类

从中山话来看，韵脚归入以下5个韵母，（1）和（2）可押韵，（3）和（4）可押韵，可押韵的韵脚占78%。

（1）[i]：易 衣 时 知 义 儿 施 师 支 思 椅 迟 池 漪 枝 依 痴 事 持 丝 宜 姿 疑 诗 飞 记 理 喜 味 湄 悲 机 眉 畿 奇 棋 陂 旗 离 饥 皮 嘻 期 欺 厘 稀 奇 篱 姬 非 微 泥

（2）[y]：书

（3）[ɐi]：系 滞 闭 批 提 樨 梯

（4）[uɐi]：闺 归 围 为

（5）[øy]：追 陲 随

（三）韵部3

韵脚：陈 人 津 匀 真 神 身 亲 新 尘 臣 辰 姻 唇 民 晨 因 贫 灯 登 曾 憎 生 行 更 庚 盟 寻 沉 林 侵 心 针 禁 衿 音 金 阴 深 今 淋 吟 斟 琴 临 衾 根 痕 恩 婚 昏 魂 分 文 君 纷 云 欣 群 裙 军 闻 焚 纹 坟 荫 运 忿 问 恨 阵 春 邻 轮 伦 旬 论 樽 信

1. 按平水韵归类

韵部3按平水韵归类，归入以下10个韵目。

真韵：陈人津匀真春邻神身轮亲伦新尘臣辰姻唇民旬晨因贫

蒸韵：灯登曾憎

庚韵：生行更庚盟

侵韵：寻沉林侵心针禁衿音金阴深今淋吟斟琴临衾

元韵：根痕论恩樽婚昏魂

文韵：分文君纷云欣群裙军闻焚纹坟

沁韵：荫

问韵：运忿问

愿韵：恨

震韵：阵信

2. 按广州话归类

从广州话来看，韵脚分成两类，两类不押韵。

（1）[ɐn]、[ɐŋ]、[ɐm]：陈人津匀真神身亲新尘臣辰姻唇民晨因贫灯登曾憎生行更庚盟寻沉林侵心针禁衿音金阴深今淋吟斟琴临衾根痕恩婚昏魂分文君纷云欣群裙军闻焚纹坟荫运忿问恨阵

（2）[on]：春邻轮伦旬论樽信

3. 按东莞沙田话归类

从东莞沙田话来看，全押韵。

4. 按东莞莞城话归类

从东莞莞城话来看，全押韵。

5. 按中山话归类

从中山话来看，韵脚仅分一类：[ɐn]、[ɐŋ]、[ɐm]。在广州话不押韵的“春邻轮伦旬论樽信”中，中山话只有“春”（[$ʧ^h$on]）出韵，其余“邻轮伦旬论樽信”的韵母均为[ɐn]。

6. 按客家话归类

从客家话来看，分类较为复杂，不押韵。

四、《花笺记》作者籍贯的推测

《花笺记》的评者钟映雪认为：“岂知其正不必叶韵而声调愈佳。后者续笔，便愈叶韵愈觉其丑。”实际上，《花笺记》的韵脚全部押韵，没有出韵的地方，而且全书用的是同一种韵部系统，也就是说，即使有续笔，续笔者和原作者使用的也是同一种方言。据杨宝霖《〈花笺记〉研究》，钟映雪生于清康熙二十二年（1683年），东莞横坑人。钟映雪其时的语音可能跟现今横坑话一样，《花笺记》的某些韵脚读、唱起来不押韵，故钟映雪认为其“不必叶韵”。以现今东莞粤方言区的各种方言来看，《花笺记》的韵部1、3在东莞粤方言中是有可能押韵的，但韵部2绝无可能押韵。因此，《花笺记》的作者不大可能是东莞人。

根据上述的《花笺记》韵部分析，《花笺记》所用的方言与中山话最接近。但是，就此说《花笺记》的作者是中山人，倒也未必，因为《花笺记》的用韵特点在南音、粤讴中也有相同或近似的用例，在今南海粤方言、广州地区粤方言中亦有类似的特点。

据梁培炽《南音与粤讴之研究》，南音中与《花笺记》韵部1、2、3都相同的是出版于1920年的《增刻今梦曲》中的《潇湘泣玉》（《南音与粤讴之研究》第33、34页）。《潇湘泣玉》押“香、肠、湘、长、干、凉、江、阳”，与《花笺记》韵部1相同；押“辉、楣、丝、期、时、姿、眉、催、迟、危、思、儿、非、痴、至、谁、辞、死、移、你、记、飞、起、住、悲、女、齒、词、支、替、师、池、奇、似、持、水、地、离、闺、迷、啼、归”，与《花笺记》韵部2相同；押“纷、闻、饼、分、恨、神、昏、云、津、坟”，与《花笺记》韵部3相同。但“《今梦曲》一书，乃钟德所擅唱的南音集，是其在岳雪楼时，孔家门庭中那些文人为其所度的曲词”（《南音与粤讴之研究》第102页），故《潇湘泣玉》作者不可考。钟德，“东莞籍人，世居广州。约生于清咸丰十年（一八六〇），一九二九年间病逝广州”（《南音与粤讴之研究》第98页）。《潇湘泣玉》的用韵特点与《花笺记》可谓一脉相承。假如《花笺记》的用韵是基于实际存在的音系，那么，这种音系最迟至民国初年仍存在，但这种音系如今已消失（或者是虽然存在但没有被记载，或者是笔者寡闻而未知）。假如《花笺记》的用韵是一种适用于演唱的“合韵”，那么这种“合韵”的规律至《潇湘泣玉》仍延用。

据梁培炽《南音与粤讴之研究》中所载的南音、粤讴，用韵特点与《花笺记》韵部1、2相同而编著者又可考的，年代最早的是招子庸编著的《粤讴》。招子庸，南海横沙乡（现为里水镇）人，生于乾隆五十八年（1793年）。《粤讴》中的《嗟怨薄命》押“杨、双、光”等，与《花笺记》韵部1相同；《吊秋喜》押“死、痴、你、悲、句、词、水、司、世、眉、喜、意、欺、气、泥、寄、知、细、栖、祭、啼、纸、飞、寺、主、持、偈、妻、地、机、丝、子、记、义、字、迟”，与《花笺记》韵部2相同。

据彭小川《南海方音概述》，今南海话“止摄开口三等字除精、庄组外，其余各组声母字的韵母……全念 i，如：悲、利、知、旗，通行于西樵（儒溪除外）、丹灶、桂城石肯、金沙、南庄、平洲林岳等地”，这样的语音特点虽与《花笺记》韵部2不同，但相近。

据陈卫强《广州地区粤方言语音研究》第115、205页，止摄开口三等字韵母大多读[i]且宕摄一等与三等押韵（即语音特点与《花笺记》韵部2、韵部1相近）的有黄埔文冲、从化太平。

综上所述，我们虽然不能从《花笺记》的用韵特点研究出《花笺记》作者的籍贯，但是，我们仍可以发现《花笺记》的用韵特点是得到了继承的，在如今的方言中亦有所体现。

参考文献

[1] 薛汕．花笺记[M]．北京：文化艺术出版社，1985.

[2] 杨宝霖．《花笺记》研究：上[J]．东莞理工学院学报，2006，13(5).

[3] 杨宝霖．《花笺记》研究：下[J]．东莞理工学院学报，2006，13(6).

[4] 詹伯慧．广东粤方言概要[M]．广州：暨南大学出版社，2004.

[5] 北京大学中国语言文学系语言学教研室．汉语方言字汇[M]．北京：语文出版社，2008.

[6] 李立林．东莞粤语语音研究[M]．广州：暨南大学出版社，2015.

[7] 梁培炽．南音与粤讴之研究[M]．广州：广东人民出版社，2012.

[8] 彭小川．粤语论稿[M]．广州：暨南大学出版社，2004.

[9] 陈卫强．广州地区粤方言语音研究[M]．广州：暨南大学出版社，2011.

莞语浅说

我是东莞市茶山镇塘角村人，我这里所说的“莞语”——东莞话，以茶山塘角话（中年音）为代表。本文题目为《莞语浅说》，是因为我对东莞话的认识还很浅，只能讲一些浅薄的看法，讲不出什么高深的理论，还望见谅。

一、东莞话音系

在汉语来说，决定一个字的读音的因素，分成声母、韵母、声调三部分。东莞话（茶山塘角）与广州话、普通话不同，就是因为东莞话（茶山塘角）的声母、韵母、声调都与广州话、普通话有所不同。

那么，东莞话（茶山塘角）有多少个声母、多少个韵母、多少个声调呢？

根据我的研究，东莞话（茶山塘角）共有16个声母。分别是：帮[p]，滂[p^h]，明[m]，非[f]，为[v]，端[t]，透[t^h]，来[l]，精[ʧ]，清[$ʧ^h$]，心[ʃ]，见[k]，溪[k^h]，吾[ŋ]，晓[h]，喻[j]。

茶山塘角话共有27个韵母，分别是：车[ɛ]，麻[a]，宵[iu]，豪[əu]，肴[au]，歌[u]，侯[ɔ]，支[i]，微[ɐi]，佳[ai]，灰[ui]，齐[ɔi]，元[in]，东[ən]，阳[ɛn]，真[ɐn]，咸[an]，江[on]，登[ɔn]，吾[ŋ]，月[iʔ]，屋[əʔ]，药[ɛʔ]，质[ɐʔ]，洽[aʔ]，觉[oʔ]，德[ɔʔ]。

东莞话（茶山塘角）共有10个声调，分别是阴平、阳平、阴上、阴去、阳去、上阴入、下阴入、阳入、变调、变入。前九个声调对应的例字就是“因 人 忍 引 润 恰 客 合 吨”。变入仅用于口语中的拟声词，例字极少，其调值与阳平相同而短促，如piʔ^{变入} paʔ^{变入}。我们将每个字跟上述例字比较一下，就能很容易地知道某一个字的声调是什么。例如，“真”跟“因”同声调，那么，“真”字就属于阴平声。以此类推，我们就可以分清每一个字的声调，因而分得出每一个字的平仄：阴平、阳平为平声，此外皆为仄声。

我们将东莞话（茶山塘角）同音的汉字归在一起，做成一个同音字汇（例如，“一亿忆壹邑抑益”同音，“二异易预遇御裕愈誉吁拟喻逾”同音），就可以统计出茶山塘角话有多少个书面音。根据我的统计，东莞话（茶山塘角）共有973个书面音。

我们将东莞话（茶山塘角）的声母、韵母、声调做成一个个音节表，就可统计出东莞话（茶山塘角）总共有多少个音节，也就是有多少个不同的读音。根据我的统计，东莞话（茶山塘角）约有1417个音节。很明显，口语中的音节比书面读音多46%，多出接近一半。

下面，是“东”韵的音节表。

	əŋ					
	阴平	阳平	阴上	阴去	阳去	变调
k	工	1	拱	汞	共	工
k^h	2	穷	孔	讼		2
ŋ	壅		軵			
t	东	3	董	冻	栋	东
t^h	通	同	捅	痛		通
l	聋	龙	拢	4	弄	窿
p	搬	5	本	半	伴	般
p^h	潘	盘		判		盘
f	封	冯	罕	旱	焊	封
m		蒙	懵	满	闷	檬
v	安	缓	碗	按	换	桉
ʧ	中	6	肿	种	仲	盅
$ʧ^h$	冲	虫	宠	重		葱
ʃ	松	崇	耸	送		松
h	空	洪	恐	控	烘	红
j	雍	容	拥	勇	用	绒

说明：1. 拟声词，打雷～～声。2. 阴平为量词，一～荔枝；变调为名词，树～，带叶的树枝。3. 用拳头打，一拳～过来。4. 古时装衣服的木箱。5. 拟声词，只不仔～一声飞休；亦指火烧着了，灯笼～着休。6. 用拳打，一拳～过来。

二、东莞话的来源

我们知道了东莞话声母、韵母、声调的系统，也就是东莞话的语音系统（称作“音系”）。那么，有一个极其简单又极其复杂的问题，那就是：东莞话音系的来源是什么？

要解决这个问题，我们一方面要进行横向的比较，也就是说，和周边相近的方言进行比较；另一方面，要进行纵向的比较，即和历史上的语音进行比较。

我们先将东莞话和周边相近的方言进行比较。我们知道，东莞话属于粤语，而广州话是粤语的标准音。东莞话的声调、声母和广州话的区别不是很大，我们主要进行韵母的比较。在此只举一部分韵母进行比较。

	摆	包	杯	标	比	保	闭	代
广州话	ai	au	ui	iu	ei	ou	ɐi	ɔi
东莞话	ai	au	ui	iu	ɐi	ɔu	ɔi	ui
东莞话与广州话比较	相同	相同	相同	相同	相近	相近	主元音圆唇	主元音高化

根据我的研究，东莞话来源于广州话，东莞话与广州话韵母的主要区别是元音高化（如，哥，[u] 与[ɔ]）及同一（或相近）舌位元音的圆唇与不圆唇（如：猪，[i] 与[y]；闭，[ɔ]与[ɐ]；娘，[ɛ]与[œ]）。

我们知道了东莞话来源于广州话，那么，广州话的来源又是什么呢？

我们可以拿广州话和历史上的语音进行比较。简单来说，就是拿广州话与汉语语音史上最重要的一部韵书——《广韵》的音系进行比较。《广韵》音系源于《切韵》音系，而《切韵》成书于隋仁寿元年（601年）。简单来说，广州话（也包括东莞话）的声、韵、调与《广韵》音系是基本对应的。正因为如此，我们用东莞话读起古诗来，不仅在声调上平仄抑扬顿挫，而且相当押韵。我们举一个例子，杜甫《绝句》："两个黄鹂鸣翠柳，一行白鹭上青天。窗含西岭千秋雪，门泊东吴万里船。"诗中"天""船"是押韵的，这两个字在东莞话中也押韵，而普通话不押韵。

虽然《广韵》音系的年代很早，而东莞话也与《广韵》音系基本对应，但《广韵》音系是一个综合的音系，不能说是隋唐时的实际音系。我们想探讨东莞话来源于哪个朝代，可以拿东莞话与某一个时代、朝代的音系进行比较。我们根据王力《汉语语音史》，可以发现东莞话与宋代音系最为接近，而与之前的晚唐—五代音系或之后的元代音系都存在更多的差别。

李如龙也持这样的观点，他认为："和粤方言形成关系最大的最近一次大批量的汉人移民该是两宋之交经由南雄珠玑巷入住珠江三角洲。这些人应有北宋之前后由江西、湖南前来粤北定居的移民，也有因宋室南迁而流离南下的新移民，不论是新的老的其口音都不会去《广韵》系统太远，所以那时确定下来的粤语音系才那么接近广韵音系。”[①]

当然，很多人不愿意相信粤语只有一千来年的历史，他们觉得粤语有很多词语和少数民族的壮语、侗语相通，而岭南又是古时的百越地，他们认为粤语可以追溯到两千多年前的秦汉时期。例如，李新魁认为：“粤方言的最早源头，应该是楚人南迁、楚语南来所导致的结果。”[②]

我不这样认为，我认为粤语是一种汉语方言，而不是一种融合了侗台语的语言。当然，既然岭南属古时的百越地，那东莞话中还保留古时的少数民族语言，也是有可能的，但这样的例子极少。例如，东莞市以“洞”为名的地名有凤岗“黄洞”、企石“上洞”、大岭山“百花洞”、黄江“上流洞”、樟木头“白果洞”“蔡屋洞”“田心洞”、常平“城洞”。这些地方并没有洞穴，为何以“洞”为名？据覃小航《侗台语语源探索》“‘峒’的语源”，“隶属于村子前后的成片的田地乃至两三个村所处的整个山谷中的平地区域都被称为‘峒’”。[③]东莞地名中的“洞”，很可能是壮语“峒”的遗存。

三、东莞话的语音演变规律

我们上面说到，东莞话大约形成于两宋之间。但是，现在的东莞话并非原原本本地保留了宋代语音的面貌。语音是会演变的，东莞话在宋代语音的基础上有了新的发展，而宋代语音又是在前代语音的基础上发展而来的。语音演变是有规律可循的。如果我们总结出东莞话古今语音的演变规律，那么，我们就可根据这种规律，找出哪些方言字保留了古音，从而找到某些方言字的“本字”。

我们总结东莞话的语音演变规律，主要是拿东莞话与《广韵》进行对比，再进行规律的总结。语音包括声母、韵母、声调三部分，因此，我们研究语音的演变规律，是从声母、韵母、声调这三个角度去研究。

（一）声母的演变规律

我们举《广韵》的其中一个声母——知母为例。“知、置、中、爹、琢、啄”的声母在《广韵》中都属于知母，而今天的东莞话，“知、置、中”的声母为[ʧ]，“爹、琢、啄”的声母为[t]。我们可以猜测：“知、置、中”的声母在古时也读[t]或相近的语音——其实这就是音韵学上的“上古无舌上音”规律。根据这个规律，“知”读

---

① 李如龙：汉语方言的比较研究．北京：商务印书馆，2003，第232页。

② 李新魁：广东的方言．广州：广东人民出版社，1994，第44页。

③ 覃小航：侗台语语源探索．北京：民族出版社，2009，第83-87页。

作[ti^{阴平}]，“置”读作[ti^{阴去}]，“中”读作[tən^{阴平}]。因此，东莞话称“知道”为“地到”，“地”的本字就是“知”。这可以举客家话作为旁证，客家话“知”就读作[ti]。东莞有些地方称中秋节送礼为“送东秋”，茶山塘角话称“中间”为“东间”，那么“东秋”“东间”的“东”，其本字就是“中”。“置”白读[tɐʔ^{上阴入}]，其韵母与“直”相同，那是因为“置”字以“直”为声旁，因此读作[tɐʔ^{上阴入}]，保留了古音。

（二）韵母的演变规律

关于韵母的演变规律，我们举一个例子：“函数”的“函”，旧读[hɔn^{阳平}]，现在通常读[han^{阳平}]，那么，在《广韵》中与“函”字同韵母或韵母相近的字，在东莞话中，其韵母可能读[an]或[ɔn]。

我们将《广韵》中与“函”字同韵母或韵母相近的字的读音分成两类。

韵母为[an]、[aʔ]：感、合、鸽、蛤（“雪蛤膏”）、函、撼、憾、喝（白读）、盒、恰、洽、衔（“衔头”，白读）等。

韵母为[ɔn]、[ɔʔ]：含、堪、龛、坎、勘、函（“函数”，旧读）、涵（白读）、庵、暗、蛤（青蛙，白读）、合（旧读）、恰（旧读）、洽（旧读）、衔（文读）、插（白读）、潭（白读）、糁（撒，白读）、啖（哄，白读）、瞌（白读）、钤（白读）。

这样一来，很多方言中百思不得其解的字，就很容易得到解释。例如，“一潭[tɔn^{阳去}]水”，不用写作“一氹水”。“氹[tʰɔn^{阴去}]人”（哄人），本字应为“啖”，因为“啖”有利诱之义，例如《史记·穰侯列传》：“秦割齐以啖晋楚。”

（三）声调的演变规律

关于声调的演变规律，也举一个例子。东莞话称“摆弄”“舞弄”为“舞来舞去”。“舞”有“舞弄”的意思，但“舞”通常读作[məu^{阴去}]，属阴去声，而东莞话“舞来舞去”的“舞”读作[məu^{阴上}]，属阴上声。那么，为什么“舞”在口语中读作阴上声呢？其实在《广韵》中，“舞”本来就属于上声，也就是说，“舞”在口语中读作阴上声，是保留了古代的声调。

当然，语音的演变绝对不是上述所说那么简单，还涉及韵母之间的演变、声母之间的演变、声调之间的演变等，非常复杂，在此不作深入讨论。

上面说到，东莞话在宋代语音的基础上有了新的发展，而宋代语音又是在前代语音的基础上发展而来的。那么，在如今的东莞话和其他方言中，可以找到宋代以前的语音吗？答案是肯定的。

广州话、东莞话称“舵”为“太”，例如“太盘”就是汽车的方向盘；莞城话称咸榄等小食为“咸解”；梅县客家话称“我”为“挨”；台山、开平、恩平的方言称怀孕为“戴仔”（相应的东莞话称作“佗仔”）。我们分析一下这些方言语音，可以发现一个规律：其韵母都是[ai]。根据王力《汉语语音史》，歌部韵母的拟音为[ai]，而“舵”“果”“我”“佗”都属于歌部，因此，“舵”读作“太”，“果”读作“解”，“我”读作“挨”，“佗”读作“戴”，就顺理成章了。也就是说，这些方言中的一小部分字保留了先秦时期的语音。

四、东莞话一些常用词的考证

我们考证一个字的本字，要做到“音义相符”，也就是说，从读音来看，这个字的读音要符合语音演变的规律；从字义来看，其字义有古书为证。从古书的用例可以看出，东莞话的一些方言词在唐代甚至更早就开始使用了。

下面，我列举一些例子[①]。有些例子只说出结论，具体的语音演变过程就不分析了。

辇[lin^{阴去}] 一块一块、一个一个地搬：辇砖（搬砖）；辇西瓜（搬西瓜）。

《王力古汉语字典》：“辇。担，搬运。唐李商隐《井泥四十韵》：‘工人三五辈，辇出土与泥。’”辇，力展切，音[lin^{阴去}]。

令[lɛn^{阴去}] 漂亮、很好：个大姐好令（那个女孩很漂亮）；尔把菜好令（这把菜很好）。

《辞源》：“令。善，美好。”相关词语有令人、令士、令才、令子、令日、令名、令色、令音等，都与塘角话[lɛn^{阴去}]义近。令，力政切，文读[lɐn^{阳去}]，白读[lɛn^{阴去}]。通常写作“靓”，而“靓”字读疾正切，音“净”。

伶俐[lɛn^{阳平} lɐi^{阳去}] 干净：间屋好伶俐（这间房子很干净）。

《辞源》：“伶俐。元曲中称妇人勾搭男人为不伶俐勾当，犹言不干不净。《元曲选·李文蔚·燕青博鱼（一）》：‘我虽然嫁了这燕大，私下里和这杨衙内有些不伶俐的勾当。’”

凭[pɔn^{阳去}] 倚靠：唔好凭过来（不要靠过来）。

《王力古汉语字典》：“凭。倚靠。《说文》：‘凭，依几也。’……唐杜甫《赠王二十四侍御契》诗：‘长歌敲柳瘿，小睡凭藤轮。’……‘凭’字古又读去声。”凭，扶冰切，文读[p^{h}ɔn^{阳平}]；亦读皮证切，依切应读[pɐn^{阳去}]，白读[pɔn^{阳去}]。

---

① 例子摘录于陈贺周：《莞语探源》，世界图书出版广东有限公司，2015年。

唔分气[ŋ^{阳平} fɐn^{阳去} hɐi^{阴去}] 不服气，咽不下那口气：输休个场球，真系唔分气（输了那场球，真不服气）。

白居易《元和十三年淮寇未平，诏停岁仗，愤然有感》诗：“不分气从歌里发，无明心向酒中生。”

取[tʃʰəu^{阴上}] ①抢：取休我支铅笔（抢了我的铅笔）；②捕取：取“不”仔（掏鸟窝）。

《王力古汉语字典》：“取，捕取……拿来，拿到手。”《庄子·盗跖篇》：“驱人牛马，取人妇女。”“取人妇女”，应解作“抢人妇女”。《王力古汉语字典》：“逸……《吕氏春秋·必己》：‘孔子行道而息，马逸，食人之稼，野人取其马。’”“野人取其马”是指“野人抢其马”。

哽[kʰɐn^{阴上}] 哽：哽颈（噎住了）；哽骨（骨头卡在喉咙）。

《王力古汉语字典》：“哽。食物塞在喉部下不去。《韩非子·内储说下》：‘女欲寡人之哽邪？’……同源字：梗，骾，哽。”哽，古杏切，文读[kɐn^{阴上}]，白读[kʰɐn^{阴上}]，声母[k]→[kʰ]。

哨牙[ʃau^{阴去} ŋa^{阳平}] 龅牙。

《王力古汉语字典》：“哨。口不正。《礼记·投壶》：‘某有枉矢哨壶。’郑玄《注》：‘哨，不正貌。’”

啄[tɛn^{阴平}] 啄：鸡啄米；鸡啄唔断（像鸡啄米一样说个不停）。

啄，文读[tɛʔ^{下阴入}]，白读[tɛn^{阴平}]，阳入对转。

噍[tʃiu^{阳去}] 嚼：噍香口胶（嚼口香糖）。

《王力古汉语字典》：“噍。嚼……《汉书·高帝纪（上）》：‘（项羽）尝攻襄城，襄城无噍类，所过无不残灭。’颜师古《注》：‘无复有活而噍食者也。’”噍，才笑切，依切读[tʃiu^{阳去}]。

坎[hɔn^{阴上}] 小坑：树坎（种树的坑）；锄一个坎种瓜（锄一个坑种瓜）。

贾思勰《齐民要术·大豆》：“坎方深各六寸，相去二尺。”《霭楼逸志》：“独梁母伏向坎中，得不死。”坎，苦感切，依切应读[hɔn^{阴上}]。

喉坼[hɔ^{阳平} tʃʰaʔ^{下阴入}] 喉咙开裂、沙哑：讲到喉都坼休，都无人理（讲到喉咙都沙了，都没人理会）。

《王力古汉语字典》：“坼。裂。《诗·大雅·生民》：‘不坼不副，无菑无害。’《易·解》：‘雷雨作而百果草木皆甲坼。’”粤语有“爆坼”一词。坼，丑格切，音[tʃʰaʔ^{下阴入}]。

堪[kʰɔn^{阴平}] 经得起，耐用：个少钱，唔堪使（这么少的钱，不经用）；尔条裤好堪着（这条裤子很经穿）。

《王力古汉语字典》：“堪。经得起。《诗·周颂·小毖》：‘未堪家多难。’”堪，口含切，依切读[k^{h}ɔn^{阴平}]，白读如反切，文读[hɔn^{阴平}]。

五、结束语

我们在上面讲了东莞话音系、东莞话的来源、东莞话的语音演变规律、东莞话一些常用词的考证。我们发现，如果认真分析东莞话的语音演变规律，很多方言字都是可以考证出来的。当然，方言字的考证也不是那么简单，涉及很多很复杂的问题。我也不敢说我在《莞语探源》中的考证就是对的，只能说是一家之言。在《莞语探源》中，我也只是写了自己所能考证出来的，更多的东莞话的本字还需要一一考证，这就要靠大家的努力了。

2015年7、8月初稿，2020年11月修改

古诗里的东莞方言

东莞方言源自古汉语，古汉语中的很多词语都可以在东莞方言中找到鲜活的例证。因此，将东莞方言称作是“语言活化石”和“语言宝藏”是恰如其分的。下面，略谈一下古诗里出现的、现今东莞方言仍频繁使用的一些古汉语。

走、行　北朝《木兰辞》：“双兔傍地走，安能辨我是雄雌。”“双兔傍地走”的意思是“双兔并排着跑”。在东莞方言中，“走”指的是“跑”，如“我同你走并快”（我和你比一比谁跑得快），这和古汉语是一样的。而在现代汉语中，“走”指的是“行走、步行”，如“走路”，这就和古汉语不一样了。在东莞方言中，“走路”用“行”来表示，如“行路”（走路）。这也和古汉语一样，如唐代李白《赠汪伦》：“李白乘舟将欲行，忽闻岸上踏歌声。”

阿谁　《乐府诗集·十五从军征》：“道逢乡里人：‘家中有阿谁？’”其意思是：在路上遇到故乡的人，向他询问家里还有谁。“阿谁”指的是“谁人”。在东莞方言中，“阿谁”是极常用的词，如“你系阿谁”（你是谁）。“阿”，通常读同“阿妈”的“阿”，但在“阿谁”中发生语音演变，读音近似“啦”。

老大　《乐府诗集·长歌行》：“少壮不努力，老大徒伤悲。”唐代贺知章《回乡偶书》：“少小离家老大回，乡音无改鬓毛衰。”这两首诗中的“老大”当然不是现代汉语中的“老大”（领导、头目），而是指“年老”。“老大徒伤悲”意思是“年老了只能悲伤”，“老大回”意思是“年老了才回来”。在东莞方言中，“大”通常读阳去声（如“大地”），“老大”的“大”读变调（最高的声调）。东莞方言的“老大”除了表示“年老”，如“等到你老大，你就知”（等到你老了的时候，你就知道），也用作名词，指“老人”，如最常用的“老大公”（老头）、“老大婆”（老太婆），又如“两个老大”（两个老人）。

个　唐代李白《秋浦歌》：“白发三千丈，缘愁似个长。”其意思是：白发三千丈，是因为我的愁绪有三千丈那么长。“个”是代词，即“这”或“那”。“个”字在东莞方言中极常用，如“个好”（这么好）、“个短”（这么短）等。

渠　南宋朱熹《观书有感》：“问渠那得清如许，为有源头活水来。”“渠”指的是“他”，“问渠那得清如许”意思是“问他（池塘）为什么会这么清”。“渠”即东莞话的“佢”，这是最常用的词语。

零丁　南宋文天祥《过零丁洋》：“惶恐滩头说惶恐，零丁洋里叹零丁。”“零丁”是指“孤单”，“零丁洋里叹零丁”的意思是“（文天祥被元军所俘而囚禁在船上）在零丁洋里感叹孤苦零丁”。零丁洋（即“伶仃洋”）在东莞之西南，“零丁”也是东莞常用的方言词。在东莞方言中，“零丁”通常用“零丁丁”来表示，如“零丁丁我一个人”（只有我一个人）。

以上古诗中的古汉语词语较为常见，通常不会理解错误。但是，有些古诗中涉及的古汉语词语不那么常见、不容易理解，其意义正可以通过东莞方言这条钥匙来解开秘密。下面列举几例。

天阶　唐代杜牧《秋夕》：“银烛秋光冷画屏，轻罗小扇扑流萤。天阶夜色凉如水，卧看牵牛织女星。”诗里的“天阶”通常解作“天上的台阶”或“皇宫的台阶”或“天上的街道”。但试想一下，人怎会躺卧在台阶上看天上的星星呢？怎会躺卧在街道上看星星呢？在东莞方言中，“天阶”的意思是“露台、阳台”，如清乾隆末年东莞茶山人欧苏的《霭楼逸志》中就有“遂上天阶乘凉”等语。这样一来，“天阶夜色凉如水，卧看牵牛织女星”就容易理解了，其意思是：慵懒地躺在露台的床上（或垫子上），仰望天上的牵牛、织女星。这样的理解，是不是更有意境？

无万　宋代黄庭坚《秋思寄子由》：“黄落山川知晚秋，小虫催女献功裘。老松阅世卧云壑，挽著沧江无万牛。”蔡义江、李梦生《宋诗精华录译注》对后两句作如下翻译：“老松闲卧在云雾山谷阅尽沧桑，江边没有万头牛拖它前去作栋梁。”

诗中的“老松”是因为没有一万只牛去拉它，才依然屹立在山中吗？假如有一万头牛去拉它，它就真的被拉走而随波逐流吗？显然，这不是黄庭坚要表达的意思。“无万”的真正意思是“无数、数不尽”。纵有无数头牛拉着老松，老松也不为所动，这才是诗人要表达的意境。东莞方言常说的“无万”“无千得万”也是这个意思，例如“无万个多人”（无数的人）。“无万”一词，汉代已有，宋代赵与时《退宾录》卷三：“谓物多为无万数，《汉书·成帝纪》语。”又见于明《水浒传》第十七回：“我在东京太师府里做奶公时，门下军官见了无千无万。”

焦　宋代华岳《田家》：“拂晓呼儿去采樵，祝妻早办午炊烧。日斜枵腹归家看，尚有生枝炙未焦。”钱钟书《宋诗选注》对最后一句是这样解释的：“表示儿子采来的柴不好。”其实，在农村生活过的人大都知道，生树枝采来之后，要先在火上将树枝里的水分烤干。如果将生树枝直接拿到灶里去烧，会产生浓烟，呛得人受不了。“尚有生枝炙未焦”的“焦”，应解作“干燥”。“焦”也是东莞方言常用的词语，如“件衫晒焦休”（衣服晒干了）。只不过，“焦”在东莞方言中并不读同“蕉”，而是读同“嘲”。另外，“尚有生枝炙未焦”的“炙”在东莞方言中也常用，意即在火上烧烤，如“炙番薯”（烤番薯）。

2017年11月9日

种稻

稻（禾[vu^{21}]）田分“坑田”[haŋ^{33} t^{h}in^{21}]和“埔田”[pɐu^{34} t^{h}in^{21}]。坑田处于山谷，地势较高，泥土含沙较多，但较肥沃。“坑田”有泉水渗出处形成泥淖，称作“扣淖田” [k^{h}o^{34} no^{34} t^{h}in^{21}]（茶山有的地方称作“烂湴田”[laŋ^{44} paŋ^{44} t^{h}in^{21}]）。埔田地势低，靠近河、湖，平坦广阔，泥土含黏土较多（这种性状称作“泥”[noe^{55}]），相对瘦瘠。

中华人民共和国成立前，田地为私人所有，稻田有小至两三分，大至十多亩的。70年代经过平田，稻田大多被平整为长75米、宽15米、大小均一的“格子田”[kak^{34} ʧɐi^{35} t^{h}in^{21}]。

水稻的品种有“尖谷”[ʧin^{33} kək^{5}]（泛指两端较尖、较小、不黏的品种）、“杂优”、糯谷[nu^{44} kək^{5}]（分大糯、细糯、红糯、黑糯，细糯亦称“糯仔”，大糯只能在晚造种植）等，以前亦有专门种在旱地里的稻种。

早造（头路[t^{h}o^{21} lɐu^{44}]）的稻种（谷种[kək^{5} ʧəŋ^{35}]）只能在早造种，晚造的稻种只能在晚造（尾路[mɐi^{34} lɐu^{44}]）种，不能相混，如果种错了，就长不出稻谷了。

水稻每亩产量五六百斤，“杂优”有六七百斤，红糯、黑糯则只有三百来斤。早造和晚造的产量相差不远，但晚造稻谷品质较优。

育秧

早稻在立春（约2月4日）前后浸种。用竹箩装着稻种，在池塘里浸一日一夜，捞起来放在避风避光处，用稻草盖（窝[vu^{33}]）在上面保温催芽。每隔一两天，淋水保湿。稻种出芽后，就可以耕秧[kaŋ^{33} jøŋ^{33}]（亦称“耕黄苗”[kaŋ^{33} voŋ^{21} mui^{21}]、“耕谷种”[kaŋ^{33} kək^{5} ʧəŋ^{35}]）。

秧田提前灌水（称作“荫$^{=}$水”[jɔŋ^{34} ʃui^{35}]），将泥土浸软（称作“浸泥坯”[ʧɔŋ^{34} noe^{21} p^{h}ui^{33}]）。稻田灌水，早前是用龙骨水车[ʃui^{35} ʧ^{h}e^{55}]从低处的水沟将水提升至稻田里。水车有两种，一种是用双手绞动的“细车”，另一种是两个人合力用脚踩动的“大车”。后来则用电动水泵。若是小块的稻田，则用戽斗[fu^{34} to^{35}]戽水。

用耙将田泥耙得极细，成为泥浆，用锄头将秧田分成若干畦（列[lek^{3}]），每畦1.2~1.5米，施草木灰和人粪混合而成的肥料作为基肥。然后“打掠竹”[ta^{35} lak^{3} ʧək^{5}]（也称“打刮竹”[ta^{35} kak^{34} ʧək^{5}]），也就是用T形的“掠竹”（杉木棍装上长竹柄）将泥土刮平。最后，将谷种均匀撒[ʃak^{34}]到畦面上。若天气冷，则撒草木灰（火灰[fu^{35} fui^{33}]）增强稻芽的抗寒能力。20世纪60年代后，用薄膜（尼龙纸[noe^{21} ləŋ^{21} ʧi^{35}]）架在竹片做成的拱上为秧苗（黄苗[voŋ^{21} mʊi^{21}]）保温。秧苗生长期间，施两三次草木灰或化肥作为肥料。早稻育秧也有在去冬放干水后的鱼塘里进行的，为的是鱼塘底的淤泥较为肥沃。

秧苗经过约两个月的生长，到清明（约4月5日）前后，就可以拔起来（称作“打黄苗”[ta^{35} voŋ^{21} mui^{21}]），用稻草束成一束束，第二天用粪箕[fɐŋ^{34} kɐi^{33}]或禾架[vu^{21} kak^{34}]挑到稻田去插秧（莳田[ʃi^{44} t^{h}in^{21}]）。

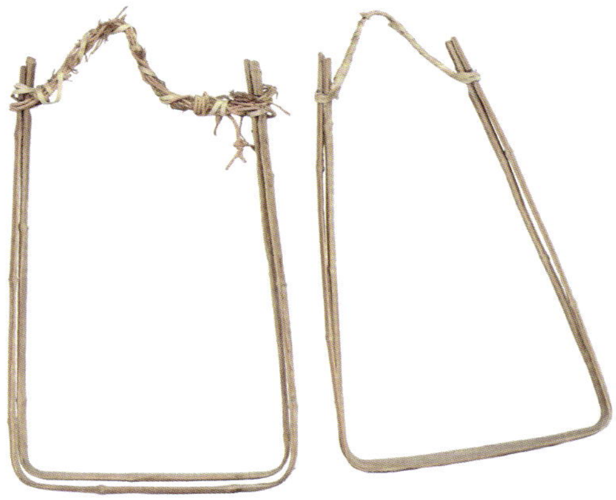

禾架：用来挑秧苗去插秧。（袁松煜摄）

戽斗：人工舀水灌溉的农具。（袁松煜摄）

犁田、耙田

插秧之前要办田[paŋ^{44} t^{h}in^{21}]，即犁田和耙田。立春前后，放水将田泥浸软，用牛拉着犁，每次将一行的稻茬（禾稿[vu^{21} kɐu^{35}]，亦称“禾稿头”[vu^{21} kɐu^{35} t^{h}o^{55}]）翻起来（称作“犁禾稿”[loe^{21} vu^{21} kɐu^{35}]），翻起的泥称作“泥坯”[noe^{21} p^{h}ui^{33}]，大约八到十道泥坯成为一垄，一垄称作“一条标”[jɐk^{5} t^{h}iu^{21} piu^{55}]。每块田大约犁成五条标。耙田通常是“横耙掂$^{=}$掠”[vaŋ^{21} p^{h}a^{21} tin^{44} lak^{34}]。用耙先横

着把泥坯耙碎，并将田泥推到垄沟里填平（称作“赶平” [kəŋ^{35} p^{h}eŋ^{21}]），再竖着（打掂 $^{=}$[ta^{35} tin^{44}]）把田泥耙得更碎、更平（称作“掠”[lak^{34}]），并下基肥。

田耙好后，要“铲田塍”[ʧ^{h}aŋ^{35} t^{h}in^{21} ʃɐŋ^{21}]、“作田塍”[ʧok^{34} t^{h}in^{21} ʃɐŋ^{21}]。“铲田塍”就是将田埂靠田一侧的草用锄头锄去。“作田塍”就是抓起田里的湿泥糊在田埂的侧面，防止田埂漏水、长杂草。

插秧前一日，还要将田再耙一次，将田泥耙松（称作“耖田”[ʧ^{h}au^{34} t^{h}in^{21}]）。此时，会在耙齿上横插一长竹片，在耙田之时将田里的杂草带出、清走。

犁：犁田翻土的农具。（袁松煜摄）

耙：耙碎、平整泥土的农具。（袁松煜摄）

右为牛轭，使用时套在牛的脖子上，让牛去拉犁、耙。左为牛轭挂，是连接牛轭与犁、耙的部件。（袁松煜摄）

田塍刀：斫去田塍（田埂）边杂草的铁刀。（袁松煜摄）

插秧、除草、施肥

插秧前先在田的两头拉“莳田绳”[ʃi^{44} tʰin^{21} ʃɐŋ^{55}]，以便插秧时秧行能大致成一直线。“莳田绳”的间距通常用细竹竿做成的“莳田度”[ʃi^{44} tʰin^{21} tɐu^{55}]来量度。插秧的株距、行距通常是7寸×7寸（7寸约23厘米），肥田适当疏些，瘦田适当密些。一个成年人通常一行插九株（坎[hɔŋ^{35}]）秧苗，矮小年幼者插7株，故“莳田度”通常长184厘米。

莳田绳：莳田（插秧）时的辅助线，让禾苗莳得笔直、整齐。（袁松煜摄）

插秧时，两脚踩在秧行之间，左手握住秧苗，拇指指尖向外拨，将四五根秧苗分出来，右手拇指、食指拈住秧苗的根部，其余三指护着秧苗的根并插入田泥中。从左至右插完一列，再从右至左插一列。脚步协同后退。插秧的大致要求是株距、行距均匀，行、列大致整齐且成直线。

莳田后约一月，需施肥、除草、捡稗[kin^{35} poe^{55}]。在化肥未广泛使用前，多数施蚝壳灰[hɐu^{21} hok^{34} fui^{33}]作为肥料。从石龙等东江沿岸买来蚝壳（亦称“蚬壳”[hin^{35} hok^{34}]），混入煤粉，倒入用砖砌成的池中，拉动风箱往池内鼓风，将蚝壳烧成灰。施蚝壳灰的同时，也施石灰以杀虫、杀草。

施完肥后，用“田推”[tʰin^{21} tʰui^{55}]除草。在宽约20厘米的木板上钉上四五根钉子，装上长竹柄，就是“田推”。用田推在两行稻苗之间来回推拉，可以将田里的杂草扯出来。不能用田推除去的杂草，则用手拔出来。在广泛使用化肥、农药后，除草不再使用田推，改为用手去拔，称作“□禾草”[la35 vu21 tʃʰɐu35]或“□草”[jau55 tʃʰɐu35]。

捡稗就是将田里的稗草拔出来。稗草和禾苗长得几乎一致，很难分辨，通常长得更绿、更壮，最显著的区别是：稗草的根部略带红色，而禾苗则为白色。

此后，还需再施两次肥，最后一次在抽穗（称作“含胎”[hɔŋ21 tʰui33]或“出胎”[tʃʰɐk5 tʰui33]）之前。施肥不能过多，否则稻株（禾树[vu21 ʃi44]）陡长，稻叶长得过密，导致不能抽穗，就算抽穗也只能长出秕谷（成串的秕谷称作“白旗”[pak3 kʰɐi21]）。这种情况称作“槽=”[tʃʰɐu21]。抽穗之前，还须杀虫。如果稻株被害虫咬过，则只能长出秕谷。早造也可以在稻田水面种植红萍作为绿肥。

割稻、晒稻谷

在水稻的整个生长过程中，要保持田里有一寸（约3厘米）深的水。稻穗（禾串[vu21 tʃʰin34]）临近黄熟时，放水使田干爽（称作“旱田”[hoŋ34 tʰin21]），准备割稻。

禾桶：割稻时装稻谷的大木桶。（袁松煜摄）

割稻（割禾[kək34 vu21]）在小暑（约7月7日）前后、荔枝成熟之后。割稻时，左手握住稻株，右手用镰刀（牙镰[ŋa21 lin55]）在稻株离地约十厘米处斜着向上一刀割断，稻株抓在手上，连续割七八株再放在地上。在一部分人割稻的同时，另一部分人脱粒（打禾[ta35 vu21]）。20世纪60年代前，用禾桶[vu21 tʰəŋ35]脱粒。禾桶由“禾围”[vu21 voe55]（竹子编成的，围住禾桶使稻谷不掉出来）、“麦=梯”[mak3 tʰoe33]（木制的，禾穗打在上面以脱粒）、“禾桶”（木制的大桶，用来装稻谷）、“拉牛”[lai33 ŋo21]（承在禾桶下使禾桶可以在田里由人拉着移动）几部分组成。20世纪60年代后，用电动或脚踩的打禾机脱粒。20世纪80年代后，用柴油机带动打禾机。脱粒后的稻草（禾秆草[vu21 kəŋ35 tʃʰɐu35]）用稻草在稻穗处绑住，堆成锥状放在田里晒干，然后用草绳捆起来（“收草”[ʃo33 tʃʰɐu35]），运回家里作为柴草。

稻谷脱粒后，运到晒场（地场[tɐi44 tʰoŋ21]）曝晒（晒谷[ʃai34 kək5]）。曝晒稻

牙镰：割稻的镰刀。（袁松煜摄）

打禾机：稻谷脱粒机。（袁松煜摄）

割稻。（陈贺周摄于茶山上元稻田公园，2020年12月2日，大雪节气前）

谷时,要用竹做的耙子(□[jau^{35}])将混杂在里面的稻叶(草衣[ʧ^{h}ɐu^{35} ji^{55}])弄(掠[lak^{3}])出来。弄出来的稻叶再用连枷(禾打[vu^{21} ta^{35}])敲打过,将混在里面的稻穗的谷粒打下来,再用竹筛将谷粒筛出。曝晒期间,要不时用脚翻动稻谷,使其晒得均匀(称作“踢谷”[t^{h}ek^{34} kək^{5}])。遇雨则将稻谷收起来。收稻谷时用“谷耥”[kək^{5} t^{h}oŋ^{35}]将稻谷聚拢成堆,再用“谷撮”[kək^{5} ʧ^{h}ak^{34}]将稻谷舀到谷箩[kək^{5} lu^{21}]或编织袋(蛇皮袋[ʃe^{21} p^{h}ɐi^{21} tui^{55}])里。小的谷耥由长竹柄装上一块三四十厘米长的木板做成;大的谷耥,木板长一米多,木板上绑了绳子,另有木把,由一人推一人拉。三四天后,稻谷就可晒干燥(焦[ʧau^{33}])。之后,用“风柜”[fəŋ^{33} koe^{44}]将稻谷里面的杂质吹出来。风柜有两个槽,从第一个槽出来的稻谷是结实的稻谷,第二个槽出来的是秕谷(称作“二槽”[ji^{44} ʧ^{h}ɐu^{21}]或“盼$^{=}$尾”[p^{h}aŋ^{34} mɐi^{34}],可碾成谷糠喂猪),风柜尾部出风口出来的是更轻的秕谷、细碎禾叶和灰尘。

谷撮[kək^{5} ʧ^{h}ak^{34}]:舀稻谷的竹箕。(袁松煜摄)

谷箩:装稻谷的箩。(袁松煜摄)

风柜：摇动扇叶产生风力，吹走稻谷中的杂物。（袁松煜摄）

谷耥：晒稻谷时将稻谷归拢成堆的农具。（袁松煜摄）

拉耙：一个人在前面拉，一个人在后面推，将稻谷归拢成堆的农具。（袁松煜摄）

□ [jau^{35}]：晒稻谷时将稻叶弄出来的农具。（袁松煜摄）

禾枪：两头尖的扁担，方便挑稻草。（袁松煜摄）

晚稻

早造割完稻、收完稻草后，要犁禾稿，为晚造做准备。晚稻育秧在芒种（约6月5日）、夏至（约6月21日）之间。此时稻田里的稻谷还未收割，没有闲置的水田，通常是“耕旱秧”[kaŋ^{33} fəŋ^{34} jøŋ^{33}]，即在旱地里育秧。其步骤与早造育秧差不多，只是需要挑大量的水将泥土浸软，再将泥土耙成泥浆。秧苗生长期间也要淋水，较为辛苦。

晚稻插秧在立秋（约8月7日）前后。插秧之前，和早造一样要犁禾稿、耙田。稍有不同的是，此时地里的花生已经收获，在耙田之后，可将花生藤用脚踩到田泥里作为基肥。晚稻的管理与早稻基本相同。

农谚曰：立冬小雪禾根死[lɔk^{3} təŋ^{33} ʃiu^{35} ʃit^{34} vu^{21} kɐŋ^{33} ʃɐi^{35}]。过了立冬（约11月8日）、小雪（约11月22日），稻株不再生长。晚稻在大雪（约12月7日）前后收割，晒完稻谷，便是冬至（做冬[ʧɐu^{34} təŋ^{33}]，约12月21日）了。

晚稻割稻、收稻草之后，通常要“犁冬晒白”[loe^{21} təŋ^{33} ʃai^{34} pak^{3}]，即用犁将田

泥翻起来，在冬季曝晒（晒干的泥略呈白色）以杀菌。若不“犁冬晒白”，则种植紫云英、苕子作为绿肥：在晚稻稻穗垂下之时（称作“禾□吊”[vu^{21} ŋɔk^{3} tiu^{34}]），将田里的水排出，将紫云英种子撒到田里。割稻后，紫云英在冬季就可以长起来。到第二年春耕之时，用犁将紫云英翻到田泥之下作为绿肥。

2016年4月1日

种蔗、煮糖

甘蔗（蔗[tʃe^{34}]）种在山地（[ʃaŋ^{33} tɐi^{55}]）里。种蔗（称作“搭蔗”[tak^{3} tʃɛ^{34}]）通常在农历正月，在上一年的甘蔗收获后不久。用牛（使牛[ʃoe^{35} ŋo^{21}]）犁地，六条犁道为一畦，畦宽1~1.2米。将不能榨糖的蔗尾裁成长约30厘米的一节节，斜放在犁沟[loe^{21} ko^{33}]里，株距约30厘米，培土，露出少许。亦可以将裁好后的蔗种用湿润的沙子壅住，待来年春天再种。

惊蛰（约3月5日）前后，在蔗畦（蔗垄[tʃe^{34} ləŋ^{33}]）间种黄豆、花生等豆类。这些间种的豆类称作“蔗垄豆”。

农历五月，除草，剥去蔗苗根部的一些蔗叶（称作“省$^{=}$蔗荚”[ʃaŋ^{35} tʃe^{34} hak^{34}]或“省$^{=}$蔗壳”[ʃaŋ^{35} tʃe^{34} hok^{34}]），拔掉或拗断一些有虫害或瘦弱的蔗芽，并施肥。

小暑（约7月7日）前后，蔗地里的豆类成熟，豆藤拔出来后，用牛拉着犁将畦间的泥土覆向蔗苗根部，称作“埋蔗垄”[mui^{21} tʃe^{34} ləŋ^{33}]。

农历八月，再一次“省$^{=}$蔗荚”。

关于甘蔗的生长过程，有童谣曰：“七月七，蔗仔可能都食得。八月八，食得蔗渣随路撒。九月九，蔗渣塞路口。十月十，个碌大个碌□[pɔk^{3}]（哪根蔗长得大就拗断来吃。“□”是指“□[pɔk^{3}]”的一声将蔗拗断）。”后一句也作“十月绞寮开，个碌大个碌炊”。

从农历十月开始，就可以陆续用蔗刀[tʃe^{34} tɐu^{33}]将蔗斩下来，捆成捆（未加工的甘蔗称作“蔗生”[tʃe^{34} ʃaŋ^{55}]），挑到茶山卖给国家，余下的就挑到村里的绞寮场[kau^{35} liu^{21} tʃ^{h}øŋ^{21}]去榨蔗制糖，分给各家各户。斩蔗、榨糖一直持续到农历年底。

榨蔗使用绞坑[kau^{35} haŋ^{33}]。绞坑有两个石轴，用花岗岩（麻石[ma^{21} ʃek^{3}]）做成，直径一米多，要三只牛才能拉动。甘蔗在两个石轴的缝隙间被绞榨成蔗汁，流到石轴下的石盘上，再流入木桶中。1963年塘角通电后，绞蔗不再用牛。

熬制蔗糖要用三个直径约2米的大铁锅（镬[vok^{3}]）。在第一个铁锅中，将蔗

甘蔗。（陈贺周摄于东莞石排鲤鱼洲，2015年1月17日）

汁煮热。此工序称作“煮糖水”[ʧi^{35} t^{h}oŋ^{21} ʃui^{35}]。等到蔗汁沸腾，加入由红薯或白薯磨成的带黏性的浆，薯浆会形成大量的泡沫（称作“糖泡”），将蔗汁里的杂质带出来。此工序称作“打糖泡”[ta^{35} t^{h}oŋ^{21} p^{h}ɐu^{34}]。舀出来的糖泡含有一定的糖分，特别适合喂猪。糖泡装到瓦缸里，加入酒饼（酵母）发酵，再经蒸馏（称作“煏酒”[pɐk^{5} ʧo^{35}]），可制得烧酒。

在第二个铁锅里，蔗汁被煮得更加浓稠。在第三个铁锅里，蔗汁被煮成糖浆。此工序称作“凝糖”[k^{h}ɐŋ^{21} t^{h}oŋ^{21}]。将煮好的糖浆舀到直径约1米的糖盆里，加入一小杯石灰，用木棍搅拌。此工序称作“熟糖”[ʃək^{3} t^{h}oŋ^{21}]。搅拌好的糖浆，用勺子分到糖缸里。糖浆在糖缸里放凉后，会凝结成沙状，称作“黄糖沙”[voŋ^{21} t^{h}oŋ^{21} ʃa^{33}]。如果将糖浆舀到木案板上，用两块薄木板反复翻动、碾压，则制成干燥的“黄糖粉”[voŋ^{21} t^{h}oŋ^{21} fɐŋ^{35}]，再装到咸草（莞草）编成的袋子里出售。糖浆煮好后，在未加入石灰前舀出，此时糖浆黏稠如麦芽糖，是很美味的零食。

甘蔗亩产七八十担（3500~4000千克），亩产一百担（5000千克）以上实属少有。第一年种的甘蔗称作“新栽”[ʃɐŋ^{33} ʧui^{33}]。第一年斩蔗后留下来的蔗根（称作“往头”[voŋ^{34} t^{h}o^{55}]），第二年仍可以重新长出甘蔗。第二年斩蔗后留下来的蔗根（称作“老头”[lɐu^{34} t^{h}o^{55}]），第三年可再重新长出甘蔗。但甘蔗通常连续种两年就要犁掉重新再种。犁出来的蔗根晒干后是很好的柴薪。

2016年4月6日

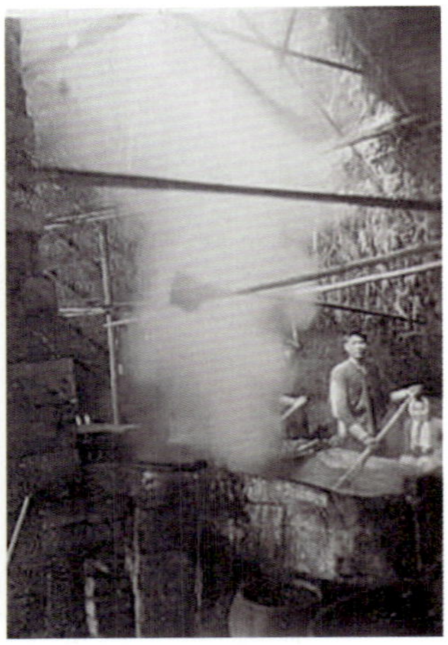

（左图）约20世纪50年代，在茶山南社的绞寮（榨蔗、煮糖的草寮）内，水牛拉动石轱辘榨蔗的场景。（资料照片）
（右图）约20世纪50年代，在茶山南社的绞寮内煮蔗糖的场景。（资料照片）

茶山南社近年恢复土法煮糖。（骆炳根摄）

附录

《字彙较正》影印

《字彙较正》影印说明

杨宝霖《东莞历代的印刷、出版业》（东莞市政协编《东莞历史文化论集》，广东人民出版社，2008年，第32页）：

《字汇较正》五卷

字汇的含义，是把同音字汇集一起，每字作简要的释义，便于识字，因此在民间甚为流通，各地根据方言都编有《字汇》，多为手抄本。在旧社会，乡镇塾师，识字是第一要义，如果把《四书》《五经》里古文字音读错，一夜之间，“先生不识字”就声传四野，人家不辞你，你自己也会收拾行装。因此，有经验的塾师，必备《字汇》。《莞音字汇》，笔者见过不下二十多种，没有一种字的排列是相同的。刻本，仅见萃英楼的《字汇较正》。书名中的“较”，应作“校（音jiào）”，因明末避天启帝讳，故“校”写作“较”，时在清朝，毋须避“校”，但已成为习惯。

此书封面竖分三栏，中间刻隶书大字“字汇较正”，右左两小栏所刻字要连读：“点画音韵注释遵依国朝《康熙字典》”，下刻“莞城萃英楼藏版”。封面的背面，也竖分三栏，右上刻“莫韶阶、唐芝房二夫子较正”，中刻“光绪十三年新刊”，左下刻“版藏乐善家塾”。莫韶阶，莫来仪字韶阶，韩屋水人，道光十七年（1837）举人。唐芝房，唐承恩字芝房，水南人，道光二十四年举人。此书有唐承恩咸丰元年（1851）的序，莫来仪的跋。此书之成，当在咸丰元年。

按，《字彙较正》卷一的封面印有“光绪十三年新刊”，卷二、三、四的第一页的页边均印有“咸丰元年新刊”，卷五的第一页的页边则印有“光绪十三年新刊”。《字彙较正》成书于咸丰元年确凿无疑。

2009—2015年，我撰写《莞语探源》。大概在此期间，我曾在讲座上听杨宝霖老师提及《字汇》。我极明白《字汇》对于方言研究的重要意义，只可惜当时无缘得见。2016年3月，庄初升教授发来邮件说：“杨宝霖先生曾复印一本东莞方言韵书给我，是茶山人士藏版，不知道是否茶山音？你若有兴趣，我复印一份给你，篇幅还比较大。”我大喜过望！稍后，庄初升教授给我寄来厚厚的五卷《字彙较正》复印本，又发来两篇记录19世纪东莞方言的英文论文的电子版。基于这三种资料，尤其是《字彙较正》，我在2016年花了大半年时间，写成拙文《19世纪东莞方言音系——基于〈字彙较正〉〈东莞方言〉〈粤语东莞方言〉的研究》，在2018年发表于暨南大学汉语方言研究中心主办的《南方语言学》（第13辑）。

2017年11月，我回茶山工作。约在2018年，承蒙茶山文化界先辈袁振鸣先生的哲嗣袁蔚强、袁洁凌应允，我得以查阅袁振鸣先生留下的藏书，在如山如海的藏书中发现了原版的《字彙较正》。在此前后，我曾将庄初升教授送我的《字彙较正》复印两套，分别送给北京大学中文系项梦冰教授、暨南大学汉语方言研究中心侯兴泉教授。当今世上，拥有全套《字彙较正》的，可能仅五六人而已。

以我的管窥之见，《字彙较正》是记录东莞方言完整音系的年代最早的文献，其意义是非常重大的。《字彙较正》对于研究当今东莞方言字音，也是必不可少的参考资料。我个人相信，拙文《19世纪东莞方言音系》肯定未能将《字彙较正》研究得透彻，甚至可能有错误的地方。《字彙较正》仍有继续深入研究、利用的空间。

2023年5月，因在茶园游会期间在“茶山方言村志馆”中展出茶山历代文献的缘故，我向袁蔚强、袁洁凌借到《字彙较正》等书。恰好我拟出版《茶山文史论稿》，便想到可以将《字彙较正》扫描出来，附在书后影印出版。扫描颇费了些工夫，由吴沃根先生完成。

《字彙较正》影印出版，从此由一化作一千。说得大些，说“嘉惠学林”也未尝不可；说得小些，单就保存东莞历史文献来说，也是有意义的。在我个人来说，则衷心希望有志者继续深入研究、利用《字彙较正》，做出有价值的成果。至于这些成果是否推翻拙文《19世纪东莞方言音系》的结论，我丝毫不介意，甚至乐见其成。

《字彙较正》的编者吴锡荣，经多方考证，未得出任何有价值的信息。《字彙较正》记载“版藏乐善家塾”，大朗镇松柏朗村吴氏有“乐善房”，未知与编者吴锡荣有无关系。无论能否考证到编者吴锡荣的信息，吴锡荣都应该被后代学者铭记，他为保存东莞方音作出了不应被磨灭的贡献。

《字彙较正》原书高约17.6厘米，宽约11.8厘米；每页版心高约12.8厘米，宽约9.8厘米。本书的影印，按版心原大影印。

陈贺周

2023年7月18日

點畫音韻註釋遵依

字彙較正

國朝康熙字典

莞城萃英樓藏板

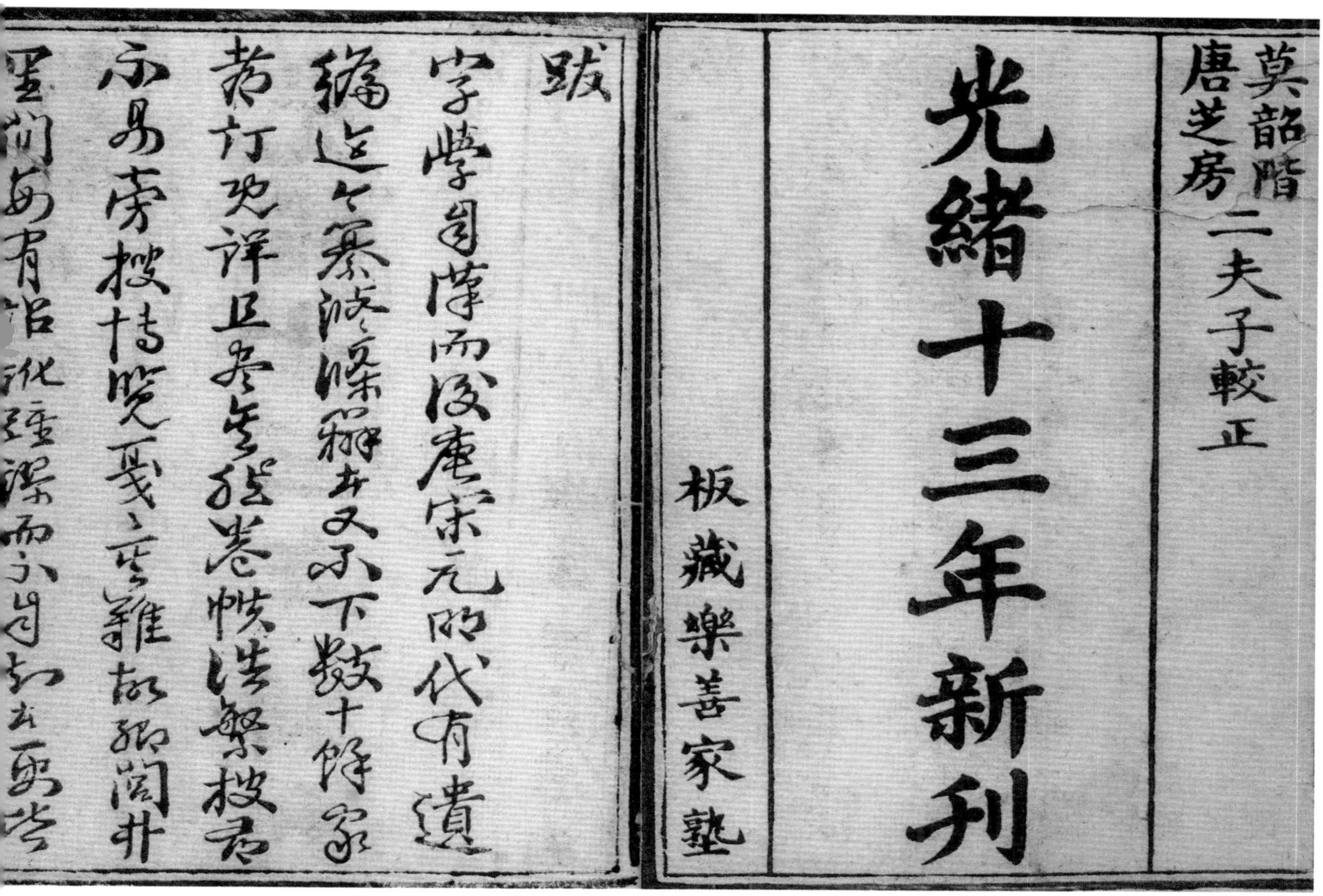
莫韶階
唐芝房　二夫子較正

光緒十三年新刊

板藏樂善家塾

跋

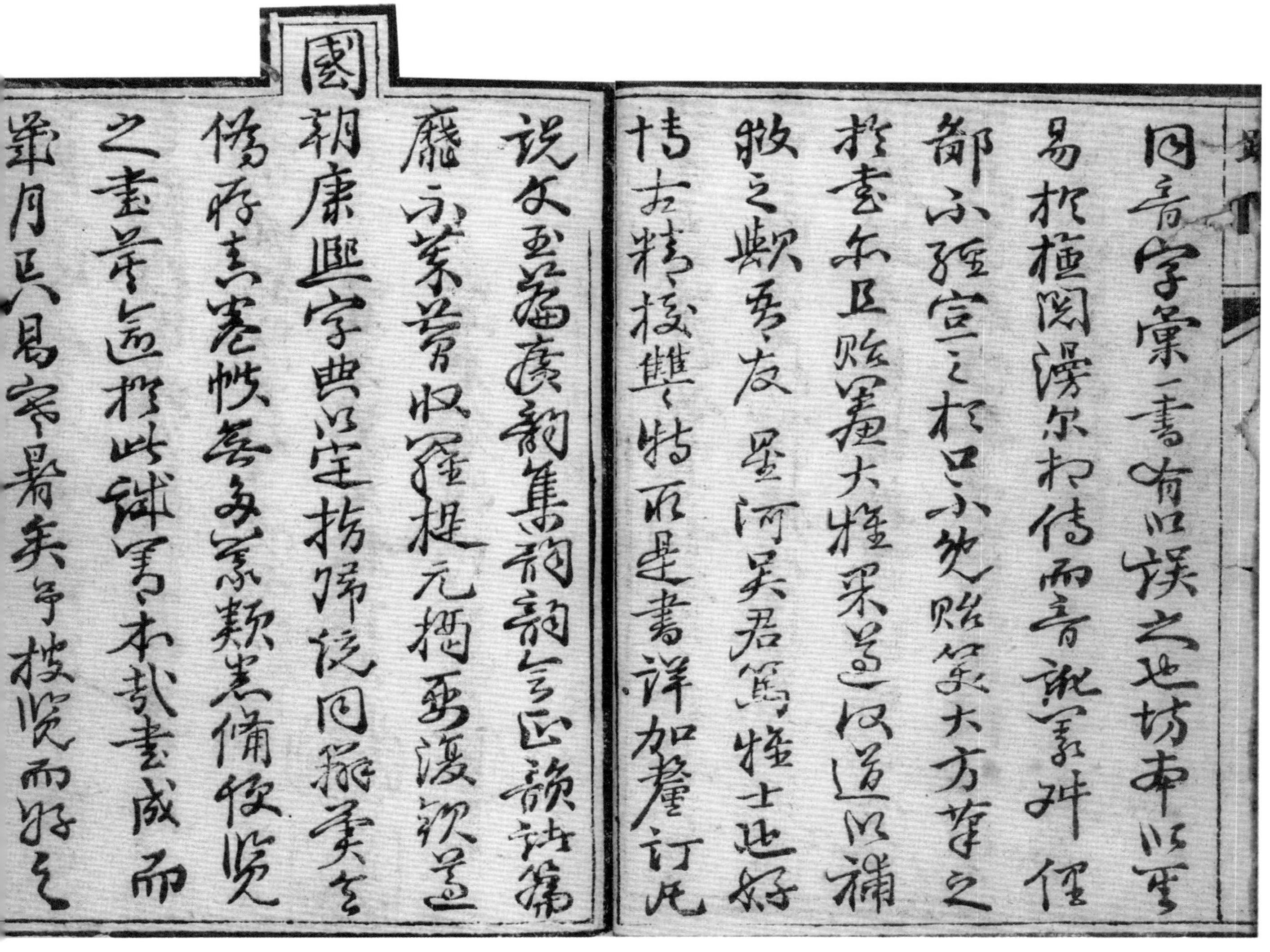
國

益以根柢之書力之深學之要業之勤而羣賴於綱領後學之功爲不可及也閱者更　念旃

愚弟英來儀謹跋

愚弟黎鎮濤拜書

叙

粵稽尉律草始蕭侯試以八體古文校從甄氏時有六書聲類類自李登韻集集由呂靜切有周顒譜導沈約厥後顧野王之玉篇秦王俊之韻纂陸法言廣韻之著唐孫愐唐韻之加宋丁度之類編司馬光之名苑金則韓道昭之五音集韻元則黃公紹之韻會舉要互有同異胥永流傳苟非得曩哲之指迷奚以導後儒之思誤自來聞不厭多文常有闕郭亾不悟夏有徒存馬不足一而全既失虎多於六而數自乖書殘武殪頌亂湯齊烏鳥混淆魯魚雜糅增江南之邑為雒滅漢東之國為隋避上則皐不從辛非實則對因去口

棄合而棘氏徵足省而疎姓改定文於六穗之禾訓同於導分序於八寸之策埶異為宗丁尾亂眞鉤須失實書立書肖而既謬國名為卷為端而遂乖服制篆形誤僞誰正雲興之祁祁隸

體散匕共守鸞聲之鉞鉞鎖定銀鐺之名車改金根之目知一朿二縫之為耒指二首六身之為亥郡章立信救時唯切於四羊國史傳疑考義共惑於三豕傅會作九禾之秀離析為三刀

之州合樂之奏妟加文武之為弑定經之名誤合日月之為易字失部居改白水眞人之兆書忘形象作非衣小兒之謡四十八安取於桼三十七未足語世梁父七十二家名雖俱在訓纂

八十九類書蓋已匕誤存舟二閒之為航安識門五日之為閏唯徧觀乎異書始可資於多識是以韓退之之為文識字務先杜子美之讀書難字必過蘇文宗之音韻必隨晁以道之晚年

日課景仰前嶶精研書學我
朝康熙字典一書薈萃百家取
其粹精正其譌舛然後集字學
之大成焉　吳君星河延陵華
冑渤海名宗積學有年著書多
月詞去繁蕪如纘運斤之伐桂
字明點畫若繩揮羽之浮江取
字彙與字典釐訂之信足津梁
後學圭臬儒林矣　予賦資頑鈍
恐詒蹲鴟稟性癡獃懼識伏獵
敢希元憲常玩郭忠恕之佩觿
竊比侯芭造問揚子雲而載酒

七

旹
咸豐元年辛亥閏中秋愚弟唐
承恩芝房氏頓首拜撰

龍溪後學劉尚廉芸山氏
代書於浣花艸堂

字彙較正序

上古代繩制字諧聲會意指事象形轉注假借是謂六書其義至詳其體至備其用至宏農工商賈不可斯須去也彼緝説文之許叔重識奇字之楊子雲莫不聰由天亶無煩借力於彙書要未可概諸中人以下材也我

朝議禮考文特命儒臣增修字典而天下同書猗歟休哉第五方之風氣不同百里之土音頓異臨池執筆求其音義詳明形畫端楷者往往難之近閱村墟字彙一書雅俗兼收詳略各半而師傳弟受更復謬以踵謬訛益加訛不有以正之恐魯魚亥豕之差不免也夫同音不止一字一字亦有數音或有音同而義

别或有音别而義同或形似而音義盡殊或字同而官俗互異幾如治絲而棼矣其貽誤後學豈淺鮮哉僕因不揣固陋取字彙一書印合字典而釐訂之音聯以一昭其同也義取諸分嚴

其辨也雜糅必當致其詳也點畫必清辨其體也詞去煩蕪簡而易閱也韻分平仄便而易尋也此書之輯非敢謂字學功臣足爲士林推重而農工商賈庶幾一目瞭然奉必毫無小補云

見是書者咸請付梓因勉從之是爲序

咸豐元年孟冬穀旦寶安吳錫榮星河氏謹識

孟夏鄧光偉拜書

字體辨正

三畫

久 作夂非　凡 作几非　丈 作丈非　丸 本作丸　么 作幺非　了 無鉤

四畫

木 作朩非　升 作歼非　戶 作户非　爪 手爪　无 无咎　云 言也

厷 古文字　厸 音鄰　刃 作刄非　卬 音昂　凶 作𠙴非　牙 作牙非

今 帖作今　弔 作吊非　冘 音淫作冗非

五畫

互音付 批作比非 幼从刀非 瓦作瓦非 本根本 夲音叨
瓜作瓜非 石作石非 叩問也 邵地名 功从刀非

六畫

臾作臾非 亙音梗 亘音亘 冰作氷非 朿音次芒刺 朱作朱非
仰作仰非 延作廷非 回同回 延音言 延音征 收作収非
舌作舌非 全从入作仝非 邛作邛非地名 糸細絲也 肉作肉非 缶作缶非
夷作夷非 夸作夸非 朵作朶非 卉作卉非 丢作丢非 兒作兒非

七畫

低从氐 妒作妬非 束音束約束 柳作㭗非 告土从牛 沐音木
沒土从刀 面同面 壯从士作壯非 巡作巡非 底止也 厎致也
來朗辨 呈下从王 究从九 㞷从王古狂字 局不从句 往从生土俱非
皁作皀非 弄作弄非 辰作辰非 呂作吕非 步作歩非 矣从矢
卲高也 決不从冫 吳作呉非 邦作邦非

八畫

沓下从日 佳从圭 隹音騅 兩作両非 刺从朿音次 券契分音勸
劵勞也同倦 泠水也 沭水也 卑作卑非 粄音與與杭異 泯作泯非

爭作爭非 直作直非 采作采非 奉不从牛 侄音質 孤作孤非
牀作床牀非 屆作屆非 忝忝辱从心 狀作狀非 周从用从口 卹从卩非
刑作刑非 所不宜作所 奇作奇非 承作承非 乖作乖非 奄不从夾
岡作岡非 羌作羌非 拔作拔非 祇神祇 虎下从几 邵姓也
具作具非 函作函非 歧路也 皃作皃非 昇作昦昊非 巹从丞从卩

九畫

恆作恒非 祖作祖非 兔作兎非 剌从束音辣 冒作冐非 指作指非
染不从丸 盼顧視也 美作美非 盻音係恨視也 羨朗羨字 柏作栢非
卻作却卻非 厚中从日 省作省非 彥作彦非 垂作垂非 姪與侄異
追作追非 迪作迪非 曷作曷非 涉作涉非 迴作廻非 降下从牛
軌旁从九 淒寒也 段音緞作叚非 叚音賈假借也 卽作即非 祗音脂敬也
糾督也 迥作逈非 添增添从水 若作若非 看作看非 徇不从才
臥从人不从卜 耇作耈非 契从丰从刀 派支派 泒音孤水名 弈从廾圍棊也
奕奕葉大也 昃古闃切 柳从丣

十畫

衮中从公 紙旁从氏 倚土从大 原中从白 叟作叟 晉作晋非

率玄鈇末黠 笑下从天 臭下从犬抽去聲 旆作旆非 脈作脈非 耻从心不从止
湼作湼非 乘作乗非 凌猶慄也 眞作真非 臯作皐非 裏作裏非
陷上从刀 耽作躭非樂也 蚤作蚤非 胷作胸非 恐作恐非 窈从幼非
畢作畢非 淒寒貌 第作第非牀第 冥不从宀 冢音塚高也 家冢宰家冢墓
荒从亢非 虔从文不从攵 袁作袁非 高作高非 衰作日非 脆俗作脆
盌音斗作盌非 耆不从日 耄从老省从至 宮从呂作宮非 虐从壬

十一畫

御不得从止 掃从土不从扌 疏旁从正 鄉作鄉非 逕音竟 逢音馮

婁作婁非 寇作寇非 掩上从大 堯作尭非 商音傷 啇音的
淫作淫非 略作畧非 章作章非 敘从攵不从又 健从亻非 爽皆合宜用上
悉作悉非 黽作黽非 釵作义非 密从必作密非 恭作恭非 夏作夏非
曹作曺非 淩水名 祭作祭非 耇通作耆 啓作啓非 猋从犬不从火
博从十 衮中从矛 衮中从牙不正也 敖作敖非 速从束 將作將非
姬周姓 兜作兜非 望下从壬 捷作捷非 教作教非 參作叅非
寀僚寀 宷古審字从采 覓作覔非 助作助非 帶作帶非 習从白作日非
乾乾坤乾濕作乾非 場音亦 船从几舡舩非

180

十二畫

裕从衣 絲作絲非 傅上从甫 棗从朿 棘亦从朿 粵作粵非
喪作喪非 添作添非 減作減非 犀作犀非 黍下从水 粧與妝異
衆不从豕 尋从工口寸不从凡 逸从兔 羨江夏地名 幾从幺幺从戍 場音長
隆作隆非 虛作虛非 巽古作巺 報作報非 飧旁从夕 窗作窓非
答作荅非 象作象非 款作欵非 越从戉 單不从甲 戟作戟非
筆作筆非 須音髭 須作湏非 湏即沬 善作善非 盜从氵 既作既非
卿作卿非 黃作黄非 肅作肅非 罡不从丛 閏从王 著作着非

惠从叀 莽作莽非 筍俗作笋 趁俗作趂 琴作琹非 焦不从灬

十三畫

聖下从壬 隙作隟非 歷不从止 備作偹非 聘从由从丂 勢作埶非
誕作誕非 鼎作鼎非 淵作渊非 準作准非 誇作誇非 微作微非
義作義非 喬作喬非 傳从專 會作會非 歲不从止 瑤作瑶非
馱从大不从犬 鼓鐘鼓作鼔非 鼔擊也 鼠作鼠非 辜不从幸 奧从釆从大
廉作廉非 亂不从呂 愛作爱非 廈作厦非 溥上从甫 稟下从禾
蜂下从丰 解从刀从牛角 酒上从爪 達从羊 鉤作鈎非 剿音焦上聲絶也

勦音鈔勦說 屢作屡非 飾作餙非 毀从臼从土 虜中从毋 豊古禮字
齊作斉非 祿作禄非 羣作群非 暌暌違从日

十四畫

銜作啣非 瑣上从小 僚上从夫 溥从専音圃 遠中从口 樓作楼非
鳳作凤非 賓不从少 舄作舃非 輩作輩非 勤作勤非 蓋作盖非
稱作称非 輒作輙非 漆作漆非 肇上从攴 夢作梦非 寡下从分
察下从祭 盡作尽非 聚从似 遞作逓非 漾从永不从水 寢臥也
寖漸也 處作處非 蓑从竹非 脊从𠂇从月 嘗从尚从旨 睽睽孤从目

廄作廐非 漱从欶从欠作潄非 貌作皃非容貌 歆从欠 敲推敲 満作満非

十五畫

徵作徴非 潑上从发 儉作倹非 敷作敷非 毅从立 潤作潤非
篇中从戶 潁水名 詔上从刀 劍作劔非 實中从毋 樣作様非
數作数非 髮下从友 賡作賡非 熙从光明也 緊作緊非 横作横非
寬作寛非 穀从禾 齒作歯非 膝作膝非 貌同貌 黎下从水
輩上从非 鬧外从門 慶作慶非 廚作厨非 慕下从小 熈同熙
節作節非 審中从釆 褫音斯福也 褫音褫奪也 綿作緜非 暴不从小

歐驅逐 毆擊也 歐吐也 負作負非 壓作壓非 寫作写非
麪作麵非 鄰不从巛 裦音包俗作襃

十六畫

憲作宪非 憑作凴非 鄰作隣非 勳作勲非 整作整非 穆作穆非
穎穎悟从禾 頹从秀非 龍作龍非 館从舍非 築从凡不从口 縣从县非
羲作羲非 寰作寰非 衛下从帀 豫作豫非 學中从爻 樹作樹非
懈作懈非 廢作廃非 隱作隠非 興中从同 衡中从角大 器作器非
盥中从水 頰作頬非 壇作壇非 舊作旧非 奮下从田 靜作静非

隸作隸非 嬴从口从女

十七畫

鑿作鑿非 斷作断非 戲作戯非 擊作撃非 龍作龍非 濬作濬非
聰作聡非 環作環非 隸同隸作隷非 邈作邈非 虧亏旁从亏 潛作潜非
變下从又 牆作墻非 懋中从矛 纂从算从厶 謚音益笑貌 諡音示諡法
鼂作鼂非 竄从竄从 闊今作濶 嬰从二貝 龠从三口不从皿 甥从男
總作緫揔非 離作离非

十八畫

附录

銷上从小　雙下从又　蹤踪無此字　豐音手　獵从囟巤　斷作斷断非

類从米从犬　麆作麆非　瓊作琼非　歸作歸非　彝从分非

十九畫

羹从羔从美　癡作痴非　羴音想作羴非　懷从罖从衣作褱非　辭作辞非　贊作賛非

麗作麗非　關中从絲　獸作獸非　邊作邉非

二十畫

繡作綉非　寶作寳非　鶩作務非　繼作継非　嚴作厳非　鷹作隲非

獻作献非　竈作灶非

二十一畫

護作護非　攜携攜非　霸作覇非　屬作属非　鰥作鰥非　鶴不从山

顧作顧非

二十二畫

體作軆亦非　囊上作冉非　聽作聽非　竊从穴从米从离　鐵作鉄非　覽从臨

齋作齊非　儻作倘非　臟作贓非　羈羈馬从四不从西

二十三畫

鑒作鍳非　纖上从从　變作变非　變不从夊又　顯作顕非　籤作籖非

驗作驗非

二十四至二十八畫

蠶不从先　曬作晒非　鬻俗作粥　靈中作四非　廳作廰非　鼈不从魚

纛大旗也作匋非　鬢作鬂鬓非　讒作讒非　斸从斤不从刀　釁上从同中从酉　韤足衣也从韋不从衣

鬪作鬭非　鹽作塩非　顱俗作顱　豔作艶非　鑿从丵从臼从殳　鬱作欝非

爨作爨非

四聲指掌圖

調音貴得其平故初發聲爲平聲升

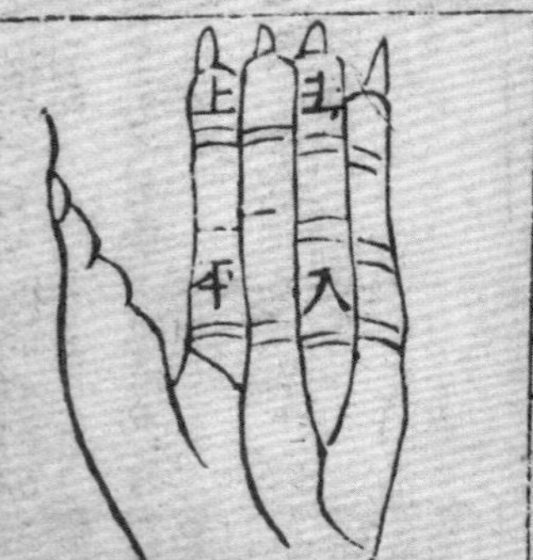

上爲上過去爲去四聲盡則爲入矣

平聲平道莫低昂
上聲高呼猛烈强
去聲分明哀遠道
入聲短促急收藏

圈發四聲圖

詩 有厭其傑
經 音壓滿足也斁也
仄
上去入音皆仄韻
仄
左
傳 將以厭衆 音厭伏也 鎮也順從貌

（去）

厭

（上）（平）入

大 見君子而
學 後厭然音 金消沮閉 藏之貌
仄
東西南字是平聲
平
詩 厭厭夜飲 音淹安靜
經 也

辨字相似

一字相似 雖聲相似音義與別毫釐之間最易混淆閱此庶無魯魚亥豕之誤

乀 音弗左戾也　乁 音移流也　丁 丙丁　丅 古下字　丩 音鳩延蔓也　丩 音訂動貌

厂 音旱坦也明也　厂 同岸　二 一二之二　二 古上字　匕 音比匙也　匕 古化字

匚 音方受物器　匸 奚上聲扁物也　卩 古節字　卜 古卜字　刃 忍去聲鋒刃　刅 與創同傷也

丏 戴上聲姙丏　歹 顏入聲殘骨也　个 歌去聲枚也　个 古丁字　丸 音完彈丸也　凡 音帆大概也

夂 音撥至也　夊 音衰行遲貌　尢 音汪跛曲脛貌　尤 音由過也　少 音撓　少 老少之少

廿 古疾字　廿 音入二十也　㓚 音斜大刀也　切 音樛絕刀也　毛 音旄髮也　乇 音三碑名

爪 音找指爪　爪 古掌字　叏 音袂兵器　叉 音馁取也　攴 音朴擊也　支 音枝出也庶也

市 音弗韠也　市 音特交易處　友 朋友之友　犮 音拔大走貌　丏 音勉避箭短墻也　丐 音蓋乞也

丰 音鋒盛貌　丯 音介害也　冃 音冒中蓋缺　曰 音月口上缺　𡈼 音挺下畫長　壬 十干名中畫長

从 古從字　从 卽兩字也　不 音畢非也　不 岸入聲木芽支　乙 音乙聲也　乚 音軋鳥聲

斤 音筋斫木也　斗 古斗字　疋 音雅正也　疋 音疏足也　玉 金玉　王 音逕王工也

仝 同全　仝 同同　匃 音葛求也　匈 同胸　北 南北　圠 音湯高田

厈 音瑞持也　斥 同仄　叱 音化開口貌　叱 音尺呵叱　妣 同妣　妣 音叱女不謹

㒫 入入山為仙　㒫 音軒輕貌　屺 古扈字　屺 音起山無草木　岕 音吟助也　岕 音岑入山深也

刋 音牽切也　刊 看平聲削也　伏 音代海中地名　伏 音服俯伏　氾 同泛　汜 音祀水決入汜

四 數名　罒 同網　宂 繁宂之宂　穴 東穴之穴　怉 音改恃也仰也　怉 同怨

艸 草木之艸　㞢 古攀字　耒 音頪手耕曲木　禾 音劣禾麥少　聿 音遹遹也　聿 音聿竹聿也

回 回轉之回　囬 古面字　汏 音獺洗米濤也　汰 音泰沙汰　朿 音次木芒　束 音促約束

糸 音覓細絲　系 音係緒也　忍 音詣怒也　忍 含忍之忍　次 音刺次第　次 音前口中液

圯 音痞毀也　圮 音夷橋也　劦 音離割也　劦 音協同力也　匂 音信頂門　匂 同腮

技 音忌巧也　技 同卜擊也　攺 音以敹也　改 音咍更改　見 堅去聲視也　皃 音貌姓

豕 音始彘也　豖 音畜豕也　辛 音新庚辛　辛 同愆　沂 音夷水名　泝 同溯

柝 属也 杇 鏝也 芃 音蓬草盛也 芄 芄蘭 杖 柱杖 杕 杕杜
杼 除也 杼 杼軸 肓 音荒膏肓 盲 音萌目無童子 夾 音陝盜攘物 夾 甘人聲持也
底 音指礪石 底 音邸下也 汨 音骨沒也从日 汩 音聿水流从曰 沐 沐浴 洙 音術水名
丣 古卯字 丣 古酉字 兔 音勉脫也 兔 叨去聲獸名 邵 从邑姓也 卲 从卩高也
肜 音容祭名 彤 音侗赤色 事 音示奉也使也 事 古爭字訟也 受 承受 叏 音到姓也
直 音苴桐依直也 宜 音且小舍也 呆 同梅 呆 同保 杲 音縞明也 杲 古梅字
匊 音掬合手也 粊 音跛碎米 紖 音未引急也 紈 音完紈綺 芝 草名 芝 音泛浮水貌
屆 音凷穴也 屆 音介至也 泊 止舟也 洎 及也 美 美好也 美 郎蓋字

兒 兒童 皃 古貌字 易 音亦 昜 音陽 軌 音癸車轍也 軏 音厄車前橫木
刺 音次飄刺 剌 音辣乖也戾也 糾 音九絞也 紏 偷上聲黃色絲 虯 音求龍無角 蚪 音斗蝌蚪
妹 音昧女弟 妺 音末妺嬉 門 門戶兩戶相對 鬥 戰鬥兩王共國 斨 音鏘斧也 斦 音音分破也
劵 音勸契券 勌 音倦疲也 隹 音追鳥短尾 佳 音皆美也 盂 音于飯器 盂 音干盤也
幸 慶幸 羍 音撻小羊 司 古詞字 詞 音嚞騃言聲 卻 音却从卩 郤 音隙邑名从邑
姫 音軫慎也 姬 音基姓也 岡 音江山脊 罔 音妄上聲誣也 郗 音希骨節間 郗 音絺邑名
玫 音梅玫瑰 玟 音文石似玉 弫 音軫弓强 弤 音移弓石 柰 音㮈木名 桼 同黍
畐 音伏滿也 畗 古答字 苟 垢上聲苟且 茍 音亟急也 負 音婦勝負 貟 音員河神

眅 攀上聲眅睛 販 音泛販賣 狊 扃入聲犬視貌 臭 抽去聲香臭 苗 音描禾苗从田 苖 音笛从由
捍 音提取早禾 捍 與扞同 昧 音妹冥也 眛 音末星也 觓 音求角貌 斛 斗斛
洚 音降洪水 漨 音逢水名 苜 音木苜蓿草名 苜 音耄目不正貌 段 片段 叚 眞叚
浪 水名音組 浪 郎去聲波浪 冑 甲冑从月 胄 世胄从月 敕 音尺制書 勑 音賴勞勑
蚩 音闐蟲伸行也 蚩 音鴟妍蚩 秩 音夫黑稻 秩 音姪序也 扃 音駉門鐶鈕 扄 音扁戶耳也
垔 音因塞也 竪 音樹立也 財 財寶 財 與得同 趺 音夫趺坐 跌 音經失足據
垻 音霸堰也 埧 音具堤塘 聆 音琴音也 聆 音陵聽也 淅 音昔淅米 浙 音哲江名
𦚏 古慎字 脊 背脊 敇 音策擊馬 敕 音亦制書 鈄 音求督牙 鈄 偷上聲姓也

釟 音契鐵器 釟 音八冶金也 釖 同刀 釗 音招刓也 陜 音洽陜隘 陝 音閃地名
速 與迹同 速 音肅疾也 厝 同措 厝 音藉漢陵寢名 紙 音只楮紙 紙 音低絲滓
祏 音石藏木主室 袥 音託衣祏 逄 音龐姓也 逢 音馮遇也 祇 音岐地神 衹 音低短衣
宷 古審字 寀 僚寀之寀 俳 俳優 徘 徘徊 班 列也 斑 斑文
圓 音璇規也 圎 方圓 凊 溫凊 淸 淸濁 這 籀文誕字 這 音彥迎也
涷 音棟寒涷 涷 音冬暴雨 枝 同豉 枝 音啻病貌 栗 音慄果名 粟 古粟字
覓 音豪安前也 覓 音莫覓也 修 修理也 脩 束脩 巫 古手字 巫 乖本字
晟 音成飯匱也 晟 音盛明也 咢 音諤口上鄂 鄂 音諤國名 敧 音奇橫首杖也 敕 音勅誡也

戜音臺利也 戜古國字 淖音閙泥也 淖同潮 祇音須紬也 祇音呂祭名

敂同抅 敂古攤字 軙古陳字 軙同也 躭同泄使也 躭同肥

鈝音子戟也 鈝音子剛也 冕音免冠也 冕音鶯屈 屝音費草屨 屝音非戶屝

訢與欣同歡訢 訢音溯告訴 湏古沫字 須斯須 惕音剔怵惕憂也 惕音若放縱也

揚挑揚 揚飛揚 埸音亦疆埸 場音長地場 朢仰望 望朔望

婬音淫姦婬 媱音姚美好貌 寔音督速也 寔音致躓也 啇音的本也 商音傷商賈

軝音奇車轂 軧音邸大車後 祫音洽祭名 祫音夾衣無絮也 絲音思蠶吐也 綵音關織貫杼也

羑音與江夏地名 羨音遂貪欲也 閏音挺門上關也 閏音潤餘也 暘音釋雲暫見 陽音陽門出暘谷

壺音胡酒器 壼音悃內壼 湆音泣幽溼 湇亦音泣肉汁 欹音衣歎美 攲音欺偏也

祴音該樂章 䙘音革衣䘕 傅音附師傅 傳音椽傳授 腎音腰水藏也 胥音眼無裼視

敡音異輕簡 敭同揚 裋音豆祭器 裋音豎短衣 椽音碗官屬 椽音傳屋椽

睒音接目旁毛 睒音閃目光 雁同鴈 鴈同鷹 楗音虔鬧樂物 犍音堅牛健雞者

棟音凍棟梁 楝音煉川楝子 郗音郄脛頭 郄音七齊地 諫音刺數諫也 誎音適晉促也

登音鐙禮器也 登音丁陞也 綏音雖安也 緌音蕤緌也 慄音栗慄也 慓音速詭隨也

禓音昔祖禓 禓音羊道神 溥音普編也 溥音團露多貌 溴古溴字 溴音昊流也

博音壁高戲 博音團憂勞 裯音儔裯被 裯音倒充肥也 寘同置 寘音田塞也

祼音貫祭也 裸羅上聲露身 頊音挺直也 頊音旭敬謹貌 暖同煖 暖音喧大目

搏音搏擊也 搏音團聚也 詼音閃誘言也 談音煩妄語也 頳音赤面前也 頳音禾健也

輗音貌引也 輗音倪轅端橫木 蕁音瑰芭蕉 蕁音純菜名 褚音杵姓也 褚音貯綿絮

踼音惕足踼物 踼音宕跌也 禔音題衣厚也 禔音支福也 禊音係祓禊 禊音徽禊襦

褘音衣美也 禕音揮美人祭服 瘱音與病也 瘦音搜去聲瘠也 歐謳上聲吐也 毆音區逐也

頤音晒爆目視人 頤音移頤也 慹音執怖也 熱音世情慹 褫音司福也 褫音多奪衣

犛音時疑也 犛音梨犛牛 賣音貿賣 賣音欲衒也 曉明也 曉音曉口貌

彊彊弱 疆疆界 鍚音音鍚也 錫音羊馬頭飾 澧音里水名 灃音風水名

鍊音東車轄 鍊速去聲冶金 璽音主璽屬 璽音至璽屬 閣音卷陌也 閣音鶴閣也

禪音蟬代也 禪音單薄衣 鍾酒器 鐘鐘鼓 聽音藏後聽貌 聽音挺聽聞

餳夕平聲餹也 餳音唐亦餳也 鍛音段鍛鍊 鍜音遐鍜鍜 鮝音鮮藏魚也 鯗音想魚腊

燹音銑野火 燹音𤢈大也 藉席也 籍典籍 墊音忘田器 墊音屑亦田名

薾音尔草盛貌 薾音禰薾也 騫音牽虧也 騫音軒飛也 貌音餽頌儀也 貌音槐猿貌也

三字相似

几音仁人也 几音殊羽飛聲 几几席之九 己人己方處不連 已止也上微缺 巳辰巳上不缺

巛古川字流水也 巛古坤字柔也 災从本字害也 囗古口字 囙古丹字 甘古甘字

无 音巫安也　旡 音寄　兂 古簪字　另 音令分居也　另 同剮　𠮱 音髀別也

夘 音輕　夘 音卯　卯 時名　本 音般上聲始也　本 滂上聲止也　夲 音叨進趣也

艽 音求荒野　芃 音蓬草盛貌　芁 音凡蘭草　夅 古降字　夆 音逢牾也　夆 音害害也

初 音刀始也　朸 音力木理也　杒 音刃柱杒也　襾 音亞覆也　西 東西　西 音宜同也

臼 音咎舂也　臼 古匊字　𦥑 古齒字　况 發語辭　況 寒水也　況 亦寒水

第 同第　苐 同苐　弟 兄弟　祈 音旂求也　祈 古祇字　祈 同筭

家 音豪覆也　冡 音塚高坟也　家 古家字　馬 牛馬　馵 音墱馬一歲也　馬 音姹馬行貌

翊 音弋飛貌　猌 音拉飛也　翌 音七明日也　臺 音苔樓臺　臺 古屋字　臺 音穀屋也

辡 致力　辨 判也別也　辦 亦判別意

四字相似

弓 音宮弓大　弓 乃木字　弓 合上聲曝也　弓 篆文𠂆字　木 草木　朩 同朮

朮 匹刃切革力也　朩 音潑草木盛　毋 音無止之也　毌 音冠穿物持成　母 父母　毋 音乎

戊 茂務二音幹名　戉 音越　戌 音恤時名　戍 役一　延 音川安步　延 音貞行也

延 同上　延 音言長也　芊 音千草名　芊 音千草盛貌　芉 古羊字　芈 音米姓也

旰 音盧日始出　旰 音幹日晚　盱 音吁張目望也　盰 音幹目多白　亰 音桴聚也　裒 音包俗作裒

㐮 音又佃也　㐮 同上

五字相似

月 日月内欸若　円 即円字清靖靜字从此　月 肉字旁内羸　冃 冒字旁二晝居中　丹 舟字旁勝朝前字从此

合三成一

亼 音伊　𠄎 大也音乃　劦 急也音叶　刕 姓也音梨　厽 錯也音叅　众 多也音衆

叒 順也音若　㐺 參差貌音岐　品 格也頻上聲　垚 同堯　姦 淫也音奸　孨 謹也音饌

尛 微也音麼　茻 草名音譁　㗊 眾烏也音靈　㠥 山麗貌音色　㔳 音枝　𡘙 音王

焱 火華也音役　犇 走也音奔　惢 心疑也音瑣　毳 獸細毛也音納　歮 同澀　𠫭 同众

猋 犬走也音標　晶 日光也音精　森 木多貌音深　𣡕 承樽接音禁　𡈼 音聖　𡗗 音覺

𡔛 同去　淼 大水也音眇　𣛧 經也音涉　畾 田閒也音求　皛 白顯也音迥皛　𥄕 美目貌音尨入聲

磊 眾石貌音壘　嚞 同哲　聶 小語也音塌　𤦡 窒也音質　羴 羊臭音膻　舙 讃入也音緝

[illegible] 同詁 蟲 食物也 音出仙 贔 作力貌 音備 [illegible] 音新 譶 疾言也 音沓 [illegible] 行疾也 音[illegible]

轟 車聲也 音均橫 [illegible] 豕也 音彬 [illegible] 急疾也 音登計 飍 風聲也 音同 鑫 子虛名 音胸歆 雥 雜也 音集

雥 羣鳥也 音雜 [illegible] 面肥貌 音誨 [illegible] 屈也 音備 矗 高起也 音現 灥 眾流也 音句 [illegible] 水貌 音若

[illegible] 驚走貌 音彪聿 驫 馬走貌 音彪 [illegible] 直馳貌 音疇 飝 高飛貌 音飛 馫 香氣也 音興 厵 同源

[illegible] 邦也 音國 [illegible] 音薮 [illegible] 鳥名 麤 不精也 音粗 [illegible] 雲貌 音代 靐 雷聲 音凭

龘 龍行貌 音沓 鱻 魚精也 音仙新

字彙較正總目

上平聲乾集 共拾伍韻弍佰叁十四音

一東 古通冬轉江 韻畧通冬江

二冬 古通東

三江 古通陽

四支 古通微齊灰轉佳 韻畧通微齊佳灰

五微 古通支

六魚 古通虞 韻畧同

七虞 古通魚

八齊 古通支

九佳 古通支

十灰 古通支

十一眞 古通庚青蒸轉文元 韻畧通文元寒刪先

十二文 古通眞

十三元 古通眞

十四寒 古轉先

十五刪 古通覃咸轉先

下平聲元集 共十伍韻弍佰七十一音

一先 古通鹽轉寒刪

二蕭 古通肴豪 韻畧同

三肴 古通蕭

四豪 古通豪

五歌 古通麻〇 韻畧通麻

六麻 古通歌

七陽 古通江轉庚 韻畧獨用

八庚 古通眞〇韻畧通青蒸

九青 古通眞

十蒸 古通眞

十一尤 古獨用 韻畧同

十二侵 古通眞〇韻畧通覃鹽咸

十三覃 古通刪

十四鹽 古通先

十五咸 古通刪

上聲亨集 共廿九韻叁佰捌拾伍音

一董 古通腫轉講 韻畧通腫講

二腫 古通董

三講 古通養轉董

四紙 古通尾薺賄轉蟹 韻畧通尾薺蟹賄

五尾 古通紙

六語 古通麌〇 韻畧同

七麌 古通語

八薺 古通紙

九蟹 古通紙

十賄 古通紙

十一軫 古通梗迥寢轉吻〇韻畧通吻阮旱潸銑

十二吻 古通軫

十三阮 古通銑

十四旱 古通銑

十五潸 古轉銑

十六銑 古通阮琰豏轉旱潸感

十七篠 古通巧

十八巧 古通篠

十九皓 古通篠

二十哿 古通馬 韻畧通馬

二十一馬 古通哿

二十二養 古通講〇韻畧獨用

二十三梗 古通軫〇韻畧通迥

二十四迥 古通軫

二十五有 古獨有 韻畧同

二十六寢 古通軫〇韻畧通感琰豏

二十七感 古轉銑

二十八琰 古通銑

二十九豏 古通銑

去聲利集 共三十韻四佰四拾捌音

一送 古通宋轉絳 韻畧通宋絳

二宋 古通送

三絳 古通漾轉宋

四寘 古通未霽隊轉泰〇韻畧通未霽泰卦隊

五未 古通寘

六御 古通遇 韻畧同

七遇 古通御

八霽 古通寘

九泰 古通寘

十卦 古轉寘

十一隊 古轉寘

十二震 古通敬徑沁轉問 韻畧通問願

十三問 古轉震

十四願 古通霰

十五翰 古通勘

十六諫 古通陷轉霰

十七霰 古通願豔轉諫

十八嘯 古通效號 韻畧同

十九效 古通嘯

二十號 古通嘯

二十一箇 古通禡 韻畧同

二十二禡 古通箇

二十三漾 古通絳韻 畧獨用

二十四敬 古通震 韻畧通徑

二十五徑 古通震

二十六宥 古獨用 韻畧同

二十七沁 古通震〇韻畧通勘豔陷

二十八勘 古通翰

二十九豔 古通霰

三十陷 古通諫

入聲貞集 共十七韻弍佰叁拾捌音

一屋 古通沃轉覺 韻畧通沃覺

二沃 古通屋

三覺 古通屋藥

四質 古通職緝轉物 韻畧通物月曷黠屑

五物 古通質

六月 古通屑葉陌轉曷

七曷 古轉月

八黠 古轉月

九屑古通月
十藥古通覺
十一陌古通月　韻畧通錫職
十二錫古通職緝
十三職古通質
十四緝古通質　韻畧通合葉洽
十五合古獨用
十六葉古通用
十七洽古獨用

字彙較正目錄卷一

上平聲乾集

一東

東風熊隆紅叢蟲同公中充聰逢雍蒙蹤
空崇蓬嵩窮通　卆

二冬

冬、封容龍松腫供鐘衝縫廱宗農鬆筇　卆

三江

江龐雙邦　乂

四支

支師儀衣癡池時丕思梨祈悲旋皮姿披
崎伲誰追爲仔垊規綏詞危龜葵梶　卅

五微

微璣飛輝歸肥威稀圍　夂

六魚

魚書儲虛車沮於疏初鋤渠　卆

七虞

虞吁朱無須廚盧殊夫樞姑烏乎吾蘇衢徒哺蒲
都租奴粗鋪無須廚盧　卆

八齊

齊提低梯跛妻攜迷危雞西黎躋批溪奚
篩栋屎圭　廿

九佳

佳諧差齋懷徘崖柴乖埋殪挨揩薤覼　卆

十灰
灰梅孟貽推鍾培堆哀該回臺才來哀災
十一眞
眞身臣津賓民秦貧　親春銀人恩辛倫
十二文
文焚欣勤分羣君雲 廿
十三元
元根敦門盤潘凡翻尊村溫坤痕豚吞蚊

十四寒
寒端殘刊乾單干歡檀餐闌安般難灘平
十五删
删間關灣閑還班顏蠻攀 十
通共弍佰三拾四音

目錄

乾集

字彙較正卷一　寶安吳錫榮星河氏輯

上平聲乾集

一東 古通冬轉江 韻畧通冬江

東 姓ㅣㅣ方木也動也音丁 富
蝀 虹也蝃ㅣ音凍
獛 獸名
湅 暴雨也 沾湏貌
埬 土名

倲 龍ㅣ 劣也
蕻 草名
䰤 醜貌
㥈 愚也 懵也
䍶 同羫
徚 行貌

崠 地名
瘷 惡氣傷人
鶇 鳥名
鍊 車轄頭 織當器
鼕 鼓聲
騡 馬也

鬃 ㅣ鬆 髮貌
逨 征走也
崬 山名
棟 木名 音凍

一東

風散也教也丨俗佚也音諷 凮凨凬 飌古同上 瘋頭丨病也 楓丨香木也丨宸 渢水聲

豐多也茂也盛也姓丨 丨滿也厚也 豊古同上 灃水名 僼神仙名 䉬竹名

猦獸名 酆丨都國名 寷大屋也 靊丨隆雲師也 偑地名 蘴蔓菁也草名

𡾝山名 葻古風字 麷麥也 颿馬急行

熊姓丨 丨羆音雄俗讀融 娀姓也 融姓丨朗也和也明也 毧細毛也 鰅魚名

⿰石戎石也 ⿱高戎用也 ⿱艹娀草盛貌 戎汝也拔也相也兵也大也烝也音仍汝 絨細布也

狨猛也 ⿱宀言和也 ⿹戈甲古戎字 茙厚貌 ⿰鳥戎鳥名 ⿰木戎木名

曧日正也 瀜水深廣貌 肜祭之明日也祭名 ⿰火肜火盛貌 ⿰扌戎相擊也

髶亂髮也 ⿱⺮戎小竹可為矢 ⿱⺮耳女竹也 ⿰女茸好丨美貌 駥丨馬八尺也雄也

隆盛也豐大也長也厚也 瓏玲丨玉聲 瀧高下水 嶐丨豐山形 朧朦丨月初出 嚨喉也

礱磨也磨丨穀為丨 聾耳丨無聞也 儱丨侗不成器也 窿穹丨天形也 癃疲也老也 籠包舉也竹籠也

櫳簾丨檻也 ⿰車龍馬被具頭也 襱脚丨衣寬貌 靇豐丨也 ⿰米龍丸丨俗字 ⿰食龍餅也

⿰禾龍禾病 曨日欲出也 ⿱龍耳同聾 龐充實也音蓬 ⿱龍鼓鼓聲 ⿱龍石石隕聲

龔牕丨房室疏也 巃山高貌 ⿱⺮隆篂也 ⿰彳龍大長谷 ⿰鼓隆鼓音也 爖燈丨火也

⿰忄隆意也

紅帛赤白色丨綷也音公 洪大也洚水也姓丨 鴻丨雁大也儲也 葓水草 葒同葓

雄鳥父也壯也音熊俗丨音紅 虹螮蝀也音禾 ⿰言共丨大聲 訌同上 ⿰谷工大壑也

黌學也音橫俗作紅 娂女字 ⿰風共大風聲 訌潰也敗也亂也音公梓

烘燎也火貌音恭閧 澒水沸涌也水聲音貢 魟皮肉腫 ⿰赤工赤 霟丨霜雲盛貌

鉷弩牙也 哄丨坑也 粠赤米也 ⿱共乙馬蓼也 ⿰魚共取魚具 ⿰氵鯀大波也

⿰巾共轆類 ⿰阝虫山名 ⿰阝工同上 屸山名 渢水聲 熊姓丨丨虎醜也

玒玉名也音江公 仜大腹也 ⿰犭工飛聲 ⿰扌工蟲飛也 珙大璧也玉也音拱恭

叢茂林也聚也 藂同上 ⿱丵取同上 ⿱⺮叢取魚具 灇水會也音賨 潨同上

⿱髟叢髮亂也 ⿰糸叢合絲織也 爜火貌 嵸高稱也竦也

蟲食物也雜也 爞旱熱也音同 虫鱗介總名音冉俗作丨蟻 茧草名 ⿰豸虫豕也

⿰忄虫憂也 烛旱灼也俗作燭 沖幼小也虛也和也深也童也聲也音動長 浺丨瀜水深廣貌水平遠貌

⿷匚公盛米器也 盅器虛也音仲 种稚也 ⿱虫虫同虫蝗也音拱功肇

同會也聚也共也平也齊也和也 仝古同上 筒竹丨也音動勇 銅丨鐵赤金也 茼蒿丨草名

桐榮也痛也梧丨木名音通動唐 侗無知貌音通洞俑 絧布名 ⿰羊童羊無角者

⿰虫同蟲名 峒崆丨山名音洞 峝同上 ⿰舟同船也 衕通街也 瞳目丨子也

童兒丨幼也奴婢也獨也音鐘 艟艨丨戰船也 ⿰同阝鄉名 粡粽也 犝牛無角也

獞犬名 僮癡也無知貌 潼容車裳也高貌音衝鐘 曈日色也 哃嘐吠言也

氄毛散貌 挏引也動也 痌ㅣ瘝痛也 詷共也急也 鮦魚名 瓬瓦名

恫心不定也 狪野彘也 穜禾名 𩧍馬名 箽ㅣ箽截竹爲 烔熱也火貌音洞

勭成人也 罿網也 硐磨也 桐木盛貌 ⿱穴童風聲也 ⿰弓同弓飾

幢旌旗屬容也童也音輴 朣月初出也 爞熏也熱也旱熱也音蟲

公無私也平分也姓ㅣ正也方平也通也 工巧飾也巧也官也匠也事任也 ⿱竹功竹杖也 躬身也

攻伐也善也堅也ㅣ擊專治也音貢 弓姓ㅣ躬也與肱通 芎川ㅣ藥名 ⿰糸功績也

宮躬也牆垣也室也中也 釭車上鐵也 忹心急也 珙玉名也音拱洪 玒玉名音洪江

⿰氵公舟順流也 ⿰魚公魚名 ⿰工刂刈也 ⿰工彡彩也 ⿰氵宮鬼名 ⿰耳工耳聞皃也

⿰口公衆口也 ⿰公鳥鳥名 功績也功也音光巾

中成也穿也半也正也內也滿也心也音姉征 終始ㅣ極也盡也窮也 螽ㅣ斯螽蟲名 䈺竹名

忠敬也直也義也厚也無私也 盅器虛也音蟲俗音中 蔠藥名 ⿰糸冬同終

⿱人中古中字 𠁩同上 鼨豹文鼠也 ⿱艹中草也

充ㅣ滿塞也備也當也 ⿰乙充同上 忡憂也音寵 翀飛直上也 衷中也善也通也誠也斷也

⿰黃充ㅣ纊黃色 沖和也深也稚也幼也垂貌音長 珫ㅣ珥玉名 涌騰也水名音勇俗音充

⿰氵翀直風上也 ⿰氵艸水平遠也 ⿰衤充禪衣也 ⿰忄充心動也 茺草名 ⿱穴中穿也

樅姓ㅣ橦也音蹤蹤 ⿰氵充山下泉也 ⿰口庸食貌

聰ㅣ明察也通也聞也 聡俗同上 聦俗同上 璁玉名 葱ㅣ蒜菜名 茐青ㅣ茂盛也

驄馬青色 偬倥ㅣ困也 繱青蒼色 ⿰月悤赤色 蔥同葱 忩同悤

篵竹不堪用也 ⿰車悤ㅣ囚車也車聲 憁ㅣ恫不得意貌 ⿰忄怱俗同上 悤急遽也 怱同上

蹤ㅣ急行貌 蟌蜻蛉也 ⿰酉悤醪也 ⿰女悤女名 ⿰舟悤赤色 ⿰舟用從也

⿰忄蔥惺ㅣ了慧人也 匆急也忙也 總舉束也結也

逢逆也遇也迎也值也 馮姓也音憑憑病 芃草盛貌 韸夆鼓聲 ⿰馮阝國名 蠭同逢

⿱夆金同上 渢水聲音凡 漨水名音蓬蓁

雍和也州名姓也名擁 嗈ㅣ馬聲和也 翁ㅣ姑老人稱 蓊葱ㅣ盛貌 滃雲盛貌大水貌 ⿰衤雍ㅣ襪也

⿰革翁靴也 螉細腰蜂也 ⿱雍玉美玉也 ⿰翁阝邑名 ⿰魚翁魚名 ⿱竹翁竹盛也

鶲鳥名 ⿱翁月ㅣ腫也同臃 ⿰豸翁豬也 嗡ㅣ吼牛聲 ⿰木翁木名果名 ⿰翁頁鳥頸也

⿱翁香翁香也 塕塵起貌 臃腫也音擁 嵡山名 ⿰忄雍憂也 甕甖也

蒙欺也裹也冒也首尨 矇ㅣ朧目不明也 幪帡ㅣ天地也覆也 朦ㅣ朧月不明也 艨ㅣ艟戰船也

饛滿簋也 瞢目不明也 ⿰糸蒙絲亂緒也 ⿰口蒙浮醭也 濛細雨也ㅣ鴻元氣未分也

蠓蟲名 甍屋脊也 檬檸檬木名 雺天氣下地不應 冡覆網也 ⿰蒙阝邑名

㠓山名 霥ㅣ霧小雨也 ⿰禾蒙似桔 蝱貝母草名 ⿰言蒙言不明也 夢不明也平聲

虻蟲名 獴ㅣ獖 ⿰口蒙口ㅣ同⿰言蒙 氋氄ㅣ毛貌 冡同蒙覆也幼學未通也

濛收斂也　懞慤厚也　曚丨曨日未明也　⿰土夢澤也　⿰尨彡丨茸亂貌　冡突前也
蹤從也跡也　豵一歲豕　翪鳥飛斂足也　鬷釜屬　椶木名　騣馬名
⿰镸宗亂髮也　瘲小兒病也　猣犬生三子也　緵小網也　棕木名　騌馬名
⿰豕宗豕也　孮子孫盛也　倧上古神人　熧火光貌　⿰車㚇車輪也　鬉髮亂
⿰阝㚇國名　稯禾也　⿰衤㚇襌衣也　⿰月㚇國名　⿰虫㚇蛉名　葼小也木細枝也
鬃毛亂也　碂碎也　⿺辶㚇數也　磫礲石也　鍐金丨馬冠也　鼨鼠名
鯼魚名　⿰目從日光明也　⿱㚇山山名　艐船著沙不行也
空虛也大也姓丨無也盡也音孔　崆丨峒山名　倥無能貌　箜丨篌樂器監也　腔丨膛音康

悾誠也愨也無能貌音孔腔　⿰骨空髖丨尻骨　羫羊也　涳小雨也直流也　椌柷樂也虛也
⿰衤空衣袂也　⿰巾空同上　⿱空鼓鼓聲震也　⿱殸心同空　⿰空殳擊也　⿰空支同上
⿰空鳥怪鳥　⿰空隹同上　⿸疒空喉中病　⿰虫空蟬蛻皮　埪土丨龕也　⿰禾空稻稈也
崇聚也敬也就也終也高也充也實也尊也重也先也音牀嵩　崈同上　鯮魚名　漴水名音牀
⿰崇阝國名　⿰亻崇同崇　⿰食崇貪食也　⿰崇刂器名
蓬姓丨丨萊仙居也亂也　篷船丨竹也俗字　鬔丨鬆髮亂貌　芃草盛貌音馮　⿰車逢車聲　⿰韋夆同逢
逢姓丨平聲　⿱夆革鼓聲也　⿰忄逢悅也愛也　韸鼓音也　⿺風夆大風也　⿰音風丨尾響也
蠭虫名　埄塵起也　⿱竹夆同篷　漨水名音逢

嵩姓丨高也高山也　⿰公鳥似鷹而小　⿰米嵩丨糕俗字　⿰山嵩山名　⿰木逢草木盛也　娀契母也
菘丨夢茶名　⿰目曾白貌　崇姓丨高山也音牀漴
窮貧丨困屈也丨通極也究也音公　穷俗同上　躳同上　穹大也高也　⿱宀弓俗同上
⿰豸窮丨奇獸似虎　藭芎丨香草名　匔敬謹貌　⿰窮阝國名　⿱穴躳同窮　⿰忄弓憂也
⿰口頁面上也
通順也達也陳也徹也暢也亨也　蓪藥名草名　⿰氵通水聲　熥烟丨以火熯物　樋木名
⿱竹通竹名　⿰女通女名　恫痛也呻吟也音洞　曈明也音桶同　狪珠豚也
痌痛也音同

二冬古通東

冬秋丨終也藏也　⿱日冬同上　⿰日冬同上　鼕鼓聲　苳草名　佟姓也人名
炵火炎也火盛貌　⿰犭冬獸名　⿰扌東同上　笗竹名　⿱雨冬霳丨雲雨貌　⿰豸冬獸似豹有角
彤姓丨丹飾也　浵汪丨水深貌　⿰忄冬丨遑遽也憂也　⿸广冬舍響音憧
封姓丨大也培也丨賰富厚也緘也丨誥音方　葑丨菲草也　湗深泥也　蜂丨蜜蟲名　蠭同上
⿱夆金同上　峯丨巒山崗也　峰同上　崶山名　丰丨茸草盛貌音馮俗音峯
犎野牛名　烽丨燧丨主晝燧主夜　鋒刀也銳也　胸膺也　胷匈同上
夆掣曳也　桻木名　仹仙人名音縫　洶鼓動聲涌也　筇竹名　妦容好貌

䡓車行貌 瑢佩玉聲 ⿰庸戈兵器也鏦也 嵱山名 ⿰虫庸蟲名 ⿱穴庸丨器病

濃同上厚也露多也音農 喁口笑也 茸鹿丨草名 ⿰犭庸猛獸也 鎔丨鑄銷也

墉小城也容也 鏞大鐘也 鄘邸丨國名 顒丨卬大也 溶水名 醲丨淡厚酒也

槦槦丨木名 滽水名 ⿰容瓦器也 榕不安也音勇 穠盛也 慵懶也

庸用也功也和也勞也常也愚也 彨形丨同容 鱅魚名 傭丨工音踵 榕木名

容姓丨受也貌也顏丨儀丨包函也飛揚貌 㝐同上 鰫魚名 蓉芙丨蓮花也 儂我也音農

凶告也短折也擾恐也 ⿰歹凶同上 兇擾恐也懼聲也 訩訟也語也

⿱夆女女名 犎牛也 恟懼也 ⿰彳夆⿰彳夆丨使也 ⿱竹龔竹名 鑫宋子虛名音歆

襛衣厚也 曨日不明 鬞毛名 𩫖城垣也 ⿰農阝昂丨君德也

龍姓丨君也通也寵也和也 竜同上 竜同上 瓏文丨圭名 鑨鐵器

儱狠也 躘丨蹱小兒行貌音瀧 壠冢也壟丨 龒大聲 ⿸疒龍病也

蘢天蘥也葒名 靇雷聲 ⿰舟龍舟名 㦕狠也

松姓丨丨柏木名江名 枩同上 枀同上 菘丨蘿菜名 從姓丨隨也自也就也丨順音縱

从古同上 凇凍也 鼨鼠名 樅撞也 蹤跡也從也 淞潨淞貌

⿺辶從同從 ⿺辶从同上 ⿰礻松松皮也 錝金毛 鏓鐵器也 ⿰镸公長也

重丨疊平聲 緟厚也增益也 褈複也 ⿰重鳥丨鶹鳥名

朣肥也 橦木名 ⿰童阝地名 ⿰骨童尻骨也 憧意不定也音動 鐘金也

喠同上 庝金響音冬 ⿸广同同上 鼕鼓聲 疼痛也音騰 鉵鉏大貌相屬

供丨給設也 共恭也平聲 ⿰巾貢衣巾也 ⿰忄貢心動聲 ⿱龍鳥謹敬也 烘燎也火貌爟聞

篢笭也 ⿰魚貢魚名 ⿰亻貢人稱過也 ⿱髟貢髮亂也 龔姓丨給也奉也愨也

恭姓丨丨敬肅也拱也奉也音匡 䢼國名共邑名 ⿰糸恭縣名 蚣蜈丨也 舩船也

鉷車中鐵王也 珙玉名 ⿺辶共同恭無私也 ⿰心恭同上 哄口丨聲也 ⿰口恭同上

硔姓丨擊石聲 ⿱穴恭恭貌 廾音拱竦手也

鐘丨鼓樂器 鍾姓丨聚也 舂丨擣也擣粟也 ⿱竹公長竹節也 樁橦也衝也擣也 蹱蹱丨行不進也

⿱雨眾久陰小雨也 籦竹名 椿椎也 ⿰公刂刮削物也 妐夫兄也 彸行遽也

忪心動不定貌驚也惶懼也 憃騃也 踳蹹也 伀志及衆也 鶞布穀也

衝通道也動也當也向也突也車也 罿魚網也 穜穜稑穉稚也音種 ⿰重刂刺也

艟船也 ⿰重瓦甕屬 ⿴行重丨突也同衝 憧意不定也音童洞

縫裁丨補合也音俸 摓丨掖大衣同上 丰容色美好貌丨茸草盛貌俗音奉 熢火盛貌 夆悟也遇也音罷

妦女名 ⿰女夆同上

癰丨疽毒瘡也腫也 饔丨飧朝夕食也 灉水名 澭同上 雝和也 ⿸厂邕姓丨和也音父

噰鳥鳴聲 ⿰邕鳥丨渠鶴也 邕和也 齆鼻塞也 廱辟丨學宮名和也

邕 同邕　嫞 女貌　壅 蔽丨塞也

宗 尊祖廟也姓丨本也同也　琮 玉名　悰 樂也　綜 錯丨織紩也　鬃 髮垂也髻也　鯮 班丨魚名

艐 紅也　騌 亂髮也　猔 犬生一子　鏦 長矛也　樅 木名　淙 水流貌

縱 丨橫屬平聲　碂 碎也　柊 木名　腙 肥病　賨 南蠻賦也　誴 同悰樂也謀也

棕 木名

農 耕也種也音囊　辳 同上　䢉 同上　儂 他也　噥 多言不中也　醲 醇丨美酒也

膿 腫血也厚也爛也　齈 鼻丨鼻病也　癑 同膿　鸗 鳥名　檂 木也

霳 露濃貌　蕽 草名　𩟗丨 農強食曰𩟗也　矃 目不明　禯 厚祭也　莀 古農字

鬞 髮亂　毴 同上　穠 艷也華木稠多貌　欁 同襛　聜 耳中鳴也

憹 心亂也悗也　鬆 同上　從 丨容平聲　蓯 丨蓉藥名　瑽 丨瑢佩玉行也　𣝈 木名

鬆 髼丨髮亂

鏦 矛屬　凇 凍洛也

筇 竹名竹杖也　邛 勞也丘也病也　蛩 巨虛也蛩也　悾 憂也　蛬 促織也　桏 小舟也

䓖 蕒茇也　𩨷 脈也

三江 古通陽

江 貢也共也水名丨河丨海姓丨音公　岡 山脊也丨山　崗 同上　綱 丨紀丨領丨常　剛 丨強丨勇

犅 特牛也特牛赤色也　堈 甕也地名　瓨 大甕也　笐 竹列也音杭亢　㧏 舉也

釭 瓦也　釭 銀丨鐙也　杠 牀前橫木也方橋也舉也旗也音工　玒 玉名　肛 腫也肥大貌

䨔 虹也　矼 聚石渡水也　阬 嶺也　茳 香草　碙 石丨地名　扛 對舉也荷擔也

罡 天罡星名　𦵔 山有草　㺱 玉名　𦁺 同綱　牨 水牛也　苀 草名音杭

腔 內空也　舡 船名　䀶 境也　亢 人頸也過也徑也姓丨強也蔽也極也敵也　掆 舉也

棡 高才也

附录

龐姓丨厚也敦丨雜亂貌 厐石大貌厚也大也姓卜有也 尨大也 旁大也通情也側也依也分布也音彭
㫄古同上 螃蝦蟆也丨蠏 徬附行也 膀丨胱脅也脹也 磅丨礴山石也 篣篁屬竹名
滂沛也丨沱大雨也水流貌 騯馬盛也 霶滂也 雱同上 傍側也近也姓丨
汸水名 䳠鴟鳥也 䵨私也 㥬丨惶恐貌 蒡木名 蒡同上
𢐞弦急也 娏神女名 駹馬黑白毛也 䠙跟丨欲行也 胮腫也 膨身大也音家
胮腹脹滿也 艂吳船也 彷徨也音髣 澎水聲音彭 烹丨飪調生熟也 㡧[illegible]倚也
雱雲盛也 肨脹也肛丨腫也 炐火張起貌火聲 塝地畔也 鎊削也
雙偶也兩也獸名 雙俗同上 双同上 傷戕害也姓丨毀傷也創也痛也憂思也損也害也

殤未成人喪童子死也 𨡤羽觴也 觴酒巵名爵也 暘浮田也 雙帆也
商姓丨丨賈丨宮丨 謪度也 鷸丨鵝舞則大雨 禓逐强鬼也音羊 艭艂丨舟名 䨨雨貌
鬺烹也 瘍疾也 蔏陸草也 墒新耕土也 潒水流貌 雙俗雙字
湯同湯平聲 蕩草名音羊羊蕩 滴水名 鬺餁也 𩱓同上 䲥魚名
愓痛也音餉 風同商 鬺烹也
邦國名封也姓丨音崩 峀同上 鉡丨頭 幇丨防治履邊也 梆木名 垹土積也
挷捍也衛也 幫同封褌蛣也 祊門內也宗廟 邫同邦 縍治履邊也

四支

古通微齊灰轉佳 韻畧通微齊佳灰

支度也庶也分也計也持也姓丨音祇眞 知四也識也詞也覺也喻也 蜘丨蛛虫名 芝瑞草丨蘭蕋丨
之適也於也變也至也人名遊也出也往也語助辭 巵酒器款器也 梔丨子橘桃也 肢四丨體四肢也
臸到也 𧹞縺也面飾 枝柯也散也持也姓丨音祇奇 鳷丨鵲鳥名 脂胭丨丨膏音紙
䓡丨毋藥名 䧳同鳷 𠩗古知字 𨋼車器 馶馬韁也
鴲鳥名 𨉖同肢 𦶟木盛也 卮酒器也 𦁈挽舟繩 吱丨喳聲也
祇敬也適也 䣢乳腐名 厄酒丨 汥水都也水分流也 𢦒斫也
鼅丨鼄俗作蜘蛛 𨢇酒也 𧴬以財貸也 秖適也 禔福也安也音題祇

秖禾始熟曰丨 㞢同之 訳調也謂也 䏜枝也體四䏜也 𥝩禾名 疧病也
搘梧也
師姓丨長也丨傅眾也效也範也卦名法也音獅 施設也張也與也易也移也捨也姓丨加也旗貌移用也音怡翅弛 詍古詩字
詩丨書志也丨賦承也 鳲布穀也丨鳩鴶鵴 尸神象也陳也舒也姓丨主也
絁絲也 𥍝短矛也 訑多言也 鳫同鳲 屍終主也在牀曰丨在棺曰柩
蓍草名丨龜 蓰五倍也物數也 釃好酒也 襹羽毛衣 鳾鳥名 籭竹器音斯
䴓鳥名 吚呻吟也 𡜊女巫也 蒒草名 溮水名 呭多言也聲也
瑡玉名 覗視也 螄螺也 䚸誘也 縰櫛丨眾多貌 纚粗緒也

豙地名音移 𢒉獸多毛 粭同飴 遺火也亡也留也餘也 𡳳蹲丨踞也
乀流也 𨚍鄉名邑名 鄜地名 巇山名音蟻 頤養也 歋人相笑音邪
羨江夏地與羨異 簃閣邊小屋音移 刵巧也 胰脢也音戲 咦笑貌 膄同腒
寲察也 崖丨崎不危貌 异已也退也與異通 崺崺丨山卑長貌 枱柄也端木也
杝白根音池多 匜椅也 椸衣架也 眙舉目貌 䞖贈也 䚷纚也
傂狐狸聲 坨地名 巸長也美也樂也 禠福也音豸馳
衣姓丨丨服丨裹隱也依也 依倚也姓丨音倚挨 伊姓丨彼也維也 咿丨喔強笑也 吚同上
譩恣美也音以 洢水名 猗長也倚也美盛貌噎犬也音倚猗 漪水波也 陭阪也

𠆶同伊古字 歍惡鳥嘆聲 醫治病工也音倚 鷖鳧丨水鳥鷗也 𥟂禾茂也 譩痛聲
乁草書也 繄語詞 蛜蛜蝛虫也 醫酒也 黳霉也音翳 䪰好也
禕美也珍也 犄特也長也倚也施也牛名 嫛婗也婦人惡貌 㕥丨喔強笑貌 黳小黑子
𡏿塵埃 譩噫也傷也恣 欹歎美辭 瑿美石黑色 㥋靜也安也 㐆歸也轉身也
旖丨旎旗舒貌音倚 𧫦是也 毉同醫 梜櫸丨水名 瘱急也
㤝念痛聲也音展 椅梓也音倚 檹木丨旋貌 㳖水也 𤷒弱也座也 誒誠也
瘞幽也埋也
癡丨呆不慧也蠢病也 痴同上音螭遲俗音笞 笞丨杖捶擊也 雌鳥母也牝也 差參丨平聲

鴟丨鴞惡鳥音摛俗音癡 鳲丨鳩布穀也音尸俗音癡 蚩無知貌 齝牛食草也
㰞笑也 𤞞獶丨犬也 媸醜也蚩也癡也妍丨女鄙陋也 𧌧叫聲笑也 螔螔蜍丨虫名
眵眼屎曰丨 嗤嘆聲 𨼆地名 縒絲亂貌 吔毀也 竾竹名
𥇛目不明也 螭虫名 魑鬼名 胣裂也 胝鳥藏也 𤵸同癡
䤈糟也 嵳丨峨音磋 砒雌丨黃石也 䁊目汁凝也 𪀖小鴟也 齹齒不齊也
柴丨池參差也音豺茨咨
池姓丨丨塘丨沼也音馳徹 馳走奔也疾驅也丨鶩也音恥情滯 訑拒人貌自足意 貤移也 墀丹丨天丨子衙也
遲久也緩也徐行也音稚 𠜱淩丨刑具名 漽至也 坻小吐也 蚳器也姓丨

持握也把丨執也音除治 踟丨躕行不進也 治水名理也平聲音飴怡 趍走也趨也
篪樂器同篪 遲同遲 箈丨水中魚衣 庤具也 褫蓐也音多龥 茬草盛貌
篪塤丨樂器 謘緩慢也語音 䙙衣也 齛齒斷也 䶡燕飛貌 謘言逸也
泜水名著止也音只 䪥咸丨樂名 謘語諄諄也 䲈魚名 鉓梵語
箷竹器 御行也 峙前也丨躇不 痴丨癡不達貌 𡱂踞地也 軧車兩尾也音邸
時中也善也丨刻期也姓丨辰也是也伺也 旹古時字與旾異 𢭏無柄也 鰣魚名 匙茶丨匕也鍉丨也
榯樹木立也 溡水名 䛐伺也 𦱔草名 䈕篖篣音題鍦 鴟鶗鴃也
禔行貌 柢碓衡也

丕姓丨元也大也奉也 駓馬雜文丕丕白丨走貌 䝟同豾獸名 鉟刀戈也長丨 坯山再成 秠秬黑黍音鄙
𥞕同上 豾貔也 不姓丨同丕大也 怌恐也慢也 䫠大面音拼 鉟刃戈
魾大鱯也 抷披也 芣草木花盛貌 㔻相爭聲 鴀鵧也丕八名 炋火也
思心丨念也慮也頌也願也悉也音四 私公丨恤也不也便也 司官丨主丨 緦丨麻三月服
偲詳勉也 䰄多鬚也 颸涼風也 㺨石似玉 㴽水名 鰓畏懼也
撕析也同斯斯音西 斯離也析也賤也盡也此也白也姓丨皆賜 廝破析也取薪也 絲丨綸細丨蚕丨
系微也細絲也 鷥鷺丨音絲 䇃竹名 恖厚也 獅猛獸也丨子音師
罳罘也屏也音罳 㒋同斯 嘶馬鳴也聲破也 䫏頭不正也 騦馬行也 縰粗緒也

字彙校正 卷一 四支 三

恖始也 𩄼小雨也 鷉鳥名 楒木名 蜤螺蛄丨螽屬也 䒊草秀也
𢢽心法也慄也 𤞟恣也 禠福也 揌搖丨動也 蕬蒐丨藥草 禗神不安
𣙗木柴也 泀水名 榹山桃也 簛竹節也 鋖平木器 𤮐瓶也
籭竹器音師 磃館名音題 澌流水也音斯 測同上 師範也眾也法也長也
燍焦氣也音西 廝使也賤也養也 𩅿小雨也 愢意不合也 澌水索也盡也音西賜
梨果名木名 梩木名從土臿也籠臿之類音鳶語 釐理也治也毫丨 斄同上 俚鄙俗也
貍 狸狐丨野猫也 邐行貌迤也 霾雨霾 䰜髮起貌 荲草名
蘺離也藩也 離散也丨別也麗也分也卦名音麗 漓淋丨雨聲 魑丨魅鬼屬 螭虫名似龍無角

醨酒糟也 艃船名 䰜髮亂也 縭帶也結丨 璃琉丨珠也 㒧佅丨夷言
摛布也掞也發也舒也 禼福祥也 麗國名麗丨也平聲 𧳋貉也 魆鬼屬
鸝黃丨鸝鳥名 驪黑色馬 孋丨姬女名 鱺魚名 灑汎水也 婺霜婦也女星
纚繫也 蠡同蠡 箏竹构也 棃滌也 蘺草名 刕利刀也
穲黍丨秀 縰同纚 罹憂也音羅 𡚁理也福也 廲廈也 篸竹器
𤕊引也 𣯒接丨日晡也 黧黑而黃也 䍦同離 漦蓋也涎沫也順流也
篱筊丨竹器 𠻳言不止也 𢯷音樗折也 𪊛獸名 𩦼丨驢子曰騾 𤢺猛獸
䍦同籬 惄憂也 謧言也欺謾之言也 儷伉丨也音麗 灕滲丨流貌淋丨秋雨也

字彙校正 卷一 四支 三

犛牛尾也 厲也　鸝丨鸝小鳥也　莉草名 音𤇲　筣笓丨織竹為障　离同離　𢾒徵畫也
黎黑木名　𥢺丨孖雙生也　瓈飾也　蹝丨步也 舞履也　熇火盛也　釃下酒也
鵄鵄也　蘺斷縮也　埋痗也 藏也 音𤗻 俗音埋　黐丨
祈求福也 報也 叫也 嗥也 告也　其助語詞 辭也　麒丨麟仁獸也　旗姓丨 旌丨 表也 星名
淇水名　棋象也 博丨 圍丨 音基　蜞蟛丨 虫名　琪玉名　碕曲岸也
圻界也 薄也 垠也　旂倚也 合眾也 旌丨　蘄草也 求也 馬銜也　頎長貌
斫山名 也　祁姓丨 盛也 大也　芪黃丨 藥名　祇地神 安也 大也 音支
耆老也 指也 至也 強也　鬐鬣也 馬鬣也　跂大也　岐姓丨 山名 路也 岐也 音祇

鶀鳥名　棊丨桑　秖同上　瑧玉名 結也　鯕魚名　剘信也 載也
忯愛也 敬也　刻同剞　綦餅屬　魌丨董 鬼也　鵻鳥名　蓎水草
倛大子也　亓同祇 音 待語也　旑丨旎　魊星名　畸丨 零殘田也 音羈
軝車轂也　疧疾也　騎跨馬也 音芰　碁圍也　期會也 要也 必也 卒也 時也 待也 信也 限也 春姬
騏小雁也　竒丨異 祕也 音羈　元古其字　踑丨跡也　埼也　帺巾也 音忌
鴟雉別名　鬾獸也　鍺衛轄鐵也　璂弁飾　騏文也　駅同上
椅古岐字　玂犬生一子名丨　跂虫行也 音支企　㧗參差也　[illegible]國名　帆伊丨 大子號
錡三足釜也　愭恭也 敬也 畏也　隑同碕　𦽒水草也　鰭魚名　䶞齗也

齗同上　祺吉也 祥也 音姬　綦同棋 蒲馬也　肵心舌之俎也　䑴丨艇 舟也
歧路也 飛行貌 同跂　琦玩也 瑋也　伎足多指也 音支
悲痛也　卑尊丨 賤也 下也 音碑　碑丨記 豎石也　陴城下 墻　鼙騎上鼓也　箄取魚之器
裨益也 音皮　羆熊丨 獸名　𤳅田也　埤同卑 下也　鞞刀鞘也　錍斧類
陂阪也 池也 音皮 波陂　岥丨陀 山不平也　坡同陂　鑼鉏屬　熋同羆
犤牛之卑小也　䕠草名　藣同上　䉋竹名　椑木名　襬蜀東呼人曰丨
[illegible]丨姚 小也 短也　𠜱倒也　帔披也　屄女子陰
旎旖丨 旌旗從風貌 雲貌　𢓜同上

皮丨毛 弁冠也 革也 被也　疲乏也 倦也 勞力也　詖偏詖也 辨論也　髀股也 止也 藏也 音陛
裨益也　崥崥丨 山足也　比和也 音七避　毗明也 助也 厚也 遣也 輔也　篦䈪也
猈短脛狗也　貔丨貅 獸名　琵丨琶 樂器　蚍丨蜉 大蟻也　膍厚也　枇次也 丨杷果名
粃不成粟也　秕不成粟也 喻穢也 音比　𩏾城上女牆　㮰木下交貌　𣐿木名
仳離別也　𥫱古皮字　笓取蝦竹器　梐丨梐 藥名　棍相也 屋連綿也　媲配也
鼙騎鼓也　毘人臍也 同毗　㾟丨皺 伸也　罷病也 平聲　鯢魚名　毘丨陵 地名 同毗
䴽似鹿　𣬈梘也　肶同膍　𨈖體柔也　岯山再成也　諀訾也 惡言也
魮文丨 魚名　𤙭使牛聲　鈚箭鏑別名也　𨹃山名　髬被髮也　蚽虫名

附录

199

茈高也　胔丨脛骨丨䏡也　骳骫骳髑骨也　骴股也丨臀　紪緣也　䏢牛百葉也
庀具也治也音庇諮　庋鋪也　庳輔也　征走貌　椑圓榼也音卑
吡訾也　埤附也培也厚也音婢　陴埤也城上女墻
姿媚也天丨丨態也　齍黍稷器　鶅鳥名　菑不耕田也　錙丨銖輕微也　趑丨趄難行也
玆黑也濁也姓丨此也音懸　𢆶同上　孜勤勉也汲汲也篤愛也　資貨也取也
粢丨盛稷也　胾切肉也臠也　滋蒔也長也益也液也多也蕃也脒也濁也丨灂音慈　諮訪問也
孳汲汲生也息也音字　貲財也貨也　訾刺也　咨丨嗟嘆聲　鎡丨基田器也
齊丨衣裳下緝也平聲　緇黑色　淄水名　輜丨軿厠也　甾丨田器類

𪐴深黑色　椔木死也　淄丨緇也　鶅小鳥也音裁哉　髭髭鬚也丨姿也　秶禾生貌益也
兹益也此也草木多　懠怒也音齊　嵫山名　蚩丨鼠似蟬　賫車多貌
齜齒齵曰丨音慈日　漬漚也染也浸也獸死也　䳄丨菜生水中　𢂁布也音此
𢫦挈也　𧼈同趦　𥻗粉餌也　鰦魚名　𩅒雨聲　頿口上須也
鄑鄉名　絧補也　㰣歐也嘔也　𥧙丨疑不齊貌　櫅木名　𦓡耕也
䄔安也　澬洓丨久雨也音茨　䐉腤丨肥也　鄑縣名　觜名　𨚮同上
鏄剌也　𪕔鼠名　䘣衣不展也　禌衣袂也　𥜝息也　𥙻積禾也
茨蒺藜也次也積也聚也　砒定也　㳄且名山名　鷀鸕丨水鳥　𧝃裳下緝也

刺利刀也　洓同漬　孖雙生子也　𡛷婦人小物也　柴積也音查射差
披裂也開也分也析也散也音賁被怕　被具也加也表也平聲　髲同上　䟺開張也
狓張羽貌同披　耚耕也　怶憂也怒也音賁　鈹兵器　毴毛也　旇旌旗靡也
鉟旗名也　𥲰笥簏飾　劫用力也　𠜚析也剝也音皮　帔披也帬也音悲　㩝剖肉也
崎丨嶇山路不平也險也音綺苛　裿衫丨音綺俗音崎　徛舉足以渡也音技寄
踦跛足也　攲持去也　𨁈丨嶇不齊正也　敧禮器也　榿木名音豈
怩忸丨慚也慚色也　蚭螘丨音尼俗音怩　跜丨跜不肯行也　𡰥古文怩字　㞾同怩
誰何也不知其名也咨也詣問也姓丨音何　陲邊疆也　垂布也音瑞　倕重也　䕓草器

睡地名　䳠鶇也　箠盛谷器　篅同上　腄瘢也縣名音允瑞俗
顀脊骨　颾風貌風偃物也　鬌髻也　箠竹名竹節也音追棰　膗𦝄丨形
脽尻骨也臋也音葵推周　譙猶借訪也音樵
追隨也逐也送也及也逐也　錐銳器也利也鍼也　騅馬名　鵻祝鳩也
隹鳥之短尾總名也音崔　𨾙鳥屬　麀鹿一歲也　椎擊也鐵也推也
為毋猴也助也緣也被也護也與也作丨也謀也治也呧作也學也音僞我　惟有也姓丨獨也為也謀也伊也語小辭也
唯同上　掮𢹂也音女　帷帳也圍也幕也幔也　幃庭丨音揮俗音為
違離也去也背也避也　維維也係也　圍守也繞也　桅舟上帆竿音詭俗音為

蓶草名　闈宮中門也　踓走也　瀢水濁不流也　遺留也失也忘也　遷同上
濰水名　韋柔皮也姓也相背也　湋水名　禕香囊也　蔿草也
嘽呼聲　旞旌也　㕒｜蒙容也　媁韋不悅貌音威　襴重衣也｜褌　鱧魚名
瑋石似玉　韡束也　䫋鬼也　口回也守也纏也　壝土埒也音維　潙水名音媯
仔任也克也音子咨俗音齎　濟多也眾也上聲　済俗同上
坭水和土也音禰　泥栝也弱也音禰　尼和也近也定也｜丘山名止也女僧也　呢｜喃語也
跜踐｜龍動貌　旎旖｜旗餘貌　秜小衣也　鯢｜鱖魚名俗字　蚭蚭｜蚭屬　𡍬塗也
屔｜丘山名　苨草根露也　貎獸名　軝軾也　餛餌也　婗呼婢曰｜

鶨有骨爲｜無骨爲醢　膍肉疏貌　怩忸｜慙也慚色也　惪心柔也
抳研也止也通柅　齯吞也　柅茂盛貌音膩咽禰　盞首鋸也頭｜　𪀞鳥名　槻木名
規｜矩法度也正也謀度也　窺｜伺窺視也　闚同上
䁈自得貌　覭小見貌　虧气損也缺也　摫摫｜裁也　邽地名　鳺三足釜也　巂子規
䫏頭不正也　𡜁好也音媞
綏安也撫也來也安坐也行貌卻也音妥推隨　嚅囁｜多言也　需同上　胥相也姓也助也待也
諝有才智也　醹美酒也　濡漬也濕也濡也音儒　糈糧也　蠕蠕｜虫名
鬚｜眉｜髮音蘇　腮面頰也　顋同上　鐳鎖也　鏂同上　蕦蕠也

雖助語詞不定也　荽胡｜香荾　浽｜微小雨也音餒　繀立而待也　鰖魚名
䈢竹名　揟取水具也　湑零落也　蕦木耳也　緰裂繒也　揌動也音猜
毸毰｜鳳舞貌　鰓魚頰中骨也　鶍鳥名　麛鹿子　蝑虫名　楈木名
偲雄也　嬬弱也　崝山石也　顀頭也　鰓角中骨也　唆口也
𩵼魚筍也　䰓同毸　䟴走也　輶車不也　媞美貌　毸毛髮貌
偦疏也　媛安也　竵同㚻　稰穀穫也　竬待也　腇萎｜弱貌
惰智也　睢仰目視也音催　縗雖前兩足也　催嘔也
詞言｜嗣也文也說也　辭說也訟也｜謝也　辤辞同上　祠祭也報賽也廟也音嗣

糍粉｜俗字　慈愛也柔也仁也姓｜　餈油｜同上　鶿鸕｜　磁｜石名
呲疵也　𩜠嫌食也　鎡竹器　粢稻餅也　瓷瓦器　瓻同上　詞同詞
柌鐮柄也　艤｜　慈同慈　臍｜劑也音齊俗作肚臍
危｜險不安貌高峻也疾也甚也安｜　峗高山也
䶲文也具貨也進也
葵衛也揆也　戣戟屬　鄈地名
柅木名茂盛貌上聲　旎旖｜旌旗從風貌

五微 古通支

微 衰也賤也何察也姓丨細丨也精丨無也妙也 薇 薔丨茶丨 溦 水雨也 霺 同上 瑂 玉似石

彌 偏也終也遠也益也長也音迷 弥 俗同上 瀰 水流貌流也水滿也音弭 濔 同上眾也

⿸广爾 爛也 麛 鹿子也 禰 親廟也 獼 丨猴之類 眉 目上毛也楣也 猸 獸名

楣 門丨眉也際也門上横梁也 郿 地名 [illegible] 愛也說也親順也節也諧也 ⿰竹微 竹名

媚 火氣也 嵋 峩丨山名 犘 牛犢也犛也 糜 饘也爛也 镾 長久也 冞 深也冒也

麋 澤獸也湄也 蘪 薔丨草名 醾 酴丨酒名 麛 鹿子 ⿱艹彌 草名 [illegible] 籒文薇字

檷 丨枸山名 ⿱艹卷 丨菜也音冥 萺 草也王芩也 蘼 薔丨花名 媺 好也 穈 穄也黍黑

湄 水隒也眉也湖名音媄 ⿰王靈 玉名 ⿱髟爾 髮貌 ⿱竹靈 竹篾也 堳 壇埒也

⿱宀呆 深也置也窖也同罙 ⿰忄米 心惑也 媚 悅也諧也諂也愛也 ⿰月盥 汗面貌

⿰山彌 山形 ⿰忄爾 心弱也 ⿰忄靡 散也音摩 ⿰革爾 轡垂 靡 散也分也減也損也

⿰彳眉 同眉 蘪 蕪也 ⿰火靡 同湄 ⿸麻分 分也 ⿱覀女 毋也 黴 面黑也敗也

⿰木麋 水中芰 罙 周也入也探也冒也 眯 眇目也 瞇 同上 ⿱艹尾 薔也茂盛也

篃 竹名

璣 珠丨小珠也不圓也星名 箕 筲丨宿名 朞 週年也匝也 諅 謀也忌也音忌 惎 甚也 基 據也音計

畸 殘田也音奇 羈 馬絡也勒也 䩭 同上 磯 水激石也 [illegible] 古文箕字 饑 丨飽丨餓

幾 期也殆也察也微也庶丨近也將及也音祈 機 發動所由也械巧術也要也丨打丨關會也密也

机 同上木名音几 飢 丨寒同饑 ⿰月幾 頰肉也音祈段 肌 同上音既 笄 竹名 𢧵 斷也封也

[illegible] 古文箕字 鞿 馬絡頭 譏 誚也閒也 ⿰言几 同上 姬 姓丨姜女稱

⿰耒幾 耕也 穖 禾也 ⿱冖其 同基 ⿱竹幾 竹名 徛 以著取物也 蟣 丨蝨名

期 匝也平聲 畿 疆也限畿內也 ⿰飠乞 丨饑憂也音弱 ⿺走幾 走也 羇 寄也旅寓也 鄿 縣名

⿰足斤 跡也 ⿰骨几 同肌 禨 祥也 箕 竹名 ⿰女𦣝 古姬字 ⿱宀䩭 俗羈字

蘄 香草 錤 鎡丨組也 踑 長踞也跡也 僟 食也 ⿱艹幾 草名 ⿰車幾 繫馬也

萁 豆苗 剞 丨劂曲刀也 奇 丨偶也數也 ⿰扌幾 攲取也 諆 謀也欺也 ⿰身奇 身單貌

鐖鳥名　丌下基也　棋根械也音其　觭得也隻也　居語助辭怪辭量據

其語辭

飛禽名｜騰｜廉龍雀也翔也　蜚｜鳩同上　霏古霏字　剕刖也　⿱非鳥鳥名

非不是也違也責也訾也隱也　⿱非子輕也　扉户扇也　緋絳色也　霏雨雪也

騑馬行不止貌　裶長衣也　菲芳｜音匪　⿵門非重門也　餥餱食也　妃｜嬪匹也音怡配

蜚蠦也　馡香也　騛馬逸足　⿰牛飛獸似牛白首目　鯡絳也　棐輔也

翡｜翠赤羽雀音費　婓｜往來貌　寀舍非也　婓姓也音并

煇光也火光也　煇同上灼也音熏萆焜　暉目光貌光也　翬飛也雉名　瀈｜㴉水名

媈婦人也　揮奮也振也動也灑也竭也湔也　撝㩣同上裂也音戲

嬀媞優也　噅口不正也醜也　猑｜飛天子也　麾快也格也旌旗屬　⿰馬軍影也

徽善也福也美善也　幑幡也幟也　鰴魚有刀也　⿰方軍動也　麾指也麾聲

麾旌｜　瀈水名渴也　戲同麾平聲　𣄴旌旗貌　⿺毛彡同麾　⿰牛軍犛牛頭

皹白也　禈祭也　褌縣衣具音輝　虧亏氣損也缺也音規俗音輝　蘬花榮也古花字

幃香囊也　⿸厂韋同上

歸姓｜入也依也還也附也投也饋也委也與也許也女嫁也合也終也音匱　皈｜依遵佛法也同上　珪美玉名

奎宿名異也張目貌　絓繫也　圭｜璋玉名　閨｜閤小門也　刲割也刺也音桂

字彙較正　卷一　乾集

龜文也進也貝負也　龟俗同上　蘬葵也薺實也大龍古也音卉　𦍌草名

⿸鹿圭麢屬　巋山小而多也音喟　頯畫也　楏同上　⿰圭見視也

⿰禾圭田器也音龜　蝰蜋也　鮭魚名　⿰鼻圭鼻息聲　窐甑空也　胿膍｜音分极

膎熟食也脯也　邽縣名　⿱艹揆同蘬　挂別也音卦畫

肥｜饒也褚也盛也多肉也　淝水名　腓病也變也避也　蜰蟅｜虫名　敳妙也　俷背也

痱風病也　屝隱也陋也　篚竹名　⿰巾比希也　婓｜往來貌音非　⿰目非離也

葩避也與[illegible]

威｜儀姑也｜勢尊嚴也　楲虎子也　媙美女貌　蝛蛜｜鼠婦也　葳｜蕤草盛貌　委美也平聲

倭｜遲回遠貌順貌　逶｜迤衺行也　喂恐也　⿰土威決塘也　⿰委頁女隨人也音危

⿰歹委病也　⿰衤畏垢衣也　覣好視也　⿰言有呼人也　隇｜嵔險阻也　麍麋屬山

⿰黑委活也　媁美盛貌音偉圍　萎病也音委　嵔｜壘山名　踒折足也

稀少也踈也　羲姓｜氣也　羲｜和伏｜　犧牲｜純也　巇危險貌嶮巇也　僖樂也姓｜

嬉戲也遊也　嘻譆｜嘆聲　禧福也告也吉也　⿰扌希持也　琋人名　醘同醯

⿰言尸呻吟也笑聲　憘悅也同憙　嚭大也　饎食物也音熾　糦黍稷也同上　⿰虛瓦年也

⿰女戲毀也音戲　屎呻吟也音豕　唉｜驚問也音虛醫反　歖卒喜也　⿰口欸[illegible]

希止也散也施也罕也少也望也姓｜寡也　唏大笑聲　浠水名　欷歔也悕貌言餘　譆熱也痛也

狶 豕也音喜豕 絺 ｜綌精葛布也 晞 暴也燥也乾也日光也 𪑢 赤黑色也音𪓛 俙 依也
郗 骨節間 鵗 北方雉鳥曰｜ 桸 杓也 欺 ｜騙𣘐也謾也陵也 僛 醉舞也
曦 目動貌 嬉 笑也樂也 歖 相笑也 醯 醋也 熙 廣也和也燥也興也光明也戲也音怡
嫛 悅樂也 熹 炙也熱也熾也博也盛也熾陽也同囍熙 豨 豕也 睎 望也 瀸 水名
歖 卒喜也 趡 走貌 爔 火也 犧 繫也 霼 雲貌 唏 含者欲食也
唉 同上 屖 和也廣也 欷 歎息也 屎 呻吟也 機 杓也 誒 可惡之詞歎聲
訳 笑不止貌 鵋 鵙｜鶀鳥 頎 ｜頭動貌 䫏 醜也 獩 獸名豕也 魌 同䫏
𧉍 虫名 蟻 同上 闟 虛壁隙也 欺 嵚｜山不正也 𧩢 語氣也 𥯨 竹類

毐 戲也音哀 娸 姓也醜也 㢊 崩也壞也 暿 炙也熾也音喜 悕 念也願也悲也 憙 悅也好也歎聲
熺 同熹 抾 兩手提也音劫祛 曦 日色也 霼 雨止也
圍 守也繞也 違 離也去也背也避也從｜ 韋 姓｜柔皮也相背也 闈 宮中門也
幃 帳也幕也庭｜

五微

茶山文史論稿

204

魚 水蟲也音牛
六魚 古通虞韻略同
輿 車底也負也 轝 同上 與 待也從也語詞助也平聲音豫 予 我也音與
蜍 蟾蜍也音儲 餘 饒也剩也殘也羨也 旟 錯置也悲忽也求也揚也譽也 洳 水名
茹 受也食也恣也度也柔也啖也貪也蕠藘 璵 玉名 余 姓｜我也 漁 姓｜捕魚也音御
鴽 鴾也 譽 揚善也過實也音豫
書 詩｜簡也戒命也著也庶也牘也 舒 序展也緩也詳也暢也音詩豫 紓 緩也解也 鵨 鳥名鶢
輸 委也盡也墮也 抒 除也發也泄也解也音叙 攄 同上舒也布也 蒣 草名 瑹 美玉名笏也
隃 西｜地名音戍 妤 婕｜女官名 書 古書字 毹 氍｜毛席也 樗 ｜櫟惡木也 荼 徒也音塗搽萸

徐 地名

儲 ｜積蓄｜偫也副也｜胥　篨 籧｜竹席　滁 水名　除 消｜怡也殿陛也　櫥 ｜櫃俗字

躇 躊｜作足也　蠩 蟾｜水中虫也　䊰 ｜糧也　趎 人名

虛 空｜無也縱也姓｜次也　墟 ｜市大丘也音語　噓 吹也　譃 夸也　欨 以口吹噓也

歔 欷也嘆息也啼貌　魖 耗鬼也　⿰忄虛 志怯也　驉 駏｜獸名　⿱竹去 飯器關也

忏 憂也病也　攎 擊也　⿰石虛 石貌　⿰口虛 地名　⿰山虛 山名騎｜　⿰目欨 笞也

圩 岸也窊也音干俗音虛　袪 褏也遣也逐也散也　抾 挹也去也捧也音欺怯切

⿰示虛 耗鬼也

車 ｜馬輅也｜輿輪總名　㦸 同上　居 處也｜作安也坐也積也止也蓄也姓｜音據去　屆 同上

琚 佩玉名　裾 衣袍也倨也袍也　⿱宀居 貯也舍也　椐 積也居也音據　鶋 海鳥

莒 草名　⿰禾居 穛｜　⿰魚居 魚名　蜛 蜡｜虫名　涺 水名水也　⿰目居 目邪視

斞 挹也酌也　⿰女居 女字　⿰糸居 ｜飾也　⿰貝居 賣也貯也　⿰居阝 國名　⿰糸巨 人名

⿰山車 山名　崌 ｜崍山名　硨 ｜磲石似玉　⿰示向 ｜祠山名　⿸尸古 當也安也　跔 跓｜跳躍也

⿰足具 足冷痛足寒曲　腒 乾雉也久也夾也音渠據　凥 處也　据 戟柄也拮｜音據

沮 漆｜二水名音咀阻恒敗　睢 仰目也大視也仰目怒也音雎觸　疽 久癰也　苴 包裹也音租咀　蛆 虫｜蜀飾蝍蛆也

且 語詞平聲　詛 謗也音阻　菹 水名音差　葅 水草也　齟 ｜齬不相合　趄 趑｜行不進也

字彙較正 卷一 乾集

菆 草名　⿰目戈 目不相視也　耝 耕而起土之名　砠 石山戴土也　⿰豸且 猿也　狙 同上

蒩 ｜醢草名　⿰貝戈 貨也財也　⿰且阝 鄉名　濈 水名　婎 安也醜也　笡 竹名

岨 石戴土也同砠　濈 水名　𢦏 危也　雎 ｜鳩王也　才 同哉　椶 木節也

樶 同上　倠 醜也仳｜

於 姓｜居也助語詞代也往也音淤　于　扵 同上　⿰目於 笑貌音於　⿰彳于 股｜旋也　玗 似玉者

⿰王於 玉名　箊 竹名　酐 飲也　釪 樂器　⿰禾於 草也　淤 水中泥草

圩 岸也窊也

踈 疏｜通也遠也也稀｜粗也　䟽 同上稀也　梳 理髮也櫛也音束　蔬 菜也　綀 苧｜麻縷也

脠 清流也　踈 通也遠也親也分也　⿰疋延 通也達也

初 姓｜始也　𧘲 同上　芻 ｜蒭草也採樵也　⿱刍牛 草食曰｜牛羊是也　⿱刍牛 牛角也

犓 以｜莝養牛也　⿰口芻 吒聲　嗟 呵叱人也　差 斷也過也音解

鋤 治田也誅也助也音組助　鉏 同上　⿰豕助 豕名　⿰金鳥 白鷺也

渠 水所居也深廣貌勤也也大也勤也溝｜音巨遽　蕖 芙｜荷花

七虞 古通魚

虞 唐丨度也虞也姓丨　于 於也往也姓丨音迂　俞 姓丨然也　瑜 美玉名　玗 丨琪赤

榆 木名　儒 學者之稱　渪 水名　嵎 山曲曰丨　杅 浴器音烏　楰 木名

籅 竹器　璵 美石似玉　婾 樂也　愉 悅也樂也服也懌也音偷　騪 疾馬

鱮 魚名　嶼 山名　闟 私視也　毹 織毛褥曰氍丨音輸　雩 舞丨地名

䳑 鳥名　盂 飯器也　逾 過也　踰 越也　臾 須丨姓丨音[illegible]

諛 阿丨諂也丨悅也　腴 腹下肥也　窬 穿丨門傍小戶　隅 角也陬也音偶　娛 歡丨樂也丨悅

禺 區也番丨地名音遇　愚 帶也固也昧也蒙也鈍也蠢也音吽　瘉 病也　覦 覬丨欲得也

畬 三歲治山也音豫　歟 安氣也不執定之詞　㺄 獸名　襦 短衣也褎也

舁 共擧也用力也音擧　濡 漬也帶也濡也鮮澤也水名溺也澀也潤也音而須濡耎　萸 茱丨藥名

鸒 鳥名　渝 變也水名音諭豆由　揄 引也丨揚擧也舉言也音搖由頭偷抽　盱 同旴

轝 同輿　駼 馬名　如 若也同也往也至也音茹　稌 禾也　鸆 鳥名

澞 陵澗貌　瀀 水搖蕩貌　侞 均也　醹 厚酒也　伃 倢丨婦官也見書　𡗜 古虞字

畭 同畬　艅 丨艎舟名人名　維 蜀雞子　堬 塚也　妤 倢丨女官　艅 舟名

貐 猰丨音揄　羭 夏社羊羝　牏 築牆頭版　㼶 抵也　褕 翟羽飾衣　蝓 蝸牛

崳 山名　蕍 華丨花貌　鵨 鳥名　㥚 惡也　堣 東夷地　髃 肩前也

蝺 丨蟱丨青蚨也　腢 肩前骨也　邘 國名　籅 簏也　䂩 石名

䃋 石似玉　碖 同上　鄃 地名　酐 飲也　腧 媚貌　㡏 [illegible]

帤 大巾也　㤈 心亂也　謣 妄言也　嚅 多言也　鱬 魚名　竽 笙丨汙也

瑀 玉名　鄠 地名音戶　瞴 馬目白曰丨　㥥 嘔丨歡也　圩 岸也窊也　闟 門名

皐 同舁　𪊾 同駼　麌 鹿子也　𨹌 同隅　燸 火色　䮂 馬行徐而疾

炊 丨呼大子也　郍 地名　芋 草盛貌音羽吁　筎 竹丨以如塞舟也　𥐿 石名　齵 齒不正也

臑 嫵耎貌音而　悇 懷憂貌　悆 行步安舒貌　懦 駑弱也音耎　䁂 人名　歈 丨誦歌也

汝 姓丨水名州名　孺 乳子也輸也姓丨屬也子幼弱也　歔 同澞

吁 丨嗟嘆聲驚也疑怪之辭 訏 大也丨謨謀也 迂 丨濶曲也廣大也 竽 樂器 盱 張目也望也
紆 曲也詘也屈也縈也 旴 日初出也大也 淤 澱滓濁泥也水中泥草音於閼 洳 漸濕也音如
茹 食也受也音如孺 閼 容暇貌音遏 於 語詞平聲 秄 禾秀也 盓 盓丨旋流
呴 噓吹之 迃 同迂 扵 擊也 忓 憂也戒也 袽 敝衣也 醧 宴也
飫 飽也饜也食多也 䬻 饇 同上 汙 流也濁也 閈 閉也音翰 疞 病也
冔 覆也 姁 丨媮美貌音劬嫗煦 穻 牖也 孺 乳子也屬也 尪 盤旋也
帤 大巾也 忬 度也 扜 指麾也持也 芌 蒢鷉也草盛貌大也音羽于 虖 吼也音呼戶
于 往也行貌未定辭 欨 吹也笑貌

朱 姓丨正色赤深纁也茱萸也音殊 諸 衆也儲也語助也辯也之也於也藷也 珠 珍丨蚌陰精 硃 丹砂也硍丨
株 本根也幹也木身之音殊 䇡 帆張也音樞 𦝄 同豬 𢒉 古文諸字 鴸 鳥名
豬 丨狗官名豕名豬丨 猪 同上 誅 丨戮罰也責也 侏 丨儒丨儒短人也 蛛 蜘丨蝥也別名
邾 地名 銖 錙丨鈍也 鮢 魚名 [扌朱] 止也 茱 丨萸藥名 咮 多言貌
跦 行也 駯 黑馬名 絑 純色 袾 丨襦短衣 [氵諸] 水名音除 蝫 蟾丨虫名
蠩 同上 秼 稻苗 姝 美貌音樞 䃴 礛丨治玉石精礪也 潴 水所停豕也音都
鯺 同蝫 麈 鹿類 [牛虫] 丰器 [豕諸] 楊丨 [牛戈] 殺也 [黍朱] 黏也
鼄 鼅丨虫名 [豕朱] 丨孺獸名 藷 甘蔗也 烡 照也 祩 呪丨詛也 [石力] 強也

偖 月行也 [木豕] 木立死也 櫧 木名前山其木多丨沙寊櫧丨 楮 穀也丨幣鈔也音堵
藷 蔗也
無 姓丨不有也盧無也亡也 蕪 荒丨蘼也草名 模 法也規丨模丨形也 謨 謀也大也典也丨猷
誣 妄加也罔也惑也詐也欺丨丨陷 摹 規摹也規也 幠 覆也 [罒無] 雉網 无 同無
須 丨臾丨待丨也資也用也 襦 衣丨袍 濡 漬也溺也沾也音儒而豕 繻 繒丨繒彩色 需 索也須也待也
臑 羺貌 獳 朱丨獸名
廚 屋也主也櫝也庖丨 幮 帳也紗丨 躕 踟丨行不進也
盧 姓丨大名飯器 鱸 魚名 鑪 鍾也通作爐 蘆 丨荻竹名藕丨

殊 別也誅也異也死也伏也絕也過也音酬 𣧙 同上 殳 殊也兵器姓丨烏短羽也 杸 同上
藸 丨芧俗諸字 殳 入觚杖也 陎 丨陵縣名 銖 錙也姓丨 几 擊兵也鳥短羽 曘 日色
洙 姓丨水名
夫 夫也丈夫姓丨丨婦 砆 碔丨石似玉 麩 麥皮也 孚 信也玉采也音浮赴 琈 美玉名
虖 丨嘑歎辭水名音戶呼 樹 闌足也花萼足也音附撫 鴮 鳥名 痡 病也
嘑 咄嘑貌姓丨丨號也 呼 姓丨丨喚外息也水名 枯 丨槁木也音戶科
嫮 不肖也音鄙 憮 大也傲也音武無 歑 溫吹也 膚 美也大也皮也布也音跗俘俗音夫
俘 虜所獲也 乎 嘆聲平聲 敷 陳也散也 郛 郭丨太郭也音孚 桴 栰也舟也音浮

麫 麫麧也　⿱竹鈷 篩也　麱 同麩　罦 鳥網　戲 於丨歎詞平聲　稃 稃也穀皮也
枹 鼙鼓杖也音桴包鑽　尃 同敷　滹 水名姓丨音虎　⿰禾夫 再生稻　趺 跏丨大坐也
謼 大呼也　⿰牜孚 黑牛　⿰巾夫 衣有衿　垺 城郭脫也　莩 葭丨草名　⿰衤夫 衣前衿也
綒 粗網　鄜 州名　妋 貪也　玞 美石似玉　秙 禾不實也　跗 足趾
⿰魚夫 魚名　刳 判也剖也屠也　骷 髑也　⿱髟孚 結也　⿰豸尃 同上　⿰鹿乎 獸名
苦 花盛也　郀 地名　雐 鳥也　泘 同滹　畉 耕田也　⿱艹廣 地名藥名
⿰王敷 貫也玉名　⿰示夫 祭名　虍 虎文也屈曲也　評 名也鳴也　苹 草名　⿱艹咅 丨蒱花貌
筟 竹青皮也　垀 埒也　⿰米付 穀皮稃也　姇 美也音付姇　⿰忄夸 悖也音誇　尃 布也偏也

膴 無膴也法也美也厚也音無武詡牧膴　憮 大也撫也有也　怤 思也悅也音付　柎 衣上軼也音撫付
扜 揚也音烏　捬 恃也音嘔　泭 小木栰也　⿸及力 泰雨貫多也　拊 編木以渡丨音軼
鈇 斧也音甫
樞 中也丨機要也戶丨　軀 微也身也　區 類也藏也丨別音甌鉤丘　驅 奔馳也驟也　嶇 崎丨山路險也
袪 舉袖貌袖口也　佉 同上國名姓也　敺 同驅　姁 嫗也　⿰王雩 玉名　⿰馬去 馳也奔也
姝 美好也柔嬬也音株　貙 獸名　抾 攘去也捧也音欺　摳 抽也
鄠 地名　拘 執也止也曲礙也音鉤矩句㯶　傴 丨僂不伸也　⿱絇手 同拘　⿱艹去 草名
慪 悋也惜也　⿰扌雩 丨蒱戲也音攄　祛 丨逐除禳也　⿰足區 跛行也　⿰阝區 山峻也　鰸 魚名

⿰犭朱 飛貌　⿰骨區 身也　胠 卒也發也開也　呿 張口貌　祋 好佳也文身也　袾 同上音朱
俱 皆也具也　⿱竹朱 籧篨為丨音株　⿰衤句 襕丨山名　⿰木去 极也　駒 良馬名馬二歲曰丨
捄 捊也護也音求救　瞘 目邪也人名矢長六尺稍出也音蠱　攄 舒也布也擬也散也騰也
樗 栗木名音話
姑 且也息也休也婦女也　家 同上平聲　辜 丨負罪也　菇 蘑丨王瓜也　菰 蔣也同上　鴣 鷓丨越雉也
沽 賣也買也音古　觚 棱也酒器　蛄 丨螻蛄丨　孤 特也顧也無父也　⿰虫瓜 虫名
骷 白骨　⿸虍古 息也　鈲 鐵也　呱 小兒啼聲音孤　⿱竹瓜 竹名　酤 賣酒也音古顧
鮕 酒器　苽 同菰谷名　⿱竹瓜 魚罟也　軱 大車骨　罛 網舡上魚　⿰金辜 矢名

⿱竹觚 木簡　⿱孛辛 同辜　⿰糸古 車名　⿰口瓜 地名　⿰忄辜 怯也　⿰白瓜 王瓜也
⿰木辜 木名　軲 姓丨車也　⿱竹瓜 束物也同箍　箍 同上　嫴 保任也　柧 棱也
⿰月辜 大脯大脯也丨脯　泒 水名俗音派
烏 語詞也何也黑色也安也孝烏也音鴉曼　嗚 丨呼嘆詞　⿰木烏 丨椑青柹也　⿱艹烏 草名　圬 塗墁也
污 同汙丨穢丨濁音紆　惡 何也安也歎辭平聲　洿 水濁不流也穢也染也音戶科
於 嘆詞語詞平聲音淤　汙 穢也染也煩也音武宏　杇 鏝也塗也音汙　⿰忄惡 貪也
⿰烏刂 除田草刀　⿸虍烏 丨菟虎也　⿰氵孚 卑下也　⿺走亏 東夷舞也　弙 張也持也引也指摩也
歍 口相就也音鷲　鰞 丨鰂魚名　螐 丨蠋虫也　噁 嗚丨怒貌　⿰木吳 塗也　塢 野聚也音鄔

嶋山名 屋屋舍也 扜引也音枯
乎疑詞語餘也語詞極嘆呼 胡姓ㅣ何也壽也音護 符合也信也驗也 瑚ㅣ璉黍稷器珊
芙蓉也 湖ㅣ海水名大陂也 苻草名音孚蒲 葫瓜也大蒜也 砆石英也音歟
號号也 鶘鳥ㅣ鵜ㅣ 鳺鳥名鳺也 糊ㅣ模ㅣ黏也 粰同上 餬寄食也饘也
𪌂麥粥 鳧鴨也水名 鳬同上 蝴ㅣ蝶 鬍ㅣ鬚俗字 蚨青ㅣ虫名
夫語詞平聲 扶姓ㅣ佐也護也救也附也音蒲浮 壺ㅣ盧瓜屬 㺉同狐 狐妖獸也疑辭也
楜椒也 弧木弓也旌也音汗 鈇ㅣ鉞音甫俗音乎 餂同糊
唬虎嘷聲 砆石似玉音膚俗音乎 箶ㅣ簏籃筐 猢ㅣ猻 喖呵也

𩋈篚室 醐醍ㅣ精液 衚ㅣ衕街也 㯉江東呼棗曰ㅣ 𢓜徇呼聲 枎木名
颫大風也 䓤草名 艀艇也 𣟎草木花 鍸黍稷器 訣語端詞
昳耕田也 眣望也 𥬀竹名 𤭛甎也 號号也 𤤮玉器
𦈖小舂器也 𥳑破也 𦐂飛貌 𪕢䶉ㅣ鼠名 𩵸魚名 虖古文乎字
瓠壺也匏也音護瓠 嘝牛領垂也

吾我也自稱也衙也止也 𠄡古文吾字 梧柔勝剛也ㅣ桐木名 鋙鉏ㅣ山名音語 鋘同上錕ㅣ
珸琨ㅣ石似玉 𤩃同上 浯溪名江名 娛美女也音誤魚 鼯鼠名 𪁥鳥名
雓同上 郚邑名 䑪舟名 𦩏同上 𥚉福也 吳姓吳大也國名

蜈ㅣ蚣虫名 䳶鳥名 㹳獸名猿屬 唔順應詞 峿山名 䓊草名
𢓜行貌 㼜甌也 䮏騉ㅣ馬名 㾃獸名 洖水名 䈍竹名
䉘同上 𦸖草名 𧳏獸名 𨳹國名 頶大頭 𩴵神名
䱱魚名 鯃同上 禑同祦 麌羣聚貌音雨

蘇姓ㅣ取也躁動貌息也舒暢也復生也 酥酪也酴ㅣ酒 甦復生也 繅蚕也繹繭出絲 繰同上
騷愁也擾動也憂也 瘙創也 喿鳥羣鳴也 搔刮也ㅣ癢手爬也音爪譟
𥳑竹聲 颾風聲 慅動也起也音草造 溞淅米也音搜 艘船也
鬚鬍ㅣ音須 櫯摸也 穌息也舒悅也音娑 䣽同酥 鰠魚似鱣也

𤸱病也 臊豕膏臭也腥也犬膏也 𩭳髮貌 𢹎同搔 鱢同臊
𦢅豕膏臭也 𤎖爛也 𣊯日色 梭船總名 𢊿屠蘇庵也 𢕫ㅣ衛行貌
慅愁也與騷通 繰同繅 懆動也音草操

衢街ㅣ四達道也姓ㅣ岐路也道也 𪌲麥不成也 癯瘦病 劬勞也病也苦也 𤪺玉名
瞿姓ㅣ心驚貌音句 臞少肉也瘠也耗也 戵戟屬 鸜ㅣ鵒鳥名
雊同上 渠水所居也溝ㅣ也心廣貌斷也大也音巨 蕖芙ㅣ荷花 蘧姓ㅣ麥也自得貌
籧ㅣ篨竹席也音苣 臄腊也 磲石似玉 𥗘同上 醵斂財飲酒曰ㅣ
鴝鸜鵒也 邭地名 欋木名根盤錯也 氍ㅣ毹毛席 灈水名 璩環屬

附录

209

鐻夷冒耳 𡣖蠻夷歌也 傈呼彼之詞 𢋆倉也 斲斫也
氍同氍 貜ㅣ貜獸名 趜使也治也 噱大笑也 遽小走貌 巨未央也音具
斪斫也鋤屬 懼恐也 愳同上 枸盤錯也音苟枸矩 趯走顧也
鸜ㅣ鳥名 䮶馬行貌 魌鬼物名亞也 鼩精ㅣ鼠也ㅣ鼠小鼩也鼩ㅣ 鼩水虫名
絇履頭飾也 蒟草名 朐膞也遠也脡也音訏旭剝也 窶容也 匷車類
蘧同蘧 蚷商ㅣ虫名 懅怯也懼也慙也 𤞑初生貌 𤩽耳環也 𣰳細毛也
𦢊口上阿也函也
徒行也眾也隷也步卒也空也但也奴也音駞 𨒂同上 啚都ㅣㅣ籍板ㅣ 圖ㅣ書ㅣ謀度也 酴ㅣ酥酒名

途路也道也 塗ㅣ泥也ㅣ污也糊 涂溝ㅣ堂ㅣ水名露厚貌音除耶 陶姓ㅣ正也化也喜也
陶同上 桃ㅣ李果名蟠ㅣ音梑鞀 鼗小鼓兩旁有耳 艞舟名 𦞙祭名
𥮼ㅣ枝竹枝也 𤛆牛羊無子 𥟅苦茶也 咷號哭也 洮盥也洗濯也音叨道
逃去也避也亡也 迯同上 陶語不節也 綯絞也 鋾鈍也 醄酕ㅣ醉貌
淘淅米也水流也澄沐也 萄葡ㅣ果名 瘏病也 峹山名 瘦疾也
屠裂也刳也殺也音除 濤波ㅣ大浪也音受儔除導 檮斷木也ㅣ杌惡獸名音儔倒道
𣗕同上 翿旗屬飛聲 瘏病也 図古徒字 駼良馬也 鵌鳥名
闍地名 鞠皐ㅣ鼓木也 騊善馬名 𨒂古徒字 颾大風也 菟草名於ㅣ虎名

䶉同上 蜪蝗蝻也蝮ㅣ 祹衫袖也 翢翳也 湑水名 𨗨古逃字
鞉同鼗 峹同嵞 䤩同上 捈引也抒也音椰茶椁 槐木名
稌禾穗也 跿ㅣ跼跳躍貌 𨚍地名 𣷭草名 金止也 梌木名
𩛍餌也 輡藏也 詾往來言也 𧨥ㅣ諭ㅣ語不了也 鄏亭名 䩣牒也
𩧐同駼 鷵ㅣ似鳥 稌禾盛也音杜土 檮蔽也 𡕒光照也音杜儔 掏擇也也音叨
鞀同鞉音韶 匋同陶 庩屋不平也庳也 瑹美玉 駣馬三歲也 𧻓𧻓ㅣ伏地也
𢔙徭ㅣ行貌 𥘻神也福也 𪌂餌也 筡折竹笢也 錭鈍也 𦃿同綯
荼苦菜僭也音舒蔡搽 墿路旅塗也音亦度 斁塗也音亦妬度

杜姓也音敗瞎
哺食也啜也飲也咀也音步 餔同上 晡日晚也申時也 逋欠也亡也懸也 痡ㅣ痛難也行也 褒ㅣ獎ㅣ貶之飾也
褒揚美也同上 褎ㅣ獎俗字 倸俗同上 陠衰也 䟫馬蹀跡也 捕擒捉也
𩢍馬名 鵏鳥名 𨓚同逋 誧謀也諫也大也 庯ㅣ庩屋不平也 𢱢展舒也音蒲鋪
峬ㅣ峭
補長襦也苞也 蒲姓ㅣ水草名敷也地名 䐏雉有肉也 捕持也音遣鋪 匍ㅣ匐伏也 葡ㅣ萄果名
菩普也ㅣ陛草名 莆草名 𥳑取魚具 鯆魚名 蒱樗ㅣ賭錢也 痡病也
𧦝ㅣ讀乳語也 𢓜肥變也

都 丨邑美也盛也居也音豬 闍 闉丨城上重門音蛇 ⿱艹都 草名 刀 兵也到也 忉 憂心也音叨

舠 小船也 魛 魚名 利 果名 杒 木心也音迢 釰 割也兵也 匐 伏行也

⿱竹都 竹名 ⿰貝都 賭勝也 鉈 短矛也

遭 遇也巡也 租 田賦也積也田中禾稍也 糟 丨粕酒滓也 醩 籀文糟字俗作焦 ⿰車曹 同上

⿰車東 丨周天也 操 把持也音糙 傮 終也 蒩 茅藉祭也 苴 同上麻也音蛆槎

怚 憍也音姐粗 慒 亂也

奴 丨僕丨婢賤稱也 孥 妻子也音弩怒 帑 妻子也 拏 捕捉也音拏 呶 口也 ⿰亻叔 戮力也勠力也

駑 駘丨最下馬也 伮 同奴 笯 鳥籠也 鴑 鳥名 怓 心亂也 ⿱穴奴 窒也

鐃 小鉦也 努 戮力也 拏 俗拏字

粗 疏也不精也大也略也 麤 同上 麄 同上 觕 大也丨者曰僊精者曰伐 怚 心不精音姐粗 皻 皮裂也惡也

操 把持也音造 㨖 同上節丨 糙 米不精也 懆 愁也音草騷 鯆 魚名 柨 木名

逋 陳也布也漏也 𡝩 女字 䮒 馬名 䅬 大豆

抪 刺持也舒也音蒲遘

八齊 古通支

齊 等也莊也肅也疾也整也國名 斉 俗同上 亝 禾麥吐穗上平也 蠐 蠐丨虫名

⿰金才 利也音濟 麡 狼獸名 鱭 魚名 𪗎 美也 𪗲 等也 騚 走丨

⿰金齊 利也 臍 肶丨劑也同齊 懠 怒也音疾 𪗉 等也

提 安諦也携也挈也舉也音匙又底第 啼 號也 禔 衣厚也 騠 駃騠馬名 瑅 玉名

睼 迎視也 荑 丨稗草似谷者 緹 纁色也赤也 媞 安也音匙是弟 醍 酒屬 鶗 丨鴂鳥名

隄 岸也橋也限也防也音時墀 堤 壆也丨圻 蹄 獸足也 謕 號哭也 ⿰虫弟 虫名

鵜 水鳥也 綈 粗袍也 䨑 雨霽 鮷 魚名 踶 行不進也 蝭 虫名蟬也

䳓 子規鳥名 禔 福也安也音支 鞮 革履也音低 猑 犬名 𤭛 甌甂也 騠 駃｜良馬也

偍 安也 蕛 草名 焍 焦也 [口鞮] 城名 厗 石也同銻 [口弟] 號也

[尢遞] ｜[辶虒]不能行人所引也 [尢是] 同上音低 崹 崥｜山貌 惿 慚也心怯也音是

㡗 纏索也 徲 久待也 [目虒] 視也 碮 砧也 腣 大腹也音帝 蕛 草名

[艹蹄] 羊蹄草 [角是] 替也國名 諟 言不懈也 遆 往也 䣠 醐也 醍 清酒也

[金虒] 器也 鍗 同上 [阝定] 姓也 鶙 同䳓 䬾 餹｜餌也 鼶 鼠名

銕 鐵名 銻 鎕｜火齊珠名 鍉 歃血器 [是見] 視也顯也 鷈 山鷄也 稊 荑也楊秀也

[彳弟] 屖｜休息也 [氵屖] 研米搥也 題 額也頭也題也目也品｜國名音弟 姼 安也音是侈 嗁 同啼

梯 木稚也 體｜聲

低 高｜｜昂俛也垂也 隄 防也岸也音題 坻 渚也 堤 防也音䟡 [口是] 城名 羝 牡羊也

氐 至也本也羌也歸也宿名音觸首帝 鞮 革履也音題 提 岸也平聲 睼 目下也 眡 同上

[亻互] 同低 岻 山名 [罒氏] 網也 [氏頁] 頭垂下也 鍉 鋒也音題匙 䃮 染繒黑石

[月是] 膞｜強脂也 牴 觸也略也會也 趆 到也到也 底 至也 [尢遞] 尳不能行也音提

梯 階也雲｜凭也木階也音題 [片虒] ｜牌也 [月弟] 膈｜鼻不正 謕 語相誘也 [足弟] ｜踢 䫅 䫅｜頭不正也

鷈 鷈｜似鳧而小 鵜 薄貌

跛 ｜跡足病不能行也 蹏 行也 [足厉] 俗同上 蹩 同上 鎞 釵也 篦 荆條也竹｜

[尢虘] ｜倦也 [虍黽] 虫名蟾蜍也 鼀 鼀屬

妻 判合也與己齊也音砌 㛗 古字同上 悽 慘也悲也痛也饑病貌 凄 ｜涼寒也 緀 帛文貌｜斐

棲 ｜屑往來貌牀也 栖 同上止息也音西俗音妻 [女妻] 美女貌 萋 ｜盛貌

霋 霽也 捿 幽居也 鶈 ｜鷜鳥名 郪 ｜丘地名 淒 雲雨起貌寒涼也

齎 等也

攜 提也連也離也 擕 俗同上 葵 衛也揆也 畦 區也畤也 觿 刀屬童子所佩 [目巂] 同上

騤 强不息騤也 鄈 地名 戣 兵也戟屬 巂 姓｜ 蘷 敬懼貌 逵 九｜通達也

馗 同上 檇 檇｜木名 [癸鳥] 鳩名 [馬葵] 同騤 嶲 姓｜ 儶 提也

[血癸] 赤陰也 [尸癸] 同上 [忄癸] 悸也音揆 楑 楑｜椎也木也度也 [青圭] 姓也

[牛夒] 午也 犪 同上牛重數嚳名 [月癸] 醜貌 [虫癸] 虫名 [衤巂] 帕巾也

䣛 歸也姓｜ 躨 ｜跪動貌 [車巂] 車輪也 頄 面顴也音求 黊 鮮明黃也

[犭癸] 壯勇也 鍨 兵也 [竹癸] 竹名 [忄㣇] 心不平也恨也 鑴 觿也

胿 孔也音佳圭 揆 百｜官名葵上聲

迷 惑也 瞇 物入眼中也 [忄迷] 心惑也 [囗米] 地名 麊 縣名 冞 深也冒也

[弓麋] 同彌 [辶麋] 鹿跡也 嬭 齊人呼母曰｜ 謎 隱語也言惑也 蒾 草名 [迷頁] 頭垂也

[氏頁] 頭病人｜貌 彌 弛弓也益也終也遠也長也與弭通 麛 鹿子也

危｜險不安貌疾也甚也高峻也　霓虹也蜺也　倪端也分也際也姓｜　輗車前橫木
麑鹿子也獅子也　巍高大貌獨立貌　鮠鯨｜魚名　鯢雌鯨也同上　蜺寒蟬也　齯意動也
猊獅屬　郳姓｜國名　羠羺｜胡羊也　婗啼聲嫛也　騩小馬也
峗高山也　硊磈貌　䙆衣袖也　郈邑名　醃酒醉之甚也　䚷骨貌
屔崖也　嵬高大貌高不平也　觬獨立貌　涀水際也水浒也音崖　𩣡詐也　䗑精也
雞知時畜也　鷄同上　稽首也鳥頭也　鸂｜鶒水鳥　稓穧也　𪆟蟲名
稽考也計也留止也至也合也治也音啓　嵠聲也　稽木名　鶺魚名　蠐虫名
乩卜以問疑也　銈金圭也　笄婦人簪也　筓係也簪也　木桂首象形也　螇蛾也螢火也

卟問卜也　枅千屋櫨也　西東｜｜方屬金遁也　卤同上　粞碎米　屖似家堅也遲也　樨木｜花名　撕提也音斯
嘶馬鳴也噎也　澌水名　㯕木名　凘也　澌水名　剾刻也　虒疼痛也
棲鳥也｜遲音妻　犀堅也遲也不進也　虒地名　徆行也　玒石似玉
慽悽｜心法也音斯　嘶痛也　𣂔散聲也　誓悲聲也嘶也音斯
恓｜煌煩　栖｜遲遊息也音細　燍焦貌　𨋬車也
黎姓｜黑也衆也黏也　犂結也黑也｜雜文　犁｜耙耕其也　犁同上　藜｜藿菜名　瓈玻｜玉名
黧三｜魚名　𪔚木名　篥竹名　鏫剝也金屬　䔧｜國名　蔾蒺｜藥名

𡨰目閉也　掔手持物也　𢥞恨也忍也　㔸股也　擠邑名　擠又生子　𥔿剝也
𧨟小盡也　棨木名　檎山桑也｜木也　䗷牛文　睝視也　棃饋也
䨗音雞　鄈邑名　驪馬名　鯠班也　黧黑也　黎衆也
犂黑金也　秝耕也　譿多言也　棃木名　蠡瓢也
躋登也升也　躋｜同上　劑同也齊也　隮氣也升也墜也　穧撮也刈也
擠排也　賷送也　薺齊也　霽雨止也音祭　薺苦菜　賫送也
懠怒也　鑇利刀也音子齊　懫｜疑猜疑也　癠病也短也　趲走也　齏齒也醬也
鑇切也　鱭魚名　鮆同上　騎馬名　齌齡也　賫裝也送也音咨

𪗩隆也　齎｜齯齒生也　鈭利也　擠斷木也　皆目厓也　眦同上
批推也轉也手擊也削也　鉳前也　秕禾也　砒｜礵毒藥名　䃜同上　剕削也割也　狓猖狂貌皮也
鶃鳥名　𪁆｜鶃
溪｜㵎水注川曰｜同谿　谿｜㵎｜谷豀也　蹊小路也音奚俗音溪　𧡊｜徑　睽目動也
嵠同谿有水曰｜無水曰谷　嫨女名　稽｜考音啓　屄倒地　磎水注川也同谿
奚何也隸役也大腹也疑問辭　兮語詞歌辭也　奚獸跡也邑名　鼷小鼠也　傒東北夷名
徯待也與蹊通　蹊徑也同蹊　嵆姓｜山名　謑｜詬恥辱也　鷄頭不正也　騱馬前骨白曰｜
媄女隸也　竢待也　孩幼稚也小兒笑也音胡洪　榽｜䊝音係　蹊徑道也

附录

213

瑿 美石黑色　盆 小盆也　胿 同分音　桔 秸木字

篩 米丨竹器除粗去細音詩 俗作漇　籭 簁 同上　漇 漉米也

柹 俗作果名 音士　梻 同上 木櫝也

𡱄 女人陰物　屄 同上

圭 丨璋玉名　閨 小門也 丨閤　刲 丨割也刺也音桂　邽 下丨縣名　奎 張目貌異也宿名

窐 甑空也

九佳 古通叶

佳 美也好也 音楷　街 丨衢也離也四通道也　皆 俱詞也同也音鍇　階 梯也陛也級也

堦 同上 砌也　偕 強也俱也強壯貌 音洗楷　碏 山名黑碏石似玉　媘 女子好貌　䲒 鳥鳴聲

腊 臘也瘦也音楷　鶛 鵻 鶺鴒也　鍇 好鐵也　蝔 蟲名　湝 水流貌 音諧　揩 摩也

䲒 黑竹也　颽 疾風也　𦤎 光皆　痎 痎瘧也 音該　䕸 丨䕸丨藥名 音解

祴 博道也 音該

諧 和丨合也 耦也調也　龤 樂和 丨也　湝 水名　鞋 解也屨也音槐　鞵 鞾 同上　鮭 魚名

孩 幼稚也 音𡥉 俗　頦 頷也　骸 脛骨丨骨也　𩨂 𩩏 同上

稭 姓丨山名音奚 俗音諧　𤸳 丨瘰也俗字　膎 乾肉脯　䭹 馬性和　齘 齘丨

咳 小兒笑貌　嗌 笑也　孩 同咳　㤥 熾也 盛也　豥 獸名　瑎 黑石似玉

𨋲 登車　傒 慣丨心不平也　揳 挾物也 扶也

差 貳也舛也𢾅也使也擇也丨不齊貌徜也 丨役參丨音嗟　㺃 貳也 同上　釵 金丨 藥名　猜 疑也恨也慘也

搓 推擊也　摣 俗謂以拳觸物也　摢 同上　杈 枝也　叉 指相交也

𧺆 起去也　䶩 盛飾室 剝頭器　𧽒 走也　䢾 角之別也　𦶝 草名　䐤 臕也

䫖 涼風也　𠐬 丨儕不齊也　㗤 語辭 俗也音囂

齋 莊也恭也 敬也潔也　𪗋 齊 同上 平聲　𪗈 同上 敬也　𠫭 古字　𪗄 宇舍也

捚 掌擊也

懷 安也歸也來也丨念丨抱藏也 私也至也胸臆也音囘揮　淮 均也圍也江丨水名 音囘熙　褱 袖也 抱也　槐 木名櫰也 音囘　櫰 水名　瀤 北方水也 音歲

㰐 獸似牛　𡾄 山谷不平貌　㠸 同上　壞 安和也　䃶 石不平也　蘹 草也　𧝎 挾也 歸也　㰐 呼也

徘 丨徊不進貌　排 推也擠也列也斥也 安置也音備䜴　猅 犬短首 白丨　俳 丨優雜戲也　棑 木丨盾 屬筏也

牌 籍也 楔丨 骨丨　𦢊 同上　簰 竹丨大桴也　箄 同上 艄 附也　𨋩 車箱也　𩓣 曲頭也 音表

㮰 籍也音 卑關　啡 吹也

崖 丨岸高邊也 音義　崕 同上　涯 水際也 窮盡意 音宜俄　睚 舉目也　捱 拒也

厓山邊也水邊也 鳾丨鷹懲鳥俗字 啀同捱 娾醜女貌 [illegible]齒不齊 漄水畔也

[illegible]恨也 覞笑視也 睚龙鬥 [illegible]犬欲齧也 騃癡也 痽同上

㱔失志貌癡也 皚霜雪白也音沂

柴小木也護也塞也音差 蘗丨葫藥名 儕朋丨侔也丨輩 儕同上 瘵瘥也

豺丨狼貪殘獸 柴也 犲同上 祡丨燎祭天也 豺山名在柴 齜丨齜齒不正也

喍喍丨犬爭鬥聲 輂連車也

乖背呂也異也戾也睽也 [illegible]病也惡瘡 [illegible]石貌碎也 [illegible]草名 㭍同乖

𤘎背也音規 犬也 圭埋也

埋藏也病也音霾 晦也風霾 祭地曰丨 霾藏也 㺹豪也

𤰈離俗作埋 𤰈南上也 豼 [illegible]

𣦀老人生子曰丨 孩同上 攋弃去也音賴 䉡俗

挨推也丨凭背也 㖤丨喔小兒聲 挨同挨

揩摩拭也 揩拼也擊背也 徥丨行惡也 緒大絲也

𦷉音叟 𦷉斜丨不正 貌斜雜貌

䁔小視也 買平聲

十灰古亮支

灰餘燼也火丨塵丨于也劫丨鼓丨 灰俗同上 恢丨宏志大也 恢同上 詼丨諧調也

脄背肉也 悝嘲也音悝 櫆木名 魁帥也首也大也安也 䰎丨隱馬

開啟也張也解也闊也 浛渡粉也 咳聲也 該大也多也 檅相丨擊也

荄草名 盔鉢也盂盔 㕅也 黫灰㙚黑也 𤟫獸也 鎄器丨

𦄂邃奄也音國惰 㤝大貌 窺小視地音跬闊 眭別也 睽違也 烗熾也

焬火也音回欸 傀天貌音規

梅雉也姓丨雀丨楊丨果名音沈 𣖾同上 楳同上 呆同上俗作癡獃之獃誤

祺 祭名 煤 炱ㄧ灰集屋也 莓 苔也美田也草名 痗 病也 脢 背肉也音妹灰
枚 箠也个也幹也 玫 ㄧ瑰火齊珠也 鋂 子母環也大鎖也 腜 脂也肥也美也
䣛 醋之別名 酶 美酒也 𣧑 爛也 湈 水壞也 塺 塵也音摩 珻 玉名
黴 雨多物起貌 䍙 鳥網也 䳱 誘禽之䳱 霉 雨中暑氣也 脄 背肉也音妹 骸 脊側之肉也
媒 謀也酒酵也苴䔒也音妹殊謀 某 古梅字酸果也
盃 ㄧ盛酒ㄧ盛羹器俗字 杯 同上ㄧ棬棬酒器 桮 ㄧ棬須也 胚 ㄧ胎婦孕一月也 笀 ㄧ簍竹器 鈈 同杯
𨢹 缶也 㔀 古杯字
胎 婦人懷子曰ㄧ孕始也音怡駘口俗音堆 孡 同上 推 排也盪也移也諉也ㄧ抑也音誰平聲 部 姓ㄧ邵䣊名

台 星名平聲 鮐 魚名 髻 婦人飾髻也 駘 駑馬也鈍也疲也
推 順遷也進也擇也獎也奉也尋繹也音胎 吹 ㄧ噓聲呼也 䬍 同上 炊 同上爨也 趡 同也平聲
蓷 雈也 蘈 牛蘈 漼 鮮明也滌灌貌 鏙 文采貌 犨 牛白色也 熣 音維盛貌
䞈 走也行也趨也步也 轞 車盛貌 摧 挫也抑也 嗺 噬也 崔 姓ㄧ大貌ㄧ高
催 促也迫也 取 索也 堆 丘也堆ㄧ聚土也 膗 ㄧ膭破肬 毸 毰ㄧ張羽貌 𣯨 同上
錘 銖也權也重也 槌 ㄧ擊也音堆 鎚 同錘 䭔 ㄧ擊馬額也音垂 椎 擊也音追俗音鍾
棰 ㄧ棍ㄧ椎俗字 鬌 髮垂也 華 荆也木名 犨 牛也 𦦒 舂也音揣
培 音浮ㄧ栽ㄧ益也養也小阜也 䧄 同上 賠 償也ㄧ補俗字 陪 ㄧ輔也增也助也益也伴也

字彙校正 卷一 十灰

醅 酒名 裴 姓ㄧ衣長貌 䏽 脈膪也 毰 ㄧ毸張羽貌鳳舞也
䆀 屏幛也 𦽲 河南聞喜鄉名 蓓 黃ㄧ草也 棓 板木也姓ㄧ 貟 河神名與負異 琣 玉名
阫 ㄧ牆也 坏 ㄧ以土封鑪際也
堆 舍也聚土也 塠 同上 䭔 粉餌也 追 鐘紐也平聲 鴭 雀屬 磓 聚石也
詯 謫也 諄 同上 洎 同堆 自 聚土也 嵟 日滿貌 敦 治也斷也平聲
瑰 治玉也 崖 高也音尊 㢈 屋邪也 掉 擲也擿也 䗚 使平聲 䫌 成貌
酯 面醜也 麭 餅也 𩞄 下垂也 譙 落也讁也音雀 雇 屋從上傾下也 墤 落也音催
槌 擲也音椎 搥 同掉

哀 悲ㄧ泣淚也憐也愛也 懷 同上 偎 昵近也愛也 煨 盆中火燒也音隈 焞 ㄧ焰也音㸌
椳 門樞也 猥 多也曲也盛也鄙也積也 隈 没也澳水曲也音隈 渨 同上
㥜 心中絲也 埃 塵也 涘 渦ㄧ水也 欸 訾也歎也音靄 䄩 椽也木名
葨 草也 纓 五色絲也 螺 水虫 颶 風低貌 䫿 ㄧ鄉塊也 𥖺 田器也
鰃 魚名 腲 ㄧ脮舒遲貌 提 椅也 媁 嫢好貌 鍡 ㄧ鑸不平也 諉 呼人聲
碨 石不平 㼵 弱也 倭 順貌 溾 濁也 浽 水名没也 磈 同碨
萵 ㄧ苣菜名 窩 穴居也藏也窟也 踒 足跌也音逶 唉 譍也音哈熙
該 軍中約也盛也戒也備也咸也兼也皆也人名 垓 界也守也音皆 荄 草根也 陔 階次也 侅 奇ㄧ非常也

字彙校正 卷一 十灰

⿰首亥首也 餩餲曰—饐 賅賅也非常也奇也 姟經也 ⿰多亥多也
絯束也挂也中約也音駭亥 郂陳留鄉名 峐山無草木曰— 毅—歧大剛卯也音開
眩眾相視也 頦醜也音孩 晐九—九州極也 胲足大指毛肉也 隑梯也企立也音愷
剴切也動也鐮也音愷 祴夏樂名音陔 ⿰月豈肥也音愷 晐日光兼賅也咸也兼也備也
⿰扌豈觸也音孩

回還也—旋返也邪曲也 逥同上音潰 茴香草名 洄游也逆流而上曰泝洄水流貌湖名湖—悟也音韋潰
徊徘—不進也 蛔蟲名 佪俳—佪也 徊徘—不進貌 呆同騃通作㶨俗以為癡獃之獃誤
⿰回阝鄉名在睢陽 ⿰回鳥鳥名羽有五色 ⿸疒鬼病也 痐腹中長蟲 ⿰馬回馬名 恛昏亂貌

⿰火有光色也音魅
臺敵延也—榭臺觀持也支也 台臺俗同上 擡舉也動也 檯木名 枱俗同上
薹蕓—藥名 苔鮮也青—水垢也 ⿸疒台病也 魋神獸也 隗姓—高山貌
頹首禿也墜也傾—病也順也 ⿰秃頁頹字秃之譌 隤陊—病也降也 炱灰—煤也烟塵也音胎
旲日出也 ⿸疒頹陰病 ⿱台皿器名 蹪仆也 ⿰言臺誤也 膭旋—屋破狀
儓賤官主使令者 鮐魚名 ⿸疒貴陰病 ⿰台鳥鳥名 珆瓏—石似玉 籉笠也
駘鈍也—蕩贍遠也疲也 ⿰台頁頭閉習也 ⿰虫台蟲名音胎 騩白馬也 ⿰黑臺駘—大黑貌
貴田—庸賤之稱音貸 箈竹萌也音台也寺 嬯遲鈍也 ⿰秃頁禿貌 ⿰台彡星名

崖山崩也 旲日光也音影 謉謙也音愧詭 ⿱人巾—麻困窮貌 胎始也逃也俗音推 ⿰台欠飲也
咍笑也姓也
才姓力也—德—能—技質也 材木梃也質也具也音在齊 財貨也賂也帑也帛也—寶 ⿰貝㦰 ⿰貝守同上
裁制衣也裂也節也音在 纔淺也僅也至也音衫讒 隋—朝國名 隨從也順也卦名
⿺辶齊同上 ⿰言齊言從也 ⿰言隋同上 徐安行也舒也遲也緩也姓—威儀也 俆同上
⿺麥才餅麴 茾草名 ⿰才阝地名國名 ⿰王齊玉名 ⿱竹隋竹籠 ⿰王隋珠也
蓀草名 ⿱艹隨茈也 ⿰豕隋豕牝謂之⿰豕隋 ⿰車余車輪 ⿰余阝平聲同徐 鼒小鼎也音薺蔵
⿰木追擊也音椎 ⿱人目同財 ⿰羊余羖羊也 ⿰羊寸同上 槌擊也棒—音縋椎

來姓—至也還也—往—去呼也及也 徠逨同上 萊蓬—草名 ⿰豸來—貍別名 ⿰犭來同上
崍山名 箂竹名 淶水名 ⿰禾來小麥也 騋馬七尺曰— 雷天上造化神名
靁同上 勑勞也 檑木名 ⿰氵雷灑名 擂研物也 鐳缾也
轠酒器 壘軍壁也鬱—嵂鬼神音律 纍聯絡貌係也索也 虆土籠也
櫐木名 藟藟草可纍絲色 欙禹行山所乘 樏同上 ⿰氵纍水名 ⿰氵壘同上
累纏結也平聲 縲—紲黑索也 閭里門也侶也 ⿰氵閭水名泥— ⿰木壘魁喪家樂 羸弱也瘦也病也
畾田間也 琜玉名 瘰瘰癧傷結病也 ⿸疒畾同上 儡傀—戲也 萎草木枯也
嫘姓也 緌纓飾也 甤縱也草木花垂也 徠徂—山名 ⿰山畾山峻也

畧 皁也　郲 地名　逨 行急也　䨓瓦 屋棟瓦 䨓也　猓 獸名　璢 玉器

轠 擊也　鄙 地名　櫑 傀— 木名　臚 皮也　厽 增土為牆壘也　陳 以言相遮

崍 —崍 山貌　藾 蘼也 似葛　㾢 舍也　顂 頭不正也　𢜯 憂也　睞 田—耕 外場

趚 至也及也　陎 階也　鶆 鴟鷹也　鯠 魚名　麳 小麥也　黧 —鸝音 離黃

鼺 鼺鼠　棶 —椋 木名　睞 盼—眷 顧貌　𥟼 耕也　賚 賜也予也　䫨 同上

椺 曰— 檻也　廬 居也　曤 日照也　腬 臚也　挼 同𢴾音 隓挼　捼 摧也同上音挼

欞 山櫐也　爈 熿也 音盧　攂 轉石也　𤸇 瘰病也 音委

衰 減也弱也殺也浸微也耗也音又催　𡨧 同上　榱 桷屋椽也　縗 喪服　㾡 瘁— 病也

夊 安行也 行遲貌　䍐 夂內平聲 偃也

災 害也天火也　灾 䆗 菑 甾 同上　烖 闕也擾也—者再　𢦏 同上

哉 助詞載也始也音栽

十一 眞 古通庚蒸轉通元 韻略通文元寒刪先

眞 神也淳也實也正也精也　貞 同上　真 俗字 同上　嗔 怒貌　瑱 玉器　磌 石聲

鎮 重也 寶也 鎮物也　珍 寶也貴也瑞也奇也 獻也　珎 同上　肫 —懇誠貌音純 準拙

迍 —邅 音豚　諄 —諄語也 詳語也　振 仁厚也 平聲　窀 —穸 坟穴也厚也　瞋 張目也

惇 心實也 音敦純　諄 同上　謓 恚也　屯 吝也厚也卦名難也 音豚 頓田　禛 受福也

縝 文哲也 音軫 伸　畛 田界也 音準　砛 石不平 也　篔 器名　津 渡也潤也溢也—梁

潧 水名 音增　䳹 榜也　磌 石也 音因　䐜 引起也　臻 至也及也聚也 音箋

幮 馬兜也 囊也　溱 聚也 聲也　殷 擊也 音辰　榐 兩楹間 音震　璡 石似玉　榛 木也 蕃也

唇 驚也音震　娠 身動也音申震　⿰米屯 腒丨餌也

身 丨體我也伸也親也軀也　䠔 走貌　伸 舒也理也屈丨　信 同上平聲　呻 吟也　⿰忄申 憂也

⿰亻身 神名妊身也　娠 身動也音震　申 姓丨重也舒也身也　紳 縉丨大帶也　珅 玉名

訷 丨說信也　⿰扌身 起步也抻也　柛 木斃也　⿰革申 華帶　胂 申也身也音夷　䰠 神名

⿰女身 同娠　抻 引戾也展也　神 丨荼神名音臣

臣 君丨伏也服也牽也纏也　神 陰陽不測也姓丨音神　辰 時丨伸也日也星丨　漘 河丨水厓也

唇 驚也音真俗作口丨　晨 伸也明也丨昏早也音秦　曟 同上　晨 同上

鷐 風鷐也　⿰酉屯 美酒也　宸 屋宇也紫丨天子居地　犉 黃牛黑唇曰丨　鶉 鶉丨鳥名

焞 光明也火色也音屯曒鐏　淳 浩也樸也沃也大也醲也不澆曰丨音醇　湻 同上　芚 草名

醇 厚也好酒也精也　純 絲也大也粹也丨一不雜也音屯準　惇 勉也篤厚也音敦諄

蒓 水葵也菜名　⿰享屯 古純字　楯 木名　⿰王辰 石似玉　錞 形似鐘而有舌　蜃 大蛤所化

麎 牝鹿也　奄 大也　忳 悶也亂也　邨 地名　⿰辰阝 丨亭國名　⿱辰日 日月合宿也

瞤 目動也　⿰氵辰 水際也　啍 口氣也　陙 小阜也　莀 牛丨草似蘭高異色

蓴 水葵也音團　脣 口端也音脤　⿰忄勻 憂也音瓊　⿱旬心 憂也

津 水名丨濟渡處也關丨　臻 至也及也聚也衆也　榛 木名　蓁 美盛貌積聚貌　溱 水名衆也舒也

珒 玉名　⿺辶秦 同臻　獉 狂也　⿰金孨 小鑿名音孱

賓 客也從也服也敬也　繽 丨紛亂也　濱 厓也水際也音邊　檳 丨榔木名　獱 獺也

⿰忄賓 心伏也敬也　蠙 蚌也　饙 米熟以水沃之　奔 走也音奮依　犇 同上牛驚　豩 豕亂羣也

賁 勇士名虎丨音奔斑黃　彬 文質適均貌音班　份 同上文質備也　霦 丨璘玉光也

濵 水際也　邠 地名　豳 同上　斌 文質貌　贇 同上　豳 地名

鼖 鼓長八尺　儐 份丨敬也同擯　錛 平木器　虨 文盛貌　⿰分刂 分也　砏 水名音芬

馪 香氣也　玢 文采狀也音分　⿰月扁 腿子肉　⿰王扁 文采貌　⿰氵本 水急也　瀕 水厓也音頻

辬 駁也　汃 水貌　⿰八齒 八齒聲　⿰巾賓 衣敝貌

民 衆萌也音彌眠　旻 曾也秋天也閔也　珉 美石似玉音份

秦 姓丨國名津也　⿱竹秦 樂器　螓 蟲名　獉 獸名丨狋　旬 徧也均也滿也日丨十日也

珣 玉名　灥 三泉也音泉　榛 木名　恂 敬也信也實貌　峋 嶙丨山高也　⿰糹盾 䌨丨縫也

⿰巾旬 領耑也　循 自也率也行順也丨環善也巡也依也巡也音巡　洵 信也遠也均也音絢

巡 行也守也徧也遵丨郤退貌音沿旋　馴 擾也馬順也從也　紃 絛也組丨　杊 木名

轃 大車也　⿰金秦 鐵丨俗字　⿰鳥旬 鵰鶉小鳥也　郇 國名　⿰忄句 同恂　殉 從也求也營也

徇 徧也營也使也順也略也音珣璿　詢 咨也問也信也　侚 行示也疾也　陳 姓丨布也列也故也

蔯 茵丨藥名　絢 文貌疾貌　⿰糹勻 同上　梭 木名音蘘濾梭　⿸鹿壬 埃也久也音塵　⿰彳勻 行示也

荀 姓丨草名　⿰扌旬 擇也　悛 信心也音詮　姰 狂也　狥 俗徇字　揗 手相安慰

晨 腸中語也音神　昀 匀也　毥 毛羽利也

貧 ｜賤｜乏｜窮無財也　穷 古字同上　頻 多也　顰 皺｜眉也　⿰足頻 ｜蹙不安貌　嚬 ｜笑眉蹙貌

蘋 ｜蘩大萍也菜名　瀕 水涯也　⿱頻車 駕車也　⿰阝頻 水際也　⿱頻言 多言也

櫇 木也｜蓼藥名　⿱頻耳 重聽也　薲 同蘋　姘 妄也　嬪 婦也服也妃｜婦官也

臏 膝端也音牝　獱 獺屬音賓　矉 恨張目也

親 ｜戚〻疏姻也襯也躬也近也愛也　寴 覤 宷 古文同上　瀙 水名音臻　⿰女亲 同親

春 歲首也姓｜酒名花名蠢也音蠢　椿 ｜萱比父母也　鰆 魚名　賰 厚也富也　⿰月春 肥也

櫄 杶也俗字　輴 載柩車也泥行所乘也　⿰車川 車約也同上　杶 櫄也木名　暙 人名

鶞 鳥名　瑃 玉名　⿰春阝 地名　眘 古看字　媋 好美也

⿰禾春 禾不秀也　芚 無知貌音豚

銀 金也｜鋌也姓｜地名　垠 岸也埒也音研　珢 石中玉　嚚 頑也　誾 和悅也語也　圁 地名水名

狺 犬爭也言斷　麐 獸名　⿰犭斤 大麂也　⿰犭阝 地名　泿 水厓也水名　訔 爭辯也

礥 難也　釿 器也　⿵門言 同誾　齗 齒本也　⿰言頁 頑也　沄 ｜淪水回旋貌

檭 木名　犾 兩犬和齧也　狠 犬鬬聲也　⿰犭犬 同犾　⿰犭斤 犬吠聲音崖听

人 姓｜仁也音然　仁 姓｜忍也｜義之本也音然　𡰥 忎 古仁字

寅 敬也演也強也髕也音夷　⿱艹寅 草名　夤 ｜緣恭也進也　魜 魚也　⿰月寅 夾脊肉也

螾 神蚓也寒蟺也　戭 長槍也　芢 草名　杁 屋上閑也　秂 欲結禾之稱

紉 繟繩也紩也緶縷也索也音捫　鏔 矛戟也　⿱二心 仁愛也親也

恩 隱也私也愛也惠也姓｜澤也音烟　因 托也襲也由也緣也仍也　氤 ｜氳天地合氣也

⿰羊因 黑羊　裀 衣也｜褥　茵 草名　絪 ｜縕元氣也　駰 馬雜也

⿸鹿因 牝鹿　陻 塞也　⿰亻茵 車前席也同茵　慇 ｜懃委曲也痛也

身 軀身也　⿰身⿱艹殳 菜名　殷 姓｜當也中正也衆也大也｜實國號音隱黫　栶 木名

⿱亞土 城內重門也　闉 同上　婣 同姻　姻 ｜婭壻家也婚｜｜緣

鼘 鼓聲　緸 搖動貌　鞇 車重席也　洇 水名　禋 潔祀也音烟

凐 寒貌　諲 敬也　⿰冫因 寒貌　垔 塞也音樹豆　湮 落也沒也水名音烟

⿰扌因 就也仍也　⿱艹辛 獸名　莘 草名

辛 姓｜｜苦辣｜酸象也蕭味也　新 姓｜取木也初也

薪 柴｜采｜蕘也　⿰魚辛 魚名　⿰火先 國名　詵 衆多也問也　⿱竹兟 篹也　⿰糸先 多也

駪 馬行疾貌　侁 行貌　甡 衆多貌　騂 赤色調和貌　兟 進也衆多貌　⿰豸辛 羽多也

姺 國名　⿱先女 國名　⿱辛丷 古辛字　⿰牛辛 赤牛朱也　⿰禾莘 穀名　觪 角弓調利也

⿰彳先 往來貌

倫 ｜常五｜姓｜類也　崙 敘也山名　綸 經｜倫也理也迹也知也　淪 水波也又貌率也沒也混｜音論

輪 車丨綸也大也
掄 擇也貫也音輪
論 議也理也次也思也談丨音龠綸攣
崙 崑丨山名
菕 草名
棆 木名
陯 山阜陷也
遴 謹選也音吝
遴 同上
燐 鬼火也野火也
鱗 魚甲也龍屬
鄰 近也比也親也連也音吝連
婨 女名
䑳 舟名
惀 思也
踚 行也
錀 金也
碖 石也
蜦 蝹丨行貌
麟 麒丨毛蟲之長
磷 專也峻也音吝
獜 獸名
瀶 水清見石
繗 繼也
隣 五家為丨
燐 鬼火也
嶙 丨峋山崖重深貌
焛 火貌
璘 玪丨玉名
潾 水名音嫺遲
轔 車聲
粼 碎米也
斴 水面浸石澗也
㔂 削也
蟒 螢火也
麐 同麟牝麒也
圇 囫丨也
驎 馬班也
翷 飛也
甐 動也蔽也
疄 田壟也
蹸 蹂丨行也
僯 車在任曰丨慚恥也
腀 皮也
瞵 目精也

文 十二文 古通眞

文 姓丨善也美也章也音問
出 同上篆字
炆 煴也
䀆 視貌
駇 馬不純也
忟 自強貌
鼤 斑鼠也
份 白檢也
閿 亭名鄉名
芠 眾多貌葵名
蚊 蟲名嚙人飛蟲也
𪕕 同上
閺 同閿
岷 丨峩山名
崏 同上
泯 昏也水名音吻
蕡 草木盛貌
饅 丨頭麪食也音瞞俗作民
氓 民也音盲萌俗作文
聞 耳丨知丨音問
𦖞 同上
紋 綾丨織丨
閺 地名門聲
玟 玉名
罠 釣也
汶 水名音敏
雯 雲成章也
𨋢 車輞也
珳 玉文
闅 縣名
鴖 鶉子也
屍 尾也
萌 草芽也音明
枌 丨榆木名音分
弫 旗也
痻 病也
根 木名
校 同上
鍂 同萌音校

焚 火田也燒也僨僵也火灼物也斃也
燌 同上
燔 古同上
墳 墓也大也
坆 同上
砇 美石似玉
甿 田民也
睧 視貌俯視也音琨
怋 亂也音門昏
旼 和也
渾 丨淪融洽也音混俗音焚
羵 怪羊也
豶 豕也犗也除也
濆 水涯也
媈 婦人也音揮
琿 玉名
𤞁 獸名似人
𢸉 拭也
羒 白羊也
蕡 草木實也麻子也
獖 同豶
鼖 鼓也
柢 木名
畀 姓也
賁 大也大鼓也音臂班犇蘩
枌 木名丨榆社名
欣 姓丨歡丨丨笑喜也悅也音軒
忻訢俽忺 同上
牼 人名牛膝下骨也音慳莖俓
脛 膝下骨也
硜 石聲小堅
鏗 鏘丨餘音也音坑俗
俓 人貌
鋞 音欣
掀 引也勞也音軒
昕 日初明也音軒僖

鑫 兼金也
莖 草木幹也枝柱也特也音鶯
焮 炙也暴炊晒也熱也音欣
邤 地名
憖 笑貌問也音猌
憖 全上本作憖俗省作憖
砏 臨丨山名
盺 目不明也
臤 堅也
鏗 錢丨彭祖名
誙 言確也趨死貌
圻 托也依也
鉮 撞也聲也
鍞 聲也同鏗
陘 山中絕也
惞 喜也
炘 光盛貌同惞
忻 姓丨闓也音軒
勤 勞力也辛丨篤厚也若也
懃 慇丨姓丨委曲貌
懄 憂也
芹 楚葵也小菜也水名音靳謹
斳 楚葵也水中芹菜也音謹
廑 餘也纔也小屋也略能也音覲
慬 憂哀也勇也音謹僅近
分 隔也別也賦也均也半也判也
雺 雲盛貌
芬 丨芳香草
紛 丨紜亂也
棻 香木也音焚
棼 複屋棟也亂也錯也音憤
汾 水名音盆
氛 丨氳祥氣也妖丨
雰 雲盛貌

薰 灼也香草也　盼 日光也　蚡 小蟲也　⿰犭分 飛貌　昏 代明也損也亂也｜昧暗也彊也
閽 守門役也　帉 手巾也　婚 ｜姻嫁也　敯 悶也音文　惛 心不明也音混　涽 水未定也
熏 火煙上出也象也和悅也灼也音訓宣　獯 ｜鬻　櫄 木名　勳 王功也｜勞　勛 同上
燻 火氣近也　醺 醉貌　曛 入日也　塤 ｜篪樂器　⿸疒昏 病也　昬 同昏
⿰髟分 彡剔髮也音坤俗音分　葷 葷菜也雜也臭菜也　坋 塵也　⿱宀昏 ｜方國名
妢 ｜娩生子也　碈 石似玉　臐 羊臛也香也　翂 羽飛聲　坃 同壎　焄 香臭也
羒 牝羊也　鳻 鳥名　餴 ｜饎半蒸飯也　⿰馬分 馬疾行也　纁 淺絳也玄｜　肦 大頭也
⿰毛分 髮也　衯 衣長也　⿰黑昏 黑也　吩 ｜咐音噴俗音分　慜 逃也

嚑 喋喋言貌　壎 同塤　砏 大聲也　幩 飾也　惽 悶也同惛　濆 水厓也
雰 霧也雰雪也　芬 香也　玢 玉文也玉名音彬班
羣 ｜黨伴也眾多也輩也　群 同上俗字　裙 下裳也　綶　帬　帬 同上　⿸疒群 病也
⿰君攴 朋侵也　麇 麞也音頵　⿸疒君 同羣　宭 居也
君 ｜臣尊也民之父母也　桾 ｜櫏木名　涒 水流貌　均 平也調也徧也　鈞 洪｜三十斤也　筠 竹青皮
崑 ｜崙山名　昆 姓｜同也後也貫也明也兄也音魂混　琨 玉名　鯤 魚名　鵾 ｜鵬鳥名
焜 ｜燡火烈也　軍 ｜旅眾也屯也　勻 同均音云　裩 幝裩也　騉 ｜駼馬名　晜 後也
鋆 金名　鶤 鷄名高五尺　莙 ｜蓬菜名　⿹勹甸 同匀　錕 ｜鋙赤金名　猑 獸名

蜫 蟲名　菎 香草　頵 大頭也　袀 戎衣也　⿰女匀 女始姙也　畇 墾田也音云
褌 同裩　皸 手足坼裂也　鍕 治玉器　鮶 水｜虫名似魚　鄆 地名
麕 鹿屬　䇹 竹名　輑 羣車聲音轟荒俗音君　麇 麞也地名羣也音羣
汮 水名　惲 厚重也謀也　⿰豕軍 野豕也　⿰月昆 蟲總名也音魂混　惃 亂也
卵 魚子也音戀
雲 姓｜山川气也　云 語也運也旋也運動貌　芸 香草也｜窓　魂 ｜魄陽氣也芸也云多貌音勳渾
蒕 同上　耘 耕｜去草也　眃 視不明也　紜 紛｜亂也　鼲 皮可爲｜裘　抎 ｜墜也執也
橒 木名　澐 水大貌｜　沄 流也水流貌轉流也音員　蕓 菜名　匀 均也少也徧也

匃 物也　⿸疒員 同㾓　⿰扌雲 私｜拿物也　⿰火匀 貸也　篔 竹名｜簹　⿰目匀 墾田貌
溳 水名　愪 憂也動也　鄖 國名　䢵 邑名　⿱竹云 竹也　⿰火云 ｜燻肉熟爛也
⿰亻軍 人姓也　妘 祝融後姓　⿰石匀 石也　忶 心悶也音遜　渾 混流聲濆下貌濁也大也齊同也音混衮
熉 黃貌

十三元 古通眞

元 ｜首始也長也大也 袁 姓｜衣長貌 汍 素也 媛 嬋｜牽引貌音瑗 猿 獸名俗猨字

圓 方｜圜全也 員 同上官｜ 園 樹果也 薗 同上 完 保守也全也繕也堅好也音桓

⿰魚彖 魚名 芫 魚毒也 汍 瀾泣貌 ⿰馬袁 馬名 沅 水名音阮 蚖 蠑｜虵也

螈 同上 鄖 地名 圜 全也周｜也音環 芄 ｜蘭莞也 緣 因也循也順也 鉛 黑錫也青金也

沿 因逃也因而更改也循也 萑 ｜亂也音桓俗音元 轅 轅也援也 黿 魚名大鼈也

原 本也再也重也 厡 同源 嫄 姜｜｜邰國女 源 姓｜水泉水也水名 ⿰山原 山巔也

隕 均也音尹 媴 女字 刓 削也劃也音岏 蒷 同芫 ⿰食元 餅也 羱 ｜野音岏

⿰犭員 同猿俗字 杬 木樹也木名音玩願 鈆 同鉛 篔 ｜簹音云 㳂 同沿

⿰目元 視也 ⿸疒員 病也 厵 古原字 厡 同原 掾 把也 ⿰牛原 獸似牛

⿸鹿元 ｜鹿三歲也 榞 木名 ⿰豕原 豕也 笎 竹名 ⿰忄原 謹愨也 羦 山羊細角者

⿰羊元 同羱 ⿰鼠元 鼠名 ⿰元寸 圜削也 圎 同圓 洹 水名 狟 同⿰豕原

⿰元鳥 鳥名 ⿰氵坙 泠也 岏 山銳貌高也 垸 補｜壘名音換 捖 摩也音緩 褑 履法也

援 引也找也攀也音院換 桓 姓｜郵亭表也盤｜難進貌 溒 水流貌 湲 潺｜水流貌

烷 火也 爰 姓｜引也於也緩也[illegible]也哀也易也換也 凡 彈凡也姓｜音延轉也

寬 大也緩也愛也裕也姓｜舒也不猛也宥也音權圈

根 姓｜｜本木株也始也柢也音堅 跟 足踵也 觔 力也 觔 ｜筋同筋｜骨 釿 剬斷也

斤 斫木也明也同觔音靳欣 巾 佩巾也蒙首衣也謹也衣也𩋙也帉也 ⿰角巾 三十枚也 ⿱艹觔 骨也草名

鐁 斷也齊也 筋 竹筍也 ⿰衤巾 同巾 ⿱竹堇 竹名音謹 跟 足踵也 肋 同筋音勤

⿱⺮夯 竹名力也同筋

敦 姓｜迫也大也勉也盛也厚也怒也詆也音堆團雕對頓 惇 同上音臣諄 墩 平地有堆曰｜ 燉 火盛貌

⿰享瓦 瓦器似瓶 ⿰韋敦 酒器 蜳 蟲名 啍 遲重貌 噋 同上戶氣也 ⿱敦手 擊也

暾 日始出 朜 月光也 ⿰牛敦 牛也 弴 天子弓也｜ ⿱敦衣 衣褶也 ⿱敦山 山貌

燉 灼龜火也音屯推純 ⿰享黃 魯哀公少子名音端 墪 同墩

附录

門丨戶閭也守丨也捫也官名 ⿱雨漫雨露濃貌 數無文采貌 ⿰土㒼土覆也 鏝大戟也鐵杇也 饅丨頭餅也
瞞欺丨慚貌閉目貌 漫大水也徧也放也雲色也水盛貌音眠漫 ⿱麥曼同饅
璊玉赤色頳也 墁墻壁飾 曼長也 蹣踰墻也 捫撫持也摸也音珉
鰻魚名 ⿰王曼玉名 穈赤苗嘉穀也粥也 們人我通稱 蔓草名
⿰禾㒼赤穈粟 蔄丨茅藥名 虋同上 虋同上嘉穀也 灣地名 樠脂出貌
縵車無文 ⿰毛㒼毳毛為之 [illegible]古門字 幔帳也 ⿰米㒼粥凝
[illegible]雨旱知丨章美 ⿰魚㒼同鰻 鬘鬘美貌 ⿰豕㒼豕屬 槾杇也貪也荊也音萬
⿺走曼行遲貌 ⿰彳曼丨佻亭名 獌獸似狸音萬 ⿱竹曼竹名 芇相當也 悗惑也

⿱艹㒼平也當也音麵 ⿰忄㒼[illegible]也 ⿱㒼心同上 漫引也音慢 鞔鞔空也覆也音晚悶
⿰王免玉赤色也 謾欺也緩也慢也音慢 怋悶也不明也音昏
盤丨桓不進也樂也浴器 盆盎也瓦器 湓水名淸也 槃樂也承盤也丨桓自得貌 般樂也平聲
磐大石也丨礴廣大貌 ⿱般鳥鳥名 弁鳥飛聲平聲 蟠屈也曲也伏也音煩婆
鞶大帶也 胖安舒也大也音判版 磻丨溪地名 縏小囊也 ⿱般足屈足也
幋覆衣大巾也 ⿰石半大石也 [illegible]車上篷也 ⿰石盤同磐 褩衣表也 ⿱髟般卧結也
搫除也音婆 媻往來貌奢也 ⿰盆鳥[illegible]鳥 ⿰口盆以言難人也 ⿰犭般狐犬短尾 [illegible]覆丨子
⿱艹般草名 柈木名 ⿰月般脹也 瀊洄也 瘢痍也 卞樂也音弁

拌捐棄也音潘判 番地名數也遞也音煩婆判 ⿸疒番病也 ⿸广番屋也
潘姓丨水名淅米汁也音盤波拌翻
憣心變動貌 拌捐棄也音盤判 ⿱宀番蟠聚也音燔 旛幅胡也幡也 樊姓丨籠也丨圃國名音飯
凡姓丨輕也皆也常也大槪也最括也計數也 帆風丨船幃也汎也
蕃茂盛也 藩域也屏也籬也音翻 ⿱竹番大箕也蔽也 膰丨肉祭肉肝也 憣悟也
燔燒也炙也 幡變動貌 璠寶玉名 墦塚也丨垣音潘 棥姓丨紛雜貌籠也
⿱棥石同礬石也 蠜虫名 煩不簡也悶也勞也頭痛也 薠草名 柉木皮可為索
瀿水暴溢也 梵丨唄吟聲音浮馮 笲竹器音卞 番遞也數也音婆翻

繁多也 蘩丨白蒿也 ⿰犭番獸名 ⿰衤番藏也 ⿰馬番駿馬也 ⿰弓番同上
棥籬也 杋柴皮也 ⿰虫凡鼠婦蟲 ⿱棥邑鄉名 ⿱棥邑同上 ⿰舟風⿰舟凡同帆
颿馬疾走也 訉去也 閅門也 ⿰凡阝地名 羳黃腹羊
⿰鼠番鼠也 [illegible]草名 ⿰禾番稍也 仉輕也音梵 緐亂絲也 鐇廣刃斧
樊燒田也
翻丨覆翩丨羽飛貌 飜同上 番夷狄名 旛旗屬 幡幟也變動貌反也
轓車幟也 繙風動旗貌 潘淅米汁也 ⿰氵旛大波也 拚飛也音卞
尊姓丨高稱也貴也丨卑丨崇丨長敬也重也音津銓 鐏酒器也 鐏樽同上 遵循也行也習也

噂聚也 蹲踞也聚也音存 鱒魚名 澊水名 鷷西方雉名 嶟山高貌
繜布衣也 甎瓦器 僔恭敬也 惴憂懼也音卦睡 嫥可愛貌嫥壹也 磚一石一瓦俗字
顓謹貌蒙也專也一臾國名 專篿也誠也純篤也壹也獨也擅也音團珍 塼紡一磚擊也同團
撙裁衣也 輲無輻直 譐聚語也 艜船底乳 鬊禿髮也 璕美石似玉
笍竹折也 剸擅也 ⿰忄烏憂懼也人姓一口音卦睡出而氣引也 膞鳥胃也音轉
村鄉村墅也聚落也 邨同上 川穿也一澤竅也 穿通也穴也孔也鑽也鑿也國名房也音釧淵
軕下棺車 辿緩行貌 巛古川字 釧釵一臂環也 ⿰犭軍猿一獸名 芎一芎藥名
穸穴也孔也通也 潬水名音存 ⿱𦥑火鼎欲沸貌 串物相連貫也音慣玩

溫一和一習一煖姓一音緼淵醞 瘟疫也 縕絪一枲麻也音穩 瑥人名
氳氤一氣盛也 鰛魚名 ⿰氵昷水深也 昷仁也和也 惲謀也議也重厚也
㬈日暖風和貌 ⿰昷阝地名 轀一輬天子喪車 慍恨也恚也含怒意音穩熅鬱 ⿵門昷門扇也
蒀蒀一盛貌 蕰一藻水草音醞 馧香也 ⿰昷香氣盛馧一馧 ⿰馬昷駿馬 ⿰禾昷香也 韞藏也一櫝也韜也
殟胎敗也病也極也音嗢 媼老女之稱音穩 熅鬱烟也氣也音穩
坤乾一卦名地也順也 堃同上 ⿱巛真同上 ⿸髟几醜牛貌 髖體也髀也尻也 髡剔髮也
⿱髟叕一鬠也音梱
痕物迹也腫也瘢痕也 垠同上 ⿰木焉平量也木也 ⿰月艮足後也肉跟也 拫急引也排擠也音很根

豚小豕也一獸微賤者 屯姓一聚也一積音頓田肫 糰粉餌與一糗糰同 粍腒一餌也 飩同上
蓴蓴叢生貌 慱憂勞也 軘車名 芚木始生貌 庉樓牆也居也 ⿰飠專食也
團圓也 鱄魚名 漙露多貌音專 臋髀也尻也腿也底也 魨魚名
臀臋同 忳亂也悶也憂也音肫純頓 㹠豕子也 鏄塊鐵 ⿰扌囷風也
摶圓也貌聚也音摶豕 燉火盛貌音純 ⿱竹搬榜也同搬 飩風也 ⿵門豚闐門
剸斷也截也裁也音專 霕大雨也 ⿱雨專露多也 篿圜竹器也 磚石一入名音魂
孨謹也 糰粉餌 搬榜也 槫柩車也 敦聚也陳也專也音堆雕
鷻雕也

呑一咽一吐并包也滅也 㖔吭也
蚊嚙人飛蟲也音文俗作一 蟁同上

十四寒 古轉先

寒 窮窘也｜冷｜凍捍也冬時也音賢眞 邯 ｜鄲地名音酣頷 桓 姓｜盤｜難進貌音九俗音寒

垣 墻也音袁延 韓 姓｜井垣也國名 洹 水名音恒袁 奆 大口貌 麉 獸似鹿

邗 地名 烜 火盛貌光明也 絙 緩也 寬 緩也愛也裕也姓｜舒也宏裕也宥也不猛也音圈權

宍 ｜｜上 ⿰馬寒 馬也 狟 犬行也 峘 小山岅大山｜ ⿱艹韓 草也 宣 同垣

羦 山羊細角而形大也 莞 姓｜草也音關官 亘 同桓烏｜外國名音宣

鞔 膜也 萑 蘸也草名 紈 煥也素也結也 綄 纓也音緩 汍 瀾泣貌淚｜瀾而而集

寏 周地名

端 直也正也萌也首也緒也等也審也專也始也 偳 佖｜少也 剬 整敕貌剸齊也 褍 衣正幅也 煓 火盛貌

⿱艹端 草名 ⿰馬耑 馬名 媏 女名 ⿰山耑 山名 猯 野猪 鍴 鎒｜桃枝也

⿰角耑 角｜獸名 貒 獸名似豕角在鼻上 鍴 鑽也 篅 竹名音垂 耑 同端

遄 往來數也疾也速也臺名 ⿰木遄 木也篅也剡也 ⿴囗耑 同篅

殘 賤也壞也惡也殺也食餘也缺也傷也｜忍放逐也賊也｜酷音前 ⿰歺攴 同上 盞 盌｜ ⿰忄戔 悛也

⿱𣦵刀 殺割也 戔 賊也傷也音律踐 ⿰月戔 禽獸食餘音棧

刊 刻也削也斫也 慳 ｜吝惜也 臤 堅也 掔 固也 鬜 鬢禿貌 羥 羊名

⿰犭堅 獸名 婜 美也 掔 固也厚也

乾 姓｜行不息也卦名進也健也音干勤堅 拳 屈手也愛也恭也憂也奉持貌 鬈 鬈好貌 顴 輔骨也

虔 固也敬也恩也少也 卷 匾也曲也平聲 踡 ｜跼不伸貌 權 稱錘也平也｜衡與姱也｜柄音貫

蜷 蟲形屈曲 ⿸疒卷 手曲病也 巏 山名 鰬 魚名 ⿰扌龹 古拳字 ⿰骨雚 煩骨

觠 曲角也 蜷 好貌 ⿰尢雚 行不正也 ⿺走卷 曲走貌 ⿰石虔 磌也

漧 同乾 ⿱龹衣 揉也音勸 ⿸虍力 負物也 ⿰禾雚 禾黃也 腃 朒也 ⿰月雚 醜也 ⿰扌雚 姓｜宜也秉也

⿰弓雚 弓曲也 惓 懇至也謹也音券 揵 舉也肩舉物也 ⿰木虔 廩也 棬 屈木盂音眷

捲 氣勢也自勞貌 ⿱卷皿 盌也音絭

單 孤｜大也薄也厚也 单 俗同上 簞 竹器笥也 襌 衣無裡也 鄲 邯｜盡也音多顛

嘽日也 燀火起貌 殫盡也音顛 匰宗廟盛主器 ⿰舟單小舟也 丹赤色砂也音顛

舢山也 彤古丹字 癉勞病也 鱓魚名 醪│醕濁酒也 ⿰山單孤山也

冄草名 砃白石也 ⿰丹刂割也 ⿰月單大腹│胡 勯力竭也

干

姓│澗也水涯也│犯求也厓也│戈盾也音堅 官使也職也宦也事也公也 旰日行也晚也 乾│燥平聲

玕美石似玉琅│音堅 竿竹梃也地名 乾酒也俗同乾 漧燥名也 杆僵木也

冠衣│首也│冕緫也 肝木藏也幹也 倌│僕駕車小臣 觀視也示也多也 虷蟲名

棺關也斂也音貫涓 ⿰巾官首飾 ⿱干皿美皿也盤也 盰視也 芉草名音幹

忓極也善也擾也音翰堅 覌俗觀字 ⿰糸干結也 ⿰乾阝地名 冦古冠字

⿰芉攴草名 ⿰芉攴同上 ⿰冠攴同冠 骭脚脛也 鳱│鵲知來事 竽同竿

籗竹杼也 ⿰鼎干鼎也 迀進也 ⿰冠刂剃也 奸犯也亂也音菅 ⿸广官玩也

矸丹砂也石淨貌音屋翰 稈禾莖也 攼求也得也進也 毌穿物持也 莞草也藺也

睅大目也目出貌 皖完美好貌同上明星貌音緩盌 看視也平聲

歡│喜樂也音喧

寬俗也宥也舒也大也緩也音圈讙桓俗音歡 驩姓││娛

懽喜也 讙諱也鳴也 矔姓也限 ⿰舟鳥鳥名 髖髀上曰│ 雚化也姑也

酄魯下邑 貛野猪也 獾狟也 臛獸名醜也音權 鴅│兜人名 鸛水鳥也音灌

嚾呼也喧囂貌

檀│香姓│木名音善 ⿰木玄俗同上 壇祭場也音但善 ⿰土玄同上 彈射也音但 驒馬青班色

憚驚怛也音但豈 貚貙屬 撣觸也鼓絃也音灘憚蟬

餐熟食也吞也採也廚膳錢 湌同上 ⿰歹食同上 ⿱餐魚魚名 ⿰舟餐舟名 ⿱竹餐竹籤也

粲同上

闌盡也妄也遮也

讕言語也誣毀也 攔遮│也亦作闌 欄│杆木名同闌 瀾大波也運也水名

⿱林心地名 躝蹂│踰也踏也 爛斑│色不純也 襴裙│衫也 蘭香草也

㦨衣裳也嫌惡也 籣篇│盛弓矢器 幱衣與裳連曰│ ⿰月闌熟也 韊同籣 糷飯相着

灡潘也

安姓│靜也徐也止也佚樂也定也何也焉也音別同煙 鞍馬鞁具也 侒晏也與安通 ⿰安阝里名 ⿱宀鞍同鞍地名

⿱安皿盂│鑑盂也 峖山名 赶卒走行不得也 尪股也

般旋也移也還般│移│也音班盤 搬│運 鎜削木器 瘢瘡痕也 ⿰番去蘗也韋也 ⿰角般魚笱也筏也

羦獸似羊

難艱│不易也拒也責也 难俗同上 ⿰𦰩隹俗同上 戁心亂也 ⿰𦰩隹溫也

灘沙│海邊也水│瀨也音蹇滿 滩俗同上 嘽喜樂也音癉鳴 幝敝貌 驒馬班駁也

攤開也緩也手布也 墠寬也 潬倚灘 擹宛轉也 譂歎也緩也

嬗緩也倨也 歎吟息也美也音炭

十五刪 古通覃咸轉先

刪 除削也剟也取捨也削也　删 同上　山 宣也產也姓丨音仙 堅[illegible]　珊 丨瑚石也　珊 同上

瓓 同上　姍 好也行貌又音訕先平　娕 同上　跚 蹣丨跛行也　閂 門橫關也

拴 串門也　潸 流涕也音訕　[illegible] 匈奴名　[illegible] 惡健獸　思 疾利口也　[illegible] 竹器

𦝫 羊豬脂　蹣 行貌　[illegible] 地名　[illegible] 地名

間 容也安也　閒 同上　艱 險也根也音中堅　姦 淫也　奸 私也僞也音干

[illegible] [illegible] 同上　囏 同艱　菅 茅屬　蕑 蘭也　閒 陳也近也迭也容也代也廁也隔也離也

[illegible] 草名山名

關 扃也通也驛丨也涉也姓丨由也丨津要也　闗 俗同上　瘝 病丨病也　鰥 丨寡昆也同上　瞯 眼丨視貌

[illegible] 鳥相應和聲　櫊 魚子也付也　矜 今櫊也病也平聲　[illegible] 文名　[illegible] 讙聲

灣 水曲也音淵　湾 俗同上　彎 持弓關矢也引也　闗 同上平聲　欒 曲木也

圝 火勢通旋貌　[illegible] 削也　矕 目美貌　[illegible] 草也　蠻 蠕丨蟲曲息貌　孌 女好貌

[illegible] 吳王孫名

閑 丨暇闌也衛也安丨　閒 同上隙也　鷴 白丨鳥名　嫻 習熟也雅也音賢　憪 心淨也

靬 弓衣也　騆 馬名　橌 木名　癇 病也　蕑 蘭也

還 反也復也償也退也顧也音旋患　还 俗同上　環 回繞也繞也璧屬也　鬟 髻也

寰 丨區丨宇宫周垣也　鐶 丨耳丨鈕鐶丨釵　慣 丨急也音睊　儇 同還　澴 水也水澴澴也

嬛 丨了丨侍婢也　闤 丨門丨市巷曰丨　圜 繞也圓也音圓　澴 水名水漩起貌波流轉也音縣洄　轘 車裂也

擐 貫也　堳 丨堵墻也　繯 繩屬　𤸎 風病也　[illegible] 拘繫也同圜　[illegible] 飛繞貌

[illegible] 饜飽也　[illegible] 鳥飛也　糫 餌也　[illegible] 馬一歲也　儇 慧利也疾也　鍰 鍰也六兩也

鍐 金六兩也同鍰　寰 邑名

班 賦也布也位也次也徧也別也齊等貌音鞭　斑 駁文也　頒 丨分也行賜也　𤺺 俗丨疹　[illegible] 獸名

般 賜也布也反也平聲　朌 同頒　[illegible] 鬢髮半白也　媥 色不純也　螌 丨蝥虫名

[illegible] 獸似羊　[illegible] 駮也　[illegible] 石鋪貌　扳 挽也引也援也音攀

攽 分也[illegible]

顔 姓-｜容-｜色顙也 [illegible] 頑 愚也痴也鈍也 癲 瘨病 [illegible] 木名

[illegible] 痺也 音羣

蠻 -貊 姓-夷名 [illegible] 蛮 俗同上 矕 目暗也 鸞 比翼鳥 [illegible] 輪也

䅼 赤-稻名

攀 援也引也挽也 扳 同上 [illegible] 同上 襻 衣系

字彙較正卷一乾集終 莫唐二夫子較訂

字彙較正目錄卷二

下平聲元集

一先

二蕭

三肴

肴交庖茅筲包敲鐃巢掊抄嘲拋酗 廿

四豪

豪高叨曹敖毛勞蒿 十三

五歌

歌莪沱柯蹉羅摩和多茄磨蓑婆何拖科

戈儺呵波他矬螺 廿

六痲

痲遐家沙琶誇哇巴槎渣鴉牙差華拿花

瓜爺斜蛇奢些嗟車遮爹 廿

七陽

陽章杭黃霜光當方狂汪昂房牀囊湯桑

郎忘莊唐倉康襠鴦鏘長香强將娘薑鍚

瘡湘昌翔常艮 廿

八庚

庚生彭精傾情明成甍錚丁爭橙盲亨烹

行横鶯呈鯨平京撐趟卿英 廿

九青

青迎靈廳星寧廷弘陞登 十

十蒸

蒸曾恒稱冰層崩滕 十三

十一尤

尤綢求抽兜投秋周謳鄒溝休脩謀流憂

侯浮彪牛偷收蒐摳愁喍 廿

十二侵

侵金吟深忱音斟琴琳尋心衿歆沉簪燃

十三覃

覃藍慚南參甘眈菴三貪堪含 十二

十四鹽

鹽纖廉占奄蟾尖鉗兼謙潛恬拈 十三

十五咸

咸巖衫 川

通共三百七十一音

字彙較正卷二

寶安吳錫榮星何氏輯

下平聲元集

一先 古通鹽轉寒刪

先 丨後早也前也前進也始也故也 珗 玉名 硄 石似玉 僊 神丨舞貌軒舉之狀

銑 好金也 仙 輕舉貌遷也 仚 同上與 詵 言致也音辛 毨 毛盛也 鮮 善也潔也明也

鱻 鮮魚也 籼 仙稻也 蹮 蹁丨舞貌 褼 褊丨衣貌 杣 木名 [illegible] 竹名

豣 豕類 蘚 草木動貌 䙴 升高也 躚 同蹮行也危貌 躚 蹁丨旋行貌 韯 毛也

纖 粉飾也 僊 同僊 䉳 竹名䉳簡丨 秈 同籼 秈 同上 鶱 鳥名

鮮 魚名 䙴 行貌 莶 草名 姺 行貌音莘洗損

天 顛也大也鎮也 靝 兲 宊 鶧 頹 靝 俱同上 訞 調也 睼 視也

誕 言不正也 訮 訮貌 芺 草名

連 接也還也續也合也及也 蓮 房也芙蕖實也 鰱 魚名鱮鱮魚也 漣 水名垂淚也音闌 㶌 丨陵縣名

獹 飛相及也 憐 音鄰 憐 丨憫丨也哀也愛也 恰 慈 慈 俗同上 漣 泣下也音腱聲

槤 同上 槤 木名 謰 丨謱挈也語亂也 嗹 同上 縺 縺不解也

鏈 丨鏁錯鐵也銅屬 磏 同上 蠊 丨蛇蟲名蠛丨蟲盤曲貌 [illegible]盛[illegible]器

灖 水名

賢 聖丨多才也善也勝也 臤 古賢字 𡮊 俗賢字 研 窮究也礦也 姸 美也麗也慧也 汧 水名

筵 几丨竹席也 䈮 竹名音年 獜 猓丨獸名 延 陳也納也稅也遠也長也及也進也音演 埏 地際也墓道

梃 木名碓機也音纏 睅 視也 綖 冕上覆也 䗺 丨蔓不斷貌 㶌 細水也

䏻 人名 挻 大犬似狸也 鋋 小矛也達也 然 燒也許也如也是也轉語辭 挻 取也周也音擅

燃 爇也 慈 急也 撚 搣也 焉 是也安也疑也何也助語詞音夷 嫣 女笑貌

言 宣也問也丨語也 管 大籥也 狺 大吠聲音銀 鄢 姓丨國名地名音偃 郔 鄭地名

迪 緩步也 梴 梳也酸也 䕶 丨蒺刑酷意 硯 同研人名 涎 口液也 䕽 野豆

蜒 蟲名 𧺤 走也 痃 弦急也 癖也 趼 獸足企也 㸐 同然 繎 絲勞也

㳄 同涎 琂 石似玉 娹 女字 胘 牛百葉也 篶 罥竹也 衒 箭箭

肰 犬肉也 㘋 難也 聲也 礥 剛强貌 鞕也 [illegible] 鳥名 巘 山峯 音言 [illegible] 有守也

娫 美好貌 絃 繩索也 作弦非 誸 言急也 [illegible] 戁也 [illegible] 自刎頸 [illegible] 草也 熟也

婘 美女貌 簷 擔也 接簷屋前後也 嬿 姓也 研 同研 音形 鉏硯 [illegible] 考也

胘 肚—牛百葉也 音弦 舷 舩— 巘 山形似甑山形似甗 音巘 弦 弓也 與絃通

㥏 憶也 音憶 漹 水名

煙 —霞 火— 姓— 火氣也 音因 烟 同上 湮 沒也 滅也 甄 姓— 察也 陶—業也 明也 音堅 參絹稽

䭇 —臭味 食也 堙 土塞也 陻 同上 臙 喉也 胭 嗌也 —脂同上 焉 何也 平聲

禋 祭祀也 [illegible] 火氣也 蔫 臭也 物不鮮也 [illegible] 同烟 [illegible] 滅也

𧹞 婦人面色 鄢 姓— 地名 漹 水名 闉 城內重門也 嫣 美也 笑也 歅 九方皐也

[illegible] 邑名 閼 —氏 匈奴皇后號也 [illegible] 獸名 獒— 燕 國名 平聲 [illegible] 牛尾也

[illegible] 同[illegible] 榪 木名 媕 諂—也 偣 淨也 䐈 嗌也 頸也 晻 日無光也

淹 留久也 漬也 敗也 音掩 [illegible] 香草也 崦 —嵫 山名 鬋 頰須也

牽 均也 速也 連也 別前也 挽也 連也 音俔 騫 人名 姓— 馬腹病也 搴 取也 拔也 箝也 姓— 音蹇鶱

祆 胡神名 音天訝 褰 袴也 摳—也 縮也 軒 —昂 車也 愆 過也 罪也 失也 僁 同上 櫏 木名

灊 水名 掀 —揭 高舉也 舉出也 高登貌 音欣迄 揵 舉也 肩舉物也 [illegible] 同牽 [illegible] 戶版也 音遣

掔 牽去也 撁 挽也 汧 —隅 二水名 音妍 荓 蔡也 藥名 鶱 飛貌

[illegible] 走貌 仚 輕舉貌 與㒨異 辛 罪也 訮 怒也 爭也 [illegible] 袴也 豜 對舉也 年也

蹇 卦名 難也 拔也 擾也 岍 山名 劧 吃語也 力也 [illegible] 興盛貌 音獻 顯 攑 拔取也

嘕 喜也 笑樂也 笑貌 [illegible] 欣也 音獻 箋 —紙 簡牒也 書也 牋 牒也 [illegible] 齒也

戔 —小貌 微也 賊也 傷也 音殘淺踐翦 俗音沽

濺 水激也 水疾流貌 音薦賤 棧 香木也 綫 縷也 音線 綫俗作戔 韀 馬鞍具也

濺 同濺 偂 進也 音翦 湔 手澣也 灑也 傍沾也 音贊前 洊 水名 至也 諓 巧言也

煎 火去汁也 火乾也 盡也 熟煮也 熬也 滅也 音箭翦 醆 香也 䵖 黃色貌 音添 剪 —作 鐵鋏也

𣯶 氊屬 鐫 穿木鐫也 鏨也 斲也 椽也 鑿也 諷也 錢 錢 姓也 音翦 碊 同棧 音 錢棧 蒨 幡幟也 旛也

[illegible] 慍也 朘 縮也 孱 窘也 懦也 也 音孱 [illegible] 識也 鉆也 賢也 音翦

田 姓— 王也 地也 陳也 填也 畋 平田也 取禽獸也 瑱 玉名 鎮也 鈿 金華也 沺 水勢廣大貌

闐 鼓音也 滿也 填 同上 塞也 順也 音殄陳 嵮 加也 塞也 屇 穴也 [illegible] 地名

瘨 病也 滇 水流貌 磌 石落聲 音眞 窴 滿也 加也 塞也 同填 瞋 聲盈耳 也

[illegible] 衆車聲 嗔 怒也 氣盛也 聲也 輷 車聲 [illegible] 踏地聲 [illegible] 國名

搷 擊也 播揚也 引也 同伸 鑌 以寶飾器 [illegible] 喜悅貌 佃 治田也 代耕農也 音佃電

亶 寔也　庴 平也　𢡝 志也　嘽 車弊貌 音灘鬋
鸇 鸇ㄧ食鷙鳥 鷙鳥鸇風也　氈 旃也　毡 同上　邅 迍ㄧ行不進也　羶 羊脂也羊氣也羊也
韂 羊臭也　驙 白馬黑脊也　𣯶 同韂　饘 糜也粥也　餰 粥也　饘 糜也 音膳
旃 戰也之也旌旗曲柄也　旜 同上　氈 撚毛也旃也同旃 執也蹂也音真　⿰米亶 糜也
膻 羊臭也　栴 檀香木　⿰舟毛 毛席也　⿰弓鳥 同鸇　顫 頭不正也　⿰口亶 色變也
儃 不進也 態也　栴 同梅　鬋 髮垂貌　樿 木也 音展　澶 水名　譠 欺也 音灘
鸇 古文鸇字 弜　笪 姓ㄧ擊也 音旦闘　⿰彳亶 走也 趣也 邅邅
譠 欺也 音灘　脠 生肉醬也 也音艇　梴 取也柔也和也長也 引也遣也音延　⿰扌亶 ㄧ批也　鱣 鱓鯿

担 擲也 擊也　亶 ㄧ迍難行 不進貌
篇 編成章也竹也 輕舉貌　扁 ㄧ舟小舟也平聲　翩 翩飛也　蹁 ㄧ躚旋行貌　偏 ㄧ倚不正也
翩 ㄧ翩疾 飛貌　楄 方木也　編 書䇲也 列也　覑 邪視也　㾫 半枯也　艑 ㄧ艖 舟名
蝙 ㄧ蝠飛 鼠名　猵 獸名　諞 便巧言也辨佞之 言也　緶 緶衣也縫也交枲也 音篇
⿰弓扁 弓反張也　媥 輕貌　胼 皮厚也　⿰扁刂 側也 斜也
千 ㄧ百 姓ㄧ ㄧ 萬ㄧ 十百也　芊 草盛也 同茜　阡 ㄧ陌 畝也　遷 徙也登也 音仙　𨘙 同上　汘 水名
扦 ㄧ移 俗遷字　迁 俗遷字　櫏 木名　⿰彳谷 道也　⿰扌遷 補也　䉦 竹名
仟 草盛也千人之長 曰ㄧ　邗 地名　韆 鞦ㄧ 繩戲也音支　躚 蹁ㄧ 旋行貌

⿰千土 三里田 爲ㄧ　栖 移徙也　栒 同上　𨘙 ㄧ易也　杆 ㄧ木也 楷槿
緜 新絮也聯微也連也小也微細之辭 長也長不絕貌地名音滅　綿 同上　⿰目旁 密也　臱 視也 同上
眠 翕目也 寐也偃也　緡 ㄧ蠻 鳥聲　泯 泯滅 音文　棉 木ㄧ 樹名　栖 同上
㮌 同上　⿰臱頁 美也 ㄧ主也　臱 不見也 屋無人也　寡 同上　媔 目美也 音緬
⿰言臱 慧黠也　婂 女字　宀 交覆深屋也　⿰自鳥 鶯聲　⿰㫃自 邪行也　櫋 木密貌
櫋 木名有子如栗可食　⿰言帛 欺詐也　⿱艹帛 相當也 音畝　⿰亻帛 ㄧ低貌　⿰目帛 ㄧ眇遠 視也
謾 欺也 誑也平聲　⿰言蔓 同上　⿰忄臱 忘也　⿰土臱 平地也
邊 側也旁也畔也 也界也近也　边 俗同上　籩 ㄧ豆 竹器　鯿 魚名　鞭 馬箠也管也驅也

猵 獺屬 音偏　緶 音匾 次簡也斜也首服也　⿰衤邊 水ㄧ 即水崖也 水邊也　邉 同邉
辮 頭ㄧ 髮也　澷 水名　鍽 金ㄧ 音編　⿸厂臱 同邉　⿺走臱 同邉 蝙ㄧ 音蹁
⿰鹵扁 蜀人呼 鹽曰ㄧ　瘺 風疾也　鯿 魚名　⿰米扁 米也　鯾 同鯿　艑 ㄧ艖淺 舟也
遆 行不絕 也　籩 竹輿也　⿰車扁 車名　⿰亻臱 身不正 也　媥 輕貌　諞 巧言也
腷 脉也　玭 珠也　⿺走臱 走意　蹁 人行不 正也　緶 縫衣曰ㄧ 網巾也
楩 南方大木名 音便
前 ㄧ後 進也先 也故也導也　⿱前刀 同上　錢 姓ㄧ財也貨泉也 縣名古作泉字　鑯 錢名　錢 ㄧ鐘 彭 祖也
媊 女星也　⿱前土 市宅也　⿱前土 同上　⿰前阝 同上　⿰金前 ㄧ綿ㄧ 繞星宿度也

瀍 水名　躔 星度也 踐也　喃 噬也　闐 市門也　蠦 盧ㅣ守宮也　騚 馬四蹄皆白
箈 蔽絮 醬也　厘 市鄽也 俗作廛　⿰前頁 山連也
顚 ㅣ倒 ㅣ蹙 頂也 塞也　顛 同上　⿰馬眞 馬腹白色　巓 山頂也　癲 狂也 病也　傎 倒也
滇 大水貌 姓ㅣ 地名 音田眞　塡 病也 音田　⿰眞黽 ㅣ鼃 蛙類　⿰雨眞 雨聲　瘨 同癲
⿺走眞 走頓　蹎 跋也　顛 高遠也 俗顚字　槇 田 木頂也 仆木也 與顚通 音軫眞甸
齻 牙也 齒堅也
肩 任也 仔ㅣ 勝也 克也 比ㅣ 堅也　⿸厂肩 同上　堅 固也 實也　豜 三歲豕 曰ㅣ　鈃 似鍾而頸長
猏 犬豕也　汧 ㅣ渭 水名　鰹 大魚名　鵳 雁也　犍 牛强也　⿰忄虔 相接也

幵 平也 羌名 姓ㅣ 音妍峰　⿰糸堅 緊也　㤢 漢縣名　⿰火堅 灼鐵聲也　⿰豕肩 同猏
冣 取積也
年 穀熟也 進也 齒也 姓ㅣ 歲也 音佞　秊 同上　⿰年阝 地名　⿱千王 同年
玄 天色深也 淸靜也 酒水也 同玆 音雲　⿰玄刂 自刎也　舷 船邊也　蚿 虫名　堧 宮牆外地
炫 光明也　妶 女名　瑗 玉名　玹 玉名　媛 嬋ㅣ 美女　絃 絲ㅣ 琴瑟也
⿰馬玄 馬名　爰 於也 音袁 俗音玹　伭 根也 很也　援 ㅣ引 音袁院換 俗音玹
誸 急也 詐也　湲 水名　鍰 環也　懸 藝也 音隴　県 俗同上　⿹勹玄 人名
⿰玄鳥 海鳥　繯 壞也　鶢 鳥名　⿱竹爰 竹名　陌 坑也　⿱雨弦 露貌

一先　十

褑 佩也　昡 日光也　院 堅也 音椀　泫 湝流也 露光也 深廣貌 露垂貌 泫沇貌 水名 音贙
鉉 舉鼎也 音閑閑　伭 很也
宣 徧也 通也 布也 散也 召也 盡也 明也 姓ㅣ 示也 緩也　萱 草名 椿ㅣ　藼 同上　蕿 同上　萲 草名
喧 ㅣ譁 大語也　暄 溫也 春晚也 寒ㅣ 日煖也　⿰齒爰 齒歎曰ㅣ　烜 乾也 火盛貌 光明也 火貌 音毀
瑄 玉名　⿱爰寸 修也 表也　⿰日耎 溫也　煗 同煖　孫 系續也 遁也 恭順也 姓ㅣ 音巽
蓀 香草也　⿰木孫 ㅣ枝 香草　猨 獸名 音進　⿱雨爰 小雨也　鐉 門鉤也　⿰虫孫 虫名
⿸疒爰 痛也　貆 獸名　飧 餔也 饔ㅣ 朝曰饔 夕曰ㅣ　愋 恨也 忘也　⿰酉萲 草名
晅 痛也 升綬貌 懽也 權也 寬綬貌　酸 酢也 醋也 寒ㅣ 孫也　⿸虍貝 虎爭食也　猻 猴屬

⿱宀亙 古宣字　儇 利也 舞也　揎 手發衣也　搎 捫ㅣ 揩也　煊 溫也　鍹 銚也
昍 明也　⿱子系 古孫字　睻 大目也　⿰齒孫 齒醜也　⿰宣鳥 [illegible]ㅣ 鳥名　渲 水小也
圝 圓也　⿰員頁 同上　弲 弓曲貌　愃 快也　箮 竹花也　蝖 蟲名
駽 領貌　翾 飛貌　⿰韋亘 韠也　⿸疒夋 瘦也　翧 翾也 飛也　⿱亘心 急也
諼 詐也 欺也 忘也 同萱　禤 姓也　亘 揚布也 求ㅣ 音桓　晅 日氣也 乾也
壎 樂器 音塤　垸 同上　朘 縮也　愋 恨也 忘也　憲 諒智也　暖 柔貌 音睍
煖 大氣也 溫也
聯 ㅣ貫 ㅣ捷 合也 連也　聠 俗同上　鸞 神鳥名　⿱亦鳥 同上　鑾 ㅣ輿 車ㅣ　攣 係也

一先　十一

⿰山䜌 圜全也山小而銳　孌 姓丨孿貌　圝 圍丨圓也　韄 綴也　⿰纟䜌 持拘曲

癵 病也瘦也　蹨 足病　孌 女色也　曫 日昏也　⿰纟䜌 帶也

灓 漏流也漬也音亂戀　敽 煩也惰也亂也

淵

淵 姓丨回水也潭也深也　囦 同上　鳶 鴟類　寃 丨枉屈也　鼘 鼓聲　鋺 鋤頭曲鐵

輐 大車後厭也　鼝 同鼘　⿸疒肙 骨酸也　鴛 鴦也　鵷 丨鷟鳥名　睊 目無光也

夗 延蔓貌　蜵 蟲名　弲 弓名　𡿺 同淵　鼝 鼓聲音困　⿺辶肙 行貌

紖 亂也　棩 木曲也　⿱雋鳥 鳥羣也　妴 婉也　裷 衣曲也　帵 幡也

鴛 沔而馬　剈 挑取也空也剜也　弲 弓勢音淵　肙 空也撓也　冤 枉曲也屈也

全

⿰山肙 山曲貌　剈 挑取也室也　⿰山宛 山名　怨 恚也恨也仇也讎也　⿰食肙 獻也

⿱竹肙 竹名　惌 枉也恚也讎也音鬱　㛳 宴也美也音怨

全 完也備也齊丨具也　⿷匚全 奠也音義　⿷匚全 筐也　泉 姓丨州名丨水原也　筌 取魚竹器

銓 丨衡選也度也　牷 牲丨純色貌全也　佺 偓丨仙人也　痊 病除也瘳也　荃 香草細布也

攢 治澤也音鑽俗作全　存 恤問也丨亡在也察也省也音前秦　拴 揀也　跧 踞也

詮 具也解喻也平也擇言也　⿰目全 目眇視貌　⿰全刂 剔也削也　欑 叢木　絟 細布也

駩 馬白黑脣　跧 伏也屈也　輇 車輪　⿰全阝 鄉名　全 古全字　巑 丨岏山峻貌

烇 火貌　⿱竹全 竹器　⿰足尊 丨踞　泉 玉名　⿰耒全 耕也　⿱全羊 羊丨

⿰虫泉 貝也　⿰金孨 鐫也　鰁 魚名　譔 善言也殊也　恮 曲卷也謹也　拵 据也

悛 止也改也次也音荀　⿰豸彖 馳逐也　傳 轉也授也續也布也移也遽也音陳和　洊 再至也音存

椽 榱也屋角也圓曰丨方曰桷　縓 淺絳也絲也　栓 木釘也孟也　爨 炊也音村

涓

涓 姓丨擇也小流貌潔也除也　獧 疾跳也急也　捐 捐也弃也除去也棄也　悁 憂也忿也音絹

蠲 潔也明也除也疾也　鵑 杜丨鳥名　娟 嬋丨美好貌音淵　狷 疾也褊急也狂丨丨介音絹

羂 網也　睊 側目貌　䩑 長貌　⿸疒肙 病也　翾 小飛貌跳也急也疾也音軒

儇 慧利也疾也　懁 急也音還　蜎 蟲也　譞 智也　⿰忄泉 心急也　駽 好馬名

鋗 小盆也玉聲　嬛 輕麗貌　嬽 好也　⿰衤肙 禱也　衏 車嬪也　⿰金見 遠視

旋

勬 勤力也健貌　⿰麥肙 麥莖也　⿰弓肙 角弓也音淵　焆 明也音淵　絹 絲也音共絃

旋 同丨周丨反也小便也遶也圓也同璇　還 同上平聲　璇 美玉名　璿 美玉名　漩 波旋貌洄

颴 風轉也　嫙 好貌　暶 美貌明也　蜁 丨蝸小螺也　⿰月旋 便丨小貌短也　⿰月定 同上音治

⿰目旋 目好貌　鏇 圓罏也溫器也　縼 繫牛纏也　蔙 草名　梋 棄也　淀 回泉也

⿰扌旋 手挑物也長引也　檈 圓案也

船 舟也循也音膞俗作渡丨　舡　舩　⿰舟公 同上俗字　⿰目專 目動也

圈 総 牢也音登卷　⿰糸雚 紛積也小兒帽　禓 姓也音暄俗圈字

撚 年上聲執也從也以手丨物也

二蕭 䔥同 古通肴豪

蕭 姓｜艾蒿也｜墻聲也 ｜條寂寥貌肅也　蕭 俗同上　簫 ｜管樂器　瀟 風雨暴疾貌水清深也｜湘水名

蠨 蠨蛸蟲也　消 滅也釋也散也｜耗｜搖｜除 ｜息盡也音須修　狷 狂病　硝 藥名硭｜音悄

逍 ｜遙翱翔也　霄 近天氣也雲氣也　捎 除也音宵　銷 ｜鎔鑠金也　䨭 同霄　綃 紋｜生絲綢也

焇 鑠也乾也　驌 ｜驦馬名　熽 炳也　鮹 魚名　痟 頭痛也　翛 羽敝也飛羽聲

翛 同上　箾 舜樂名音朔　睄 夜也下冥也肖聲 蟲名與綃通　宵 同上小也定昏也

櫹 葉落也　䘯 行貌　翛 羽鎩敝貌　翗 羽也　髾 鳥尾翹毛也　彇 弓弭頭也

飍 涼風也　魈 獨足鬼也　䴛 煎鹽也　俏 似也姣容好貌　𩫨 殺小貌　鞘 鞘蔽也　𦐇 羽翼也

十四

梢 竿也　⿰貝肖 同消　痟 酸｜首病也　艘 船總名音搜騷　悄 憂也音俏

聊 且也啓也賴也語詞　繚 纏也纏也　僚 官｜同｜｜友　遼 遠也　嘹 嘹也｜嚦　鐐 門鐶也

墂 塄｜周垣也　嫽 相｜戲謔也　撩 挑弄也取物也理也音料老　寮 小窗也同｜官｜

獠 猛獸也　𢖍 空谷也深也空也　膫 腸脂也　翏 高飛貌　眸 同聊

飂 ｜飂風聲也　寥 寂｜靜也廓也　鷯 鷦｜鳥子　漻 深清也音攬了留　療 治也

膋 脂膏也　璙 玉名　⿸疒卯 疾也　簝 竹器音勞老　憀 賴也且也悲恨也 音留　嶛 巢高也

熮 火盛貌　⿸广尞 同膫　獠 夜獵也　轑 喝楚邑名音老了

蹘 走也　豂 同獠　𡪃 水名　⿰扌卯 于｜州也音柳　⿰木聊 木名音勞　嵺 山聳貌廓遠也

艟 舟名　鄝 ｜鄡昇仰貌　佬 大貌　嘐 山深空貌　⿸广卯 人名音瀏　敹 補也簡也

憭 慧也空也音了　料 量也理也計也擇也度也數也 音嫽俗作材料　燎 縱火焚也音料

澆 水深廣貌音驍激　趬 蹻長貌

梟 姓｜健也旗也邀也 不孝鳥名　鴞 鴟｜惡聲　枵 本根空也虛也 ｜腹饑也　獟 犬警名

⿰扌号 枵字之譌　澆 姓｜浞也薄也　磽 堅硬也音敲俗 音磽　僥 僞也音嬌

驍 ｜良馬也｜勇捷也　橇 禹所乘也　獢 大黃白色　囂 無欲自得貌　⿱艹囂 香草也

憢 懼也僞也　嶢 山高貌　撓 雜也纏也音鬧　蹺 舉足也　⿸疒堯 腴微瀆也　鄡 縣名

趬 行輕貌舉足也起也 高也音譊鄡　呺 ｜然虛大貌音豪號　啋 誇也大也動也不安 靜也音猜

十五

𡐦 伏土爲卵也　𦢊 腫也　膮 豕羹也香也音曉 俗　彇 引弓也　憿 幸也 音激
徼 求也要也循也抄也 遮也音邀叫　歊 氣出貌 熱氣也　儌 行也　岧 山名　憿 幸也 音激
遙 遠也遙— 徜徉也　傜 使也 役也　徭 同上　嶤 山名　搖 動也作也扶— 暴風也音颻　堯 唐國號 高遠也
瑤 —琨美石似玉名　鷂 鳥名　窰 燒瓦竈也　窯 同上
饒 姓—多也飽也豐也 厚也餘也益也勝也　蕘 薪也　嬈 嬌—姬— 媚貌　𡹞 名—小山也　蕭 蒲葉也
撓 同擾　㾖 座— 疾名　橈 揖也饒也音鬧撓　洮 朝名　陶 皋—臣名
匾 鼓也　𦪈 同橈　飄 飄—風 高也　猺 獸名獏—狗種也　謠 —言 童子歌也
憍 憂也悸也恐也感也 音爝　㝥 座也　垚 土高貌　襓 袂—劍衣也　𨂐 跳也

𢐗 弓利便也　蟯 腹中蟲　軺 小車也 音刀韶　䁘 日光也 明也　榣 牛名　橈 樹動也 木名
𣤭 氣出貌　媱 美好貌曲肩行貌　䍃 瓶也　𩴨 鬼也　䌛 同繇
猺 獸名 音柔　䍃 同謠　遙 同遙　珧 蜃甲也　犪 牛柔謹也　窑 同上
詨 同謠　䱲 魚名　𤬥 瓜也　𤓰 瓜名　銚 溫器也　𦾝 草盛貌 音由
繇 隨從也　烑 光也　恌 憂也 音桃　燿 照也昭也光也與耀曜同　㛴 擾也
姚 姓—舜後也美好貌 音窕燿桃　佻 獨也　揄 雉也夫人—狄 音俞由偷　僑 喜也
嶢 嶕—山 高貌　顤 高長頭貌 音嘯嚆
夭 少好貌色愉也 盛貌　妖 —蠥媚也 音祖　要 約也求也會也平聲　葽 草名　腰 身中也 約脅也

蟃 虫名　𩑶 —頭 小貌　窅 目深也　喓 蟲鳴也　䙅 裙—裙頭也　幺 小也
邀 招也遮也求也　騕 —褭馬也　䮍 同上　鷂 鳥名　吆 聲也　雓 同鷂
鴁 —鶄 鳥名　殀 斷殺也殁也短折也　訞 同妖巧言也災也　祅 同祆
𩇧 青也 獸名　祆 地反物也同祅音於　𢈈 —魔病 兒也　犳 獸名　楆 —本 作要
㕭 淫聲也　仸 尪弱貌　徼 遮也求也塞也 要也循也音叫
調 嘲笑也—和和合也欺也 譏也選也求也　蜩 揮也 音儔　條 小枝也長也理也 也達也教—繩也音滌　岧 —嶢山 高貌
迢 遞也遠也 不相遞也　鰷 魚名　条 數也— 異同條　鞗 革轡也　齠 毀齒也 音凋　髫 也 童垂髮
鯈 同鰷　跳 躍也 行貌　誂 戲弄也　跸 跳也　鞀 小鼓也　蹘 —走 同跳

鋚 金石　笤 —箒　㟍 山名　苕 葦花也　儵 境也　𣯕 毛也
𧒂 —嘯 蟲名　鍣 燒器也　匋 田器也　𨻵 同上　𥪰 —嶢高 危貌　𦯬 饒也 高貌
挑 撓也撥也音兆挑叨　鉊 鎌也音 昭貂　怊 嬰兒大母郭 象讀音超弨　凋 半傷也 力盡貌　琱 治玉也 畫也
刀 姓—刀兵也 微動貌　雕 刻畫也鷙也鷻也　蜩 蟬也 音条　𠛼 琢文也
彫 同雕 鏤也 殘也零落也　鵰 鳥名　𦨣 船也　㑇 山名
扨 引也　軺 羣—車 駕也　貂 鼠屬 姓—　𧳜 同上　蓧 草名　𠟗 琢玉也　䄂 短衣也
𥐟 小毹鳥 尾翹毛　錭 同雕　𨺗 山穴　窵 遠—窅深也音弔倒　鳭 —鷯 似雀
𪀰 石孝鳥 音驍　刟 斷也 同刖　舠 小船也　敦 —弓畫弓也平聲　鼦 同貂

⿰多周大也多也 刟斷也 鵰自熟視也鳥名音兕 奝大也多也 婤女名
碉石室 鼦古文同貂 鍣錐也音迢昭
標木末也表也旌旗也書也位置也 慓心愶也音飄 摽麾也揭也落也 驃驍勇也馬行疾貌官名
幖幟也幡也 膘脅後髀前肉也 瀌雨雪盛貌 僄眾貌獸趫也 杓斗柄也引也擊也音飆又音勺
飇暴風也 鑣馬嚼鐵也 瘭瘡瘡也 膔脂ㅣ肥貌 颷風狂也急也 飇狂風也
⿸广瓢器也銅瓮也盡死殺人也津也 飆同飇 縹ㅣ紗輕繅貌青字 脿同膘 鏢兵器鞘下飾也
鑣酒器也 ⿰角麃同鑣 穮除草也耘田也 ⿰禾票禾穗也 ⿱艹猋草名 髟髮長貌揚貌
猋大走也音飄 票輕舉貌火飛也音飆 灬烈火也音火 鰾魚胞也 ⿰禾麃同穮 瞟惡視也望也

⿰月猋腫也音漂 熛火飛也 ⿱𦦙火輕脆也 爊溫也煨也 ⿸尸票同上 旚旌旗搖也
謤言輕也 瘦病也音漂 瘭同上 剽識也音飄 嘌山峯出貌 篻竹名
漂浮也音飄 醥清酒謂之ㅣ音莩 鰾魚胞也音莩 犥牛黃白色音莩 ⿰票攴擊也音胞 麃武貌耘也音庖
憔ㅣ悴瘦也 樵散木也炊也采薪也 譙地名殺也 瞧偷視也 噍食也
顦ㅣ顇頭病也 癄同憔 ⿰焦阝鄉也 ⿰焦刂斷也刈草 鍬ㅣ[illegible]問也 嫶冥也
巢山高貌 朝陪ㅣㅣ廷草也平聲 鼂偃ㅣ旦也音朝 潮海ㅣ地之喘息也
晁ㅣ錯御史大夫名古朝字 嶢高也音堯 淖同潮 醮同憔音釂
朝姓也 昭姓ㅣ見也光也著也覲也曉也日光也音韶 招姓ㅣ罟也求也手呼也音韶翹䫂同

十八

鼂姓ㅣ旦也音潮 朝旦也崇終也ㅣ夕早也ㅣ鮮國名音潮株 釗遠也見也勉也 鉊鐃敛也大鐮也 ⿰𠦝舟旦也朝也
盄器也 妱美女也 弨弓矢貌 晁古朝字 怊悲也瞀也悵也音超迢抽
鍣錐也音迢貂
喬高也大也盛也 橋姓ㅣ戾也水梁也 僑姓ㅣ高也 嶠山高貌通橋 翹ㅣ仰也冀望也
獟同上 荍荊葵也芘芣也 蕎同上ㅣ麥 趫舉足也健也 獢獨也 鷮鷂名
⿰喬亢不安也高也 ⿰喬尤同上 趬口不正也 鄗國名 翹連ㅣ藥名 簥大管名
⿱宀喬寓也客也寄也 轎小車也竹輿也
飃ㅣ颻ㅣ蕩風動貌 嘌疾吹貌 螵ㅣ蛸藥名 鰾同上 ⿺走票輕行貌 ⿰𧾷票同上

漂吹也寒也蟲飛貌浮也動也音猋 ⿰氵剽同上 翲飛貌 票火飛也音標 勡强取也劫也
僄身輕也 摽擊也拳摽 ⿱髟票髮白貌 魒斗星名 飄疾風也 ⿰風票風吹貌
謤言輕也 飃風聲 鏢刀鞘銅也刀斂端飾也刀鋒也音猋 旚旛旂也 嫖漢公主名
剽小也剝也急也輕也截也切也瓢上聲漂上聲 嫖ㅣ姚官名 慓急也 彯長組貌
瓢瓜瓠也 瞟目小貌 杓斗柄也音勺摽 ⿸鹿票鹿屬 ⿰票阝地名 薸浮萍屬ㅣ音標描
蕉芭ㅣㅣ葛黑也音樵 焦灸也火臭味也火燒黑也 椒菜也姓也 鷦ㅣ鷯桃蟲也 ⿰糸焦布屬
燋炬火貌音樵醮爵勺 ⿰火隹同上 ⿱雔焦同上 爝火炬也音爵 ⿰面焦面枯小也
膲三ㅣ上中下焦也 鐎ㅣ斗即刀斗其器受二升或炊夜擊 ⿵門焦木名皮堅若鐵生水

十九

樵 取也推也　嶕 ｜嶢山高貌　蟭 ｜螵｜螳螂卵也　譙 羽殺也音誰

苗 禾｜｜裔眾也嘉穀也　描 畫也摹畫也音茅貌　猫 夏田也　貓 食田鼠也　媌 目裏好也音矛

㝥 古苗字　緢 絲也旄絲　渵 大水貌　鶓 鳥名　魑 ｜鬼也　茅 菅也音矛

瞄 張目也　錨 器也鉛上鐵猫

韶 ｜舜樂韶也繼也美也　鞀 似鼓而小　招 舜樂簫平聲音照昭翹周　玿 美玉　⿰爿召 牀別名通作柖

牊 同上　萔 草名　⿱殸召 同鞀　柖 樹搖貌射的也音紹　佋 介行也音紹

詔 當也音紹照

挑 撓也擷也杖荷也撥也肩荷也取也音叨條窕　佻 輕薄貌勞苦貌　⿰兆刂 剔也　恌 偷薄貌音遙　祧 遷廟也

⿰礻星 同上　聎 愉也　朐 器　⿰月花 祭名

驕 恣也自矜也野馬也　嬌 ｜嬈女美也態也　鷮 雉名音喬　穚 禾秀也　憍 恣也逸也｜矜

蕎 藥草　⿰丩几 喚也

超 跳也遠也越也卓也　⿰召欠 促也　⿺風召 扇風　祒 人名　怊 悲也悵也音昭迢

⿰巾召 細絲也

燒 爇也燔也音少　⿱一夾 同上　⿱癶章 同上　繇 瓜名

鍬 臿也　鍫 同上　幧 斂髮也頭也

三肴 古通蕭

肴 啖也地名殽肉也　殽 亂也豆食也俎實也骨體也效也相雜錯也音豪　餚 同上　崤 山名

爻 交也象易六｜頭爻也音殽　淆 水名｜混雜也亂也　筊 小簫也管也　⿱爻子 放也效也

胶 脛骨也聲也　⿰木肴 ｜桃郎梔子也　⿰貝肴 豐財也　⿰糸爻 絕色也　猇 ｜亭地名音鴞　⿰犭高 犬咳吠也

⿰犭肴 同上　⿰犭翏 同上　⿰忄肴 怯也　郩 邑名山名　⿺走肴 走貌　校 桶也

恔 快也　婋 虎聲　詨 言語不恭貌　⿱⺮爻 竹索也　硣 石名石不平也　洨 水名音爻效

倄 刺也痛聲　⿰山尤 山名

交 共也俱也交領也合也友也同蛟鵁　郊 ｜野｜祭天名　蛟 龍屬　茭 ｜芛草名　⿱艹較 同上

鮫丨鮒魚類也 校丨椅角也報也平聲 窔室東南隅也幽深也 鴞鵰丨鳥名
絞絹名 酵酒也 敎丨訓平聲 膠丨膝腿也固也音敎豪 嘐志大言大也
轇丨轕言語紛紜也雜亂貌 輡同上 佼美也 璆玉聲也音求 咬鳥聲
樂錯亂貌音學 洨斯丨水名音爻效 詨呼也喚也 誟同上 𨒪合也共也
摎束也纏也音撓絞勾 校亂也憒意也音敎效 漻水名 驕馬高六尺也
肴放也效也音敎
庖丨廚也苞也苞苴裹肉也 炰丨烋彭亨也氣健貌音匋 苞叢生也 咆丨哮虎聲 匏瓠也
炮毛炙肉也祭燔柴也音砲 跑丨走急行貌 鉋鐵丨丨刨平木器 鞄柔革工也

齙齒露貌 䶌樂名 泡沫也音包拋 瓟刮也 麃麞屬音穮鑣 掊引取也
茅姓丨草丨菅也亭名音貓 茆同上 矛戈丨句兵也 髳髮至眉也國名 𠯈同上 楘丨㮟音木
蝥盤丨頭盤也 媌目裏好也 蟊丨賊害禾蟲名音謀無務 蝥同上 𢦦同矛
鶜鴟鳥也 嵍山名 魹鬼偶也 蝥螌丨毒蟲名 柕器名 嫹美好貌
𥝂禾不實也 渵大水貌 描打也音苗貌
筲斗丨竹器畚種類音朔 弰弓末也 梢卒也木也小柴也農器木無枝也音宵數 粆米粉也 颵風聲
蛸蟰丨虫名小蜘蛛也 哨多言也不正貌音哨 鞘鞭丨六丨音宵 髾毛髟長也
鮹海魚形似鯿鯖 箾丨飯筥白 䈰飯筥受五升 輎兵車 蕱藕根絲者 旓旌旗之旒也

䘯衣衽也 莦惡草名 娋孟姊也 嫂同上 捎芟也掠也拂也音宵
稍桄也漸也去聲 艄船尾舵也舟名 胞胎衣也同丨音拋 勹同包 鮑姓丨遺魚也 苞丨桑生也
包裹也姓也容也取也 閄古包字 𨚔地名 刨削也 麭餌也音炮俗作丨饎 峊山名
枹木名 蚫蟲名 怉壞也 颮風急也 鴝鳥名 笣竹名
衵衣也 㱿棄也音殺 橐張木貌
敲丨叩丨擊也推也橫擿也 拷掠也打也音考俗作敲 虓虎鳴也 哮咆丨虎聲丨喘 涍水名
婋女心俠嬈也 摮擈擿也音敲 獋大咳吠也音嚻 䂭丨磝城名 顤丨顟頭高長貌 㹧同鴞

𧲣豕驚聲 颾風吹貌 䬛同上 墝瘠土也音巧 磽堅硬也 庨宮室高貌
犒同敲橫撾也音犒 骹脛也 尻脽也髖也 跤同骹 亮同敲
𢙍丨伢伏態也音殼
鐃小鉦也征丨 猇山名在磽也 獟猘犬也 猱獸也猴也 獿同上 獶多毛犬也
鷯鵁丨黃鳥 橈摧折也 詉語貌音擊 譊恚呼也鳴也語也爭也音撓 怓亂也
呶讙聲也喧丨音擊 撓擾也搔也抹也
巢姓丨穴鳩居也高也音剿愁 轈兵車也 𥗥石山也 𠿬眾口聲也 漅湖名
𡑼陽地也 𨅲行捷也 𡿂丨嶚山高貌 鄛邑名 𩏄束也 𨙨競走起也

棓 姓丨把也深也克也聚斂也音浮庖裒剖 巢 鳥穴中也 窠 屋深貌 勦 輕捷也
棓 木名 錇 鏂釘名 抔 手捧物也 蔀 小席也草名音剖 涪 水名
裒 盛貌同上 裦 聚也 部 署也 部 統也總也曲也分也 裒 聚也多也減也 褎 袂也進也
剖 破也判也析也 㪗 語不受也 䳝 鳥名 餢 㲊餅也 髻 髮好也 㛂 㛂丨娝婦人肥貌 㤓 小怒也
抄 取也謄寫也掠也音𠀤 䚁 代人言也音抓 䚁 本同上 趠 行也 篰 牘也箙也 䈬 㲊也
鈔 取也畧也 耖 重耕田也 訬 擾也健也疾也音𠀤
嘲 言相譏諂也謔也 啁 嘐也 趫 丨趬跳躍也 謿 同嘲 筭 大笙十九簧

抛 棄也擲也 㰐 長大也 葩 藥草 脬 膀光也通作胞 泡 水上浮漚也
𩈯 面曲也 𩈪 同上

字彙輯正 卷二 元集

四豪 古通蕭

豪 姓丨傑丨俠彊也帥也俊也英也傑也 毫 長銳毛也姓丨纖細也 濠 地名地下池也 壕 同上
蠔 蚌屬蠣也 嵃 山名弘丨 譹 戲也言語放肆 榬 木名 唬 虎聲也呼也 號 丨泣大呼也
饕 饕丨貪食也 嗥 熊虎聲咆也 颮 風聲 隍 城下道也 餇 同饕 虢 虎大大也
嘐 戾也 褭 同豪 瓌 玉名 隞 同隍 䑸 船竿 嗁 熊虎聲
嚎 丨啁哭聲 勂 休謟也 㩚 𥎖多少曰丨 鄡 南陽鄉名音鴞 諕 號也或作譹人名音罅毒
嶅 健也彊也
高 姓丨地名崇也 篙 進船竿音誥 槔 木也音杲 蒿 蔎也耗也蟲蓄 膏 甘也脂肥也澤也音誥

莕草名 羔小羊也 糕糜也粉餈 櫜受箭器也甲衣也弓衣也韜也音誥 䈇同篙

皐｜陶舜臣名地名 捄除也䥍去田草也 睪澤也 槔桔｜田家水車

餻同糕 鎬同上 嗥山名亭名 㤓知也局也 皓同皐 蒿蒿屬

皋緩也岸也澤也 薅去草也 滜水名 鼛鼓也 獆豕名 鄗鄉名

稾禾名 覒見也 鼛大鼓也 韟同櫜

叨貪也忝也濫也食也 忉憂也音刀 韜弓衣也藏也 滔漫大貌慢也水流貌 縚藏也寬也

絛扁緒也絲繩也纏飾也 叟滑也 叜同上 弢弓衣也藏也 熖火光貌

嫍女字 慆喜也慢也久也疑也藏也 槄木名 䈱竹筐飯牛器 㹙牛徐行也

鞱同韜 瞀目不明也 匋古窑 謟疑也从臽與諂別 鋾同也

誂往來言也 夲進趨也 夵進也 洮洗濯也盥也髮也音逍道 搯抒也搯也叩也

蓧草名 掏捎也音桃 挑往來相見貌音祧死條

徂升也往也存也落也共也 砠石山戴土也 殂終也滅也死也 耝耕而起土音沮 曹姓｜輩也偶也羣也

槽畜獸器酒｜酒坊也 艚船名 漕姓｜水名水運也音鄜 𨑡往也

嘈｜吵嘈喧貌 螬蠐｜虫名 嶆山深貌 鏪穿也 狙詐猿也音沮 𩞄食也

豠豕屬 糟糠｜酒滓也姓｜醇也 瘏病也 𥳡竹名 尠少物｜物也未精也

𦖭耳鳴也 鰽｜細埔魚其 蓸｜菇草名 𥛆祭承先也 𣍘同曹 嫅好貌

𣊷日晚也 慒糟也 醩｜醵泛屬 覷伺視也 䜊亂也 𦢊肥也

覰與戲同 岨石戴土也同砠 𣩗同殂

敖囂也姓｜游｜戲也地名傲也 𢾕同上 謷不省語也音傲 𨍭蟹｜車｜ 熬乾煎也秋聲

嗷衆口聲也 嗸同上 鰲｜頭魚名 𦪇船接頭木 鼇海中大鼈也 厫倉｜積穀所

撽搖動也 聱言不入耳 驁駿馬馬驕不馴也 獒猛犬也 遨遊也

𣞶船頭木也 鷔大黃白色音梟 磝磽｜城名 翱｜翔高飛貌 嶅山名 囂無咎得貌

鷔不祥鳥名 璈樂器 鏊同上 嚻喧也炊氣也 嶅山多小石也音傲

𡼼同上 䫜風聲 隞地名 熝煨熟也 艞船底橫木也 𩬶髮貌

摮擊也 𠢕健也 滶水名 傲傲也 慠倨也 𣈴日光也

嫯侮易也音傲 顤｜頷高大也音傲

毛貌也冒也姓｜頷項也羽鳥也獸也草也皮髮也音髦 巫女道曰｜姓｜祝也 㑄愛也 𤛆牛也

犛牛尾也音來茅 璑惡玉名 嫫醜婦人也 旄幢也星名羽｜旌屬音務 秏同上

髦美士也昌也幵也選也 酕｜醄醉貌 㲠毛段也 无同上 亡自有而失也平聲

誈同誣 廡廡也門屋也音武 毋止之也姓｜禁止詞 謩同謨

暮同上 𣞤同無 旡同上 蕪同上 橆同上 𥲤黑竹皮

軞公車也 芼草覆蔓也 𥑮前高後低也 庑同廡 鵐鳥名雀屬 嘸東嘸也

醭 美漿
𠫤 法也刑也
芜 草名
誣 斯妄也加也不信也
譕 議謀也
璑 冢地名墓地也音武
憮 空也音呼武
勞 丨苦劇也姓丨事也勤也憂也
労 俗同上
嚧 呼狗聲
鸕 丨鷀鳥名
臚 皮也傳也陳序也
轤 轆也車也
纑 練麻也
顱 頭丨額名
哰 拏也囒丨
嶗 丨嶗山嶮也
壚 黑剛土也
艫 舳丨船名
瀘 水名
爐 火丨也
炉 俗同上
𢾿 黑色也
櫨 柱上柎也丨橘杏名
癆 丨嗽朗瘀火也
聊 耳鳴也
撈 沉取也取也
醪 醇丨汁滓酒名
澇 水名大波也音老
牢 閑也牲備也堅也籠也回也廓也音樓潦
嫪 姓丨丨毒
髗 頭丨同顱
鬑 鬑丨
黸 黑也
[illegible] 退名
籚 篚也竹器
獹 犬名
瓐 玉名
𤬫 瓜類
𤬫 同上

𤨵 玉名
甗 酒器
鐒 銅器
𦨶 同艫
矑 目瞳子也
硓 石器
穭 野豆也
蹠 傳也同臚
鐪 同甗
撈 同鐒
譊 聲多也
鵜 鶏丨鳥名
峷 峷丨亭名山名
𢮲 閑也
醪 濁酒也
𪓪 丨鬱物未精
廬 同盧屋舍也邑名
黸 黑弓也
嘮 同譊
攎 拏持也張也引也
驢 似馬耳長
僗 同勞
憥 心力乏也疾也
簩 竹名
侔 大也
蠃 蠔蛤也
憦 懊丨悔也
窂 實也
蒿 蔽也好平聲
蕣 拔去田草

五歌 古通麻 ○ 韻略通麻
歌 曲合樂也詠也柯也音姬柯
歌 歌可
謌 俗同上
哥 弟稱兄也
哥 俗同上
哦 同上我也
鴚 鴚丨鳥名
騀 同上
怱 楷也法也知也
戓 地名
舸 大船也
牁 牂丨繫舟也
菏 丨澤水名音何苛
珈 加也音嘉
舸 船名
柯 斧柄也草也法也枝也姓丨地名音哀
裿 撝也音呵拏
莪 蒿丨草名蘿蒿也
哦 丨咏吟丨
娥 丨皇堯女也星丨嫦丨好也
蛾 飛丨蟲名蠶也
俄 丨頃片時也
峨 嵯丨高山也
吪 動也化也謬也音譁
鵝 鴈丨騀鵝也
䳘 同吪
䳗 齊也同俄
訛 丨言謬也僞也
䖸 䖸丨高大貌
髿 同上
譌 同訛僞也化也妖言也
涐 水名

鈋 圓也 齱 齱ㅣ齒貌 餓 白色 峩 同峩 珴 奉珪璋貌 䄉 祭名

睋 視也 裓 衣盛飾貌 囮 譯也化也鳥媒也 硪 石巖也 誐 嘉善也 捸 搓也

桅 木節也

沱 滂ㅣ大雨貌涕垂貌音駞 沲 同上 狏 獸名 紽 絲類 陀 陂ㅣ險阻也 駝 駱ㅣ背傴也

舵 正船木 柂 同上 跎 蹉ㅣ失足 鮀 䲧ㅣ人名魚名 酡 酒容也音坨 㸰 牛無角着

岮 陂ㅣ不平貌 駞 馬名 柁 船尾小梢也䑨 牠 山獸名 迤 逶ㅣ旁行貌音而以

佗 委ㅣ容自得貌 他 美也人名平聲 馱 馬負貌騎也 鼉 木蟲介屬 柁 木落葉也音妥 驒 馬青斑曲也

它 同佗蛇也非也異也 䶌 皮帖履也 䨊 同沱 砣 石ㅣ碾輪石也 拕 曳也引也偃也

疱 病也 㾃 同上 䍵 縛也 瓵 缾也 鴕 鳥似雉 䭾 負也驚也

𢠳 飛貌 陁 同陀 ⿰米它 餌也 ⿰車它 車疾馳也 詑 自得貌淺意也 埼 飛ㅣ戲也

拖 同拕曳也引也上去二聲 灺 燭餘也 ⿰火迤 同上

柯 草莖也斧柄也姓ㅣ法也枝也檜梢也音衣歌俗音呵 蚵 蟲名 阿 水岸也曲也荷也倚也

珂 玉名 舸 小舟也船名 疴 病也 軻 車軸也車接軸也 砢 磊ㅣ小石

坷 坎ㅣ不平貌 戓 繫舟杙也 菏 澤名 ⿸尸可 放也 ⿸尸亞 ⿸尸可 同上上廁也

⿰糸可 縞練也 妸 美女也嬌也 訶 ㅣ子乳服也 呵 笑聲 ⿴衣可 ㅣ褒衣好貌 痾 同疴

猗 美盛貌平聲 娿 婾ㅣ不决也 婀 同上 錒 釜屬 妿 女師也音歌 ⿰糸阿 細繒也同⿰糸可

⿰木哀 木盛貌 ⿰巾羅 裂繒也 抲 撝也音歌拏

蹉 姓ㅣㅣ跎失時也 磋 ㅣ磨治也切ㅣ 傞 舞衣也 醝 白酒也 鹺 鹹也 瘥 病也

銼 鍑也同挫 䰈 髮好也 瑳 玉色鮮白也巧笑貌 搓 挪也音差 嵯 ㅣ峨高山貌

艖 舟名 蒫 甘菜也 ⿰夕坐 山名 挫 摧也折傷也柔斫也簏 髊 腐骨也

縒 絲亂也 齹 齒差跌貌

羅 姓ㅣ列也帛也國名 罗 俗同上 蘿 絲ㅣㅣ蔔菜名 籮 ㅣ篓竹器 鑼 鈔鑼器也銅ㅣ ⿰氵羅 汨ㅣ水名

欏 桫木也桫欏ㅣ落籬也音櫨 囉 ㅣ唣小兒聲也 氌 氆ㅣ絨毛織也 ⿺毛羅 同上 儸 僂ㅣ傻貌

饠 饆ㅣ食名 覶 ㅣ縷多言也 蠃 田ㅣ螺名蚌類 曪 光明也 ⿱罒⿰糸寸 同羅 腡 手指紋也

騾 驢ㅣ父馬母生 驘 ⿰馬羸 同上 ⿱髟羸 髮亂也 ⿳亡口⿲月魚凡 魚名 ⿰魚羅 魚名一身十首 攞 ㅣ破也音離

⿰虫羅 蝸ㅣ俗字 ⿺麥羅 餅也麵也 ⿰金羸 小釜 ⿰⿱罒貝刂 擊也 ⿰土累 盛土草器也 ⿰山羅 山名

⿳亡口⿲月金凡 銼ㅣ小釜

摩 研也迫也揩也滅也揣ㅣ音磨 魔 鬼也 麼 微也么ㅣ細小 饝 ㅣ饅頭也 ⿸麻食 饝ㅣ面食也

么 同麼 嬤 呼母曰ㅣ ⿸麻刂 切也 劘 同上 ⿸麻皿 盌也 ⿰面麻 面青貌

⿰面麼 同上 ⿰女磨 慚也 ⿰山摩 山名 ⿰月麻 瘺病 ⿰忄靡 心病也音糜 ⿸麻香 同麼

和 調也合也ㅣ平諧也 禾 嘉穀也和也 咊 龢 惒 同和 盉 調味也 呆 小兒啼聲

⿰口和 順也小兒啼也 鉌 鈴也ㅣ鑾 苿 草名 ⿴囗禾 牽船聲 ⿰禾方 棺頭也 ⿰月禾 樞棺也同上

柹同上 姼女字

多丨寡剋求也眾也勝也 𡖋同上音趨刀 簃取魚具竹器 哆緩脣也音侈侈 㾊馬疾也 㑯姓也

𦺈姓也 觰角短貌 跢傷幼行也音馳帶額

茄菜名古國名丨花 跏跛丨足 骩腥丨手足曲病 瘸同上 伽丨藍國名 岬眾山森列貌

抲取也

磨琢丨礎丨石磑也 魔鬼也邪丨 劘劃也切也削也 鑚金也 磑磨也音磑

蓑音摧丨衣草衣也覆也辟雨具 簑同上音催 娑娑丨舞貌衣揚貌 挲摩丨也手接也

唆㩳丨詘詞也小兒相應也 簑織具 莎草名即香附也 蹉丨跎失時也 挱同挲

駊馬行貌 鮻魚名 梭織杼之屬音潛句 娑女字 娾同上

𧃢丨題 䜌名 傞醉舞貌 傻行也舞不止也 桫丨欏木名 𧪽倭也動也

婆奢也丨娑老婦稱 番老也董也音潘凡 鄱丨陽湖名音槃 皤白也素也音波槃

𥧎同上 蔢佛經婆字 摎斂聚也 磐除也披散也斂聚也音盤

何姓丨誰也胡也曷也 柯木名 荷丨花芙蕖也 河姓丨丨海下也州名 舸酒器也

啊眾聲也 訶同上 鮣魚名 蔏釋名 柯木名 蚵蟲名

苛細也政煩也擾也怒也姓丨重也音呵哿

拸鄉也曳也引也平上去三聲 拕曳也 柁正船木也 舵同上 柂同上

咼姓也

儺逐疫也盛貌行有度也 那姓丨丨移何也 挪挪也 哪語助也 捼推也捘也音挼衣

捼同上 娜婀丨音伍笴 㔯除疫也 棶木茂盛貌 䐯雜骨醬也音爺 𪁓獸名形如鼠

橠枝弱也 跜跜丨不肯行也 旎旖丨平聲 梛木名 㹸獸似牛白尾 𧄍葉盛貌平聲

𪃾多也 哪山名 𧃝山名

呵丨笑聲嘆聲應聲噓聲 訶譴也責也怒也 詷敢丨怒聲 痾病也 柯手挿也 祠祭也

頗傾頭視貌 已氣舒貌 痾同痾 廁上廁也 苛祭也音何哿

波潤也水涌流貌丨浪風丨瀾奔丨搖動也音羅賁 披阪也 玻丨璨玉名音頗俗作丨 菠丨薐菜名

侉同花 𣸁同拖 㟯小山貌音朵 他彼也誰也邪也平聲

科課也程也品也條也丨第坎也等也 蝌丨蚪字體也蝦蟆也 𦶟草名 𥮏竹名

𤚩牛屬無角牛 𥿊紋綵理丝 斛丨斗餌也 𩒃同上 邁寬大貌饑意也 𥃝策名音擿

稞無皮穀 窠空也穴中曰丨樹上曰巢

戈姓丨干丨戟也過也 過去也過也平聲 撾擊也擊鼓也 濄水名水同也同濄 撾打也

緺綬丨紫青色 鴰鳥名 鈛溫器 䤾酒色也 嗵小兒應聲 戔水名

簻策也同撾 渦姓丨水名音瓜倭 髽丨髻 簻馬策名 檛箠也策也

瘥瘡病 鍋盛膏器音果 錢同上 茪草名 膼腿也 鐹鎗釘也音果

碆 石矢也 音婆 紴 絛屬 陂 丨陀 不平也 嶓 丨冢 山名 袙 衣貌 岥 岥也

瀕 水貌 皤 豈多貌 鬢白貌 音鞶

他 彼稱也 誰也 它 同上 非也 異也 佗 蛇也 蟲也

矬 坐平聲 短也

蜾 音果 裸俗作田丨

六麻 古通歌

麻 姓丨枲屬 油丨音摩 痲 丨縷丨 痳 丨瘋 痳 痘俗字 蟇 蝦蟆也 音莫 蟆 同上 蟵 同上

䊶 言也 丨䊶 䕅 雞名 䕅 䕅丨 䕅 山貌 䕅 綫視也 䕅 丨䕅 釋也

蔴 同麻

遐 丨邇 遠也 音何胡 霞 赤雲氣 也 瑕 過也 遠也 玉玷也 騢 赭白色 似鰕魚 赮 赤色

蕸 花葉也 芙荷芙葉 音加 嘏 咽也 瘕 女病也 丨蟲病也 㕵 麼丨 語也 丨瓅

鍜 鍜丨 頸鎧也 與鍜同 假 俗㕵字 碬 厲石也 磍丨 高下也 蝦 足所履

蝦 蟆也 蟲名 鰕 鰕也 同上 孲 孲也

家 居也 音姑 袈 丨裟 衣也 加 重也 益也 增也 陵也 葭 未秀者 麚 茄 水草

嘉 美也 善也 腵 腸病也 茄 芙蕖莖 也 猳 野豬也 枷 佛號 迦 丨毘 枷 梻也 加也 項械也 瑕 婦人首飾

笳 胡丨 胡人卷蘆吹之 痂 瘡疥也 伽 丨藍 神名 麚 牝鹿也 嗵 嗵丨 諏言也

鴐 鴈類 鳥名 謰 誣也 誣也 豭 同猳 假 美也 平聲 㕵 同痂

沙 姓丨 水散石也 疏土也 砂 砂丨 俗字 裟 袈丨 僧服也 鯊 魚名 紗 縠也 占通沙

髿 音莪 髮垂也 髽 長毛貌 犖 牛名 挱 挼丨 捐引也 桬 丨棠 木名 出崑崙山

粆 糖丨 莎 丨雞 名 音唆 鈔 丨鑼 銅器也 音娑 鎩 同上 挲 摩丨 開 貌 音娑

挲 同上 挲 抄字之譌 莎 同莎 莔 草名 魦 同鯊 鯋 同上

杪 細絲也 靸 靸丨 鞾 履也 沚 同沙 砦 丨石 地名

琶 琵丨 樂器 杷 音琶 平田器 枇丨 果名 鈀 鈀丨 鐵器 平田器 爬 搔也 把 丨或作

杷 靶 兵車也 灞 水名 舥 牛角開 而大也 耙 犁屬 把 與爬通 枇丨 樂器 音霸 又巴上聲

橍 棠也 鋩 同鈀 鞁 轡革也 䩗 色 笆 竹名 音笆 笆也 笆 五齒丨 泥 用以取草

誇 矜丨 大言也 逞也 譀也 譸 同上 夸 同上 胯 兩股間也 渡也 越也 袴 袴也 褲也

刳 割也 判也 刻也 剖也 唥 丨子言 戾也 姱 丨修 好也 美行也 音戶 科枯 盻 目視也 侉 離絶貌

㧜 鎗橫大 也 恗 心自大 也 音呼 骻 腰也 同胯 踝 足丨也 蹄也 跟也 丨蹁 堅貌 荂 榮也 華也

跨 渡也越也兩股間也大坐也跨｜行貌 銙 帶具 㞊 履也屏㞊也音胡蓋 㡁 衿袍也

□ 同侉｜ 華 不正也音花 話譁和灼

哇 吐也淫也非正曲也 蛙 蝦足也音膚 娃 女｜跨｜美貌 烓 火貌 娃 美女也音基 呱 兒啼聲

漥 低｜清水也深池也 窊 窊｜下水所聚也 咼 口戾不正也 喎 同上 □ 小兒啼也

□ 過也 媧 姓｜女｜古神聖女 □ 門不正開 欸 歎聲邪貌 鼃 蝦蟇也始也

嘩 喧｜嘈吵也 □ 骼骨 □ 腡腸腹下肉 騧 良馬也 汙 水坎地也平聲 洼 深也曲也音圭

蝸 有角蟲也｜廬小室也 驊 良馬也 檛 擊也 □ 踦滯也 瘑 病也

□ 蟲名 □ 荂也音花桔荂麻 □ 不平貌 □ 色敗也 唲 嘔｜小兒啼也

緺 綬紫青色 芭 ｜蕉香草 豝 牝豕也 爸 父也吳人呼父曰｜ 葩 花盛貌音坡

巴 姓｜巴名蜀也蟲也尾也 吧 大口貌 疤 瘡痕也 舥 浮梁也 笆 ｜籬竹有刺者 □ 獸醜狀 □ 牛角相指也

粑 ｜糍俗字 羓 乾肉也巴腊臈 □ 同豝 妑 雙髻也女名 □ 髮亂也 □ 齒不正也

□ 飛貌 □ 酉巴 □ 筆也 □ 兵車也 蚆 貝也

□ 名也舞也 搽 ｜擦拭也 嗏 吽喊聲 查 姓｜｜訪考察也 □ 瘡痂甲也

奓 窊｜不正也嬌態貌 柤 木閑也距也 □ 女名音戲 □ 含舌貌 槎 表斫也桴也

柴 小木也音差悠砦 菹 酢菜也阻也 痄 ｜疨不相合 疨 ｜痄病甚也 □ 衣見裼

蕸 ｜齖齒不正也 □ 齖｜大齒 垞 地名音㖶俗音茶 □ 屋頹貌

苴 水中浮草音祖斜 蒫 水草也 捈 摲也音徒椰樗 茶 俗搽字

渣 ｜滓水名同溠 抯 摣也音且柤 柤 木閑也距也音槎 樝 木名 齇 齒不正也

揸 手執曰｜捡 喳 口多也 吒 怒也責也 咤 叱也音宅託奶 咱 俗稱巳曰｜ 楂 姓｜水中浮木

蹅 足踏也 □ 取也 奓 張也開也 □ 滓也 摣 取也 □ 紅稻也

□ 赤｜紅稻也 □ 鼻上皰也 □ 瘡痕也 □ 以指按也

鴉 烏別名烏也 亞 次也醜也少也就也音啞 椏 樹斜貌 婭 姻｜親戚也 丫 物岐頭

□ 笑聲也笑言也 孲 赤子也 □ 行不正也岐道也音啞 □ 脮肥也 □ 兄弟行也

稏 䆉｜稻名 □ 矲｜短貌 錏 柔剛鐵也音雅 □ 心鬱也 □ 刎也剄也 □ 姓也

□ 深也 □ 覆也 俹 倚也傲也 □ 石名 □ 小船也 □ 歐｜驢鳴

雅 楚烏也正也 掗 強與人物也音啞

牙 ｜齒也姓｜萌｜音訝稚 芽 萌｜始也 衙 ｜府參也行貌音魚 禡 ｜祭音陌罵 齖 ｜齒不正也

笌 竹笋 □ 骼也 □ 邪｜縣名 疨 痄｜病甚也音鮓 □ 兔網

枒 木梢也 庌 廡也舍也廳也 □ 扠｜不正貌音訝

差 ｜錯｜訛謬也 □ 洞簫也 䙑 衣長貌 搓 推擊也 □ 言謬也 嵯 ｜峨高山貌

叉 指相交也 槎 舟也花名音查 艖 同上 瘥 病也 □ 古差字 蹅 足踏也

嫎 女字　㧓 挾取也　服 服也　跁 踏也　柤 [illegible]也　齹 齒不齊也
縒 鮮絜貌　鎈 光也
華 姓丨榮丨 音花 誇語　蕐 同上　驊 丨騮 馬名　鏵 鍫也　樺 木名　閜 開門也
⿰忄華 心倦也　⿰酉華 醇丨 酒名　[illegible] 左服丨騮而右騄耳　⿰虫華 蟲名　划 進船具 音[illegible]
⿰禾華 禾盛貌　鷨 雉別名　吴 大聲也 大口也　鋘 丨鍫 鍫臿也 音吳胡　芺 兩刃臿也
崋 西嶽名 姓丨 音[illegible]　戕 進船也 俗音杈　⿸疒那 丨瘕 瘡痕　⿸疒羍 同上　詉 言不解也 音鐃
拏 丨捉丨攙持也 擾亂也 俗字　挐 同上 引也 牽引也
拏 相牽引也　[illegible] [illegible]丨 草名　[illegible] 語不解也　[illegible] 訖也 言不正也 音詐　挐 持也 同拏

呶 嘮丨 讙也
花 姓丨 榮也 草木葩也　蘤 古同上　芲 俗同上　華 同花 荂也 音划　䔢 古同上　⿰氵花 水名
譁 讙丨 讙也　蔿 譌譁也 音[illegible]
瓜 菓名丨果瓜也 音孤戈　⿰瓜頁 短頸也　⿰足瓜 足躄交　踻 同上 音撾　⿰瓜刂 割也　騧 [illegible]黃色
蝸 蠃也 音戈　抓 引也 擊也
爺 丨娘 俗呼父爲丨　𤕣 同上　邪 結語詞 平聲　耶 同上　⿰木邪 橋丨 梛櫊　椰 同上
鋣 鏌丨 劍名　釾 同上　⿰口耶 嘆聲　⿱竹耶 竹器　琊 瑯丨 王名 地名　⿰山耶 山名
揶 丨揄 舉手相弄也　挪 同上　奓 大貌　⿰魚耶 魚名　⿱艹斜 蓄積也 音斜

茶山文史論稿
248

⿰月昌 鳴物叫 聒聲　瑘 同琊
斜 不正也 抒也 散也　邪 姦思也 佞也 不正也 音耶　⿰犭邪 猪丨 獸名　⿰氵斜 水名　⿰木邪 花可釀酒 音耶
椰 同上　⿱艹斜 蒿也 音耶　衺 不正也 惡也 姦思也　⿱艹邪 草名
蛇 毒蟲也　佘 姓丨 音闍　虵 同蛇　闍 城臺也 闉也 音都遮　沲 [illegible] 水名
詑 [illegible]也
奢 姓丨 驕丨 張也 音蛇　賒 貰買也　賖 同上　髂 骨也　賖 不交也　奓 侈也 音咤
⿰方它 矛也
些 少也 語辭 音娑　⿰木些 木名　⿸疒些 [illegible]也　⿰夕少 少也　尖 同上

嗟 嗟聲 咨也 佐也　罝 兔丨 網 罟也　蒩 澤生草 曰丨 地名 音[illegible]　謯 多言也
車 姓丨 水丨 轆丨 頭也 平聲　硨 車輿也　⿰山車 山名　⿱艹車 丨荷 草名
遮 遏也 盲也 斷也 要也 欄也　譙 多言也　儦 丨儸 健 不德也　嫶 美女也
爹 丨媽 爹也 音拖 俗音丨娘

七陽 古通江轉庚 韻畧獨用

陽 口也高明也雙也水北也明也清也傷也同佯音陽 陽 古同上 𨻰 古同上 昜 古同上 阳 同上

阦 俗同上 昜 開也長也充也 羊 牛ㄧ犬ㄧ祥也 芊 同上 笁 竹名 垟 土精也土怪也

洋 多也瀾也廣也水盛貌音詳 徉 彷ㄧ也儴ㄧ徙倚也徜ㄧ戲蕩也 羊 ㄧ蒙藥也 佯 狂ㄧ詐也

揚 飛舉也激ㄧ發也舉也顯也楊ㄧ稱說也 颺 同上 痒 病也 颺 飛ㄧ鱵ㄧ 鸉 鶬ㄧ舞則降雨

弶 弓曲也 楊 姓ㄧ木名ㄧ柳音盈 瘍 頭創也傷也 霷 十月也 瑒 玉名

㨾 木名槌也 穰 禾實也豐也 瀼 露濃貌音穰曩 攘 推也竊也卻也除也奪也止也擾也音壤 禳 解除殃也 𥡴

彩 同洋 𩃼 露盛貌 瓤 瓜實瓠ㄧ 孃 煩擾也 暘 明也日出也日乾物也

崵 山名 煬 鑠金也 䑋 肥盛貌 韝 馬頭上組也 逘 進退貌 禓 逐強鬼也音商

錫 飛掛也 鄚 縣名 蒻 草名儻ㄧ 垟 ㄧ鑾縣名 駅 馬名 輰 車也

諹 譽也 昜 融也同煬 戢 戈也戊也 壤 傷也桑土也富足也 鑲 鉤兵器

章 文ㄧ明也條也ㄧ程表也音中 張 姓ㄧ設也施也誑也大也開也音帳 璋 圭ㄧ 漳 水名州名

偉 ㄧ惶驚恐也 慞 ㄧ惶懼也 嫜 姑ㄧ夫之父母 樟 木名 弡 古張字 蔁 ㄧ柳藥名

麞 似鹿而小美也 獐 同上 鄣 地名 粻 粮也食米也音長 暲 明也

灛 ㄧ州府名 墇 壅也隔也塞也 彰 著也明也音終 鱆 章魚名 鶁 ㄧ渠水鶁也 趟 走也

徫 行遽貌 瞕 目大貌音暢

杭 州名姓ㄧ方舟也音剛 航 方舟也州名 杭 古舟 行 次弟也平聲 珩 珮上玉也 降 下也伏也平聲

鴴 鳥飛也 芫 草名音商 雄 同鴴 翃 頏 同上頡ㄧ 恑 悦也 远 獸迹也道也

骯 大貝也 斻 方舟也 桁 械也同航浮橋也 沆 水流也 齗 齧也

筕 ㄧ篖竹笪也

黃 姓ㄧ中央色也ㄧ口幼也 鐄 大鍾也音横 灮 古黄字 潢 積水也音光 晄 幌 熿 炫ㄧ火光也

篁 笙ㄧ横也步搖也 獚 楚ㄧ犬屬 翌 羽舞貌 璜 玉名半璧也 磺 強也石名 雞 花蕤榮也

横 牛名 癀 病也 蟥 虫名 瘟 病也 王 姓ㄧ主也天子也大也盛也往也君也

蝗 虫名 皇 ㄧ帝君也光也大也音往 糧 祭米 鍠 鐘聲 徨 徬ㄧ徘徊也

喤兒啼聲 湟州名水波漂疾貌音相眾 遑暇也急也 隍城池也壑也音詠 [illegible]大王也
煌煇也盛也火狀光明也 鶤鳥名 惶恐也 獚狗名 篁竹器竹叢也
[illegible][illegible]病也 鰉魚名 媓娥—堯女也 凰鳳—雄曰鳳雌曰— 艎—艅船也
[illegible]同上音橫 瑝堂殿也 徨急行貌 墴殿也基也 揘擊也音榮橫 騜馬白色也
[illegible]卵中— 堭合殿也堂— 韹鍾鼓聲 [illegible]眼光貌 鱑魚名 [illegible]—吉縣名
趪走貌 穔野穀 [illegible]病[illegible]肥貌 餭乾飴也 [illegible]—塵 葟花名
崲山名 [illegible]瘟病也 偟徘徊也 [illegible]馬黃白相 [illegible]同皇 [illegible]魚名
[illegible]穀名 㞷草木妄生也 [illegible]同上音狂旺

霜露凝也殺物也姓— 孀嫠婦曰— 驦驌—良馬也 礵砒—藥名 鸘鳥名 鷞同上
灀水殺物也
光—明—輝姓—華彩也 尣同上 胱膀—水府也 洸水湧貌水名 珖玉名 觥酒卮
垙陌也 桄—榔木名充也 晄同垙 茪藥名 輄車下橫木 姯女貌好也
[illegible]鼠名 侊大也 僙光武貌 骯—髒骨也 [illegible]武勇貌 [illegible]床下橫木
咣能言也 恍武也音傚 [illegible]肥貌
當任也抵也敵也擋也 当同上俗字 噹叮—响聲俗字 璫華飾也玎—玉珮聲 鐺鋃—鎖也
襠服衣也禾名 簹篔—竹號 澢水也 [illegible]草名 [illegible]耳—耳下他也 襠袴也

膛同瞠 艡艦船也 [illegible]獸名 檔木牀也木名 讜忠言也虫名 蟷虫名
儅止也 [illegible]魚名 [illegible]與食也
方附也船也道也術也法也放也併也文也板也常也—圓正也大也嚮也音房旁傚 芳芬—盛也 坊方也音房
枋舟師也榔柄也 祊門內也音邦 邡邑名 肪肥也 [illegible]馬奔也 汸水名併舫也音滂
鴋鳥名 鈁鐘也 荒飢—廢也 慌慷也嫌也 [illegible]月不明也 [illegible]竹器也
肓膏—心上鬲下也 雱盛貌 謊—唐夢言也 [illegible]凶年也 [illegible]縣名 [illegible]忘也
閍宮中巷門 匚受物器 妨害也礙也音訪 [illegible]忌也告也 [illegible]早熟也 [illegible]車聲不辨也音橫
[illegible]廣也音仿

狂躁也病也猘犬也 [illegible]同上 [illegible]速行也 㞷草木妄生也 [illegible]熱病 [illegible]水貌
[illegible]古文狂字 迋恐也 [illegible]草木生也 抂擾亂貌 軖車戾也音匡
汪生—洋水大也池也深廣也音枉 尪弱也病也 尩同上 尫蹩躄脛也羸弱也 鵟雉名
[illegible]瘦也 尢樓也短少也跛曲脛也
昂日升也馬行貌高—軒—舉也低—明也音仰 卬我也激厲也音仰 [illegible]屋角也 [illegible]馬怒貌 岇山巚嶝高也
茚萱—菖蒲音仰 [illegible]絲履也 枊堅也 昂舉首也
房筍室也天駟也—屋姓—宿名音傍馮 妨害也音芳孩音— 防隄也禦也備也禁也 魴魚名
[illegible]星名 [illegible]同房 坊隄边隄也音方

牀 ｜席｜第｜蝪裝也 床 簀也同上 藏 隱｜匿也收｜畜也 蔟 蛇｜藥名 霖 大雨聲

幢 旌旗之屬童也 噇 喫貌 醶 醃也 ⿰山藏 岊｜山名 ⿰氵藏 汲也 橦 帆也帳柱也音同衝

囊 袋也有底曰｜ ⿰虫囊 蟷｜虫名 欜 木名 ⿰衤囊 褌｜寬緩也 ⿱艹囊 香名 ⿰虫囊 蟲名

瓤 瓜實 音穰

湯 熱水也攘也水名昌也音商儻蕩盪通 ⿺走昜 走貌 ⿰湯刂 宰也殺也 闛 鼓聲 鼞 鼓聲

鏜 鼓鐘聲 膛 肥貌 摚 以手推止也

桑 姓｜箕星精愛蠶食也 桒 同上 ⿰酉桑 乳酒也 喪 父母故也 䘮 同上 ⿰糸桑 色淺黃也

⿰馬喪 馬白色

郎 姓｜官名 瑯 俗琅字 榔 檳｜ 螂 螳｜虫名 稂 ｜莠害禾草 ⿰車郎 兵車也

浪 滄｜放蕩貌水名音閬 ⿸疒郎 東西序也廡下也 狼 姓｜藉也豺｜音朗浪 琅 ｜玕玉名

蜋 螳｜螵｜蛸母也 筤 蒼｜竹名 駺 馬尾白曰｜ 桹 高木名 莨 蕒｜草也 鋃 ｜鐺鎖也鐘聲

崀 峻｜身長也 㝗 屋寬也 硠 ｜礚石聲 䯖 骯｜股骨也 艆 大船也 ⿰犭莨 ｜毒草名

⿰魚郎 魚名 ⿰魚良 同上 勆 有力也

忘 棄也遺也不識也怨也 𢖻 同上 亡 存｜滅也逃也失也廢時失事也 忙 心迫也怡也姓｜完也

邙 地名山名 芒 草名芫枝也音芳 鋩 鋒也 茫 大貌 ⿰石卜 山有石曰｜ ⿱竹芒 同芒

𧈡 俗蝱字 ⿱宀⿱亡木 大梁也守棟也 盲 芒也盲蒙 蘉 勉也 莣 草名 ⿱亡白 不知也

莔 貝母草音萌 恾 怖也 ⿰魚芒 ｜花魚名 尨 毛長也雜也狗也音蒙 ⿰山尨 山名

汒 怱遽貌音莽望

莊 端｜敬也姓｜嚴也 糚 嫁｜｜飾儮｜ 庄 田｜名彭俗音莊 裝 藏也裹也束也 妝 同粧 椿 松｜木器

賍 証也收｜ 牂 牡羊也盛也雲也 臧 善也厚也 贓 藏也納賄曰｜ ⿰目庄 視偷｜

桩 木名 框 木販盛物也 戕 杙也

唐 姓｜國名｜虞也 螗 ｜螂虫名 塘 池｜頹也 糖 沙｜飴也｜霜 ⿰口唐 ｜大言也 ⿰禾唐 ｜稂禾名

堂 殿也高顯貌當也 篖 筕｜行席文粗也 ⿰女堂 女好也 螳 ｜螂虫名 鏜 金鼓聲

⿱尚米 直旁橫木也蹤也姓｜ 漟 溇也 碭 坳｜山名 啺 同上 蓎 ｜蒙菜名

⿱竹棠 罩也 ⿰豕唐 豕也 餹 同糖 煻 煨｜火｜ ⿰牛堂 獸名 ⿱艹棠 海｜俗字

⿰木尚 樘 木名 鄌 地名 瑭 玉名 膅 肥也 ⿸广鄌 國名 赯 人面赤色

禟 福也 鶶 鳥名 ⿰糸唐 大繩也 傏 ｜偯不遜也 榶 木名 坣 古堂字

嵣 山名 ⿰昜失 同唐 搪 突也張也音湯 鼞 鼓聲 ⿰鼠唐 鼯｜鼠屬 ⿺辶唐 遏也

⿰魚唐 魚名 磄 ｜㭻石也 ⿰車尚 鐵輞也 膛 肥貌音湯俗作胸 餳 洋也 踼 跌也

倉 ｜廩｜箱｜庫｜卒 仓𠊴 同上古字 瑲 玉名 蹌 巧趨也動也 蒼 草色也茂也老也 鶬 ｜鶊水鳥名

滄 寒也｜浪水名音創 槍 柜｜木名 篬 竹名 ⿰倉阝 地名 ⿰魚倉 魚名

嵢 山勢也 牄 牛名 ⿰食倉 食也 瘡 痍也戕也 艙 船｜俗字 賶 積貨也

滄過也 匼古器也 牕通孔也 創同瘡 傖囊傖貌 搶｜攘拒也音鎗
康昌也褒大也安也空也 ｜寍樂也 糠槽｜穀皮也 穅穀皮也 匡筐也輔助也正也方也地名救也
筐｜筥竹器 洭水名 劻｜勷遽也迫貌 鄺地名 眶目厓也 恇怯也恐也
腔｜調歌曲聲音腔俗音康 歉缺也 躿躿｜身長貌 尩頸也倭也 䏉腹中寬也
框門框也棺門也 筺篋｜ 痓喉中病也 誆｜騙謬言欺人 駏馬耳曲也 邼縣名
羫同腔 鬤亂髮也 瓬陶器瓦也 蛌蟹兒 苉草名 涯水虛也
嵻｜峎山名 砊｜磕雷聲音抗 硄石聲 慷｜慨激昂意
襠褲｜裲｜衣名襠｜ 𧽌同上 纕綬也 儴同上 嶈山隈 儴行貌

鴦鴛｜匹鳥名節木鳥 鸃｜俗不伏也 姎女人稍我也 秧旨也 抰打也 坱塵埃也
央盡也半也中也｜廣也 殃災｜咎也禍也罰也敗也 秧禾苗也 㝦白雲貌
泱滃也安大也深廣貌雲氣起也音英 蚗蜻｜蚗名 鞅馬頸軛音快 𧲣貌屬 怏自大意
炴火光也 詇早知也智也 䬬飽也 鴦龜屬 駚龍馬貌 紻纓卷也
袂體不伸也 舌鷹聲
鏘鏗｜餘音也玉聲舒揚也 鎗刀｜利器也 蹌趨｜奔走也 瑲玉名 斨斧也戕也 蹡行貌
璗佩玉也 䶫兒齒也 𧼩走貌 戧槍也 鶬鳥名｜鶊水鳥 槍距也器也抵也
稽創木傷盜也 將請也聲也集也嚴正貌音蹌 嶈山高貌 搶拒也器也集也飛掠也音傖鎗

鯖精也
長｜短善也久也常也遠也大也音仗掌 萇姓也｜楚草名 倀失道也 腸肝｜腸也詳也 場祭神道也
塲同上 㙊同上 蛈虫名 葛草名音羊蕩 鶈雉｜鳥名
香姓｜｜芳也｜臭聲 鄉同也 薌俗氣也 麐麠｜獸名 膷牛羹也香也 香同香
闦開也香也 馞芳氣也
強姓｜剛｜也暴也勝也｜弱壯健也通彊 彊同上音薑蘺 漒水名 強同上 𪔛蟲名
弜彊也弓有力也音蔣
將且也養也行也資也順也奉也助也進也送也將也壯也長也側也去也音蔣塊 牂同上 𤖣醬也

醬酢｜也水米汁相將也 𣵀古同上 蔣菰｜ 螿寒｜蟲名 蔣席也
將俗將字
娘爺｜少女稱 孃同上 𡛦同上
畺界也通神明去穢惡 疆竟界也蠶白也 韁馬緤韁 僵屈不伸也偃也 橿鋤柄也枋也 姜姓｜水名
㵃凍凝也 羌強也反也卿也 羗同上俗字 侂伴也僨也 礓｜礫石也小石也 犟牛長脊也
殭蠶白也死不朽也 繮馬紲也同韁 𧒂蠶死貌 荾姜字山菓俗 畺姓也
薑御濕之菜 鄻水名 疅界也 鶈鳥名 猄｜鵱行貌 岾古羌字
彊王名 㝩空谷貌 𤰬幬帳也與岩異 蜣蜣｜螂糞也

鍚 鑢—摩之使平也治木器 熨 火斗也音慰 鍻 同鍚

瘡 —痍也瘡也瘍也 創 古文同上

湘 水名烹也湖名 相 共也質也省視也 廂 廊也殿東堂也 緗 桑也淺黃色也 襄 贊也助也

勷 劻—走貌 驤 舉也遠也 鑲 鉤—兵器 瓖 玉名 纕 佩帶也 葙 青—子藥名

鸘 鳥名 箱 篋也廩也竹器 鄉 縣名 相 及也 𤸎 疾也

昌 美言也日光貌猋好貌盛也當也物也盛壯貌 刅 傷也 錩 器也 猖 —狂—獗駿也 菖 —蒲藥名

娼 —妓淫婦也 閶 —闔天門名 窓 聰也通孔也音葱 牕 窗 窻 同上音瘡 裮 帶也

琩 玉名 淐 水名 倡 —狂音唱 帽 披衣不帶曰— 蜎 蝱也 閶 結綺也

䴚 鹵漬也 畕 孔穴也

翔 翱—回飛也飛—莊敬貌 祥 善也祥—也福也 庠 養老處也—序學校名 詳 議也備也審也論也諟也悉也審也音陽

鴹 一足鳥舞則起雨音羊 薔 —薇花名 墻 屏也垣蔽也設㢮也柳衣也 廧 同上

鮮 多也 爿 反也判木也 牆 同上墻— 嬙 宮女也音色 艢 船旁木也 蘠 草名

檣 船帆柱也 𡵆 山名 戕 山崖也 斨 斧刀也 𢒉 同祥 牂 羊母也盛貌

鱂 鱨黃色魚名 絴 高也 牂 同牂 蹡 趨行也 痒 病也 戕 槍也音將藏情

洋 水名州名音陽

常 姓—恆也久也尋—綱—變 瑺 玉名 嫦 —娥羿妻 姮 同上音恆俗音常

鏛 磨也 裳 衣—障也下帬也 嘗 試也祭也曾也 甞 古嘗字 鱨 魚名揚也

償 還所值也報也 賞 同也 徜 —徉徘徊也戲蕩也 苘 草名

鋿 磨也 甞 同嘗 嘗 俗嘗字

良 善也深也首也賢也長也能也音亮 悢 悲也 犆 牻牛也 粱 米名宮— 粱 稍谷名

椋 即來也 俍 良工也音浪 踉 跳—踉蹌貌 糧 穀食也糒也 粮 同上 涼 冬殺也薄也

涑 古梁字 梁 姓—棟—水橋也 䬙 北風也 桹 來也 輬 天子喪車

樑 柱— 凉 同涼 冃 姓—古字 涼 姓—薄也音亮 綡 冠纚也 量 審也度也

八庚 古通真○韻略通青蒸

庚 姓—十干名剛也道也償也長庚續也更也堅強貌 耕 犁也 賡 續也 更 夜行鼓也

㪅 改也代也迭也 畊 同耕 鶊 鶬—鳥名 羹 肉臛也 䰢 同上 秔 —穀稻不黏也

粳 同上秔稉也 浭 水名 𦞦 和—調五味也 㹴 獸名犬也 𤞏 同上狓— 𣚍 同耕

聠 神名 埂 小坑也音綆

生 造也性也進也起也產也養也 㞢 同上 湦 人名 笙 —簧樂器生也 𤯓 菜名地名

甥 生也外— 鉎 鐵衣也 牲 畜—犧—三— 貹 財也 珄 金色 泩 深廣也水漲也

鼪 鼠名 胜 臊肉也音星性 䲼 鳥名 狌 猫屬畜也 殅 死而更生

附录

麈 獸似鹿 逄 遠去也
彭 姓丨鼓聲也旁也壯也近也多也强盛也音旁邦 鵬 大丨鳥名 澎 水聲縣名 膨 脹也脝也
棚 棧也閣也矢藏也 蟛 丨蜞丨蜎小蟹 䨍 大雨慺也 堋 射垜也
掤 擠抹也 淜 洴也 嘭 响聲 [犭彭] 犬也 輣 兵車也 硼 丨砂藥名
朋 姓丨丨友羣也五貝爲丨 庄 平也俗音莊非 跰 足曲脛也 倗 倚好貌音伻 騯 馬行貌壯盛意
倗 輔也託也委也 鬅 髮亂也 錋 兵器 棚 木窬也 榜 笞也進船也邦上聲
憉 丨悙自强也 [illegible] 同憉
精 丨粗微密也細也擇也靈也 睛 目珠子也 腈 肉之粹者 旌 精也丨旗章也表也明也

旍 同上 晶 水丨精光也 蜻 丨蜓蟀也 精 黃丨仙草 [氵旍] 水名 [氵旌] 同上
箐 笭丨小籠 聙 聽聰也 蜻 蜓也虫名 菁 韭華也音青 [青頁] 靚丨頭也
傾 覆敗也丨卸丨頹音興 頃 同上 扃 明察也音鋊 [广冋] 同上 [木冋] 木名
須 淸也 硐 石聲
情 性丨實也音墻 啨 古同上 [illegible] 古同上 晴 明也無雲也雨止也 [貝青] 受賜也
戕 殺也音墻
明 姓丨孟也倫也照也察也光丨昭也通也同孟音萌 閍 同也 [明鳥] 鶊丨似鳳神鳥 鳴 鳥聲也命也
[illegible] 漬米也音彌 慏 憂也 甍 屋棟也楝也 盟 明也約也信也 冥 幽也昧也暗也夜也

[歹冥] 同上 嫇 嫈丨新婦貌 溟 海也音若覓 螟 丨蛉桑虫 蓂 丨莢堯階瑞草 瞑 名也晦也
名 丨譽成也號也姓丨功也丨字大也 瞑 閉目貌 銘 刻誌也 䊅 漬米也 [糸名] 幼絲也
洺 水名州名 鄍 晉邑名 覭 小見也 [冥頁] 同上 眀 目光也視瞭也 榠 果名
猽 小豘也 [豕冥] 同上 眳 丨睛不悅貌 [礻冥] 福也 覀 同也 [齒名] 齒也
鄳 縣名 萌 草芽也音氓
成 盛也就也平也善也終也必也姓丨音常 [厂成] 同上 城 丨池成也丨郭盛也 [illegible] 成古文同上
丞 繼也副貳也丨相佐也 誠 丨敬丨信實也 珹 玉名 晟 明也熾也 荿 草名
郕 姓丨國名 繩 繚也戒愼也不絶貌繼也 縄 同上俗 盛 受也成也器名平聲

承 受也次也繼也佐也奉也進也上也音懲蹭證常 [丞] 同上姓丨 [金繩] 古同繩 澠 淄丨水名
譝 稱譽也 乘 姓丨駕也因也計也升也登也消也勝也音乘證 [illegible] 同上 塖 水埒也
塍 同上 塍 田畦也 [舟朕] 舟也 筬 織布具竹器 宬 屋容受也 絾 織丨也
承 奉也受也救助也 [丞阝] 縣名 [氵丞] 水英墻也 [成瓦] 器也 [丞山] 佐山谿也
峸 山名 嵊 亭名 憴 戒愼也 氶 俗承字 溗 水不流也 [illegible] 波前後相凌也
[車乘] 副車也 [illegible] 同上 [阝成] 山地名 [成鳥] 鳥名 [成頁] 頸也 [illegible] 騃也癡也音悲
娍 女名音盛
薨 公侯卒也 [薨鳥] 水名 [illegible] 弄羽聲也 [illegible] 羽飛聲 [illegible] 同上 儚 惛也

錚 金聲也鉦也 箏 樂器 睜 眳丨不悅視也 ⿰爭頁 好貌音淨 棦 木節目丨 琤 玉聲
⿰弓爭 弓絃聲 䃝 石聲
丁 姓丨當也丨寍蠆尾也音當 个 同上俗音箇 虰 丨蛵同朾 ⿰阝丁 丘名
叮 丨寍囑咐也 玎 丨璫玉聲 仃 伶丨同下 ⿰彳丁 彾丨獨行貌 釘 鐵丨鈴丨 飣 餖丨置食也
靪 補履下也 朾 門棖也 ⿰足丁 足踢也 疔 病創 艼 草名 矴 船丨錘舟石也
碇 同上 ⿰韋丁 同靪 ⿱罒丁 罟丨小網 ⿰車丁 車矢也 桯 牀前几 碠 石亭
綎 綬也 ⿰糸亭 ⿰糸呈 同上 ⿰糸盈 同上 錠 鐙也豆有足曰丨無足曰鐙 耓 耒下木也
鞓 皮帶 ⿰革廷 同上 ⿰冫丁 冰貌 廳 屋也 庁 平也 ⿰石斤 碑材也

汀 水岸也平也音聽去 奵 女名音鼎
爭 姓丨諍也訟也理也辨也止也引也競也 争 俗同上丨訟 崢 丨嶸高峻貌 ⿰革爭 鞵丨俗 䋫 急弦聲
⿰月爭 手丨足跟筋也 猙 丨獰獸名 䃝 破聲 ⿴行爭 牛角長堅也 鬇 髮亂也 錚 金聲也
揁 引也音丁 箏 樂器奏聲也草名 ⿰羊爭 羊子也 ⿰車爭 車聲也 ⿰爭阝 國名
⿰魚爭 魚名 ⿵風爭 風丨 ⿱束事 古文爭字 ⿰口爭 食聲 掙 刺也
⿰耒爭 耙上木也 棦 木名 埩 理也治也 綪 屈也縈也
橙 果名橘柚屬 倀 獨立貌 棖 法也杖也隨也人名門楔也音長 瞪 目直視也 孱 丨弱衰也
僝 同上見也 潺 丨湲水聲 蹚 距也 ⿰亻舂 舂也 ⿰镸爭 髮亂貌 掁 觸也撞也

撜 同上 ⿰黑亭 亭雲色 ⿱止堂 距也正也 ⿰党風 狂風也 朾 揆也橦也 僜 丨偽不仁也
⿱穴丁 小突也 ⿰馬孱 孱馬不鞍而騎也
盲 目無牟子也落也 ⿸疒盲 同上 蝱 齧人虫音邙 ⿱竹盲 竹名 莔 貝母 慌 忘也音茫
氓 民也
亨 通也致也姓也音鎊 坑 陂塹也陷也康也 阬 同上 妔 美女也音杭 脝 膨脝腹滿貌
悙 悻丨自矜健貌音亨悻 ⿰石州 石聲也 哼 嗚丨畏怯貌 ⿰舟亨 臨也
鏗 丨鏘金玉聲
烹 丨飪炊煮也音鎊俗音亨 亨 同上平聲 ⿰金亨 鍊金也 ⿵門同 門聲也 ⿱艹石 出水也

怦 心急也忠直也 磞 擊石也 抨 撣也 揨 打也
行 丨往丨止適也從也道也 桁 屋橫木也音杭 珩 珮上玉也音杭 ⿰足行 同行行貌 ⿰骨行 脊後骨 ⿰月奏 執衡也
⿰火行 火炬也 ⿰彳刊 行貌 ⿱竹行 丨篪竹笛也 胻 脛端也胜也 洐 溝水行也 衡 平也橫也
⿴行鄉 鄙賤稱
橫 學舍也姓丨縱丨緯曰丨經曰縱闌木也音黃光 衡 同上平聲 鐄 大鐘也音黃 觵 筏也
䵃 膝屬 ⿰衤黃 小褚小被也 訇 流水聲 渹 水浪聲 ⿰忄訇 好鬥貌 ⿱訇石 石落聲
潢 小津 嶸 崢丨山峻貌 ⿰忄弘 憕恨失志貌 輷 車聲 黌 學也 轟 羣車聲也音轟
鑅 鍾聲 紘 冠卷也音宏

鶯 鳥也鳥羽文 罌 瓦器 甇 同上長頸瓶也 礶 同上 罃 同上 鸎 鳥名
蘡 子草名 櫻 桃也果名音嬰
呈 平也解也示也進也露也 程 姓丨示也銓也豹也品也期也式也限也謹也 䟫 同上 埕 丨塔俗 浧 水名同澄
澄 清也湛也音棖鄧 澂 同上 裎 倮也衣禓也 酲 病酒也 瞪 直視也
懲 戒也忍也丨警 娙 女有美色也 鞓 皮帶也 䩬 同上 珵 美玉名 憕 心平也音橙
痓 疾也 䄇 姓也 筳 莛也 脭 月之精 曾 詞舒也經也嘗也乃也則也同檜音增
鯨 丨鯢大海魚名 黥 黑刑在面 剠 同上 擎 舉也拓也持高也 檠 同上
鯹 魚名 煢 同疚也獨也憂思也單也 茕 惸 同上 敻 遠也長也 夐 同上

瓊 赤玉也 琼 同上 璚 赤玉也 瓗 同瓊音携 䮐 馬怒也 瞏 目驚視貌䁝也
惸 憂也獨也 嬛 同上 嬛 同上 䝭 貨也 煢 不正貌 鰴 魚王
鱷 海中大魚 檠 榜也架也音競 䡓 車輮規也 㷀 孤獨也敬拜也 𡨃 同上 學 獨也
𢐫 正弓也 𦬤 木名 勍 強也 橩 木名 樈 鐙柄也 藑 草旋貌
剠 刵刵罪名也音畧 撔 博子 擏 同擎 殌 沒也 殑 丨殑欲死狀
葝 鼠尾草 赹 獨行貌 趜 同上 詗 候伺也刺探也
平 姓丨和也坦也治也舒也正也成也太丨均也易也音龐 丂 同上 評 品論也平也議也
𦈢 酒丨花丨 缾 同上 蚲 丨蟣虫名 伻 使也從也 枰 博局也平也木名

鮃 魚名 軯 車馬聲 坪 平也音病 𪕰 鼠名 苹 小草名萍也 萍 浮丨水草
閛 閛閛門也 簈 車蔽竹簈 蛢 蟥丨甲虫 屏 蔽也藩也丨風音丙 硑 石響也
帡 幪也丨幪天地 駢 駕二馬也朋比也 騈 同上 甁 瓦器 郱 邑名
骿 骿拜脅也筋骨連合為一也 畊 織蒲為器 洴 漂澼也 瓶 罌屬 呯 聲也
胼 丨胝手足不寧音蹁雅 軿 輕車也屏也 絣 布名 抨 使也 拼 彈也
姘 除也男女私合 胓 丨膴牛羊脂也 玶 玉名 𥬰 竹名 凭 依也倚也隱几也
凴 同上音蓬 㔙 大力也 頩 斂容美貌 艵 同上縹色也 蓱 水草浮丨 蘯 草木盛貌
賆 益也 跰 跉丨孤獨貌 䳪 鳥白也鳥名 馮 姓丨馬怒也行疾也乘也陵也登也音逢

淜 同上 馮 同上 鼪 鼠也 憑 丨據依也託也 砰 石聲 泙 谷也水名音磅
靐 雷聲 輧 軿本字
京 大也師眾也姓丨齊也音鏡 倞 倂也遠也 惊 憂也 驚 丨懼也丨駭 經 常也丨綸法也
荆 丨棘木名 競 丨戰丨敬懼也 涇 通流也丨渭二水名音徑 婛 女字 麖 黃丨大鹿也
矜 敬也丨誇苦也憫也音鯨擊勤 矝 同上 怜 憐也慜也 麖 菱丨鹿名 鶁 羌丨鳥名
陘 地名 鹶 滷丨鹹苦也 竸 篆文競字 涇 寒也 巠 水脈也 𢈓 倉也
狑 獸名 猄 同上 䕠 藤類 郠 鄉名 𨾔 鷹丨鶏名 鵛 同上
霗 雨也 零 同上 䙀 丨衍大也 麠 大鹿牛尾一角 伶 大也慎也

桱 桯也

撐 持卜撥也音偖湯　撐 俗同上　崝 嶸也　崢 同上　[山當] 衆山奇怪形　瞠 直視也

瞠 定視也　竀 正視也　橕 斜柱

趟 跳躍也　虦 虎淺毛曰丨

卿 姓丨公丨章也嚮也　兄 長也昆也音貺方　嬹 悅也　興 俗同興　[艹興] 丨渠英名

興 起也盛也舉也動也音香欽　馨 丨香氣也　[香香] 同上　輕 丨重車也疾也　夘 節奏也

傾 側也欹也窒也伏也坦也音頃　[興阝] 地名　[殸頁] 傾也音磬　[木刑] 梳也

英 姓丨丨華木名丨雉　瑛 玉光也音央　偀 傑也　媖 美女名　渶 水名　韺 五丨帝嚳樂也

霙 雨雪下也　[耒英] 草茸也　楧 同柍　煐 火盛貌　嬰 加也女曰丨男曰孩

罌 瓶名　嚶 鳥和聲　纓 冠系也頸也馬丨音鄒　攖 觸也當也亂也

櫻 丨桃果名　瓔 石似玉　癭 頸瘤也　[月嬰] 同上　䧹 爽鳩鷙鳥也　鸚 丨鵡能言鳥

蘡 丨薁草名　膺 胸也受也親也當也　鷹 丨也　譍 以言對也　[虫應] 寒蟬也

應 料度辭當也受也平聲　獿 長角牛也　[石嬰] 瓦器瓶也　[嬰金] 同上　甖 同上

蠳 寒酒　[目目大] 明也　[谷英] 谷也　賏 貝飾連頸　犪 長角牛　[賏鳥] 鶯丨鳥名

罃 同罌秦康公名　[矛英] 以鳥羽飾矛　碤 水中石　蝧 蜂屬　[門英] 門中也　[目嬰] 丨矒目無光也

[歹嬰] 短也　[言嬰] 怒也　譻 小聲諸也　[目應] 丨睖定視也　[賏阝] 地名　孆 孩也

[風英] 高風也　[巾英] 旌旗飾明貌　[月英] 月色　[目英] 深目貌　[米英] 精米　鍈 鈴屬

[魚英] 魚名　[爿鳥] 繼丨鳥名　膺 胸也親也受也　柍 梅也杏也巾央也　[山嬰] 丨嵮山名　瀴 水絕遠貌

占 否也死也

九青 古通眞

青 姓丨東方色也生也茂盛也　靑 同上　[青] 同上　清 姓丨靜也澄也覘清也丨濁潔也音靜瑂

蜻 丨蜓虫名　鯖 魚名　圊 廁清也雜也　菁 蔓丨草名音精　鶄 鵁丨鳥名　[鳥青] 同上

[青隹] 鳥似鳩　鼱 鼩也　綪 淺碧色　郬 地名　棈 木名　埥 精土

[雨青] 女神也　[青色] 青黑色青也

迎 逆也迎也逢也迓也接也　溋 水名　盈 滿也溢也　楹 柱也　[月盈] 肥也　[辶乃] 往也

仍 重也頻也因也因也音如　礽 福也就也　[衤乃] 同上　[言乃] 厚也重也就也　[阝乃] 地名

陘 姓丨地名　凝 聚也成也定也嚴整貌　扔 就也摧也姓丨引也音認　蠅 蒼也亂聲

蠅同上 陾築墻聲衆也 嬴姓丨滿也餘也過也解也 盈同上 瀛丨洲名海也
贏盛也受也緩也溢也 臝𡰪也 嬴美好貌 籝籠也竹器 娙女長貌
刑常也到也丨罰法也侀也成也 形丨象丨容體也現也器也骨露也 鉶盛羹器 鈃祭器
侀成也 熒明也光也音瑩 瀠水迴旋貌水聲也 瀅同上 濴小水名
滎小水也水名 型典丨法也模也 邢姓丨國名 鈃似鐘而頸長 爃丨煌火光也 䕳草旋貌
榮桐木也屋翼也丨辱丨華丨耀姓丨音融詠 嶸崢丨山嶸貌音橫 巆同上
縈旋也繞也丨迴 濴水迴旋貌小水也 塋葬地也域墓也 瑩石似玉光潔貌 螢丨火虫名 蠑同上
𣘗木名 𤬪小瓜也 褮衣孔開也 嵤峆丨山深貌 鎣合也金也 𢳆丨招也起

營經丨市居也度也魂也謀也治也造也衛也 攍同𢳆 艿草生也 芿草不翦也
缾甁器似罌 橩木也 瑩玉器 蠑蜥蜴虫名 醟酒失也酗也 禜祭名
嚶鳥啼也 瀅澄清水 謍小聲也 𨛫姓丨 𤞑獸名 嫈女貌
𤸫病也 㓝罰辠也法也 娙女官名好貌音陘 峵同嶸 岍山也
陘山坎也 夐姓丨音絢 𢄸張也 𢢔衛也 瀅澄也水名音頲 脡肥也
鉼酒器 瓶同上 瑩聲也 藀草名 籯箱籠 藑菊也
蛵虰丨負勞也 𧗟營丨腸中虫也 衎行貌 𥄳不知也 鋞溫氣也 𩂑深地也
謍丨諍聲也 䯒骨也 䯴肥也 嫈好也態也音嚶央 庝深屋曰丨

五十八

㦭恨也 儆理也 耳丨孫古孫之孫也音仍
靈寵也福也巫也善也神也 霛同上 𩄾旱神 蘦大苦也 櫺窓隔子也
聆耳聽也 灵俗靈字 𥆧衆聲 𤢳犬聲 醽綠酒也 𨻽隣擗也
紷絮名 玲丨瓏玉名 䑲舟有窻舲 麢大羊也 𩇕羊也 𥜢神明也
令使丨平聲 𧯴巖穴也 伶丨官獨也丨俐巧也丨倫 羚羊也 鈴馬丨令丁也
龗靈神也龍也 蛉蜻丨桑丨虫也 𧕋同上 鯅魚名 齡年也齒丨 跉跉獨貌
𪛁黃丨龜名 翎丨羽鳥毛 𣬾毛結不成理 瓴甕似瓶有耳 鴒鶺丨鳥名 零餘雨也落也
苓茯丨藥名 䬆颲丨風名 魿鬼名 澪水名 砱石丨也石聲 鹷丨壇丨鹽也

𩚵食飽也 囹丨圄周獄名令也 岭丨崟山深貌 泠水名泉聲 𣌾丨曨日光也
陵姓丨崇也犯也丘丨大阜曰丨 呤語也同𧮸 欞插空貌 軨車丨丨籠 䉖竹器
刢剖物 𠠊割也 𠢏倰也 𦕓丨耳聲 㖫齧也 坽峻岸也
姈女字 婈女字 孁女字 𡾊山深貌 竛丨崚峻岸也 𢔅姓也
凌歷也冰室也 淩姓丨馳也歷也栗也丨水名棱揀也 䅌鳥丨稻名 綾丨羅俗字 棱木名
鯪土丨四足如獺 䯖骨高貌 𩕔天丨人頂骨 𩨖髑骨 稜稻名柧也 㱥欺丨侵倚也
䬆寒風 楞四方木也同棱 閝門上小窓 𨷀同上 輘車轢也 崚丨嶒山名
菱丨角湖名芰也 蔆同上 磬多聲也 䔖同菱 䬋丨颸大風也 昤丨曨日光也

五十九

朎｜朧月光也 笭小籠也 錂金名 拎執持也 踜蹴也 夌越也
⿺走霝犬走逐也 ⿸鹿霝羊大角小 倰越也欺｜ 䞑越也 軨車闌也獵車也 ⿰霝見神名人面獸身
㥄憐也驚也 蘦鼠耳草 祾祭名 櫺疏｜簾也 ⿰虫霝桑虫 蔆菱｜芰名
酃縣名 ⿰衤夌馬腹下帶也 ⿰金霝瓦器 ⿰豕令豬｜藥名 柃木名 餕馬食穀多氣流下
⿰霝頁面瘦也 ⿱穴令井也 ⿰白霝白色 ⿰目霝目光也 舲竹名 ⿰米令米泔
⿰忄霝心了黠貌 ⿰霝攴打也 ⿰馬令車騎聲 ⿱髟令髮疏也 ⿱髟霝同上 ⿰糸霝絮也
⿰衤霝衣光也 ⿰火霝火光貌 ⿰爿霝牀第 ⿰牛霝牛名 ⿰犭霝善犬名 ⿰霝鬼鬼神名
⿰虫霝螢虫也 ⿸疒令瘦也 秢年也 岺井也 ⿱网令小網 棱止馬也

⿸广令｜通也 ⿰彳令道也 ⿰亻丁橦｜也 ⿱多夌竹器 倰同上 ⿰歹夌｜蹬病也
⿸疒夌風病也 ⿰犭夌姓｜ ⿰土夌去也 ⿰石夌石貌 怜了慧也 拎縣持也
⿰扌霝同上 ⿰氵霝水曲也 ⿰火令光貌 ⿰瓜令小瓜 ⿰礻霝神名 ⿰禾令草莖疎也
⿰彳虎似虎 ⿰霝阝縣名 ⿰羊霝似羊而大角圓銳好在山崖間 ⿰羊霝同上 羚羊子
霝雨｜也落也隕也 ⿰霝鳥鳥名 ⿰馬夌｜騬馬病 鯪有虫魚連行者 詅衒也音令
⿰霝刂剖物或作劙
廳｜堂宜｜屋也音汀俗 音聽 厛俗同上 聽｜聞平聲 听笑貌音疑齗 ⿰豕丁豕貌
⿰骨丁腨骨 ⿰骨廷骲｜長骨貌 汀平也岸也州名音挺庭

字彙輯正 卷二 元集

星姓｜散也｜長草名 曐曐曐古文同上 ⿱穴星悟也 惺悟也靜也音省 ⿰舟星船也
胜大膏臭也音性生 腥臭也穢也生肉也 猩犬吠聲 煋火烈也
鯹魚臭也 ⿰牛星｜生肉日 篂箳｜車轓也 湦人名音生 瑆玉光也 ⿱穴星悟也
醒夢覺也解也 蜓｜蜓虫名 ⿰石星石名 鮏魚臭也 ⿰禾星稀｜少也
鍟鐵衣
寍安也願詞也寧也姓｜音佞娘 寕同上 嚀叮｜囑咐也 ⿰虫寍似蛙 獰猙｜惡獸名
濘汀｜小水也清也水沸貌音甯 儜弱也困也 ⿰言寧小言也 ⿰忄寧愚也弱也 嬣美女名
⿰寧頁項｜頭上 ⿰彳寍行貌 聹耵｜耳垢 ⿱艹寧臭氣貌 ⿰寧鳥鴳｜鴂 ⿰氵能水名

能善也順習也能屬勝任也音泰 寗同寧願也音佞 蜓蜻｜ 鼮鼠名 婷娉｜美好貌
廷朝廷停也正也直也平也 庭宮中也係直也州名音聽近
霆雷餘聲音挺定 侹代也長貌 亭直也必也留也平也均也 ⿰口亭虫名 蝏山名
停息也｜當 渟水止也音廳 ⿰月亭脯也 葶｜藶藥名 娗容也音殄 莛草莖也
⿰犭廷猱｜獸名猱猨屬 筳管屬音挺 ⿱穴廷穴也 楟柰屬 諪調｜也
鯙魚名 ⿰木廷長木貌櫺｜ ⿰犭廷猱也 瓬甑也 聤耳出惡水 ⿰虫廷蠶三眠也
甹定息也 邢鄉名亭名 梃縣名音梃 ⿴門王門中也 壬善也音徵挺
弘弓聲也大也倉容也音皇 宏深也廣也同上 泓水清 ⿰車弘軾中也車軾也 ⿰車厷車聲同上 ⿰車宏軾中也

竑 度量也　硡 丨礚聲也　宏 丨窨大屋也　肱 臂也　彋 弓聲音橫　閎 巷門也虛郭也
⿰言厷 胡蘇也同鞃　宖 屋響也安也　鈜 鐘聲　紘 冠纓冠卷也　谹 谷中聲也　⿰金弘 同鈜
⿰壴厷 大鼓也　⿰厷風 大風也　⿰風玄 同上　⿴囗命 宏窒也　鋐 器也　⿱穴厷 同宏幽深貌
耾 耳語也聾也

陞

陞 姓丨丨降上也躋也進也登也　⿰足升 同上　升 登也進也成也降也龠也　昇 平也日上也
聲 宣也音也　声 俗同上　勝 任也舉也堪也　⿰馬昇 騰也　⿰禾勝 麻屬　阩 登也躋也

登

豋 豆也禮器也　登 陞也進也成也熟也上也　燈 火也音當　灯 同上烈火也　簦 竹器也
憕 不平也　璒 石似玉　⿰登刂 割也　鐙 錠也　䔲 金丨草苦也　磴 山名石磴丨

嶝 陟也　⿱髟登 毛亂貌　⿸疒登 病甚　蹬 蹭蹬　⿱癶卄 古登字　鼟 鼓聲
⿸麥登 同上　⿰壴登 同上　墱 小阪也　竳 立貌　⿰登瓦 禮器也　⿰女登 美女貌

十蒸 古通烝

蒸 進品物也衆也　烝 姪也君也塵也厚也作也進也升也衆也音證蒸　鼎 籀文以鼎爲貞音貞
媜 女名　禎 丨祥休也正也　禎 同上　⿰徵阝 古國名　⿰阝貞 丘名　揁 引也音鄭
楨 餘也剛木也　征 姓丨丨伐行也取也稅也　⿺辶正 古同上　正 歲首也賦稅也平聲
湞 水名　寊 人名　佂 佂丨遑懼貌　鉦 鐃也鐲也　⿰月正 目丨養魚肉　錆 同上
⿰言烝 丨仍語煩　貞 丨節正也堅丨定也　偵 同上問也　⿰徵阝 國名　癥 腹中結病
徵 召也明也成也問也證也丨驗歛求也虛也音中　敳 同上　⿰⿱山攵 同上　⿰食正 丨餅俗字
脀 牲體鼎內也　⿰糸正 馬頭索也　⿰亻蒸 氣上達也同烝　⿸疒蒸 骨丨病也　炡 丨爚爍也

𨛫地名 娫女名 𢂋射的也 𨓰行也與延字異 䀽獨視貌 徰行不正也
𢗠快也 𢿐擊也 烝熱氣也 篜竹名 聇行也 𦙶熟也
脀以牲體實鼎也 蒸須也 衜召也 𧘂丨松小兒衣 賝人名周王子
怔丨忪懼貌 政賦也音正 遉往也
曾姓丨猶重也乃也同增音層 繒繒也帛也國名 𣋃同上 鬙髮亂也 憎惡也
䎖翥飛也 鄫邑名 䉕竹也笠也 縡同繒 犒牛名 嶒山高貌
𢐑弓弦聲也 𢧵射矢也 矰同上 𢧵同上 增加丨益也衆也 𧽃高貌
橧木名 譄加言也音層 僧沙門也僧佉丨 驓馬四骹白 䂃神不爽也色惡也

恒姓丨常久也卦名故也徧也山名 恒同上 恆同上 𤶪瘢丨也迹也丨裂也 堩同上脛也
衡丨權丨姓丨軛也 奧古衡字 衍同上 衍丨山名 蘅草盛貌香草名 韽音巠六丨樂器 佷丨山縣名
桁屋丨屋橫木也音杭 𨋳車前也
稱銓也揚也舉也丨讚好也謂也 儞古同上 穪俗同上 称俗同上 偁揚也舉也
𡞇女名 藊胡麻也同蘼
冰丨霜脂也丨雪寒也 冫水同上 兵丨卒械也丨戎器也 冫凍也冬寒水結 仌本冰字
掤箭筩也覆矢也 幷兼也同也合也專也音柄 併同上競也 摒除也
砅飛聲 棚欄檄也

層重屋也級也累也重也 嶒山高貌 曾乃也常也平聲 𦢊肥也
崩丨破山壞也毀也殂落也 弸弓滿也 祊廟門內也音方 堋古崩字 痭婦人癥血不止也
𣂾劇也
滕水超涌也口說也國名虛也張口騁騖貌 縢約也結也 𤺋瓜丨疾貌 藤丨蘿樹丨藟也 螣神蛇也螣蝗也
騰傳也奔也上躍也 䠮行貌 疼痛也音彤 㴘同滕 麤黑虎也
謄丨錄傳也 籘竹器 藤同滕 䲍同騰 幐囊可帶者 駦同騰
㽅同疼 漆彼須 驣黑貌 𤸷痛也 僜丨倰長貌 憕迷亂也
艠多言也 幐囊也

十一尤古獨用韻畧同
尤姓丨怨也異也最也過也甚也效丨音囮怡余 𡯁同上 尢尤本字 㝅同尤跛曲脛也 訧罪也過也言也惡也
駀馬名 疣病也瘤也 肬同上 猶似也謀也可也尚也圖也道也音遙究 犹俗同上
蕕蕕丨水中草也 𦳣同上 𦳣同上 輶輕車也 輏同上 楢木名
緧系也 蝣蜉丨虫名 紈絲也 瘡瘡也 舳舟名 𩏂轡首銅也鐵也
崷山名 猷言也圖也可也道也若也謀也詐也音移 鰌魚名 酋熟也終也聚也 鮋小魚也
遒終也迫也健也忽也固也 肬贅也腫也丘也 默同上 遊余友也交丨遨丨音移
迂同上 遊同上 游姓丨浮行也閒曠也優丨自適貌音留移於 斿旌旗之流也

莃草名 艄船也 繇姓｜茂也喜也 由行也經也從也用也式也因也 甴古同上
肬結病也 䇾竹名 秞禾黍盛也 柚木名果名 油膏也火｜水名和謹貌雲盛貌
峳山名 邎徐行也 遒同上 攸姓｜懸危貌所也語助辭 攸行水也
悠遠也憂也行貌思也音移 𤸫病也 滺水流貌 浟同上音秋 猱猴也獸名音猶
柔剛｜安也服也木曲直也 獿同猱 蹂｜躪足踐踏也 䠗盛也 遙行｜徑也
騥馬毛青黑色 𥣫禾初生也 鞣乾革也熟皮 郵｜亭驛也過也音垂移 鄃地名
陲西｜地也名 鍒鐵之輭者 蘨草名 囮化也鳥媒也音訛 圝同上
𩒐腝也面色和柔也 脜同上 卣盛酒器 杬木名障屬 𨜏草名

芁同上 𦏲熟皮也 䐓良田地名 廇女陰名 颵｜颼風也 鶩鳥飛貌
瑈玉名 瓔玉名 甹木生條也 犹不動也 葇香｜葇蘇也 觩繳具也
蚘虫｜腹中長虫 豿豕也 蚰蚿｜ 鼄蜘蛛也 迶經過也
蝚螻蛄類 覰深視也 猶犬名 庮久屋朽木也 卣同上 徭行也
𢗭劣也 悒悒也 慠慠也 懮劣也 梄積柴以燎祭天 櫾木更生也
泑水名 湭水源也 醻酒名 酒酒液也 𨡛耳中聲 媃女名
揉順也屈申木也音紐繞 熘火燒也 鄃鄉名 渘水名 攸往也
偤侍也 鶔鶔｜鳥名 㜋女字 逌氣行貌寬綏也 夒貪獸也同猱

䚻下視深也 啾小兒聲也音巢 粈雜也食也 餗雜也 揄抒臼也音俞揺偷
葇草名
綢｜繆也錦｜韜也 袖 稠同上音調 稠概也密也多也穠也 籉著也 惆｜悵悲也
懤愁毒貌音倒胃 裯襌被也 酋酒官也 酬勸酒也｜酢應對也 酧同上
觓角也 躊｜躇難行貌 鬤髮多也 籌算也矢也｜策音陶 嚋調也誰也音輈
儔｜侶也衆也 疇誰也類也匹也雜也田｜等也音除 雔雙鳥也 詶以言答人也 殠殘也
讎用也對也咎也當也售也仇也郭也姓｜至怨也同讎 椆木名 㥮同上 䎻明也白也
鰽魚之大者 囚繫也拘也道也 犨牛息聲出也姓｜ 遒聚也 儵同紬音倏由綢

蝤蠐虫也 酋終也雄也 絒紈也 蒥草名 徟谷名 逎迫留也
薵｜蓄茶名 嬦女字 菗茶菜 藸同上 嶹｜崒山峻貌 幬襌帳也車幨也音導
𢗏慮也 㪗棄也 㪠懸物擊也 浮浮行水中也 泅同上 犫同犨
燽著也 𥈹父沒名 𦡨臘脯也音肘 莤瑞草也 鮂魚名 𨺙縣名
䲖雉也 鬡髮多也 魗棄也惡也 鯦當互也海魚也音舊 㤹戾也
鱃同鰍魚名
求姓｜索也乞也覓也等也招來也音拘渠奇白 宗同上樓室也 球美玉名玉磬也 璆同上同鏐 鏐黃金之美者
捄長貌曲貌 浗水名 㳟滲｜手足凍也 崷山名 絿柔｜緩也 賕質也請也

殏 殄也　舼 舟上曲貌　銶 折也鑿也　俅 恭順貌　脙 村也　莍 椒也
毬 鞠九也王丨繡丨菊名花丨毳布也　毬 同上　逑 聚斂也合也　盚 姓也　裘 姓丨皮服
厹 三隅矛氣高也　冋 同上　台 氣高也同上　扏 緩持也不固也　𢫛 同上　蚪 龍子有角者
仇 怨敵也讐也匹也合也姓丨音奇渠　魷 魚名　鯄 魚名　頄 頄骨也音葵
㞗 男下陰名　鼽 寒氣窒鼻也　梂 村也　訅 安也謀也　訄 追也同上
𨛦 鄉名　觓 角曲貌　玌 玉名　𡝗 字也匹也　𢈚 偏㕟　𢘵 怨咎也
㦮 矛飾　梵 荊楚亭名　𤚩 角貌　朹 怨仇木名　𥫼 小籠也　紌 蜀錦名
肍 熟肉醬也　艽 丨蒼草名　犰 丨徐獸名　𧓯 多足虫也　𧈡 同上　蟉 蟉丨龍行貌

觓 角曲貌　𢓎 徦丨亭名　𧺆 足不伸也　𧻙 逭也　𨁎 蹋也　鈄 瞀牙也
釚 同上　頯 恭順貌同求　𩗏 風小也　㲀 正也音熙　穋 禾類音鳩　𢘹 怨仇也
材 木樸也音才在　觩 角上曲貌
抽 引也拔也除也收也　𢭏　𢶍 同上　摎 手拿物曰丨　篘 酒丨竹器　䈭 同上　篗 同上
嗅 雉鳴也　瘳 病去也損也愈也　督 眣也　𥄎 同上　廖 竹相合也
瞃 失意視也　眣 同上　疛 病差愈也　婤 好貌音周儔貌　惆 失意也音㕑儔　齅 鼻收氣也
趙 行也　妯 心動也音逐　闃 靜也
兜 驩丨堯臣名丨鍪首鎧也　𦥠 擭也　𢪃 批也擿也　𢮝 同上　郖 津名音豆

兜 䝤丨俗　𦁉 結縷囊　鍪 丨鍪頭盔也　𩭹 丨鬚白頭也　𠯑 輕言也　吺 多言也
豞 小裂也割也　䬳 斷丨假組　䞷 跌也　䀘 目蔽垢也丨眵　剅 小裂也音樓　𧮹 同吺
兜 飲馬器也　䜊 見也　𧢗 同䀘　頭 顱丨面折也　頭 同上　橷 木名無枝柯也
鬭 交爭也音鬥妬
投 姓丨掩也棄也擲也託也贈也丨遞納也致也止也音豆　骰 丨子　頭 首也獨也陽也　𧘱 同上
𧯡 繇擊也音豆　劔 劍也剾也　匬 甌器　𢻣 山峻貌　庾 木槽也行國也　𥢊 綵屬郎苘麻也
揄 揶也引也　𤷺 手足麻痺也　緰 布也　㪏 丨齒地名　齵 同上　䕱 草名
𠻗 多言也　祋 殳也

秋 就也緧也愁也藏也　秌 同上　龝 龝 古同上　鍫 臿也　楸 美木也梓也　鞦 鞦丨韆戲也
𦃆 馬紂也　緧 同上　𨍩 輴也　愀 不樂也愁也　鰍 海丨魚名　鰌 同上
鶖 禿鳥名　萩 蕭似蒿　篍 竹簫　緅 馬纑也　揄 垂手行也音頭
揫 束也斂也聚也　揪 同上　𦗛 耳鳴也　啾 丨唧不安貌　㷅 變色也音剿　𥝧 雉雛
湫 龍丨臺愁貌音剿租焦　𥸫 同上　蝵 蟗丨蜘蛛　𥒫 砌也　甃 井甓也音縐
𦚬 股脛間　𡞢 女字　揂 聚也　趥 行貌　畫 次丨鼅鼄　鱃 鯉也
鼀 蟾諸　𪓷 同上　萩 蒿也　廖 人名音留料
周 至也徧也帀也終也曲也備也密也姓丨忠信也　周 同上　睭 丨賑給也贍也收也　輖 重載也低也

舟 舡也載也帶也音朱　椆 粄｜粉餌　啁 ｜噍鳥聲　鵰 ｜鷯鳥名　⿰阝周 大阜貌

週 迴也同周　調 同輖平聲　霌 雲雨貌　碉 石也　⿰石舟 同上　侜 ｜張誑也

譸 譸張誑也音籌　洀 水文也　輈 車前横木　⿰言舟 多言也　⿰矢舟 射鳥箭也　⿰舟侯 同上

郮 故國也　州 洲也渚也｜縣注也時也姓｜邑名宮也居也音朱　⿰舟刂 ⿰火刂 同上　⿰金州 金刀

騆 神馬　鯛 魚名　洲 聚也沙｜水渚也音朱　⿺走舟 ｜䟢行不進也　⿱艹州 草名

⿱艹舟 同上　⿰舟周 市徧也　鵃 鶻｜也音鳥　琱 玉名　⿰王舟 同上　⿰角周 龍角

淍 水名　⿰馬舟 ｜騻中大馬　⿰火舟 火行貌　⿰彳周 ｜復行貌　⿰口朱 呼雞聲　婤 姓｜婁人名

⿰周攴 鑿也　⿰虎周 虎聲貌　椆 木名　盩 引擊也地名　⿰目壽 ｜張動也　⿰糸舟 綿也

⿰舟羽 弱羽也急也　⿱艹周 草名似葵

謳 吟也歌也姓｜同嘔　甌 小盆也瓦器　鷗 水鴞也水鳥　漚 浮｜水名　嫗 老婦人　膒 久脂也

彄 姓｜弓弩也　歐 姓｜吐也聲也音歐　區 姓量名匿也音驅　苉 草也　傴 僂也

蓲 ｜蘇菜名　慪 悋也　𡪢 閣｜入屋　熰 炮熰也甚也　𢹃 不名　詓 聲也

麔 獸名　⿱區心 愁也　⿰區頁 而折不平也　剾 ｜劍剜也　⿰區力 ｜筋曰　饇 飽也謀也厭也

⿰衤歐 小兒衣也　嘔 嬰兒聲　塸 墓也　⿰車區 胡子　⿱竹區 付器

軥 射決也指沓也　⿰巾區 同上　⿰區斤 ｜飾假剜也斲剜也　⿱艹漚 飲水也　⿰牛區 特牛

⿰牛后 同上　鏂 鉀｜剜也　⿱竹區 音蚕竹器　咯 吐也同歐

鄒 姓｜國名音聚　棸 鳥巢　搊 拘也手｜　鶵 鵷｜鳥名　⿰魚芻 魚名　⿰車取 束也

⿰足芻 獸名　騶 廄御也｜虞義獸音鄒　鯫 魚名　諏 諮｜謀也　⿰言奏 ｜奏同上奏也

緅 蒼青也深色　⿰氵芻 酒悴也　⿰王取 玉名　陬 隅也地名　鄹 魯邑名　⿰魚⿱竹取 取魚器

聚 姓也音驟　棷 木薪也音最　⿰木芻 板木不正　⿸尸芻 擊也　⿸尸安 同上　黀 麻莖也

⿸广芻 古同上　⿰亻芻 姝也　⿰木菆 草木子叢生　⿰氵聚 水流急也音聚　⿰聚刂 細切也斷也　⿰巾秋 衣不伸也

郰 同鄹　掫 行夜也持也　雛 稚子也音驟　⿱艹戠 結秋也治也　⿰口娶 讒言也　⿰口愁 小兒聲音縐

箃 竹柴別名　⿰耳酉 耳鳴也　⿰月芻 腨也　⿰舟芻 艖｜海船也　⿰虫取 虫名　⿰豸芻 獸名

⿰魚阝 出西羌國　⿰音芻 衆聲也　鄹 亭名　⿰阝聚 限也　⿰革芻 同輙　⿰革聚 皺也

⿰隹焦 聚也細也　趣 趣馬官音聚促　⿰亻愁 愁貌　謅 輕捷也音炒　驟 馬疾步也數也　⿰言聚 惡貌

篘 度取酒也　⿰禾聚 聚也　⿰芻酉 取酒也　⿰禾芻 穆穢也

溝 構也｜池城塹也時間水也音講居　篝 熏籠也　購 收贖也　呴 吒也　⿰句瓜 ｜數土瓜

⿵門句 訟也　⿰月冓 足曲也　⿰龜句 龜屬　韝 射決也結也　鳩 聚也安也集也音裘

勾 引也　鉤 鐵曲也縷也屈也留也致也規也牽引也　⿰金冓 同上溝也　枸 曲也音矩椅枸　句 曲也姓｜平聲

樛 木枝曲曰｜絞也　⿰木愁 同上　⿰句刂 鐮也　枓 高木也　鬮 取也手取也

⿰食句 牛飽也　軥 車聲　芶 秦｜藥名　艽 同上音交　⿰火冓 乾火也　泃 水名

篝 籠也　⿰金冓 同上　苟 草名音垢　劬 大力也　⿰糸刂 出罪也　⿰敄力 輕勁也

岣 丨嶁峰名　疛 痛也　摎 絞也求也繞也縛殺也音留交絞　艛 丨𦪢船名　葤 草相糾繚也

蒟 丨芙草名　袧 喪服也　褠 單衣也　丩 延蔓也　鼩 丨鼩鼻恩也　韝 射臂決也

緱 刀劍丨也音摳　穋 藥草名　玌 目繚也　拘 攡也取也摟聚也曲也音俱駒矩句　搆 牽也音遘

休 丨息美也慶也宥也儉也音貅虛　庥 庇蔭也依止也音虛　⿰亻烋 同上　鵂 丨鶹鳥也

咻 痛念聲譁也　貅 貔丨惡獸名　⿰糸休 織布貝　丘 阜也高也聚也大也空也土高曰丨音欺　颵 丨飋風聲

坵 丨段塊也　蚯 丨蚓虫名　烋 美也福祿也慶善也微也和也禦也亭也　⿰口丘 聲也　邱 姓丨地名

⿰女丘 女字　⿰氵丘 水名　⿰金休 長針也　髹 漆也　髤 同上　⿰氵休 水去貌

⿺尢休 癈也　⿰忄休 戾也憂也　齅 息也　溲 汗面　藘 草名利棆也音慮

⿸疒休 丨息痢病　⿰豸丘 獸名　⿱髟休 龍車飾　⿱髟休 同髹

脩 姓丨脯也縮也長也久也飾也治也習也備也敬也　修 飾也葺也理也　𦢈 進獻也滫味也　羞 丨辱進也也食也　饈 膳也饋也

⿰食修 饒食也　滫 米泔也　⿺風羞 風也　⿸疒修 腒也要也　樇 木名　⿰至虎 進也脩也

⿰舟羞 進也　蟰 虫名　⿰金脩 鉏鋋也音秀　⿰車羞 丨轙喪車也　⿰氵脩 同滫久泔也泔也溲也音溲秀

糔 久泔也　摉 求也亂也動貌　搜 同上音廋騷叟稍

謀 計也議也度也心也姓丨音模暮　⿱某言 同上　牟 取也過也奪也大也愛也麥也器也音毋茂　蛑 蝤丨

侔 齊等也同也　⿰虫某 同恈　恈 貪愛也　眸 目童子也　麰 大麥也麴也　繆 綢丨音木

䏬 脊也　鍪 金屬　𨥫 同上　蝥 食穀虫音茅務無　髳 髮至眉也

髳 同上　⿵門某 開也　⿰氵牟 陴丨厘也　劺 勸勵也勉也　⿰巾某 女人衣巾　瞴 丨婁微視也

⿱敄糸 縛也　⿰虫母 魚名　⿰魚每 魚名　⿰魚牟 魚名　鉾 矛屬劍端也　⿻毌王 冠名與常異

鴾 丨毋　霿 都杳也　麰 麥也　堥 瓦台也　⿱牟瓦 鏊丨同鍪　鎏 美金也

流 水行也下也轉也覃也擇也宥也走也放也求也音留　汓 㳅 同上　琉 丨璃石似玉　硫 丨磺藥名

旒 冕丨章也旌旗垂也　留 遲也止也久也治也徐也　畱 同上　鰡 魚名

騮 紫丨馬名　嵧 㟹丨山名　⿰留毛 髮亂也音卯叉　簍 竹籠也　塿 小阜也　飀 風聲也

鶹 丨鵂鳥名　鎦 殺也殘也　遛 逗丨不進貌　蒥 香草　⿱竹留 竹名　⿱竹流 同上

瘤 瘡也腫也　⿰月留 同上　駵 赤馬黑鬣也　劉 姓丨殺也　鏤 雕丨刻也　貗 牝豕也求子豬

懰 慄憂貌美貌音柳　⿱劉心 同上　婁 宿名愚也昧也音縷　摟 曳也聚也牽也攬取也

樓 姓丨聚也重屋也丨臺方而高曰臺狹而曲曰丨　⿰臺婁 古同上　嘍 嗹丨煩貌丨咮鳥聲　廔 綺窗也屋麗也

螻 丨蛄虫名　髏 髑丨首骨也　⿰婁頁 同上　膢 二月祭飲食之神　⿰木霤 扶丨藤名

蟉 虫名　蔞 蒿也　郻 鄉名　僂 傴丨尫也曲背也　⿺尢婁 高貌

⿰婁瓜 苦瓜　瀏 水清貌風疾貌音柳　溜 發也滅也盡也同流　裗 衣縷也

⿰魚婁 魚名　⿰犭婁 同貗　橊 石丨果名　⿰木畱 同上　瑬 美玉

餾 飯氣蒸也　⿺風劉 風行貌　⿸鹿婁 鹿屬　⿸麻留 麻也　⿰豆留 豆名　媹 女字

⿰扌劉 斬刺也束也將也　嶁 山顛也　⿰巾婁 簍籠也　⿰忄留 怨也　慺 恭謹貌悅也

篸 竹聲 㜮 同… 熡 少多也 ⿰鼠留 竹鼠也 ⿰犭留 同上 璆 古…字
甊 瓿｜甖也 ⿰目翏 燒種也 鏐 黃金之美者音蟉聊 ⿰禾留 禾盛 ⿰角翏 角不正也
瞜 視也 鎦 卽劉字 磂 同硫 ⿰示婁 飲食祭也 ⿱竹留 竹名 ⿰米㐬 粹｜鐵也
綹 綺別名 ⿰羊婁 獸似羊 耬 犂也 耬 同上 艛 艛｜船名 ⿱艹流 草名
⿰瓜婁 菰｜土瓜 ⿰艹䙉 蔞｜卽雞腸草 褸 衣襟也音縷 ⿰婁見 視也 謱 謰｜絮也 ⿰足婁 ｜豆也
⿰貝婁 貧也 遱 連｜不絕貌 ⿰阝婁 侏｜縣名 ⿰氵鷜 水鳥 鷜 鵱｜野鵝 鷚 雉子也
鞻 革履也 飅 風行聲 ⿵鬥翏 絞也殺也 㔕 小裂也音兜 嬼 美也音柳 寠 甌｜便側之地
⿰婁斗 斗⿰婁斗｜丘名 人物也

憂 愁也思也幽也疾也辱也低也音衣於妖黝 惪 同上 惪 同上 ⿺辶憂 同上 優 有餘也｜游
瀀 渥也寬也瀀深也清也 耰 覆種也 嚘 嚘｜多言也 ⿰憂欠 ⿰憂欠｜慨也 ⿰口幽 吟｜歎聲
幽 隱也微也囘也深遠也姓｜ ⿰氵憂 古同上 麀 牝鹿也 ⿸鹿憂 同上 ⿸厂劣 同上
⿰口麀 鹿鳴聲 呦 同上 懮 愁也音黝 𢆶 細微也 ⿱艹憂 草名 ⿰?名 ⿰礻憂 福也
⿱冖口 小聲也 ⿰口丸 同上 優 ｜游暇也 櫌 摩田器 ⿰火幼 烟欲乾也
飀 風聲 纋 笄中央髮也 鄾 鄧國名 ⿵几凡 風也 ⿰禾憂 十苢也
怮 憂貌 ⿰面幼 ｜醜面醜 颵 風聲 ⿰氵要 深也 妖 恨也音伕
侯 公｜姓｜美也君也何也候也 ⿰亻矦 同上 矦 同上 ⿰鳥矦 雕也 ⿰金后 頸鉗也

喉 咽也 ⿰彳矦 樂器 猴 … 餱 … ⿰虫矦 …龍
⿰山矦 山名 ⿰忄矦 忿怒也 ⿰巾矦 同上 ⿰矛矦 子也 鍭 金鏃也 糇 乾糧也
⿰木矦 ｜桃果名 ⿰女矦 女名 帿 射｜也 ⿰忄后 和解貌 洉 沾濡也 ⿰亻瓜 王瓜
瘊 疣｜病也 睺 牛盲也 ⿰礻矦 祭求福也 翭 羽初生貌 葔 ｜莎草名 ⿰衤矦 ｜褕小衫也
⿰言矦 言貌 ⿱雨矦 雨貌 ⿰風矦 風貌 ⿰矦頁 ｜顒言不正也｜顒揚言也 鯸 ｜鮐魚名
骺 骨｜骺｜ ⿰骨矦 同上
浮 ｜泛罰也汜也過也泒也溢也經也無定處音肥抒 哹 吹氣 哹 同上 箁 竹有文者
蜉 ｜蝣虫名 ⿰石孚 破聲 ⿱雨孚 雨雪貌 琈 玉采色 烰 氣出盛火氣也烝也

艀 小船也 罦 覆車網 芣 車前草 山名 枹 擊鼓槌也 涪 水名 娐 女字
桴 棟名屋脊也音軳 ⿰多孚 多也 ⿰木色 同枹 ⿰山孚 山名 [illegible] 姓也
⿰牛孚 牛玄脣 ⿰火孚 火熱 粰 𥹉也饘也 ⿰米付 同上 ⿱⿻孚 同罘 ⿱罒否 絕罟也
捊 引取也 ⿱孚蟲 同蜉 ⿰孚見 視也 ⿰氵鵀 ｜鷗鳩也 ⿰孚鳥 同上 ⿰鬼孚 星名
錇 ｜鉅釘名 筟 竹名
彪 姓｜虎文也文也 滮 水流貌 驫 馬走貌 髟 飛揚貌髮垂貌 淲 水深貌 ⿰氵驫 水聲也
麰 ｜麯｜餅也 飍 驚走貌 颩 ｜了僧伽 ⿱宀叐 宿也
牛 姓｜六牲也｜馬件也宿名音矣 ⿰魚牛 魚名 ⿱艹牛 ｜藤藥名 汼 水名 ⿰鬼牛 鬼也

偷 盜也薄也佻也苟且也 黈 黈纊重耳也 鍮 姓丨石似金 斢 丨對兵奪人物 婾 巧黠也
姓 好貌
收 捕也取也聚也振也軫也息也音狩 抖 古收字 収 俗收字 蓛 草名 峑 上名
倣 縣名 餂 臭丨味饑也 餿 飯壞也 饅 同上 脙 䐍丨皺容醜貌
蒐 丨艹蒿也地名生食脆美音樓縷 𧂞 小蒿草音縷 甊 土瓜也音樓
摳 挈衣也 芤 旁實中空曰丨 苩 草也 彄 環屬 帕 射決也
愁 憂也悲也慮也丨也丨悶 㥞 愁丨貌 𤒈 同上
嗖 丨吆小兒聲也緩平聲 㤼 亂也

十二侵 古通眞○韻 署通覃鹽咸
侵 漸進也陵削也丨伐聲罪致討曰侵潛師掠境曰侵 祲 妖氣也盛也 駸 馬行疾貌駸駸貌 𧬈 言多也 𠉣 漸進也
綅 綴山也 睃 日光也 鮻 魚名 鋟 錐也 蓡 藥草 䕽 喪精草也
浸 冷也寒貌 埐 地也音岑 滲 漸漬也音深 腈 臭也音潛帶 濅 益也漸也水漬也
金 丨銀堅也姓金黃色 金 古金字 今 是時也急辭也音京羹 衿 袍襦前袂也 黅 黃色也
𢙋 利也 黔 淺黃色黑也 紟 衣系也結衣也音衿禁 縿 布帛名 㦗 心丨貌
吟 呻也嘆也姓丨咏也 唫 厃 同上 淫 同坙 霪 久雨也 婬 私逸也遊也 訡 同吟
廞 盜也 𡪃 深也 崟 地高險日丨 恁 弱也信也 芩 水草 壬 干名大也佞也

欽 呻也音衾 絍 織也 任 誠篤也姓丨平聲 姙 身懷孕也 紝 同上
乑 眾立也 紝 同絍 銋 濡也 肣 同吟 痓 病也 窨 深也
䣢 地名 冘 淫行貌音由 㸒 放也甚也大也慍也久也邪也過也同淫音淫豔 嶔 兩山相向也
紝 久綴貌 𧦝 信也念也
深 微也州名水名藏也邃也丨淺音諗 㴱 同上 琛 寶也 賝 同上 棎 木名果名
嫪 姪也 宷 実也 䑶 船行也 森 木多也植也盛也 襂 羽衣垂貌
槮 木長貌音審杉驂 蔘 草名 參 丨商星名音驂 蓡 同上人丨藥草浸漸意
葠 蒲蒻之類 滲 毛羽始生貌 鬖 亂髮也 郴 桂陽縣名 闖 馬出門貌 梫 桂也

棽 繁蔚貌
忱 姓丨信也誠也悃也 諶 訦 同上 煁 烓也烓竈也 芩 黃丨藥名 岑 峻極貌姓丨 鳹 小鳥
涔 漁池也雨多貌漬也水名音潛 笒 竹名 䍐 罔也 梣 青皮木也 櫏 茂也
䲄 魚名 鵭 青鳥也 酖 樂酒也同上 𤫧 青皮瓜名 愖 同諶疑也 䅦 禾秀也
音 姓丨聲也 喑 兒泣不止也 愔 安和貌 韾 聲和也 吽 牛鳴也音鷂 霠 雲覆日
陰 丨陽陰也闇也 阴 侌 霒 𩂣 阥 古文陰字 瘖 不能言病音陰 酓 醉聲
斟 姓丨勺也取也益也計也 椹 桑實也鐵丨音甚 鍼 丨線刺也 針 同上縫也 砧 擣衣石 箴 丨規戒也音緘
鉆 鐵丨持也刑具音箝覘 枮 斫木櫍也 鱵 魚名 瑊 石次玉 碪 同砧

椹剉也　[走甚]坐立不安貌
琴姓丨禁也人名虫名　琴閣上高　琹同上　禽丨獸飛曰丨走曰獸　擒與捦同
檎林丨木名　芩草名音吟　[冫禽]寒狀　[厂金]石地也　蠄丨蜍蟲名　[黑禽]黃色也
肣丨歛也兆足歛也　邻亭名　庈人名　捦急持也埕也　[木禁]同上　拎同捦音箝
琳美玉名人名國名　玪古同上　霖霄丨雨不止也　林姓丨君也盛貌竹木曰丨　[宀林]屋深也
淋丨漓渥貌水貌　臨大也視丨卦名也　瀶水貌　綝丨縿竹名音廩　痳小便難也病也　[目林]欲知貌
霖久雨也　[木頁]丨頫俯首　碄深貌　[宀林]室深也　崊山石也　同臨
㝷姓丨俄也侵丨繹理也亦也用也温也丨常仍也繼也重也長也　[馬尋]古同上　潯旁深也水厓也水名州名

燂火熟物也音潛　燖同上　[月尋]姓也　[走尋]長也　撏取也　樳木也水龍燭
鱏長鼻魚名　黮雲黯也音甚　鄩邑名　柃木葉也　璕石似玉　[尋見]同尋
[牛尋]牛也　[女風]姓也　襑衣博大也　蕁[艹尋]病疾也　[尋]同上　[竹尋]竹長千尺可為大舟
鐔劍鼻也　[風]姓也
心本也中也纖也腹也音新私修姓　伈恐懼貌　芯燈心草名　杺木名　鈊金名
[車心]車鉤心木　[鳥心]鳥名　[忄心]測也　沁水名音浸　[扌心]插也　[出心]猫犬吐也
吣同上　[艹心]螟食苗心死也　綅久綫貌音侵
衿衣領也結也帶也衣小帶　衾同上音歆俗音襟　[衤金]同上　襟禁也前衽也胸也　[衤侌]同上

二十侵　七十八

紟……　欽思望意音唫　鈐……
歆貪也饗也丨羨動也欣羨也神食氣也　廞庭也興也陳器　嶔山勢嶔立貌　[疒金]疾瘧寒證也　頷含也音含
[金金]宋子虛名音胸　衾大被也單被也　唫口急也音吟噤　菳菡丨荷花名
[氵冘]没也浮丨水名禁也　沈同上姓丨　潭旁深也音覃淫　[竹它]竹名　[雨沉]久陰也　[疒甚]腹病也
簪丨笏首飾也　鐕磨也　[月朁]腸丨臭也　[朁阝]亭名　兂首笄　[扌朁]疾也攙也速也
[木幵]刑也音纓　[車斤]繪去綆也
[火林]丨歁灼丨俗字

十三覃古通刪
覃深廣也深也及也　惔燎也熱氣盛也燔也音炎　痰涎也胸上病也　餤進食也音淡　錟長矛也
郯姓丨國名　墰地名　[月覃]美也食味美也　曇雲布也黑雲貌　[酉炎]酒薄也　[香覃]香氣也
談言丨丨論丨戲調也　譚姓丨國名大也安縱也　霮久雨也　[金曇]無屬
[火炎]爁也　潭水名深也音尋淫　驔馬黃色也　燂火丨烘也　[金覃]埕也
[土曇]雲布貌同上　[鼓覃]鼓聲也　澹姓丨水貌平聲　醰美也酒味苦也　鐔劍名　橝木名
憛思也憂也意音鹽　[女炎]女字　倓安也恬也靜也　嘾含深也貪也　菼丨藍瓜菹也　[亻劍]安也同倓
[走覃]趍丨走貌　[目覃]長味也　[艹尋]海藻　藫海藻也水苔也　憺安也恬也音淡

十三覃　七十九

藍 姓丨染青色也鑑也水名 嵐 山丨山氣蒸潤也 籃 大籠篋也 㢋 同上

婪 貪也 惏 婪 同上音淋覽 襤 丨褸敝衣也 繿 同上絲絮也 儖 丨儳形惡貌

[髟監] 鬢多貌 [魚監] 丨魛魚名 漤 雨多貌 礷 礸也北湖別名 [巾監] 無緣衣也襤也 [王監] 玉名

[足嵐] 急行貌 [監毛] 毿也 [監鳥] 丨鶬鳥名 [走監] 丨趝走貌 [雨監] 久雨也 [雨監] 同上

葻 草得風貌 灆 水清貌音覽 籃 丨篸薄大 [金敢] 丨驂馬日中鐵也 [亻林] 丨儳鈍貌

懢 貪丨嗜也

慙 愧也 慚 同上 讒 譖也佞也毀謗貌 蠶 吐絲虫 蚕 同上

蔪 麥秀也 嶃 丨山尖銳貌 漸 丨高峻貌平聲 [斬面] 丨面長貌 [斬欠] 笑也 鄿 宋地

螹 虫名 毚 狡兔也 饞 大食饞貪也食也 嚵 同上 巉 丨巖高也 儳 儖丨惡貌

欃 木蘭銳也 [豸毚] 攙馬也音談覘 [斬女] 女名 摲 暫也次也截取也 潺 水流聲水名

瀺 水落貌水聲 嶄 高峻貌 鑱 刺也 劖 斷也鑿也剽刻也 艬 大船也

[鼠韱] 鼠名腰黑 獑 丨猢獸名 [犭毚] 丨兔犬聲 孱 弱也劣也㞐也過蠶音前樓 [毚革] 鞍丨馬韉也

[魚毚] 魚名 [阝毚] 地名 攙 刺也銳也 儳 不齊貌

南 丨方主化育任也姓丨雙南金也 楠 木名 喃 呢丨燕語 諵 多言也語聲 枏 俗楠字

男 任也丈夫也 湳 水名 婻 美貌 畘 田十畝曰丨 莮 宜丨草名 [酉南] 煮也臑也

娚 語聲 腩 丨膞肥貌 枏 木名梅也 萳 草長弱貌

參 雜也丨差不齊貌謀度也間廁也承也覲也錯也列也音森 叅 丨訂丨考丨贊 驂 車駕也 𠫭 丨差不齊貌

滲 下漉也 毿 毛長貌 摻 女手也搓捫也取也鼓曲也同攕音尖纖 攕 好手貌

鬖 鬢長貌 [女參] 少好貌 [走參] 丨趲眾多貌 [參阝] 地名 謲 怒語也何也 鏒 馬口鐵也

朁 同參

甘 姓丨甜也厭也樂也美也熟也 柑 丨桔果名 紺 深青揚赤色 疳 小兒病也 酣 酒樂也飲洽也

蚶 小螺也 泔 淅滿也米泔也音頷 邯 丨鄲地名 魽 蚌屬 崡 大谷也

嵅 嵐丨山名 [火甘] 火行貌 憨 愚也癡也 玵 玉無瑕也 姏 老女稱 苷 甘草也

[忄甘] 心伏也 [臣甘] 攜也頷也平聲 甝 白虎也 [甘干] 南方有丨瞧林 [食甘] 餌也 佄 同酣

粓 米汁也 淦 泥也水入船中也音弇 [麻甘] 和也 [山甘] 山名 詌 口閉也言亂也

[甘刂] 臊切也 [雨甘] 丨霖也 [貝甘] 賺丨貪財也 [竹甘] 竹名音敢 [甘欠] 欲也予也與歆刪

眈 樂也虎下視也 耽 威視貌同上 妉 同上 [日冉] 日光也同眲 儋 負荷也州名 甔 罌也

擔 任也當也荷也挑丨音膽 担 俗同上 姏 老女稱 愖 樂也 黕 滓垢也

舑 舌吐也 聃 耳曼也 [疒詹] 癡也 湛 樂也 [氵耽] 淫樂也 [口耽] 聲也

[日冘] 日晚也 紞 被識也 [冘頁] 竹名

菴 丨堂佛殿也低也草名 庵 同上 [广菴] 同上 暗 不明也音闇 [含鳥] 丨鶉鳥名 [龕鳥] [酓鳥] 同上

韽 聲小也 諳 歷也練也曉也記也 [殸音] 聲和靖也 愔 安和貌默也 [言酓] 同諳

䜗 聲小也　龕 受也盛也音堪俗音菴　⿰言奄 丨阿語不决也　嵁 丨巖不平貌　諳 記也憶也

唵 手進食也

三 姓丨數名三也　叄 同上　弎 同上音森　彡 衫破貌　乇 村名　糂 雜也粒也

糝 同上　厳 厭也　醓 醬也

貪 探也丨婪欲物也　⿰氵貪 水名　⿰氵冉 水也　探 試也伺也取也索也平聲音蟫

僋 丨侏痴貌　⿰貪欠 欲得也音龕坎

堪 姓丨勝也任也可也　戡 刺也殺也勝也克也　⿰堪力 險岸也　橄 柱也

龕 受也盛也取也勝也　勘 能也

含 銜也包也容也音涵　唅 同上博雅唵也　啣 口丨物也　⿰口函 丨⿰口胡恐貌　琀 玉實死者口也　馠 香也

梒 丨桃果名

十四鹽 古通先

鹽 甘美也鹹也　塩 俗同上　炎 熾也熱也焚也火光上也音談豔　嚴 威也敬也尊也毅也

⿸厂炎 同上　閻 閭丨姓也巷也　閆 姓也　⿰炎鳥 丨離怪鳥　玁 獸名　簷 屋丨檐也

惔 熱氣盛也音談　釅 酒醋味厚也　⿰口嚴 呻吟也　壛 同檐　⿰爿詹 屋丨與簷同　⿰糸閻 續也

櫩 梱也廊也音琰　⿰木鹽 木名　⿸厂嚴 同嚴　[illegible] 禦也驕也　⿰口閻 吞也音啖　⿱艹厳 草名

⿰火咸 鹹丨音甘淡　⿰亻簷 竹病不可折　襜 棍也重丨外丨音檐　爓 火門也音潛尋　爓

纖 細也微也儉嗇也　⿰口韱 丨啞不廉也　殲 殺也　殲 盡也　摻 女手貌細也凡細貌音纖

攕 同上白貌音尖　⿱艹韱 百足草　纖 恭也　战 同殲　⿰月韱 膗也　⿰目韱 笑貌

襳衣帶長也　獵獸名　躐行貌　糍粉餌　毶毛也　櫼楔也
鑯驗也　僉眾也咸也　籖｜書文字也　纖細削竹也　癥病也　霰微雨也
雪霰同上　孅銳細也　鋟刻也　籤驗也銳也貫也　巇音尖　槧牘樸也漸也
憸彊也音詖險　嗲物也音糝糝　䆟禾草不實穅｜之貌

廉

斂也儉也察也仄也清也｜潔嚴利也側隅也　磏槏廉磨同上　簾廉也　鐮鍥也廉也
濂薄也淡名音鐮　䁠瞇也穴也　瀸病也音瘠兼　幨幨帳也　鰜魚｜絲網　鬑長也髮也
帘酒旗音臻　蘞草名　匳粧｜香器　螊蟲名蛬｜　磏赤礪石　奩盛香器也
籢鏡｜同上　熑火不絕也　𥳑鼓也　𥵨鏡｜鏡匣也　𥝊禾稀疏貌　𣁋少也欠也

匳同奩　溓中絕小水同濂音斂枯林　皷鼓初打也　蠊蟲也　𩂑久雨也
嫌清美也　匳鏡匳也盛香器　慊帷也　籢鏡也　鐮小食也廉潔也　賺賣也
斂姓｜收也聚也取也藏也　穣禾不實貌　獬同上　摙擊鼓也音兼

占

｜｜筮也候也固也視也　沾漬也益也濡也音占整貌音居　霑漬也濡也雨霑也　粘相著也
黏同上　覘窺也視也闚也　蛅蟲名　呫嘗也｜囁讀書聲　佔輕薄也視也
产屋相也仰也　瞻臨視也觀也　詹至也多言也同占　襜整貌搖動貌帷也
噡同詹　讋失氣多言也　𧨜｜滯聲也　談惟也絕也車｜也　幨同上　憸同上
劍削也　秥禾名　韂鞍也　鮎魚名　㾾喉病也音兼廉　𪏮香也音兼廉

痁瘧疾也音店　柘木名　閂獲也　𨇨仰視也　譫多言也　簷主也
𢧐出萼感經　笘竹垂也音帖　壛蔽也　緂屬也　妗美也善笑貌俗謂舅妻曰｜
鉆鐵銸也與鍼通　𡜶喜笑貌妗也　銛銳也　𥬀粥物使薄也　𢕔行疾貌　怗滯也音帖
嶦｜光月彩也　站久立也　添味益也音栝沾　黇黃白色　酟和美也　𦵼喪藉苫也
苫盧呂寢｜　蟾姓｜蜍｜藥名居衛　巉山峰也　拈捻也指取物也音鹽　𪉷鹹也
忝同添　𣢑含笑也貪也欲也音闞

奄

久觀也久留也音厭弇　淹留也｜滯遲也　俺人也對我之稱　閹｜宦太監也豎也　剦豬｜割也俗字
醃鹽漬魚肉也　懨悶也　厭安也平聲　𨛘國名　𢙙甘心也愛也　黶黑色

渰雲雨貌　厭大安也　猒同上　腌同醃音淹　崦｜嵫山名　硽｜砨
埯坑坑土覆物也　䅖禾不實也

蟾

｜蜍｜光月彩也音詹　禪｜堂僧室也音單善　蟬毒也蟲名　嬋｜娟色態也　𡢈同上音亶灘地
𧩬言不實也　澶水靜貌地名｜淵　儃態也｜佪不進貌音佂　𣗒果名
椾同上音尖

尖

銳也末銳也小也楔也簪也　鑯銳也　𥗃盡也　瀸漬也洽也滅也　𤎣火熾也盡也　熸火滅也
鋑錐也　閚立待也　銂銳也　銭田器　霎小雨貌音衫　𡄬不廉也
漸流入也漬也濕也染也

鉗 姓丨鑷弔頸也鈦也徒也鉗也丨取也惡也 鍼 丨虎人名 箝 鉗頂也箝也 鉆 同上 黔 姓丨黎也黑也

黚 淺黃黑也水名 髻 去髮刑 玪 玉名 鈐 車轄也 釩 同上 拎 業也記也音琴

拑 脅持也 帢 布吊也

兼 丨并丨連丨持二禾也 嗛 出口食也 縑 絹也 鶼 比翼鳥 蒹 丨葭蘼也 搛 夾持也音廉

䊴 青稻白米 䍾 絲網 䭑 古兼字 㾾 喉病也音嫌

謙 丨虛致恭也敬也遜也 諐 過失也 䉤 竹名音鹽 慊 丨愜意不安也 鼸 田鼠 襝 褰衣也

杴 鍬屬音欦 檶 治水器同上

潛 姓丨游也藏也深也㨗也涵泥也涉水也 濳 同上 撏 丨拔取也 撍 挾孩也細也 灊 水名音尋岑

灊 縣名 䐶 塩內也 燂 火熱也爛也溫也音尋

恬 丨靜安也 甜 丨醴美甘也同甛 甛 同上 湉 水靜也 菾 菜名

胋 大羹也肥也 䑙 同上 䒥 藥名 餂 美也甘也音忝

拈 鉗也指取物也 栝 木名 鮎 鯰也音粘 颭 風吹浪動也

十五咸 古通刪

咸 卦名感也皆也徧也悉也 鹹 苦也銜也丨淡 醎 同上 含 銜也包也容也口實 啣 同上

銜 官吏階位曰丨 䈄 竹名 肣 舌也音琴 䑐 肥牛脯 䐄 頤也舌也 尷 丨尬行不正也

⿰彳函 水入船也 愖 心不正也音諴眈 函 包也鎧也匱也容也書也 圅 同上 ⿱雨函 多雨貌

涵 水澤多也沉也容也浸也音頷 菡 丨萏荷花名 ⿰口函 丨嘲怒聲 ⿰木函 櫃也植也 椷 容也杯也篋也匣屬

梒 木桃也 諴 和也誠也調也 琀 玉實死者口也 唅 同含包容也 嗛 不足貌音謙慊 ⿰甘覃 長味也

麙 山羊大而角細 匳 受物器 瑊 石次玉也 ⿰金函 甲介鎧也匱也杯也 衔 同銜感也憾也

緘 束篋也封丨函也音監 玪 石次玉者 ⿰馬咸 丨驩古縣名 ⿱壴咸 鼓聲 蝛 蛤也音醎

字彙較正卷三 元集

浛水名 䎁疾飛貌 崡山名 㰹笑貌 晗視也 蜬螺之小者

𧙕丨褖袖也 鋡受也 輱車聲 䤞酒色也 鼢鼠屬 炶火也

涵寒也 羬獸名音鹹 霘同霘 笒丨蕍竹實中者 䈄同上 鹹鳥鳥也

娢女字

巖丨嶮丨高峻貌岸也險也 岩同上 嵒險也 喦高峻貌 嵓險也嶃丨音讒 麙山羊也

羬郊羊大者 䶢齒差也 讇和也 壧地穴也

衫小襦也芟也 芟刈草也 穇穗不實 杉似松生 雺小雨也 霎同上

彡毛飾畫文也 幓旌旗之斿也 䘗同上 纔淺也微黑色音才讒

終

字彙較正目錄卷三

上聲亭集

一董

董孔動總 又

二腫

腫重聳壅俸勇拱隴鞏奉恐寵 仁十

三講

講項棒玤 又

四紙

紙史耳此跪倚以侈士己喜委揆里子蟻

技否水死比髓愧徙

五尾

尾偉斐鬼 文

六語

語楚去巨許舉祖暑女所呂

七麌

麌主樹武縷乳弩五古普肚祖父甫部數

土柱

八薺

薺禮啟底米弟體洗徯 文

九蟹

蟹楷拐解擺矮債舵買灑賣駭騃

十賄

賄洒載改在害誨倍每宰采倄磥

字彙校正 咸豐元年新刊 二 善善堂

十一軫

軫尹引哂腎盡噴敏蠢筍

十二吻

吻隱近謹粉

十三阮

阮蹇偃衮反穩本墾閫 文

十四旱

旱煖趲亶伴纘滿懶算脘但撰斷盥

十五潸

潸簡僩盞產洽限䯊赧板散刪眼

十六銑

銑善輦展沔顯典卷忖犬淺剪免吮錈傳

件鎌膁

十七篠

篠了轎曉鳥殀杳皎擾肇表小棹趙沼尿

屌少蛁

字彙校正 咸豐元年新刊 三 善善堂

十八巧
巧卯凹爪炒飽哨咬鐃拗樂勦　上

十九皓
皓槀道寶造老草嫂好怒鋪數扭　上

二十哿
哿果裸火禍頗妥我娜可播鎖朵　上

二十一馬
馬寫雅寡且姐野啞也打㖓把灑　上

二十二養
養享黨廣罔倣枉爽放象繈鞅賞奘掌上
强朗榜蕩倘旺兩丈兩搶顙慷往曩幌想

二十三梗
梗逞靜秉領幸井猛整永併擰綆嗯揹癰

二十四迴
迴頂挺瞑等肯上

二十五有
有叟久偶口否阜黝畝扭嘔耨丑姓柳手
叩斗酒剖嘔泡詢複糾剖彀　上

二十六寑
寢朕飲審廩任怎錦品妗踸　上

二十七感
感闇攬覽膽慘暗坎腩頷三杉糝揙儑揞
蘸譀斬彭暗譖醓　上

二十八琰
琰諂閃點捻險忝貶漸占儉　上

二十九蹠
蹠湛范檻嵁闞摻斬　上

通共叁佰捌拾五音

字彙較正卷三

寶安吳錫榮星河氏輯

上聲亨集

一董 古通腫轉講 韻略通腫講

董 督也治也姓一固也 箽 竹名 懂 懵一心亂也 膧 肥也 揀 擊也 畽 町一鹿跡也 疃 同上

[illegible] 鼓聲 [illegible] 水聲 動 振一拜 [illegible] 石墜聲 [illegible] 多言也

孔 姓一甚也通也穴也空也 空 竅也穴也空也去聲 倥 一偬事迫促也

動 一靜作也出也搖也音董 洞 疾流也深也通也朗徹也幽邃也音唐 恫 怨也痛也 峒 山之深處也 姛 直項貌音侗

慟 哀痛也 迵 過也音同 戙 繫船杙也 [illegible] 地一安也 [illegible] 安臥也 [illegible] 歌聲

憧 意不定也 眮 視也 挏 動也引也音洞 駧 馬疾走 [illegible] 鼓聲 洞 治也

胴 大腸也

總 合也結也聚也束也 緫 俗同上 稯 禾聚束也 粽 角黍也草名 糉 同上 [illegible] 一角

鬆 同上 蓯 草貌音蓯 [illegible] 衆貌

二腫 古通董

腫 一脹疾也瘇也 種 穀一布也上聲 瘇 病也 畽 町一鹿跡也 尰 脛氣腫 [illegible] 同瘇

煄 火燒起也火貌 踵 足垂也接也頻也 偅 儱一不遇也 [illegible] 均也直也同[illegible]也 [illegible] 乳汁

重 貴也再也尚也尊也輕一厚也姓一音腫同長僮 仲 孟一中也一姓一 衶 襌也 祌 神名 蚛 虫名

隀 地名 湩 乳汁也音湩 緟 增益也 [illegible] 垂也 [illegible] 中翁也 [illegible] 遲也車聲

聳 一動悚也高也欲也 悚 一動懼也 竦 心驚也敬也懼也動也縱也 慫 同上 嵸 山峻貌

嵷 嵷一山峻貌 [illegible] 竦也執也 揀 敬也動也 [illegible] 同上 [illegible] 御走馬也

[illegible] 山峰貌 㩳 推也 [illegible] 懼也

𡑞 丨塞培也封也草名 踴 丨躍 湧 波騰貌 甬 丨道音勇俗音壅誤 衕 巷道
踊 踊丨哀之至也 擁 衞也特也抱也肆餘也 宂 散也雜也忙也剩也 氄 毛細也
⿰多宂 衆多也 ⿰食宂 食也 𡖇 宂中暗也 茸 茸丨草亂貌 悤 氣也健也 灉 水名
傛 從容不偶音勇通俗音壅誤 ⿰至隹 同蛹 𡯖 不肖也宂劣也 臃 丨腫肉泄也 𩅦 雲氣也
勜 丨勼屈强也
俸 秩祿也俸亦作奉 捧 持也掬也兩手承也 奉 同上上聲 𡙁 茂盛貌 ⿰言奉 丨誦歌也
唪 口高貌 ⿰香奉 香氣盛 鞛 鞞器 ⿺走奉 多實貌 玤 石似玉 ⿰糸封 襄履也
縫 衣丨也音逢 ⿰貝奉 喪也助也助生送死之禮 ⿰土奉 塵起貌 ⿰巾奉 巾也 琫 棒也

⿰歹奉 死也
勇 氣也猛也健也果決也銳也 ⿺走勇 行也 ⿺走甬 甕碎丨也 ⿰食勇 食也 ⿰甬彡 垂帶飾貌
甬 道也 涌 騰也 ⿱涌心 慫丨勸也 悀 怒也忿也恐害也 蛹 繭蛹也
埇 同甬 俑 從葬木偶音通 搈 動丨也音容
拱 歛手也向也供去聲 栱 大杙也 共 恭上聲向也 拜 同拱 蛩 蟲名百足也音邛
隴 丨畝丨西田丨姓丨 壟 土高也 瓏 同上 龍 丨斷岡丨而高也去聲 朧 肥貌
鞏 固也碻丨火乾也 控 告也引也投也操制也音空腔 空 窮也去聲 拲 兩手同械也音春
[illegible] 絲屬 拱 歛手也執也姓丨向也去平上二聲 珙 玉名 栱 丨斗柱頭枓丨也大杙也

附录

拲 罪人兩手共一木 共 同拱上聲 [illegible] 姓也 ⿰忄共 戰慄也 巩 褱也
廾 竦手也音拱 ⿱巩石 水邊石 琾 瑕也 ⿱巩手 擁也抱也 蛩 巨虛也百足也
奉 供丨丨養丨獻丨也 ⿱奉又 同上 鳳 神鳥也 ⿰氵鳳 水名
恐 懼也驚慄意疑也慮也 ⿱巩心 同上 ⿱巩見 地名
寵 恩也愛也尊丨榮也姓丨 塚 坟丨俗字 冢 高墳也大也山頂也大社也腫也 ⿰山冢 山名 ⿰氵冢 偃水也
埫 丨塔不安貌

三講 古通養 古轉董
講 習也講也和解也告也論也究也明也 港 水分流也音哄巷 耩 耕也 ⿰耒冓 同上
傋 傋偶也不媚貌音朋
項 姓丨大也頭丨後也 ⿰金后 受鑽鐮也
棒 打也杖也梲也 棓 同上打穀且擊也連枷也 蚌 蜃屬音手 ⿰忄丰 丨愮很戾也
䎧 穮丨耕也 徬 附行也隔也 玤 石似玉地名 琫 埲也

四紙古通尾薺賄轉蟹 韻略通尾薺蟹賄

紙 姓｜砥也

止 停也足也靜也艮｜也容｜息也居也舉也已也留也足也 趾 同上脚｜ 芷 白｜藥名

祉 福也音恥俗音止非 址 住｜基也 阯 同上 沚 小渚也止息也音志

笹 竹名 旨 意也美也志也 㫖 古字 指 所也示也麾也手也美也歸趣也 只 語詞

𧻓 窮盡也 枳 股也害也｜棘木名 疻 敺｜毆傷也 泿 水名 軹 指也岐車也

質 致謹也音志 徵 樂器上聲 咫 近｜言少也｜尺 ⿺尺止 同上 帋 同紙

祇 敬也音脂 坻 水中高地止也 畤 止也地名音市峙田 ⿰豸只 四｜三尺二寸 洔 侶也

秖 乃也 栺 木名 鴲 小青雀也 ⿰氵旨 水名 黹 針｜女工也紩也

䈔 包｜俗䈔字 恉 志也意向也 ⿰只鳥 鳥如鳥也 ⿰木黹 木枝也 抵 側擊也音詭祁 砋 礪石

厎 柔石也致也定也音低致支 砥 磨石也均也平也名音底 脂 ｜膏 玉砥也榮祿也姓｜

庤 居卑也住也 抧 開也音跂 ⿰弓支 弓彊貌 䥷 鑽也 襹 紩衣也 疷 病也音支邸

史 書｜｜策官名姓｜ 矢 陳也箭也直也誓也施也 使 ｜用令也役也 駛 馬疾行也 豕 竭舉也彘也

枲 有子曰麻也耳也 始 初也｜終 屎 ｜尿糞也音矢 閷 門也 ⿰米枲 同枲

乱 初也古始字 弛 緩也放也置也舍也遺棄也壞也音移搋 施 同上上聲 叓 同史 ⿸尸矢 同屎

⿸尸⿱…彡 人名 笶 俗矢字 菌 糞也 炧 火｜燭餘也音䬪 杝 析薪而循理

葹 菓草也 鉂 綅也刺也 阤 壞也 ⿰豸使 獸名似犬 ⿰犭使 同上 苵 菜也

⿰石矢 石臨聲 諰 直言也言懼貌 ⿰石史 石史 ⿱竹施 欂前几也 ⿱穴矢 穴也 葸 畏懼貌

葈 草｜耳也

耳 ｜目｜聞姓｜主聽也音仍 邇 近也 迩 同上 爾 汝也近也移也 駬 騄｜良馬也

妳 奶郎乳母也 毦 羽毛飾也 ⿰糸耳 緐盛貌 瀰 水深貌 ⿰目爾 目眇也 ⿰忄爾 慺也

⿺辶至 古文邇字 栮 木名耳生枯木也 ⿰鼠耳 鼠名似獸治百毒

尒 汝也同爾姓｜語詞 尔 同上 洱 水出貌 薾 華盛也 餌 粉餅也食也

此 次也彼｜止也近也茲也斯也 ⿰彳此 行貌 ⿺走此 淺度也 鴜 鳥名 ⿰此馬 馬名

玼 玉色鮮也音疵 泚 鮮明貌音疵 佌 材器細陋也 ⿰此巾 巾也音貲 茈 ｜虒不齊也

跪 拜也跽也危也足也 音詭俗音饋
跽 同上
匱 姓—乏也竭也匣也
蕢 草器
饋 餉也
餽 送也 貽也
蹶 傾跌也
遺 去聲 同餽
歸 去聲 同饋
櫃 篋也 山名
簣 土籠也
憒 心亂也
瞶 眊—目無精也
撅 擬也
樻 椐也
闠 市門也 道也
蹷 同蹶
繢 織餘也
聵 耳聾也
鐀 檻也
火 山名 同蕢
籄 柩也 筐也
纘 同繢
奎 —踽舉足行貌音睽
劌 利傷也 劃也
壝 遶道也 累土也
倚 —恃偏也側也因也
椅 梓也俗呼坐凳曰—
掎 偏引也發也倚也 音羈
綺 歒也文繒也
輢 車旁也
錡 有足曰—無足曰釜 釜也音技奇螘擬
扆 斧—姓—屏風也 音衣
籭 竹器
廥 大廥也
几 案也安—重也
敧 依—不齊貌
猗 衣貌 好也
崎 嶇—不安貌
醷 梅醬也

庬 大庬也
剞 曲也
⿰口奇 嘆聲
婍 好也
閍 門也
旖 —旎
⿰几卩 地名
犱 獸名似兕
偯 哭餘聲 從容也
⿸尸奇 赤烏也
徛 —鴿行 舊也
⿰石衣 石聲
⿰立奇 立正也
⿰山壴 山名
庡 徘徊也
机 木名 音機
猗 依也 音漪
以 用也為也因也與也同已
㠯 同上
欸 決詞也 音依
苢 芣—草名
苡 芣—草名
⿰壴鳥 郎鷀鷲
已 畢也訖也成也退也止也棄也太也音異
⿰㚔欠 竹生箭也
嬉 不悅也
撎 手背也
儗 僭也 比也
擬 揣度也度也像也 疑也比也
意 志之發也—思擬也 音億去
懿 醇美也 姓—
薏 —苡 草名
噫 嗟嘆聲
殪 盡也 死也
鷾 —鴯燕也
歖 同懿
饐 飯傷熱 濕也
衣 着衣也 去聲
迆 邪行也 音移
迤 同上
瘞 幽也埋也祭地曰—
薿 茂也
⿰糸匈 急也

㦤 同懿
亄 貪也
譩 恨辭也 恚也
佁 固滯貌
譺 議也 欺也
⿱殹土 塵埃也
⿰月曷 臆也
⿰土壹 陰晦也
⿰禾疑 黍稷盛貌
⿰月與 肥也
⿰巾疑 巾也
瘱 靜也深邃也
改 逐鬼魅也與改異
錡 釜也有足曰—無足曰釜 音螘奇
侈 奢也肆也泰也微張貌 好廣也
哆 張口也
⿰女多 美女也
⿰火多 火盛也
⿰口袲 衣開也 宋地名
齒 列也壽也年也類也
⿰夾多 頰也
恥 羞—辱也廉—慙也
耻 同上
杝 隨其理也
恀 怙恃也
祉 福也
⿰月多 肥美也
⿸广多 廣也
⿸广侈 廣大也
豙 地名
誃 離別也 音移
𠚕 古齒字
⿱艹齒 菜名
制 制物
⿰歹刂 割物也

士 學者之稱事也經常也
仕 宦也察也事也音組
是 直也諧也—非此也 姓—係也同氏音題
諟 是也正也審也
褆 美衣服也
湜 水清貌
視 瞻也明也比也效也
⿰山是 山名
示 語也姓—垂—也指 —音岐
氏 姓—族也音燕支
眎 同視怒目也
恃 依也 音市
侍 承也近也官名從也 陪側也
峙 積也屹 立也
謚 靜也慎也恐也
嗜 好—欲 耆之也
耆 同上
豉 菽豆也 嗜也
枝 同上
蒔 —田立也更也
秲 同上
跱 止也
⿰貝示 物生也
⿰貝寺 齎財也
昰 同是
⿰目耆 古視字
𡰥 砌也
𡰝 同上
媞 姓也 音題
眂 同視 視也
舓 以舌取物也
市 恃也勸也買賣之所也買也音試
俟 待也音奇矣
鉃 箭頭
⿰月耆 同嗜
庤 儲也具也
舐 同舓
歭 供具也 音馳
⿱一朩 古示字
示 俗示字

己 人一干名方處不連身也私也紀也起也音起 紀 綱一緒也極也會也記也 汜 水名 杞 禾名
玘 玉名音起 芑 草名 汎 水涯也 戺 堂廉也 幾 名也何也音祈 兇 同上
麀 鹿二歲曰一 麂 麋類 杞 枸一音起俗音己 笆 簟也 穖 禾也
鳮 鳥名 妀 女字 㠱 長踞也 踦 脛也塞也 𡰥 同戺 剞 一劂曲刀也
喜 歡一一悅樂也好也姓一 憙 同上 蟢 虫名 譆 痛而呼一言也 豈 安也欲也登也和也語詞不然之辭
岂 俗同上 起 舉也能立也 㐂 同喜 頣 靜也 䓥 菜之美名 嵦 山高貌
嘻 多勲也音禧 杞 姓一枸一也音骸 芑 木名菜名音豈 簹 簟也 裿 好貌
脣 肥腸也音契啟 屺 山無草木也 玘 玉名 己 姓也音紀

委 姓一一任屬也棄也頓也 諉 推一託也謝也 痿 痺病也音矮 萎 病也姓一也音餒 尉 安也寓也
慰 同上 頯 女隨入委也 𪋌 委潛也獸名 蜲 一蛇虫名 崣 㟪一山高鬼 魏 能也
颹 大風聲 尾 微也末也終也底也 骫 姓一倚曲也 𨳗 門高也 䈧 竹名
𢏽 張弓貌 𧾡 是也 過 咼聲 錗 側意也音㼐 㥨 思也 倭 同上
熨 貼也音鬱 闋 止也息也 睽 乖也外也反目也睽孤之一从目 聧 耳聾也 㨒 中鉤也
揆 度也葵也音葵 刲 割也音歸桂俗音揆 奎 星名音跪 悸 心動貌 雂 盾之握也
媿 同愧
湀 泉水也通流也音癸

里 僚一鄉一邑一憂也居也 理 治玉也正也性也文一也道也頓也 鯉 魚名鯇也 裏 表一衣內也 裡 同上
娌 妯一兄弟妻也 艃 船也舿一 李 東方木也桃李果名姓一星名 杍 同上木工也 䁻 地名
履 禮也足所依也踐也姓一祿也 郢 亭名 峛 山逶行也 𩓜 同履 𩴆 惡鬼
邐 迆一行貌 𨑩 迆一 悝 悲也憂也病也音灰 艃 艑一船名 𤷆 病也
俚 鄙俗也愛也聊也 哩 語餘聲
子 息也姓一一女嗣也音走則 孚 同上 耔 耘一雝本也 秭 十億曰一數也 胏 乾肉也脯也
姊 一妹音姐俗音子 泲 地名水名 𨦻 剌刀也 笰 竹名 笫 牀也簀也
釨 剛也 梓 姓一楸也橋一梓也 滓 汁一澱也 𨸙 地名 吇 鳥名

紫 赤色疵也 䇲 竹名 疵 瘕也病也 鮆 魚名 𣥂 止也 𠡠 事役也
籽 粒也 啙 短也苛也且也 鋅 同釨剛也 仔 任也克也音咨 呰 毀也苛也 𡵂 山名
矷 石名 茈 草也音茈柴 訾 毀也惡也怨也思也 㑪 觜也同胏 芓 縣名
胾 食也 泚 水也 訿 同訾
蟻 虫一蠖一蚍蜉也通名也 蚁 俗同上 睨 邪視也 艤 小舟也 螘 同蟻 覞 傍視也
檥 音宜附也正也船著岸也 礒 石巖也
技 一藝巧也方術也能也 芰 荷一菱也 伎 一倆才也舒貌 妓 一女女樂也 𡝘 怒也姑一 跽 長跪也忌也
忌 憎惡也嫉也諱也怨也畏也戒也姓一敬也憚也音懼芭 忮 害也音寘祇 𠹸 喫也食也 誋 喫也

鵋 惡鳥 惎 毒也教也 郋 縣名 緦 鍼也 禗 巾也繫也 萁 草名

錡 釜也音奇鍦鏪 梞 榭也 䓟 同芰 惎 同惎 篹 竹名 㤚 敬也

祺 繫也巾也 諅 忌也志也音姬 䛴 同上 綦 繫也音其

否 塞也惡也上否大也 聲 嚭 伯丨 邳 下丨邑名 鄙 丨陋否也丨吝 嚭 同嚭 岯 大也山名

秠 黑黍一稃二米音剖缶秠 庀 具也治也音仳庀秠 妚 婦孕一月 呸 相爭也

阫 牆也 胚 同上 痞 病結也痛也音缶 帔 幣裂也 娝 姓也音敷紑

𣬅 器破也 伾 有力也眾也音標否 圮 毀也从已

水 準也山丨姓丨音墜毀 𣱱 古水字 箷 竹名音施

死 生丨澌也精氣窮也音四 𣦸 𣧈 同上

比 類也校也方也倒也音避祕毗 妣 媲也歿母也音庇 畐 齊也 俾 使也

彼 外之之詞丨此遜也 鞞 刀室也音鞞 髀 股也髀也 脾 同上 紕 織組也

畀 與也賜也 秕 不成粟也 夶 並也古同比 妣 同妣 沘 水名音鄙

匕 丨首短劍也匙也 枇 匕也 豼 豚豝司命 祉 同上 媲 配也

粃 不成粟也不知也 聛 側耳也 裨 益也附也音卑 䵗 黍屬 𨠀 酒名

髀 股也卑也 髀 同上 𪌭 麪餅也 䏘 肉也 佊 邪也音祕 芘 草也同庇

𠤻 㔾器 肶 厚也牛百葉也 睥 丨睨邪視也 疕 頭痛也 柀 榹也 箄 筏也

𢴁 與畀同子也

髓 遺也遺腦也丨骨 䯝 同上骨中脂也 𩩲 同上 𩨷 左同上 瀡 滑也 諝 知也哲也

膸 骨中脂也 湑 醑酒也露貌

愧 羞丨慚也丨怍 媿 聭 同上 騩 馬淺黑色 緭 繢也 謉 慙恥也同愧音詭頹

徙 倚也遷丨避也迻也運也音斯 屣 草履也履也 蹝 同上 縰 黑繒為之 漇 水流貌潤也

璽 王丨天子印也信也徙也 玺 俗同上 𩋡 鞮屬 韃 同上 簁 竹器

𨛂 國名 縰 𦈷丨衆多也 纚 冠織也綵也群行貌音羅離史灑 𧺝 移也 𣯶 毛垂貌

崽 子也自高而侮人也音宰 杫 同樅 躧 同屣步也 𨒀 小也 橲 木名

尾 微也首丨頭丨終也底也末也音委俗音美

五尾 古通紙

美 好也丨麗 𠛕 削也 瀰 水流也 𤻎 病也

亹 不倦也亹亹猶勉勉也音門 斖 同上 巏 山高也 𥭗 竹名帚也 荱 草名

浘 水流貌 娓 美好也順也 渼 同浘水波也 靡 無也累也偃也音糜 嫐 女字

𨀖 跟踵也 媄 色美也 𨗷 遲也 𧹞 人名赤色 媺 同美美也少也 𩙥 也

𡰣 古文尾字 屗 屘 古文同上 𨉷 身隨也 𥓏 也 𩛫 饞也丨餓

嵄 山也

偉 大也姓丨奇也 煒 光貌盛赤也明也丨煌火 緯 經丨織也橫絲 暐 光盛貌 韡 花盛貌

韡木名皮如草音暉 韙是也 愇同上 韋大皮也 䈕竹名
鮪魚名 湋丨濼淙水名 韣弓衣也 唯應速無疑也諾也上聲 喟嘆聲懈也
瑋玉名重也 𦍧羊相逐貌 蓶菜名 鵀不安也 𪃿呼鴟也 暐日光也
𤺊瘍也 鵍同鷩 𤞤豕名 薳姓也 𩴭鬼也 鍏重也
蒯姓丨地名音塊 嵬山險也 蔿草也地名音花虧 樻靈壽木也音匱
嘳太息也同喟 鮠魚也 蘬苗葵也葉也
婓文貌分別文也音非 篚竹器方匪圓篚 誹丨謗非議也 棐輔也 悱訥也欲言不能 菲薄也葑丨
榧上名 靁雷聲也 厞陋也隱也 琲玉名 䅏稍也丨多 剕刖足也刖丨

毀缺也壞也訾也去也折也丨謗哀丨音尸墮 燬烈火也音貨 卉草木茂也花丨 芔同上
匪非也竹器 𨁈同剕 奜大也 腓足肚也 蜚蛇屬 朏月未盛明也
䋄蜀錦名 毇米丨斛舂八斗 譭同誹 㥱同悱 諀謗也音俾 緋帶也
𦛰臭虫 䎡耕也 柀榹也同榧 渄水流貌 婓女貌 𥟍稻名
㷄烈火也 霏雨雪貌雰也甚貌 䬠同上 騑馬名 蔇草名
嫛惡也 諱忌也避也隱也畏也音揮
鬼陰靈也歸也星名 祪祖也 詭責也欺也謾也詐也怪也異也違也毀也 宄奸也內為姦外為丨
簋簠丨祭器 軌轍迹也法也則也 傀丨偏天貌 晷規也日影也柱景也

垝毀也 氿泉水旁出者音求 瓬盛蔡稷器 𦍧羊無角也 佹戾也依也
謉責也詐也音愧頯 䓈香草 洈水名 湀丨闢流通也 姽好貌
𣧑倦也 蛫蟹也獸名 𧗳迹也 边同軌 陒同垝 䰎魁精也
瞶肥大貌音隊 觤角不齊貌 𩿧鳥名雉屬 𠱓計也 磈丨磈石丨然獨山貌 𥩟立貌
庋閣也 恑變也異也悔也音危 甈結也匝也纏 嵔山高下盤曲貌
桅短矛也舟上帆竿 跪拜也危也跽也足也

六語古通虞

語言丨告也教語戒也 語部語同 敔衛也禁也 齬齟丨齒不相值 圉困而不舒貌垂也 汝你也音爾
圄囹丨止也禦也備也 與共也許也 𩔉美也
楚姓丨叢木也荊楚國名丨利也音疎去 𣚎俗同上 礎柱下石也 濋水名 𤴳古楚字
𠹭呵叱人也 𠹭吸也 憷心利也痛也 䙘合五采鮮色 𤺉痛也 檚樝丨荊條也
㭦古楚字 齭齒傷酸也 儊不滑也
去離也行也去也徹也來丨藏也 紶緒也繼也 厺同上 䒧草名 𤵸病也音佉
麮煮麥也

巨 姓丨大也規丨萬數也 音渠 鉅 大也剛鐵也同上鉤 也同遽 詎 豈也止也格也同上

拒 捍也禦也格也違也 抵也音炬 距 抗也至也 也同上 洰 水渥也 昌 呂也 苣 苦藥名

狙 丨狫 獸名 具 辦也備也俱也音橘 懼 畏丨無守貌恐也 音劬 愳 同上

颶 大風也 簴 鐘丨 樂器 柜 木也丨 櫸音舉 俱 皆也音拘俗音巨 岠 山大也

炬 火丨 燒也 籧 竹器 秬 黑黍也 音巨 艍 離距也 [illegible] 寒丨餅 駏 獸名

怇 慢也 蚷 商丨 蟲名 鐻 鐘鼓之 樹也 舡 舟也 歫 違也戾也至也止也

昛 明也 [illegible] 姓也 櫨 木器 [illegible] 鳥名 懅 恐也 慚也 [illegible] 鞍也

麮 蜜餌也 粔 粔丨 枚音 惧也 埧 堤塘 [illegible] 姓也

許 明也可也 姓丨信也 栩 木名柔也實貌音羽 珝 玉名 詡 和也徧也訏大聲 俗音許

昫 熱也蒸也溫潤也 光也赤色也音休姁 煦 吹也 姁 嫗也 音吁 呴 氣溫也 呵也 冔 商冠名

[illegible] 喣 同上 去 去也 上聲 [illegible] 同踽 㳛 水名 [illegible] 地名 鄦 同上

紶 絡也 詓 虎丨 獸名 岓 山名 酗 醉怒也 [illegible] 同 酗

舉 立也動也擧也行也對丨 音據 擧 同上 桊 俗同上 矩 規丨法也常也 地也 廉隅也儀也法制也

莒 邑名 櫸 木名 楀 木名姓 丨音羽 筥 筐丨 竹器 蒟 果也 趄 走貌

榘 同矩 丨矱 鄅 國名 竘 健也 匠也 椇 枳名曲 梂也 齲 齒病貌 朽也 鸜 鳥名

[illegible] 丨筥規車輞則也 [illegible] 謹也 弆 藏也 [illegible] 驚視也 句 方也 上聲

柜 木也 柳也 炬 燒也 音巨 枸 木名音苟鉤拘劬 籧 籧篨 竹器 簴 養蠶器

禑 姓也 [illegible] 孤也 踽 疏行貌 拒 捍也方陳也音巨 [illegible] 姓也

[illegible] 共舉貌

俎 丨豆禮器姓 丨几也俗字 阻 止也疑也艱難也 隔也險也 岨 嶮也 詛 阻也 呪也 俎 同俎 祭亨之器

謯 祝丨 同詛 [illegible] 馬足病 作 怨謗也 上聲

暑 寒丨 熱也 蒸也 鼠 小獸 也 黍 禾屬 粟也 褚 裝衣也囊也音者 褚丨 癙 幽也 憂也

[illegible] 熱病 楮 木名 [illegible] 虫名 同蝝 [illegible] 蠼螋也

女 兒丨 婦丨 如也星名 [illegible] 古女字 [illegible] 敉黏也 籹 粔籹 音汝 [illegible] 好也音 娟卯

所 語詞誓詞伐木聲也音徙 [illegible] 同上 [illegible] 骨也 [illegible] 丨嗣衆 石也

呂 律丨姓丨陰律也長也 骨也 侶 徒伴也 [illegible] 婦人醜貌 梠 楣也

郘 亭名 旅 客也子弟也衆也軍丨陳也序也 道也姓丨俱也祭名音閭 [illegible] 軍也音律衆

膂 肉也 忘丨 脊骨也 [illegible] 緣絲也 [illegible] 丨藘 藤也 柅 木名 [illegible] 同上

[illegible] 藤也 音壘 [illegible] 巏丨 小丨 穴也 瘰 丨癧筋 結病也 樏 山行所 乘 屢 數也音慮俗音呂

[illegible] 脊也 絽 縫衣也 [illegible] 也 心不動 [illegible] 慢也 [illegible] 瘻病 [illegible] 飯器

[illegible] 同累 鑸 不平也 㠥 㠥嵔丨山 貌 [illegible] 口窟也 俗字 儡 儡傀丨 偶戲 [illegible] 同上

讄 禱也 洡 水名 [illegible] 大也 儢 心不勉强 貌 [illegible] 極困也 蕾 始華也 花綻貌

附录

祇陳也 稆自生稻也 𥞩刀也 礧衆石也 櫑古木劍 㵢水波涌
灅水名 俫𠀤也 不同弄 櫑也 㵢起貌

七麌 古通語
麌群聚貌 音吳 雨風|潤也 雩|也 庾十六斗 姓也 倉也 瑀玉石
楀木名 姓 |音矩 㥲憂也 瘐病也 湡水名 禹舒也 夏王名 敉撫| 鬻餌
斞量也 芋蹲鴟也 音于吁 鄅地名 偊行貌 曲躬貌 俉肥大貌 鋙鉏|
女同汝 上聲 羽|毛 鳥翅也 瘉病瘳也 窳器中空也 𥨪同上 惡也 惰也 予畀也 上聲
宇屋邊也 方也 簷下也 羽也 大也 俁立也 噳衆也 峿峿|山貌 肞絕敗也
嵎山名 𨵥小門也 𨙸亭名 𦑣草名 与同與 賜|子也 㒜謹也 倚也
㼌微弱也 人勞病也 髃肩骨 䥏樂器 鴡鳥名 即商羊也 𠕲古文雨字 篽元色竹

窳嬾也 鋙鉏|不安貌 樂器
主君也 宗也 坐也 |賓上也 宇也 守也 麈麋屬 似鹿尾 辟塵 砫宗廟之石 渚小洲曰| 遮也
拄掌也 支也 刺也 距也 翥翔也 舉也 丶鐙中火也 煑|炊 烹也 煮同上
赭赤色 衣也 𧹞同上 齬齟也 𥋺舂也 鬻同煮 宔宗廟祏也
斵斫也 枓勺也 音斗
樹姓也 |木立也 種也 生植 [illegible]名 尌同上 澍時雨也 音注 署置也 廨| 曙旦也 明也 曉
戍守邊也 遏也 舍也 𡠶女名 尌|字 籀文 侸立也 腧五臟也 音俞
𣿍溝也 尌立也 封也 姓|竪也 音住 裋敝衣 襦也 音短 束約也 音竦

武姓|健也 威也 迹也 繼也 文|斷也 關也 鵡鸚|能言鳥名 碔|砆 石似玉 娬媚也 母姓|父| 音某
拇足大指也 侮|慢 戲玩也 胟將指也 娒嫵|女師也 儛山名 嫵嫵媚也
舞鼓| 鐘體也 樂也 變弄也 膴厚也 法也 音呼 無 廡|廊也 脊膴 陚平原也 有無也
姥天|山名 𦪇長艇舟也 峔山名 潕水名 瀩同上 𥐥藥名
𥕱石名 䝮牝豕也 𦢊肥美也 躌踐也 賦斂也 𧶽同上
牳牛名 𤝔飄| 𠥓刀室也 鉧地名 珷珠|玉名 𦚾
踇足大指也 𡠳同嫵 珷同碔 侮慢易也 𩥿馬行貌 䳇鸚|同鵡
憮|然失意貌 撫也 愛也 音呼 無 瞴微視也 痗病也 倵三國人名 媽母也

㥕撫也愛也音僂 牡畜父也或作牳 甌瓦酒器
縷花ㄧ𦆌ㄧ綫也結ㄧ 䌸同上 褸襤ㄧ衣也 僂傴ㄧ人身也 簍竹器籠也 嘍嗹ㄧ煩貌
𡖿多也 𧽯高貌 廔甍室也 𣁥斢ㄧ兵聚民物 䃺石也 耬耕畦穿也
麳ㄧ餅也 塿㥪ㄧ形神衰易也 嶁岣ㄧ山尖神 漊小雨不絕貌音廔
塿小阜也
乳柔也湩也竹ㄧ 惢花ㄧ初生也 蕋蘂同上 餧餒ㄧ氣不充饑 餧同上 鯘魚餒也魚臭也
醹厚酒也音儒 飆風動貌 㳶同醹 腝ㄧ耎弱貌音㮕 檽染也音檽醹楄
涹濁也

弩弓ㄧ怒也弓有臂者 駑ㄧ駘弱馬也 努力也勉也 砮石箭也音奴 惱煩ㄧ恨也 碯同瑙
𥐰同砮 腦腑ㄧ頭髓也 𤏶懊ㄧ熱也 瑙瑪ㄧ石似玉也 𤸊病也
𧭈言也諳ㄧ誨也 硇石名 熖同𤏶 瑙馬ㄧ 㛴恨也 䯉髮也
𧒽水中ㄧ虫也
五中數也ㄧ格 㐅古同上 伍行ㄧ列也姓ㄧ 仵偶ㄧ敵也ㄧ作 午時名ㄧ也交也 旿明也音誤
牾逆也逢也 玝寶玉也人名 逜遻也音誤 𦙶明也 迕遇也音誤
古ㄧ今故也久也始也常也 嘏大也長也固也福也 𤰯俗斝字 斝玉爵也音賈 估論物貨也
賈商ㄧ市也賣也上聲音[illegible] 牯牝牛 皷鑼ㄧ俗字 鼓ㄧ鼙革也邑名郭也

羖羊牡曰ㄧ 股髀也固也脚也 罟網也 蠱腹中蟲也ㄧ毒也 瞽無目者盲也 詁ㄧ訓言也
盬姑也且也鹽也噓也 𥂩器也 岵山有草木也音古 酤沽酒也賣酒也
臌ㄧ脹俗字 𦙄同股髀也 鈷鏻也 𧴬同賈 鼛同鼓 𦍩同羖
𤁕水ㄧ虫名 𡔷山名 𥫱竹器皴也 苦忠也勸也音甫 沽ㄧ略也音孤 𧗳立待也
鼓鐘ㄧ鳴也振動也撫也擊也扇也ㄧ舞之ㄧ久支鐘ㄧ之ㄧ久支
普徧也博也大也日無色也音保俗音溥 譜籍錄也布也牒也 䛲同譜 溥徧也大也音敷博 氆ㄧ氌絨名
𣝕長木也 𧝄封ㄧ衣也 誧謀也諫也音鋪 浦姓ㄧ瀕也合ㄧ江ㄧ海邊曰ㄧ
𤆵火行貌

肚腹ㄧ腸也胃也音杜 暏旦明也 覩見也 睹同上 堵姓ㄧ垣也音蛇者
賭戲ㄧ賽也采取也 𩎓 𦗛同上 島到也海中山也 搗手搥也 㨶同上
禱祈ㄧ求福也 𤥗玉名 擣敲也依也築也舂也音擣 倒仆也絕ㄧ大笑也
𤿡菱根皮 懤ㄧ蔓也音儔胄 嶋山嶇也 𩎓垣也 𨲠長貌 嶹同島
壔高土也堡也 帾旐也 𤺄病也 𤾦舂也 𩧐牡馬祭馬也 芏草名音瘦
居美石也 禂禱也 𣀓伴也 杜姓也音度徒
祖姓ㄧ本也始也宗ㄧ習也法也 𥘸同上 組ㄧ綬印也織也 抓搔也招也音爪
駔壯也駿馬名音粗 蚤ㄧ晚遲也 棗姓ㄧ早也果名 早晨也先也 𤰵田也

郙邑名 ⿰革甫馬鞴也勒也 ⿰王甫美玉名 蒲水草也 笊丨篱竹器音爪
父丨母矩也甫也老叟之稱音甫 附依也近也托也益也 ⿱艹濩救護也部丨樂器音穫獲
互交丨差也 輔助也弼也扶也 沍閉塞也寒也寒凝也音鶴胡
賦賁取也斂也量也動也布也鋪陳也俗音富 縛繫也束也卷也纏也俗音斛 仆偃也僵也
赴至也趨丨 付畀也與也授也 訃告喪也 瓠匏也 婦丨女服也夫丨音阜婁
媍同上 釜鑊也 護丨祐助也 傅姓丨師丨近也麗著也 傅同上
負恃也背也荷也依也 罦罟也 駙近也疾也馬副也 ⿰木扈取魚具
扈姓丨止也尾也被也廣也 祔祭名 鮒魚名 腐爛也朽也敗也丨儒音補懼

賻助也 ⿱艹穫地名 疛僞病也音甫扶 ⿰馬父壯馬 ⿰父鳥鳥名 坿白石英也
⿱艹⿰氵付藥名 ⿰亻頁依象也音阜 ⿰月互月出也 ⿱艹黃王丨生草蔓也 ⿰帚鳥巧丨鳥名 䕶大丨湯樂名
⿸戶古美石 鬴鍑屬 韄丨滕 跗足趾也足背也 ⿰虫扈光也 簄以箔取魚
蒦度也矩也 ⿰羊尃牟特也又音博 ⿰犭付獸名似羊 芋大也著丨俗字音吁 滏水名
祜福也厚也 ⿰言互誌也 ⿰石付白石 怘堅也常也 戶姓丨止也護也穴也文采貌音扈
㕮丨咀嚼也音府 ⿰言付言有所依也 ⿰山扈山廣貌 拊搏丨弓把也音膚撫 怤心附也
滬水名 ⿰虫帚鼠也 蝜蝂丨虫名 赴趑趄貌 ⿰身付丨偷着衣貌 芐地黃也音暇
苦草名 ⿱竹互竹名 胕肺丨音符 戽抒也丨斗音虎 婟丨嫪戀惜也音顧

嫭美好也誇妒 嫮同上 嬳惜也 楛木也音苦 秿禾積也 溥舟中漉水器
膚皮也美也剝也離也布也大也音浮臚 怙恃也 ⿰忄固同上 ⿰扌府以手著物也音府
昈文彩貌明也 艧丨舟也 曤明也 岵山有草木也 沍水漫也 仅手也同付
虖呼吁人名音 蒪華葉布也 ⿱艹婦草也 ⿰山戶小山貌 捕擊取也音步
甫大也我也美也始也男子美稱 虎猛獸名 琥丨珀玉器 腑臟丨音附 俯丨仰低頭也
撫安也持也按也循也丨恤據也 府文書藏也聚也藏貨也掌財帛官曰丨丨腑俯通
黼丨黻彰也繡也 拊相也擊也丨循也音膚付 脯乾肉也脂也音蒲步 簠丨簋祭器
斧南也斫也鉞丨 父老者之稱 柎樂器音膚 戽丨斗舟中漉水器也音戶 楛木也

苦甘丨味也勞丨勤也悵也急也 虍草名 俌輔也 弣弓把中也 頫低頭也音頫
俛同俯勤苦貌音免 黼同黼丨黻 ⿺鬼甫北斗星名 ⿺辶古安也循也 鄠亭名
暊明也 筈竹名音苦 箎竹名 ⿰雚刂劃丨斷也 ⿰扌府捍也音付 滸水厓也
溥舟中漉水器音苦 疛短也疣病也音扶 岵山有草木也 㕮咀嚼也
鄔姓丨縣名地名 塢小障也音汚 嵨山名山阿也 瑦石似玉 隖村丨山障也同塢
⿰車烏車頭中骨 滸水厓也音虎俗音鄔 嵨崞丨也山阿也 ⿰氵烏水名 ⿸疒烏病也
䞝走輕也 ⿰石烏同塢 ⿰言烏相毀也 ⿸虍豆名 埡小障也音洿 屋屋舍也
⿰言亞相毀也音惡

數丨自責也成丨計也音揀 朔促縮 数俗同上 籔文十六斗曰丨竹器音叟

土丨度也業也五行之一音杜 觀 討征丨尋 究也 邛鄉名

柱极也底丨山名掌也刺也 音主駐 紵麻也 紵纖也 苧同紵上 楮紙也 貯積也藏也 貝也居也

宁冬立也止也積物也 竚佇同上 羜小羊也 杼薄也絹也長也杼柚 作也音著茂堅

炷炷也音主 抒挹也 筀樂器 眝張目貌 坾積壓也 泞澄也

紓緩也解也音書 [月主]身直也 詝智也 處所也 [土龜]龜名 [米宁]盛米也

鉒幡也 [山主]天丨山名 凣正也 [虫宁]虫名 [竹宁]織也 [竹䉡]壇纂竹也

储積也 [忄宁]智也 壴陳樂也 柔杼也同杼 箸匙丨飯具音著

八薺 古通紙

薺甘菜音麤 癠病也 濟渡也止也成也益也利用也賓也 賙救也相助也濟濟音秭齊 済俗同上

禮丨儀履也 禮也姓也 礼俗同上 醴醴也酒也 鱧鱧也鮦也 䉩竹名

[舟豊]大舟 [虫豊]小蟬也 澧水名 欐小船也音麗舫例 [氵豊]水名

蠡虫齧木蟲也音離蠡 欚江中大船名 豊行禮器也 [豊殳]數也

啟開也明也別也跪也刻也 晵俗同上 綮戟衣也拨繒也 棨兵欄卒戟傳信也

启星名丨明 闙同啟 叩丨滔也 稽合也計也治考也識也丨首頭至地也音雞

袲開衣也 [車多]至也礙也 䭫同稽 [啓月]腸也

底下也待也滯也柔石也止也至也音指低 抵富也觸也忤也拒也歸也音紙 弤彈弓也 邸客舍也

砥丨礪平也音紙 胝胼也皮厚也音帝支 氐至也本也 詆毀也誣也訐也 觝觸也

軧大車後蔽音池 疷病也音祇支 疧同上 牴丨牾逆也 柢根丨 泜水名

[?氐]方也 奃姓丨大也 弫同弤 [氐支]隱也 聜耳患膿也 扺擲也

逓怒不進也 骶臀也 [舟氐]水戰船 阺同邸 堤絕也擲也音題第

[木氐]樀也

米穀丨粟實也穬顆粒也 洣水名 眯物入目中也音麛 [糸米]秀文也 [歹米]米半菜

鮇米也同絑繡衣如聚 鮇魚名 䊋熟味也 [艸米]子菜也

弟第也兄丨孝悌丨善丨順也易也 悌兄弟也 娣女丨娣姒也 第宅也次丨但也且也 苐複姓俗字

遞更易也代也迭丨更迭也 遆俗同上 杕特也木獨生也樹貌木盛也音舵 踶踢也去聲

棣姓丨唐丨郁李也白丨無丨齊地音代替 髢益髮也髮也音替 鉃鐵鉚也 珶珮玉名

睇目小視也 鍉器也 䑯船也 諦諟也審也 遰往也去也音逝

締結也音題帝 [竹遞]樂器 禘王者大祭名俗音帝 蔕苖劣也高也 渧灑也音

焍灼龜木也音梯題 題小盆也 鴺大鳥名音大 題視也音啼 第[?]也

逓俗遞字

體身丨丨用第也分也親也 体俗同上本 骵同上 [糸豊]纏也 [?弟]小兒貌 [扌弟]去涙貌音替

附录

287

醒 酒醒也
涕 泣也音亦弟替
洗 ｜濯｜浴姓 ｜滌也足也 洒 同上 雪也上聲 灑 瑟也
徯 待也看望也 ｜徑小路也 蹊 同上 睽 目動也

九蟹 古通紙

蟹 蝦｜蟹｜虫名 邂 ｜逅不期而遇也 解 姓｜卦名上聲 嶰 ｜谷名山澗間也
澥 ｜谷也渤｜海別名也 蠏 同蟹 獬 ｜豸也獸名音解 懈 同上 觟 同上神羊也
薢 ｜茩藥名音解 [illegible] 絞縊也 亥 大絲也㯼也 絯 音絯亥
楷 木也模也｜書法也式也 音楷 荄 果名去聲 鍇 好鐵也 [illegible] 大絲也音楷 檵 同楷
[illegible] 短頸 [illegible] 木別名 榿 木名 [illegible] 勤力也勉也
拐 ｜騙手脚 物枝也 [illegible] 蛉｜俗字 枴 老人杖也 夬 卦名決也 箉 竹具竹器 罫 礙也音畫
卝 角開貌

解 釋也脫也開也免也曉悟也 [illegible] 頭天也 [illegible] 地名 屆 臥息也 鮭 魚名
廨 公也 [illegible] ｜豪強貌 [illegible] 難也音契計 [illegible] 萆｜藥草音佳邂 [illegible] 草名
獬 ｜豪強貌音邂
擺 開也撥也 罷 ｜佈 停也 襬 裙也 陂俗音擺 [illegible] 發也病也 [illegible] 水名
矮 短人也短也 婑也纙短也 躷 同上 臺 香也 [illegible] 坐倚貌
債 賬｜欠｜負也 負財曰｜ 責 諸也去聲 [illegible] 酒具 [illegible] 周邑也
舵 船｜曳也 正船木 柁 同上 袉 衣裾也 柂 同舵
買 ｜賣賣也 姓｜市也 蕒 菜名 [illegible] 水名 鷶 ｜鶬 鳥名

灑 汎也分也落也音詩矖 洒 滌也同上 耍 艷也
聵 蒯｜衛君名 [illegible] 聾也同上
駭 驚起也水名 散也 騃 癡也

十賄 古通紙

賄 財一賂也貨一贈送也 音悔
榿 木名
䀆 同賄
磑 堅也磨也又音該磨
𤸷 癡病
艎 舩也
烸 燥也
凱 和也樂也善也一旋 戰勝還也
𪘏 齶牙也
輆 一軩不平也
䐧 大也 音回
𤉯 旁也楚轉語也
海 河一天池也晦也 音喜虎
𩗴 一風 同凱
敳 治也
鮪 魚名
闓 開也解也
瘣 病也
塏 高燥也
豈 同愷 上聲
剴 一切動也鎌也音該
𣪘 姓一 同敳
𨡎 醉貌
䀈 肉醬也
愷 康也樂也
鎧 甲也首一
暟 明也照也美也
𧪿 謹也
悔 吝也 音誨
𣨙 脂肪也
㥏 俗同上
醢 肉醬也烹也
嵦 一崍山名
𠹉 笑也
𦢊 肥也肉羹也
榼 酒器

迺 轉語詞汝也始也始生也
乃 同上其也彼也音靄
奶 乳母也
嬭 妳 同上
𦨶 婦人稱乳曰一
扔 繫也
疓 病也
鼐 鼎大鼎也 音耐
囡 同奶
𠄏 大也
載 乘也行也事也勝也滿也師也始也 音宰 在載祭節通哉
𨠵 辛也 漬也
再 仍之重也 兩也
樶 木節也
最 聚也極也善也叢也 要也齊也 音纂
𥊍 流盼也
䣥 酢醬也
𡢽 女字
𡔡 戢也
𢧟 國字
鋷 錐屬
䉷 一篦 竹名
𥿮 絡絲也
𦁢 鮮潔也
𢦽 同載 武則天製
醉 酒酣也卒也潰也
脺 拜失容也
蕞 小貌 聚貌
雋 肥肉也 音吮
𣤜 同最
哉 載也通載 音栽賞
改 更也一變 姓一換也
攺 同上
絠 彊彄也
頣 頰下也 醜也
忋 恃也 仰也

在 存也居也所在也察也
聚 一散合也
敍 緒也次第也秩次也 才等也抒也
敘 僭同上
罪 犯法也過也
辠 同上
嶼 島也小山在海為一
序 次也 音緒
鱮 大魚也 魚名
藇 美貌
嶵 參也 山貌
埾 積一也
垿 東西牆也
㑵 促也
漵 水浦也 水名
𨼊 同序
杼 姓也
汿 溝也
𠄔 利也
䣿 美酒
擺 拉也
𤄊 水名 同漵
害 傷也殘也禍也妨也忌也 何也 音曷
雛 雞子也
亥 辰名象一 音喜
𨒊 走也
𢫌 減也動也 音駭
侅 非常也 音該
妎 妒也 音械
祴 起也 神名
㤥 愁畏也苦也 音㴔
䯐 骨也
閡 止也
翗 飛貌
㤢 快也
絯 大絲也
𡧳 同害
𥩺 神名

三三

誨 訓丨教丨曉教也 [口每] 同上 晦 日盡也灰也晏也昏也昧也暗丨 [每卜] 同悔

悔 吝也玫也恨也音賄 [靣靣] 面肥貌 靧 洗面也 [洲頁] 地名 皯 面黑色

痗 因極也 詯 休市也 賄 財也音悔 [靣每] 面肥貌 炏 火盛也 喙 獸口也息也

謉 啍丨譃言也音愧詭

倍 加丨反也翻俗也蓓也 焙 㷆也烘也 [火皆] 同上 佩 倍也音敗 笩 飛揚也 珮 玉名玉

悖 姓丨逆也亂也 棓 五丨藥名音棒俗音倍 蓓 丨蕾姑華也黃丨 菩 草也音匐

誖 迷亂之言 邶 國名丨鄘 柭 木生柯葉 旆 旐屬 北 背也遺也去聲 [米風] 研米糩糞也

[女風] 女名 [扌風] 振也撥也 背 丨遊違也去聲 [日孛] 暗也 帗 大布 犮 犬走貌

[北虫] 同北 孛 姓丨寞也 偝 棄也

每 姓丨各也常也貪也凡也雖也音妹 毐 同上 浼 汚也水流平貌音免 莓 草名馬丨

苺 馬也 梅 負也 黣 面黑氣黴也 俛 俯首也勤勞貌同勉

宰 姓丨主也治也制也屠也烹也 嘴 兊口丨鳥喙也 觜 星名西方宿 縡 事也 詛 呪也言有要也

沮 止也上聲 足 過也上聲 咀 含味也 齟 丨齬齒不相值也 [日宰] 求也辟聲也

𣪘 殺也 啙 同嘴 [口朿] 同嘴 跙 行不進也 [宰灬] 烹也 [辛瓦] 瓶也

[衤虘] 古詛字 鉏 治田也詠也 [艸兕] 兕名 載 年也音再在 [歹宰] 滅也 [馬宰] 馬名

囝 閩人呼兒曰丨音蹇 祖 事好也音嗟 嫢 盜姦貌音規畦 嶉 林木叢積貌

采 丨色擇也事也飾也官也幣也音菜 取 捕丨也收也受也索也資也 彩 文章也光丨 綵 繒也

棌 木名櫟也柞木也 [髟采] 髭髮也髮丨 [采阝] 地名 [鹿采] 小鹿也 [疒采] 病也

採 同采擷也摘也取也 寀 寮丨尸丨官名音蔡 翠 翡丨青羽雀也 [月采] 大腹也

[竹毛] 舂也 [髟衣] 重擣也謝也 [爫丂] 古采字 [忄采] 姦也恨也急也 婇 女字 [月翠] 肥也

[粟刂] 細斷也 啐 嘗入口也呼也驚也 惴 恐懼也怯也多咀礙也音卦專

揣 姓丨量也量度也定也摩也合也試也除也音釧錐圓 [自垂] 棰擊也音錘 [酉隹] 病也

[亻否] 配上聲未可也

[石來] 來上聲磨也

十一 軫 古通梗迥寢轉吻乚 韻略通吻阮旱濟銑

軫 丨念丨恤宿名動也 隼 祝鳩也音筍 準 平也均也倣也則也同准音揣水 准 定也信也許也 疹 胗也疾也

紾 捩也纏也 診 視也審也候脈也 沴 戾也水名 [足辰] 笑貌 聄 告也聽也

袗 單也玄服也 槇 容也 抮 引戾也 鬒 黑髮也 㐱 稠髮也 昣 明也

殄 絕也盡也 縝 結也纓也 瘮 俗疹字瘮病 畛 場也致也告也殄也 黰 美髮也

[髟彡] 髮稠貌也病也 [几彡] 新生羽而飛也 乃 同上 姫 慎也 [石㐱] 難致貌 稹 聚物也音眞田

[木盡] 盂也 賑 富也音震 振 禪也音進畫旂

尹 姓丨信也正也宿也進也誠也 允 信也肯也當也 [日允] 同上 狁 玁丨匈奴別號 鈗 兵器音兌

隕落也墜也 愪憂也 殞殁也落也 沇水名 霣雨也 玧瑱也
軙車弓 頵而目不正貌 抎失也同隕 縜持綱紐也音雲均 芸草也
磒落也
引開弓也演也長也誘也信也導也御也 蚓蚯丨土龍也 靷引軸也 忍含丨姓丨丨耐強也音刃
紖牛系也索也音胗 絁同上 印信也因也 濥同上 鮣魚名
𥬀竹名 縯引也音演 蒽丨菜草名 鉚錫也 濦洪也 霒氣行也
廴長行也 茚草名 肕朐丨也音春閏 鈏錫金白鑞也 敶擣也 敶長槍也音衛酉
演水脈行地中 垔塞也音因俗作亜丨 挻申布也音演

哂微笑也
訵 眒同上 瞬丨息時也 眣 瞚同上 筍竹名 矧況也
頣舉目視人也 矦長也 弞笑不壞也
腎肝丨水藏也引也堅也 橓木名 腯肥也 楯欄也 舜姓丨草也帝王名木槿也 鬊亂髮也音蠢
祳長上聲祭社生肉也 蜃大蛤曰丨柩路也音慎 瞚目自動也 蜄同上 瞬同上 鷐鴟丨鳥名 脤肉也
盡竭也極也終也悉也止也 儘同盡 𥁞 尽同上 盡俗同上 璶玉名 濜水流急貌音津濜
噴吐也噀也鼓鼻也 牝牡也畜母也谿也音擯 臏膝端也蓋也音頻

敏閔也疾也梅也聰也敬也莊也明丨捷也亟也速也達也 泯泯盡也水貌 汶水名盡也音民[illegible]眠
吻口邊也口脣也 昬古文同上 𠚯古文同上 刎割也剄也 憫憂也 黽勉也音猛
黾同上 閔姓丨恤也 愍痛也悲也恤也傷也 [illegible]同愍 慜聰也
抆拭也摩也 暋鬱也強也音分張 潣水流貌音每賄 湣謚也未宋之謂音緡昏
抿撫也 [illegible]山牛名 笢竹表也 敃彊也勉也 勄同敏
蠢蟲動也作也不遜也愚丨 惷同上亂也 踳雜也 䐇肥也 䮞好馬也 睶白也
偆富也厚也 [illegible]竹名 春作也出也音椿
箰竹丨竹胎也音隼 筍同上音峻 簨丨簴懸鐘磬橫曰簨 簨同上 盾干也遯也 篿同筍

栒縣鐘磬之直者爲虡橫者爲丨 吮嗽也舐也 篅受米穀器也 [illegible]篅也 [illegible]簇也
箰同筍 揗拒也音荀 雋肥肉也音醉 楯闌檻也干也音蠢 隼祝鳩也
[illegible]火貌音[illegible] 臇臛也音藥

十二吻 古通軫

吻 口—合也脣— 刎 割也頸— 抆 拭也摩也

隱 蔽也藏也微也匿也安也私也 㥯 同上音殷 癮 —疹皮外小起

垔 塞也音因俗作墳— 檃 餅— 檼 屋棟也 䌥 縫衣日䌥— 殷 雷發聲也上聲

䨸 雲貌 慇 疾入憂也 ⿰車㥯 車聲也 ⿰忄㥯 憂病也哀也 ⿰石㥯 雷聲 ⿰忄焉 依止也音焉

濦 泪—水聲也音殷 ⿰氵隱 水名

近 不遠也追也附也親也幾也 ⿱止斤 同上 慬 僅也 ⿰亻㥯 惡也

謹 —慎敬也勤—嚴禁也悲也 槿 柄也木名木—櫬也音堇 墐 塗也少也時也 瑾 美玉名

⿰糸堇 織文縱容 緊 糾也纏絲急也紉也 ⿰口要 咽也 巹 合—破瓠也酒器婚禮用之俗作巹非

漌 清也漬也 ⿰木緊 木名 ⿰牛堇 柔也牛馴也善也 ⿱竹堇 竹名 ⿸疒殷 屋塌也

嫤 好貌 ⿱竹堇 竹名音斤 悼 飾也 斳 肋也

粉 米—豆屑也分也 ⿰糸粉 絲也 ⿱扮心 動也 ⿱粉心 同上 扮 握也

十三阮 古通銑

阮 姓—國名山名音元 宛 —然坐見貌小也 夗 臥轉貌 菀 茂盛也音鬱 琬 圭也—琰玉名

婉 —轉順也音怨換 苑 —囿翰—閬—仙境 ⿱臤玉 石似玉 畹 田二十畝也

腕 手也宛也 ⿰魚菀 魚名 ⿰足菀 曲也馬下足也 惋 —惻驚貌 椀 同盌 院 深宅也書—

箢 竹名 ⿸鹿宛 鹿名 沅 水名 晼 光明也景昳也 ⿰扌菀 振也音鬱 [illegible] 同腕

盌 小盂也 䘼 襪也 ⿰宛刂 刻削也 ⿰礻意 樂名 鵷 怪鳥音淵 朊 月落有光

⿰革宛 量物具也音鴛 睆 視也 涴 —演水迴曲貌 蜿 龍蛇動也音鴛 ⿰言宛 慰也從也 媛 美女也音瑗袁

婠 體德好也音貫 芫 倚也 ⿰舟宛 舟也 帵 —子哉餘也 怨 恚也恨也仇也音鴛

睕目開貌 斡柄也運也音管 𣩂八死貌音幹 椀木名音睿 援救助也接也音袁換

豋豆飴也 豌同上 焥煙起貌 𡖛婉也音鴛 埦同宛

蹇姓丨卦名丨滯難也跛也 𧽞走貌 謇直言也丨諤 鱁魚名 䕼蠶衣也蘗也 𩊊同上

覵丨水俗字 繝同蘭 𦄂䋗也 𨅝同蹇 蘗丨蔄草名 蘂草名

嚵吃也 騫驢丨 讂止言也難也 攔拭面目 挸同上 筧以竹接水自丨

湕水名 欗棧也 檢姓丨書署也同也式也丨點剛也 撿收丨丨點俗字 澗奮也

攓拔取也 黭皮黑也 黬黑皺也 皾皮起也 籣竹名 嵼丨嵼山屈曲貌

硯磎石也音研 襴袍衣也 黭黑也 顲頵丨貌 簺徒鼓聲徐鵲 寨同擇音

闉闢丨 瞼眼瞼也

偃仆也丨臥丨息服也 鰋鮀鮎也魚名 躽偃身向前身也 蝘蝘蟲名 䁙仰視也視貌 鶠鳥名

鼴大鼠名 郾地名邑名 隁地名 褗衣領也隱𣎴也 㞛山名 䞁也物相當

愝丨褊性狹也 鄢丨人名 鷗同鷗 匽匿也 堰壅水為埭曰丨

衮天子服也 滾水流貌 輥車轂齊等也 鯀大魚也禹父名 蓘苗根也 觘作鯀

䜇語不明也 硍鐘病聲

反丨覆丨正回違也不厭也 返還也復也 仮不順也 㤆心動也 𨊻車箱也 坂坡丨地名

阪坡也險也音版 板籍也音版

穩安也蹂穀聚也 蘊聚也蓄也積也 韞藏也韋裏也 縕枲著也 溫姓丨水名柔也煖也泉也燖也音溫

醖酒也醞釀也 搵指按也沒也 嗢咽也 𡎎坐也 媼女老稱音襖 𡋟坐也

齫鹽也 熅鬱煙也音溫 氳氛丨氣盛也 惲姓丨謀也重厚也議也

慍怒也恚也含怒意恨也音熅鬱 蕰習也音溫 殟舒緩貌貽敗也

本下也張丨根柢也始也舊也音畚 夲同上 𡕕往來貌 苯草盛貌 笨竹裏也

畚盛土器鏹也草器 畬蒲器畚也 㮥舟上蓬也 㮺同上 体姓也

畚同畚箕丨 体性不慧也 𨍭車上蓬同上 鲭本魚名 泍泉涌貌

餅祖食也 体劣也俗作體非

豤開丨力治也傷也破裂也音天下 懇悃也誠也信也 𢤦忿恨也違也諍訟也 很行難也同上

狠鬭丨齧也 隈遲也 懇陂也 𦺡草名 齦齧也齒根肉 詪難語貌

肯可也音懇 肎古文同上

閫閫丨丨範門限也門橛也 稛絭束也不成就也 綑織也同上 捆等齊也 悃愊也志一也 麕束縛也獸名

梱門橛也就也音困 䴴同麕 壼宮丨家室也音困 閫宮中門

攟拾也束也 𢈡倉也廩也 䄢丨字之誤 囷倉丨貯穀也 𧼬走意 硱丨碖石落貌

𢙇勞倦也音郡 䅦成熟也从囷與稛字不同

十四旱 古通銑

旱 不雨也音翰　㵄 古漢字　看 睎也視也音刊　⿰亻𦰩 姹也　⿰目𦰩 耕麥地　⿰犭𦰩 飛貌

銲 急也　⿱艹旱 草名　悍 性急也音翰　⿰氵鷬 水濡而乾也　衎 行喜也樂也音侃

漢 天河也雲－津也水名 音攤扇

煖 烚－溫也火氣也音萱 俗音暖　暖 柔貌音喧俗作烚暖　餪 餽女也　㥏 弱也

渜 水名　⿰火耎 同煖　壖 城下田也　⿰目耎 御也　⿰土耎 沙土也　⿱竹耎 雨－簡也音瑗

⿰日耎 濫也

趲 催也促也散走也　僝 見也具也音僎　儹 聚也　儧 俗同上

亶 姓－信也誠也行不進貌音蟬　妲 －巳紂妃　坦 平也寬也姓－　袒 －裼露不借也　疸 黃病也

癉 勞病也　儃 寬也明也平安也　嬗 吉也音灘　膻 肉－羊臭也音擅　⿰韋單 垂平貌廣也

⿱制心 悲慘也勞也　怛 驚也懼也同上音旦　担 拂也擊也　憚 勞也

⿰旦頁 面平也　暺 閑暇貌音灘闡燀　靼 毛席也　殫 盡也　僤 也篤也厚

癱 筋脈麻痺不仁　氈 坊也蹂也　襢 同袒　狚 獸名　璮 玉名

笪 姓－擊也笞也音旦 閩　⿸疒亶 同癉　澶 水名　玬 玉名　閳 [illegible]屋也

趄 行也　綻 衣縫 音蘸

伴 依也侶也 也音判下　畔 田界也倍也離也 音下　叛 背也離－也音判　絆 羈絆也

⿰食半 食也　粄 同上　⿺辶半 去也　胖 肉也　⿰忄半 －㥣不平 順也　⿰禾半 物相和也

鉡 鋻也　酇 百家也　纂 集也聚貌　饌 具食也　炟 火盛貌　⿰贊阝 剪也聚也

纘 繼也承也 興纂通　攥 手拳也　撙 裁抑也　籫 竹器

⿰巾纂 蒙也－屬

滿 姓－盈溢也豐－足也 音悶絕　⿱竹滿 竹器　⿰血免 以血塗也　鏋 金也　⿰面免 塗面也

⿱竹滿 同滿　鞔 鞋履也

懶 －惰嬾意也惰－兼惡也　嬾 卧也同上　㦨 同上

算 計也數也算也 全也智也　筭 同上　僎 大天名數也具也　撰 造也則也述也具也 持也音饌

禾爪 視也　筭 同算 姓丨　譔 造也述也爲也同撰　啚 向傳也　匱 器也

𠤳 遵屬 音篡纂撰　巽 持也 音遜　饌 飯食也　蒜 葷菜也 俗作選　䔉 音𥳑 俗蒜宗

腕 手丨宛也 握也　惋 驚恨也 驚歎也　浣 滌也濯 衣垢也　脘 胃也　睆 鶯聲　盥 澡手也

𣺚 同上　碗 俗字 碟瓦器

伹 几也徒也空也蔣也註也 音誕　蛋 俗呼鳥 卵也　憚 畏難也忌也丨 音壇亶　悬 同上

彈 射也行几也 音檀田　皽 明也　僤 驚也速 也音善　僐 太也　疃 曛也

胆 肉丨 音壇 俗音膽　憻 衣不束 也　袒 裼也　誕 欺也放也大也潤也 育也信也

𢸇 樀也橫上聲　㶣 水回旋貌丨

斷 決也截也判也絕也守善 𢿌 貌　短 促也長丨不長也　拉 同上

盥 澡手也 音貫 俗音碗　灥 同　盌 同上　𥁕 酒丨 同上　碗 丨碟瓦器 俗字

十五潸 古通銑

潸 淚下也 涕流 貌　訕 謗毀也　𧦝 同上　疝 腹痛也　篹 丨弒奪 取也　撰 同上

汕 舒散貌　邮 地名　麪 餅麪也　鏟 鐵器也 音泉

簡 丨略丨慢 姓丨閱也　蕳 同上 蘭也　澗 水名山夾水也 音間　㵎 溪丨　襇 裙襇也　𣟮 大木

梘 以木通 水曰丨　瀾 淅也　柬 擇也分別也少也理 也同簡　揀 擇也選　暕 雨後見 日也

䶓 俗字 丨水　鐗 兵器　㵎 太平貌　醎 鹹也　齫 貧鬼相責貌

襉 同澗

僩 武毅之貌 寬大也　瞯 窺視也 雜也　𥈞 同上　撊 怒貌　嫺 習也 熱也　癇 顛病也

瞰視也　闞同上　⿰目嚴視也音巖　⿰犭間猛也　⿰魚間魚名　憪愉也靜也必
瞯視也
盞杯也酒|小杯也音展　醆酒器也爵也　琖玉名　⿰木盞木名　⿰木展吳人呼盞爲打簡
⿺走盞速也亟也音捷　昝姓也　揝手動也
產姓|　|業生也　摌手精擇物也　嵼嶁|山屈曲貌　眚過也災也妖病也　⿰犭眚獸名
省簡|少也嗇也　簅大籥也　滻衆也水名出灞貌　⿰馬產馬名　⿱宀眚同省禁署也
⿰亻省直貌長貌　⿰口省愼言也緘口也　媘減也　⿰忄產全德也音剗　渻姓|小減也　⿸疒省瘦也
⿰木省木參交以枝吹箕也　⿰氵眚水名　⿰木產木名果|名　⿰產見審視貌　⿰足產騎馬也

⿰足省長貌
洽|熱|凍清|水名　泠俗同上
限界也度也齊也阻也閾也　⿵門艮門閾也　⿱日⿸厂艮同上　硍石聲　⿸厂艮閾也
⿰骨艮樹|骨幹也|髁首動貌　⿰金賁金朴也　⿰金卝金銀銅鐵璞也　⿰金非　⿰石非同上
赧面慚赤也慚愧也　戁恐懼也敬也　⿱赧皿面慚赤也　⿰赤皮同上愧也　⿱赧心面慚赤也　⿱日赤溫濕也赤也
板木瓦也判也籍也片木也篚簾音匾匾　版判也僻也反也笏也戶籍也音反　眅大也圖也音扳件片
鈑鉼金曰|　蝂虫名　⿷反敗也　⿰車反車耳反出　粄屑米餅也　⿰米半同上
魬魚名

散疎懶也山上聲
刐丹上聲割也
眼|目限也突出貌　⿰目㫐同上

十六銑 古通阮琰豏轉旱潸感

銑儷也金有光澤者曰|　鮮少也上聲　尠　尟同上　洗姓|承水器也潔也洒足也鮮也　跣足親地也
獮順殺氣也殺也　⿰犭鮮乾燥也從也　蘚苔草　⿱爾土同獮秋田也　⿰虫鮮蟲名|蛇　⿰山鮮山名
⿰氵鮮水名　⿰木鮮木名　⿰火先燒也　⿰扌先拱|手捻物也　⿰木先木名雷|鳴子　⿰忄爾慙也
毨毛盛也理也　⿸疒先同癬　⿱先皿|箄飯具　⿰食先同上　⿱竹鮮竹器　⿱艹先草名
⿰先阝國名　⿰魚先魚名　燹兵|野|火也　⿰火爾同上　⿸疒跣同癬　⿱艹散草名上聲
⿰忄鮮慚也　⿰角先角也　禒祭餘肉　廯廩也
善姓|佳也吉也大也良也|懷　譱　譱同上　僐姿態也　熯火盛貌音孚

敾治也同繕 邅行遠也 ⿰氵善水名 墡白埴土也 鄯西域國名 墠野上也音灘壇

澶淵也地名 禪讓也傳受也音蟬 殫盡也 嬗吉也音禪音灘 ⿰食詹給也足也

贍給也周也假助也 ⿰亶瓦瓦器 膳具食也牲也音繕 樿木名

壇野土也音灘 蟺蚯蚓也 蟮曲也 鱓魚身有涎沫似蛇無鱗魚名 鱔同上

饍食也 繕補也備也善也治也 ⿰木善木瘤也同樿 單姓丨音丹 ⿰酉亶酒若也

⿰礻亶祭天也讓也 擅專也據也

輦姓丨丨轂車丨轉運也 摙擔運物也省稽也 璉瑚丨 鄻周邑名 ⿰虎車古輦字

僆雙生子也 ⿰氵蓮水名

展轉也適也誠也整也開也視也省閱也舒也陳也審也音旃軫 㞡同上 碾柔皮也俗碾字 蹍足蹈也

⿰口展言也 ⿰女展好好貌 輾轉也 ⿰耳展笑貌 ⿰單展同上 皽皮肉膜也

⿸尸蟲蟲名 譱格入言也 ⿺走亶疾趨也 ⿰酉善苦酒也 ⿰魚展魚名 ⿵門展開門利也

搌縛束也拯也 ⿰石皮柔皮也 剗刊也音鏟

沔水流貌州名水流滿也音憫 ⿱髟丏髮也 靦丨顏慚也 ⿰面且同上 ⿰目面同上

緬思也音免 湎沉丨大也流移也 ⿰酉面同上 ⿰酉丏同上 眄邪視也轉眼也

⿰氵丏濱丨大水貌 ⿰面面同靦 ⿰面亶同上 丏不見也避箭短墻也 媔妒也

偭向也背也與面通 愐思也勉也 麪麥末也 ⿰口面不言也 ⿰糸丏同緬音蔑

靣勒靼也革音面 ⿰革丏同上 ⿰忄丏同愐 麵俗麪字 麪俗面字 ⿰言丏誘言也 ⿱艹偏草貌

顯姓丨光也見也著也達也明也 㬎姓丨泉明也微妙也著也光也音蛤 灦湨水貌水也 顯俗顯字

遣逐也縱也送也發也 韅㬎車駕也 譴問責也 繾丨綣不忍離貌 蜆縊女也湖名

睍小視也丨睆黃鳥聲 晛日氣也 俔譬喻也 憲明也上聲 ⿰亻遣開也

峴山名 ⿰氵憲水名 ⿰阝見地名限也 攇手約物也 ⿰金㬎斷也 臔肉急也肥也

⿰亻⿱⺮見戶版謂之丨音牽 悓同俔 隒厓也 ⿰扌㬎借也 抮同上

⿱臤牛大貌牛很不從引也很也 ⿰言憲丨摶很戾也 ⿰土遣小坮也 嵰丨嶮山高峻貌音憾

⿰忄然難也

典丨常丨籍丨也法也常也 ⿱竹典同上 𠔤同上 淟丨涊垢濁也汩沒也 ⿰典見靦丨耆愧也

腆久也多也厚也至也善也忘也 倎同上 琠玉名 ⿰木典手執物也 ⿱⺮倎同腆

⿰足典行跡 ⿰典刂割也 ⿰土典地厚也 ⿰虫典蟲名 ⿰酉典酒厚也 錪釜也金曰丨

⿰阝典藥草 ⿰面單面黃色 賟富也 ⿰耳典慙也 奵丁展丨好貌 婰女字

瘨病也 ⿰口典吐也 ⿰金若取也 ⿰言忝讒丨言不定也 敟主也常也 捵手伸物也

靦面見也慙貌 悿丨懘心惑也音忝

卷書丨收也舒也丨曲也音權 𢍏同上 捲收也斂也摶也音權眷 綣繾丨反覆也 餋饌也

菤丨耳也丨耳苓 ⿱艹卷古同上 ⿰阝卷邑名 ⿰米卷同餋 奆甚大也 ⿱⺮圈竹名

㯿同棬　豢捲也豢丨粉也　𨍲輂車也　荈茶葉老者　錈屈金也　埢家土也音眷拳
㣐徐行　䘱襻臂繩也
忖切也思度也姓也　喘疾息也　椯木名　舛對也臥也剌也錯也　歂同喘
𥇣同上　僢相背也　竄逃也匿也隱也誅也　𥨎憂也　𧼰同竄
遳走也　村截也斷也　樶木也剡也筆也　荈茶葉老者　𦵈貫物也　腨腓腸也
㸑竈也音爨　鋑刀也音尖　攛櫛也音銓
犬狗　菜牛也雞丨大曰丨小曰　畎水小流也　甽同上　䱫魚名　詃詐也誘也
呟口聲也　𣵀淳耕也　汱水落貌伏水也隊也音泫

淺深丨虎皮也水不深也音箋踐前　㵪同上　忏怒也音干　俴淺也
剪鞍丨裁丨去也齊也盡也　劗同上　葥同上　𦾔丨除滅也伐也　翦同上　謭丨劣無詞能貌
戩盡也滅也　㦰同上　擶切也　䤅笑貌　譾語煩也　鬋髮垂貌
䈴竹名音箭　𥳑竹名　剪同剪　謭淺也　揃搣也分割也揗也擇也音煎
諓善言也諂也　㤀褊也狹也
免去也正也黜也縱也脫也音問晚萬　冕冠丨音晚　勉丨勵勖丨勸也强也　勔勉也
娩婦人臨盆曰娩丨音晚　挽同上音販　晚同晦無據正字通云俗字　浼水流貌
俛俯丨低頭也勤苦貌　㥤止也厲也　悗廢忘也　鮸魚名　浼水名

茶山文史論稿

菟丨闕人名　絻喪服　𢅏喪服之輕者　逸隱也　免去也止也脫也縱也音問
緬微絲也輕也　絤同上音面
吮丨舐也欶也音盾俗作丨舐　䑙同上　𨻰階也
錈屈金也　韏曲也
傳古書也經丨去聲
件分也物別也條丨
鰜魚名
膁腰後曰膁丨

十七篠

篠古通巧皓韻略同　窕窈丨幽閒也美好也　䃵瓦器水丨　調樂律也選也詩也欲也去聲
篠竹名
丟棄也抛丨　嬈嫽丨弱貌　𠥈由器同篠　蓧竹名草器　砋同篠　銚同上
𢲸擔也披也　鑃燒器　誂戲也弄也　謏怒言也音縮叟　掉搖也振也作也正也搖動也頭也音闘
𤰈田界也音趄　𣩂牛羊死也　挑引也撥也疾也誘也弄也戲也音祧叨條
了決也訖也畢也慧也結也曉解也快也　瞭目睛明也能遠視也音杳　鄝國名　釕飾帶頭鋌也
蓼高飛貌辛菜音六老　鳥丨鷯鳥名　鄝邑名　䤩淸酒也　𦨆小船也
篠細竹也　漻小水別名　轑放火也音聊老　朾次第也　魡魚名

轎 輀車也音橋　撟 詐也託也正也　僑 小脚行也　嶠 山銳而高曰丨山逕也音喬　簥 竹輿也

驕 騎丨長貌

曉 知也明也諭也曰也遇也快也說也嬴也昔也　皢 日白也　鐃 織文也音皎　[illegible] 門大開貌

鳥 丨鵲飛貪總名哲搗也　裊 衣也　嬝 丨娜美貌　蔦 丨蘿寄生草名　褭 以組帶馬也　嫋 長弱貌風動貌

樢 木名　窵 遠也　篶 竹名　[illegible] 倒懸也　[illegible] 嶢丨山貌　釕 鋌也

[illegible] 綃也　[illegible] 憂也　扚 疾擊也音的扚約

殀 命短也殁也丨壽斷殺也　夭 丨折少長也　窈 丨窕幽閒貌音杳　鷕 鳩雉聲音杳　[illegible] 丨嬈美貌

婹 偠 同上　嬈 苛也　岆 山名　䠷 身長貌

杳 冥也深廣貌　窅 深目也深遠貌　渺 水長也丨茫水大貌　緲 縹丨微也　淼 大水貌

藐 遠也輕視也小也懈也　邈 遠也輕視貌音木　葯 白芷也　眇 微也細也末也

皛 顯也明也　杪 木標末也小也　秒 微紗也　吵 雉鳴　[illegible] 深不測　篎 小管也

[illegible] 黑也　宎 室東南隅也幽深也　[illegible] 水深白也　[illegible] 水波相連貌　[illegible] 大食也

[illegible] 浩丨水無際也　鷕 鳩雉鳴也音偉夭　邈 同邈　仯 驚慄貌小貌　騕 良馬也

[illegible] 丨嬝美貌　髇 肩骨也　[illegible] 長而不勁　鴢 鳥名　窔 同宎　[illegible] 丨嘵口多也

苭 草長貌　[illegible] 勤也　[illegible] 禾穗芒也　穾 戶樞聲也　窈 深也靜也丨窕幽閒也幽靜也音夭

窱 深遠貌　[illegible] 擊也打也　[illegible] 美也　[illegible] 貌米字丨陵也　[illegible] 戶樞聲也俗同宎

字彙輯要　卷三　亨集

婹 丨嬝弱貌　偠 丨嬝細腰貌

皎 月光也丨潔白也明也　狡 少狗也疾也健也狂也戾也猾也交也　佼 美好貌　姣 同上媚也美也音肴

[illegible] 淫也同上　絞 丨縊急切也　攪 手動也亂也撓也　攪 同上　[illegible] 同狡

[illegible] 丨樧俗字　校 疾也音效教　[illegible] 角長貌　[illegible] 肚丨病也　曒 同皎　憿 點也慧也音效

璬 玉佩也　[illegible] 以手丨物也　摎 樓索也　[illegible] 擾也　[illegible] 同上　[illegible] 自重也

酵 酒滓也音教　灚 攪水聲　嬓 人名齊大史　晈 光明也　譑 發人罪也　[illegible] 天天上天夭也

鉸 鏑敵也音教　[illegible] 耳也　繳 同繁弋射也音灼　[illegible] 詐也　[illegible] 胘市也

[illegible] 纏也音灼

擾 煩丨亂也馴也順也安也音繞惱　撓 攪也拍也擾也音鐃蒿曉　繞 纏也　遶 環丨圍也

隢 地名　[illegible] 遠也　[illegible] 從也安也馴也　[illegible] 言逆也　嬲 擾也音腦

肇 姓丨始也開也謀也正也備也　紹 繼也續也　邵 姓丨　劭 美也勉也曰強也

肈 戟屬　佋 介行也音韶　硯 見也　䍮 年未卒歲也　詔 告秀也音照韶　趙 刺也

兆 灼龜坼也朕丨音朝　[illegible] 灼龜坼也　旐 兆也夏也　晁 丨陽縣名音潮

表 外也標也末也杪也偉也音飈　褾 領巾也　俵 散也　婊 俗呼娼曰丨子　[illegible] 表也

[illegible] 山峰出貌　[illegible] 表也　[illegible] 山峰出貌

小 別也始見也八分也大丨細也微也狹隘也衆妾也　[illegible] 俗同上　魦 魚名　筱 細竹也　[illegible] 草遠志也

礴 破也
棹 木名｜檝 倚卓也　櫂 進也進船也櫂也船旁撥水木也 短曰檝長曰｜同上音濯宅狄　艍 行舟也 檝也　擢 燔木餘 也
⿰石卓 磽｜ 石名　蓧 ｜草 田器　藋 ｜橦草也　淖 和也 音鬧
趙 姓｜國名 趨也走也　召 命也 呼也　兆 灼圭坼也古卜｜朕｜　鮡 魚名　⿰兆卜 灼龜坼 也
珧 同兆　駣 馬三歲 駣曰｜　佻 獸名力 極大　狣 同上　⿰羊兆 羊也　⿰田兆 田界也 音窕
肁 言說肁 也　⿰扌周 刺也 音窕　炤 光也明也音照炤酌 招　垗 祭名畔也塋界曰｜ 音肈
⿰兆兆 販也
沼 池｜圓曰池 曲曰｜音照　笤 竹名

尿 尿｜小便也　尾 同上
屌 男子陰物 貂上聲
少 老｜年｜幼也 副貳也去聲
蛁 蟲名

字彙校正　卷二　十七篠　五十四

十八巧 古通篠
巧 技也能也善也機也好也 僞也淫｜撻也音糗　考 成也姓｜稽｜察也　栲 山樗也　攷 ｜訂 成也
酵 酒味厚 也　洘 水乾也　丂 古巧字　⿰考瓦 瓶也　薧 乾魚曰 考｜乾也
⿱丂鳥 婦鳥　⿱丂稾 同上　槀 木枯也　禞 告祭也 禱也　⿱竹考 ｜笔屈竹木爲器
扝 同巧　祰 禱也告祭也音告　拷 掠也 打也　墝 土不平也音敲
卯 時名地支名 目也茂也　昴 西方宿名昴也音卯　茆 蓴｜ 音卯　牡 畜父也｜丹花名 音母俗作卯
夘 俗同卯 誤　⿰弓卯 同上　泖 水名　緢 絲也 音苗　聊 古卯字　丣 同上
茒 草叢生 也音茅　⿰女卯 好也

字彙校正　卷二　十八巧　五十五

凹 宊也土窪曰丨土高曰凸 音拗 拗 丨戾相違也坳去聲 詏 言逆人詏也 軪 車聲

坳 窊下也 呋 婐聲

爪 手足甲也 抓也 找 橃進船也補不足也 音華俗音爪 嘲 譏誚詞 音罩 謿 同上 果 果木盛 生孕也

叉 手足甲也同爪 瑵 曲也玉名 𤤗 同上 𧲟 豸也 芿 菜名 帊 丨頭

獠 西南夷也音杳老 搔 手足甲也 音騷譟

炒 熬也 吵 聲也音訬 吵譟 䰗 古炒字 䰗 同上 聚 同上 煼 同上

𢢔 心追也

飽 饑丨多食也 滿也厭也 饕 同保民食爲獸之肉有不 餢 上 餢 能丨着飫其血 怉 悖也 音抱

哨 口不正也 朓 祭也从月之月 𪘲 丨牙 齧学 筲 竹枝長也

咬 食也噬也 音爻筊 嚙 同上 齩 齧骨也 𩡷 馬聲也

鐃 小鉦也 撓 攪也亂也 抓也屈也

拗 坳上聲折也 手拉也

樂 喜好也 去聲

勦 抄去聲 略取也

十九皓 古通徼

皓 潔白貌 光明也 浩 姓丨饒也大水也 音誥 晧 明也日出貌音杲 昊 夏天曰丨天

號 丨令召也名丨 号 俗同上 聕 耳也 灝 豆汁也水勢遠也 夷曠也 哠 多言也

顥 白貌 皞 大也明也 滈 久雨也 地名 獆 犬聲 顥 日首人也 鎬 豐丨 地名

淏 清貌 人名 嫭 女名 顥 同顥 椃 木名 鄗 邑名 灝 石似玉

鄗 同上鄗丨二邑名 悎 心動也懼也音教 䖪 土釜也 𧇖 同上

峼 山貌 暤 盱也 唬 虎聲也 音豪 傐 地名

稾 禾丨丨稅文草曰丨地名 音敖高 稿 同上 槀 乾也枯丨積也 檺 木也 槁 同稾 音考

皜 潔白也 杲 高也日出也明也 暠 同皜 藁 草名丨砧天也 熇 熾盛貌
縞 鮮白色麻屬 槀 枯草也 夰 放也元氣皜也 臭 犬白澤也 顥 頭也 蒿 草名 音高
㿢 木名音皓高 晧 光也明也 音臭
道 治也言也順也從也理也 路也音覩 衟 古同上 導 古同上 導 治也通也啟迪也
衜 同上 鍍 金飾物也 墿 道也亦徒 悼 憐愛也歎聲傷也 懼也 鴝 丨鵠 鳥名
杜 姓丨甘棠也塞也 澀也音睹徒 荳 草生海邊 莊 丨蘅 杳草 稻 稌也 音討 蹈 踐也 蹈也
土 桑丨桑根白皮去聲 盜 丨賊 逃也 渡 去也通也 濟也 翿 主也 音嗬 叙 丨 七十曰
䆃 擇也瑞禾也治稟也 斁 閉也 塞也 墺 塡也 塞也 蘆 杳草 蠹 木蠹也 蠹蟲也

咤 奠爵也音宅詫託 度 音弈也 皺 桑白皮 纛 羽葆幢也纛也軍中大旗也音啣
纛 同上 檤 木名 衜 同道 燾 覆也覆照也音啣 儔 妬 丨忌 婦嫉夫也
妒 同上音覗賬 璹 玉也 瓳 瓶也 䭄 搭答也 瘴 傷也 妬 美女也
秺 國名 度 丨量法制也丈尺也 獸 敗也 幬 丨廚 幬 覆也幄帳也音儔嶹
䬦 舍也 劇 閉也 音鐸 髮 髮長貌 踍 足不履也 也 糯 黏也 髏 髑髏也
毷 色深黑也 宅 庑 同度
寶 姓丨珍也珠丨璐也丨貝 符也符璽也貴也重也 寶 俗同上 宝 俗同上 堡 人名 堡 丨障 小城也
補 助也益也 數也 圃 種菜地也 午 相似也 保 愛護也任也佑也守也 抱也安也 堢 同上

褓 襁丨約 泉於背 緥 同上 葆 草盛貌 平也 鴇 丨鴨 鳥名 㫍 有也 玤 玉器
鴇 鳥名 圖 同圃 芋 草盛貌 闇 門也 睛 視也 㾊 藏也
狍 失羽 譜 籍錄也布也牒也 謅 同上
造 進也音早 遭 同上 慅 愁也音騷草 酢 醶也酸也音胙 慥 篤實貌 糙 粗米 木春
厝 安也置也厲石也 錯 去聲 擧也 措 擧也投也頓也委置也布施也音磧同笮 醋 醬丨漿 也音胙
躁 動也擾也 燥也 鄵 鄭地 踍 同躁 燥 乾也 樂也 操 琴曲也持念也音粗
澡 洗也修潔意音早 噪 呼丨群 鳥聲 啸 同上 懆 愁也 璪 玉飾 音早
艁 古造字 艚 同上 灑 同藻 臊 潔體也 洗也 藻 水草名章 俗音造

杲 同躁 譟 聲也擾也謹也 敽 同操 㺜 鬍丨 橐 鼓匡也 櫟 同槤
燥 憂愁不 止也 繰 帛如紺色也 繅 米谷雜 也 鐰 碎鐵 㥲 快性也 纐 衣也
嶒 山名 瘠 病也 幧 頭也斂髮也音整 竈 造也炊也造飲食物 也
搔 捕也音 爪騷 灶 俗竈字
老 丨少丨幼 年高也 鄶 姓丨國 名鍾也 艚 大盾也 進船也 鹵 姓丨澤也盾也奪也 丨莽丨 鹽地名音爐 擄 掉動也
滷 苦地也 苦也 磠 砂也 艣 行舟具 也 貘 西方美 名 鱸 魚名 擄 掠也 獲也
㦬 心惑也 譓 丨講言 不定也 潦 雨大貌 道上流水也 音勞聊 虜 掠也 獠 春丨獸 名音遼
蓼 搜索也 音六了 橑 椽也 恅 丨憛心 亂也 咾 聲也 㦬 心惑也 痝 疥瘡也

篾竹器　噌語也　廜廡也　嘑口呼也　懆動也
櫢桀也　澿鹽水　篬竹名　艚船具、船丨進　藿丨草作屩草也　薗同上
鏂瓶膠器也　堶砂也　墒同碻　鬞鬆也、鬞也　栳器也、栲丨柳　澇滌也
鎑釜也　樀同櫓　欄木名　轑車輞也　鴇頪鵞也　鬖黃色
顤廣大貌
草姓丨丨木、冉也粗也　艸同上　懆愁不安也音操騷　噪寂靜也　懆惶丨恡亂貌
慅憂心也音騷造　驊牝馬也
嫂姑丨兄妻曰丨叟也音叟　嫂同上　㛮同上　掃掃除也弃也音譟　㛮嫩也

埽除穢也棄也
好孔也美也善也音配詬吼　𢨯同上　恏同上　㚢姓丨　恕懸也
怒恚也憤也奮也威丨音奴　㤭同上　訬急聲言也
舖丨舍店也　抱懷丨抱上聲音暴電
數責也計也校也上聲
扣旋上聲持也

二十哿古轉馬〇韻略通馬
哿婦人首飾也可也嘉也　苛荷　笴箭幹也　舸舟也大船曰丨　𥳇笴也
䈥同上
果驗也勝也尅也能也丨敢木實也決也與裸通音蓏　菓俗果字　裹包也囊也纏也　蜾丨蠃蒲盧也音裸
粿米食也　倮赤體也音裸　剽割也　淉水名音貫　惈敢勇也　埌塵起也
猓丨狸獸名　餜餅也　綶纏也同裹　纏同上　盂盤也　褁包也
鍋戈過刈鉤音　蠃丨蘭車丨名音裸　蜾同上
裸丨裎露身也裸也丨蟲　果女侍也亦體也去聲　婐女侍也　蠃蜾丨細腰蜂祖也

踝 足踝也 蓏 —草實曰— 蠃 —貌 無毛羽 羸 同蠃 殏 羸病也 𡰙 不正也
輠 轂轉也 𢭏 擿也 睬 明也 碟 —砢 石貌 稞 無皮穀曰— 蘳 黃華也
䉿 鼎簀也 婑 美也 同婐 婐音綏 倮 赤體也 砢 磊—也 蠃 —霜形體也 瘰 筋結病
蜾 蟲名 蜾蠃也 與蠃通 音果 稞 穀積也 音髁 騍 馬也 蠃 驢父馬母 驘 同上
鱳 魚名 音果 螺 同上
火 姓— 水— 化也 伴也 隨也 燬也 炎— 灬 烈火也 音標 灾 同上 伙 家—什物也 顆 小頭也 珠—桃也
凨 火發聲 炨 地名 輠 篅也 車盛膏器 音果踝 夥 音禍 俗謂合伴曰—
汻 水厓也 音許

禍 毀也 殃也 災—害也 𥛩 祻 祸 殦 並俱同上 和 唱— 去聲 咊 和也
盉 調五味器 夥 多也 —可
頗 可也 偏—略也 稍也 但也 陂 同上 音單 叵 —測 不可也 反可也 尀 —耐何也 同上 嵯 —峩 —山高貌
岜 同上 哶 聲也 沲 水貌 頗 頭偏也 跛 足偏廢也 偏也 鉅 —鑼 銅器
駊 馬行貌 跛 —踦跛 足也 蹞 踦—足不正也 玻 —瓈 玉名
妥 安也 —帖 音上聲 袘 安行也 𢓜 同上 鵎 鳥名 鬌 好髮也 痿 腰病
膸 牲肉 峗 山長貌 楕 器也 音朵 椭 揄—脫也 嫷 豔美也 音朵 舵 正船木 音柁
撱 狹長也 稟也 捫也 㯐 揲也 落也 脫也 音唯

我 姓— 傾頓也 已稱也 —親之之辭 音台五 𢦍 𢦓 同上 騀 馬頭搖也 𢦒 同我 䫏 側弁也 行頓也
𢫦 搓也 音義
娜 嫋—女貌 美也 嫋 悠揚貌 風動貌 褭 風動貌 嬝 同上 騕 柔長也 隱 偃低貌
橠 木盛貌 旎 旖—旌旗屬 袲 裛—衣長好貌 袳 同上
可 僅—未盡詞 肯也 所也 坷 坎—亭名 音軻 岢 嵐—州名 山名 𡶐 同上 舸 大船也 舟也 𡯷 行難也
炣 火也 听 聲也
播 姓— 種也 揚也 搖也 布也 放也 舒也 遷也 棄也 敷也 及也 散也 音波 詻 喜言人惡也 譒 敷告也 簸 揚米去糠也
跛 行不正也 音頗 駊 高大貌 尬 尲—也

鎖 門鍵也 銀鐺也 鏁 同上 瑣 細也 小也 連也 䂹 小石也 䃅 小石也 音果 貨 貝聲也
䐪 臠也 篠 竹名 簫也 隫 地名 鮹 魚名 䴸 麵不精也 惢 心疑也
摃 揣摩也 動也 𩎓 韋鎖也
朵 花—樹木垂— 躱 身也 刴 斫也 斲也 挅 搖也 落也 𥄵也 稱量也 度也 垛 地塘也 射—
嫷 暈也 憜 懶惰也 鬌 鬌髮垂貌 頪 同躱 𣗁 木上垂也 嶞 山貌
俻 送行也 棰 木叢生貌 𡯌 尢也 趖 同躱 埵 堅土也 睡 耳垂也 耳聰也
𡖔 多也 朶 動也 同朵 㻔 玉名 𡺜 山形 鍺 車軸鐵也 𩭐 好髮也
篍 箠也 竹名 䈭 竹名 䄆 袖也 音多 綵 冕前垂也 𥜥 大衣也 好也 跺 行貌 音多

錣缺也同剟　椯揣度也剟也音遄圜　篅[illegible]丨竹名　[土+耑]動也垂貌　硾石貌

𥟍禾垂貌　惴不敬也怠也易也不恭也

二十一馬古通哿

馬姓丨武也獸也怒也　媽母也俗稱母曰丨　瑪丨瑙似玉　碼同上　鰢魚名

溤水名　鷌鳥名　螞蟲名　馭影古馬字

寫除也摹畫也謄抄也程也傾也盡也輸也音瀉　冩俗同上　榪案也　蕮草名　[金+寫]鏵金也

[厂+寫]仄也音卸

雅常也文丨儒丨丨緻　瓦土器音迓　[方+牙]旗旐類　[山+瓦]山貌　[瓦+皿]酒器杯也　邷衛地名

厊厊丨不相合也　疋正也音䟽胥匹所　錏音亞丨鍜頸鎧也

寡適妻也鰥丨少也倮也音古果　剮剮肉置骨也問丨　冎另同上　[亻+咼]倚丨行貌

篙籆丨吹絲具

且未定辭又也此也將也苟也丨也姑丨也發語詞音疽　扯同上　抯取也似也音渣柤　撦裂開也丨拆啟開也

姐態也驕也慢也音紫姐　她女呼母曰丨　媎同上　者語詞　[赤+也]赤也　姊積也

[扌+者]擊也　褚衣赤也音貯　赭赤土也　[馬+者]馬名　堵[illegible]名姓丨山名音賭

鉈短矛也

野曠丨郊外也田廬也　埜壄同上　惹亂也詭也引著也音弱　若乾草也音弱　喏敬言俗云唱丨

[口+惹]同上　冶銷也鑄也也鎔也　[口+尔][illegible]言　[野+虫]蟲名　偌姓也　[野+火]野火也

也凡言也語餘也姓也青袍也明也　乜同上

啞口不能言也　瘂瘖也病也　掗取也擩也音鴉　跒取也擩也音鴉　亞辭未定也次也就也醜也音鴉

膃丨膪肥也　[矢+亞]短也音鴉　稏稻名音鴉

也決詞語終辭語餘也音野　[艹+乁]同上終也　[艹+乜]同上　堊泥塗也

打擊也音頂俗作丨劫　[illegible]小兒啼聲

[豆+巴]葩上聲短貌　[少+刂]刺也抄去聲

二十二養 古通講〇韻獨用

養 姓丨丨育培丨丨畜涵丨 𢉦 俗同上 癢 瘍也 痒 同上 仰 姓丨企丨俯丨望也 音昂

卬 同上待也向也 𢼛 古仰字 擾 陳公子名 勨 勸也 攁 發動也 瀁 無涯際也

懩 心欲也 勨 勉也動也

享 獻也祭也歆也宴丨音香 晑 丨曉 俗字 晌 午丨片時也 餉 讓也音向俗音享 饗 神歆也祭名

嚮 面也對也應聲也 音向 鄉 同上 響 磬聲也 聲也 嚮 同上 蠁 知聲蟲也 肹丨

曏 明也少時也往也不久也 音賞向 亯 古同上 享 俗享字 痾 憂也 珦 玉名

𧮭 響 俱同響 饟 饋也 闂 門頭也 蚼 同蠁 粡 饋也 餉也

絧 緜也 恦 念也 慯 憂也 音商

黨 長也朋也類也輩也偏也 類也知也 党 同上所也美也時也 果也 讜 直言也 曭 日光也

欓 木名 儻 倜丨 豁達也 擋 摒也 䣈 地名 長也 蘉 草名 攩 朋群也 遮遏也

鱑 魚名 灢 水名 矘 直視也

廣 丨大 闊也 姓丨開泰貌 音光古 獷 粗惡貌 犬也 獸名 𣿅 水深也 鑛 美鐵

𤿭 張大貌 𪗑 光貌 鷬 丨鷃 鳳類 晄 光貌 音幌 愰 心明也 鄺 姓也

罔 無也丨財 欺也羅也 網 羅丨魚 罟也 輞 車也 輮也 吐 問而不答 魍 丨魎 水神 誷 誣也

莽 草名 惘 丨然失 志貌 蝄 山川之精 [illegible] 古文 罔字 蟒 丨龍王 蛇也 㟐 山貌

瞈 目不明也 漭 平也廣也野也不明貌 鏻 鉆丨 溫器 霶 霧分色也 莾 正莽字

䇯 竹類也 㴔 水名

倣 依也至也 傚也同仿 放 同上 上聲 紡 丨績 絲也 昉 明也 適也 彷 丨彿 舫 方舟也 音方

訪 丨問謀也議也方也 及也 窉 廣也 音方 軦 蛬丨 蟲名 髣 髴也 貺 賜也 與也

況 發語辭 況也 𦨭 船也 謊 [illegible]言也 怳 慌 同上 東也 纊 繩束也

迋 急行也 榥 木名 纊 細綿也 鎤 鐘聲 仿 見不審 貌 眆 不正也 邪視也

怳 丨惚 音光 晃 明也暉也日光也 燿也 炊也 愰 心不定也 滉 深廣貌 幌 帷幔也

䇫 竹筩貫 怳 惝丨失 意貌 況 寒水也 矧也 譬也 益也 茲也 賜也 姓丨 方 效也 音芳

枉 宛也屈也衺曲也星名　誑 欺也惑也　徃 往也　頙 乖也背也　𩗂 驚走也　忹 邪曲也姓丨
𢗓 詐也誤也　逛 欺也　迋 同誑　瀇 水深廣貌音幌瀇　歀 佞也
爽 烈也貴也明也差也清快也猛也音嵩稿生　塽 高也　鷞 鳥名　漺 淨也　樉 木名
磢 石洗物聲　騻 騻驦丨良馬　縔 縔也　慡 性明也　[豸爽] 獸名　[艹爽] 草名
[竹爽] 竹貌　[禾爽] 禾貌
放 置也捨也縱也棄也妄也廢也肆也逐也散也音舫　鄺 姓也音廣俗音放　況 發語詞从二音貺俗音放
[阝兄] 水名山名　况 寒水也从冫音貺俗音放　詥 論也問也　兄 況也法也同況去聲
匚 古文放字　岲 山名　[枅] 宜名貫

象 形也法也光也耀也獸名　匠 姓丨工丨木工也　像 形丨摹倣也　蟓 蚕也　𨗨 行也
[巾象] 首飾也　[彳象] 同上　潒 漭丨水急也　[象鳥] 古象字　[象鳥] 鳥名　[象隹] 同上
鱌 魚名　[竹將] 剖竹未去節也　[走匠] 行貌
繈 綿類負小兒衣曰丨褓　襁 同上　鏹 錢貫也　[木強] 張取獸也　[弓塞] 鉛屬　蔃 菣草根
膙 筋頭丨筋強也　[衤畺] 同襁　弶 同摾
鞅 丨掌失容也頸組嬰也音央　怏 不服懟也不滿足也悵也音央　炴 火光也　抰 打也
眏 無限也　駚 驡馬貌
賞 賜有功也玩也嘉也　[飠象] 晝食也日西食也　餳 同上　扃 戶耳也　償 還所值也音嘗

晌 午也
奬 助也勸勉也褒美也譽也　蔣 姓丨地名　槳 楫屬丨櫓縱曰櫓橫曰丨音將　[竹槳] 櫂丨前推曰丨卻曳曰櫂
[舟將] 同上　[竹將] 剖竹未去節也　[犬將] 嗾犬厲也
掌 姓丨手心也鞅丨失容也　爪 古同上　長 丨孟也齒高也進也生也上聲　仉 姓丨孟子母姓　[艹掌] 草名
[竹掌] 竹名　鞝 小向扇安皮也
上 姓丨崇也尊也登也升也君也進也高也音常慎審　上 古同上　丄 上上至高也
尚 姓丨曾也加也飾也𥫸也食也主也猶也尊也庶幾也寒也矜伐也配也
強 勉也矯也勸也去聲　彊 同上　[弓雱] 力拒也迫也　[米竟] 粱丨也　糨 同上　嵹 山也

朗 明也𠠶丨　蓢 蓢丨　朖 明也　脼 同上　㮾 木名　鋃 丨鐺音郎
塱 地名　桹 同㮾　悢 惆悵也　誏 謊也　[目良] 同朖音浪　裉 丨䙩式敝
榜 標丨木片也　[木旁] 同上音彭　綁 綳丨俗字　㾦 腹病　搒 笞掠也掩也　篣 胛瘠也
氆 丨氇西蕃織毲也　膀 脅也音旁　蒡 牛丨藥名　膀 胛也木片也音滂
毾 丨毲罽也
蕩 放丨主滌垢也大也　盪 動也滌也放也　簜 竹器篠丨　宕 過也　璗 玉名　菪 草名
碭 文石也山名　[門昜] 門不開也　趤 走失也　[走宕] 趤丨逸遊也　[囗石] 碎石聲　[白昜] 春也
[竹蕩] 竹名　[雨石] 洞屋　[湯心] 丨愓動也　[竹昜] 同簜　婸 放也　愓 放也音商羊

𢡄放也 逿過也盪也
倘假設詞忽止貌 儻倜—卓異也豁達也苟也 鐺銅也鎗也 礑瓦器石罌— 偒長貌
𤬪大瓜名 帑藏也上聲 鋿冶木器 矘目不明也 鐊工人冶木器
旺光美也 王冶也去聲 暀光美也 泩往也 汪大水也水名 忹猶也
迋往也欺也音誑 㞷草木生也音往皇 徃急行貌
兩二數也再也匹耦也匹也車數也 両俗同上 倆伎—巧也 魎魍—鬼也 輛車輛也
㒳同兩 蜽同魎山川神 緉雙履也 裲—襠衣也 𣑁松脂也 脼膎肉也
掚整飾也音亮

丈—尺函容也長老稱 杖扶—木挺也持也憑倚也 仗與杖通 長餘也多也宗也剩也去聲
扙傷也
兩十錢曰—動— 両俗同上 𠓜古兩字 倆伎—巧也
搶搶—上聲—奪爭取也突也音鏘 摤同上 𡎺基也 𦢊皮傷也
顙額也音桑 磉柱下石 搡搷也撐也桑去聲 𪔅鼓匡木鼓材
慷—慨激昂之音康 忼感傷也 䡉車䡉也音亢壙 𠻳咳聲也
往來—之也行也昔也去也 迬徃並同上音男 暀是也美也德也
曩前日也鄉也久也 灢水流貌

幌囪牖也形貌帷幔也 滉水深廣貌 晄明也音廣 晃同上暉也日光耀也
想冀思也心欲也 鯗魚名乾魚腊也 鱶同上 𡾟山名 鮝俗鯗字

二十三梗 古通軫 韻略通迥

梗病也略也正直也 景姓—境也大也照也衣也像也仰也明也光也慕也音影 璟玉名 幜帛也
暻明也 頸中央也徑也 剄以刀割頸也 警猶起也寤也戒也敕也不安也曲名 儆同上
𦛗食骨留咽中也 綆汲井—也 𦄆同上 曔明也 哽礙也 𢙏恨也
㷓火光也明也 𧑩虫名 擏戒也 挭攪也撓也 烴溫也焦撓 𩃎雲貌
骾骨留咽中也 哽咽塞也 𣋉明也 憼敬也戒也肅也 炅見也光也 䀿火也
𤆍同上 璥玉名 痙風強貌 蟼蛙屬 熲火光也同耿 㾘病也
鯁骨—蹇—諤臣 耿介也不安也光也音扃 𦱤芋莖也 𢡪憂也

字彙輯正上 卷三 亨集

境 一地疆也竟也相接也 同竟

逞 通也快也疾也極也盡也解也 郢 鄢一地名 邘 同上 拯 救也助也援也舉也

撜 抍 同上 拯 同上 赬 赤色也 騁 直馳也走也 騁 古同上 浧 泥滓也通流也

侱 徑也 悜 意不盡也 徎 行也 睈 昭視也 王 善也音廷挺 梬 棗也

請 求也乞也祈也音清

靜 審也安也和也謀也澄也息也 淨 潔也無垢也音靜 瀞 冷貌 靚 粧飾也召也

靖 淨也治也謀也安也和也 阱 坑坎也陷也 穽 同上 汬 古同上 凊 寒也冷也

瀞 同淨冷寒也無垢也藏也 婧 女貞也音精精 婙 女名 掅 捽也 賋 賜也

睜 昭一不悅視也 竫 安也撰也 箏 竹名 彭 清飾也 姘 靜也文德不妄動也

竮 人名身端也音騁

秉 把也持執也姓一十六斛曰一 稟 禾把 丙 日名十幹名南方位 炳 火明也著也

怲 憂也 昞 日光也 昺 同上 𨐝 柔餅也 苪 明著也亮也 寎 三月為一穴

偋 除也斥也 邴 姓一邑名 屏 絕也除也去也斥也退也上聲 迸 逐也 迸 同上

餅 麪餈也 倆 憂也 蛃 白蟫魚 抦 持也 鉼 金鈑曰一 眪 視也

箳 竹簾 陃 人名 誁 助言也 [illegible] 山峻貌 屛 蔽也 跰 歲星辰出為一

鈵 固也堅也 [illegible] 雷聲 鮩 鮮也 鞞 劍削也刀室也音俾皮 韗 同上

字彙輯正 卷三 亨集

屏 蔽也藏也 棅 音丙持也 幷 兼也除也

領 頸也項也受也統一錄也 嶺 山道也出坡也 岭 同上 衿 衣一下裳曰一 蘔 草名

箐 箐一籝也 罯 一罜小網 伶 雨後徑

幸 覬也徼倖也冀也姓一寵也 倖 徼一佞一音興 杏 果名 行 德一言一去聲 荇 菜名姓一

[illegible] 斗星名 婞 狠也 㨘 揣也橫也 莕 同荇 緈 直也 絎 縫紩也

[illegible] 瞋目貌 [illegible] 直言也 悻 一很怒也 [illegible] 地名音封

井 姓一卦名清也深也市一綺一端整貌 姘 靜也 邢 地名 穽 深地也 [illegible] 舍井也

丼 姓一物投井聲

猛 惡也害也烈也嚴也健也 𠤏 同上 艋 舴一小舟也 黽 蛙也音猛 [illegible] 視也 蜢 蚱一虫名

鯭 蝦屬 [illegible] 喜也悲貌

整 齊也飭也 [illegible] 顧也 抍 上舉也救也助也音升 拯 救也助也援也舉也

[illegible] 俗整字

永 姓一遠也長也遐也 棅 木可為笏

併 平上聲具也羅列也

聹 寧上聲耳中垢也

蝀 生去聲刺也

附录

嚨 能上聲多言也
措 阻ㄧ俗字
痲 滿脹貌

二十四迥 古迥切
迥 寥遠也光也輝也　逈 俗同上　熲 火光也輝也　炯 明察也光也　同 ㄧ寺ㄧ鄉官名　絅 ㄧ蘇單衣
褧 同上　冂 遠也　坰 郊外曰ㄧ　⿰巾冋 ㄧ幗巾巾也　洞 澒濥也滄也遠也冥也
駉 良馬名　頃 俄ㄧ百畝曰ㄧ　藬 藥草　檾 ㄧ麻枲屬　㒺 伯ㄧ周穆王臣　⿰甶頃 同頃器名
憬 覺寤也遠也　烓 明也行竈也音抉
頂 顛也ㄧ顙頭上也　顁 同上　嵿 山名　酊 酩ㄧ醉也　鼎 當也方也卦名　打 擊也俗作ㄧ切
鼑 大舒也胡名姓ㄧ方也音貞　⿰鼎丂 同上　⿰土鼎 平也　⿰木鼎 梧也　奵 姬ㄧ自持貌
濎 ㄧ濘水貌　耵 ㄧ聹耳垢也　⿰鬲斤 鎗也三足兩耳

挺 拔也出也直也特也引也寬也音庭　艇 小船也音廷　脡 乾肉直也　梃 杖也枝也音庭　珽 玉名笏也
鯅 魚名　娗 女美也　⿰鹿廷 鹿走貌　壬 善也與壬異　⿰犭廷 小貌　⿰身廷 身長直貌
鋌 箭ㄧ盡也　閅 門上關也　⿵門廷 同上　頲 頭娗也　⿺廷頁 同上狹頭　侹 長貌
誔 誕言也　聽 静也待也受也從也聽任也聆也　听 日開說俗同上音疑斷　⿱竹丁 竹函也
涏 淫寘也波直貌　町 田區畔埒也　汀 ㄧ瀅不遂志也尼ㄧ濘也音庭廳
烶 火貌
⿰目真 目不明也睐也翁月也　⿰日真 日光也　皿 器也飯食之器　茗 茶芽也　酩 ㄧ酊醉貌　傎 好也
⿱穴益 窫窴也　槇 木名　佲 大醉也　姳 好也　⿰山真 嶙ㄧ山名　⿰日名 日暗也

慎 ㄧ悍意不盡也音覓　⿰覓馬 汗馬名
等 級也類也比也輩也待也ㄧ列　䓁 俗同上　戥 稱ㄧ俗字　瞪 白也
肯 可也著也音懇俗作肎ㄧ　肎 同上　悻 怒意貌音幸俗音肯

二十五有

有 古獨同宥 韻略用
冇 古有字
有 姓丨宋也又也不無也果也得也取也質也
栯 太室山有木狀如棃
輶 車輕也
酉 就也飽也老也時名
丣 同上
湵 水名
槱 積也
𥛜 同上
友 朋丨同志曰丨
𠬝 同上
誘 引丨導也進也
莠 害苗之草
牖 向也道也窗也
卣 酒器
梄 同槱
庮 久屋朽木曰丨
𢈈 同上
琇 石似玉
媨 醜也
秀 分別也各異也
𣶒 水名
蜏 虫名
䚻 相勸也同誘
䤑 䤑酒也
幼 稚也少也慈也愛也音郁要
萯 草名
𢈈 草名
芺 同上
羑 姓丨進善也導也道也
叟 尊老之稱老也淅米聲
叜 同上
傁 同上
傻 同上
𤢺 貗丨獸名
瞍 矇丨目童子也

捘 聚也求也索也勁疾也音蕭稍騷
搜 同上
餿 飯壞也
餿 同上
鬖 鬖丨髮亂也
鬉 同上
溲 小便也沃也音騷
鮻 人名
謏 怒言也音篠縮
謏 同上小致名聲
藪 大澤也厚也聚處也
蓃 同上
擻 抖丨舉也
蒐 惜兵也聚也隱也
籔 十六斗曰丨炊䉛也
艘 船舵也
榐 同上
騪 馬名
駿 同上
駃 同上
螋 蠼丨蟲名
螋 同上
陵 阬也
酸 白酒
浚 浸疾也同溲
颼 風聲
颼 同上
劉 刈也
廋 隱也匿也
趡 趨丨行不進也
嗾 使犬聲
嗾 同上
藪 出釋典
廋 隱也隈也求也匿也索也
鋄 鏤也馬首飾也
鎪 同上
橾 同藪
鱐 腒丨乾魚也音笑
蕵 曰悴也
鄋 丨瞞狄國名
鄋 同上

毯 毯丨織毛有文
犙 牛三歲
㹧 同蒐
䃣 石也
篗 竹名音䉤
聥 聦也
箞 倅也齊也
籔 十六斗曰丨炊䉛也
箸 同上
久 暫之反也長久恆也遠也待也
赳 武貌
玖 黑石似玉音救
九 數名陽之變也音仇鳩
訇 同丨
糾 督也繩也
苟 草也但也且也誠也
𦍋 同上
枸 丨杞棗名
狗 叩也小鳥也星名
玽 石似玉
笱 蝦丨竹器
耇 黃丨老八也
詬 罵也
韭 菜名
韮 同上
垢 塵滓也音豹蔻
坸 同上
𣪏 長也
糾 戾也收也
鮈 魚名
詢 同詬
姤 污也卦名
姁 女字
媿 同上
蚼 丨蟆山名
笱 同笱
尯 九屬
豿 熊虎子也
雊 姓也
𨿽 姓也
枓 高木也

寓 周垣也
偶 姓｜奇｜雙曰｜單曰奇合也偶也配｜對合也 耦 耒耕也｜耦 藕 蕅｜地名 ⿰米禺 耕也 髃 膊前骨也
腢 同上 吘 和諧也 甌 瓫也盆也 蕅 同藕
口 姓｜空也后｜谷｜ 劶 用力也 竘 治也巧也 回 古口字 曰 同上 訂 問也可也
劬 用力貌 ⿰牛口 牛名 扣 牽馬也音寇 釦 鏤也叩也謹動也音寇
否 不也不可意也塞也眞｜ 㕻 古同上 咅 同上 欧 同上 剖 刀堤也音撫 婄 醜也
㤓 小怒也 不 彪 不可也某不然也音浮 紑 ｜絜鮮貌 郶 地名 缶 瓦器盆也
缹 火熟也 鴀 鳺鴀也不鳩也

阜 肥也盛也大也多也 𠂤 同上 阝 同上 ⿰馬阜 馬盛也馬益也 ⿰火阜 熾也 ⿰風阜 風細貌
⿰禾复 益也 缶 瓦盤也音否 ⿰虫阜 螽也 ⿱阜虫 同上 ⿰女阜 好色也 ⿰阝阜 盛也
偩 依象也同負 ⿰虫缶 蠶卧也 ⿰阜瓦 瓦器 ⿰白阜 白也 殕 敗也腐也音[illegible]
⿱艹阜 香草
黝 姓｜青黑色也黑也音伊 ⿰耳幼 幽靜也 懮 舒遲也愁也音憂 ⿰車柔 車也 楺 屈木也
⿰糸柔 雜色縧也 蹂 ｜躪足踏也 鞣 車軔也 ⿰忄柔 心弱也劣也 煣 火屈木也 眑 ｜恨目欲乾
⿰火幼 同上 ⿰黍幼 軟也 ⿰口柔 ｜呢小兒聲 岰 山曲貌 ⿰彳柔 復也 欲 歔鼻也
⿰歹幼 ｜殂欲死 泑 水黑色也 ⿰礻憂 福也 蚴 ｜蟉龍行貌音幽 ⿰虫幽 ｜蟉龍貌

⿰魚幼 魚名
畝 税｜壟也田｜地名 ⿰田久 同上 ⿰田每 同上音牡 某 酸果也不知曰｜ 罞 張網也
⿰忄某 愛也撫也 ⿱艹某 草名 拇 將指也足大指也音姥 母 牧也冒也慕也父母 每親詞有模粧
扭 轉也拗也手轉貌音晝 飷 雜飯也 ⿰歹丑 拗｜欲死貌 紐 結束也系也本也 ⿰革丑 同上
⿰黍丑 黏｜軟也 杻 木名 ⿸疒丑 肚痛也 鈕 印鼻也姓｜ ⿰王丑 同上 ⿰豕丑 刺也
狃 復也就也伏也正也指也狎也習也 ⿰黍丑 黏也 ⿰丑阝 地名 ⿰禾丑 禾莠弱也 ⿰豸丑 鹿豆也
⿰火丑 拗也 ⿰目丑 同上 ⿰目幼 同上 妞 姓也 ⿰氵丑 水名 ⿱艹紐 莫結也
⿰金手 械也 ⿵門丑 門關也 ⿰衤丑 衣㒰也 ⿰月丑 食肉也 ⿰米丑 雜飯也 ⿰山農 平｜山名

⿰彳柔 集也 ⿰忄丑 習也 ⿰氵丑 濕也 ⿰糸乚 小貌 揉 撓之也音柔
杻 心也音丑
嘔 嘔｜小兒語吐也音謳也 ⿰口咅 同上 毆 杖擊也捶擊物也敲也音樞 ⿰止殳 同上 ⿰丁阝 山名
⿰牛后 特牛 ⿸广殻 獸名 ⿰齒虫 齒病朽缺也 歐 吐也音鷗
耨 耘也去草也鉏也除草也 鎒 同上 獳 怒犬貌音獳 譳 詎｜不能言也 ⿰言需 俗同上 檽 構｜皮可染紫
槈 耨器 ⿰口殳 呪語也 羺 ｜𦍩胡羊 兔 同上 浼 水漚浼也 ⿰犭耎 犬怒貌
⿱艹耨 草也 ⿱艹需 同上 魗 鬼魅聲 譨 𠿥多言也 ⿰需兔 兔子也 ⿰革需 胡羊
⿱吅羊 羊鳴也

丑 辰名手也手械也 醜 惡也臭也羞也類也 吜 聲也 謉 同醜 杻 械也音紐
杽 同上 ⿱艹醜 草名 ⿰金手 同杻 鈕 械也 ⿰王丑 同也 錀 姓也

妵 好貌
⿰黄主 演也 ⿺麥俞 餢丨餅也 ⿺麥主 同上 ⿰主鳥 水鳥也 鈄 姓也
⿰食俞 餢丨餅也 ⿱艹⿰黄主 禾苗出貌也 鼔 屈也

柳 姓丨小楊也丨車也星名 桺 古同上 ⿰木丣 同上 綹 剪丨盜荷包也 鉚 美金也
⿰車丣 喪車飾也 罶 魚笱也 ⿰火卯 火也 珋 璧丨玉名 泖 水貌 ⿰卯刂 割也
⿰扌卯 捫也 ⿺風卯 颲丨風貌 嬼 嫪嬼婦也音 熮 燒也爛也音聊留
懰 好也音留抱

手 丨足須也拳也音收矢 ⿱丞手 古手字 首 元丨君也頭也始也 𩠐 同上
參 百 同上 ⿱宀首 古丨字姓丨 艏 舟也 守 收也視也護也主丨攻丨
顚 人初生子也
吅 開也聲也 敂 發動也 敂 同上 ⿰竹口 布丨也 朽 臭也敗也割也腐也 歹丂 ⿰歹于 同上 扣 擊也音寇
疛 病也 殠 臭也音臭 柠 音許

斗 量名容十升宿也大升也音主 ⿰三十 同上 斤 同上 ⿰豆斗 俗字 蚪 蝌丨虫名
虯 姓丨俗同上 陡 突然日丨頓也 枓 丨栱柱上方木 赳 武貌音九 ⿰山斗 山名
𨰋 斟酌也 抖 丨擻舉貌 牪 大牡牛 袙 衫袖也 鬬 姓也 ⿺麥斗 麥丨

酒 燒丨酉也造也就也音剸 走 疾趨也去也 ⿱大⿰𠂆之 同上 ⿱屮之 同上 哇 喝聲
禍 袖也
肘 臂節也注也 箒 箕丨也竹名 帚 糞也 銅 盞盛也 膈 小腹病 皁 穀[illegible]木皂也
睭 深也
劬 丨勵用力 餢 䴸餅也
嘔 暖也 漚 漸也水也久漬也音謳
泡 水泉也
諤 匠也 區上聲健也

榎 淨上聲鳥也 ⿰乳丂 乳子也小貌 剖 析也判也破也 ⿰孛殳 乳也

附录

313

二十六寑 古通軫○韻略通感琰豏

寑 堂室也臥也息也丨室 音衾捦　寖 古同上　㾛 醜惡也

朕 我也兆也　潫 水流貌　紖 丨牛索也 音引　䋲 牛鼻繩　𣅈 日精也　朕 同朕

栚 山樊也

飲 水也歠也漱也嚥也　飮歙 古同上　喑 地室也　笒 笑貌　𡸁 山岑貌

審 悉也詳也熟究也姓丨 寀也音瀋　宷 同上　嬸 俗呼叔母曰丨呼弟婦亦曰丨　犹 牛名

邥 國名 玉名　沈 姓丨券也沒也星次也音覃鴆　諗 念也謀也告也諫也　覾 深視也

𡞾 貪貌也　瞫 深視也　淰 水動貌丨㶒音閃

廩 穀藏曰倉米藏曰丨倉丨 瘠也給也矜也　㐭 古同上　壈 坎壈不得志也　癛 寒病也　凜 凜清也 寒也

懍 畏也懼貌敬也危也　箖 罩席也　秝 禾弱也　䅮 穀也　醂 桃菹

稔 豐丨穀熟也年也 熟也　檁 屋上橫木　荏 大豆也柔也丨苒 蘇荏也倭蕈也　飪 大熟也

餁 同上　稟 供也給也受也賜穀也

任 當也堪也用也負也擔也 事也　恁 思念也　恁 同上　賃 借傭也 庸也　鵀 鳥名

庄 下也　甚 安樂也劇過也尤也 深也音忍　妊 身懷孕也音壬

怎 語詞　篬 竹器 丨篬　䱊 魚名　恁 念也

錦 丨繡 姓丨金也雜色也　磣 石名　卺 酌也敬身有所承也

品 式也類也眾庶也格也　癌 瘡上毒也　㗊 眾也

妗 今俗謂舅妻曰丨 音磣欽

踸 丨踔行無常貌

二十七感 古通銑

感 格也觸也恨也動也 敢 果丨勇也犯也劬也進取也忍爲也 鹹 味苦也 憨 愚蠢貌 橄 丨欖果名

鰔 魚名 減 損也少也輕也対丨加丨音鹻俗音敢 鹻 丨鹼鹹也鹵也 𥓈 長名 鱤 敢也魚名

䲋 魚名 䉦 竹名 㦰 同感 籫 竹名 㦎 健貌 澉 味淡也浦名

灨 水名音紺貢 䈜 竹中大竹也音甘

闇 暗也冥也幽也昏也夜也 瘖 不能言病音音俗音闇 黯 深黑也 諳 背誦也音庵 髧 髮垂貌

歆 丨然不合足貌 詥 同上 揞 藏也手覆也 𩬈 髮短也 黤 青黑也 䨠 雲暗也

菡 丨萏荷花名萉華貌 䤃 欲得也音頷 𧪚 丨阿語不快也 訡 同上 馣 香也

媕 女志不丨娿也 腤 丨𦞙也 晻 障也不明也冥也音奄 韽 音微聲 隌 不明也

攬 擥丨擁抱也取也撮持也 擥 同上 欖 橄丨果名 摻 掔也讀纖 𤢂 虎聲

覽 博丨觀視也姓丨撮取也 擥 撮持也取也 攬 執持也 罱 夾魚具 獵 犺猪屬又丨毿毛貌

醶 醋味也 爦 火亂也 燣 黃焦也 𢹿 總持也 爁 火焚也音濫藍

膽 肝丨肥貌口脂膟也 胆 同上音但 黮 大污也黑也 薝 丨棘木名 籫 竹名 嚂 蔭也

憯 懆丨愁也毒也甚也痛也音錯 慘 俗同上 篸 竹器 篸 同上 黲 青黑色黑也

㴸 寒冰貌 瘆 病痛也 嫪 婪也音森 磣 物雜也 朁 曾也發語詞音慚潛

𧷐 賭也 憯 痛也曾也 噆 嗛也銜也

暗 深也不明也日無光也 𣈶 同上 䫂 丨颭風也 猒 忱弱音壓壓邑悒鬱

坎 穴也陷也險也卦名 砍 斫也 歁 不自滿足意慽貌 扻 擊也 召 小餅也

𥦗 同上 惂 憂困也 轁 車行不平也 凵 張口也受物器 轗 丨軻坎壈也 壏 同上

歁 食不備也 淊 溺也 㟏 陷也扻也 嵁 丨巖不平貌 𩕐 動首也 顑 饑貌

㰹 動貌 埳 同坎

腩 脯也鹽醃也 𦛗 同上 萳 弱竹也 𥺂 糝餬也 𨡭 煮也腌也 帔 肚丨同腩

婻 美貌

頷 丨腮下合也面黃也 顄 䑐 同頷上 嶮 丨崿山貌 䐄 口上曰臄口下曰丨 菡 含也

三 三也去聲　𢓭 行貌　糝 粒也雜也　糂 同上　粽 蜜漬瓜實曰一

杉 木名似松音衫 衫俗作一　㮉 同上　㣌 波貌　𤊶 火光也

探 伺也取也試也音貪俗　撢 同上探音貪去聲 音尋疑

揇 南上聲 搦也

僋 一俕癡貌 探去聲

揜 斂取也覆也滅也閉也追也　弇 內同也蓋也音南　㭺 斂也遮也止也撫也 閉也同也音絕　𪇠 頑一輔上大 姿也

𢐄 弓名 一弓柔不可　晻 日無光也味也　俺 愛也音奄 奄俺　魘 睡中心慢似鬼壓也　䄋 緣也 音奄

𣛧 木名　諳 謗也匿也　黶 面有黑子　隒 崖也 隒一　𩞄 蓋腰下也　嬐 决也 一嬰

聸 耳也　㾝 瘍病也　醃 酒味苦也　鼇 小國名　睔 私視也　罨 覆也

媕 含怒也　渰 雲興貌　畬 耕種田也　𤒫 釀也　閹 立待也護也音古

𣘩 樝柰也　淹 漬也水淹也　黤 青黑色　𡑫 自動貌　壓 按也待也音枯壓

㕓 閑藏貌惡也魅也 上聲　悇 同俺　俺 我也大也　婘 巫挈也娌也女貌

醃 鹽漬也鹽漬魚也漬藏物也音暗　腌 漬肉也 音絕敵　闇 窺視也　襜 襶也 音厭　巘 山峰

腌 屋櫃需 版也　獫 斂羽也

蘸 斬去聲 以物投水也

譚 貪上聲言 不定也

斬 截也裁也暫也殺也 音斬

㓠 衫去聲 利也

喑 不能言也

譖 諂也怨也 僭去聲

䤊 貪上聲 醬也

二十八琰 古通銑

琰 琬一美玉名　髯 在頤曰鬚在頰曰髯 戶一　髥 同上　衍 水溢也羊也作也

梴 木盛貌　演 潤也延也長流也引也通也廣也音引　戭 同上　㢟 一扊門 門也　儼 一然貌 莊也

衍 舒布也 音引　唁 弔生也 言也音彥　兗 州名端也信也　囐 吞也 語也　挩 搖也 勳也　縯 長也 音引

棪 棪其也 音偞　黃 瓜名　沇 水名　曕 日出無雲貌　讌 合飲也　𪑦 大呼用力也

醼 同讌　賰 贈物與人也　燕 玄鳥也安也息也 音烟　冉 姓一進也行也　苒 荏一 轉也 䛳

蚺 大蛇　䨲 霑也 霈也　錟 利刀也　鰋 魚名　綄 絹也　䎃 鳥翼六 細毛

颭 小風貌　嬿 燕女稱　嗔 大笑也　玬 玉名　姌 好貌　孅 靜也 莊也

⿰魚冉 魚名 ⿰阝冉 丨伯文王後京兆有丨亭 ⿸厂冉 峻也 曮 日𥥍也 ⿰氵⿰隹圭 大水貌音耗

滚 水名 緂 白鮮衣貌禾色鮮也音蟾琰 ⿰氵奏 水溢也 ⿰氵台 同沈 厱 厓岸危也

⿰今欠 含笑也 ⿱竹冉 竹弱貌 剡 銳利也斬也 毯 毛席也通作緂音炎 冄 同冉

⿰𦉫刂 獸網似丨毛織之 染 柔貌㴜丨污也漬也和諧也 ⿰言冉 多言也 呥 自安也 ⿰足炎 疾趨也

宴 丨飲樂也安也 鷰 鳥名俗燕字 ⿺辶合 行也 姌 長好貌 ⿰犭延 丨獌犬獸名 阬 高貌

⿰犭炎 犬名

諂 媚也陷也屋居也 讇 同上 ⿰歹藏 發也 闡 明也發也 讕 言發於外也 ⿰黃單 黃色也

燀 然也光明也炊也熾也音膳 ⿵門單 同闡 譂 妄言也 幝 車敝貌音僉獮前

嘽 寬綽貌音坦嘽嘽 衜 丨蹛也 菡 丨萏荷花名音頷

閃 丨電丨爍丨避出門貌 夾 盜竊懷物也 陝 臣名从二入與从二人別 掞 削也 ⿰扌閃 疾動貌

⿱备女 姓也 ⿰氵閃 水動貌小流漂疾貌 覢 暫見也 ⿰婁女 不媚也 ⿰支攴 舉手貌

睒 電光也晶榮貌頰貌也目光貌暫視貌地名 燗 火行貌 談 誘言也 ⿱雨冉 古陝字 ⿰帛炎 衣動貌

炶 火行也音濫酣彩 ⿰目炎 竈也 ⿰氵念 丨羅涌逸也音審

點 指丨圖丨檢注也污也音店玷詹俗作点 ⿱老占 老人面上黑色 点 同點 鉆 鐵也 蕆 人名草名

⿰占刂 斫也音玷俗音点

捻 指印也捏也音聶捏 ⿰足念 行輕也 ⿰金念 小鈸 惗 愛也 籋 小鉗也音聶 ⿰革念 ⿱今心丨薄也

⿸广僉 壁也 嶮 高峻貌 獫 犬長喙也 ⿰犭嚴 丨狁匈奴別號 隒 厓也

險 阻難也危也傾也邪也惡也高也 ⿰龠僉 被也 憸 詖也 ⿰木林 蔭也 广 奄丨受人也

忝 辱也忝辱之丨从心坰沗之丨从水 殄 盡也絕也病也同腆 餮 饕丨貪食不厭 舔 舌丨物也

暹 日光升也音倩 沴 明陽氣亂也 ⿱天心 同忝 餂 丨鈎取也 ⿰食廉 不飽也 飻 同餮

⿰阝冄 亭名 西 同餂 函 同餂 銛 姓丨利也取也音籤恬 憍 弱也

嬗 婦人細長貌音覃潭 ⿰禾丙 鄉名 ⿰立忝 恭也 ⿰忄典 慚也指揚占努之間謂懶曰丨

扱 收也取也獲也音吸 纖 細也小也俗省作也 栝 木杖也炊也箭木也

⿰木忝 火丨也

貶 丨褒丨黜也損也墜也謫也 窆 葬下棺也 匾 不圓貌同扁 扁 署也卑也音翩扁枇 蝙 丨蝠鼠類

褊 丨淺狹小也 惼 心急也 砭 針丨以石刺病 ⿰貝僉 同貶 昇 古貶字 ⿱𡿨寸 同上

艑 艑般丨舟也 鯾 魚名 鯿 同上 ⿰氵辡 水名 ⿰鼻扁 丨鼻薄也 碥 登車履石也

藊 丨豆菜名 鶣 鳥名 ⿰車扁 車也 糄 米也 骿 丨骨生貌 編 丨簍寠也

疺 疲也病也音之 ⿱丷矣 小也 萹 丨蓄草名 辮 交也繆也 ⿰熱辛 憂也急也 ⿱辡心 同上

漸 水名次也進也稍也漬也音潛折 嶄 姿秀貌 螹 蟲名 尖 未銳也楔也聲也揗也个也

準 進也 摲 除也 蔪 姿秀也 鋑 錐也 閆 立待也 鑯 鐵也

櫼 楔也
鏨 小鑿也
鏩 銳進貌

占 固也擅據也有也
颭 風吹貌
䀡 視也

儉 勤一節一約一也歲歉也
僉 同上
芡 雞頭也俗作仌

二十九豏 古通銑

豏 豆半生也
減 損也少也輕也
鹻 鹹也鹵也
⿰鹵感 味過鹹鹵也
⿰鹵臽 鹹味也
鹼 鹵也鹵音驗

喊 怒聲音闞
⿰犭兼 犬吠不正也兩犬爭也
⿰米弁 粉也
⿰辛辛 小兒白眼也
⿱夂虫 蟠也
範 模一式也一圍

范 姓一草也地名蠭也臺名
蘣 蜂也
瓣 瓜中實音辦
飯 發飯也
⿱夵酉 酒疾熟也音婉俗音范

犯 抵觸也侵也勝也僭也

⿰犭弓 同犯
笵 楷式也法也
⿱⺮奄 竹也
軓 車軾前也

湛 沒也澄也安也姓也濟也樂也音霑浸漬
鍖 碪器俗字
磡 崖也岩也
澸 同湛
⿰鹵甚 味厚也

偡 齊整貌

檻 櫳也
艦 版屋舟
轞 車聲

⿰口甚 豐厚貌
禫 除服祭名

闞 望也視也臨也
喊 聲也呵音⿰犭兼

摻 擥也
瘮 賊疾也

斬 暫也截也裁也

字彙較正目錄卷四

去聲利集

卦話拜派敗寨快懈怪邁界晒債壞隘 卆

十一隊

隊妹愛退槩背代制配戴對賽吠內怢 卆

十二震

震信論疢頓贐擯認憖愼釁陳稟棍屚捂

訙劤撚抻抈恨 卆

十三問

問運奮混郡

十四願

願建困遠寸憲遯艮徤獻萬嫩悶褪圂灒

十五翰

翰館玩灌罕泮半段案爛散旦燦歎湍亂

鑽贊漢 卆

十六諫

諫澗慣宦饌鴈挽辦莧盼鏟晏棒張諍莧

十七霰

字彙目錄 卷四 利集

霰賤便見彥面戀倩變殿鍊炫薦選羨玷

轉扇片蟮傳 卆

十八嘯

嘯耀哨料悄竅剿眺肖妙照縹弔繳要少

叫掉少 卆

十九效

效教稍貌孝鬧罩鈔豹橈樂 卆

二十號

號竟傲奧告到竈 亠

二十一箇

箇過挫墮佐左臥座糯貨哿邏磨唾和破

錯 卆

二十二禡

禡鋍蔗射瀉赦駕謝夜假霸化詐迓罷怕

衩嗄夏乍罅借把跛咩擭捨牃豟侘 卅

二十三漾

漾帳創擴唱諒浪向望當謗亢晉臟狀葬
盎相上炕喪抑 毕
二十四敬
敬盛柄慶映令正聘病詠聖命迎盟性諍
更孟硬鄭 廿
二十五徑
徑秤定倰聽醒橙鄧訂應贈鼆龍 毕
二十六宥
宥獸秀透酎受臭舊晝厚漏宙宿寇奏究
茂豆鬪 毕
二十七沁
沁蔭禁枕甚沁撳類讖抵鑯罧譖涸箝 毕
二十八勘
勘纜暫濳憾 毕
二十九豔
豔歛念厭劍僭 上

字彙目錄 卷四 利集 善成堂

三十陷
陷醮懺覽泛 毕

通共四百四拾八音

字彙較正卷四

寶安吳錫榮星河氏輯

去聲利集

一 送 古通宋轉絳 韻畧通宋絳

送 迎丨遣也將也贈行也 弄 侮也巷也玩也戲也 梇 丨子木名 哢 鳥吟也 挵 戲玩也 㢅 屋也 䘊 衣態也

𨛒 邑名 㟖 穴也 㳥 水名 埲 穿穴也 硦 穴也 㛞 顛篤也

啈 言丨也 攡 搖也 音祿

鬨 鬨聲鬨也聲也音巷 烘 火貌燎也音恭 晎 日猛烈 訌 大聲也 烎 火貌 汞 水銀也

蛩 虫甲類 哄 衆聲 唝 市人

貢 功也獻功也告也通也 澒 水名 墳 地名 蕡 草名 慣 心動也音公洪 槓 杠也

債 養也 灨 水名 竷 小坎也 贛 賜也 鵼 鳥讓食 嗊 歌曲也

供 養也設也去聲 竇 穴也 篊 竹器 䑪 舟名

夢 不明也一升也進也姓一 𡪠 梦 俗同上 嫝 好貌 鄸 曹邑

懜 悶也不明也音蒙 孟 長也始也姓一勉也音莽 䞑 極行也 懵 一懂心亂貌

衆 多也草名姓一目數也 众 𠂇 同上 中 要也應也合也去聲 種 栽一一植耕一

棟 一梁極也中屋脊也 凍 冷一冰也音東 蝀 螮一虹也 娻 女字 腖 肉腖也 湩 乳汁也

痛 姓一病也傷也甚也 蘳 好也

甕 罌也汲瓶也音壅 瓮 同上 齆 鼻塞也 齈 臭氣

七

二宋 古通送

宋 姓一居也國名 桶 木一斛也 捅 引也進也前也 刺 刀插物也 敵 擊也 垌 缶一也姓一

統 一率一領一緒也 誦 言也讀也議也從也 從 隨行也去聲 頌 稱述也容也 㕬 爭也責也公也

訟 爭也責也公也容也 盅 大罌 甪 同用 萠 草名

用 使也貨也庸也姊也 瘲 病也 䡮 車跡也 綳 古文縱字

縱 放一緩也慫也置也 挽 跳也 笎 竹尖也

銃 炮銃也穿也蜀語

共 公也同也皆也合也衆也敬也

八

⿰亻曲 小貌相覷也

三絳 古通漾轉宋

絳 紅色也　夅 服也　降 陞丨下也伏也音杭　鋼 堅鐵器得利也　洚 洪水也

⿰禾夅 禾垂也　⿰阝夅 山名　焵 同鋼　⿰鹵亢 鹽澤　⿰忄夅 恨也　⿰糹降 同絳

栙 雙帆也

巷 街丨直曰街曲曰里塗也　衖 同上　鄉 門外道　項 姓丨頭後也大也　行 剛強貌入聲

⿱共邑 古巷字　闀 陌也　澒 大水貌　⿰石巷 山有大小石　⿱艹巷 同巷　⿰歹鄉 死腐

撞 突也擊也手擣也　誆 丨騙謬言也誑也

戇 戇丨愚蠢也　⿱艹盍 茶名　⿱巷心 志氣凌突也　戇 戇本字　贛 呆丨

四寘 古通未霽隊轉泰〇韻略通未霽泰卦隊

寘 止也廢也舍也置也　痣 黑子也　誌 記也記誌也　鋕 銘也刻也　娡 有華女名

至 到也來也達也善也大也　致 詣也極也委也誠也耕也　⿰志鳥 鳥名　⿰貝致 賬也

緻 雅也景也　輊 低也車前重也　郅 至也登也音質俗　觶 酒器適也　觗 同上

⿰至不 同致　智 姓丨知也識詞也　知 同上去聲　⿱質鳥 猛鳥也　⿰足直 立也

識 記也去聲　嚏 噴鼻也跲也音帝　黹 紩也刺繡也　⿰金黹 鑕也　⿰木黹 不枝也

置 安也赦也設也立也　懥 止也忿戾也　鷙 猛鳥也　贄 執玉帛也　質 同上去聲

躓 跲也　摯 握持也至也臻也執也進也極也音質　⿰山寘 山名

志 意慕也準—章—本—氣—向記也私意也音支　鍪 田器也　嬂 嫖—俗字　䓇 遺—藥名
誌 快也人名　蓛 草大也　咥 止也窒欷　痣 黑子也　質 朴也音貝　摯 至也
鋕 銘也　芺 治也　⿱𥫗志 竹名　胵 肥也音窒　踶 彈也　忮 強害也音支祇
懥 怒也　⿰扌致 契財也剌也至也　⿰扌疐 礙不行也頓也跲也　疐 同上
治 監督也理也平—校也習也　稚 幼—小也晚也姓—　薙 理也陳也　⿰禾雈 草牙也
稺 同稚　㲛 物毋也　痔 隱瘡也後病也　⿰亻弟 古文雉字　菭 草名　沿 同治
滍 水名　⿰糸犀 縫紩也　偫 待也具也　值 遇也持也植也音直　稺 幼禾也音馳毀
峙 山獨立貌　滯 凝也積也滯也音掣敗跛

鼻 始也嗅也　庳 地名下也短也同上　避 迴—逃—隱遁也　辟 同上去聲
此 從也合也備也代也輔也親也近也及也頻也齊也偏舉也去聲　⿰自鼻 首也　箆 導也竹器　劓 割鼻也割也刖
帔 帬也披也帔子也　犕 牛具齒也服也音伏　鎞 釵也器也　⿰木葡 木名
鞴 裝車馬也　備 完—齊—成也咸也副也足也盡也偹也音弼　俻 俗同上　糒 乾糧也
被 及也表也具也帶也　奰 不醉而怒也　髲 鬄也　鸊 鳥綿
奰 壯大也迫也怒也　⿰弓葡 以箭貼弓　笓 同篦　濞 水暴至也　⿸广奰 道也　⿸广贔 同上
贔 作力貌　痺 病也　⿱鼻畐 法敗也　髀 大股也　泗 涕也　⿰忄匕 力也
紕 飾也　毅 妄怒也堅也剛也　箄 小籠也　婢 女之卑者　⿱比上 配合也比肩也

⿰月鼻 肥壯也盛也　⿱𥫗辟 竹也音譬　鷿 鵁也　憊 羸困也疲劣也音敗蒲　煏 火乾也音服
淠 衆也水聲也舟行貌茂也　⿺鬼皮 鬼衣服也　痺 足氣不至也　呬 息也　怬 同上
⿰卑力 挾也壯也　⿱費力 挾也壯也　柲 戲擊也音四邲蹩　贔 作力貌壯大貌　屓 同上卧息也
屎 收絲具籆柄也
譬 喻也曉也匹也　辟 同上去聲　睥 —睨邪視也　渒 舟行貌水聲音濾俗音譬　淠 同上
屁 氣下也　⿰米費 同上失氣也　婢 女之卑者也音痺　被 寢衣也覆也　紴 同上　泙 水名
埤 墻也　⿰土辟 同上　⿰山欲 筋急也　咞 喘聲
寄 —托附也寓也傳也　記 紀也識也音冀俗音既　既 盡也已也往也矢也　其 語已詞去聲

罽 織毛也—記草名　蘮 同上　⿺辶工 適入水罦記言也　穊 稠也
暨 不及也與也至也日頗見也音既俗音金　洎 灌釜也潤也及也　旡 歆食氣逆不得息
季 少稱也稚也姓—細也末也小稍也
字 許嫁也乳也姓—字也名—　𡥉 古字同上　牸 牝牛雌也　笥 竹器方曰—　飼 養也　嗣 繼—續也
伺 覗—音四俗音字　俟 待也　竢 同上　禩 同祀祭也　騃 獸行也癡也
自 用也已也從也由也　似 肖也嗣也況也奉也　佀 同上　祀 祭也巳也
巳 嗣也起也巳也—時上不缺　庤 屋下也　寺 廷也守也嗣也官—內小臣也合使也侍也
耜 木—似也　食 飯也去聲　⿸户矣 待也　涘 水厓也　飤 食也　⿰羊字 牝羊也

十二

瓜 肖也嗣也同似　孠 古文嗣字　相 同耜　殯 死人音　飤 人食也糧也　犊 牛一歲也牛也

狞 狗母　閕 司也廷也　䭾 䭾也　孳 麻母成字子者　詳 銘也　鈀 金子也

秭 豕母　駍 馬母　鉊 鎌柄也　傑 細碎也　芓 隄也枲也音慈

姒 姓也　姰 姤也　䃵 石墮聲　氾 止也瀆也音以　兕 野牛也俗音次

次 中也至也姓ー市亭也舍也恩也旅ー音慈咨　姊 姓ー美女　兕 野牛也音兕俗音次　玼 玉名

泚 鮮明貌水清也汗出貌　疵 瑕也病也　佽 比也助也　莿 芒也草木針

砌 堦甃也又去聲俗音次　厠 間也雜也清也次也　刺 譏ー直傷也刺芒也殺也

髮 女人首飾　鶿 鳥名　廁 地名　蛓 毛虫也　螅 同上　骴 鳥獸殘骨

詍 語聲　栿 筧ー音節　鴗 鳥名　詖 諆也　諫 數諫也　還 同迴

屎 ー戲足前徙也　蔡 山名　庛 入相欣也　疵 枯貝也　㢆 下屋也舍也　𠬝 拂也音紫䇣濟

朿 木芒也　𣜬 梗屬　痤 惡也　䀿 視也　瞭 視也　呲 嫌食也

蛓 蛅蟖ー蟲以　瘌 痾痛也辛也疥也音賴　遂 達也進也成也竟也　邃 深遠也　襚 以衣葬死者　璲 瑞玉名瑞也

瑞 祥也信也信節也　祟 神禍也音㷓　穗 禾秀也　繐 ー帳布細而疎　萃 聚也卦名　瘁 勞也病也　憷 意深也

誶 言也ー訊ー多　粹 全也同也　悴 憔ー面苦也憂也　隧 墓道也田也

晬 周年也子生一歲也　啐 咄ー嘗也呼也音嗺卒　淬 染也犯也寒也滅火器也音卒

墜 同隧　檖 ー蘿也順也　樣 同上果名　嬘 美女也　崒 危高也危峻也山巔之末也

倅 副也　桵 白ー木名　顇 顛ー病也　䉁 掃竹也帚也草名音慧　蓫 同穗

繸 組也佩玉之　綵 同上　㸂 羽毳旌上　椊 柄木也　琗 玉名　悴 謹ー敬恐也

䒭 掃竹也細竹也音彗　燧 意思深也俗字　渿 田間小溝也　貔 獸也　轊 車也

鐩 大鎖也　闠 門偏也　轊 佩玉也　焠 㷓也　䘹 單衣也　韢 囊組名

㴸 風ー病也　貹 貨也　㒸 深也　埣 上落也　脺 月祭名　篲 答也

簪 同奪　碎 細破也散也煩ー　磧 礁也　采 禾成秀也　穟 禾秀也

穖 稻也音習　隊 谷中险阻道也　欵 問也　澻 同遂　燧 鑽火也　睟 純也

稡 聚也　㥞 深也　睡 坐寐也　雖 鳥名草名

憝 怨也惡也音隊俗音淳　譈 同上　懟 怨也音隊俗音淳　諄 ー重也

謝 同懟

事 始也先也由也奉也治也營也音示昨始樹　吏 同上古文　剚 插也刀也　殖 植也音植

你 俗字ー我對已而言ー彼也　伱 泥上聲汝也同上　呢 呼人也　貓 稲也

地 天也気下凝也底也第也　灑 寄也覆也ー麻　坔 同上　軑 大車轄也音大　泚 水名飲流也音筆　𣂁 快也勞也泉流貌

庇 蔭也音吡　秘 密也隱ー　苾 ー芬香草名　駜 馬飽也馬肥壯貌　秘 神也勞也密也藏也

閟深也閉也 珌玉名 馝大香也 宓安也止也姓—音匆伏 萆麻—音卑蔽
苾草枝也蔭也音鼻 臂手上也肱也腕也律也鍛也 費邑也去聲 轡馬—咈也
柲欒也偶也攢也音筆 賁變也文飾貌姓—飾也音奔班焚墳大肥 嬖愛也音閉 𩋀同轡
怭威儀也 佖同上 邲宰之也 疪病也 飶食也芬香也 鉍矛柄也
鮅魚名 鬢苾香也髮也 䉾箠衣車后也 柴歷米也 𪏡香也 鄪魯邑名
庀治也具也 疕頭瘍也 𦔐慙也 䀣直視也 韠同鞸 跛被也
妼女有容儀也 帔裙也 䝛遂子也益也次第也音被 䣥飲酒盡也 䟆族行貌
比先也音妣也

四數名八別也姓—方—象— 肆遂也放也陳也力也極也 賜錫也惠也予也施也空盡也 駟四馬車駕寓也
泗洙—縣名水名涕也 柶槽也 儩盡也 肂埋棺坎下也 思意—去聲
瀃泄水門也 䏤頭會也 蕼草名 觓器名角也 牭四歲牛也 𨽸遂也
𣩠死也盡也 柶匕也槽也 伺察也
利姓—吉也銛也財—貪嗇也 莉茉—花名 痢瀉也 涖臨也治也 蒞同上
唎聲也 詈怨也罵也 俐伶—俗字 離去也去聲 吏官——員 浰疾流也
莅同蒞 㦒歎傷也 筣竹名 䘤僕也 𨽻臨也從也疏也音類立同涖
㭷長木也 悷憂也 哩語餘聲 𢻀正也 戾乖也罪也音麗

十五

冀—望地名姓—欲也 兾俗同上 驥善馬名 𥜥年也 禨同上 墍垷也盛也截也
記疏也識也紀也錄也志也書也音几 寄托也寓也附也傳也 既已也盡也小食也失也同墍去聲
𠥽數也去聲 𨑢避也 企立也望也 懻忮很也 𡖅多也 𧺝行也
跂同企 穊稠也音寄 嘅嘆聲去聲 吱喘息也音支 騹良馬也 𩟂貪多貌音洎
洎肉汁也水名 覬—覦希望也幸也 嵜山名 暨日頗見也與也至也音既俗音冀
垍堅土也
膩上肥也垢也肥—滑也 泥不通也拘也去聲 餌食也音耳俗音泥 珥瑱也
弭忘也止也安也息也同枚 刵耳刑也 咡口吻也 胒肥也 䖶釣魚名

聏耳目不相信也 迡近也 㴸稍濃也 䛩視也 衈以牲告神欲神聽之
䘐耳血也祭也衈也 䣵重釀也 洱歃也水貌音閉細 厞隱也
䦶褊狹也 侎撫也安也愛也同敉 毦羽毛飾也 羋羊聲也 㥍快性也
敉安也撫也愛也音弭
義仁—禮—道—宜也 誼理也言善也 議語也言也謀也評也言擇也論也 二數之始名古文上字
樲—棘木名酸棗也 易不難也治也去聲 異不同也怪也分也奇也
异同上音怡 敱侮也睒也 勩勞也 泄緩也 肄習也—業 刵削也
刵割耳 𠋽輕也 貳益也副也疑也同二 弍同二 禩祭也

十六

伿 情也
庭 謹敬也恭也音弋
佴 佴貳也地名音耐
竩 善也同誼
幟 飾也
試 用也探也較也
弒 下殺上也伺也
使 使也去聲
市 𡌨｜買也音侍俗音提
施 捨也去聲
溡 水中小渚也
鉓 劍名
笫 竹名
翅 止也餘也過多也音熾
㹦 臭也
裁 告也
恃 賴也依也音侍
熾 昌｜盛也炊也苗也
幟 旌旗之屬記也標也旛也
啻 不但已也餘也止也過多也諟也
翅 同上音詩
饎 酒食也黍稷也
㰞 同上
攡 把也
𢘑 忿怒也
𢘑 同上
幟 旌類
𧀰 同熾
憃 怒也音至俗音啻
施 惠也與也

剕 刖足也肥去聲
屝 隱也𨓏也
傴 僂也於上聲
𨷂 物多齵也
䐈 上痱也草名音瑞俗作䅶
佢 他人也俗字
𪟽 肥去聲勇壯也
破 披上聲披折也
𥟻 殺也
歋 人相笑曰｜

哯 𠹌｜曲糀也

五未 古通寘

未 時名不也昧也味也
昧 氣｜滋｜甘｜
媚 諂也愛也音眉俗音未
寐 寐也寢也息也昧也不明貌音寐
蝞 似蝦寄生龜殼也
鬽 老精物也
篃 竹名
粖 饘也
峚 山名
郿 地名
睸 目合貌
𣏋 木名
鬽 馬騣鬣
鮇 魚名
祙 魅也
魅 怪物
嚜 詐言也款也音媚妹嚜
貴 尊也｜賤富｜欲也高也歸也
桂 姓｜｜林郡名｜花丹｜
𧷽 同貴
簣 竹名
悸 心動也帶下垂貌
𣷭 水名
癸 歸也揆也
瑰 致｜花名
垝 毀垣也
季 末也細也少稱也稚也音計俗音貴
鵻 鶪｜鳥名
琗 玉名
濰 水名
𠌾 使也

巖 山窟起貌音巖 㩻 放也侵也 檲 甯當也 笙 竹名 瞶 極視也目無精也
僞 假｜斯也詐也 魏 姓｜國名也 犩 牛名 犪 同上 蓺 種也種樹也 秇 黍稷也同上
藝 技｜極也準也才能也 秇 種也同上 毅 強忍也音劓俗音爲 藙 煎茱萸也
蘱 同上 詣 至也進也造也 埶 才技也種也同藝 栺 枍｜木名 羿 后｜有窮君
槸 木枝相磨 囈 噏｜呻吟聲 汉 水名 虓 虎息也 蘶 草叀生也 睨 睥｜邪視也
䉨 竹名 𧓍 再蠶也 讛 寱語也 䭳 阿香藥名 齥 齘｜齧也 贋 同僞
堄 埤｜女墻也 寱 睡語也 㝕 瞑言也夢中言也 帠 法也 忍 怒也
疫 病也 褹 複襦也 掜 擬也捉也音孽

畏 ｜懼｜心服也怯也忌也 㽇 同上 喂 ｜飲牛也食也 餧 餵 同上 噦 鳥鳴也 穢 汚也蕪也惡也
濊 水多貌濁也汪｜深廣也音豁 翽 鳥飛聲衆多也 嘒 微貌小星衆星貌 㨹 以手布物也
彗 帚也星名掃竹也音遂歲衛 慧 智也儇也解也明也敏也 洧 溱｜水名 鮪 魚名
椳 門樞也 偎 ｜婑病痱也 渨 同喂 獩 ｜貊國名 癓 病也 罻 捕鳥網
蔚 牡蒿也文采密貌音鬱 譓 以言察也 譿 多智謀也 獩 ｜貊夷人 鏏 鼎也
霨 雲起貌 饖 飯傷熱也 㾏 病也 煒 光也 椲 棺槽也 愇 恨也
繐 細疏布也音歲 葦 大葭也音爲 薉 蕪也 喙 短氣貌口也困也音毳 廆 隱處也
尉 候也安也平也姓｜音鬱 熨 同上 㷉 从上案下也 惪 仁也恩也養也順也賜也飾也

薈 障也鵜｜｜蔚雲興貌 懀 悶也 潓 水名 顪 頰毛也 㷄 明也
㥣 謹也 橞 木名 隗 山險也
氣 雲氣也元｜候也息也音乞餽 气 炁 気 同上 愾 太息也 忥 病也
愒 貪也息也急也 敌 行喘息也 䭧 息也 器 姓｜能也｜皿也 戲 謔也弄也嬉也姓｜音羲嘘呼虧歔
棄 捐也忘也 弃 同上 憇 止也 餼 牲生也餉也禾米也 㑷 怒也
犔 牛病也 熂 燹草燒也 𧍱 虫名 噐 同器 暣 日氣也 𣅃 同上
碶 砂｜藥名 旣 同餼去聲 气 匄也去聲 憩 同憇 豷 豕息也 鎎 怒戰也
滊 水名 气 息也雲气也音乞 墍 取也息也塗也音洎 嫛 兇也怒也 𦞦 塊氣也

𢝊 忌也 屁 尻也臀也 企 舉踵望也音跂 㧡 動搖貌音亥胥
費 用也惠也損也耗也 肺 金藏也敎也聲也音霈 廢 頓也舍也大也墮也伏也 芾 草盛貌
𩯁 髮也 𣪍 賦斂也稅也 䭮 馬走也 𢷠 捕鷸 屝 草履 犮 犬聲
癈 痼疾 廢 癈疾也 𤼵 同上 曊 曝也晞也物乾也音費 蟦 虫名
沸 涫也灑也井水名泉出貌音配 沛 水波紋也 杮 削下木片也 䭯 盞｜盎餘也 穳 紫莖稻
灒 同沸 怫 忿貌｜悒心不去也音佛 諱 避也隱也忌也音卉

六御 古通遇韻畧同

御 侍也主也統也進也禦也 預 干也及也｜防預也 豫 悅也安也樂也 譽 名｜稱｜聲美也音余

馭 侍也使馬也進也 澦 水名 蕷 草名

飫 飽也食多也饜也賜也 饇 私燕飲也 餸 同飫 嫗 母也 醧 同饇私也 瘀 積血也

詡 許上聲大言也和也普也大也俗音許誤 菸 殘也敗也[illegible]也音於 棜 几屬 淤 澱滓濁泥也

恕 忠｜仁也推己及物也忖也 庶 侈也幸也近也庶也姓｜盛也衆也音署 𢘓 同恕

庻 同庶 㢆 古文庶字 毹 毛也 𨧬 器名 謶 聾也

⿱⺮庶 隹也 ⿰氵庶 水也

處 留也止也居也息也定也制也上聲 䖏 俗同上 杵 舂也砧｜槌衣具

処 正也

疏 奏｜章｜數陳事也 疎 同上去聲 䟽 同上去聲

助 輔｜左也益也順也 麆 麤子音粗組 䖑 且往也 耡 稅也助也音鉏

攞 裂也攞也上聲音羅

⿰言桑 桑去聲言相誇也

蔄 草名 眴 去聲婁｜

擵 夜間尋物也俗摩字

慮 姓｜謀思也憂也度也旅也疑也音閭録 攄 抒也布也散也擬也 鑢 姓｜磨｜治也 擂 研物也

攎 同上 戾 曲也至也止也乖｜音麗離 淚 目液也音麗 泪 同上 唳 鳥鳴也

耒 ｜耜水名耕｜ 來 來也去聲 類 同等也 頪 同上 纇 絲節也鹿也 盭 逹也㪍也同戾

猴 獸名 誺 軸｜哀死之詞 濾 洗也登也水具去滓也 嘍 吳人呼狗也 𧝓 祭也

彙 蟲也蝟也類也音胃 頪 疾也鮮白也 酹 綴酒祭地降神 讞 詐也

眛 眄｜言青顫也 爈 燒也山火也 勴 鬼也助也 嚧 山名 銇 鑽也

跌 足跌也 茱 不實丁五貌 鋠 平版具也 罶 網也 栵 小楗也 屢 [illegible]

樏 惡木也音畫珠 窶 貧也陋也音屢

七遇 古通御

遇 合也偶也待也接也
喩 曉ㅣ譬ㅣ
茹 啖也度也受也去聲
裕 饒也寬也
輿 肩平陸也

洳 水浸地去聲
礜 當也
庽 同寓
饇 勞死也
櫲 木名
袽 敝衣

櫇 木名
語 告也去聲
雨 降ㅣ也去聲
與 許也譽也去聲
諭 譬ㅣ曉也告也
鸒 鳥名

禦 當也拒也止也扞也
飫 以酒食送客也飫也
礜 毒石
驈 馬徐行而疾

愈 勝也賢也過也進也
[牜需] 牛名
衙 止也同禦音素
鄦 地名
[御阝] 鄉名

舉 羊也
[illegible] 大多也
䫻 疾首呼號也呼也
[illegible] 姓也
麐 獸名

[木禺] 木偶也寄寓也
寓 寄也
忬 先也安也
悆 喜也
[忄遇] 意也
禺 獸名音虞

籞 禁苑也同禦
瘀 病瘀也
籲 呼也
寓 寄也居也歇也托也音魚

賦 動也量也布也鋪陳也責取也兵也斂也音付俗音富
富 姓ㅣ備也厚也豐財也貨賄也音畐必
副 貳也佐也審也音覆

褲 脛衣也
袴 同上
戽 ㅣ斗舟中渫水器音戶虎俗音賦
庫 兵車藏也舍也
咐 噓也

癁 病也勞也
賻 贈死者之器
貣 同貸
胯 股也音誇
舿 船也
絝 脛衣也

愊 怒也
鍑 容五斗八升也音福
閅 開門也
蕌 蕌也音蝮
怀 怒也

怚 小怒也恣也
哹 咄咾猴音呼

住 ㅣ止居也立也
筯 快子也匙ㅣ
箸 同上附也黏也音宁著俗音住
鉒 置也以物送死
[木邾] 蜀地

瘃 腫也
[立主] 止也竢也
亍 彳ㅣ佇停也

註 ㅣ釋解也識也著明也述也
注 引也記也擊也此也灌也聚也音駐
駐 馬止也
跓 蹲足也

馵 馬住足曰ㅣ
著 昭也明也彰ㅣ也
鑄 鎔ㅣ鍋金成器
[illegible] 鄉名
霔 時雨也
株 止也

罜 魚罟也
[illegible] 馬不行貌
䝬 財也
鉒 署置也器也
投 同注
[立主] 竢也止也

[山庶] 番山也
澍 水流射也音樹
疰 病也
屬 注也音燭
柱 掌也制也音宁
紸 纊也

布 姓ㅣ班也帛也散也泉也幣也施也陳也敷ㅣ布也
抪 舒也散也擊也
佈 同上徧也
報 告也答也復也酬也

報報 俗同上
怖 惶懼也
㳍 地名
莆 草ㅣ地
吥 誇也
希 同布

帍 巾也
[女布] 美女也
[广布] 列也
[illegible] 直也
誧 謀也音普
[言布] 敷陳也諫也

[甫刂] 裁刀也

娶 嫁丨婚丨媒也婦也音須 取 同上去聲 趣 疾也遽也趍也 脆 不堅也易斷也 茱 蔬也 翠 翡丨尾肉也丨鳥
縩 綷丨衣聲也 脃 同脆欲也輕也 覷 目視也 帨 巾也音稅毛帨 毳 獸細毛也音汭
𡟱 妒也 ⿱竹毳 同上 趄 同上 ⿰毛危 毛耎而易破也同脆 臎 肥也
⿰足最 行貌 ⿰衤卒 副衣也音醉 ⿱穴毳 穿地也小主聲 ⿰月来 大腹也音蹉 脺 耎易破也音猝
狙 同也 ⿸尸虘 同覷 慤 謹也 濢 飲也嘗也音嚵娶訓 卒 副貳也
⿰金眉 臂環也音穿
句 詞絕也局也大屈也丨語止也 怐 怐愗也 跔 踓丨跳躍也 鼩 鼱丨鼠名 ⿰食句 飽食也
遽 急也疾也卒也遑也 據 憑丨杖持也依也安也引也援也音遽戟 ⿰扌虡 同上 璩 石中玉也

鐻 樂器 屨 履也枸也鞮也 裾 衣袍也音居 琚 玉名 据 位也處也拮丨手病也音居
倨 傲也 踞 蹲也 鋸 刀丨刑也 椐 樻也 腒 乾雉也 䀠 目驚也恐也
笱 竹名織具 ⿰黍居 黍也黏也 ⿰犭豦 獸名 ⿱豦貝 貸錢也 ⿰魚瞿 魚名 ⿰言居 言有則也
⿰魚居 魚名 洵 水名 詢 罵也恥也辱也 勮 勤務也疾也懼也 瞿 心驚貌音偶
居 處也止也積也音[illegible]
步 姓丨行也丨驟運也 捗 收斂也 篰 籍也計丨笏也手版也 捕 擒捉也姓丨取也音付
抱 懷丨持也挾也 犦 犎牛有百獸力 ⿰缶毛 鳥伏卵也 暴 姓丨晞也疾也猝也丨虐音僕剝笆泊 麃 古同上
⿰月鹿 同上 曝 同上 哺 含下也 㬥 同暴 瀑 沫也疾雨也音[illegible]雹

怉 懷也 鑤 鉏丨起草器 ⿰酉暴 宿酒也 酺 飲酒歌也 埠 丨頭水瀕也 荹 草名
埗 岸也同埠 ⿰步阝 亭名 ⿰馬甫 馬也 ⿰馬步 習馬也 逋 逃也音褒 ⿸疒步 病也
部 分也總也曲也統也署也音蔀堷俗作歛部 ⿰王步 美玉也 踄 蹈也 蔀 蔀丨草也音掊
爆 丨竹火炮音炮 ⿰貝甫 財相酬也 ⿰女咅 丨㛖婦人肥也 ⿰馬本 馬名 箁 竹器
虣 同暴虐也強侵也猛也 菢 同㲏覆也 ⿰鼻包 而上氣鼻也 ⿰見包 目怒貌 ⿰足暴 疾行也
⿰舟符 舟也 哺 口飲也食在口也
悟 穎丨曉也明也覺也 誤 同上 寤 覺也逆也丨寐 晤 會丨明也遇也對也解也 ⿰耳吾 聽也
俉 迎也 捂 逆也抵觸也 牾 遻戾也逆也 ⿰犭吾 猿屬 ⿰豸吾 同上 迕 丨逆遻也遇也

遌 寤也音五 遻 遇也見也逢也 ⿺辶吾 同上 ⿱宀吾 寐覺也 ⿱吾心 同悞 娪 忤也
蘁 逆也 忤 逆也與悟通 悞 謬也欺也疑也惑也
素 大色也空也本也潔也 索 蕭也音素 膆 肥也 ⿱素糸 始也誠也 傃 循分也向也 餗 鼎丨負蔬也
⿰氵素 舟中杼水具 ⿰言素 諎也 愫 真情也情實也誠也 榡 器未飾也 嗉 喉受食處同膆
塐 塑土象物也 塑 同上 溯 丨洄逆而上也音朔 ⿰言朔 同上 遡 鄉也
泝 同上沿順流丨逆流向也 ⿱艹素 草花名 愬 丨已冤也同遡 訴 告也訟也毀也譖也
⿰言朔 同上 ⿰食素 丨饕人名譜也 ⿰犭素 獸名 ⿰彳御 止也淨也音御 ⿰王斥 玉名 ⿰言斥 同訴
縤 白帛也 ⿱艹嫂 丨葰雞腸菜音嫂

務專力也事ー趣也音旄謀 冒蔽也覆也忌也貪也狠也音妹 慕姓ー習也思也仰也 暮ー夜日晚也
莫同上去聲 募廣求也招也名也 [illegible]大也事也 㥆貪也 縸惡絮也
墓墳ー丘也音模 鶩野鴨也 [illegible]刺也 冃小兒頭衣也 媢ー嫉急也 暓日不明也
瞀目不明也俯視也 帽冒也 騖務舜也疾也馳ー務強也音茂 婺女星也
霿雺也 芼草名熟而菜也 戊茂盛也音茂俗音毛 鍪盌也鍪ー頭 耄老ー九十歲也
[illegible]兩具 眊目少精不明貌 覒[illegible]也 [illegible]大月生羔也 嵍山名 敄努力也彊也
騖馳騖奔騁也 [illegible]水漲也 [illegible]低目細視也 楣門樞橫梁 艒船也 萺草名
楣同帽 [illegible]鳥名 瑁玳ー圭也 霚同霧 旄老人也音毛 玥同瑁

鶩同鶩 瑁古瑁字 [illegible]沐髮巾 慔勉也 托擇也 [illegible]
蝐蟲名 萺草名 覒邪視也 [illegible]拜也 [illegible]古慕字 冐俗冒字
[illegible]竹筩 㨯抵也 [illegible]毛盛也音旄
路姓ー露也道也途大也車也音輅 鷺水鳥 潞水名江名州名 露潤澤也雨ー虛也見也
璐美玉名 [illegible]木ー桐木名 簬美竹可為箭 [illegible]轉轂也 輅大車名大也 賂遺也財與人也
[illegible]齒ー 勞慰ー去聲 [illegible]同路 [illegible]取魚具 撈同勞 骼白骨也
蕗香草 澇淹也 耮摩田器 [illegible]同鶩
胙祚也祭肉也報也福也 祚亂ー禍也位也祿也歲也 造建也作也為也詣也納也音操 淖水名

二十七

酤賣也略也音孤古 [illegible]魚網也 [illegible]鐵ー [illegible]同[illegible] [illegible]以蔑束物也音瓜
箍以蔑束物也音孤俗音箍 [illegible]手圍也
惡憎也好ー疾也忌也去聲 悪同上俗字 [illegible]毀也恥也
怒恚也憤也奮也威ー音奴 [illegible]同上 詉急言也

二十八

阼ー階東階也 皂ー隸肥ー黑色 飵姓ー相謂食也 唣ー噪ー多聲貌 皁馬櫪也 [illegible]水菜也藉也
莋草名 䱹魚醬也
兔獸名吐也明月之精 吐嘔ー吞也 套袍ー長大也 套同上 圗圖ー俗字 菟草名
[illegible]良馬 芏草名
故原ー舊也事也巧也事也 顧ー瞻ー眷也但也姓ー引也貴也 顧俗同上 錮ー蔽鑄ー塞也 僱ー工俗字
固堅也守也國名姓ー鄙陋也四塞也 雇傭ー債也音戶 痼久病也 怘同固護也漏也常也安也
鯝魚肚中腸 祻祭也 涸凝也閉也 稒ー陽縣名 [illegible]神名 罟取魚具
婟ー嫪音護 崮ー曼ー地名 [illegible]草名 棝ー斗可射鼠 [illegible]久病也 堌地名

八霽 古通霽

霽 雨止也晴也 祭 祀也音債 際 會也合也交丨接也間也 穄 穄也粢也 鱭 魚名

嚌 合也嘗也 漈 小涯也 𡾊 山名 𨜶 周邑名 懠 怒也怨也疾也 瘵 勞病也

擠 排也推也墜也 淛 沈也地名 鮆 刀魚也

齌 衣派也蓄丨胄也退也衣也長貌 銳 芒也矛屬利也精也音惠 睿 通也深明也聖也智也

𢿦 同上 汭 水內也水北也潏丨水名 曳 搖丨引也拖也 抴 同上 蜹 虫屬

芮 虞丨國名 詍 言多也音薛 𧧑 同上 跇 踰也 澨 落丨水也 𤤯 石似玉

袣 長衫貌 𧞒 同裔衣襞也 綐 紬細也 枘 柱也音嫩 䂭 磨便消也 𨊻 車也

二十七

篾 長也合也版際也 譖 怛言也 銴 銳也 𦲑 草生貌 枻 楫也音屑 勩 勞也苦也音異

㛮 婦人病肺也 䂭 磨使消也 𢇇 食無也 㢊 倉也 怈 習也明也 抴 引也

洩 舒散也飛翔貌音薛 丿 至也 泄 水名去也泄也發也散也音薛 厂 抴也明也

袣 長被也 梲 動也音脫 栧 同枻柁也

稅 丨斂田賦也租也斂也舍也音帨脫衆 說 談說也舍也入聲 帥 將丨佩巾也主也卒也統也

裞 祭也贈死者衣服也 帨 佩巾也音歲 涚 財濕水也清也汭和也音歲雪

蛻 蛇蟬解皮也音悅說 𢁚 同帥 䬽 小餟也 娧 倨遲貌喜也 祱 祭也音酹

宷 深也 幣 禮巾也 駾 馬行貌奔突也 挩 拭也音脫奪

附录

歲 年穀也時丨遂也越也 嵗 同上 碎 細破也散也煩丨靡也 繐 疎布也 絓 木栫也

絮 敝緜也脅也音女楮 繐 布細而疎音遂 誶 罵也音遂 蕙 畏懼貌音祟俗音歲

緒 餘也事也業也緒也音敘俗音碎 檅 木棺也 繀 丨車就車也 晬 生子一歲也 睟 清和潤澤貌

譢 讓也諫也 𢦔 古歲字 淬 寒也 埣 土頹落也 序 次也長幼也姓丨音敘

㥞 憂也 啐 送酒聲

閉 丨塞掩也藏也紲也 閇 同上 薇 遮掩也蓋也微也 𣜪 木名 𢳆 批也

𥴨 戶也簞衣車 鄨 縣名 𧷟 困惡也 𢿫 做也音被 嫳 便辟也愛也

細 微也小也 壻 女夫也長也 𡶒 山名 聓 俗壻字 幓 殘帛也音設 婿 同壻

三十一

衛 護也姓｜營也垂也國名 捍也 [illegible] 竹名 前也 為 代也去聲 謂 告也話也 渭 涇也水名
蝟 虫名 胃 脾｜西方宿名穀府也 煟 火光也 緭 繒也 [illegible] 悁｜心不安貌
鮰 魚名 潓 水名 惠 仁也順也音彗 音位 轊 車軸也 軎 同上
蟪 ｜蛄虫頰 譓 多智謀 蕙 蘭｜香草 橞 木名 鏸 銳也 位 坐｜正也列也
恚 怒恨也 槥 小棺也 繐 帷也幕也 [illegible] 羽也 [illegible] 牛觸人也 壝 土埒也
[illegible] 怒也 媦 楚女呼 女婿曰 [illegible] 夢言不 譓也 [illegible] 忘也 猬 同帽 [illegible] 皮也
𦞦 草名也 瑁 玉名 [illegible] 夢言不 豕也 [illegible] 毛刺也 轊 車軸也
轉 同胃 [illegible] 鼓鞞也 錚 鼎也 帽 帶冊也 彙 虫也類也 與蝟同

麗 華綺也美也偶也光明也附也 鋭 細小也音厲 棄 類也
丽麗 同上 儷 伉｜偶也並也 [illegible] 同上 巁 巍也
厲 作也危也虐也病也上也烈也 磨也威嚴也猛也姓｜音賴列 厉 俗同上 濿 履石涉水也 礪 砥｜石也
糲 粗也米不精也 [illegible] 割也 [illegible] 疾見也 [illegible] 陷也 [illegible] 巍高也 荔 ｜枝果名
勵 勉力也勸也 櫔 木名 [illegible] 禾稼也 [illegible] 姓｜ 禲 災鬼曰｜ [illegible] 同上
例 規｜比也類也 栵 茅栗也 [illegible] 果似柰杷子 隸 皁｜下人也 [illegible] 附也屬也 颲 颵｜風聲
[illegible] 水也 欐 梁棟也 癘 疫氣也疾也 [illegible] 同上 釃 酒也去也 珕 蜃屬用以飾刀
[illegible] 竹垂也 棣 木名 綟 ｜綠也染色也 劙 割破也 [illegible] 驚也 悷 悷｜悲貌

三十一

[illegible] 滯｜漉也滴也 [illegible] 別也 [illegible] 器也 [illegible] 第詩也音列 蛚 虫名 棙 機也
詈 罵也歷也 [illegible] 言美也 砅 履石渡水也 [illegible] 帛餘也｜際邊餘也 蠣 牡｜蚌屬
戾 曲也至也止也定也 音利離 沴 水不利也害也妖氣也 水渚也音砂 涖 臨也視也音利 捩 琵琶撥也折也
唳 鳥鳴也
[illegible] 敗也壞也爛也敝也棄也 屣也 弊 困也敗也壞也惡也 什也斷也 斃 什也踣也 幣 帛也財也錢也
稗 黃｜禾別也細也 萆 同上 狴 ｜牢也犴獄也 陛 天子階也 [illegible] 開脚行步也
坒 第級也 [illegible] 牛行貌 [illegible] 獸名 膍 ｜胵胃脘也 粺 精米也 梐 ｜牢獄也 枑也
杷 田器也 音琶

剃 除髮也 鬀髮也 鬀 同上 替 廢也待也止也滅也代也 音鐵 涕 泣也音 弟體亦 睇 小視也
鵜 鳥名 [illegible] 號也 洟 鼻液也同涕音夷 达 足滑也 娣 女弟也
屜 鞍也 殢 極困也 罤 兔網 髢 髮也 音弟 [illegible] 安也 薙 除草也
笶 車節也 嗁 同啼 [illegible] 削也 [illegible] 鼻｜音 體嚏 [illegible] 拭也 音體 [illegible] 遞也音 地第代
鬀 髮也剃也除也 音弟
制 正也御也檢也 造也裁也 製 裁也式也 造也 掣 曳也挽也揭也取也 ｜肘音滯 [illegible] 語不正 謿也 鯯 魚名
[illegible] 孕婦病也 晢 星光也 音浙 淛 水名 晣 明也 [illegible] 聞也 [illegible] 摘也
猘 瘈[illegible] 瘵 病也 狛 同上 [illegible] 狂犬也 [illegible] 魚子醬 [illegible] 鐕也

三十二

䐈魚醬也　蜇蝗子也　𠪾魚網也　𢋽亭之小者　𦃃氈類　籋竹名

晣昭晣也　澫井水也　爄止火也音列　狾狂犬也　觢二角仰也

計籌策也會也謀也算也　繼續也紹也　継俗同上　髻綰髮也音吉　薊姓丨芙中丨縣地名

檵枸杞也木也　繫縛也約束也留滯也維也系也續也音系　郪地名　䯻同髻　魝脟也

紒恐丨不了也丨結音戒　𡘋隂陽六丨行　憩丨憂也音契辭　觳歲也係也盡也　瘈狂也

𪓺疾也

契合也憂也苦也絕也約也音揩　鍥刈也　栔刻也缺也音挈　瘈狂也　𦪇舟也

𧡬見也　𣪠難也　懯悑也　𧓍虫名　𥅄省視也窺也

帝星名君也上帝丨天也諦也　渧滴漉也滴水也音題　締結也　禘帝王者大祭丨祭　諦音題

揥去也捐也音剔低　偙倜也秀也　蝭寒虫　蝃丨蝀虫名　媂女貌音題

嚏噴鼻氣　摕撮取也音弟蔕迭　腣大腹也音氐題　謕同諦　楴木名

遰不進也　蒂草也　𢱢撮取也　𦡶同腣　觝丨牆水　蔕瓜當也果鼻也

底柢也　泜水名　螮螮東虹也　嚏跲也悟解气也噴鼻也音致

係關丨是也繼也縛也　繫約束也續也音計俗音係　䈪以安重　揳揭也　竢待也

閱門扇也　傒很走貌　䫏同人也　禊祓丨除惡祭名春丨音頡　繫綿帶木也音雞

盻恨視也勤苦貌　闚門中視也

誓盟丨發丨謹也戒也制也　逝往也行也亡也　噬食也啗也嗑也喙也　澨水名音舌

筮卜丨決也　遾及也　逝踰也　跇超踰也　銴古哲字　𨌢也車𨍏結

𠜂割閃　曳臾也　跇踰也跳也渡也　䞼看仰也

世丨代姓丨一丨三十年也音薛　卋同上　勢氣勢也威也盛也權力　玴玉也

貰貸也賒也音赦誓

偈川力貌武貌竿也音傑揭釋氏詩詞　藒香草　揭擔也去聲水目丨

系世丨統緒也繼也聯屬也　傒恨走貌音諧　揳揭也音薛　繫總也絲絮也音計

切去聲齊也大凡也　妻去聲妻也　鱭魚名　砌階甃也俗音次　𡹂山名　摖挑取也

滯阻丨濡丨凝丨也積也漏也　遰同上　茜約容也音陸　彘豕也姓丨豬也

觢牛角一俯一仰曰丨紋　挈同上　𢷾轉也

嫛呼母曰丨音迷俗音嫐　㜆吳人呼母曰丨　婯同嫛　𡡁同上

袂衫袖也擧也禁開也　𡱠尾長也　跇起脚行也

蔕草木根也果鼻也　蒂瓜當也同上音帶帝俗音蔕

批擊也上聲捽搣也

捝倪上聲擱也不從也音詣

偈待也奚上聲

捏 止也手指物也
詎 尼上聲 言示人也

九泰 古轉賓

泰 滑也大也甚也寬也移也 否｜安也通也音替 太 ｜過甚也 大 同上去聲 舦 舟行 傣 名也
忲 同上修也 貸 借｜施也假也 態 意也｜度音毛度昏體 棣 ⿰虫太 ｜阿虫名
汏 洗也滑也太過也 洮｜潤也音替大 ⿰黑太 太黑甚 軑 車輪也地名 夳 古文泰字 汰 沙汰也音大
⿰扌太 同上 ⿰目逮 逮腠｜目不明也
賴 恃也姓｜利也贏也 嚇 誣｜聲也 瀨 水流沙上也湍也水名音刺 籟 簫三孔也籥也 藾 蒿也蔭也
⿸厂賴 齎出也 賚 予也賜也 攋 ｜粉俗字 躝 跛足也 瀨 寒也 襰 隤壞也
癘 惡疾也 癩 惡病也 攋 弃去也 懶 惡也惛｜嬾 ⿰犭厲 狂也 糲 粟也

嬾 [illegible]也 婡 好貌 囆 同㘓 㾢 疥也痛也傷也音刺
會 合也聚也集也 盒也器也音活繪 会 同上 外 內｜疏斥也遠也音杯制 外 同上 漄 水所聚也
礙 妨也止也距也阻也 碍 俗同上 㮤 同上木名 薈 草名 嚱 環珮聲
闠 市外門也 螝 蠶蛹也 乙 古會字 ⿰山會 峴｜山名 ⿱雨會 小雨也 ⿰黑會 黑也
閡 止也 匯 器也迴也 硋 止石 懝 駭也懝也 䰎 不知貌 艾 蕭也老也音刈
繪 五采也同會鄶 音儈 譮 覺悟也中止也呼聚也
腿 腰｜脛也後肉也 蹆 骹同上 褪 卸衣也 蛻 蟬｜ 虫 俗字 倭 弱也 㛗 峧 ｜嵬山高貌
蛻 蛇蟬所解皮 㞸 委｜行病也音退

繪 畫也繪畫也五采繡也 丐 取也與也乞也 盖 掩也覆也 鱠 魚名 溉 滌器灌也 檜 棺飾也
會 五采也姓｜大計也去聲音括活 擓 玉飾冠縫音快 澮 溝也小流也音夬滑 ⿰亻既 假至也
禬 祭名除殃也 膾 聶而切之爲｜會也 儈 牙｜馬也 獪 狡也擾也音夬徑
檜 旗也 鄶 姓｜國名 ⿰禾會 穗也 ⿰王盍 人名 鬠 髻也 盖 俗同蓋
薈 障也 ⿰盍阝 地名音合 匃 同丐 栝 柏葉松身音括 鬠 五采束髮也 憒 心亂也音幗
潰 亂也散也不善貌遂也怒也音同檜 簂 筐也 幗 婦人王飾 摑 此也打也
大 ｜細｜小長也初也過也 㚍 大大之王也音王 仸 海中地名 汏 洗也濤也音太闥駝 鈦 鐵鉗
舦 舟行也 軑 地名 簇 日｜浅而長

字彙較正　卷四　利集

譪 和｜賓士盛多貌 草蒦雜貌　靄 雲盛貌 靉｜靆 雲貌　馤 香氣也　靄 同譪　僾 彷彿也

[香盍] 同譪 香也　壒 塵合也　[日盍] 暗色也　濭 淹｜靄 蔭也 靄 雲氣貌　曖 暖氣也

乃 音迺 欸｜ 榜船相應聲

柰 李｜果名 那也　奈 俗同上　耐 忍也 能 ｜任也　耏 同上　能 同上 上聲　褦 ｜襶 不曉事也

耐 忍也　萘 草名　[魚奈] 魚名　[女奈] 女名　[能日] 埃｜日無光也　鼐 大鼎也 音乃

[口奈] 語助也

蔡 姓｜國名 大龜也　蠆 蜂利曰｜　瘵 勞也 病也　祭 ｜仲人名 去聲　漈 水名　[女祭] 女字

嘬 共食也 齧也　[齒最] 齧也　[門叕] 彀名 音啐　醊 醬也　歠 大啜也 飲也　剟 割也 傷也

[口柰] 叱聲

縩 綷縩聲　[足柰] 足動草聲

癩 惡疾也 音賴 俗作癘｜　[魚賴] 赤｜魚名 俗字

万 犇｜悖德逆行也

矲 短也 排上聲

蕒 菜名

䁹 小視也 買平聲

歪 斜｜不正貌

字彙較正　卷四　利集

十卦 古轄寅

卦 八｜兆也 筮也　掛 懸也 別也 音楞　挂 同上 畫也 音圭畫　[言畀] 誤也　詿 同上 欺也 礙也

罣 挂也 礙也　絓 絲結縎也　袿 袍｜ 婦外套也 俗字　[言異] 相誑也 欺也

話 講｜ 說｜ 言也 告也 調也　譮 同上 諫譖入也　畫 形也 界限也 分也 計策也 又檣 入聲　華 ｜嶽山名 去聲　樺 木名

澅 水名　[雨舟] 海船也　畵 同畫 俗字　[糸卦] 礙也　[木雩] 木也 栗也 音琰嚧

挂 礙也 音卦圭

拜 服也 ｜跪 屈膝也 屈也　𢪓 同上　[艸拜] 草名　扒 拔也 音業八　[手㮚] 古拜字　湏 水名 音賁

[木巿] 行貌　嶭 山谷貌也　庎 到別也

附录

337

派 別水也水分流也音瘮悄　𠂢 長流也　湏 水湧貌　憊 ㅣ慸疲ㅣ　箄 竹片也　⿱竹派 同上
𠂢 水分流也　拸 分開也　⿰糸𠂢 散絲也　⿰木𠂢 藤藟　庍 到別也　𣏟 芘之總名
湃 澎ㅣ波相戾也　⿰氵買 水波也
敗 破也除也指也成ㅣ壞也毀也頹也覆也音拜　贁 同上　⿰土敗 小堤也　憊 疲倦也音備蔽　⿺辶貝 壞也散也
⿱敗心 ㅣ不和也音憊　唄 梵音聲　⿰革非 吹火具　⿰舟非 船後ㅣ水　棑 同上音腗旆　⿰氵買 水波也
罷 休也了也去聲
寨 營ㅣ屯兵編守也籬落也　豸 解也獸名　砦 藩落也壘也　傂 傑ㅣ不齊也　敄 矛也　塞 同寨安也去聲
褫 ㅣ奪衣也音馳醧　柂 杝薪也落也音移

快 喜也可也ㅣ樂爽快也姓ㅣ速也稱心也音愧　噲 人名寬明貌咽也　劊 ㅣ手殺也傷也　磈 ㅣ礧不平也
駃 駃騠馬也疾也音決　塊 璞也子也音蒯與蕢通俗音快　儈 美也谿也逕異也
⿱竹夬 竹箭也
懈 怠也音記　𢛁 同上　薤 菜也䪥名　韰 同上　薢 草名　忦 忽也
械 桎梏也器械名戒也持也　瀣 沆ㅣ海氣音潰懈　譮 誡也　⿰魚解 魚名
澥 渤ㅣ海別名別也　詃 言善也　噧 多言也　⿰口厲 同上　⿰扌戒 持也
⿰介欠 急氣貌　⿱竹解 竹名　閉 門扇也　𢠵 狹也　妎 妒也　衸 袥也
⿰忄豦 忖度也　⿰彡解 果敢也悵也傾心也　濊 水名　㗐 姕死歌也

怪 姓ㅣㅣ崇奇也異也疑也歎聲　恠 同上　⿱艹圣 草名　硁 石似玉　圣 無餘功貌
嬒 女人黑色　柽 木名　⿰魚隹 魚名　⿰糸夬 細緻也　壞 毀也音回哀傀　⿰石褱 同硁
⿰壴夬 毀也　⿰扌戒 擾也　⿰扌褱 毀也　泾 水名　⿰糸夬 細絲也
邁 老也往也遠行也去聲音剌　⿺辶邁 同上　賣 儥也　勱 勉力也　蠆 蜂ㅣ人名ㅣ芥　⿰言萬 誇誕也
佅 樂名袜ㅣ　⿰目賣 邪視也　⿰黑萬 黑色　⿰言邁 同⿰言萬　蔕 ㅣ芥刺梗也
稗 黃ㅣ禾別也　粺 精米也
⿱竹能 去能也
眥 睚ㅣ恨視也　喟 嘆聲

界 垂也限也與也境也音記　戒 諭也告也慎也具也備也儆ㅣ守也音蓋　⿱𣎳廾 同上　⿰亻戒 ㅣ效僭　誡 誥ㅣ言也命也
⿰氵戒 水也　介 隔也耿耿也際也助也善也因也小也特也大也音記　蚧 蛤ㅣ虫名　价 傳也善也大也
芥 菜薹也菜也草名音記　忦 憂懼也　岕 山名　衸 袥也衣襟也　魪 魚名比目魚也
祄 祐也　玠 大圭也　疥 齘也瘙也　畍 同界　⿱髟介 髮髻　尬 尷ㅣ行不正也
廨 公ㅣ官所居也　屆 極也行不便也至也窮極也音記　⿱介凷 同上　繲 故衣也
解 判也緩也釋也去聲　悈 飾也急也音克　⿰木界 庋閣樏也木名　⿸尸介 到也　⿰扌戒 持也
⿰毛介 獸毛細也　砎 硬也音點　犗 騬牛也騰也　堅 極也　⿱穴介 獨也待也　丯 草蔡也
⿰衤害 衣上也　夵 大也

晒 ㄧ晾，取陽氣乾物也。 曬 同上。 殺 陰ㄧ，等也，去聲。 鎩 無旁也。 詆 吪ㄧ，音士，俗音曬。

[illegible] 不黏貌，同晒。 洒 滌也。 篩 洒具。

債 負財曰ㄧ，負也。 責 誚也，去聲。 郲 同邑也。

壞 崩也，破也，爛也，毀也。 坏 俗同上。 壊 同上。 [illegible] 貪敗也。 [illegible] 古文壞字。

隘 陜也，窄也，陋也，急也，音益。 翳 蔽也，掩也，障也，蔭也。 蘙 草盛貌。 [illegible] 塵埃也。 瞖 目疾也。

縊 經也，絞也，阨也。 殪 盡也，仆也，死也，翳也。 曀 陰而風。 [illegible] 天陰塵也，音意。 餲 味變也。 阨 不平聲。

医 盛弓矢也。 [illegible] 小稻也。 嫕 順從也。 噎 咽痛。 [illegible] 安也，靜也。 [illegible] 嶮也。

殹 幕也，語助也。 [illegible] 劇聲也。 [illegible] 嶮也。 瘱 恭也，靜也，音醫。 搤 拉也，扼也，持也，音厄。

撎 下手也

附录

339

十一隊 古轉真

隊 失也，部也，落也，音遂。

隊 同墜。 隧 道也，同墜，音遂。 墜 沉ㄧ，落也，移也，音槌。 縋 索也。 綵 同上。 膇 足腫也。

[illegible] 黑雲行，黑也。 贅 會也，定也，屬也，音啟。 賥 同上。 鐓 銅牛? 䭔 也。

霻 雲黑貌。 瘣 足病也。 蓫 藻除也。 追 離散則ㄧ也，去聲。 遂 足不前也。

兌 物相交也，去聲。 鐓 平低曰ㄧ。 譈 怨也，惡也。 譵 怨也。 磓 擣也，鎮也，笮也，音朵。

碌 落也，音元。 嵟 山貌。 憞 忘也。 憝 怨也，惡也，音錞。 懟 怨也。 濧 濱也，濡也，音對。

憞 同憝。

妹 姊ㄧ，女弟也，地名，國名。 昧 不明也，暗也，冥也，ㄧ爽，旦明也。 沬 水名，ㄧ土，衛邑名，音晦。 靧 面貌。

魅 魑—鬼怪也音未俗
痗 病也音浼痗
韎 茅蒐染
祙 同魅
篃 竹名
[illegible] 數也音浼
䵢 淺黑色也
眛 目暗也
[illegible] 病也
抹 摸也
跊 踐也
秣 餇也
愛 恩也惠也—敬—惡親也吝惜也慕也寵也嬡也音穢
嬡 女也
薆 草木盛貌隱也
璦 玉名
[illegible] 恚也
靉 —靆雲貌眼鏡也霓雲—地名不明貌音藹
噯 氣也
[illegible] 白也淨也
[illegible] 同愛古字
僾 仿佛貌
[illegible] 謹也
曖 昏昧貌
退 去也返也卻也遜讓也
迺 逿 同上
[illegible] —風疾也音腿
[illegible] 苦熱病也
怢 緩也忘也音突
[illegible] 肆也音隊代

槩 節—退—幽深不明也平也感概經也也平斗斛木音蓋禮記
[illegible] 怒也音欲迮
嘅 歎也
閡 止也塞也
㮣 同上尊名杙也音塓概
[illegible] 慨也慷—
[illegible] —沐轑國名
磕 石聲音磕
扢 摩也
溉 灌注也水名滌也沆—徐流也音既
[illegible] 豕歸皆白—
背 反面也違也壽也倍也棄也
[illegible] 俗背字
[illegible] 滌也拭也音穊
[illegible] 逆氣也驚咢也
[illegible] 怒戰也
[illegible] 類也等也瓘也㑭也
貝 錦也錦名音唄
棋 木名俗貝字
狽 狼狽也獸名
鋇 鋌也
蓂 —母藥名
蛽 蟲名
琪 飾也
褙 襦也
郥 地名
猜 反面立也
[illegible] 惡桊也音祕
埧 陸水堰也音霸
眮 不明也
鮄 魚名
代 姓—世—替也更也音驌
岱 泰山也
胎 也
袋 囊也
黛 代也畫眉也
玳 瑇瑁也
瑇 俗同上音毒

侢 同伐襲也
䘊 雲䨴貌
靆 同上
隑 噫—言不止也
䶣 甘也
酨 同上
待 竢也遇也備禦也音兌帝
迨 同上
懟 惡也恨也
殆 近也始也危也將也幾也
懝 同上
怠 慢也懈也音怡
逮 及也逭也音退
蟘 蟲名
隶 及也
隸 同上
曃 曖—不明貌
瑇 王名
瘱 病也
黱 畫眉也
黛 曖—暗也
袋 —囊曰
逮 王名
䨙 雲貌
駾 馬疾行也
靅 雲狀也靉—雲貌
軩 車不平也
埭 土堰水也地名
碌 壅水也
𩥇 體—顫動貌
㥆 緩也
酨 甘也音弋
逯 同逮
棣 —閉習貌音第替
𩒨 姓—晴衛君名草名
鄇 同上鄉名
顗 人名
塊 墣也子也與蕢通
嘳 太息也

配 當也匹也偶也—合也佰也對也
沛 姓—雨盛貌行貌
㤄 同上
駍 馬壯貌
霈 雲—大雨貌
柭 木生柯葉貌
郝 同上
趀 急行貌
怖 怒也音悖
淠 水名
濼 潩也宿也怒貌泉湧貌音芾
旆 游也飛揚貌音跋
林 木盛貌木生柯葉貌
棑 同上
背 違也棄也孤負也反面也音悖
戴 姓—奉也愛也感—值也音再
戴 古同上
載 同上去聲
帶 姓—紳也佩也
纔 —不曉事
蹛 蹛也衆隱曰—地名跕音滯
蔕 花蒂也音帶
癉 赤白—婦人病
䌦 紬也
䤵 酒不清也
遰 繞也音寐去
對 遂也當也應—鼻也答也
対 俗同上
兌 直也聚也穴也說也卦名
碓 舂米具音堆
懟 敵也揚也

[illegible] 脣也
轛 車與軨也 軾也
[illegible] 市也
薱 草木盛也
[illegible] 削也
[illegible] 墻隍也
對 同對言 辭方也
賽 誇勝也報也
塞 邊界也 去聲
僿 細碎也
簺 行棋相塞曰｜
賸 過人也
[illegible] 實也
吠 犬聲吠鳴也 ｜狗地名
鱥 魚名
[illegible] 鼠名聲如犬吠
茷 草葉多也音伐
內 ｜外裏也 入也中也
帵 旆垂貌
[illegible] 亂髮也
[illegible] 同內
[illegible] 亞也音壘
儡 傀｜敗也 [illegible]音壘
[illegible] ｜稻米碓也音對俗作䭔｜

十二震 古通敬徑沁轉問 ○韻會通問願

震 卦名戰也動也
進 效也登也近也升也薦也
俊 ｜傑英華也
儁 同上 勝也
峻 高大貌險也長也 嚴急峭也速也
[illegible] 同餕
晉 卦名音箭
[illegible] 插也抑也進也國名
溍 水名
[illegible] 言行遲也
雋 才雋也 聚也
懱 次也 止也
壿 喜也 舞也
鎮 重也壓也 也安也
鎭 同上
縉 赤帛也 紳也
侲 童子也
璡 玉名
瑨 玉名
晙 明也 早也
濬 幽深也 深通川也
溍 水名
駿 大也 速也
浚 深也抒也敬也大也 伏也水名邑名
鵕 山鷄也
[illegible] 一足鳥見則大旱
餕 食餘也 熟食也
睃 視也
晋 俗晉字
唇 驚聲 音真
畯 農夫也 田｜農官
葰 大也
朘 ｜削 縮也
搢 插也振也 也音薦
[illegible] 鼠名
狻 犬急也 音宣
陖 高也 險也

竣 止也事畢也退立也 倨也改也
焌 燃火也
[illegible] 同狻
踆 止也退也 伏也
[illegible] 海蟲
逡 復也退也 ｜巡行不進貌
捘 推也
懏 慧也
璿 美玉名
晉 同晉
[illegible] 彌也
贐 會也
[illegible] 退也
挋 給也拭也晞也約也 揩也音靳
桭 整也
振 舉救也極也奮也古也止也動也 整也收也音真 軫旗
賑 贍也給也 也音軫
[illegible] 祭也
梭 木茂也 音峻
信 發也不疑也 四信也音親
遜 謙恭也遁也順也
孫 同上 去聲
[illegible] 鳥病也
迅 疾也
訊 言也問也辭也讓也治也動也告也 也音瘖恧
[illegible] ｜石名 俗字
[illegible] 狸屬 食鼠
[illegible] 玉名
[illegible] 灑也水噴 貌音瀉
巽 卦名具也入也 卑也讓也
潠 同上 音遜
[illegible] 陵名
噀 含水也潠水也噴水 也亦作噀
[illegible] 頭會腦蓋也
[illegible] 同上
珣 玉名
愻 順也

[illegible] 同信
伩 同信
杋 木名
貇 獸名
芃 藥草也
菌 地蕈也音窘俗音信
蕈 同上
[illegible] 腦會也
訙 人名
抻 展也
卂 疾飛貌
扒 振也
[illegible] 人臍也
軓 車迹也
論 議也辨｜理 也次也撰也
紊 亂也
吝 恨也鄙嗇也惜也
[illegible] 同上 鄙也
[illegible] 同上
[illegible] 同上
厺 俗吝字
吝 古吝字
磷 薄石也 音鄰玲
崘 崐｜山名
崙 同上
掄 擇也貫也 也音倫
焛 火貌
惀 欲知之貌思也音輪 倫恕
賂 貪也 難也
[illegible] 山也
婨 女名
藺 草屬
[illegible] 竹類
潤 水名
疢 熱病也疾也 美嗜為病
襯 近身衣 也近尸也
櫬 親身棺也木槿也棺 也音親
趂 趍也
齔 毀齒也

儭 裏也同襯　趁 同趂　蘔 木名槿也　弥 瀰 同狹　礲 水石也　寴 至也

瀙 水名音臻　䞋 餞也施也　嚫 同上

嵮 敦丨巑山名　不 音業伐木餘也俗作門丨　蕇 零丨也　篅 受穀米器也物屯聚也音盾

圎 小廪也同上

贐 進行禮曰丨儀　燼 灰丨餘也　儘 皆也　𨆯 足難行也　藎 進也餘也　賮 財貨也

⿱聿火 火餘也薪也燭餘也

擯 丨斥棄也丨相導賓也　儐 陳也進也音賓　殯 葬也埋也歿意　嬪 妃丨音殯俗音擯　娦 嫔 同上

髩 耳傍髮也　賁 虎丨音奔俗音擯　鬢 峻也濱也頰髮也

認 丨辨識也　閏 餘月也　潤 滋也益也丨澤也　梕 木名　橍 木名

孕 懷子也　胤 嗣也繼也子孫也習也　侁 進行也　⿰舟券 美目也　牣 滿也益也

賸 送也副也音乘　軔 礙車也　扔 強牽引也音仍　訒 忍也難也　刃 刀丨堅也　荵 丨冬草名

芿 草不剪也　⿰歹刃 傷也　媵 送也　⿰女孕 同孕　肕 堅肉也　朐 丨䏰縣名音蠢

⿰月券 美目也雙也增益也送也音勝騰　忍 堅柔也姓丨音引　㣼 同上　仞 八尺曰丨逼物認

屻 山高也

憖 銀去聲問也苦也敬謹也且也願也缺也音銀欣銀　⿺辶至 犇也　猌 犬怒也　憗 本作憖俗省作憖又作憗

焮 火炙也熱也音欣

愼 姓丨思也謹也誠也靜也音震　眘 同上　順 不逆也從也理也循也和也退也　縝 細密也

⿰忄頁 古順字

釁 瑕隙也兆也血祭也罪也瑕也　衅 同上　圚 氣惡也　璺 玉破也裂也音問

舋 嗋鑪也動也

陳 戰丨行伍也排丨去聲　陣 同上旅也列也　敶 列也音陳　⿰亻敕 理也治也

稟 與也供也受也給也　禀 同上

棍 木名魂上聲俗作梱丨　䝟 圓也

㞊 男人陰物音吝　䋈 亂也吝上聲

㨢 吞去聲撫也　㖔 齧也

䛼 吞上聲很貌

劤 欣上聲多力也

撚 以手丨物也從也

抻 申去聲展也物長也

⿰扌引 朋也

恨 怨也悔丨

十三問 古轉震

問 訊也問也命也姓｜ 聞 令｜善譽也去聲 妏 生也 文 掩飾也去聲 免 生子也音萬

絻 喪服弔執紼也音免萬滿 脕 草新生也音萬晚 璺 玉破也 汶 水名音文吻問

⿰巾免 弔服也括髮也音免

運 行也用也動也移也徙也轉也 鄆 地名 暈 日旁氣也捲也 韻 音｜和也風度也聲也 韵 同上

鼲 鬼名 ⿰黑軍 黑面子曰｜音刃矜 ⿱山軍 山名 餫 野饋也 ⿰員見 視多視也

腪 膜也音惲 ⿰口韻 鳥鳴

奮 揚也震動也去塵也翬也音弓 慍 怒極也 忿 悁也恨也怒也 憤 懣也積也音奮 訓 ｜誨教｜

僨 覆敗也動也音奮 糞 穢也治也培也埽除也音分 ⿱艹糞 古同上 ⿰鳥川 鳥音

⿸疒賁 病悶也 濆 水厓也涌也 瀵 水名 ⿱川言 同訓 ⿱艹糞 同糞 鱝 魚名

⿰月隹 臊也 鐼 鐵屬音文薰奮 坋 塵也坪也 ⿰月川 牛羹也 膹 生肉也臛也 ⿰忄奮 德也

扮 握也動也 ⿰薰鳥 怪鳥也

混 豐流也｜沌元氣未分也亂也音袞 溷 濁也穢也亂也廁也音魂 慁 患也憂也辱也 汾 水名

棞 大木未剖也 ⿱艹囷 草名 焜 煌也光也火貌音昆 ⿰角艮 角也 ⿰禾昆 束草也

⿰月囷 肥也 渾 豐流也盛也音云袞 緄 縄也 緷 束也

郡 邑名郡｜羣也人羣聚也 ⿰君邑 同上 ⿰氵郡 水名 ⿱艹郡 草名

十四願 古通霰

願 ｜欲想也 愿 謹也善也 遠 去也去聲 杬 樵也音元 傆 黠也 ⿸厂愿 同原謹也

⿸厂顛 顛頂也 縣 官也音炫懸 衒 行賣也 ⿰貝玄 債也音炫 旬 目搖也 掾 緣也官屬

眩 日光也

建 覆也立也劍｜置也 眷 顧也親屬也音卷俗 桊 牛拘也牛鼻上環 ⿱龹示 祭名

綣 囊也今鹽官三斛為一｜音權卷 絭 攘臂繩也 ⿱龹大 同上 惓 回顧也 犍 犗牛也

⿱龹廾 拘也音犖

困 ｜苦卦名阨也窮也 窘 窮迫也急也 箘 ｜桂竹筍也 僒 迫也同窘 ⿰亻窘 同上 琨 玉名

麵餠屬 菌地蕈也 壼宮丨音悃 䐃脂聚貌音肫 涃水名 箘同箘傳棊也
梱齊等也 蜠蟲名 莙牛藻也
遠丨近遠也遙也離也 遠遶同上 怨恚也恨也仇也讎也音苑㴊俗音遠 迺行遲也
軟俗輭字 輭柔也 㞋弱也 緛衣蹙也 檽棗也音而 蔌菜名
瑌石似玉 䓴木耳也 䈋竹名 蘧丨芫藥草也 [illegible]小有財也 偄弱也
耎柔也弱也 㜍好貌 愞弱也音懦 [illegible]隙地也卻也 餪饋女也音暖 䙇衣縅也音燸
寸尺丨十分也姓丨忖也音邨斷 爨竈也音爨俗作寸 [illegible]爨當壽也俗字 [illegible]擲也
鋑刀也音尖

憲法也表也敏也音獻顯 幰禦熱也憲也 瀗水名 [illegible]走意 㦥恨也 [illegible]地名
慊快也恨也足也音謙嫌 歉食不滿也少也貪也 欠不足也去也倦解也
[illegible]同憲 芡雞頭也音儉俗音欠 撖[illegible]也危也音埳檻 欿不足也同欠
獻姓丨進也賢也聖也音軒娑 㩂戶也音廉嫌 嗛不足貌
遯隱丨逃避也順也謙恭也 遁逃也遷也隱也去也 [illegible]同上 頓捨也止也次也下首也
鈍鍋也頑也不利也 沌混也元氣未判也音淳屯篆 盹眼咽曰盹丨 扽引也摩也
[illegible]犬也 腯肥也音突 杶木名 憝懟惡亂也音隊暾
艮卦名很也限也止也堅也難也 僅止也同勦 莨鉤吻也草名 覲見也 蓳草名

殣路冢也埋也 靳吝也取也 廑勤也少也小屋 伒相也 [illegible]少也對也 [illegible]拭也
[illegible]欠也 墐塗也 嫤好貌 𠝔割也 斤音筋明察也
徤剛丨康丨順也伉也 健同上伉也音件 倦懈也疲也倨也 鞬闗丨戶鎖也 睠顧也 [illegible]水名
踺行貌 鍵同鞬折也 [illegible]闗丨木作楗 勬勞也勉也音捐 腱筋也 楗限門也闗丨音䖍
犍牛名
獻呈也善也賢也進也聖也姓丨音軒娑 献俗同上 巘山峯也音言 瓛桓圭也音桓 讞言讀也
勸敎也悅也從也助也勉也獎也 劝[illegible]俗同上 [illegible]同巘 劵契也綣也 [illegible]言贊也
甗無底甑 齤曲也 䇹曲竹也 [illegible]祠也[illegible]也 惓罷也悶也 瀗水名

憲表也法也敏也音軒顯 萬十千也姓丨蟲也 万俗同上 慢倨也後也惰也怠也傲也音瞞眠 漫縵也 命輕丨去聲
幔帷巾也幕也帳也 [illegible]恐也 冕冠也音問勉晚 [illegible]山名
鬘髮長貌 [illegible]砌石也 [illegible]行不進也 縵繒無文也緩也寬心也 謾欺也
摱擊也 贎貨也 曼長也偕也廣也澤也引也突也美也姓丨無也輕細也音瞞蠻無 獌狼屬
僈舒遲也污也同慢 嫚侮也易也渫污也 [illegible]同謾 [illegible]蟲名
[illegible]獸名 嫚侮易也 [illegible]衣車蓋也 [illegible]同僈 蔓草名延也葛屬 猛丨舟小船也
蟃丨蜒獸名 鄤地名

嫩 老｜少好貌弱也音歡 嫨 嫰 翟 同上 腝 肉｜ 枘 草始生貌音芮
悶 煩也愁也懣也音門 懣 同上 潣 水盈貌 憫 閔 同悶 們 渾肥滿貌音門
褪 卸衣也又花謝也吞去聲 飩 味厚也餛｜ 粍 以粉製物也
圂 牢也轉也｜豕 纙 小兒帽
蘰 蹣上聲草名 瞞 暗也

十五翰 古通勘
翰 飛也鵫也筆也｜林 緩 遲也｜急 奐 大也 扞 ｜格捍也抵也扞也 骭 膝下骨
汗 人液也血｜音寒盤 瀚 北海名浩｜廣大貌 渙 水名 澣 濯衣垢也
鼾 干偃息聲音寒 旰 宵｜ 豻 干惡獸名音岸 垾 小堤 閈 里門 馯 馬突也
涆 水流貌 盰 大目貌 悍 勇也桀也音旱 焊 火乾也 捍 同扞 釬 臂鎧也
銲 同上 哻 同鼾 浈 同澣 瘓 疾也 杆 檀木也木名 鰔 魚名
鶾 鸑也 皔 白也 皯 同上 醶 清酒也 檈 木柵也音綰園 棵 斷木也
旱 不雨也音悍 矸 磓也石淨貌音干岸 脾 臏｜藥名 嵈 山名 攼 止也

館 舍也書｜客也旅｜ 浣 澣也水名 棵 斷木也音顛 捖 擊也摩也音完 戰 箕也 鶾 同翰
館 俗同上 痯 病也 趕 追也 赶 同上 輨 車轂端鐵
莞 菀名縣名音短官俗 管 籥｜樂器音官 琯 玉名 綰 絹也貫也繫也 錧 車具也田器
逭 逃也逭也易也步也音換 遺 同上 椅 柄也 悹 無依也憂也 筦 主也
脘 胃府也 睆 脯也音桓 換 易也音院 浣 濯衣垢也滌也 䏽 肥也 擀 以手｜物也
斡 蠡柄也轉也旋也運也或作斡音腕 㥏 不分別也 䝼 財貨也
玩 珍｜弄也戲也習也音彥 翫 同上習也 換 易也音運院俗書玩 妧 好貌 吁 虛也
㟁 崖｜階也級階也巖高也 岸 垾 同上 駻 馬行貌 㢡 不恭也厚也 刓 削也

翫 同玩 忨 貪也愛也 𩬊 長也 厈 崖高也 犴 野犬也獄也 猂 同上
䫲 額也 婩 好也音彥虛 矸 石淨貌 肒 搖生倒也 䐘 肥也 愌 不順貌
抏 挫也吪也 豻 野犬也音扞翰 𨂂 逃也逭也轉也步也
灌 水名飲也溉也聚也注也音換管 祼 同上 瓘 玉名圭也 斡 體也柄也幹也音寒見管
冠 貫也去聲 輐 輞｜棱｜柄也柄也音斡 鸛 鳥名 觀 示也諦視也去聲
貫 穿也事也 毌 同上地名 鑵 器也 爟 舉火曰｜ 鏆 穿也 斢 斗取物也音斡
矔 轉目視 鑵 汲器 捾 綴也 鱹 人名 讙 譁也音歡 骭 體也
錧 田器音管 澣 取水也 蘐 草名 榦 檀木也 簳 小竹也 癨 病也

鄲 亭名
斡 乾也
慣 木叢生也
婠 好貌
峘 山多貌 音莞
巏 山名
宦 蕩也 音官管
懀 憎也 音會
捖 挑也
涫 鬻也
盥 澡手也
骭 骹也 脅也
遦 習也 行也
罕 姓－ 少也 鳥网
䍐 同上
侃 剛直也 不予樂
偘 同上
㑎 同上
欵 俗款字
鑶 鑊也
款 塞也 誠也 愛也 叩也 留也 識也 記也 悰也 誌也 空也 緩也 啟開也 音欣倚
暵 乾也 曝也 熱氣也
煥 光明貌
喚 大聲也 呼也
瑍 玉有文彩
厂 水厓嵌者
熯 炙也 乾也 音熯漢
浫 水濶貌
𦶟 －冬花 藥名
衎 信言也 樂也 音看
焊 同熯
梡 棱也 虞俎名 音魂梡
奐 暇豫貌 大也
𢶍 捉也
渙 卦名 水盛貌 音翰

泮 半也 －水 散也 坡也
判 半也 割也 分也 同上
絆 羈也
拌 捐棄也 分也 割也 音潘盤
擵 捨也
拚 同上 俗字
頖 －宮 班也
姅 婦人生子曰－
胖 半體肉
沜 水厓也 水流也
詊 巧言也
牉 同判
泮 同泮 冰釋也 音片
炍 煥也 同叛
𧺺 走貌
坢 平坦也
𣳼 同沜 水涯也
袢 盛服也 衣無色也
柈 木名
𩣡 馬行貌 音半
伴 侶也 依也 陪也 音卞援
胖 析肉意也 音盤版
潘 淅米汁也 水名 音盤翻波判
半 大片也 般去聲
叛 換也 音畔
𣁾 量物分半也
𩣡 馬行貌
絆 馬縶也 縶足曰－ 絡首曰羈
半 物中分也 疑也 般去聲 音泮
犕 駕牛具 屬絆也
服 肉也 與服字異
姅 婦人污也

段 姓－ 卵不成也 鍛也 緞也 小冶也 椎物也 俗作段非
𠪚 同上
煅 －煉 鍛也
𩜳 飯－ 俗字
疃 盧旁畦也
斷 絕也 截也 決也 判－ 斷字善貌 去聲
㫁 古字
𣃔 同上
碫 同鍛 小冶也
緞 綢－ 履跟帖也
瑖 石似玉
𩤋 馬行緩也
腶 脯也
毈 卵不孚也 不成子曰－
葮 木槿也
𩋜 刀－ 不利也
鍛 椎也 石也
隁 險也
案 几屬 次第也 界也 考也 撫也 音晏
按 控也 刻也 下也 抑也 止也 考驗也 摩也 據也 撫也 舉也 音遏
洝 湲水也 音晏遏
荌 草也
鮟 魚名
䅁 欙禾也
爛 火熟也 明也 音闌
爤 爛
𢒼 文也 粲－ 同上
殱 敗也
殱 同上
糷 餅䴵相著也
瀾 潘－ 汁也
瓓 玉采
𦡽 熟也 从肉
鑭 金光貌
𣎲 煥－ 月光也 从月

散 姓－ 放也 冗－ 閒－ 聚－ 分－ 市也 誕也
傘 繖 雨具 蓋也
霰 雪始凝也 音線
潵 水名
鏾 鎔也
繖 蓋也
𦼮 草名
饊 飯也
糤 粻餭也 同上
𢍈 蓋也
𥳑 箭－ 撥枝竹也
㪔 同散
旦 曉也 蚤也 明也 朝也
𢘓 傷也
靼 柔革也
鴠 鳥晝夜鳴也
怛 勞也 悲慘也 驚也 體也 憯也
𧇑 同上
𢎲 人名
狚 獸名
𢈈 小舍也
笪 笞也 答也 音亶闥
但 徒也 光也 空也 音憚
䣉 酒疾熟也
黖 地名
燦 －爛 明淨貌
粲 明也 清也 藻貌
澯 澯爛水貌 清也
𦪻 舟名
𪆰 鳥名
𡟀 美也
鬖 髮貌
𢒼 文彩盛貌
璨 玉光也
稻 揄也

歎 吟也吟息也美也音攤 嘆 俗同上 炭 火也燒木餘也炮也塗—塗泥也 嫨 無儀貌 㨏 轉也音灘

湠 水廣貌大水也

湍 波流漈洄貌疾瀨也急流貌音耑 腨 足朓也 彖 斷也材也斷一卦之義音矢豫 貒 獸名

煓 火熾也 褖 后衣也黑色也—衣 鶨 鳥名 湪 水名 ⿰黄耑 人名黃黑色也

猯 野豬

亂 不治也兵寇也治也紊也理也卒章也 乱 俗同上 糺 同上 𤔔 古字治也 ⿰女𤔔 煩也

鑽 鑽—臏刑也研—刺也 ⿰車贊 車轅曲也 臢 助腌 劗 減也切也 攢 治擇也 捘 推也擠也

欑 矛戟柄也

贊 見也助也佐也出也明也 賛 俗同上 讚 明也纂也佐也稱也解也祝— 瓚 圭也 鄼 宜—國名

囋 稱美也祝— 灒 汗也水集貌音錢 襸 衣好貌 饡 食也 ⿰虫贊 虫名

㜺 白好也 禶 祝神也

漢 天河也雲—也津也水名 濊 古漢字 ⿰𠦝⿱人目 觀— 看 同上睎也觀也 ⿰亻𦰩 姓— ⿰田𦰩 耕麥地

旱 不雨也 ⿰犭𦰩 飛貌 釬 甲也 ⿱艹旱 草名 悍 性急也 ⿰漢鳥 水濡而乾也

衎 樂也行喜也

十六諫 古通陷轉霰

諫 —諍証也正也因也鬪也 間 鉏隙也斷也去聲 磵 水—也

澗 山夾水也水名 ⿰山間 同上

汕 樔也溥取魚也 疝 病也

慣 習也 貫 同上去聲 丱 兩角貌幼穉也 摜 習也瀆也 卝 束髮貌幼稚也 遦 行也習也

⿰目眔 視也 ⿰目貫 直視貌 ⿰歹貫 殫也 串 狎言也音釧

宦 宦—仕也學也姓—音換院 宧 俗同上 患 憂也禍也疾也惡也姓—若也音換院縣還 ⿵門患 古同上

豢 養也芻—犬豕也 圂 同上 幻 化也變—妖術也惑也音現院 梙 木名

獯獸名 葋草名 橫丨逆去聲 蹟脚跛也 睍大目也音諳 擐貫也音亘

潢船渡也小津也筏也音橫

饌具食也飯食也酒也飲食也音選 撰修也具也也述也 譔同上 樸木名 棧道也棚也閣也

賥財貨也音繕俗音饌 孱孨迮也弱也劣也音翦 㡨屋窄 灷火種也

蝬馬蠲也 羴祭羊之所 輚兵車也 轏同上 虥虎淺毛 襈衣緣也

犭戔犬食也 谸谷名 𥟍光高也 劖攻也裁也也音襯 綻解也音靈俗音饌

䑣腹大貌音殘

鳫鴻丨舒丨鳥名駁也 雁同上 鳱隨陽鳥也音干 贗火色也 廛同上 偐偽物也

挽丨回留也丨歌引也 捖同上 鯇魚名 莞小笑貌音菅去聲 輓引車也

筦竹也 唍同莞 睅日出貌 鋔引也 晩莫也後也蚤丨 晉古同上

悗急也悔也 䅋禾名 脕肥也 娩媚也順也音免問 䴏引也

㮖木名 醶酒疾熟也 䵥黙也音勉

辦備丨致力也具也音辦俗音办 搬引攀也絆也 办俗同上 扮音粉俗以裝飾爲打丨 湴泥丨深泥也

莧菜名商也 現顯也露也 見同上去聲 晛日氣也明也音見 峴山名嶺上平也

誢諍諫也 哯小兒嘔乳 娊細腰也 涀水名音爾敵

盼目黑白分明也姓丨顧也 穘浮丨穀不實也 稗同上

鏟飯丨鏶也損也削也 剷同上 剗削也平也音展 剷同上 𪌱麥也 弗燔肉器

摌手木器損削也 嵼山屈曲貌

晏蚤丨晚也柔也安也和也天清也姓丨明陽也鮮盛貌 旻同上 曣日出無雲也煥也

鴳小雀也鳥名 暥廣遠也 鴳鴳丨音安 椻積木爲障音偃 䄋戟三刃者音偃 闄蹶也

隁地名 姲女字 眼目也 騴馬尾白也 嬿美也音燕

棒梲也杖也音傍俗作棍丨

張帳去聲寨也

諍爭去聲諫丨救正也

篊取魚蝦竹器

十七霰 古通願豔轉諫

霰 稷雪也星也　緪 同線　錢 鐵ㄧ學　先 先之也去聲　線 可縫衣也縷也　綫 同上

廠 人舍也　㪚 散也　鏾 割也閹也　⿰竹先 竹也　𦆆 同線　䨘 兩ㄧ本作霰

霰 同霰　⿱雨灬 同上　綫 古同線

賤 姓ㄧ貴ㄧ卑下也賈少也　踐 踏也履也　俴 淺也前上聲俗作賤　諓 善言也　𤻮 小痒也

𢓭 迹也　鏇 輔軸　⿰阝戔 水埠也　⿱戔貝 同賤　⿱戔言 俗謂辯邪符音積

餞 送去也進也

便 姓ㄧ利也安也宜也順也習也　⿰亻更 同上　卞 姓ㄧ躁疾也法也邑名　汴 州名

朴 木名　忭 喜樂也　抃 手持也同拚音播　飰 俗飯字　閞 搏也擊也

弁 急也冕也冠也攣也疾也音盤　辨 判也別也辦也變也　辯 詳審也文治也同上　誩 同上

辡 罪人相訟也　辨 兩股間也　昪 日光也　昇 同上　諸 同辨　⿰辛氵辛 急流也

玣 玉飾弁也　覍 同弁　絣 同弁　汳 水名　諚 出釋典　辨 同辦

𤷒 肉ㄧ　郌 邑名　匥 竹器筥也　⿰氵便 小便也　瓣 瓜中實瓜也　楩 ㄧ楠豫章大木名

拚 拊手也手舞貌音番分翻　辦 同辨　⿰口便 巧言也　辦 致力也具也同辨

見 ㄧ聞ㄧ識ㄧ薦待也顯露貌　⿵冂見 同上　攣 持攣　涀 水名　鋻 剛鐵也剛也　梘 栓也

晛 日氣也音峴

彥 美士也文八所言也　諺 俗語也　硯 筆ㄧ研也石滑也同研音墨　⿰𧾷見 行不正也　喭 俚俗也

唁 弔生也弔失國曰ㄧ　嵃 山名　牪 牛伴也音友　⿸虍言 虎鬪　⿰口獻 同唁

偐 偽物也　⿰黑見 濡墨也　⿰言虔 語鬼也　硱 同硯　⿰犭开 犬名音岸　這 迎也

甗 九甗也錡鬵也音巘言嶮巘　研 窮究也音妍銀　⿰开頁 狡也

面 顏前也見也私覿也向也　靣 同上　偭 背也向也音沔　蔄 草名　麵 麥末也音沔俗作面

麪 同上　⿱宀丏 冥合也　⿰丏賓 ㄧ炫汗血　藊 草名

戀 姓ㄧ係慕也　⿰身冃 魂魄相衣也音鯤　⿰女信 從也　孌 美好貌順也　娈 同上

臠 切肉也塊割也　⿰女變 同孌　⿱叩心 睥ㄧ行無隅廉

附录

349

倩好口輔也請也 塹坑也繞城水也 槧牘樸也漸也 綪赤繒也音爭青 靘ー青黑色也 銛利也音忝
憸詖也嫿也ー壬佞人也音險纖 茜茅蒐也草名 蒨ー蘭 蒨同茜 瀞寒冷也
瀙同上 䘓衣襟 思同憸 箐張竹弓弩曰ー 掅持也
暹日光升也音忝 箐竹茂貌 睛白貌人名 輤載柩車也 暫同塹 碃石類
譣ー言也ー詖茲 獩獸名 諑散也 孅足恭也細也 嬐敏疾也 棈木名
揌稱也音鰓
變ー化改ー通ー易也 变俗同上 変俗同上 遍俗徧字 徧帀也周ー也同上 𩩟骨ー生貌
矕變閉目也 㢒弓反張也

殿大堂也宮ー也音唸 壂堂基也 澱滓淀也 靛以藍染布也 佃代耕入也 田同上去聲
電雷光也殄也 甸治也挺也 淀淺水也 橂木理堅容也 奠薦ー定也置也 簟竹名音店
厧同奠 簟竹名 ⿵門奠國名或作闐 婝女字 ⿱艹殿ー蘼草名 ⿰山奠山名
扂戶牡也音簟 ⿱⺮扂扇扂也音薦 橝屋梠前也一曰蠶槌 琔玉色 ⿰黑殿澱藍ー可染物
⿸厂殿待也重也展也音頂 綻縫解也 ⿰木阝門柙也 ⿰口殿㞙呻也 驔骭白也
唸ー吚也音店
鍊修ー治也精金也 練簡ー選也爛也閱歷也 煉爍治金也煆ー也 潄辟潄鐵也 ⿰柬攴較ー搥打物也
浰疾流貌音利 ⿰柬瓜瓜中瓤也 ⿰虫柬赤ー蛇名 楝木名 萰白蘞也草名 鰊魚似鰱

湅瀾也通作練 堜ー塘堰名 媡女字 瑓玉名 ⿸疒連惡病
炫耀光也明也火光也 眩惑也亂也 衒自矜也賣也 ⿰扌玄私形也 ⿰貝玄債也音懸 絢采色
昡日光也 䀇盂也音權 棬杯ー屈木盂也音權 媛美女也 誸急也
諠忘也 諼同上 袨好衣服也 ⿱丸皿同䀇 怰賣也 ⿱日𢍰小見帽
弮遠弩也與卷䅭通音眷 ⿱龹鬲鬻求也 ⿱龹牛牛鼻棬
薦荐也進也音箭 ⿸广薦同上 餞送去也去也進也音踐 韉馬鞍具 濺水淺流貌
箭弓ー進也篠也 洊至也通薦音存 ⿱夾木屋斜用也 ⿰角刂同上 葥草名 湔水名同上
榗木名 ⿰豸前同薦 戩姓ー閏也攞也 ⿱艹幵同上 戰恐懼也 ⿰王存玉名

鬋鬢也音箭 ⿵門鳥門次 ⿰王存再次也 箭竹名音剪 ⿰金亶代鏨也割也 瀳小至也音箋
荐重也仍也聚也草也 搢插也音晉
選擇也萬也音撰 損傷也貶也失也減也卦名 扻同上 蒜葷菜也音算俗音選
⿱艹秝音秋俗同上 繏繩索也 筅狼ー兵器 ⿱罒選網也 潠口含水噴也 ⿰羊巽繩索也
巽周也 ⿱罒巽同上 ⿰巽見見也 簨籌畫也竹器 ⿰月巽臛也 ⿰月巽臍也
⿰月旋短也音旋 渲小水也
羨歆也長也溢也餘也貪欲也音衍延 羡同上 篆刻約也書也 瑑玉璧起文也 ⿰豕鬼醜貌
蝝虫名 ⿱宀彖同篆 ⿺辶彖行貌遯也移也

字彙較正 卷四 利集

玷 缺也玉病　店 置也置貨鬻物　坫 反爵器屏也障也　站 久立也

阽 危也下也音鹽　墊 下也溺也音輒　齚 剔齒也　殿 軍后曰丨鎮也定也　簟 竹名

⿰占刂 缺也　埝 下也音鑷　屎 唸呎呻也又聲

⿱穴丸 屋傾下也厭也弱也　點 注也檢也小黑也污也

痁 瘧疾也音苫

轉 旋也運也動也　囀 鳥鳴也　嬔 抱丨也音免　⿺辶專 耦丨等也　膞 細割也臠也音專

船 舟也循也音專俗作渡丨

扇 醜頰也扉也箑也音擅　⿰木扇 門丨俗字　煽 熾也盛也音擅　搧 動也　謆 以言惑人也　䃞 石似玉砳丨石

蒍 草名　⿱竹扇 竹名　⿰車扇 車也　⿰虫扇 蝠䖙搖丨異也　騸 割去勢也　傓 熾盛也

片 判木也偏也半也開析也　⿰夕小 同上　騗 欺丨騙丨俗字　紦 同騙

⿰月片 判也析木也音伴半體也　諞 巧言也

蟮 蚰也音善　鱓 無鱗魚魚名　鱔 同上　膳 饌也具食也牲肉也　饍 食也

鐥 同上　繕 補也善也治也　樿 木名　單 姓丨音丹善　禪 代也傳與也音蟬擅

醰 酒苦也　禮 祭天也讓也　敾 治也補也　擅 專也據也

傳 經丨史丨經書

字彙較正 卷四 利集

十八嘯 古通效號韻略同

嘯 吹聲也歌也口出聲　笑 欣也哂也喜也　咲 同上　歗 吟也　熽 火熾也　⿰肅刂 割也

韒 刀丨音俏　鞘 同上　⿰足肅 行貌　⿰米肅 糜也　肖 似也法也類也小也音宵俏

⿰月肅 切也脽也音㥠

耀 炫丨光明也　曜 日光也光明照耀也　⿱穴色 屈上薄也　燿 光也照也音遙藥

⿰目龠 眩丨視譴也　矅 同曜　⿰貝隹 同上　⿰言龠 誤言也譟也　艞 舡上大船音跳　⿱罒習 同燿

⿰日翟 白也　臛 瘠也

哨 口不正也　朓 祭也从月　䏚 目不明貌从肉　箾 量名音梢　⿰金肖 竹枝長也

料 料也度也理也計也量也音聊俗音廖 廖 姓丨音抽聊 魈 驚也 尥 行脛相交也音庖
翏 飛貌 嫽 女好也 遼 往也 䝤 相邀嫽要也 顟 丨顟頭長貌 熮 火貌
祣 禷丨祭天也 燎 明也地燭也音聊
悄 憂貌音俏 杪 木也 木相高 陗 厲也險也隱也急也 鈔 美金也淨也好也
峭 急也峻也厲也 䵲 面黑 臛 脅也 愀 容色變也謹也
竅 孔丨心丨 㚁 同上 䯦 高也 鼽 鼻折也 䶂 仰鼻也 趬 起也高也音曉
窾 穴也空也
剿 絕也 剿 同上 剿 絕也 截也 剿 同上 摷 動作也 灑 湖名音鎖
劋 征丨滅也
趭 走貌 梢 木相高也音悄 勦 勞也音巢 帩 拭也 稍 傑頭也

眺 視也目不正也望也臺也 跳 躍也上也係也 趒 同上越也 頫 視也音甫 覜 同上 祧 宗丨遠廟也
䠷 身長貌 銚 鐎丨鐵門鐶也 輺 輕車也 耀 丨耀出谷也 粜 同上 糶 穀名
䧁 低頭聽也 庣 屋丨不滿貌 斛 直量器也 桃 音澆丨板 耻 入耳也 䨲 丨板音燿
朓 相顧也目側也 䟫 麻苦雨生蛋也 絩 綺絲之數 䠷 同䑬 蓨 苗丨音條
䄻 音祧逍宛
𥚃 稻也 窱 深邃也
肖 賢丨似也象也失散也 誚 譏丨責也 譙 讓也嘵譊也呵也責也 也水名同上音樵 俏 像也似也音肖 鞘 刀室也
䏴 同上 峭 山峻也急也嚴厲也 山絕也 愀 丨不仁傑丨 悄 急也音俏
妙 妙也少年也姓丨神也 玅 同上 廟 貌也宗丨祖丨 庿 同上 竗 同妙 鈔 藥名

皦 白色 庙 古廟字 悅 個也
照 明所燭也察也 炤 同上 詔 導也勵也助也教也上命也告也丨書昭也音紹 劭 勉也 對 昂龍也
暚 同照从明非从二月 瞟 界也 睥 睨也
縹 丨緲輕舉貌登青色也音標 莩 餓死人也音孚 殍 同上音敷 漂 音飄俗作丨白 莩 同莩
剽 急也音剽標 醥 酒清也音標 貓 獸名似狐善睡 膘 皮肉相合也音標 彫 篇畫也
摽 落也音飄 犥 牛黃白色 瘭 丨疽疥 鰾 魚胞也 鰾 音標
弔 傷也問終也至也音的 吊 同上 釣 鉤魚也取也 魡 同上 佣 丨儻不常也 瘹 狂病也
鉊 同釣 筠 竹也 訋 丨聲也姓也

繳 弋射也音皎 叫 俗音矯 曒 明也音皎 矯 直也詐也強也舉也妄也擅也音橋驕 敽 繫連也訓盾也
撟 詐也託也正也擅也舉手也丨揉音矯皎 徼 同繳也 蹻 草履也屐也音腳喬 嶠 山銳而高
蟜 姓丨蟲也類蝎也 璬 玉珮 皦 同曒 觚 角不正也 譑 多言也糾也
曒 明也 儌 行也 僥 丨倖求利不止貌音驍
要 約也握也撮丨緊丨 㮁 同上 腰 身中也 䙅 約也 燿 爐也 葽 草盛貌音腰香 署 同腰
少 姓丨不多也短也幼也副貳也音天守畝 葽 同上 邵 魯國名 苾 草名 筱 箭屬
叫 呼喚也嘑也遠聲高舉貌 噭 同上吼也 嘂 噭 同叫上言嗚也大呼也 徼 循也小道也抄也求也要也音邀
邀 上唇也 繳 糾戾也音皎

掉 搖也振也作也正也
少 老ㄧ年ㄧ幼也副貳也

十九效 古通嘯

效 授也學也放也力也勉也致也驗也法也功也象也音皎
劾 象也功也驗也
斆 教也覺悟也音學
恔 快也音攪
傚 則ㄧ倣也依也
校 學ㄧ音絞教有
[illegible] 高高驗也
䂭 ㄧ嗷城名
俲 同傚
[illegible] 龜頭縮也
[illegible] 犬吠也
[illegible] 擾亂也凡殽象也效
殽 也音爻
教 令也訓也效也音交
窖 地藏也穴也
滘 漏ㄧ俗字
筶 ㄧ杯俗字
較 比ㄧ略也著明貌
餃 食也飴也
校 木囚也角也考ㄧ報也音效校有
[illegible] 地藏也
珓 古杯以玉爲之
鉸 鏑敵也音絞
激 水名
覺 夢醒也去聲
[illegible] ㄧ垙俗字
較 同較
窌 ㄧ穿地曰
[illegible] 孝天ㄧ
[illegible] 獸名
酵 酒ㄧ酒滓也
校 考也報也比也檢也計量也角也音絞交
孝 導也
悎 驚也音皓

稍 漸也廩也均也小也音宵
[illegible] 飯器動也
[illegible] 木上小枝也
[illegible] ㄧ地三百里地也
娋 人侵侮也音梢
䘯 袑也
䏴 目不明貌从肉
貌 容ㄧ面ㄧ相ㄧ與身而言
䫉 人客天地之ㄧ
[illegible] [illegible] 皃 俱同上
淏 大水也
[illegible] 飽滿也
[illegible] ㄧ幗也
描 摹也音苗茅
孝 ㄧ敬ㄧ養ㄧ弟姓ㄧ畜也音臭
涍 水名
[illegible] 大驚貌
[illegible] 豕走也
哮 嗥也呼也
嗃 大謼也
鬧 不靜也擾也或作閙
吏 同上
詨 多言也謞也
[illegible] 多髮貌
橈 弱也摧折也枉也散也音鐃撓饒
淖 泥也姓ㄧ音綽
掉 動也音棹

罩 籠ㄧ取魚器也
[illegible] 大罩也
箌 竹器大也音到
笊 ㄧ籬竹器音罩俗
[illegible] 同罩
簟 竹器同罩
鯙 魚名
鵫 ㄧ雉白雉也
[illegible] 同罩
[illegible] 小舟也
[illegible] 獸名似也音蜀
[illegible] 覆具也
抓 爪刺也音蚤
摷 拘擊也音勦
[illegible] 然也
鈔 錢ㄧ取也ㄧ略強也
杪 木名
抄 略取也鈔篡同鈔
[illegible] 行貌
趠 蹇也音綽
[illegible] ㄧ田俗謂耙田也
耖 覆耕曰ㄧ同上
豹 姓ㄧ虎ㄧ惡ㄧ獸名水虎也
[illegible] ㄧ牙俗字
炮 火ㄧ烙ㄧ音庖
炰 同上
疱 浮腫病也
泡 水上浮漚也
砲 銃ㄧ俗字
鉋 同上音庖
[illegible] 面上瘡也
狍 獸名
礮 同砲機石也
跑 [illegible]躍也
爆 火裂也音剝雹樽曝
[illegible] 黍麥也
奅 把穫也大也
[illegible] 鼠屬
[illegible] 鳥名

附录

鉋 餌也 麭
橈 曲木也弱也攉折也 擾亂也音鬧 撓 屈也 𢹬 擾也 獿 犬驚吠貌 音鐃
樂 愛好也

二十號 古通嗃
號 ｜令名也名｜ 号 俗同上
靠 倚｜相違也 耗 減也敗也虛也 髺 同靠 犒 餉軍也 好 嗜｜愛也去聲 㚵 同上
誥 信也 鮚 魚名 翶 飛也 馰 西域姓也 蒿 草名 搞 扫造也 音敲
㚪 虛厲也 膈 香氣也 蒿也 蹻 高脛也
傲 倨｜驕｜慢也 慠 同上 憝 同上 敖 傲也調弄也 去聲 嫯 也 鏊 餅｜燒器 音敖
奡 羿｜人名慢也 謸 謔也倨也 音敖 驁 驕｜馬行貌 音敖 嫯 侮易也 與敖通 㒚 高大貌
嶅 動搖貌 𧐖 同上 音嶅

竈 造也炊爨也 音躁俗竈 灶 同上 做 作去入二音 俗作仕

奧 室西南隅也 深｜妙也 懊 恨也忨也惱也 襖 衣｜綿｜納也 燠 熱也 音郁 媼 老女稱 鰹 魚名
噢 噢咻｜痛念聲 隩 水隈崖也藏也 澳 貪也 擙 磨也 瘐 痛也 譔 語也 告也
鷱 鳥名 麌 鹿子也 音夭 芺 苦菜名 音夭 㤇 ｜怔貌 㯩 柄也 嫩 妒也
墺 地近水 涯者 䭲 妒食也 祆 量也 麃 盡死殺人也 音標俗音奧
告 ｜訴｜示語也命也 犒 煩也 槁 苦木也 誥 封｜告也教也 郜 邑名 ＿ 古誥字
嚳 高辛帝 號音谷 姡 女名 陪 大阜也 呇 國名 覞 久視也 𢬃 謹告也
膏 潤也 音高 嵩 山名
到 姓｜至也 臨也音倒 菿 草木倒也 草名 𠠮 大也 音罩

字彙較正〈卷四〉利集

二十一箇 古通碼 箇暑同

箇 數也枚也 個 俗同上 个 古丁字 俗音個

過 超也失誤也失中也 越也度也 過过 俗同 簻 竹器 餜 食也 蝸 蠮螉也

鍋 車釭也 音果戈 詛 遲也 腂 踵亦也 浅 水名

挫 摧也折也傷也 斫也 音座 剉 同上去 芒角也 錯 摧出也 ˈ綜 又去聲 莝 砍刀 硑 石碎也 砦 ˈ石 地名

脞 叢ˈ細 碎也 夎 失容也 許也 趖 走行貌 郲 山名 㸷 芟也 刑也 銼 錤也 同挫

侳 折ˈ也 痤 小腫也 縒 縮說也 音差 遳 迷ˈ亂 也借也 䂳 炤也 侳 安也辱也

剒 治撲名 厝 厲石也 音棤 昔 蝸也 音情

字彙較正〈卷四〉利集

隨 毀也名城 音朵楮 惰 怠ˈ懶ˈ 音朵去 碟 瓦器 隨 山狹而長者 琛 玉名

𩑺 長沙呼 頭也 憜 古惰字 褠 無袂衣 也 篘 竹名 錡 車轄也 桵 祭神食也

鵽 鳥名 同惰 種 小積也 音妥 隋 落也 懈也 音嶞 去

佐 輔ˈ助也 佐也貳也 㸷 同上 副也 左 助也 去聲 袏 衣袍囊也 㟁 山摧也 跢 跢ˈ行 不正也

做 ˈ作俗 作灶

左 姓ˈ 不助也 戾也 證也 音佐祖 貃 獸名 跢 跢ˈ 足偏廢也 音佐 眦 畢我也

臥 寢也休也 化也息也 餓 不飽也 飢也 硪 石器 齹 齒ˈ 齒貌

座 牀座也ˈ具 坐ˈ遁 坐 同上ˈ立 跪也守也 㘴 不坐也 娷 安也 少

糯 稻名 沛國謂 稻曰稬 或作穤 穤 同上 稬 同上 懦 柔弱也 怯也 音儒 愞 同上

𣨼 ˈ歌送 死聲 𤆏 同懦

貨 ˈ物財也 化也 賂也 課 國ˈ稅也 試也 第也 計也 程也 洑 水名 顆 ˈ一ˈ 頭也 䫍 一頭也 髁 膝骨 骨也

敤 研治也 堁 火也 塵起貌 㞋 同髁

賀 慶ˈ 恭ˈ 加 也勞也 儋也 荷 負ˈ 擔 也 去聲 何 同上 去聲 嗬 慢應聲 濄 水名 訶 問 譴ˈ 怒貌

襪 衱袖也 菏 系名 祠 同襪 謌 譍語也 搉 擔也 抲 同上

洑 水名

邏 巡也 遊也 游兵也 鯠 玉華也 囉 囉嗊ˈ 纙 綫縷也

磨 碓一石磑也 去聲
[illegible] 同上
䃺 同上
[illegible] 小皃行貌
唾 咳一口液也
毻 落毛也
[illegible] 解也
和 倡一去聲
咊 和也
破 壞也剖也裂也坼也劈也
[illegible] 蹇也
錯 差一失悞也 舛一
[illegible] 同上

二十二禡 古通禡

禡 行軍祭禡 青陌姥
罵 詈也呵叱聲 惡言加也
[illegible] 同上
傌 同上
[illegible] 視也
獁 獸名
[illegible] 帶結飾也袜額
[illegible] 馬病
[illegible] 庵也
嗎 同罵
榪 牀頭橫木也
[illegible] 多言也
[illegible] 孔一疏也 一罅裂也
[illegible] 石裂也
[illegible] 地名
詫 告也
嚇 笑聲
赫 炙也音釋 燁
[illegible] 隙也
蔗 甘一也諸一
[illegible]
柘 桑屬
蟅 蟲名
[illegible] 萬年 一
[illegible] 黑也
嗻 多言也
遮 遏也冒也攔也蹠也 要也蔽也
鷓 一鴣鳥 名雉也

射 繹也僕王也 音夜官名僕姑
[illegible] 同上
[illegible] 同上
麝 一香獸名
榭 同上
[illegible] 多病也
[illegible] 器也
瀉 傾也水也鹵也吐也泄也
卸 脫衣解甲曰一 舍車解馬也
[illegible] 管也
[illegible] 聞也
[illegible] 蟲名
[illegible] 話一也 志也
赦 姓一釋也宥也 置也合也
舍 息也止也廢也罷也 音捨成釋
涻 水名
厙 姓也
貰 貸也賖也 一也音世
[illegible] 一牸牝也
社 土神 一稷
[illegible] 同上
[illegible] 器名
[illegible] 小室也 屋頭也
[illegible] 邑名
貰 賖也貸也又 音勢書
蜡 祭名

駕 馭也陵也 車乘也
架 杙也衣一也屋一 棚也舉閣也
嫁 女適也家也往也
稼 一穡 種五穀也
價 一値物 直也
賈 同上 去聲
假 告一休息也去聲
[illegible] 同上
[illegible] 具舟也
[illegible] 同上
㾏 心不安 也
䮫 騧車
[illegible] 古騧學
[illegible] 蠻布也
[illegible] 五爵也 音假
榎 杙也 音檟
[illegible] 屋閒也
謝 姓一辭去也退也告也 絕也衰也彫落也
[illegible] 同上
榭 臺有屋也上高曰臺 有木曰一
[illegible] 凋也
[illegible] 吳人謂 衣曰一
夜 姓一日一暮 一晝一亰[illegible]
[illegible] 同上
[illegible] 同上
[illegible] 鳥鳴也
[illegible] 鳥名
鋖 鏡也
[illegible] 麪一䴬 麥皮也

假眞ㄧㄧ僞借也音嫁格 檟楸也 賈姓也買也音價古 斝酒器音價 斚俗同上

榎梧ㄧ木名音夏 鶻鳥名 椵柚屬音價 犌姓也譯字 婽好也 叚借也音假

斝玉爵也

霸姓ㄧㄧ占王也把也 覇同上長也 灞水名 欛刀柄也 壩壩埧也

垻平川曰ㄧ 靶轡革也 弝弓弛也 䃻 䨣同霸 䎬刀ㄧ杷也 覇同霸

灞灞泉也音霸 把巴去聲持也 爸父也音巴

化變ㄧ我也 佮教化行也 七同上 枇木名 傀鬼變也 魤魚名

吪開口貌 譌妖言也音嫁

詐奸ㄧ欺ㄧ卒也僞也詭譎也 樝木名 榨打油具榨音債 醡酒具 搾以手壓物 咋語聲暫也

溠水名音差差作査

迓迎也治平也疑怪也 訝驚ㄧ疑也 呀同上喝聲 御迎也去聲 玡骨似玉 砑光石也碾也

犽獸似貜長毛

罷休也止也廢也 被褰衣也被也音長被 穲ㄧ稏動貌音皮 纙短也音杷

怕姓ㄧ懼也音柏 㦮同上 帕額首飾音陌 帊帳也帙也 袙同上 怉懼也

衩衫ㄧ衣袒也 紁同上 侘茶去聲失志貌 詫誑也誇也音奼 奼少女也驕逸也

嗄聲破也少去聲 厦屋旁也 庌同上賤也 閜開也 下低也去聲

夏姓ㄧ大也假也榎也音嚇賈亞遐 廈屋也 暇閑也同假 榎ㄧ楚枝也音假 嗄笑聲

下上ㄧ底也後也賤也去也落也降也音戸 丅古同上 二古同上 岈山名 疨痴病

溠導水使平也 閜開也 譇誑也

乍猝也暫也初也甫然也忽也 詐慙語也 迮迫也竹屋上板 笮同上 砟碑也 鮓藏魚也滓也

鮺藏魚也 蚱同鮓 咋吠也暫也 舴ㄧ艋小舟名 蜡年終祭曰ㄧ 䄍同上

筰竹也迫也 詑誑也誇也 咤叱ㄧ怒也噴也 姹美女也 窄寬也實也 䡈車裂也

痄甚也ㄧ瘂病 厏屋也ㄧ序不齊也 髿多毛 苲渣滓草也 鮺以鹽米釀魚為菹而食

謯訶貌 苴和糞草音鉏租

[illegible]俗呼婢為ㄧ 她 毑母也同上 詉詐也

借貸ㄧ揭ㄧ貸也假也助也 唶嗚也歎聲音吉碏

把ㄧ持握也執也擁也音霸 𢪃同上 笆竹名音巴

跛足不能行也 蟚螃蟹也虫名 𡯁同跛

咩羊鳴也 咪同上 哶同上

擭機檻也掩取禽獸也音護 矆視遽貌

捨捨也棄也 舍同上上聲

腂脆肥貌娃上聲

殗 舞也麻去聲
伌 阨寬也傘上聲

二十三漾 古通絳○韻略獨用

瀁 長也水名水搖動貌
讓 遜也揖—謙遜也
樣 法也
獇 獅食虎豹
養 奉—供—去聲
㒆 同上
㒆 立動貌
㨾 式—法也
橡 栩實也
釀 醞也酒也
㦹 恨也
饟 饋也音餉
瀁 水溢貌
糕 雜也
恙 病也憂也
攁 發動也
懹 憚也
橡 栩實也柔也
煬 炙燥也對火也向也暴也熱也音陽商
帳 帷也幬也張也計簿也
障 衛也界也隔也
嶂 高險也
瘴 病也熱也
漲 水大貌溢也音張
痮 滿也
脹 腹滿也音長
悵 惆—失意也
賬 —日俗字
痮 同脹
塲 炒墳起貌
塲 同上
涱 同漲
吽 反聲
暘 長也不生也音倀

創 —造建也—始懲也音瘡
刱 同上
愴 悽—悵失意貌音昌搶
敞 高顯也開也露也
氅 鳥羽也鶖為裘
惝 —怳失意也不悅貌
廠 露舍也屋無壁也
僘 寬也
𪀔 鳥名
鷩 鳥名
昶 明也通也音暢
𠛌 同上舒也
唱 導也音倡
𢡄 怳—驚也
鋹 利也
𨁡 踞也
𨛛 地名
凔 寒也音蒼蹌
擴 —充推廣也搥打也
壙 —野空廓貌
纊 綿花也絮也
曠 明也廢也大也久也空也遠也姓—豁也
爌 光明也
獷 惡犬也
礦 山谷名
絖 綿衣也八十縷也
𤩬 塞耳玉
矌 目張貌
𤲿 死禾也
懬 大也虛也廣也
軖 車名
僙 —佷不平也
𣋉 古曠字
𠠢 解也裂也
懭 恨也音礦
曤 明也

唱 發歌也—和導也音敞
倡 —率—和音昌
韔 弓衣也
鬯 鬱—香草
暢 姓—達也充也長也
昶 明入也舒也通也日長也同上音悵敞
暘 充也
誯 發歌句也
𧂫 草盛也
𪛆 同唱
𥢶 穬也
淌 大波也
韔 弓衣也
鋹 利也
悵 望恨也
賬 失志貌音張
諒 小信也佐也照察也誠也
涼 佐也信也音亮
哴 吭吹貌
量 審也度也限也音亮
湸 水清也
亮 姓—明也信也音亮
喨 响—嘹——同哴
𤏸 光也明也
輛 車輪也
兩 車數也去聲
醇 清漿也
剠 取也奪也
悢 悲也惆悵也音悢
晾 曬暴也
浪 意萌也波也井名鼓也姓—音郎
閬 —苑空—虛也
埌 墦—冢也
𧄍 草名同莨
蒗 —蕩渠名
莨 同閬音郎
䰫 江思也
𧷏 大貌莽—廣
𥉬 暴也同朗
㝗 空虛也音郎
狼 博—地名音郎

向 ｜背 ｜背 前日也　鄉 同上 去聲　嚮 面也對也亨受也 音嚮　鄉 往時也 明也　珦 玉名 音晌

闞 直視也　闀 門響也　菁 音菁　餉 饟也饋也 音當尚

望 悵也悵悅貌覩也責｜怨也仰｜音亡　妄 亂也罔也誕也音亡　朢 古字　朢 同望

朢 朝君也　望 責也　篁 竹名　朚 同望　謗 誹也　諻 責也

當 合也底也 去聲　讜 言中理也音黨　檔 木牀也 音當黨

謗 毀｜譖也訕也誹也惡也　蚌 蜃屬音棒　拌 打也 音蓬　鮭 同蚌　艕 船也 音榜　搒 搒也進舟也音彭

亢 極也過也蔽也強也敵也音岡俗音抗　抗 扞也禦也舉也振也蔽也振也敵也音抗　骯 婞直貌　沆 水大貌

伉 ｜儷配偶也敵也 音康剛　肮 頸也　吭 境也　𪉖 鹽澤　黃亢 黃色也

蚢 虫名　閌 高門也　忼 心悅也　吭 咽也　翃 同頏　黖 黑貌

軌 車軌也　炕 炙也舉也絕也乾也 音康慷　犺 健犬也 猲也　匟 ｜牀坐 床也　邟 縣名

駺 ｜驊 肥也　魧 鬼名　䳄 同翃 飛上曰｜ 飛下曰｜　筕 竹竿也　砊 ｜硠 石聲

𥦗 ｜骯｜不 平貌

醬 肉｜豉｜醋醢也　將 ｜相帥也進也去聲　猎 同醬　𨡔 古醬字

臟 ｜腑臟也 五｜六腑　藏 載物之所 去聲　鑶 鉦聲　葺 修葺

狀 犬形也形容也陳也　獞 西獸名　幢 翳也 音同

奘 扎也 駔也　葬 藏也埋也 ｜殯｜　䒹 同上　髒 骯｜｜婞直之貌

盎 盆也盎盎貌 盎盎然豐滿也　㼜 同上　醠 濁酒也　暀 日無光　榼 ｜椿 木名

相 輔也助也導也勵也構也 扶也治也視也去聲

上 ｜落升也 登也上聲

炕 慢火煎 物曰｜

喪 失也 去聲

柳 印去聲 堅也

二十四敬 古通震 韻略通徑

敬 姓｜恭也慎也警也愛也 肅也音竟　敬 同上　鏡 鑑也明也景也 音竟　曒 明也 也音敬

獍 獸名　竟 窮也終也姓｜ 音景

盛 姓｜極也多也茂也大也 長也　檾 ｜格俗　乘 車｜ 去聲　嵊 山名　賸 肥也

剩 不啻也餘｜長也 音乘　晟 明也熾也充盛也　𡓆 盛物器　娍 長好貌 音成

䁈 明也　賸 同剩益 也音孕　誎 促言也　輮 副車　𦞙 肥也

柄 柄也本也權也 斗｜音丙　棅 同上 持也　倂 俱也羅 列也　並 比也偕 也連也　竝 同上 音伴　鮩 魚名

摒 除也　鈵 固也　病 臥驚病 也多寐也　并 專也　併 競也

慶姓—善也休也喜—賜也福也賀也音蓋卿 㥞同上 𢊁俗同上 興、起也去聲 臖腫痛也
磬樂器石聲 罄盡也 𤎚火乾出也 殸敲也音罄 謦欬聲也欬也 洴—涏小水貌
𥦗空也 輕疾也車也去聲 鏧金聲也 漀側出泉也出酒也傾也音輕
嬹悅也
映明也隱也—睺不明也音掖 暎同上照也 影形——響音養
䭊同上 饋同上 䚞見也 景同影物陰—也去聲 𩟇飽滿也
㓷削也刺也 㢗長廊也廡也 昦大也音臺 𪏂面上黑誌曰—
炔火光也音鞅 𣯴毛布 境玉光彩 鍚飽也

令告戒也律也法也善也號—令—音吝連領艮 詅自衒賣也音盈 另分居也割開也 炩火也 𤸇風病也
正聲辨也是也直也定也決也預期也常也備也足也長也平質也音征 症病—俗 政—令取也正也音征
証諫也 證質—驗也 䇸古證字 姃女容端莊 𥰡竹名 𤴓同正
𤴔𤴕𤴖同正
聘訪也問也徵—朝— 䠷同上 䀻視也 湆飛聲 𤗈析木聲 𦁇傲絮也
娉訪也問也音浜
病疾加也甚也短也苦也困也憂也恨也 㽷同上 偋隱僻也斥也 𢉊側也 㲭—毯犬毛
㢉側也 蹁—𪆧地聲 䴵面色黃也 偋偋寠也隱僻也

詠歌也吟也哦也長言也 咏同上 泳游也潛行水中 穎穗也禾末也
潁水名 𦩞舟行也 禜禳風雨 頴警枕也
𦨈舟行也 醟酗也酒失也 𨠡酳酒也
聖姓—|—賢神—通明也 檉木名 勝加也 𦩻同上 蟶蚌屬 藤苣—胡麻
命性—使也信也告也令也 𠇮古字 𠆾古字 𡲓初孕也 䁤閉目也
詺辨別物名
迎逆也迓也逆—數也去聲 矨短小貌 麠鹿也
盟—誓明也約也信也 𥂴同上 萌草芽也音氓 𦽰同上

性—情生也—命姓— 姓—氏族—名—姓也 胜大膏臭也音星生 𢼸同姓
睲視也
諍止也諫—救正也 爭同上訟也去聲 𢏢弓開也
更又也復也 㪅同上
孟姓—長也始也勉也 𦯛狼尾草也
硬堅牢也強也 鞕同上害也惡也
鄭姓—國名町也—重殷勤意 𤮐瓶也

二十五徑 古通霽

徑 路也疾也捷也ㄧ直也　徑 同上　曔 明也乾也　竟 究ㄧ終也音景俗音徑

瀅 瀅也　勁 剛堅也健也强也遒也　脛 胻也莖也足骨也　筋 筋竹

競 爭也强也逐也盛也遽也不安貌　競 同上　競 同上　桱 木名　[鬲巠] 隔也

㗴 聲也　涇 直流也音經　踁 同脛　䓳 草名　誙 爭言也　[言言巠] 同上

逕 近也山路也直也過也步道也　娙 長好貌音形　併 急也

秤 正斤兩也度也數名量也　稱 同上去聲　𥞏 同上　[耒平] 耒也　覴 直視也

[貝貞] 賣不得也

定 安也靜也正也止也決也疑也　錠 方也銀ㄧ　腚 見也　[食定] 餅也　[火定] 火貌

[火廷] 同上　掟 天ㄧ張也　[禾定] 柏麥貌　誔 詭詐也　[正] 古定字決也毀也音訂庭

忊 懵懵也音聽

佞 口才也才也捷給也姧ㄧ　[言佞] 同上　甯 姓ㄧ寧也邑名　[毛甯] 大毛毯也　[竹甯] ㄧ籯籯也

聹 耳垢也　薴 葶ㄧ毒草　蠐 ■ㄧ蟲名　[頁甯] 頂ㄧ也　顁 頂顛也　濘 泥ㄧ水名音寧

[彳寧] 行貌

聽 聆也靜也從也候也待也受也斷也任也　䁎 同上　听 俗同上　忊 ㄧ恈不得志貌

濎 ㄧ濙小水貌

醒 醉ㄧ夢覺也昏暈也　省 審也視也察也上聲通省　箵 笭ㄧ車笭也音星　渻 姓ㄧ水出丘前

[疒省] 瘦也　惺 悟也靜也也　惺 同上　[省阝] 地名　[省瓦] 瓶也　[艹省] 草名

[門省] 禁署ㄧ府　[米省] 麥也　[角省] 同觥　[穴省] 禁著也

橙 榻ㄧ板ㄧ俗　[夂登] 同上　磴 山路石也　鐙 鞍ㄧ馬踏ㄧ　隥 仰也梯ㄧ

鄧 姓ㄧ魯地國名ㄧ城　蹬 蹭ㄧ失勢也　僜 同上行疲貌　[登攴] 擊也　[疒登] 殘ㄧ困病也　[鼜] 陵ㄧ長貌

[足鄧] 失卧也極也　澄 清濁分也音懲　[扌登] [木登] 擔也負也

訂 正也平議也均也逗遛也　飣 飣ㄧ貯食　[竹亭] 竹器　定 營室星也額也正也去聲

[米丁] 米餅

應 答也對也音鷹　譍 以言丨人也　噟 同上

賶 封丨送也增也　⿰黑會 黷丨酉 黯黑氣

甑 甗屬炊也　䰝 同上

豔 青黑色也　⿰冫艷 寒也

二十六宥 古獨用韻畧同

宥 宏家也寬也助也赦也姓丨　右 姓丨左丨助也導也亮也上也　盍 抒水器　盍 同上

酭 報也　囿 有也苑也墟也　祐 神助也　祐 同上　⿵門有 同上　佑 丨佐助也

侑 心動也　有 復也再也去聲　又 同上　迶 行貌　侑 勸食也酬酢也　姷 耦也

柚 果名橙屬條也橘丨大曰橘小曰　窅 窔也　珛 朽玉也　釉 物有光也

疚 顫搖也　莤 草名　菌 同上　⿺走有 走也　頄 顫疾病　詁 訓也

⿰金有 魚器　狖 獸名　褎 殘也　忧 心動也　扰 福也

獸 犬禽丨走丨烏丨腊也　嘼 畜養也　守 之也姓丨去聲　狩 犬田也圍守也冬獵曰丨音手始暑　漱 盪口也滌也齧也

廋 隱匿也隅也求也藏也音叟　嗽 欬丨也　漱 盪口也　[illegible] 軟皮也治革也　⿰革欶 同上

⿱竹叟 小竹也　收 穫多也音萩　首 服也音式手恕　瘦 臞也瘠也　瘶 同上　膄 同上

獀 犬名　颼 飛風也　⿰口守 趁鳥聲　嗽 咳丨也音速謏　⿸疒叟 損也同瘦

嗖 驅鳥聲

秀 榮也茂也美也禾吐華也　琇 石似玉　璓 同上　繡 錦也修也五采備也　綉 俗同上

鏽 鐵生衣也　銹 同上　鏥 同上　宿 列星也音夙羞息　⿰彳秀 丨徊行相待也

透 通也過也徹也跳也驚貌　[illegible] 地名　杏 唾也音剖　咅 同上　⿰言斗 以言誘也　[illegible] 地名

𧼮 自投下也走貌　⿰足殳 索彊丨也　⿺走透 跳也

酎 醇也釀也醖酒也　⿰言由 訓也祝詛也　⿰米胄 稻實也　稩 同上　粙 同上　驟 步丨疾也節也

鱁 白魚也　僽 僝丨惡言詈也　怞 憂愁也朗也音宙疇　⿰聚刂 細切也斷也　⿰扌聚 擊也

⿰氵聚 水急流貌音在　⿰糸胄 集也　⿱敄見 悶視貌　⿰言聚 同僽惡貌　⿰月壽 腓後曰丨

[illegible] 風也

受 得也承也付也盛也容納也　𠬪 古受字　授 姓丨付也傳也予也　䙳 衣也

綬 綸紱也受也組也　謏 口授也　⿰氵受 水聚也　售 賣去手也音熟　壽 久也酬也星名

[illegible] 古同上　⿱?寸 古受字　嬦 女名　⿰忄受 人名　⿰月受 小腸也　⿰片壽 丨版牖也

⿰衤氣 衣衿也

臭 香也宿丨敗也香物也音悖柚

螑 牛屬　殠 腐氣也物傷氣也音朽嗅　嗅 鳥鳴音抽　糗 糧也乾飯屑也　臰 狐丨汙氣也　溴 水氣也

擤 手舉也　𩈘 面醜　蹼 跛行也　饃 食物爛也

舊 留也故也久也老宿也音技　舅 姓丨夫父曰丨夫母曰姑音矩　䳜 同上　𢐀 弓強貌

𩡷 馬八歲曰丨　柩 在牀曰尸在棺曰丨久也空棺曰櫬有尸曰柩究也　匶 同上　疚 病也

𦬼 藥名草名　鮊 魚名　鯌 海魚名　齨 老人齒如臼也馬八歲齒臼也　鴭 鳥名

誥 毀也　麔 牡麋也　臼 舂也音告俗音舊

晝 姓丨地名丨夜日中也　呪 詛也　咮 鳥口也喙也　詋 詛也　祝 同上　噣 同咮星名

昼 同晝　𢓴 行也　喙 短氣貌口也　𦞦 脯也　縐 絺也布也聚文也

皺 面丨皺也　𩗩 風貌音嘲　騶 馬疾步也奔也數也　𧛞 衣不伸也　揫 結砌也治也

扭 按也音紐　𥄷 光也

厚 不薄也重也姓也醲也　垕 古同上　後 遲也嗣也姓丨前丨　𢕊 同上　后 姓丨君也

茩 草名　郈 姓丨邑名　鄇 縣名　逅 邂丨解悅貌　候 訪也伺丨時丨　堠 望也

鱟 魚名似蟹　𧊍 同上　鮜 同上　㖃 怒聲犬吠聲　𧮢 谷聲

𢓮 同上　洉 沾濡也　𠯟 吐也　㑧 石候膜　𠍮 同上　𧸩 丨賸財也

𧼎 蹇行　銗 頸鉗也　𩗺 風貌　豞 豕鳴也　㫗 古厚字　𧪝 言貌

堠 土堡也　候 訪也伺丨望也丨護也同候

漏 滲丨泄也竅也穿也隙也遺失也音樓　剅 穿也　陋 阨狹也醜陋也音路　瘺 病也

㾌 同上　硒 礶丨瓦器　𥐑 同上　𧃒 丨蘆藥名　㢝 屋丨俗

瘻 瘰屬　謱 丨詬忽怒也　𨄎 丨蹋也　瘤 瘡也　𨪖 鏤丨鐵衣

罶 竹器取魚具　鏤 雕刻也

鄹 地名　屚 屋穿水下也

宙 宇丨覆也居也音住　鈾 古宙字　袖 袂也　岫 山穴也巖穴　紬 古同上　𡨃 古同上

僦 賃也　就 高也異也延也成也即也從也能也終也　𡬢 籀文　鷲 鳥名　𩀟 同上

酎 醇也醲也　𩀍 鷲名　憱 心蹙也　籀 史丨周宣王太史名讀書也　牰 牛黑背爲丨

盩 人名音輈　葤 草名裹也　𧬀 謏也　𩋔 馬後鞦也　駎 馬驟馳馬也　惆 悲也音抽惆儻

紂 馬緧也謚法曰殘忍損義也　䩜 兜鍪也　𦁸 古今無之謂　胄 裔也胤也長也後也系也姓丨从肉

𥿔 竹易根而死曰　冑 甲丨介丨从冃　𡜗 醜也　怞 憂恐也期也音由　懤 愁壽也

褎 袂也　褏 同上

宿 止也舍也安也守也住也戒也星丨宿丨音羞息秀　蓿 苜丨草名　縮 退丨直也　蹜 舉步足狹也

𣻞 水多也瀑也　𧬄 丨嚴敬也　驌 丨驦好馬也　鱐 乾魚也　𦩍 舟名也　潚 水深清也

夙 姓丨早敬也同宿　餗 鼎實也　遬 齊也謹而不放　觫 觳丨恐懼貌　𪋞 鹿跡也　速 疾也

樕 小木也　漱 水名音秀　簌 茂密也　粟 丨米穀實也　鋉 兼金也

𦒍 鳥羽聲　𠠝 細割也　橚 木名　𢷾 擊也　𢹲 同上　鷫 鷞也

謖 起也翕斂貌　樎 櫪也　𢏱 同餗　鏉 金也　蓫 蒜｜藥草　𧁁 芽也

𩗴 風吼也　踧 ｜踖恭敬貌　𤡠 山名　㴰 水名　洬 雨也　僳 廟主也

涑 水名　𤦆 朽玉也 姓｜　𡖊 多也　𩴾 鬼名　𥕢 ｜砂 藥名　𥝩 禾穗也

嗽 吮也音速 謏瘦朔二聲也　𧝅 祿｜衣　𠈇 犕｜不伸也　𢡹 詭隨也　鏽 鏡上綠也　璛 姓也琢玉工

摗 擻｜取也　𥉶 燥也　玊 朽｜也琢｜工也 姓｜國名　誎 促也飭也詠也衒也　趚 走也

謏 誘善也 音篠　𪀦 同鷫　𠐊 肅愼也 國名　𧗳 行不住也　倲 倜｜頭動也　摍 蹴引也 抽也

蔌 陋也風聲勁疾之貌 菜｜音叟　𧞱 新衣聲也　𠍼 同宿夙　𢿙 迫促意

寇 姓｜賊也盜也暴也仇也 鈔也　蔻 荳｜藥名　扣 擊也 音口　㱿 未燒瓦器　怐 ｜愗 愚貌

釦 俗衣紐曰｜音口　簆 ｜布織布具　𢡛 勤力也　滱 水名　𣻬 揉也　𪂊 鳥名 鷗屬

鷇 生哺曰｜　𩓣 勤也　𪆁 同鷇　吼 牛鳴也 聲也　𠇬 短極醜也同拘　敂 擊也

𤙖 牛鳴也　犼 獸名

奏 進也薦也節也 ｜動作也　𨪕 槍屬　𤽵 半舂也　𧳟 溫豕也　𩸅 ｜鯩 蚌屬　𪃍 鳥名

族 樂變也進也音族　𨅤 蹋｜也　𢀟 節｜ 口也　揍 投也 播也　湊 理也 聚也

轃 聚也　腠 膚也 理也　蔟 律名　𪉠 鹽也　楱 橘類

究 極也謀也窮也竟也推 尋也深也　𥨁 古同上　救 姓｜止也助也護也 音拘　捄 長曲貌 同上

𣪎 同上 禁也　𩚔 飽也　泃 水聲也 音句　𣲧 水也　雊 雉鳴也　呴 同上

𡚸 ｜婷女 肥貌　㝅 乳也晉也 音構　𪖙 ｜齁鼻 息也　𥅦 怒目視 貌　𧦝 禁也止 也同救　灸 灼也艾也 也音九

疚 久也病 也　篝 薰籠也　冓 交積財 也　搆 結也搆 也音鉤　賕 受財枉 法曰｜　覯 見也 成也

遘 遇也　構 成也合也蓋也閒隙 也結起也音故　媾 婚｜寵也合也重婚 也　咎 過也 災也

購 財有所 求也　姤 遇也偶也卦名音厚　𥉌 視也　廄 姓｜馬 舍也　彀 弓滿也

𥕞 甃井也罰也音鉤　够 多也 聚也　豿 同上　餇 飽也 厭也　𩛕 同上

𡫇 夜也室 深密也　句 拘也去 聲　𥨍 穴也窖 也　𪂷 ｜鴝鳥 名　𩀵 同上　𠊱 毀也

㗕 雉鳴　㝅 楚人以 乳爲｜　𣪍 同上 音構　𡧱 貧病也 久居也　𢖶 怨仇也　愗 悅也 謹也

𣪉 取牛羊 乳也　𣫂 同上　𣪏 揉屈也　𣪋 羊乳也　𦽜 積草也　𧄯 同上

𧂁 草名　詬 巧言也 詈也　詢 恥辱也 同上　𧲾 熊虎子 名　䝭 賉給也　𨖆 恭謹行 貌

𩄉 大雨也　𩑠 勤力也　臼 舂也姓 ｜音舊　疚 灸也

茂 盛也勉也美 也秀也　楙 木盛也 木也　懋 盛大意 勉也　𦺊 草也　瞀 目不明 也　愗 恂｜患 貌

蓩 毒草也　貿 市也 買也　𧶇 同上　鄮 姓｜ 地名　謬 ｜妄差也詐也

𠊊 鄮台也　𣖍 冬桃也 木名　繆 姓｜ 音木　袤 長也 廣｜　冃 重覆 也　瞀 眊明

𣭹 毛密也　𦶕 細草 叢生也　𨢹 ｜酼𨠾醬也　戊 茂盛也剛日也音茂

騖 奔也疾也 馳｜

豆 祭器木｜穀也　⿰犭豆 犬吠聲也　荳 蔻也同豆｜蔻藥名　逗 止也住也　餖 飣｜貯食

⿰飠殳 同上音設　痘 胎毒也　梪 籩｜薦菹醢也　⿰女豆 姓｜女也　侸 立也

⿰忄豆 小怒也誰也恣也候也　竇 姓｜孔竇也　⿱穴豆 同上穴也　讀 句｜止也誦言也紬也音獨狄

浢 水名　⿰豆豆 禮器　⿰氵竇 水聲同浢　⿰金豎 酒器　鋀 同上　⿰口賣 句｜誦書也

⿸广豆 器名危廚名　⿰扌豆 四鬬日｜　⿰豆毛 氀毹也　瀆 水名　⿰示豆 祭福也　⿱⺮豆 禮器

蕍 圓荳䔧也草名　⿰彳俞 同上　⿱覀豆 塞也音孔因樹　酘 酒再醸　⿰酉俞 投也醬｜　鬪 呼也

⿰革豆 車載具　⿰韋豆 同上　⿰魚豆 魚名　⿰忄富 怒也音富　⿰金甬 鐵生衣　⿱豆殳 鼗擊也音頭

投 止也合也同讀　脰 項也頸也音覩老泥

鬭 姓｜爭也戰｜遇也音妒兒　鬪鬭鬥鬦 俗同上　⿰言豎 ｜謳不能言也　⿱奞豆 取也

⿰言豆 同譝　⿰阝豆 峻也　⿰阝豎 同上

二十七沁 古通震○韻略通勘豔陷

沁 以物探水曰｜｜水名音心　浸 漸也沒也漬也潤也涵也音侵　寖 古同上　祲 盛也　滲 漸漬也

⿱⺮浸 墨漬筆也　⿰扌心 插也　⿰忄心 惻也　槮 雜也殺也音三　⿰扌寖 探掘也　濅 漸也水名

⿱宀夌 同上　吣 犬吐也　⿱尚心 同上　⿸疒心 痛也

蔭 庇｜日景也積｜翳也　廕 庇庥也　⿸疒參 心中病　衽 衣衿也卧席也　飪 羹｜大熟也　荏 柔也音稔俗作衽

⿱多音 不平聲　⿰月念 飫也熟也味好也　恁 思也念也信也音壬　棯 果名　⿰禾音 禾苗茂盛也音厭

禁 謹也止也戒也制也勝也音金　噤 口閉也　澿 寒貌　⿱林木 承樽桉　⿰禁力 用力也

⿰舌今 牛舌病也

枕 檢也音展
鍖 刺也
[illegible] 用力也
[illegible] 明也
揕 擊也音砧
甚 尤也深也極也劇過也 音任俗音葚
[illegible] 古同上
[illegible] 頭貌
[illegible] 傪│頭 同前
葚 桑實也
訦 信也
抌 深擊也
黮 桑實也
椹 同上
[illegible] 心上聲恐貌
[illegible] 陰厚也俗謂土突爲│
[illegible] 齒怒貌
讖 屆去聲符│驗也 徵兆之言
[illegible] 擿也謂弓貌

饖 音識貪食也
罧 魚│水中聚魚也音森 俗作魚│
譖 毁人行也 訴也讒也
譛 同上
罧 同上
䉞 木物堆積也
潛 深也水也音 淵俗作氵│
囦 同上
僭 不信也儗也差也 假也音侵
𣲖 同上
揞 手覆物也 藏也音暗
揞 同上

二十勘
勘 古通䞶
勘 校也覆定也鞫囚也
㘓 叫聲也 可也訶也
瞰 窺視也 臨也
獭 犬聲
譀 𧨾也 誷也
闞 姓│ 同瞰
𧾷 走貌
磡 砌也山 岩也
碣 同上
磡 同上
𪥕 田│音 戡俗
顑 食不飽㓃擊鼓也 也音坎竷
嵌 │岸嵌崟也山 深貌
䭙 饑也
𡾊 山險也
㰹 叫也音㰹
纜 船│大繩也 維舟索也
檻 櫳也柙也欄也圈也
濫 漬也竊也氾也溢也浮辭也音唊 覽藍
𢷾 米再舂 也
礛 陶也 水器
轞 車聲也
孏 婪也 貪也
嚂 食貌
灠 湧泉貌
醶 泛齊行 酒也
艦 版屋舟
壏 堅土也
嬚 過差也 貪也
𢡒 健也
爁 火貌音 覽藍

⿰貝監貪財也 ⿰監刂利刀也利也 ⿰監刂音監
暫常｜不久也卒也須臾也 槧刻也又倩刻 蹔不久也 鏨｜刀小鑿也 賺賣也 蹔不久也進也
站坐立不動貌久立也 ⿱亞立同上 詀破詀也 賺重買也錯也
澹恬靜貌水｜動也安也音談憺 淡薄味也水滿貌安流平滿貌音譚餤同上 啖姓｜狂也食也 餤進也音談
菼草名 伔止也 啗食也姓｜ 毯毛席也 緂色鮮也 髧髮垂也
⿰糸炎魚網 ⿰衤炎囊衣也 窞旁入貌 啿豐厚貌 噉同啖音噉 憺恬靜也安也音談
啖少味也 ⿰鹵炎無味也 ⿱艹閻芙蓉華盛貌 ⿱艹談竹名 黕雲黑也 覃曲內也
贉領入錢也 ⿰糹剡帛雖色緂也 賧蠻夷以財贖罪也 ⿰口貪聲也衆貌 憛｜忐心不寧貌 嘾含深也

禫除服祭名不安貌 ⿱艹剡同菼
憾恨也不安貌音禫 ⿰女酓含怒也音俺 ⿰月臽[illegible]｜音欿 陷高下也沒也 餡粉果心也 撼搖也動也
嵌開張山貌 ⿰犭甘同上 琀驗喪物音含 ⿰魚臽魚名 臽小阱也 轗車也
⿰犭臽大聲 ⿰阝函同陷 ⿰木臽木名 諴詩｜言不定也

二十九豔古通豓
豔美也
灩水滿也 驗證也效也[illegible] ⿰馬念同上 艷光彩貌放縱貌俗豔字
焰火光貌 燄火行貌同上 焱火華也 剡銳利也 豔好而長也美也 豓豔歌也
灩同上 醶酢也音釅 瞻瞰也 掞銳利也舒也 鹼鹵也音鑯減 減損也少也輕也
⿰虫咸蛤也 熖俗焰字
歛欲也姓｜習也收也聚也束也藏也取也 臉面也目下頰上也音鑯 ⿰僉頁同上醜貌 澰清也
瀲波際也泛也｜灩水溢貌 薟草名 襝｜衽衣垂貌 㐁以舌探物也 櫼木名果名
⿺辶韱勤功稱 ⿰火僉火也 ⿰糸僉纏索也 羷羊角捲三合者 蘞白｜藥名音廉蔹

餘 食無味也 獫 犬長喙也 杴 火ㅣ鍬屬 檢 同上 音謙 撿 拱也束也拘也局也 校也舉也同上

殮 殯也斂也衣死也 鎌 鎌鍥也 醶 香也 音嬐 㾾 喉病也 音兼 廉

念 姓ㅣ思也懷ㅣ黏也 不忘也音拈 絵 挽船筊也 鹸 挽舟索也 音捻 艌 船木也 隂 遇在上也

䶬 帕也 舲 挽舟具 緂 同絵

厭 ㅣ倦ㅣ棄絕也 損也足也 灩 露濃也 饜 足也 䭑 同上 飽也 醶 苦味也 䅧 禾稻不實也

奄 覆也遮也忽也 音淹 㷿 汚濁也 音掩 䅳 萬穗箏也 音陰

劍 ㅣ鐙 刀ㅣ檢也 鍊 同上 蘞 草名 鐱 同鍊

僭 ㅣ竊假也 儗也差也 僣 同上

三十陷 古通鹹

陷 沒也高下也 餡 粉糗心也 鮥 魚名 臽 小阱也 焰 犬聲 㟥 同陷

醮 盡也祭名 建ㅣ音醮 釂 飲酒盡也醉也 以物投水也 醶 飲酒 盡也 爝 火滅也 𢤺 性急也

穛 物縮小也 斬 度也 嚼 人名 音嚼 瞷 目睡也

懺 悔也 儳 不齊也疾也雜言也 𤮿 甖屬 瀸 病也 蹴 行貌

釤 大鐮也 饞 貪食也 攕 拔也

鑒 察也洞也 鏡也照也 鑑 照也 明也 監 察也視也攝也 音闞目 艦 船也 𩴹 ㅣ魁 俗

儖 ㅣ儳 惡貌 劖 細切也 利刃也 贛 ㅣ州 府名 䜲 安也 淦 縣名 覽 臨下也 視也

䲚 魚也 矙 瞻也 轞 車聲 𩝐 魚也 璺 玉名

泛 浮也流也 音捧 汎 同上 音寺 為之 氾 普也博也廣也搖動也ㅣ濫姓ㅣ 水延漫也不定貌 音凡 現敷 㤓 無心也 急性也

婏 兔子也 販 買賤賣貴者 仉 輕也 音凡 畈 平疇也 盌 酒盞 𧷎 同販

鉈 杯也 鈚 同上 訉 多言也 飯 食也 上聲

和集

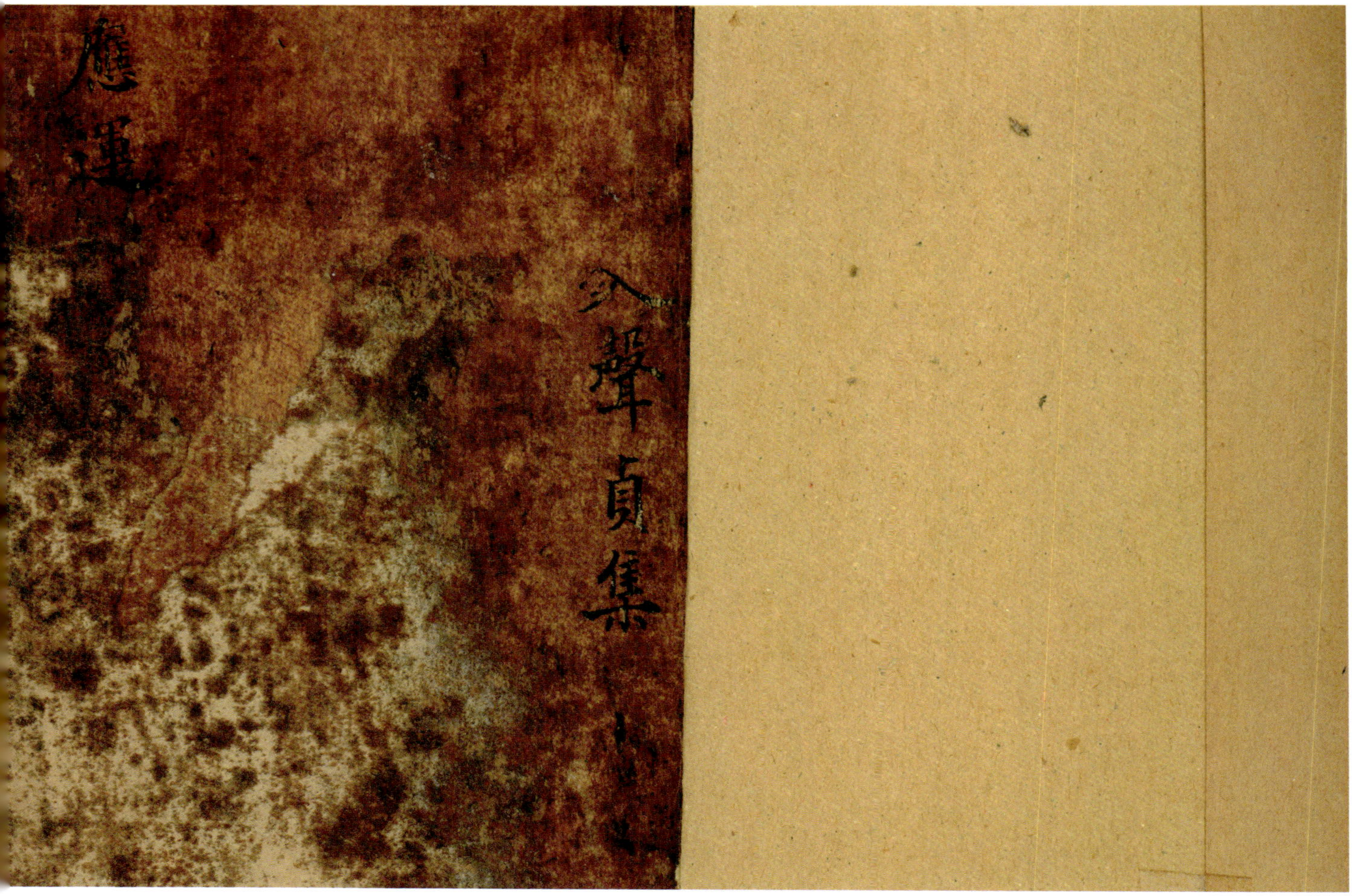

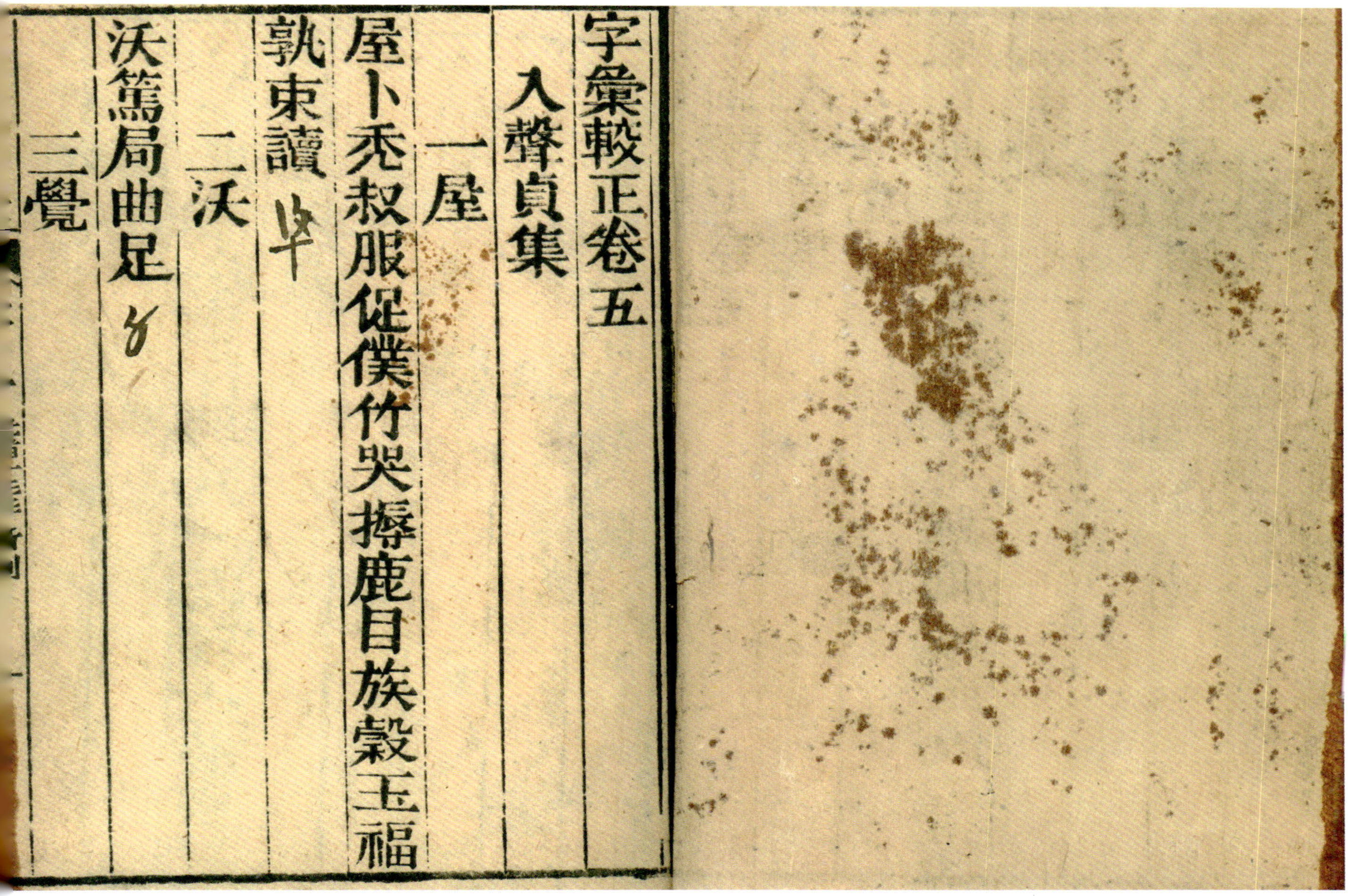
字彙較正卷五
入聲貞集
一屋
屋卜秃叔服促僕竹哭搙鹿目族穀玉福
孰束讀 卒
二沃
沃篤局曲足
三覺

覺恪博朔濯學樂散卓　夂

四質

質率姪戌疾律日畢匹一黜吉七必密實

乙乜出咳兎　卆

五物

物佛乞屈弗迄鬱　十

六月

月厥撅伐發骨突勃訥歇杌　卜十

七曷

曷割襏活脫撻達遏末闊抹奪　卜十

八黠

黠殺刮扎八拔薩（藿）刷滑襪疤捺辣挖詛　卆

九屑

屑折垤滅劣雪業拙舌設列傑揭絕鐵節

徹咽別撇切决血說　卆

十藥

藥莫索作惡縛度昨約託薄落鑊噱著琢

掠鑠脚削樸諸卻爵博　卆

十一陌

陌拍逆察策客麥責格展赤石夕覈碧白

宅益迹僻　廿

十二錫

錫的狄惄戚

十三職

職克德溺直昃默翼或極食棘洫慝惕力

國塞賊式　廿

十四緝

緝習立急執澁十邑及入濕　卜十

十五合

合塔雜拉踏臘納荅剳揩趚簉　卜十

十六葉

葉獵帖聶攝挾捷妾頁閤乜謵　卜十

十七洽

洽恰插甲押刼帀㪶霎映 十

通共三百三拾八音

字彙較正卷五

入聲貞集

一屋 古逼沃轉覺 韻署逼沃覺

屋 具也止也車蓋也深廣貌含也居也音沃俗作房一 臺 古屋字 齷 同上一齪 剭 刑也誅也音渥 鄏 地名

臀 一膏肥貌 喔 雞聲音握 箼 竹密 黰 黑刑 渥 水聲音握 媉 好也音握

腛 脂豐也

卜 姓一筮一子也 濮 水名竹名州名 汱 水名 鏷 一姑矢名 鵏 雉也 䲷 鳥名

樸 一鈴南極之夷 卧 目骨 鸔 水鳥 樸 音扑 棗也 轐 車伏兔也 蹼 鳧鴈駢距也

蹼 足指間相著 纀 裳削幅也 䑑 同上 嶫 邑名 意妻 鬃 鬟也 㯷 墻板大者

僕 彭一蠻夷國名 幞 巾一帊也帕也 襆 帊也

禿 無髮也物落盡曰一 秃 同上 瘯 首瘍也 抚 杖指也 䛢 訹一狡猾也 鵚 一鶖鳥名

貕 獸名 桰 杖指也

叔 一姪伯一豆也拾也少也 尗 料 同上 踧 一踖恭敬貌音蹙 俗音叔 倏 犬走疾也 儵 青黑色

㧰 拾也 淑 清湛也 虪 虎入林也 潚 無草也 鯈 魚名 翿 人名

㥦 疾也 㕛 古叔字 埱 始也 㵟 水波也 捬 引也

服 行也慣一勝也事也思也治也習也歸一整也姓一衣一 菔 刀劍衣也蘆一菜名 箙 盛弓矢器

鵩 不祥鳥 伏 偃也匿藏也屈服也潛也姓一 虙 姓一虎貌 栿 梁一也 垘 土雍曰一崩岸流也

袱 帕一 韍 皮衣也車鞁也 鞴 同上 軷 車軾也 狱 狐也 澓 洄也姓一水

洑 同上 復 返也白也答也報也姓一再也還也反也 復 複 同上 𧍽 見鬼彪 䑧 舟也

轐 車下縛也 輹 同上 瘦 病重發也 砞 一牛俗字 跃 行貌崩也 蝮 一蝠蛇也 蝠神

樴 木名 駛 馬名 䪻 邪也 鵩 一鷗鳥即䲷鳶也 復 重也 㝎 治也

墣 穴地居也 覆 山覆也 稫 穀名 覆 盜庾也 籠 盛弓弩器 趩 小兒手摽地行

躬 同服 葍 同菔蘆一蘥一花名 匐 伏地也奔趨往也音僕 瘦 勞也

茯 一苓一神

促 局丨小貌迫也近也密也　浞 需也漬也　哫 以言媚人也　趗 行步局促也　蹙 不安貌　蹴 同上蹋也
齪 齷丨齒相近聲　諔 言急也　顣 顰丨不安貌　⿰足戚 同上迫也近也　嘁 憂愁貌　⿰虫就 虫也蜋丨
媨 好也音酉　脨 炙筋音籍　⿰月戚 膏澤也　擉 取鼈蜃也音捉蜀　踧 敬謹也音叔　灂 水聲音醮
潚 姓丨深青也疾也音肅　槭 車轅木曰丨　傶 姓也　⿰衣戚 好衣也　⿸广束 舍也
摵 隕落貌　⿰朮攵 悲貌　殧 殄也　籗 捕魚籠音郭　⿰酉足 齊也　⿱竹就 箕遊攢也
縬 縮也縐文　鼀 詹諸也　⿰音束 樂懸斷也　⿸尸足 行疾也　⿰犭戚 勁也　⿸尸足 急也
⿰足戚 迫也急也　丵 草木叢生音僕編　鑿 [illegible]也　⿰酉攵 醜老嫗貌統雉也
篧 捕魚籠音護　數 細也音朔數縮

僕 姓丨奴丨御也　⿰阝菐 古同上辱也　璞 玉名音樸　樸 姓丨木密也　暴 顯也晞也日乾也人聲音雹泊菂
幞 丨頭朝服也帕也　⿱竹僕 竹筆也　⿰鼠殳 鼷丨鼠名　觳 丨觫恐懼貌音確學俗音斛
⿸鹿菐 鹿相隱也　夋 行貌　匐 匍丨盡力奔趨也　襆 被丨帕也　⿰菐毛 毲丨至不理也
襮 表也　穙 草生概也　纀 同襮　⿱艹木 草生貌　⿰虫菐 丨蟓小虫名　⿰菐鳥 丨鵊鳥名
⿰扌暴 擊牛也　⿰扌暴 擊聲　瀑 丨布飛泉懸水也音暴　⿱髟暴 髮不理也　丵 草木叢生貌
雹 雨冰也　⿱雨品 同上　⿰氵㬥 同瀑　⿰扌伏 擊也
竹 姓丨丨木丨竿丨筒　𥫗 同上　竺 天丨竹也國名　燭 照也　烛 俗同上音出　爥 同上
屬 會也足也合聚也托也恭也續也付也運也聚也結也恤也音蜀著　穱 小也早熟音爵　柷 樂木空也　鸀 鳿鳥

⿱豖手 丁擊物也擣也　椓 擊也推也　⿰扌屬 執也　瘃 手足中寒瘡也　歜 吹氣　灟 泰也洞丨無形貌
汋 激水聲也　穛 蚤收穀也　⿰糸屬 綴帶　蠾 丨蝓蜘蛛也　⿱髟屬 髮長至地也　鸀 丨鳿鳥名
⿺鬼勺 鬼頭也　賣 通作鬻　⿰蜀阝 縣名　鋜 銷足也　⿰蜀斗 斛也　戳 同斲
擉 取鼈蜃也　咮 呼雞聲　囑 丨附託也叮嚀意　矚 視也　斸 斫也鉏屬　茿 [illegible]也
⿱艹椓　笁 同上　粥 糜也卑謙貌姓丨無能也音送育　鬻 姓丨養也賣也餬屬音玉粲　斮 斬也斫也[illegible]音灼
祝 屬也始也詛也音晝　祝 俗同上　捉 搦也捕也促也　⿰食兄 同祝　曯 照也
築 丨造拾也擣也　孎 女謹貌　欘 木名枝上曲　欘 同上　⿰目蜀 視也　劚 同斸
浞 人名　啄 鳥食也　啅 眾口貌　喌 呼雞聲

哭 丨泣啼丨大聲曰丨有淚細聲曰泣哀痛聲　墼 土墼也　㲉 卵孚也　𣪊 同上　榖 府穀也
搙 捻也柱也音傉農入聲
鹿 姓丨仙獸名散也酒器　麓 山足也　漉 滲也浚也竭也水名　六 數名　陸 姓丨厚也高平道也
⿱竹六 竹也　綠 玉芻也閒色　稑 種丨先種後熟曰丨後種先熟曰丨　簶 竹高篋也　鵱 鷜丨野鵞
祿 福也俸也善也　錄 記也檢也取丨　籙 籍也圖丨籙也　彔 禾麥也　⿰忄鹿 心開也心轉也　⿸鹿彔 天丨獸名
菉 同綠蓐也　⿰舟鹿 舟也　⿱雨鹿 暴雨也　[illegible] 鄭也　⿰言彔 同錄　睩 丨[illegible]蟲名
逯 行也酒名姓丨　淥 水名　騄 丨駬良馬名　穋 黍稷也　勠 併力也　⿰犭彔 水上飛也
膔 胋也肥也　戮 殺也辱也病也音聊　⿱羽力 古同上　僇 同上　⿸疒勠 病也

角 隅也觸也角生額也　粶 火爆米也　騼 駿馬也　蓼 ｜莪草名　剹 割也殺也

盝 去水也涸也　麓 山足也陸也　鏕 鉅｜鄉名　輊 軸也　菉 同麓　𧳢 白獸

琭 玉名　禄 祭也　蔍 ｜葱草名　簏 同箓　坴 梁越王名土塊曰｜

鯥 魚名　騹 健馬也　趢 ｜起蹢也　䴪 獸皮有文者　甪 獸名　摝 振也音弄

淕 雨澤也　𡴣 古陸字　娽 顓頊妃名　罧 捕魚具也　醁 美酒名　諑 讒也

睩 笑也　𦗝 耳鳴也　纚 縺也　磟 石也　輘 車聲　腺 腹鳴也

谷 ｜蠡匈奴名　𨏒 ｜轆圓轉也　墭 地名　蹗 行貌恭也　椂 ｜柚果名　睩 謹視貌

樚 木名｜櫨井上汲水器也　熝 煉也　甗 ｜甂甕也　螰 螻｜即螻蛄　𦮿 蔏｜藥名

𦺓 同｜　嵺 ｜峣山勢也　壾 吳王孫休子名　䍡 罜｜小網　碌 隨從貌石貌碌碌　黷 黑垢

瞜 ｜磻平田器　䚄 共視也笑貌　𣇹 日暗也　𧄖 ｜菌草名　㯟 佛名　𦦐 ｜菌地蕈叢生田中

𦸗 蓉草　𩞁 ｜爻餅也　𧽾 ｜趚走聲　𦪇 角也　𤞣 ｜殘蜀人

濼 齊魯間水也音朴歷柏藥　𨂒 恭也　𦵻 古陸字禾屬　廘 庾也倉也

捸 同摝

目

目 視也條件也要也科｜　囼 同上　木 姓｜冒也觸也樹｜祝敬也質樸也音莫　霂 霢｜小雨也

沐 潤澤也治也姓｜｜浴濯髮也　苜 ｜蓿草名音木俗作｜　穆 昭｜深遠也和也敬也多也清也美也

𤵠 病也　鶩 野鴨也音務　鞪 車歷錄束交也　睦 和也信也親也　牧 放也食也臨也養也司也察也始也館也

字彙上　卷五　貞集

瞀 不明也　蚞 蜓也蝗屬　魶 魚名　絉 繩也　毣 鳥羽澤也

𨍏 轅也　繆 姓｜音謀茂　霂 雨也　鮇 魚名　𧙉 衣縫　坶 同牧｜野地名　炑 火熾也

𥃳 同穆敬也　婺 美貌　杒 ｜桑治桑刃音刃　䒬 草也　蓩 毒草名　䀲 目病

𥝊 緻衣　匹 ｜雞鴨也音疋　登 豆箕別名　㣎 細文也　𢃵 幪上絲也音務謀茂

艒 ｜艫舟也

族

族 矢鋒也聚也類也家也屬也音蔟奏嗾　逐 驅也斥也放也追也競也　蹢 跳躍也　鱁 鮧別名

篴 竹名　蓫 羊蹄草名惡菜　𩣖 羣馬相追逐也　鏃 利也箭頭鐵　簇 小竹　瘯 疥癩也

鷟 鸑｜鳳屬神鳥　𪈳 同上　俗 不雅也習也欲也　續 接｜繼｜　蕒 菜名　𩝷 食貌

舳 船｜舟尾也　柚 杼｜織具音右　妯 ｜娌兄弟妻也音祿迪柚　鐲 鉦也　𥪰 立待也

𢥞 心不安也　櫝 榿木別名　促 迫也速也　軸 抽也病也　𨏓 同上　鋜 姓也

躅 躑｜行貌　𢸕 斂也　𥗠 ｜磟多砂石也　浞 水名　𣿔 水名　𣄍 聚齊也

𢸍 捉也　𣺌 水名　𧐯 虫名　𧄐 草名毒草也　𦽹 俗同上　𩆷 大雨也

𦲹 草木叢生也　钃 鉏也誅也　觸 牴也據也汚也衝入聲　𡳾 古同上　濁 水不清也音濯

蜀 葵中蠶也音屬俗音濁　𨟅 州｜人名　蠋 虫名　髑 髏｜　鸀 山鳥

梀 短椽也　㑿 頭動貌　籗 竹名　臅 狼｜音燭粟　歜 盛氣怒也　𤜸 舂也築也

擢 引也拔也聳也去也抽也出也徹也　屬 隸也官寮也類也從也儕等也音燭

穀續也祿也生也養也姓｜善也音斛 穀粟也同上 鞠生也窮也盈也告也｜育養也 掬兩手曰｜｜離也
匊同上 ⿱竹匊竹根 椈木名 淗水交也 惆謹慎也 鮈魚名
踘蹴｜造習兵也 ⿰食匊饘也 鞫窮理罪人也 ⿰月匊身也肥也 ⿰足殼足附也 ⿰虫匊蟾蜍也
菊治牆也 谷養也溝也窮也 麴朽也姓｜｜糱酒母也 鵴鳩｜即布穀鳥 鞫｜寃究罪也
諊同上 ⿰犭匊石｜獸名 唂鳥鳴 ⿰目谷目開也大目也 祰告祭 ⿱艹告木皮曰｜
⿱竹殼俛也 ⿰齒告治象牙齒聲 ⿱殼鼠鼸鼠也 鷇布｜鳥名 哠咽也 轂車｜車輿也
告告也謁請也入聲 粷粉也 梏直也貫頸也亂也手械也音覺 牿牛馬牢也
鵠鴻｜也毛也 嚳帝｜高辛氏名 俈俊也 穀楷也惡禾也 檋禹治水出行車 梮同上

毱毛丸也 ⿰山鞠山高貌 鵴鴶｜鳴鳩 豰豆名 趜謹敬也窮也 厈持也
垢不淨也音构 ⿰女匊女名 ⿰多匊｜𧺆多貌 郹蔡邑名 陱養也盈也 鷇鳥名
蘜｜蘸華青黃色 ⿰足凥足也 ⿰告頁鼻高貌 ⿱殼土土也 䚛治角也 ⿱殼缶器名
斛姓｜十斗也
玉寶玉美石美貌也姓｜愛也成也寶愛意 玊同上 鈺堅金也 慾嗜｜淫｜貪｜音裕
⿰黑谷黑谷 欲貪｜愛也願期也私｜婉順貌音裕聿 浴沐｜洒身也盥濯也潔治意音悅 育養也生也長也
淯水名 ⿰石玉⿰石齊頭貌⿰石齊也 ⿰王育肥壞也 ⿰亻育賣也 肉柔也邊也肌｜肥滿也音作孺揉
月 宍同上 辱汙也屈也恥也 縟細也 蓐蔫也席也厚也 鵒鴝｜也 毓稚也郁｜盛多也

苩草名 煜燿也火焰也盛貌 褥縟也辱也裀｜小兒衣也 媷灑辱也
溽暑也濃厚也濕也 鄏郟｜地名 獄确也牢｜ ⿰食育食也 ⿰犭谷獸名
鬻獯｜匈奴名賣也音育 鳿鸀｜鳥名 ⿰虫玉蟣｜虫名 峪平｜縣名 ⿰足玉行不止也
⿺走玉破也 ⿰忄育心動也 ⿰口辱羌別種名 ⿰木育車蔣欄也 ⿱粥田生田也 儥賣也同鬻
賣同上與賣鬻 唷出聲也 ⿰糸育白緯縚也 戫矛戟 ⿺毛鬲氍｜ 逳行也步也
輍車枕前也 ⿵門谷同獄 ⿱𦥑豆屋短貌 鋊谷聲 稶厚也音宄
福祿也休也祥也祐善也宮也 福同上 畐滿也 覆反｜倒也敗也 覄俗同上 復同上去聲
輻員益也 腹心｜厚也宮也複也 ⿰食复食也 複姓｜重衣也 馥香氣也盛也 輹車軸縛也

楅逼｜整意音逼 蝮大蛇也 幅布帛廣也蒲也姓｜音逼 蝠蝙｜飛鼠名 愊悃｜至誠也
葍蓄｜菜名 ⿱宀復地室也 ⿰土复同上 諨言備也 腷｜臆意不屑也 ⿱艹輻草蔕也
⿰米畐｜米紅米也 ⿱艹福草也 鍢釜大口也 ⿱竹畐織具音雹 ⿱竹復竹實也 ⿰舟畐｜艑大船
蕧蓫葍 ⿱髟畐髻也 鶝鳥名 ⿰阝复陷山也 副剖也判也音逼裂也
⿰禾复山覆也
孰誰也何也熟稔也審也食飪也 塾門側堂也疾也 叔吊也 淑同上 婌女官名
俶始也善也 菽｜粟麥也 蜀祠器也葵中蠶 鐲溫器也音濁 ⿰王蜀玉名 蠋虫名
欘木名 鸀山鳥 屬付畀也類也音燭著樹 属俗同上 贖貿也質也音樹

璹玉器也音受 襡長襦也短衣也 襩 襹同上 熟生丨爛也成也 闒同塾 赵晉公子名

妯丨娌兄弟妻也音逐 妯俗作淑 韣弓衣也 紒解也 ⿰山叔至也 琡玉名

柷柴木空也音祝

束姓丨約也縛也薪也音率戍 捒縛也 矗高起貌直也 畜養也止也起也音蓄 旭俗作吏

蓄丨積聚也 慉起也養也驕也 搐牽制也 訹謏丨聞香貌 滀水聚也喻急也 傗丨佩不伸貌

嫸媚也音遂 鄐晉邑名 觸引據也汚也 ⿰衤畜襧也 孎人名 臅膏也狼臆中

歜氣怒貌 藚萹蒲茹也同上 遬行貌 數密網也入聲 ⿰犭疋飛貌羽齊貌 珿齊也

⿰石足小石 梀樕丨捎木也 ⿰豆足小豆名 豖豕也絆足行 柷丨敔樂器 俶憂也

⿰土豖牛馬踏處 蓫同苗 苖羊蹄草也从由是東是蓫从田是苗二字不同 ⿺走豆直貌

亍小步也左步為前右步為丨合則為行 逐逐丨小貌行也 ⿰足豖走也 勖勉也 稸積也聚也

讀誦丨誦言也抽也音豆 瓄玉器圭名 犢牛子名 獨同上 牘也木簡也筑也書版

毒惡也痛也役也苦也恨也治也殺也害也音篤弋尺 瀆褻丨昌丨 ⿰卵賣卵敗 匵匱也

櫝匱也啟丨棺也木名 殰未生而胎先敗 蝳丨蝫蝥也 韇盛弓矢器 讟痛怨謗也

瀆溝也小渠也慢也易也濁也溢也音豆 獨單也孤獸名 独俗同上 ⿺走蜀小兒行貌 韣弓衣也韜也

韣韥同上 ⿰食蜀粥也 襡韜藏也 纛軍中大旗音道 ⿰亻毒動也 ⿰石賣通溝也

嬻媟丨也 ⿺辶賣同上 黷垢也濁也黑也 𨃜行不正也 蠹䘟同纛 碡碌丨田器

⿰忄毒憧也 ⿰扌賣抽也 ⿸疒毒古讀字 騳馬走也 鸀鳥名 ⿰賣皮貯弓器

獃獸名 ⿰足犬 ⿰犭弔同上 ⿰石賣石名 ⿺麥蜀丨麫麥餅 ⿰羊蜀羊六尺也 ⿺毛賣丨旗

⿰毛頁顱也 ⿰亻蜀丨倲短醜貌 ⿰蜀鳥鸀鳥

二沃 古通屋

沃盛也柔也壯也漑也 郁文盛貌香氣也 毓稚也盛多也音育俗音旭 勖勉也音蓄 鋈金也

旭日出貌自得貌明也音喧好 鷸水鳥也 彧文盛貌茂也音役 ⿰亻或同上

⿰有或同上 勗同勖 ⿰忄有心動也 燠煖也厚也音奧憂 噢丨[illegible]痛合

澳淇丨隈厓也深也 ⿰忄或痛心也音郁 ⿰日奧熱也 熠盛光也 薁蘡丨果名

畜止也養也順也容也起也孝也 煜火光也音育 頊顓丨高辛帝號 昱日光也明日也 ⿰氵芺溉灌也

[illegible]纆禾練也 稶茂盛貌 ⿰豆或豆也 ⿰口郁喉聲 ⿰口或同上 ⿰木郁李名

⿵門有門阻也 ⿱竹郁竹器 馘斬首也 𢧢有文章有也 ⿰酉或面黃色 ⿰奧阝姓也

噢水隈崖也 旮同旭 炬 燠同燠 栯李也 稶禾稠盛也 腴鳥胃也音奧

屋具也止也舍也車蓋也地名山名 臺同上 育養也長也幼稚也生也姓— 音胄亦乙

篤厚也馬病也固也純也 篰同上 督董也察也率也考也責也都也 启丙—尾下竅也 𤓰器以盛

搊瓠名 𧡛衣背縫也 竺同篤音竹 鬻饘舌 褶衣背縫也 䄷同上

砮落石也

局拘也促也曲身也巷貌匪也首積 鮈魚名 窩不敢伸也 跼跼—不伸貌曲也促也

㞬行追促也 酷熟也虐也快也極也甚也 侷短小也 鋦以鐵補物 挶戟柄也土舉也

梮曲箱城—也 硞礫—石狀音確 粷拼麥也 駶馬立不定 髷曲—鬈髮貌 輂大車駕馬也

焅旱氣也 秸禾熟也通作酷 嚳急告甚也 梏打也

曲姓—一偏也蠶薄也上此委—邪—屈—音麯 麯酒媒也 麴—蘖姓—音谷 笛蠶薄也 𥭛同上

蛐蛐蜒也虫名 匩匪也 髷—鬈髮貌 嘀狗訊也 閪門間也 閠門—也

𨋢曲脊也

足續也止也滿也音惱 蜛—蝍虫名 哫—口以言求媚也

三覺古通藥轉屋

覺曉也寤也知—發也明也音教 覐同上 覚俗同上 角頭—宿名校也隅也觸也競勝負也音祿

各異辭也別也 搉揚舉也引也善確 㱿同珏 閣樓也載也 䓪菱—果名 捔倚也音浞

桷椎也樧—也平柯也音祿 咯雉聲 睊目動貌 确磽确也 瑴同上

斠平斗斛量也 睉目明也 埆—不平墝埆 袼袖也 胳腋下也音格 珏雙玉也音㱿

龣樂器東方音也 𪛗同上 觳校也競也觸也音斛 谷口上呵也 較相競也入聲

咯人名 䯧骨端也音剝 榷以木渡水曰— 傕姓也 篧竹椽也 壆土堅也音學

礐石确也 梏直也音鵠

恪姓丨敬也謹也 愙同上 確堅也剛也靳固也 搉敲擊也音覺 㩁同上
霍姓丨國名 篧籠也㮬也 壑溝也坑也谷也虛也 涸竭也音鶴護俗作丨
劐裂也音鑊 碻同確 秴禾屬 确質正也音斛 皵皮乾也 碍碻丨石危貌
礐山多大石也 臛肉羹也 郝姓丨地名 穛黍糗也 慤篤實貌誠信貌 擢手持也
臛雞肉羹 慛恐懼貌 洛凙冰貌 嗃嚴酷貌 彍弩滿也張也音郭
彍同上 蒚草肥貌 靃飛聲也 蠚痛也螫也 藿鹿丨牛丨香草音權
矐目失明也 謞崇讒慝也 㱿溝也 曤暫明也 睢明也 潅[illegible]也覺鶮
熇火熱也熾盛也音熇 鑊羹丨 癨吐丨亂吐病 榷木名枳也 圔鞭聲

籗取魚器 貉毛深温厚音鶴陌莫 䮤鼠名 諡謹也 㱿卵孚也
觳盡也薄也丨觫懼貌盛脂氣也音覺學穀斛嚳 愨善也愿也誠也謹也
硞石聲
朔盡也始也初也丨北方也 䏓古同上 槊矛屬 數頻丨疾也急疾也音縮促趨數 搠塗也
矟矛也 㮶木名 嗍吮也 櫟縣名 溯水名音索 㴋擢播也
潲潚丨水聲 塑封也 蒴丨藋藥也 鑿鑱也 蒴丨藋蘖草音藥 鎙同矟
罥㨿丨罕字 嗽口噏吮也音疎遠 欶同上歃也含吸也 𡥲丨人晉長好貌音削
濯溉也大也滌也浣也遊也飲也滌也光明也肥也 擢引也拔也抽也 櫂擢也進也音濁宅 棹同上倚卓也

欘鋤也音斸 濁姓丨水不清也解也
學覺悟也效也姓丨丨校音斅 𡥈俗同上 𤿎丨欶丨皮乾也 鷽小鳩也知來事鳥也音渥
瓁白首也 璀同上白也 鶴陽鳥也音侗 鶮同上音高高鶮 翯鳥白貌 嗃嚴酷貌音熇
觷治角也 䚕同上 觳射具盡也音谷確覺 澩涸泉也音涅磽 㶅同上
䮤馬白額也 佫姓也 涸竭也音護 㵳同上 嶨山多大石貌 皬白也
𤎥爍也 謞崇讒慝也音孝 㙂土堅也音覺 貉毛深温厚綸縕也音貘
貈同上蟲名 礐石聲音礴 挌拫丨牽引也音格落 狢狐丨
樂八音總名姓丨音俗療濼勞 㦡嫌也 岳山名山高而尊 嶽山丨長高貌音玉 𡶳同上古字

噩嚴肅貌 鸑丨鷟鳳屬神鳥 鱷丨魚能食人 鰐同上 讍逆也
咢徒擊鼓曰丨 愕錯丨驚丨懼貌 鍔鋒丨利刃 𠜾同上 齶齗也齒內上下肉
諤謇丨直言也 讍同上 㗁口中丨下斷也 鄂姓丨州名 崿山崖也 㮙坼除也穿也
覨久視也 蝁小虫也 顎面高貌 鶚大鵰鳥也 蕚花丨 偔鋒也多也
櫮花盛也 㱡死也 𥗬石色也 㟧崖也 堮崖岸也 𧬘庢也
掗挹也 㸿白牛也音隺鶴 𤛙同上 腭口中齗也 𧍞似蜥蜴長一丈 遻遇也
鑩以鐵作鉤也 㖾國名阜名 頟魚名 鰐魚名 𩕼面高也 䇞竹名
𩀎恭心中一子也 遻相遇驚也

㱿物皮空也素也 壳俗同上 𣖎柷ㄧ樂名 殼俗㱿字
卓姓ㄧ立貌高也超也 𠦝古同上 棹倚卓也木名 綽寬裕貌緩也 婥美貌 穛禾皮也
繳生絲縷也繪也音皎 繳同上弋射也音斲叫 焯光明也音鳥琢 妁姓ㄧ媒也酌也
勺挹取也 芍ㄧ藥花名音的 酌斟也盃也 灼炙也熱也驚也燒也光明也前畫也 禚齊地名
著被服也置也去聲 着俗同上 繛同綽 㶿ㄧ爍草木華色盛貌
𧰲擊也推也 踔不常貌跳也 淖ㄧ約柔弱貌 斫刀ㄧ擊也 𧨾ㄧ姓也 硺擊也
斮斫也斷也音捉 𢧵同上 𨨏ㄧ擊也 䯍長也 䁥目明也
𧲸龍尾也 𧐸轉舌呼 熇火ㄧ也 姞不順也 剭斫也音瞏 𠞰剚ㄧ砍也

譙誚也欺也音妮 𠦝高貌 䝢同𧲸龍尾星名 妰靜ㄧ婥貌 𡯁踔也音趵
彴橫木渡水音雹 㣿痛也 𥳎盛米具也 擆置也擊也音著 𢸥俗同上
措俗同上 𢾣奪取物也 豹獸豹文 䃔大唇貌 袀褌衣貌 逴超絕也遠也
鵫白ㄧ鳥名 䮓馬行不前貌 䲓魚名 𪐴黑子著面也 琸人名 魁斗星名
䊚簸ㄧ也 𦂶同繛 桌同棹 倬明貌 㧻擊也推也 杓横木橋音樵嫡
箸被服也附也黏也音守

四質

質古通織縝轉物韻略通物月曷黠屑 問也貲ㄧ體也本也對也ㄧ樸誠也信也主也性也 貭同上 鑕斧鉞也音至 𧬊野人言也
擳以手塞穴也 迌近也 儨正也 只姓ㄧ記己詞也音紙 𡬚窒也
隲陰ㄧ安定也 𪙉齒堅也 厔山曲曰ㄧ 瓆人名玉名 櫍柎也 潳身寒動貌
礩柱下石 嬻女字 蟦水ㄧ虫名 𦢇藥也 劕最也 郅至也
桎足械也械在足曰桎在手曰梏窒也刺也 蛭蟣也音質窒 騭乘馬登山名陰ㄧ定也省作隲
率姓ㄧ遵也領也將也用也行也從也自也先也皆也循也由也募也輕遽貌音帥律 繂同上 蟀蟋ㄧ虫名
蟋促織也 悉諳究也知也詳盡也 椊木名 虱仙人名虫名 蝨月上

失 錯也過也縱也遺也　室 家丨實也　瑟 矜莊貌潔鮮貌　鱦 塘丨魚名俗字　憖 敬也
帥 主也循也遵也聚也巾也統丨入聲　鞈 刀鞘也　颸 風聲丨颸　傺 行貌　繸 色也
賉 分賑也　䘁 同蟀　⿰口瑟 叱聲　璱 玉鮮潔貌　⿰率刂 割也斷也　⿰衤率 裾丨短衣
膟 版也　⿺辶率 遵也同帥　寔 止也是也　實 富也誠也滿也充也俗音木　⿰禾桼 稼丨
喞 飲酒貌
姪 叔丨兄弟子也造也　侄 同上音秩　窒 不通也塞也　蛭 水虫名　桎 丨梏拘罪人也　秷 刈禾聲
抶 撻也音秩　⿴囗至 下入也音迭　銍 禾穫不鍥也　蟄 多也虫名　咥 齧也堅貌笑也音至欷
蟄 小雨不至蟄也　⿰齒至 齒堅也　翐 飛貌　⿰耳窒 聽不聰也　恎 惡性也　祑 祭有次也

螲 蟷螲也虫名　⿰氵蟄 小雨貌　⿰飠至 地名　垤 蟻封也音迭　胵 五藏總名
秩 次也序也常也職也官也祿也音迭　膣 肉生也　⿰月窒 同上　庢 礙止也
呹 呻也音伊
戌 時名滅也
賉 憂也愍也同上　膝 伸也楯名　⿰口桼 應答聲也　厀 脛頭卩也　恤 憂也收也賑也憐丨
⿰血刂 揩摩也同上　塞 通也塡也滿也隔也充也閉丨　窒 同上　⿰言血 同恤靜也
魆 門暗也　僁 細碎貌惕誠也　㥶 安也實也　⿱𡨄系 同上　涑 小雨零貌　珬 玉名
隙 殖也　⿰目塞 同嗉　訹 誘也　⿰歹戌 殂也　泧 水流貌　⿰虫戌 海蟀也
越 走也踰也　怴 狂也怒也　眓 急速也　⿰戌鳥 鳥名　鉞 鋸聲也　⿰出尢 不能行也

⿱艹膝 芊丨藥名
疾 丨病急也惡也怨也思也　嫉 丨妬妒也　蒺 丨藜藥名　⿰口疾 嗽丨聲也　愱 毒苦也　⿰亻疾 妒也毒也
槉 屋栟也　䛴 語急也苦也　螏 丨螫蟲名　趚 走遽也　⿰金疾 鏃丨鐵鑯　揤 拭也音即
⿸疒疾 古同疾
律 常也累也述也銓也法也均布也呂也　栗 堅木也謹敬也堅也威嚴也豎也恐懼貌　㮚 同上
⿰虫矞 黃虫名　繘 汲水索也　遹 循也述也遵也避也　慄 竦縮也恐懼貌　溧 丨水縣名
膟 脂間脂也　侓 丨魁大貌　聿 遂也述也循也惟也自也發語詞　繂 丨綍長貌　玏 石似玉
率 約數也弓限也綷也入聲　嵂 山高貌　葎 草名　⿰車刂 削也斷也　⿰山栗 山名

⿱血肉 血祭肉也　⿰骨聿 膝病也骨差也　⿰忄力 功大也思也　⿰扌栗 手理物也　潏 涌出也水中坻也音聿术決
叻 地理也同仂　矞 驚遽貌　泧 水流貌　驈 驪馬白跨曰丨　⿰栗刂 削也斷也　⿰金聿 針也
泐 水聲　鴥 鴥飛貌鷸飛也　⿵風聿 大風也　⿱⺮律 竹名　⿵風栗 風南疾暴也　⿰扌律 去滓汁曰丨
壘 鬱丨啖鬼神　鰳 魚名　⿺鬼律 鬼名　扐 縛也成也音力　肋 脅骨也音力　⿺走聿 走也
勒 迫丨絡也抑也刻也　簕 竹有刺曰丨　朸 木理也音力　竻 竹根也竹器　⿰口聿 鳴也
泐 水石理也凝合也音力　⿱⺮聿 竹管射鳥也　寽 五指捋也　⿰米率 糯米　⿸鹿栗 牝麕也
⿰糸栗 繰也黃色縮　繂 大索也綍也　⿰足聿 行不進也　⿰忄率 憂悶也　⿱艹率 草中串也　獝 獸走貌狂也
霱 瑞雲也　燏 火光貌　⿰聿力 繡具也彩也　⿰車栗 車名　⿺走矞 狂走也音橘　⿵風矞 急風

鄭地名 翍飛貌 硉｜矹崖也 仂數餘也音力 芛草木華初生爲｜音蕍筍迹
𦬠芛字之譌 汩水流也疾貌淨貌律从曰骨从日 芀香草音蕀 鶮知天將雨鳥也田雞所化疾飛貌
箻同筆 鐍錐也音玦 噊危也鳥鳴音術 昳詮詞也理也
日｜月君象也光明盛實也 𡆸同上 佚安｜淫｜遺｜ 泆水所蕩也音姪 馹傳也疾也 臸到也音進臻
鎰萬｜二十兩也 溢靜也慎也洋｜滿也音示意 佾舞列也 逸隱也失也縱也奔也
囸同日 𥥈宎穴也 衵女人近身衣也 駃馬疾走也徵也 鉄鈍也 𣅌水流也
妷媟也淫｜ 軼過也突也逼逸 劮媟也 苩草名 詄忘也誤也 𡆠實也太陽之精
泆涯也 舭舟飾

畢竟也皆也盡也小網也簡也 縪止也冠縫也 㪤刺也 不未也不可也不然也音浮缶
篳蓬｜柴門也 蹕止也路也音必 韠蔽膝也 滭｜沸泉出貌 嗶咕｜讀書聲 聿述也音必
笔同上 𡾰南山道也 𧬍止也敬也 蓽草名 㮿木名 鷝鳥名
𧽤止行也 魓斗星名 鞸同韠 𢍁同筆 熚火貌 𨞄地名
罼鳥網也 㪤戰盡也火貌 鷝麻｜郎麻鷁也 𡠙毋也 𪋈麀子 𤩽琯也
𢧏同畢 潷笮去汁也 𤂖水沸泉出貌 𩸟魚名 嗶鳴也 碧玉類也
必分極也定辭也果也｜不事也審也期｜ 䋔白鮮衣也 𠟱分｜也 𨃃走也 彃射也弦也
柲柄也音祕

匹四丈也配也合也偶也二也 疋布｜馬｜音疏雅 𠯠唾聲 鴄鴨也鶩也 𠯳同吡
肸吹肉也 𧠞視也 𦙶牡｜也 抋刺也音鼻鷩鷩
一數之始同也少也純也均也誠也音懿 弌同上 壹專一也醇也誠也 𡔥同上
鳦鳥名 嬄嫕婦人貌
黜退也下也貶也去也減也 絀同上音窋 㤕憂心也 泏水出貌音窋 怵悽愴也｜惕驚恐貌誘也
𤞞｜踢獸名 趉走貌 跊｜踢獸名 窋物在穴中貌
吉姓｜謹也利也祥也善也 桔｜柑｜果名音結俗音吉 詰問也治也讓也 拮｜据手口共作 頡蒼｜人名
劼｜毖用力也勤也 㾊氣急也疾也 洁水名 姞姓｜后稷妃名 秸稿也音戛

擷將取也 聐耳｜俗字 㓤剝也音戛 郆地名｜成山名 咭笑貌喜也 䮠馬色也
鴶｜鵴布穀鳥也 趌直行也 𢻹皮黑也 翓同頡 𤦀玉名 狤狂也
鞊鞍也屈也皮也 佶正也 吃口不便言
七少陽數名姓｜ 柒同上 𦿖菜名 㯃木可爲杖臺名 漆膠｜水名音穴 𨞠木可爲杖音柒
𢑱同漆 𪈙鳥也 𦽣同𦿖 叱訶也聲也 𩶛魚名 𩽰魚名
𡪕暩｜覙無見也 𣶏同漆 𨞵齊地 𪀄鳥聲 𡛕女不謹也
必期｜審也專也果也分極也音畢俗音鷩 𩸸魚｜俗鯊字 𧕿圭屬用蟲 䬛寒風也 䏟肥肉也
𪋈麀子也 柲柄也 瀄泉出貌 鴓鵯鶋也 鷩赤雉也名錦雞 𤣌獸名

緷冠縫也正也 芊出氣聲也 蚁黑蜂也 祕刺也 湦泉沸貌 鉀筒也

蓽豆也荊也音閉 諢敬也 娓毋也 憋急速貌 㓾禾行列不齊也

滅泉沸也 爗火聲也 珌佩刀飾 叱聲出貌 蹩蹩也跛也行貌音別

拟捩也擊仆也音四鼻

密止也稠也默也深也近也跡丨祕也音媚 宻同上 宻蜂丨甘飴也 謐靜也安也 滵埿淖也

宓安也止也靜也默也 滵水流貌 溢同上 否不見也 蔤水草

黖黑也 樒香木 醯醬也 瞥瞥視貌 鳼繼英也 謐無語也

鷸丨肌繼鴱也 蜜同蜜 鑑同上

實信也誠也般丨誠丨音矢俗音迭 寔同上是也 实俗同上 宲古同上 秫禾也稻丨

朮白丨蒼丨藥名 荒同上 述循也著也修也纘也陳也 怷穹也

術技丨業也心丨道也迹也 珬丨珂玉名 鮴魚名 遈流行貌行也 疣狂走病

茂莪丨藥名 沭水名 炢烟出貌 銶綦鐵也導也 埴黏土也 噊丨危也音聿

坲高也

乙十幹名假託也屈也姓丨魚腸也 鳦燕也 玌高也 舭舟行也

乜姓丨咒丨斜也 咩羊鳴也音彌 咩同上

出見也遠也丨入進也吐也寫也生也脊默出 𠙻俗同上

咳嗽也有聲無痰曰丨 𡯁丨貌俗字

五物古通質

物事也類也丨色相也數也 勿禁止辭莫也慤愛貌非也無也 芴菲丨土瓜也 炒火盛貌

粅粉貌 沕穆深遠貌潛藏貌音妹

佛神丨覺也大也輔也丨佗 詸言急也 奦大也 𤟾同上 嘝違也戾也 𡶀丨也山貌

坲丨埻塵起貌音孛 怫鬱也音費 趩跳也 仏古佛字 𢿳破也理也

艴同上 鉘飾也 炥火貌音拂 咈戾也

乞求丨丐食也姓丨气氣也音氣 趉走貌 㔸物曲也 芞香草也音肸圪 艺同上

气求也取也音忥

屈 無尾也詘也盡也軋也鬱也曲也倘也姓丨枉丨音掘計　⿰王屈 玉名　詘 同屈折 詁也　誳 同屈詭 異也
⿰糸屈 不伸也 縫丨　窟 孔穴也 室也　⿺走屈 走也　⿰氵窟 水流貌　⿰屈力 勞極貌　矻 同上
⿰亻出 短貌　崛 勃起曰丨山短高也　胐 腳也　掘 搨也穿也搰也盡也 特起貌
⿰木屈 斷木也　堀 孔穴也　⿰月窟 臀也　⿰衤屈 短衣也　崫 山曲而高也　倔 便戾貌
⿰月屈 豚腿也　⿰歹屈 死不朽也　⿰屈刂 剞丨曲刀也　⿰屈馬 馬丨庢良馬　⿰屈力 足多力也　⿰金屈 丨鈯金 禾鍥也
⿱竹屈 刷也 音骨　⿰虫屈 虫名　⿰⻊出 走貌　⿺走乙 同上　⿱髟屈 半臂羽衣也　⿰耳屈 同上
圣 無餘刀貌音　矻 用心也
弗 不也撟也違也去也祓也　祓 除災求福也音廢　沷 灑也　柫 擊禾連枷也　黻 黼丨彰也紱也

紼 繫切紱也　茀 福也蔽也祿也　⿰口屈 憂貌　寣 臥驚也 覺也　市 韠也草木貌 音潑貝
怫 鬒髮也　帗 毛毳也　彿 彷丨依稀也　袚 蔽膝也　髴 髣丨若似也　咈 吁丨逆也 戾也
淈 水貌 同淴　淴 大清也合也音退　乀 左戾也　韍 韠也　綍 大索也
⿰目弗 助丨目不正也　忽 忘也盡也滅也姓丨 輕也音笏　惚 恍丨微妙不測貌　笏 簪丨 牙丨
揔 捽丨 撥也　⿰炎風 風吹起也　拂 去也除也矯也逆也去塵埃也 拭也音弼沸　刜 斷也斫也
笰 箭也 丨車　曶 丨爽早朝也此久日　⿰麥勿 餅屬　⿰弗阝 姓丨　⿰風忽 疾風貌
怫 怒也　⿱雨勿 雷也　甶 鬼頭也　⿱弗隶 灑也　淴 水出聲　⿰糸忽 微也
翇 羽舞貌　⿱雨犮 雨貌　⿱雨弗 雲貌　⿰韋弗 引棺繩也　⿰音弗 樂器　疿 熱腸也

⿰豕犮 豕也　⿺辶勿 遠也　⿰火勿 火氣盛也　回 同舀　⿰目欻 不明貌　⿰欻犬 犬貌
欻 動也忽也吸疾也　⿰炎欠 同上　⿷匚旦 日出未甚明也　紱 綬也　匢 古器
⿰忽支 擊也　曶 輕也微也出气詞也 此久日　⿱勿貝 急視貌　⿱艹昷 草木蕡香也茂也 韓也
昒 尚冥也 且明也　肳 同上　⿰霍風 疾風貌
迄 至也竟也 與訖通　柮 樹無枝也　訖 止也畢也終也了也 言盡也竟也音肸　吃 言蹇難也　⿵門乞 門很也 恒訟也
仡 壯勇貌 勳舟貌　扢 奮舞貌引也音骨鶻　紇 孔聖父 名絲類　⿰魚乞 魚游也　⿺走乞 直行也
矻 勞極也 健作貌　屹 山獨立 壯武貌　鳦 鷙聲也　齕 齧也不齒斷也　阢 石山戴土也
杌 木無枝也檮丨惡獸名　兀 不安貌 危石也　卼 同上危也　屼 高山貌嵲丨禿山貌

⿰亻兀 鯢丨不安貌　扤 動也不安也　麧 堅麥也　⿰尢乞 疲極貌　⿰忄兀 心不安也　⿰忄⿵門兀 同上音旡
⿰虫兀 虫名　⿸疒兀 病貌　砙 硉丨石崖不穩貌　⿱艹兀 艾丨　⿸疒乞 同疣
鼿 仰鼻　⿰舟兀 播也　⿰舟刂 船行不安也　⿰舟乞 船行也　忔 喜也　⿰氵⿵門兀 丨沐沛邊也
⿰赤欠 赤也　⿰見欠 去涕也　掀 引也擊也 音欣軒　汔 水涸也近也 幾也危也　喫 飲也食也音炫 俗讀迄泣
鬱 木叢生也氣滯也腐臭也香草也 長也幽也悠思也　欝 俗同上　鬰 同上　菀 茂盛貌 音婉
⿱艹鬱 香草　蔚 菀丨草木盛也　熨 火丨貌 音委　尉 丨遲複姓音鬱　爩 烟出也　⿱鬱艹 芳草也
灪 水名　罻 魚網也　⿱宀火 火種也　⿱鬱屈 屈短貌　⿰黑色 黑也　叞 丨斗 火貌
黦 黃黑色也有黑文也　⿰黑鬱 黑貌 神名　⿱艹叞 同蔚　⿰山鬱 山烟貌　⿰扌鬱 拂戾也

餸 餡和豆也 餵 同上 嚾 喉中鳴也 𡂿 同上 苑 屈也積也音宛鴛
捥 拔也 音剜

六月 古通屑葉陌轆曷

月 姓土太陰之精闕也缺也 岄 山名 刖 斷足刑 絕也 跀䟓 同上 鉞 兵器
玥 神珠也 抈 折也 動也 仴 地名 越 姓—於也度也揚也 鉞越 同上
樾 蔭—樹 陰也 樮 同上 蠘 彭— 虫名 鉞 斧也 利器 蘭 草名 戉 威斧也
悅 姓—喜也服也樂也 歡— 說 同上 入聲 閱 閱—— 歷視也 軏 車轅端 上曲也 粵 曰也 辭詞
曰 詞也口气出也端也 於也之也說也話也 穴 土室也孔—窟也 内 同上 蚗 蛥— 蛙也
泬 水名 訙 怒也大 言也 蚄 虫名 袕 鬼衣 抉 挑也—摘擊也 軏 車缸也
絨 宋彰也 細布也 越 走散也 踰也 跋 輕也 紋 綫也 帛 兌 同說音 娧 悅 嚉 辭也

棫 木名 猆 驚走貌 獸名 鳻 鳥名 鼪 鼠也 颭 風聲也 眀 喧耳
䤴 斧衣 滅 滅也 坱 空深貌 音血 竘 竦立也 鴥 水鳥也
厥 姓—其也語詞頓也短也 𠂤 同上 缺 欠—崩— —破也 闕 官— 姓—
劂 剞—曲 刀刊刻 橘 不祥也 瀕 水名 獗 猖— 音抉 蕨 菜名 麐 獸名
鱖 大魚也 蟩 蚹—師 蹶 揭衣渡 水者 鷢 楊鳥王 鵙也 闋 樂終曰 —止也 𡐔 毀垝也
闕 無門戶 也空也 闋 同上 蹶 跌也 橛 門梱也杙也橜也擊鼓椎也
嫳 嬌女貌 了 短也 亅 鉤逆者 曰— 乚 鉤識也 嶡 夏組名 音貴 趹 足名
臀 魚骨也 尻也 蕨 盆也 㜸 獸名 骪 魚骨也 鱊 小魚也 音聿 衢 瀾 水也

礸 發石也 蚗 蛥—蟲名 龍屬 䞷 貝也 鴃 鴂也 撅 羊也
撅 投也 擊也 掘 穿也 音掘
撮 聖也撮取也卒也挽也 音鑽最 猝 暴疾也突也倉— 卒 同上急也 匆遽貌
襊 衣領也 樶 筐也 囲也 椊 柱頭柄 也音捽 緅 繼索也 掇 同撮 拁 摩也
鬙 髻也 鬈 髻—也 黖 黑也 椊 持頭髮也胡頸也手持也拔取也 交對也觸也
樧 樱字之 譌 趉 擁走也 繓 結—
伐 征—美也斫木也誇功也 侵—音吠歇 瞂 盾也 筏 竹牌也 海中船 梭 同上 垡 —耕起 土也
閥 —閱自 序也 罰 賞—刑 —撻擊 乏 無也廢也匱也 鉞 斧鉞也 兵器 焱 火也 疺 瘦也病也

蕢 犨　橃 海中大船也　[illegible] 婦人貌音法　復 再也又也音伏偪　[illegible] 游也
[illegible] 同上　[illegible] 舂米也　茷 旆也音吠旆　坺 地名音跋
發 矢也達撥也動也舒也與也潑也音撥費
法 姓丨常也象也效丨丨律丨則丨術制度也音拂廢　灋 刑也同上
佱 古法字　髮 拔也根也毛也　[illegible]　[illegible] 同上　沷 潑也寒也渫也湢疏也灘也　[illegible] 出言也
[illegible] 矢也　[illegible] 玉名　[illegible] 髮同　[illegible] 好也音之
骨 丨肉滑也肉之覈也姓丨　鶻 班鳩也鶻也　滑 丨稽臣名水名　蓇 不秀也草名　榾 柮丨短木也　貀 獸名
[illegible] 轉物軸也　抇 穿也　[illegible] 姓也　橘 丨柚小曰丨大曰柚果名　[illegible] 狂走也音聿
汨 潏波也治也汲也亂也涌也音覓　[illegible] [illegible] [illegible] [illegible] 同鶻　[illegible] 耳聲也　[illegible] 走也

[illegible] 无頭鬼　[illegible] 羊名　愲 心亂也　[illegible] 飛去貌　[illegible] 草名　[illegible] 目深貌
縎 結也不解也　[illegible] 丨貀獸名　[illegible] 腹病　搰 用力貌掘也　[illegible] 禾莖　[illegible] 丨貀獸名
杚 平也摩也　矻 磨也　[illegible] 牛也　淈 濁也亂也出也盡也治也　[illegible] 膝病也骨差也
扢 摩也音愾
突 唐丨觸也欺也穿也禿也　宊 同上　[illegible] 丨屹高山也　葖 蒲丨菜名　揬 觸也搪丨　[illegible] 丨屼山高貌
堀 同上　[illegible] 傝丨不遜貌　[illegible] 竹器　[illegible] 獸名　堗 竈窓也　鈯 小刀也鈍也
[illegible] 搶也　鶟 似雉身青頭白　腯 肥丨牛羊曰肥豕曰丨音鈍　[illegible] 同上　[illegible] 鼠名
[illegible] [illegible] 同突　[illegible] 慝也　[illegible] 下部病　[illegible] 詆誘貌　[illegible] 刺入貌　湥 水流貌

[illegible] 玉瑱也　[illegible] 褌無襠者曰丨　[illegible] 耕也　怢 忽忘也不分別貌音逸　[illegible] 義同音退隊代
[illegible] 同上　凸 出貌高也音迭
勃 變色貌卒也興起貌排也　孛 丨星水星奴也　[illegible] 塵起貌　渤 丨澥海別支名　鵓 丨鴿也鳥名
綍 綸丨音弗俗作丨　[illegible] 壯牛也　浡 興起貌作也盛也渾也　[illegible] 臭氣
荸 丨薺草名　[illegible] 備也戾也重也高也輔也與拂通音備　[illegible] 古弼字　肸 佛丨晉大夫響肸也
[illegible] 魚名　艴 怒色也音佛　馞 大香也　[illegible] 古弼字　[illegible] 擊也　[illegible] 風貌
[illegible] 烟起貌　[illegible] 物聲　[illegible] 雲貌　[illegible] 麥屑也　[illegible] 屑米也　侼 強也懟也很也
佛 興起貌大也輔也入聲　[illegible] 毛短也　佖 有威儀也滿也　[illegible] 多力也　桲 棁也果名

[illegible] 炊釜溢也　[illegible] 開也啓也　誖 亂也惑也乖也逆也言癡也　[illegible] 丨穧禾重生也　[illegible] 山名
怭 慢也與佖通
訥 言難也奢丨遲鈍也木名　吶 同上音柮　[illegible] 日入色目也　[illegible] 㤅丨憂悶也　抐 搵丨沒也濡也音㕯納
肭 腽丨肥也　[illegible] 足傷也　焫 燒也　貀 丨無前足　柮 斷也音兀　爇 燒也
[illegible] 俗同上　[illegible] 下聲也言遲下也　豽 同貀猴屬
歇 息也竭也泄也音喝亂鷽　蠍 蠆尾蟲也　猲 短喙犬也恐也　怯 小心驚懼貌　[illegible] 同上
[illegible] 丨艖大船
杌 短機也木器不安貌

七曷 古轄月

曷 何也止也逐也盍也餲也 音遏喝
害 同上
褐 毛布也 音葛
毼 同上音 褐罽
䊦 餅餲
勮 勸也 音瞎
鶡 鳥名
篕 ｜餘竹枝也音恪
匃 乞也取也行請也
犗 牛名音鞨
割 刀｜剝也裂也截也分也 害也
葛 姓｜ ｜布
轕 馳驅也
獦 ｜狚 獸名
濭 水深廣 也
䀰 視也
适 速也疾也人名
括 撿也包｜至也凝結 也音活闊
䯏 骨｜也
鄶 鄉名
恖 賽也
䈑 竹名桃｜ 拔也
筈 箭末日｜
髺 骨端也 同䯏
聒 讙語也 無知貌
𨓈 同适
栝 木名木杖也音檜恭
浯 水流聲
髺 潔髮也
稭 禾長也
鴰 鶬｜ 鳥名

𩣢 馬行貌
䶪 嚼聲
膈 ｜肥 肥貌
楬 木聲音葛 劼葉｜
𧞤 粗衣也本作褐
褐 同上 音曷
襏 ｜襫雨衣也
柭 棓也音 跋偏
犮 走犬貌
跋 躐也蹈也本也反戾 也音八
祓 夷狄之 服
𣧅 瘀氣也
胈 股上小毛也白肉也
鈸 鈴也 鐃也
茇 草根也 音撥沛
駊 馬名
撥 治也除也發揚貌弓 反也轉也撥開也
魃 旱｜ 旱神走也
䟦 同上
鉢 ｜盂 瓦器
盋 同上
鉢 衣｜ 器也
妭 美女也
癶 北背也 走足也
鼥 鼠肥者
䨊 雲貌
䠙 行急也
醱 酒氣
趃 行貌 本也
䟛 同上
驋 馬怒貌
鱍 尾長貌
废 草舍也 下也
坺 治也發土也音伐
炦 火氣也
𦪍 海中大 船
䚽 繳射收 絲具
筏 箄也

鏺 鎌也 刈也
柭 木傷也
尳 ｜蹇足 大也
怖 意不悅 也音沛
沬 同祓鏺 衼 ｜袄也
潑 水漏也弃水也音泊
𤼵 盛貌
鏺 刈草器
𪾢 同上
皏 淺白色 曰｜
癹 除草也
蹳 行也
羛 羯也 牯羊
羚 同上
迊 急走也
酢 酒色也
𤼿 ｜艳不 深色也
叭 口開也
昲 光也 音費
活 生也水疾流 貌音括血
䑙 舟行貌
頢 短面貌
尳 尳｜ 行貌
𤮽 面小也
䯏 骨端也 音括
䣶 未沸酒
佸 會也力貌至也音闊
㳙 冰也
姡 詐也 醜也
栝 春栗不 潰也
祮 祀也
㶜 水流聲
湉 同上
葀 獨｜ 藥草音括
浯 同㶜
趏 草也

脫 離也免也誤也陳也音悅託娩退
稅 解也舍也音悅說
蔙 草名
鮵 小鱷鳶鮵丨
蛻 蛇蟬也復蛸也
⿰兌皮 壞也破也皮剝也
說 談說也音稅芮
侻 輕也簡易也合也
挩 解丨除也誤也遺也
痥 馬脛瘍也傷也
敓 姓丨彊取也
莌 活丨
撻 打也抶也扑也速疾意
⿺辶⿱虍羍 同上
達 放恣也去聲
韃 同撻丨靼
⿰革泰 打也
躂 足跌也
橽 所以渡水
⿰彳達 逃也
⿰扌⿱虍達 古撻字
⿰扌⿱艹達 擊也
少 蹈也
㺚 食魚者
獺 祭魚如小狗水居食魚
噧 多言也
羍 小羊也生也
⿰石賴 石名
笪 地名
蠆 螫蟲
⿰皮達 皮起也
闥 門內也門也
蟽 蜊丨蟲名
⿰虫闥 同上
⿱萬虫 虫丨同蠆
达 逃也青達椿

達 通也薦也徧也通顯也遂也直也皆也
逹 同上
达 同上音撻
薘 著丨菜名
⿰山薘 人名
澾 水出貌
遏 止也絕也遮也絕亂謀也音謁歇
⿰言亞 笑貌
厭 笮也鎮也入聲
戹 隘也困丨危難也
厄 同上果也
阨 塞也狹也限也
⿰阝兒 同上
頡 轢也音結
鼸 鼠屬
軶 駕馬領者
⿰車兒 同上
⿰食兒 饑貌
胺 肉敗臭丨敗也
握 搤持也音屋
扼 同搤
介 倏忽貌入聲
壓 伏也臨也順從貌
幄 帳也屋也幬也
⿸尸見 驚視貌
閼 遮壅也止也塞也
喔 咿丨雞聲
⿰氵閼 水名
⿰衤屋 幬也同幄
剭 刑也音屋
偓 丨佺堯時神仙
揠 拔草心也
⿰豕兒 豕有力者
戛 常也禮也楷也長才也戟也音劼
頞 額也
堨 壁間隙也音謁傑

砐 小石
⿰月屋 脂豐也
⿱屋肉 膏漢也音屋
伌 困也
扴 刮也
押 署也音用押
扼 把也抑也
劼 動也
楃 木帳也
擪 按也
暍 燠也音謁
恝 無愁貌置也
搤 握也持也捉也音嗑騔
鶷 丨鴂布穀鳥也
齷 丨齪齒細密也
輵 丨轄轉搖貌
秸 稾也音吉
稭 穗去實也
⿰革禾 同上
按 捺也虫也
嚳 誇聲也
⿰米頁 丨漬頸破
搹 把也捉也音隔
⿰示斗 量也
⿰足屋 同齷齪也
⿰業頁 散丨首動貌
刮 剝面曰丨
咹 吃也止也小語
呃 丨嘷鳥聲
⿰扌戟 手捺也
⿰山戛 丨嵲山森列
⿰戹欠 厄丨笑語也
⿰犭厄 豕也
猰 雜犬也
⿰豕契 同上
蚅 烏蠋
⿸厭血 血也
骱 堅也
⿰骨爪 同上
⿰角曷 調弓也
尲 行不進也
曷 遠也音褐
⿰木隺 敲也

末 遠也勿也終也端也顛也萬也本丨無也盡也弱也音蔑莫覔
抹 塗也摩也
昧 日中不明也星也音妹
苜 自不正也
茉 丨莉花名
沒 過也貪也水名沉也塵丨無也音昧寐
歿 死也終也盡也
⿰月末 肚也
歾 同歿
粖 饘也音滅
枺 木名枺
䇞 竹器
⿰白末 舂米碎也
⿰糸末 束衣也
跊 行遲
袜 丨肚所以束衣
⿰口末 黑光也
沫 汗流貌日中汁也湯華也音秣蔑
靺 丨鞨番人
⿰土末 塵壤也
⿰忄末 忘也
⿱⿲弓末弓鬲 糜也
⿰火末 火色
⿰麥末 麩也
⿱艹沒 丨藥草名
⿰末鳥 鴨也鳥名
⿰豕末 豬別名
⿰食末 食馬穀也
⿰末頁 丨顯健也
妺 丨喜桀妻
膃 丨脖病也
帓 巾也帶也定衣也
⿰末色 卷丨色淺
闊 廣也大也寬丨遠也
豁 通也空也害也開也
渴 急也欲飲也水涸也音傑磕
⿰口歇 嘶聲也呼也
喝 同上激也

奯 穵大也 榼 酒器也 暍 熱也傷暑也音遏 蝎 蝤蠐也 闍 大開門也

闊 遠也廣也 黷 黑也 鼃 蛙聲也蛙類 㾏 內熱病也 䙡 ─襠婦人袍也 礍 石貌

褐 毛布也 犗 牛名 齃 齧物齒聲 鶡 鳥名 螛 蝎─搖目吐舌 嵑 山特立貌

嶱 山石高峻貌 𣽂 遲也 濊 礙流貌 轄 車也 歇 短喙大也音蠍

佸 至也音濊

抹 拭也塗─摩也撥滅也音襪 秣 飼也養也芻也 帓 帶也巾也足衣 柭 皮也 閅 邪視也

䮏 馬走貌 砞 礣石也 眛 舂米碎

奪 强取也豪─狹路也音狄 ⿱大隹 同上

八黠 古轄切

黠 慧也堅黑也音黠 絜 度也靜也清也 纈 綵也結也繫也 襭 同上 結 同上 結 ─完─束─構

⿸广絜 帶也 ⿱艹結 草名 頡 ─頏飛上下也 擷 捋取也 紇 絲束 羯 雄羊也

𩒨 頭不貌 ⿰木絜 ─槔汲水具 ⿰犭頡 獸名 ⿺辶吉 跳也 鍥 鎌也 挈 同鍥

桔 ─梗藥名 ⿰禾絜 長禾也 ⿰月絜 ─腸膜也 拮 撠据也音吉戛 ⿱吉頁 頭傾也 ⿰吉見 急也

禊 ─禱也 潔 ─淨清也

殺 戮也克也─伐獲也忘也剿也音薩薛 際試悉設 ⿰杀攵 同上 ⿰杀殳 同 剎 列─佛塔也柱也

鶩 鳥飛迅疾 杀 同殺 煞 俗殺字凶星也 鎩 長矛也 ⿰金煞 同上 樧 欓也

⿰糸鬼 鬼名 ⿰黑杀 黑也 ⿰犭杀 水獸名 ⿱雨兵 雨疾也 撒 擲也音薩 舌 蟲名然入聲

察 諦也知也考也苛─廉視也審也

刮 括把也刀削曰─批─磨─ 昏 同上 趏 走貌 銽 斷也 括 包─該─音聒

聒 讙語也無知貌 ⿰金韋 同上 劀 割也 筈 箭末曰─音闊 颳 惡風 髺 潔髮也

⿱舌心 善用意也 活 水流聲 ⿰氵舌 同上 ⿱艹秳 瑞草 ⿱艹活 麋舌

扎 拔也 札 簡─牒也櫛也報也用菜也木牘也音櫛 紮 纏束也 ⿰魚乚 鮇─魚名 ⿰歹止 厲也

揠 拔草心也拔也 軋 車輾也輾─有聲也刑名 ⿰歹乚 夭死也 鍘 莝也 茁 草初生貌音拙

窫 穵大也靜也 猰 獸名音戛 乙 玄鳥也 乚 不測也 𡵂 山曲也 ⿱宀乙 室大也

歇 咽中息不利也

八 別也數名 捌 同上破也分也擊也 扒 同上音拜 玐 玉名 仈 姓─

馸 馬八歲也 釟 治金也 朳 無齒杷也 ⿰王犮 玉名 釛 金也 ⿰金別 金類

柭 棓也 ⿰口別 鳴也鳥聲

拔 抽也擢也挺也殄也盡也除也音跋撥偃伐 ⿱竹犮 籬─俗字 軷 祭名 抜 同拔 詙 聽─妃名

⿰矢犮 ─結短矮貌

薩 菩─菩薩也薩濟也 撒 姓─撥也開也放也音薩 摋 側手擊也散也音屑 ⿱殺糸 放也

擦 摩也同撒 ⿰口薩 西戎族名 礤 粗石也同擦

刷 刮也淸也除也尋究也　唰 小嘗也　涮 洗也　選 金ㄧ銖兩名　孿 雙產也變也
滑 㵢也利也姓ㄧ音骨　猾 美也亂也狡也黠也　磆 ㄧ石藥名
襪 韈ㄧ足衣也禾也　䘉 同上
疺 瘡痛也　瘵 同上　䙝 奴人衣
搽 微斜曰ㄧ搧捎也手重按也
辣 辛甚曰ㄧ音刺
挖 挑ㄧ音斡
詚 丹人聲不靜也

九屑 古通月

屑 切也敬也淸也顧也輕也勞也潔也碎末也瑣ㄧ　洩 歇也減也姓ㄧ漏也　絏 繫也攣也　紲 ㄧ系馬韁也
枻 弓檠器　泄 歇也雜也發越也姓ㄧ漏也嫚也　契 舜臣名入聲　鍥 遍也刈也　楔 門楔也柱也
⿸屑麥 麥ㄧ春餘也　㥏 不安貌　爕 火熟也和也　燮 俗燮字　躞 蹀ㄧ行不穩也　薛 姓ㄧ國名莎也
褻 衷衣也穢也　暬 狎習相慢也ㄧ御侍御也　燮 和也　⿰木燮 篁名　榍 限也楔也
⿰女屑 小貌瑣也　⿰月屑 脂也　糏 春餘也米破也　齥 羊核也　窫 安也靜也　結 堅也
緤 繫也　⿰犭鬼 飛也　⿰犭世 同上　辥 同薛　疶 痢也　⿰扌燮 取也
⿰氵悉 水流貌　⿰氵屑 同上　渫 姓ㄧ漏也歇也汗也治也除去也散也音舌　⿰氵来 同上　⿰月妾 ㄧ牒脯也

⿰目燮 閉目也　⿱艹屑 草名　⿰虫燮 蛺蝶別名　伳 侈也　⿰石燮 石似　⿰燮瓦 瓦破聲
⿸屑刀 斷也　⿰忄屑 憂也　⿰女薛 狎也慢也　⿰扌屑 揲也搩出也　懱 志輕也　偰 同卨
⿰米卒 精微也純也　媟 狎也慢也　⿰月血 脂也　⿰舟疌 舟行疾也　徢 趨行貌　⿰彳屑 衣服婆娑貌
⿱備心 困病也音備蔔　⿱雨臣 雨雪貌　禼 蟲也　卨 姓ㄧ同上　塮 細塵也　屧 屐中薦也屐也
揳 搣ㄧ不方正也撆也塞也滅也
折 曲ㄧ斷也中也屈也挫也止也音題制逝　⿰扌片 同上　浙 折也浙米也水名江名音制　蜇 蟲螫也
哲 明也智也　嚞悊 同上　⿸厂舌 寒也　歽 夭死也　⿰扌⿱艹斤 斷草也　⿰片斤 柝也
⿰魚折 魪ㄧ魚名　咭 嘲ㄧ音札　哳 嘲ㄧ鳥鳴也　⿰虫折 螫名　狾 蝗也音制　晣 小明也同晢

⿰月折 肝ㄧ牛羊脂也　晢 星光也音制　喆 明也　砓 砠貌
垤 蟻封也丘ㄧ土高也音姪　絰 腰ㄧ喪首戴也　耋 耄ㄧ八十曰ㄧ　迭 更也音地　秩 次也序也職也祿廩也音姪
軼 車ㄧ過也　帙 姓ㄧ書衣也　趃 走貌　氎 細麻布疊也　嵽 ㄧ嵲山突兀貌　肔 肥滑貌
瓞 瓝也大曰瓜小曰ㄧ　昳 日昃也　袠 十年為一ㄧ　紩 縫衣也　⿰月至 肥也
褋 單衣也　墆 貯也止也音弟　⿰月習 腸也　⿰足疊 走聲也　⿸广秩 古秩字　碟 碗ㄧ音舌俗字
蝶 蝴ㄧ蛺蝶也　疊 重也　国 下入也　牒 書板也札也譜也　⿱老至 年至也　褺 重衣也
揲 摺ㄧ也音舌　駃 ㄧ騠蟆屬　⿵門夫 闍ㄧ鄭城門　抶 撻也笞擊也　⿰扌疊 同揲　鰈 比目魚魚名
諜 伺也軍反間計也　艓 小舟也　媟 ㄧ嫚美女也　渫 清ㄧ波貌治也　喋 多言貌　蹀 踏也屐也

惵 忠惵貌音牒　詄 忘也誤也音逸　柣 門限也鐵也　黰 黰首　鍱 鋌也　𡊨 人姓
𢷾 掛丨排也收也　楪 牀簀也音葉　韘 射決也音攝　𨰻 𨰻也　凸 高也出貌　胅 骨差也
姪 迭也　䏿 骨差也　沾 安也　洷 水也音緻　霅 吸言音猲熠　澐 水名
跌 踢也音突　腜 續切也　疊 重也累也懼也　褶 襲也袷也　耋 老也錫也
瑧 繞絰也　戜 利也國名　蛪 静也藏也和集也音執　𣑰 屋笮板
滅 盡也沒也火熄也音媚　㓕 棄也微也无也　𧖧 血也　諓 諓丨污　篾 竹皮也小貌　簚 同篾　𥻆 𥻆也音末
䁾 囊也　𢤋 𢤋丨不纖也方正也　鑯 鑯丨紩也　㒟 㒟丨借多詐　㭾 楯也　蠛 虫蠓名
䲜 魚名　搣 批也摩也捽也扌拔　醶 鹵小也　礣 小石也　幭 覆式也

𡦟 同丨　纖 細也　𢡠 懈也　𥗍 禾也　𥈤 目眵也　覕 見也割也
㓕 同滅　絾 微也　𡞴 絕也盡也拔也摩也　𠩺 火滅也　𣿮 疾流貌音末
𦼪 同𦽇　𥉌 目不明也　𥈕 目不明也
寽 鄙也少也弱也薄也　埒 庳垣也等也　畤 耕田起土也　酹 酒祭地也音類　将 少也　捋 摩也易取也
浮 山上水也崖也　桴 木也　跉 蹶丨跳跟貌　鋝 二十兩為丨　哷 雞鳴聲　𣂼 斗量也
頨 面醜也　騟 馬毛斑白　毿 毛色斑也　蛶 蟦丨皮也　㓟 削也　脟 脇間肥也割也
𪐝 黑也　鋝 鍰丨同鋝　𣏌 惡木名
雪 霜丨冰霜也除也滅也洗也拭也　𩃀 同上　㔍 割也削也　䁾 鼠姑草名

業 姓丨大板也壯也已然曰丨功丨産丨基丨音𡹞逆　𤎼 温也熱也音茶　孼 妖丨禍萌也俗孽
臬 法也極也　蘖 萌丨樹芽傍出　闑 門中橛也破也　𪗒 𪗒丨危不安也　孽 庶子也憂也戴也
㜸 噬也　嚙 同上　蘗 芽也蘖丨米　𡐠 動貌　𨻵 蘖也　蘖 牙麥也
嵲 㠊丨山高貌　𩞾 伐木餘也　不 同上　讞 議罪也評狱也　𤅊 同上　𣟷 牖也音牒
嵽 丨峭山貌　巕 嶻丨山　𡾊 危險貌　褺 情態也　壁 摭也分丨挽丨音孼
𢸃 把也擊也　挽 捻聚也俗作捏　勩 動也　𡼶 山高貌　鄴 姓丨縣名　㡇 怖也懼也
喋 口動貌　䕈 竹也　僷 樵小大𠏎容　僷 輕也美也　䴸 鳥名　𣦫 微也病也
𩀠 同鷚　鰈 魚鱗貌　𪊺 麀相隨也　𩥠 馬高大也　鍱 鐵器也　钀 鑣也

溴 水名　鏶 箭也音䔲　闒 門丨也　㵕 熗也　扒 氐扒也音拜八　垾 俗字
嵲 小山也　㧚 裂也　𦃃 引也　緤 紲丨縫也
拙 不巧也愚丨也屈也蠢丨　茁 壯也肥也　咄 丨哮呵也　啜 茹也嘗也　綴 補也長也拘也止也結也連也
𥣐 短也　輟 止也歇也　𥢶 同𥢶　𡁚 𤊾名　掇 拾取也採也　腏 肉間道也　歠 大飲也
惙 憂也疲也　棳 梁上短柱也音脫突　䄌 縫丨補也　裰 破衣也　諁 言多不止也　騣 白顙鳥也
腏 挑取骨間肉也祭酹也　柮 榾丨短木也　罬 兔網　餟 祭酹也　炪 火貌音黜
𦍒 羊躍而死　醊 酸殖　轛 車臭也　蹳 跳也　䶜 齞丨獸名　顝 頭短貌
剟 割取也刊也削也　涰 泣也　嚽 口不止也　𥟂 禾貌　𦍘 𦍘丨羊名

綴 紩也 笛 竹笋生也 䋞 —䵹作網蛛䵹也 醊 重祭也 叕 聯也連也

𢱢 古同拙

舌 口—卷也世也別味言也音殺逝 昏 同上 昏 同上 蛥 螔類 蛞 同上音闊栝

剮 治皮也 碟 治皮也 鞨 同上 怈 習也音曳 揲 著也閱持也音爕曳設牒

挤 同上

設 施陳也置也合也立也大也假借解 揲 著也 挤 同上 蔎 香草也 餟 陳飲食也

𢄼 裂帛也音細雪 幭 帑也幓也音蔑

列 分解也行次也著也陳也位也 𠛱 同上 烈 熱也列也火猛也業也美也忠—光也餘也再也威也姓— 冽 寒氣也

裂 破也滅—音例 挒 捩也拗也 𤮊 輕薄貌 𡿦 水流貌 栵 茶芽也

迾 遮也遏也音例 洌 水清潔貌 咧 鳥鳴 姴 美也 胢 剖也 趔 —趄足不進也

鴷 鳥名 𤇢 火猛也 㤠 憂也 蛚 蟋蟀也蜻— 鮤 鮆魚刀魚名 茢 葶名藥名芳也

颲 風雨暴至 䮋 次第馳馬也 迣 同列 𣳆 同冽 𩰠 鬲也分音聲 劽 有力也

剌 魚躍聲音辣 𥝩 禾行列齊也

傑 豪—俊—傲也 杰 傑—人名同上 桀 姓—磔也擔也雞棲 𪀗 鳥名 榤 木名雞棲也

磔 開也裂也 蘖 草名 𥢦 禾出也 𡰴 張也 嵥 山高貌 馲 —駞音託

粍 屑米為飲 𥧷 窺覆也 𧲥 同馲 蝎 蠧也敗也負擎也 揭 盡力負也

堨 壁間隙也音遏 楬 止樂器 鶡 同上 𨅍 開張也音責 碣 —山特立貌 𣬋 同毻

偈 武也用力貌疾驅貌竿也音揭 𥚚 長也擾也音訐 搩 同上

揭 高舉也擔也負也起也音偈 孑 獨立貌單也餘也後也 紒 結束也 挈 修整也音契顛

搳 車害 朅 去也武壯貌音訖 丩 動貌 訐 攻發人之陰私 契 勤苦也疏闊也

𢷾 同揭 羯 羊羖犗也 楬 杙也櫫也殺也音傑恰 𥡶 同藒 𠜲 刻

喫 嚙也 愒 息也 𥝢 禾舉出苗也音渴桀 欱 吹也美貌 偈 疾也音傑

刦 強取也奪去也剽掠也禁持也

絕 斷也滅也度也落也過也 𢇍 同上 𢇃 同上 𠞮 斷物也 撧 同上

𨻨 隔也

鐵 姓—銅—黑金也驪也 鉄 銕 同上 驖 黑色馬 鐡 同鐵 𡝕 貪食也 替 紬也音剃

節 —氣時—操也止也卦名—儉—制守— 卩 同上 櫛 梳篦總名剔除也理髮也 𤢶 —獢獸名

擳 拭也 𢔶 傺— 𢢆 心有度也燭餘也 𩻣 魚名 𩬃 束髮少也

幯 拭也 瀄 㵶櫛也水流貌 栨 橫檣也音次 岊 山高處也

徹 達也道也治也去也列也剝取也通也均也 轍 車—迹也 𦄧 衣破也 撤 除去也發也抽也剝也

𣚢 㯏也 瞮 明也 𣳐 —漣繞有水也 澈 水澄也澄— 𢖠 古徹字 𦙄 肉動也

潎 水澄也同澈 𦪈 船行也 𣊘 語不止貌 𢗁 心動貌 𨊥 足疾也忽然也 𨍉 俗軋字

瞰明也　着挑搦也音暢　㤉領耑也音拔帖　柧木小菓也　炇火氣也火然也　𣏌枯也

呱多言也　聏安也　篅竹葉　鈲鉆也音星聽　𩵽膊肉也

苽小葉

咽哽－呑也聲塞也音噎　噎飯窒也咽痛也　鍻以鐵為－也　糟稷屬　狚獺－獸名音咽　扁屋迫也

暍中熱也傷暑也音謁　㵎水流貌　洇同上　閶闔也　䍦色變也

瘍瘡瘍也　緆繒壞也音燕　䞩物敗氣也　謁告也請也諮也白也

別分解也辨也離也分－訣也　剮同上　笏竹器　荊草名　癥腫痛悶冬瘢裂　鴐馬名

㚤行不正也　𢕌－循衣服婆娑貌　𡸿大－山名　瘹腫疽也

撇－書撇也引也小擊也別也略也　憋性急也　覕同瞥割也音殘擯　擎同上　瞥暫見也音撇酌　獙飛貌　潎水中擊

頫－頫短貌　蹩跳也　鱉河內謂重頭金　鷩鳥名　嫳輕薄貌怒也　憋同憋　𡤻𡤻－徹也

切割也刻也要也摩也迫也按也義－急也　急切也切要也斷－音砌展　泬水聲　跇跌也　㧖摩也音猝

紲索也　誺正言也小語也

決判也　決果－－斷　决行流也斷也開也水名判也絕也音血桂　玦玉佩也　𢗊佩也室也

訣絕也法也別也辭也　鴃惡鳥聲　䳜鶗類音桂　𥜐不祥也　觖望也不滿也

映日食也　抉挑也搯也剔也　䳫博勞鳥　譎欺也詐也詭也　觼環有舌者　憰變詐也

枖椀也小盂也　肤孔也音脥　趹馬疾行也　眣涓目也目患也　駃馬名音快　㓡剔也

弡所以閱弦者　𤞞獸狂走也　砄石也　缺刺也取也　烑狂也　𤔡權詐也

獝狂也驚遽貌　僪狂也　潏水名涌出也音聿　鐍同觼紐也音聿　𩊶鞅也　𥍯音聿

䆷深抉也穴貌室也　雗同鵙　獗獗－音厥　英明也　姎美貌

㱥死也音孽　血骨－－氣澨也憂色也音恵

䘏木名　說怒同也　膞腐貌　閱閱關無門戶也　泬走也

吷小聲　翃小羽飛聲　䆷室也穿也　坹深也穴室也堂也音穴

盇穴也　岤山－穿－　茿草名　衄瞲－惡視

䬆小風從孔來也

𧨏談－號也告也解也　諭也

吷小飲也嘗也

附录

十藥 古轉覺

藥 姓｜療也治病草｜ 若 似也順也語詞 弱 尩劣也委也破也衰也敗也强也懦也 虐 暴｜酷也苛也殘也災也

𧆞 同上 虐 同上 闒 牽引也 逽 先也 淮｜ 鬻 肉菜湯中薄出 叒 順也 木也

瀿 水名 濼｜ 瘧 酷虐也 疾也 搦 引戰也 捉也 𨂁 踐也蹈也 鄀 國名楚邑音綽 楉 木名

蒻 蒲柳類 茶名 鶸 昆鳥 蕣 若風吹水貌 檪 宮名 皭 見亳邑老君碑 韄 縛｜織布具

箬 竹｜若名 嬫 美貌 䑌 船名 癨 淮｜病也 䢁 連也 𨁯 足下文也

禴 夏祭名 ｜薄也 礿 同上 𦱤 古若字 侖 管也理也 䶳 仰也 鸙 天｜鳥名

龡 炊氣也 龥 呼｜病首號呼也 音禴 鑰 鎖匙曰｜ 籥 管｜樂器 𥟦 連也同 𥟦也

瀹 漬也煮也疏通意動搖貌開滌也音爚 爚 火飛貌光也 𨷲 戶｜開下牡也 𥌠 視貌 瞗｜ 𦇐 色絲也

蘥 雀麥也 草名 𧕸 ｜螢火別名 䚥 弓偏弱也 𨈂 折拉也 䐞 肉也臏也 敫 光景流也

𨈂 登也履也行也拔也 𦁫 緯也 練也

莫 姓｜不也無也強也謀也 大也 驀 馬名 鏌 ｜鋣劍名 瞙 目不明也 瘼 病也

膜 幕也無也撫也順也 音模 瞙 冥也 漠 清也施也謀也茂也 幕也音木陌漠 蟆 蟲名

覔 覓也 幕 帳也絡也暮也 音模覓 鄚 姓｜地名 𢉭 空也 𠢕 勤勤也

寞 寂｜無聲也 𤍒 火貌 貘 惡獸名 𥇜 美目也 目深也 䈾 ｜箹竹名 塻 塵也舍 塻也

𥗼 沙｜也 𣩵 死也 𩃵 雨貌 𩋍 鞊｜履也 𪍑 ｜麴麩皮也 慔 勉也

茻 古文莫字 摸 捫也索也手捉也 音模 貉 靜也 音鶴 嗼 㗰｜也靜也 安定也音陌

索 繩｜懼也盡也姓｜須也 散也音素色 縤 同上 線｜ 㨎 取也求也摸｜ 愫 惕也愳也 鎍 ｜鐵｜鎖 絨也

榡 白｜ 木名 溹 水名 𤸶 脈動 䅴 禾穗也 𪍔｜ 𦺻 草名

𧇮 虎貌 𧍒 虫名 𧝪 衣聲也 𩌎 鞻履也 𥸕 竹組也 𪍓 乾餅也

𩗒 風聲 𡩃 盡也求也散也

作 起也造也始也振也爲也 制｜ 𢓜 古同上 謔 戲也餉入聲俗音作 嗥 聲也 强｜

𤘘 牛名 糳 精細米 𥽇 同上 趞 走貌 𥼾 屑蓼蒸之也 胙 古作字

𢼸 油麻一榨曰｜ 䁶 鼠聲 宱 安貌 柞 木也音昨窄 鑿 鮮明貌 音昨

惡 忌也兿穢也瑕也粗也不善也醜陋也 僫 同上 䳘 水—鳥 堊 塗也色土也次也亞也
蝁 虺屬 ⿱亞玉 白玉 鰪 魚名似蛇 亞 同惡
縛 束也薄也繫也卷也音附俗音斛 斛 十斗也 瀔 水聲 ⿱殼衣 衣服也衣聲 ⿱竹斛 大箱也
蔛 石—藥名 确 實也音學確 礐 石聲音學 蒦 賁也水名音如護獲 戄 遽也
㦜 心動貌 矱 準繩也度也 臒 善丹也音護 ⿱殼瓦 瓦器坯也 焀 火貌 槲 —樕木名
嚩 咒語 ⿱艹殼 菜生水中 縠 細縛也紗粟也 㲉 同瀔 ⿰糸專 同縛 觳 盛觵卮也薄也
⿰角斗 出釋典 ⿰走蒦 倒也 ⿰走隻 走也 ⿱殼酉 濁酒 穫 刈穀也音護 濩 雨流霤下貌
⿱雨蒦 䨼—大雨貌 蠖 尺—屈伸虫也 ⿱殼酉 同䨼

度 籌—謀也入聲 宅 厇 同上 ⿰忄度 忖—也
昨 姓—日隔一宵也累日也 怍 愧也慚也顏色變也 ⿱乍心 同上 族 矢鋒也音簇奏 酢 酬—報也音措
稓 姓—鄉名 ⿱殸言 謈也 醋 報也音措 葃 —菇草名 鑿 鏨也開也造也穿木也音作
⿰稓阝 蜀地 ⿱殸金 同鑿 ⿰丵殳 同上 嚼 噍—齧也 柞 木也除木曰—除草曰芟音窄斮作
⿰禾乍 地名 ⿰糸乍 縐紗貌 ⿰貝乍 財也貨也 ⿰氵窄 水也 ⿰禾乍 禾搖貌音祚 ⿱竹乍 竹索也篸也
⿱竹乍 同上橋也 鈼 釜也銼也 ⿰耒斬 地名 ⿱艹乍 地名
約 纏束也止也窮困也節也 扚 手指節文也音鳥的 躍 踴—跳— 葯 纏裹也—葉
⿱竹約 小籥 ⿰走龠 趯—行貌 趯 踴也跳也音笛

託 寄也憑依也委也信任也 托 杵名—盤 拓 手承物也斥開也音隻 摕 古文同上 ⿰木橐 同上
杔 —櫨木名 矺 —礨木名 咤 食餌也 ⿰王乇 玉名 ⿰氵乇 水滑也 袥 —肩衣領也
驝 駱駝 馲 —駝畜名 柝 夜行所擊木也 橐 柝聲也冶橐也橐—小曰—大曰囊 飥 餅也
⿰乇麥 同上 魠 多口魚也 蘀 槁也落葉也 籜 竹皮也 ⿰足斥 —弛也 跅 同上
魄 落魄貧無家業 侂 寄也驕逸也少女也 侘 同上 詑 毀也 斥 放縱也音尺
沰 落也磓也磕也音樴砣 ⿱橐木 同檡木蘭也鉈也 祏 衣衽也開衣領也
萗 葉落也
薄 姓—厚—輕也少也嫌也微也 ⿱艹泊 同上淡— 礴 磅—廣被也充塞也 ⿰魚薄 魚名

欂 柱上枅也 ⿰暴皮 肉脹起也 ⿰多皮 同上 ⿱雨薄 大雨 泊 水貌舶附岸曰—也音粕
⿰車薄 車飾也 箔 簾也取魚具 ⿰金泊 金薄也 亳 邑名商所都 膊 肥也 ⿰衤尃 襌衣也音傅
⿰足步 蹈也音步 ⿰革薄 鞈鞸也 鑮 以鐘而大 垍 堅上也
落 姓—零—始也居也廢也牢— 洛 水名音樂 樂 喜也入聲 ⿱竹各 栝束也籠也 鉻 鬄也去髮也
絡 姓—網也纏也 酪 乳漿也音路 駱 白馬黑鬣 櫟 木也音歷櫪櫟 鵅 水鳥也 ⿱雨各 零雨也
烙 灼也燒也音閣 雒 馬名雅— 珞 瓔—頸飾 犖 卓—超絕也駁牛也 ⿰歹各 殂—
袼 腋下縫也 濼 水名 鮥 叔鮪也 ⿰樂鳥 鳥名 轢 車轢聲 ⿰各羽 翶—飛貌
貉 同上 ⿰口樂 啅—有木䊒 峈 —嶁山名 皪 白色 ⿰目各 同上 ⿰目各 視也

硌 磊｜大石貌 硆 硧石相扣聲 簬 篩也 鞈 生草可爲縛束 讈 ｜言 ｜謙狂 鱳 魚名

碌 ｜碌石地不平 [illegible] 娛也 鉻 同絡絲柄也 鉨 同上 剳 剔也 簬 籬格也

挌 擊也音鶴格

鑊 鐵器釜屬 煑飯器 鍋 同上 臛 善肉也 檴 柳榆也 [illegible] 骨聲 美肉 篧 竹器

鸌 水鳥 音護

嚗 大笑也笑不止也 嚧 同上 醵 會飲酒也音遽 谷 口上阿也笑貌

著 置也附也 音儲著 着 俗同上 擆 置也擊也 擆 同上

琢 治玉也選擇也音篤 啄 鳥食也剝｜音涿晝 噣 食子鳥 音晝燭 斲 研也器也 斵 同上

鱆 魚名 [illegible] 單魚也 剢 刀鉏也 同斲 豚 脈臂也 肥也 晫 明盛貌明也

涿 流下滴也擊也音濁 啅 衆口貌同啄 踔 疾走也 音卓 斀 去陰刑

叱 同啄

掠 刼人財物也拂過也抄｜奪取也榜笞也治也 剠 同上 擊 掠取也 [illegible] 縫衣也 袼 袖名

[illegible] 磨刀也 蟟 蛁｜也 蟟 同上 蛒 渠｜也 蝁 同上 [illegible] 歎笑言也

詻 聲也音額洛 鷺 鳥名 略 治也要也求也界也道也取也行也利也

鑠 銷也美也好目也摩也光顯昭明也 爍 灼｜光貌音藥樂 櫟 木也音歷勞 [illegible] 美好貌

䁶 美目貌 [illegible] 枝｜不定也 杓 斗柄也引也繫也 音漂標勺 獡 驚也虛也 獡 同上

[illegible] 酢味 [illegible] 鍋｜餓也 瘧 瘧病也 踼 遑貌 音逖

脚 脛也却也 腳 同上 巏 山名 蹻 草履也舉足也 [illegible] 車輞也 蹻 同趫走也

屩 屐也木日屩麻日｜ 繑 絝紐也

削 刻治也侵除也剡也刮也鞞也弱也 音笑稍宵 [illegible] 同上 娋 小侵也偷｜

鷽 鳥名

樸 質也木素也堅木也音僕 蒲角 朴 同上大也猝也離也木皮也音僕朴 爆 落也灼也熱也音豹 剝爆

[illegible] 米｜ 璞 玉素也 姓｜五 𧭬 以言蔽也 墣 塊也 撲 擊也打也 [illegible] 技 同上

[illegible] 盜財也 義財也 炇 火烈也 炑 爆竹火聲 [illegible] 堅也苞也叢也音卜 攴 楚也

攴 小擊也 楚也 樸 ｜陽地名 [illegible] 特牛 瞨 目暗也 砒 ｜硝 礦名 [illegible] 石聲

[illegible] ｜樸落也 [illegible] 同上 鏷 生鐵也 [illegible] 衆多貌 [illegible] 骨箭 [illegible] 鼠屬

[illegible] 淺色暗也 淺黑也 釙 金鉚也 雹 雨冰也 音僕 仢 流星也音芍狄 朴 草生貌 懪 悶也

瓝 小瓜 篧 竹名 犦 犎牛 窇 窟也 土室也 [illegible] 小豕也 [illegible] 肉脹起也 音剝

[illegible] 杵頭也 扑 同樸杖也打也 [illegible] ｜稍 唐衛仗名 瀑 水激也 𩃬 古雹字 [illegible] 貿鍪帶也

[illegible] 槊杖名

諾 答也應辭也許也承領辭也 喏 同上 鐸 木｜金口木舌 澤 冰結 音宅 蠌 蛸｜水蟲 襗 袴也

剫判也分也音度 謱欺也 喥言無度也 侘忖也正也音宅 㐤同上 㤶忖丨也
緒綩丨纏夷布名 腒肥貌腇丨 𨂍跳足蹋地 𨃜跳足貌 䡡輅也 鷵鸌丨鳥名
䩢䩢丨革胡索 惜心然也 跎跳足也
郤退也節欲也止也仰也不受也 却同上俗 㕁同上 𤜧至也高也 𧿺行不進也
𤸫瘧疾也
爵封也位也量也丨祿禮器也音即 鵲鳥名善丨 雀依人小鳥孔丨 釂飲酒器 皭白也淨貌
爝火祓也音醮 碏石丨敬也人名音昔 皭日光也 皵皮淺黃也 黃也 䁾小目也
燋同爝 爑同爝 嚼嚼也噬也 擆捎也擇也搞也 𣏱木皮理鵲也 𧿒朱貢犬

猎同上 皵皮皺起也音昔 䇓趑趞也 𥪶鷟貌音䇜 趞趞丨行貌 𧾷同上
𪕄鼠也 踖陵也蹴也敬也 鯌䲋丨魚名鰌也 䶂鼠屬 𤌛同爝 磧水中沙石也
博大通也廣也姓丨普也布也局戲也 愽俗同丨 膊肩也膞也 剝落也脫也割也削也傷害也
駮丨雜色不純也 蛽丨蟭堂蜋蛸也 䏶祭肉 𣪍弃也 駮獸名榆也 𤞞犬名
鎛丨飥餅屬 𨍰車下索也 䪗手足指節鳴也 鬢髮也 鬏女大髻 𢓿蠶具
䶈嚍堅也 韋尃古傳字 嚩嚍貌 嚩同上 轉車上囊也 䩔也 縛表也
曝怒聲 髆肩甲也 䯊骨端也 𩯚擊也 𪍿丨飥餅也 旉姓也
䶂丨鼠名 㬥暴也 曞同上 𣊧㬹也 溥水丨集貌 煿火乾貌

牔屋端版也 𩭾頸連也 䑹風版 磔石丨岸也 筋手足節鳴也 肑同上
䍸丨羝獸名 䄍短袂衫也音伯 䑬皮皺起也音璞 皵皮破也 鑮迫也
搏手擊也拊也拍也持也音付步

十一陌 古通用 韻略通錫職

陌阡丨市中街也姓丨 伯長也把也音博必 佰百人為丨 柏松丨陰木也椈也大也迫也姓丨音博必
栢俗同上 絔補也 百衆多也十千也 駋馲丨驢父牛母 狛同上
瓸甓也 銆丨刀兵器 趏走貌 䒱藍別名 拍擊也音魄 㓦俗同上
䗳橫木也音樺 䄸神也 嶕丨峭密貌 洦淺水也 䳆超越也 迫急也窘也音必
貊靜也獸名
拍拊也搏也肩也音伯 魄陰神也魂丨形也體也閒也音托 珀琥丨也 翸飛也 洦水流也
帕額首飾 袙同上 帞帓也 潪淺水也 峈嶕丨密貌 淵同上 蛨蚝丨蟲也

脈 破物也 趙 遏也 粕 糟丨酒滓也 秙 禾不實也 胉 䏿也脅也音博 怕 無爲也
膊 迫也脯也音博純
逆 迕也拂也亂也迎也不順也受也 額 顙也 額 休息也同上 幘 紩也音客 鷊 韍綬鳥也
縌 綬維也 綌 同上 艗 鳥名也 ⿰石逆 礋丨西方獸名 ⿰石逆 同上
⿰口逆 吐也 鷁 水鳥也 ⿰赤鳥 同上 ⿰魚契 騙丨魚名 蔦 小草 ⿰石鳥 鵋鶀也
⿰峉頁 岧丨山高貌 ⿵門逆 閉也 ⿸厂屰 石惡地也 屰 不順也音睨 嶷 小兒有知也音宜
峉 山不齊貌
察 考也覆審也知也訪也音徹檫刹俗音擦 憏 審也 ⿰金冊 鐵器 蔡 草芥也 ⿰目詧 [illegible]也

⿰鬼察 羅丨國 ⿰鬼叒 同上 櫒 木名 ⿰目察 視審也 ⿰食察 食也 ⿰言察 言也
擦 摩急也 瘵 勞病也
策 簡也籌也謀也著也 筞 同上 ⿱竹耤 同上 箣 同上竹名 册 簡也 冊 同上
坼 裂也皸丨 ⿱竹⿰角冊 符命也立也簡也 冊 同上 ⿰忄責 耿介也音責 ⿸厂斥 開也
柵 棧也營寨也音訕尺 拆 裂也開也毀也解散也 ⿱竹敕 擊也 ⿰革斥 丨韄丨
⿰忄策 小痛也 ⿰扌策 扶也 ⿰金策 鐵槍也音棟 筴 簡書也謀也音夾尺
敇 擊馬也
客 姓丨賓丨奇也主丨 ⿰石客 石堅也 喀 欬聲醉也 ⿱髟客 鬓長貌 ⿰血客 嘔也吐氣也叱聲

字類校正 卷之五 土陌 五十四

⿰血各 同上 ⿰扌客 手把著也 ⿰厲力 勤作也 [illegible] 褻裡也 焃 赤也明也音謫闘
麥 姓丨芒穀大麴也音極暮 麦 俗同上 貉 北方豸種縮綸也綸繩也音陌洄莫 貊 靜也同上 脈 血理也募也
衇 同上 霢 丨霂小雨也 霡 同上 ⿰馬麥 驃丨驟丨 貘 獸似熊象 ⿰麥鳥 鳥名
⿰馬百 駝丨似騾 ⿰馬害 解牛聲 眽 相視也 ⿰目𠂢 同上 覓 求也 覛 衺視也
⿱竹覓 簽籌也 冪 覆食巾 ⿰目覓 邪視也 幎 冥簾也覆也 覓 俗覓字 ⿰𠂢辟 覆車笭也
⿺走覓 丨趍狂走貌 ⿰虫覓 蟔丨䖟丨也 ⿰馬覓 馬多惡馬也 ⿰氵覓 石硯 縸 網綳也繩索也 ⿱艹覓 菜名
⿰衤冥 縣布也 ⿸虍覓 白虎也 ⿱竹⿰食覓 覆笭也 ⿰豸覓 白豕黑頭也 冪 蓋也 塓 塗也
汨 丨羅江名音骨 ⿰氵帛 同上

責 求也非也取也誅丨刻丨讓也任也問也 賫 同上 ⿰忄責 責也音策 簀 牀棧也積聚也音債
嘖 大呼聲至也 窄 狹也隘也迫也 迮 迫也起也 ⿰米責 白米也 適 責也咎也過也怒也罰也音擇的陽狄世
謫 同上 摘 手取也音剔 讁 周諭 ⿱雨乇 雨貌 ⿰言啻 罰也 乇 根生地上也
磔 裂也開也張也剔也 ⿱艹乇 樂草也 ⿰目責 張目也 ⿰目啇 目翳也 ⿱穴啇 免窟也
笮 狹也迫也 ⿺辶笮 同上 ⿰米乇 黏也 譖 大聲也 謮 怒也讓也 ⿺辶窄 姓也
嘀 卒聲 ⿰革責 做也 泎 瀺丨水落地聲 虴 丨蜢草上虫也 咋 大聲陜也
唶 同上 齰 齧也 齚 同上 倜 丨傺無憚也 厇 狹也 ⿰黍啇 黏飯也
嫧 齊謹也好也音策 幘 覆髻也 杔 丨櫨盞酒具 ⿰木寺 槌橫木也 ⿰片責 同簣

字類校正 卷之五 土陌 五十五

皟深白也　𤗚皸也　𦗒耳堅也　猲犬張耳也　齰齒相値也齚也

𩞄日月蝕也　膭魚子脯也　𤺄寒病也　賾幽深難見也　蹟俗同上　頣俗同上

⿰責頁頁丨頗頭不正也　謮譴也　⿰毛巨毛初生也　⿰𠂉鳥鳥名　馲丨駏驉父牛母　⿰月啇挑取骨間肉也

⿰馬啇丨驂騾驢　糒黏也博也　柞櫪也音昨

格來也窮究也登也木長貌庋丨敵也歷也量也舉也標準也度也丨式丨法至也感丨正也音各鶴洛　挌擊也擧也止也閣也音鶴落

革翼也皮也改也更也老也急也音殛　⿰耒各耕也　愅智也　嗝阻丨暗也塞也　鬲搤也姓丨音歷

膈肝丨塞也胸丨　⿰月革盲也　⿱竹鬲竹器　假感丨入聲　骼骨枯曰丨　⿰口革雉鳴也

嗝同上　⿰扌革改治也　槅大車枙也核也　⿰食鬲飯丨病也　髂腰骨　⿰骨可胢同上

⿰骨各古同上　⿰月客⿰足客同上　⿰忄茖謹也飾也　翮翎也翅也羽也　鮥海魚名　⿱竹鬲丨子竹嘽也

謞智也善也　⿰車鬲車軛也　⿰車鞷同上　虩虎聲也　虢同上　⿰虍彭同上

𢓜來也至也音核　徦至也　珞同格　⿹戈各鬥也　茖野葱也　⿰目鬲目不正也

蛒蛭丨蚰蜒也　觡鹿角角索絞也　⿰麥各麥碎也　⿰魚鬲丨鯬魚名　⿰阝各人名　諽飭也謹也更也

⿰言茖多言貌　⿰革鬲勒也　搹把也　詻論訟也辭厲也　胳後頸骨音各　⿰火革燒也

赫火赤貌音[illegible]　⿰各斤捕也鬥也

屐屩也木丨也　⿸尸支俗同上　劇甚也增也艱也戲也　⿰魚屐魚名　⿱𣏟木棺丨封棺物

⿰亻卻倦也勞也音戟　⿰亻谷倦也與俗字異　⿰谷凡倦也　⿰忄卻同上　⿰谷几倦也

赤姓丨南方色也朱色　尺法度名十寸也　飭致堅也勤也備也正也謹貌　⿱田十田器　⿺走止超也行也

斥姓丨遠也度也望也開也棄也廣也指也逐也澤鹵也音託　敕試也飭也理也語也正也固也急也謹也　勅同上進也誡也

螫毒虫也　⿱赦心從也　⿰赤鳥鸂丨鳥名　趩行聲也走貌　⿰式鳥鸂丨水鳥也　鷘⿰氵鶒同上

彳小步也　⿰王剌玉屬也　⿸广赤指也大也瘃也　卤姓也　⿰魚赤魚名　蚇丨蠖虫名

蚸蟒丨翅作聲也　⿰忄式惕也　⿰赤鳥鸂丨同⿰式鳥　拆擘也音坼　⿸厂斥遂也　⿰金赤飾也

⿰斥鳥小雀

石姓丨山骨也堅也磬也十斗曰丨　⿸厂石同上　祏石宗丨宗廟石室也　鼫五技鼠也　䳭雝渠也鳥名

鉐鍮丨音鉐　䄷一百二十斤也　⿰虫石蟷螂虫名　碩[illegible]美也　⿰石鳥同[illegible]

夕朝丨暮也斜也發朝也音[illegible]　⿰日夕同上　汐海水也朝曰潮夕曰丨　蓆[illegible]也大也

藉薦也纃也縋也蹈也　⿺鬼夕鬼名　席姓丨藉也釋也資也因也安也陳也音灼　穸夜也墓穴幽堂

籍典丨借也書丨　寂安也閴丨丨寞靜也　⿰言尗同上　⿱宀尗安也靜也　⿰扌春擊也

⿱⺮錯取魚器也　漃水淨也　褯小兒席也　猎獸名似熊　⿰昔阝鄉名

膌死骨也　⿸广昔縣名音積　瘠病也　⿰齒昔病也瘦也　⿱宀尗同寂無人聲也

覈深刻也驗也同核　核果中丨也綜丨剋丨籩豆曰丨豆實曰殼　檄下尺書也皎也激也音[illegible]

翮羽鳥飛也　⿱羽兒同上　鎋車頭鐵也　轄同上鍵也音槪曷　軎車軸頭金也

⿰月赤肉也　覡男道曰丨　⿰米覈穀糠不破也音紇　鷊鳥名　劾用力也勉也

釛金也 箸拾丨也 韡同韡 輅車前橫木 繕束物也 齰齒堅聲
覈同覈 趧走也 瞎目盲也 瞯同上 閃邪視也 槠木所以正弓弩
鶚丨鶚反舌鳥也 嘖盛怒也 蒦薄丨蘇也 磍碣丨盛怒貌 纉衣領也
饎食飽也 鬠丨髮禿髮也 顧鼠名 橾鍾丨也 榔角械也 蘸麻莖也音皆
勚勤力也 碣丨石地惡也 椵橦樓也音役 倄倄丨健貌 髻禿也
揩揩也
碧赤玉也地名美石音筆俗音壁 綄同上 璧瑞玉圜器也內邊也好孔也星名 愊悃丨至誠也
壁墻丨垣也宿名壁也 迫急也音百必俗音碧 逼近也迫也驅也 偪同上音福

㷆戾也㓹丨 堛土塊也 湢浴室也聲流貌 煏火乾也 鍸聲耳也
廦墻也 疈磔牲也牲胸也 皕二百也 碅石落也 騙駝丨 鸊鳥名
糒火焙肉也 鶝鶝丨鶝屬 楅束也幅也音福 猵飛也 鰏魚名 皀粒也皀異
圀閉也 副析也 愎很也戾也 擗丨擗萬也 襞疊衣也 綼裳在幅也
辟君也法也明也
白姓丨啟也告語也明也潔也音杷蹁濞 皀同上 帛雙白色 舶丨艚船名 鮊鰟丨魚名
鴭丨鴭鳥名 茵丨芷姓也 帛布丨繒也幣丨音薄 笣竹名
庳持也

宅居也擇也定也音鐸 厇古宅字 鴳丨鴳鳥名 澤潤也光潤也雨丨音適鐸繹 擇揀選也音奕
鸅鶴鸅也 擲投也拋也振也掉也 蹢丨躅住足也 蹢丨躅不靜也蹄也音的
蹢同上 翟姓丨地名音狄 檡棲蘇也 嶧山名 螂丨螂虫名 犦西方獸名
薢丨藊藥名 蠌蜻丨蟲 韘水韘刀飾 擿搔也投也音剔 惿忠也正也音鐸
益卦名姓丨進也加也增也器滿也饒也多也溢也阨也盈溢也 郃地名 艗舟中頭也 榏同上
嗌女名 嗌喉咽也音厄 億兆也度也安也 憶思也記也念也 悏俗同上 檍杻也
醷濁漿也 抑反語詞丨揚慎密也退也損也美也按也治也寒也屈也逼也過也止也 鷁鷁首也
臆胸也滿也抑也同意 意同億滿也 薏中心也草名 肊胸骨也氣滿也 胅同上

膉脂肉也肥也 榏梓屬 瘡病也 垣地名 嗌咽鹿 謚笑貌
郒地名 濾水名
迹步處也足跡也蹤丨形丨 跡同上積也 蹟同上循蹟也 脊積也背也心也理也 踳踳丨小步也
鶺丨鴒鳥名 瘠瘦也病也音籍 即姓丨食也就也今也尼也若也燭也 鳥同上 即今同上
鯽魚名 積木名 嘖多言也 㑖小也 喞啾丨嗟怨聲 堲疾也
稷五穀丨社丨齊也具也 塉薄土也 楷屋檐木 膌瘦也 迹古文迹字
積丨籍稽也 鮚魚名 鯖鮒也小 螂虫名 鶺同鶺 櫻細理木也
嵴山脊也 鶺鳥名 趚側行也音刺 聻人死為鬼人見懼之鬼死為丨鬼見怕之書此字則上鬼離千里

覞覻—追急也　趞倉卒貌　禝堯臣名　⿰月即光澤貌　厝縣名　程稠—也
揤疾也音疾　積累也聚也蓄也堆疊也　幘巾也　樍木名　勣功也
績緝也功也業也繼也事也成也　諿嘉言也　畟相也進也嚴利也音測　遺同迹
蓺茅芽也
僻偏也陋也邪也　辟開也刑也音璧　𨐨—雍菜名　甓瓴甋也甎也　霹—靂雷震急聲　臂膊也腑也積病也音璧
擗拊心也擘開也　癖痞—腹積聚也　憵悴也　襞—積衣有摺也俗音僻　睥目斜視
躃倒也仆也　劈破也分也劉也　闢開也通也辟也避也　綼麻也—績練　⿱辟儿同僻
闢同闢　⿵門辟塞也　䟆走貌　鷿—鶙鳥名鳩也　⿰石刂霆也　擘巨—大指也

十二錫　古通職緝

錫姓—賜也與也細布也　鍚同上　息喘也姓—處也生也勞也休也止也安也　媳子婦也
熄畜火也　瘜惡肉也鼻內瘡　昔姓—久也夜也疇—前日也音錯　惜痛也憐也愛也貪也悋也音削
踖踧—恭敬貌　腊乾肉也久也極也　⿱雨析小雨也　析折也破木也剖—分也音斯
裼袒—露體音替　淅漬米水也　晳明也白也　晰明也　蜥虫名江—　⿰米析同淅汰米也
⿱雨易同霖　舄履也大貌　蒠草名　⿱竹息篡—竹器　惁敬也憂也　潟鹵地水名音尺
⿰氵息水名　⿸麻易細布也　⿰革昔履也　蜥虫名—蜴　⿰食息氣息也食也　趞行不進也
棤—皺木皮甲粗　緆細布也音易　怕同息　⿰歹析磔—欲死貌　⿰口析鳥鳴　⿰言析止也

⿰言息同上　⿰氵析同淅　婸女名　猎獸名　蜴蜥—音亦　⿱宀昔夜也
瘄同上　焬乾也音繹　⿰木舄木名　鄎齊地　焟乾也暴也　⿺風析風聲
⿰月息膡—寄肉也　⿰子析蝗也音制　⿱析乙哲也
的—正鵠也端—確也遠也實也明見也　蹢蹄也　嫡正室曰—敵也　滴水注也瀝下也　適專也主也
甋—水注也瓦器　鏑鋒—箭頭鐵　樀戶—卷縛具音樀　⿰黍商黏也樀也音樀　⿰食卓同的
啇獸蹄也果蒂也　菂蓮實也　靮羈—馬韁也　彴射質也　扚引也　⿰勺刂斷也
⿰氵適同樀　⿱罒勺罼罟也繫也　⿺辶勺至也　⿰石勺礎也　⿰石商同上　馰馬白額也
弔至也　玓明珠色　肑腹下肉也　⿰鼠勺鼠名音豹鼩　⿱宀入入也　⿰忄勺驚也

⿰禾商禾大也　⿰金適龍鎖　墑射的也　⿰商斗量也　豴豕蹄　魡繫魚也魚名
⿰石適同樀　⿰黑勺黑子著面　⿴口勺動也　杓標的也音標勺　⿰木寺樵也
狄姓—夷—北方曰—羽也　荻草名　逖遠也跡—　⿱狄心惕也　迪進也蹈也道也　覿見也
敵當也上也剛也主也對也仇也捍抵也四也輩也　藋長殺也　⿰齒翟齦也　笛七孔篇也篠也
遂同上音遂　籊竹器　螣蝗也　[illegible]同上　踢驚動貌　趯躍貌
⿱髟狄髮也　糴入米也　籴同上　翟車也羽也音宅濁　頔好也人名
歒—敀小入笑貌　⿺辶𩂣雨也　嚁聲也　滌洒也旱氣也浩洒也傾風也音調鐸　⿺辶苗同荻
⿰魚狄—魚東海魚　鸐青—聲似鷸　⿰賣鬼醜也　仢約也　⿰彳由行—也　篠細竹也

棫藏椊也 郵亭名 穖穀也 踧平易也音蹴 棏木名 特犆也牡牛也
⿰牛㝵牛也餇也 犆牛也緣也 棏木名 [illegible]堞也 婥女病也 蒣旱氣也
⿺走㝵狂走 [illegible]痛也 苖羊蹄草也夂由音蓄夂田是措 恧媿也慙也
惄憂也思也飢也飢也音溺 衂鼻血也 衄同上 聽 𩈴同上 朒行太疾也
𧧏慙也 忸慙也音紐
戚斧也蹙也哀也憤也憫也地名近也憂也親也姓丨 䁥見也 慼憂貌痛也 蹙近也縮小貌
顣鼻頞促貌 鏚柲柄也斧也 墄限也階齒也 慽同慼 傶憂懼也 [illegible] [illegible]同戚
𢥓同上 𧞬衣鮮明也 傶姓也 鼜守夜鼓也

十二職 古通質

職官丨埶掌也主也專也事也常也貢也音犆 戠俗同上 陟登也進也陞也 ⿺走直行也
織緝也幟也 ⿰糹式同上 ⿰糹志同上 ⿰糹赤同上 [illegible]同上 隻鳥一枚也奇也
炙熱也親近也炮肉也燒也赫丨音蔗 蹠踐履也蹈也跳躍也 跖同上 ⿰足炙同上
[illegible]庚也健也 樴杙也 膱黏也音直 拓拾也廣也 ⿰衤帶同上 摭拾取也同上
墌基址也地名 坧同上 稙早種禾也 膱脯腊也 ⿰衤庶[illegible]袖也
克勝也能也肩丨也勝心也 [illegible]古同上 剋勝也已也必也急也 尅同上 黑晦也姓丨羊豕也
爀火色 焃同上 赫顯也發也音釋俗音克 潶水名 媿老婦稱之丨

⿰忄黑惛也 ⿰月黑濁垢也 刻鏤也痛割也剝也 ⿰黑欠欸也睡聲 勀白弱也尤極也
嫼怒貌 ⿰巾悳丨㡡亦紙也
德行也惠也善教也福也升也星名音篤 悳行道有得於心 惪同上 得獲也貪也音篤 㝵同上
陟陞也登也高也進也音稙
⿰足㝵行貌 ⿰車㝵弱也 ⿸疒㝵病也 㯖木名
⿰毛㝵毛少也 ⿰彳㝵丨滴水 淂水也
溺弱也沉丨沒也水名音若 ⿰亻水小便也同上 ⿸尸弱同上 ⿰忄匿愧也 ⿰目匿小目也 眤同上
匿隱也微也亡也藏也 ⿰米弱粉餌 暱日近也親也 惄饑餓也思也憂也饑意也
⿰血思同上 愵同上 ⿱弱心同上 ⿰木匿木名 嫟淫丨也 搦按也捉丨

昵親近也音[illegible]職 痆痒也 ⿸疒柰同上 柅止也音尼旎
直正也不曲也準當也伸也侍也順也宜也但也柄也 殖種也蕃也長也生也立也眾多也音寔 ⿰山直山名
植戶丨也種也樹立也倚也栽也姓丨 值價也當也 湜水清底見貌 稙蚤種曰丨 㥁專也
⿰氵直水名 ⿰氵寔同湜 [illegible]笙也 禃專一也 陟陞也進也登也高也音得
[illegible]庚也健也 昃缺也㫙丨歪也 仄字聲也不安貌錢名水流貌 側旁邊也反丨傾也卑隘也 惻愴也痛也
測清也丨度刀利意 鰂魚名 則法也常也準也節也 ⿰鼎刂同上
崱嶷仄也 ⿰扌則打也音廁 ⿰土則遮隔也 汄水流貌 ⿰仄鳥鳥名 倅副也

卒 已也終盡也暴也音翠 箤 斷聲 磥 磪也 稠 禾稠貌 欸 欸也
殚 終也音猝 焠 堅刀刃也燒也
默 黑也幽也不語也姓一靜也音木 嘿 同上 嚜 書一問昧也 爅 火也 䁀 目無見也
𠞰 刑名 嚜 不自得意 纆 索也 纆 絲也 𪑅 靜也同嘿 蟔 毛虫也
嫼 怒也 𩻮 魚名 𦪇 一艇釣艇也 黱 黑也 蟔 蛓屬 嫼 怒也與嬳同
䆀 姓也
翼 羽一輔一敬也明也閑也恭也 𤟹 翌 翊 同上 亦 姓一總也又也大也憂也傍及之詞
亣 同上 弈 圍棋也容也張也 繹 抽絲也理也山也窮也充也陳也善走也長也終也大也

帟 小幕也帳也 骮 小骨也 疫 癘鬼也役也 嶧 山名 斁 解也用也敗也厭也終也音徒
驛 譯也道也傳舍也 襗 祭名 醳 醇酒也 㦉 用心也 䰡 鬼使也
射 厭也法度也手也入聲 蜴 蜥一虫名 燡 飲光也 譯 傳也原也 瘶 同疫
弋 姓一取也橜也註也射也 杙 果名 鈠 小茅也器也 秇 禾稻也 祋 衮衣也
役 列也使一戍邊也厮也 易 姓一移一貿一交一循往來也音異 睪 伺視也引也紹也
𤴸 業病也 鮻 魚名 鈘 鼎耳在表也 㚤 婦官 庂 行屋也言異 邐 邐而進也
澤 水流貌 瘞 病相染 鳶 鳥名 煜 人名 墿 軌道也音徒 圛 回行也
黓 黑色 䏷 缺盆骨也 𤺺 病也 鳪 小鳩也 笩 竹索 殬 同斁

燡 火盛貌 廙 屋通也 坄 陶竈窯也 煬 火光也 焱 火貌 紎 田器也
埸 疆一可畔也 𨏥 轄車也 𣴀 肥澤也 琙 玉采 𤬪 瓦甕也 𤆄 古亦字
翊 同翼 綊 絡絲也 隿 繳射飛鳥也 𪃒 鶍鵖也 忕 心動也 𨘢 疾趨也
𠥎 田器也大鼎也 棭 木名 芅 羊桃也 腋 左右脅下也 𥢆 耕也
𡾰 山高貌 代 行也 掖 扶持也同腋 曎 光也 㷈 火華也 廙 行屋也音異
液 姓一盡也汁也同掖 焲 火光也 䣼 酒色也音代 䅊 茂盛貌 瀷 水名音敕
懌 悅也
或 疑詞未定也邦也怪也 𢧢 古同上 惑 疑也迷也亂也 棫 白桵也 蜮 水鬼含沙害人 域 界局也邦也

䁢 同上 𠰻 同上 掝 擊也同或 𦱸 叢也 閾 門限也 閾 同上門檻也
罭 魚網也 獲 得也音護活獲 畫 界限也計策也止也音話 鶪 鳥名鶪一 緎 衣一縫也
淢 疾流也水波鱗次貌 劃 剖也裂也 畫 古畫字 𧑅 蕉衰之變 琙 公孫一人名
閾 門聲 𩎃 衰也 魊 小兒鬼一旋風 𧊈 同上 嚍 一嘖呼也 繣 繣一乖戾也
㺲 飛貌 駴 馬走貌 𨐬 辣一也 嫿 靜好貌矜持也 剨 破聲 陌 同嚍
黬 蕉衰之縫 黬 同上 𢄊 裂帛聲 㦎 不慧也乖戾也頑也 砉 皮骨相離聲音翕
硋 同砫 窢 逆風聲也 𥫱 竹叢生也 𤭛 瓦器 𦏁 同黬 𦑝 飛疾貌
閄 隱身忽出驚人 𨶒 破物也開也 咀 吐聲也 𥿻 礙也 絓 同上音卦 罣 礙也

硂破也 㰝木也音摝磔 膕足也音國 膭曲腳中也 斵斫也 槨同㰝
瀘水名 𢯾擘也裂也
極棟也放也取止也疲也窮也至也甚也最也盡也音戟棘蹙 𥱽竹丨也 恆謹也愛也吃也急性也疾也
㱞疲也倦也 殛死也音棘 襋衣領也 極同上
食茹也殖也穀饌也𩚃也消也偽也音寺 𠊊古食字 𠆷俗食字 蝕敗創也日月丨
𤸷同上
棘姓丨荊丨小棗叢生者 𥛚衣領也 𤨶地名出美玉 亟敏也疾也急也同茥極音唭
殛殊也誅也音極 戟格也戈丨兵器有枝兵也音腳 𢡁疾也音嶢 激感丨衝也音叫驍

㼲張目貌 𢡊疾也 擊支也撲也打也相也攻殺也音激 獭螔名 㥛性急也
𦽍大丨藥名 鷩鳥名 鼓鼓聲 𤟺獸名 颯同上 𣪊和調也拂也
𤩦玉名 𦷝丨遠志也 譤詐也 戫手持戟刺人也 𩯣髮貌 𦍍羊名
鼜舟車序行也 𡾊山名 丮持也據也 芀木名音勒 誙訥言也 𢡆疲也音劇
𥨊塌貌
洫渠也城池也濫也虛也丨溝閭間水道音邃 虢國名 隙裂也閒也怨也閒孔也此也服也 𩔿同上
𢕌同上 谺同上 𠹬同上 郤同上姓丨 虢恐懼也 綌粗葛布曰丨
閴大張目也靜也 䤆割耳刑曰丨 㝱壁門孔也 鴂惡鳥也 𧇡同號 侐靜也寂也

㗂笑不止也 淢城溝也音域 喫食也陷也飲也音炫 㿫傷痛也音艴 蠱同上
奓方也大也 閪靜也 掝打也 𢅓赭色 匽物曲也曲受也 漍水名
馘同馘 嘓口丨煩也 幗巾丨婦入首飾也 蟈螻丨蛙也 摑打也批也 㩴同上
郤仰也怨也隙也姓丨與郤通从乃爲丨从谷从口爲却 膕曲腳中也 髑同上 惐心疑也音郁
虢激水也水製去 𥇜大視貌 殈鳥卵裂也 踀踞也 䀉閉目貌 烕火光也
慝隱惡也惡匿於心也邪也藏也 尼止也沮也入聲 㝵得也 忸丨怩慙色也 䵦黏也膠也
𪏿同上 𪐀黏也 𠱾齒病 忒失常也 忒更也變也疑也差
捊拳打也挨也擊也 衄鼻出血也挫也 聽目欲臥貌 𦜟肋丨不正容止也

佽偵丨
惕怵丨敬也疾也憂也懼也音託 𢜬同上 愓同上 禓袒丨露臂 剔桃丨解骨也
悐憂懼也 𢖮忘丨心虛也 剔同剔 逿遠也跌也 埸憂也除也 錫桃丨也
惄刺也 𨗨踰也 𡹍山名 颺風也 䞶悚動也 碏石中火皆徹
擿發也動也音適
力姓丨務也勤也丨筋也氣 㔹同上 泐水名 曆數也象也 䟤疑合貌 櫪櫪中馬欄也櫖也
慼謹也 癧瘰丨生瘡也 攊丨頭擊也 歷亂也錯也過也次也盡也踰也越也疎也
劢大手貌 遯近也 䔲葶丨藥名 偯人名 瀝淩也滯也 壢坑也

櫪同櫪 酈地名 攊歷-股手也 矖歷-䁥視明貌 爏火貌 礫小石也
櫟木也音鑰又洛 𦗖歷䁥-聲 鬁鬲名 醨歷下酒也 鴗鳥少貌而小
皪光明貌明珠也 𤿲同上 𪔵鼓聲 秝稀疏適也 䅧同上 𩃏雨不止也
𤢝犬名 靂霹-雷靂聲 歷同歷 瓅玉名 𦪈舡也 𪓈黑貌
厤寂-無人也 䧰勦-小力也 尥行脛相交也 𤩽玉-瓅貌 犳犬名 貄獸名
趚-邐行貌 酈邑名 颾風-颳聲 略同礫 朸星名也 仂勤也
笠䇎-無柄曰-有柄 曰䇎- 劚剝也 剺也開也 礰石小聲 扐縛也
礰霹靂也 轢車所踐也 鷹鳥似鷹 轣轣轆軌道 濼草名

國四-邦也家- 𡆧秦泰古 囯俗同上 槨外-棺也 鐞金也湖-頭 鞟皮去毛革也
鞹同上 郭姓-外-城郭也 𨛰古郭字 漷水名音郭鄉-號-霍 躩跳也 矍-鑠碎貌老健貌
軀軀-僂也 钁好金也 䣛鄉名 廓大也空也開也 聙大耳也 攫爪持也
𧮯谾-谷深貌 𢶒張大也 盻目貌 𠹗嘘也 瞉口聲也 崞山名
哼同上 穬草名 貜貜-大猿也 𩌏鞸-刀鞞 籆絡絲具
霩雲消貌開朝貌 彠同矱 䢲大步也 籰收絲具 籗取魚竹器也
或古國字 𩧥獸形馬瞿足 戄驚也 篠逢也僮也 𢊃廣也 擴張小使大也
榔廓也度也

塞窒也隔也充也滿也通-章-襄 𢝊實也音塞 寨同上 𡧜也 十二畫八
賊盜也傷害也 蠈食禾節蟲 鉽鼎也
式姓-用也度也制也法也樣也憑也敬也音試鏃 䆁解也消也散也放也去也
拭淸也拭-搶也靜也 栻格也局也 軾車前橫木 穡稼-惜也愛嗇也儉也
嗇同上 繬衣合也縫也 識知-見-常也 𧥢石鼓文識字 襫襏-雨衣也 嬙女官也音墻
色顏氣也縫也溫潤也 烒火貌 適之也偶也往也如也主也自得也從也善也音的樀狄也
飾粉拭也覆也修- 懎悲恨也 骰具貌擲-睹 嗇-吝-鄙-慳也 𠎤同上
懎恨也 𠟁制也 𠡠助也 螫蟲行毒也 赫發也怒也顯也赤貌音爍

檡債來也 熚爆也 拓拾也 摕同上 摭取也 㥶瞋怒貌
𩔖頪也 飭整備也謹貌音敕 𥙆裘也 𨧫𣏽也 𨗹同適
薔姓-水-蘼名 𤻄同上 蘵草名 𧨟同識 轖氣結也 濇不滑也音澀
嘀嚙也 𥟖古穡字 嫡女出從夫也 蟰虫名 𩒹赤貌盛也怒也 䞓同上音赫
廧小臣也音牆 赩赤貌也 瀷水貌也音弋 㱇小怖貌

十四緝 古通質 韻略通合葉洽
緝 繼續也績也熈光也舌聲 輯 睦也聚也和也斂也 湒 和也 葺 補丨修丨苦也
楫 聚也舟櫂也檝也 行舟具音接 檝 同上 戢 藏兵也安集也斂也 止也姓丨 礒 石聲
䁒 目動貌 咠 同葺 䚘 角多也 䏸 肥骨 出貌 濈 水出行 也和也 咠 譖言也
蕺 草名 㥏 心不正貌 ⿰日戢 眾聲 疾貌 ⿰吅耳 眾口貌 偮 人眾貌 嶯 山名
⿰彳咠 行貌 㨸 斂也 諿 和也 辨也 接 續也交也合也會也 音捷 集 就也成也雜也
⿰角戢 角堅貌 霵 雨下也 雨聲 ⿱雨戢 同上 ⿱集木 太白山名音捷 鼙 鼓無聲也 ⿰馬戢 馬行貌
馺 行也 揖 聚也 合也 挹 杼也酌也退也音邑 湒 水沸貌 音㗱

習 姓丨數飛也因也重也 霫 大雨也 㴽 水名 影也 隰 陂下㬎也 ⿰阝習 同上 槢 堅木也
濕 坎下溼也 湒 雨下也 湁湒也 鳛 鴔丨 鳥名 鏶 鍱也 鏶也 鍓 同上 ⿰山集 嶫丨 山貌
集 成也雜也聚也安也 合也音習 俗音習 雧 同上 潗 泉出貌 ⿱習戈 斂其不備也 襲 掩取也 重衣也
⿳亠集衣 同上 㑵 人聚也 ⿰舟習 丨艭 艄也 噂 忍寒聲 ⿰口集 噍貌 ⿱艹集 菩也
亼 三合也 箿 織竹器丨 ⿱艹習 丨菌 水草 ⿰虫習 虫貌 輯 車和也和也睦也斂也聚也音揖楫
⿰革習 車䡰 ⿰馬集 馬眾也 飁 颯丨大 風貌 雭 同霫 ⿰亻雔 古集字 謵 小語也
⿱艹⿰舟習 同⿰舟習 ⿰土集 泉出於上 槢 木也 械也
立 住也竦也成也建也存丨 堅也樹丨置也速意也 岦 丨岌 山貌 粒 米粒也 糂也 㕸 送舟聲 砬 石聲

雴 小雨也 ⿱大一 立本字 ⿰立鳥 小青鳥 鉝 食器 ⿰齒立 齧聲 ⿰立隶 從也
⿰土㬎 下入也 音蟄傑 湁 丨湒濤也
急 及也褊也疾也 窘也迫也 忣 ⿱及心 同上 伋 虛詐貌 ⿰急鳥 鳥名 鍤 鋤屬 吸 喘息也
扱 斂手引也音吸泣鍤 婆 給 供也備也相足也 芨 白丨烏 頭也 級 絲次第也 階丨等也
汲 姓丨引也太息貌劇也音及 彶 急行也 蛤 丨蚧音鴿 俗音急
跆 躐也音切夾
執 處也捕也持也 守也塞也 ⿰執瓜 同上 执 俗執字 縶 連也縷 也繫也 汁 液也啜丨 丨音叶 馽 絆馬足 也紲也
慹 服也怖也不動貌 鴔 鳥名 ⿴囗馬 羈紲 之意 ⿱竹執 竹名音 緝至 鈒 鐵器 鋁也

蟄 藏也靜也和集 音摺叱

澀 不滑也 澁 同上 澀 俗同上 濇 同上 音色 鰪 魚名 譅 言過多也

譅 同上 嗇 口不能言也 檑 木盛貌 翜 飛貌 儠 不及也 懾 悭也

趃 草聲 霅 小雨聲 翜 不滑也 吃也 諿 多言也 鈒 戟也 鋋也 啑 口聲

十 數之具也 拾 掇也斂也遂也收也取也同上 音簽涉 什 篇丨丨物食器類

阡 丨旅 縣名 扔 同上 湁 水貌 音習 䒳 草名 悒 不安貌 憂貌

邑 國也都丨丨人聚會之稱 卩 同上 挹 抒也酌也 浥 濕也潤也 音揖 悒

笣 捕魚竹器 泣 哭之細也無聲出涕 音立濇 揖 拱丨讓也進也遜也 音戢集 俋 勇壯貌

婭 美女也 裛 香熏衣也纏也 湆 幽濕也 韐 枘也 挹器 㿉 瘮病 同悒 凹 低下也 音坳

礏 磁丨石聲 肶 肉羹也 隰 欲乾也 隰也 殗 病也重也音淹 臁 乾也 㕣 低下也

瞸 目睛中枯也 溼 幽丨憂也 掩 打也 音揜

及 至也逮也連累也連彼也 捕人也 遳 同上 彐 同上 极 去也驢上負也 菰 冬瓜曰

鴔 鳥名 扱 户牡也 伋 虛詐貌 音急 汲 引也劇也音急 笈 負書箱也 幾 危也 幾也

苙 國也藺圈也草名 丨芃贅也 入 進也內也沒也納也得也 廿 二十并也

濕 幽溼也音沓蟄膈習濕 本濕字俗作乾丨 溼 幽丨憂也

十五合 古獨用

合 會也聚也口也配也同也集也 盒 盤覆也 器名 秴 種也 盍 何不也 覆也 嗑 嗑丨食也 卦名 闔 開也 閉也

閤 同上 盇 丨翁夫 婦交不 屖 姓丨 閉也 陜 隘也不廣也 雷 同上 狹 同上

峽 巫丨山 夾岸也 陿 同狹 篋 書箱也 匧 械藏之具 匣 箱也 篕 竹名

柙 檻也 圔 同上 狎 近也易也更也輕也 習也 佮 合取也 匌 周市也

篕 竹器 頜 姓丨 口也 䛊 靜也 韐 韎丨 大帶 䑪 船動貌 容 合也

鋏 劍屬 炠 不乾也 火貌 頡 車傾骨 迨 丨遝行 相及也 䀑 丨猴 羽也 虩 虎習搏也

磕 石聲 音盍器 䪞 車傾骨也頭骨貌 冏 會也 峆 丨嶍 山貌 敆 會也 合也

欱合也歠也 溘舩著沙也至也依也 殟同上 㲪ㄧ閉目睫長也 熆吹火也
玪玉ㄧ盛器音鴨 蓋同盍入聲 蠚ㄧ蝫蟲名 詥合言也諧也 峆兩山相合
趛走貌 輵車聲 醘酒器也 郃地名 魻魚名
鮯魚名鯉形鳥尾 齝食也 盇覆也 鞈ㄧ韘花相次比貌 樝同柙
瘟瘤息也 盧山旁穴藏也 篕竹名 膉欲睡貌 㕎快也志滿也音類
懕同上 㤳叶也 㭘鍬ㄧ也 榼酒器盛水器 䜴聖言也
蓋草也 閘閉門也音押 濌水名 㤿也 搕樂也取也擊也音盍
塔物墜聲也西域浮屠也佛堂也髮ㄧ音沓 𥕖同上 嗒解體貌音荅 溻濕也溼也

榻牀也布名 闒樓上戶也 鎉ㄧ鉤 𢡤意下也 㬰水名音濕 䈳ㄧ明也
𦧯大食也歠也 𦧲同上 搨冒也摹也 鑉物墮聲 鞳鐘ㄧ鼓聲 蹋踐也
𩍓兵器 褟衣也 搭摸冒也音答 遢䟓行貌 𦐇飛貌 塌地低下也音榻
傝ㄧ㒌不謹貌惡也不自安也 𡏽墮也 𧫫ㄧ譶多言也 𦪇大船 㗳口動貌
𨼲墊也 毾毾也毛席也 𣰆同上 䙕同上 爓爛也燼也 𨃨趹走貌
㺚同上 𦄃以索冒物 𩍪同鞜 𩤒駘ㄧ馬行不進 䓬菜生水中音踏 𦾕同上
𠿹狗食貌 鰨虛ㄧ鯢魚也 𩵽俗同上 𦒻鳥羽也 錔器物ㄧ頭也 𦨉舟名
狧貪欲意 鎑ㄧ鑪箭也 鰈比目魚也

雜糅也同也飾也集也碎也最也穿也廁也 襍同上 雥羣鳥也 𧽘疾走貌 䛫ㄧㄧ聲也
𢶍破聲也 𨶛閉也 𩁟石籠也 霅雨下也 𠆶不一也 𢿠起也
𧦝斷聲 卡關隘也守ㄧ 𦿶草名 磼ㄧ㠗山高貌 潗絕流貌
拉折也敗也摧也搚也 㩉同上 𢺕同上 摺同上 拹同上摺也 鱲魚名
𡌳屋聲 柆折木也 𤜮飛也 菈崩弛聲也 拾擸拹物也 䨂雨聲也
㘝齧骨聲也 磖ㄧ磼破物聲
踏踐ㄧ地著地也 沓姓ㄧ合也冒也貪也重也水沸溢也 遝雜ㄧ合ㄧ盛多貌 龖飛龍貌
涾沸溢貌龘龍行貌音龘 䢔行貌 嚃以口就食也 㯚榙也 𧋁蠚ㄧ虫名

䴜鳥ㄧ初飛起貌 𦑧飛也 𨗨東魯呼 㙮界土也 㒆ㄧ不謹事也 崉山重人貌
誻言相惡也 𧩈同上 榙ㄧ木也 𦧯大食也 𥊯目相及也 𦐇同踏
𣣯歙ㄧ聲也 䟮足趾重也 𨤲厚也 譶疾言貌 錔金有所冒也 𪂷鳥名
鞜皮履革ㄧ不穿 䮌駘ㄧ馬行疾貌 漯幽溼也水名音臘 𨉖同上 𥊯耳中動搖也
䵬ㄧ黑貌 䈳竹冒也 𪔎鼓聲 𩎖同上 㛥安貌 𣿅水名音疊
塔西域浮屠也界十也音榻 塌墮也
臘十二月爲ㄧ索也刃也祭百神也 臈同上 蠟蜜滓也黃ㄧ 拉折也敗也搚也 𦆽繒也
喇喝也 齥齧聲 㯿軸端也 擸同拉 爉火貌 鱲䱇魚

邋 丨遢行貌　鸃 丨鶵鳥飛起貌　磖 石墜也　獵 飛也　菈 丨遠崩弛聲　砬 丨磖傲貌

襴 同上　翋 丨䎀飛也　擸 折也　蠟 同蠟　[illegible] 石也　皶 丨皺皮瘦皃貌

𪑾 同上　纈 傲破也　繐 繪也

納 結丨 入也弭也輸丨送也徵也　内 同上 入聲　衲 丨衣紩也僧衣也　軜 驂内轡也

妠 娶也小兒肥貌　[illegible] 采也　䭆 餫丨食也　吶 丨喊言難也　靹 腰也

鈉 打鐵也　魶 魚似鱧　䋊 縷丹竹索也　[illegible] 丨[illegible]　[illegible] 縷丹竹索也

笝 同上　蒳 丨𦬊香草名

答 竹𥰡也當也報也合也厚重貌然也　畣 同上　畗 同上　搭 附也擊也抹也音榻

撘 同上　褡 衣敝也　[illegible] 重疊帛　踏 趿也　鞳 皮指　[illegible] 也大重言

㥩 心恐也　榙 果名　[illegible] 涇也　[illegible] 皮覓也　聕 大耳垂也　鎝 鉤也

[illegible] 荷覆水也　[illegible] 同上　劄 鉤也刺也　[illegible] 鉤也　荅 當也　[illegible] 瘦覓貌

[illegible] 同鍤

[illegible] 丨鍼刺也　㑿 丨懸怒觸入也　繬 縫也　[illegible] 斑身小蟲

[illegible] 丨以手指入日也　搕 取也擊也　罨 罔也　[illegible] 媌丨容也女字

趿 行疾貌　趿 取也　馺 馬行貌　[illegible] 行貌

遝 行貌

十六葉 古通用

葉 姓丨世也聚也　鍱 鋌也鍱也　瞸 目視也瞼也　擛 閼持也著也

獵 震也虛也取獸也　鬣 剛丨豕名　躐 踐也跋也踰越也持也　䈎 竹器　[illegible] 踐也

鱲 魚名　邋 遢也　[illegible] 谷名　[illegible] 鼓聲　[illegible] 多言也　[illegible] 風聲

鬛 同鬣　[illegible] 丨嬴行不正也　[illegible] 車髮飾屬塵也　犣 旄牛名　壏 土貌

帖 牀頭帷也服也定也券丨帛書署也　貼 依附也裨也　怗 服也靜也音沾　[illegible] 鼓無聲也寬也　[illegible] 同上

[illegible] 靜也音牒　鉆 著物也　[illegible] 同怗　呫 嘗也音㒒　[illegible] 餅屬音粘

聶 姓丨附耳小語也攝也　捻 按也念入聲　鑷 丨鐵丨取物也　囁 丨嚅欲言不敢言也　躡 足快也

懾 懼也心服也 欇 風動貌 隉 阢丨不安貌危也 苶 疲貌忘也 茶 同上
拲 手持也 涅 染皂物 敜 塞也抆也閉也 鈋 拔髮也箝也 埕 塞也下也
疌 同上 箑 竹也 籋 鉗也音捻 菍 草名 䮋 馬疾走也 痓 病也
𨗙 行貌 𩏂 弱貌 碒 石名 讘 多言也 笶 竹名丨篚 爡 火也
梎 杌丨不安也 諰 怒也詞也音毀 脭 腫也 腜 切也 膤 腥也熻也
聶 內動也 熀 火光盛貌 㬯 小煗也 爇 濕也爇也 抓 拈也 虮 蟲行貌
踂 聚合不解也
攝 兼丨管束也丨理統丨 揖 俗同上 懾 恐懼貌失氣也 涉 姓丨經也徒行厲水也 葉 世也聚也音葉[illegible]

爗 御名火盛也火光也 鉐 鍱丨也 擪 持也按也 揲 摺也音舌設辭 饁 餉也
曄 光也明也 熠 伏也恐也 㵪 同涉經 唼 多言也 灄 水名音聶 瞸 目動貌怒視也
爗 同上 𦆽 五絲爲丨 曅 草木白花也 韘 射決也玦也 讋 失氣也懼也 䙝 詘也
𧫱 疾言也 㙎 隘也陷也音居
挾 持也帶也掖也會也輔也藏也懷也護也音鋏 脅 責也斂也腋下也 脇 同上 劦 同力也
協 服也合也和也同也 旪 同上 叶 同上 怯 名畏也懦也懾也
賶 財也 擠 堤也 勰 心和也 䐉 丨肩竦體也 綊 經也緯也 洽 和也霑也
𢴮 束帶 恊 恐也怯也 拹 拉也摺也 𡒑 堤水也堤也 牊 犍也 渻 水流貌

熁 火迫也 嗋 合也吸也 俠 輔入也傍也 脇 腋下也 腋 腋下也 弽 弓強貌
颰 風調也 㾑 病劣音去
捷 尅也勝也成也飲也疾也獵也急也姓丨敏丨音妾 截 斷也 婕 丨妤婦官名 箑 扇名
巀 山岩也 緁 縫也 萐 草簾曰丨 寁 速也音咨 踕 足疾 諜 多言也
崨 丨嶫高貌 𢈚 人名 𦜩 接也 穙 朳丨把數 籤 竹箚也 睫 目旁毛也
𧻓 同上 攕 折也 𧞤 小衣 𨗴 疾走也 鼭 猿類丨䶃 蹵 邪出前也
嶪 山貌音業 翣 棺飾也扇也 接 合也近也交也持也受也承也續也速也音楫 𣸁 波急聲
啑 多言也 𣕟 接也 椄 續木也 菨 水草也 淁 水名 擮 同接

𦂁 續縷也 𦝫 髃也 楫 舟櫂也行舟具權也音戢
妾 姓丨妻丨接也國名音䓗 𥯤 竹器 竊 偷也取也私也 窃 同上 䳼 鳥名 鯜 魚名
褄 衣衿也 唼 譖言也 淁 水也音接 踥 往來貌 𪐝 絲壞也 緁 緶衣也
𦅻 緶衣也 劄 接續也 穕 土丨農具 插 揷也音鍤貶
乱 毒國名 㨷 束也縛也音結
頁 頭也
閤 門聲
乜 些少也
𧦄 鞭入聲 分契也

十七洽 古獨用

洽 和也合也霑也徧也音協　恰 鳥聲用心也　吸 引也呼｜息也　翕 起也合也聚也　岌 山高貌危也　圾 同上　⿰亻岌 人貌

佮 合也　闟 住立貌戟名鋋也　歙 縮鼻也歛氣也同翕音攝　汔 水涸也

潝 水流貌水疾聲　馺 馬行貌　⿰鼻及 鼻息也　⿰赤翕 赤貌　⿰言翕 疾言也　⿰目翕 目乾貌

⿰翕阝 地名　⿵門及 開也　⿰亻翕 斂也　⿰翕刂 割也　⿰女翕 莊嚴貌　⿰忄翕 心熱貌

⿰翕支 擊也　鈒 鋌也　⿰翕鳥 鳥名　熻 熱也　极 驢上負也　湆 羹汁也

㩉 戟也　⿰口習 寒聲　⿰𧾷及 行也　靸 小兒履也　⿰合斗 入也　姶 女巧也

字彙 卷五 貞集

岋 動貌　⿰月合 脅肩竦體也同脅　砉 皮骨相離聲　剳 陷也　葜 扶｜草也

⿸尸合 上服同帢　帢 帽也　掐 爪刺也　⿸疒合 用力疲也　礏 礏｜山高貌　魥 魚名

砐 ｜硪山高貌　鎝 鑊也

插 刺入也揷也刺內也音歃姿　鍤 治田器鍫也發也插也音㸐　笈 書箱也音跆及　⿱竹插 竹器俗字

臿 舂去麥皮也　⿰口臿 鍤也　⿰馬臿 馬驟貌　⿰犭臿 飛貌　⿺走臿 揚麥枚也　偛 ｜佩小人貌

⿺辶臿 行貌　⿰耳臿 博戲名　⿰臿刂 切物聲　⿰石臿 石貌　⿰飠臿 餌也　⿰齒臿 ｜齘齒動聲

⿰𧾷臿 足動貌　⿰言⿺走臿 刺｜　⿰忄条 雞｜譀人也　扱 收也獲也舉也取也引也音泣寃急　霅 ｜霎小雨

⿰女臿 疾言失次也　⿰言臿 譫言也

甲 長也狎也｜冑鎧也始也　胛 ｜闔也背｜肩｜　鉀 鎧也鐵剪　⿰衤甲 襦也　⿸厂甲 大也　狎 山脇也

夾 近也兼也搾也｜傍也把也音協狹　梜 木理亂　蛺 蝶也　莢 蓂｜瑞草　浹 徹也｜洽音洽

裌 衣無絮也　祫 同上　頰 腮｜面兩旁也　脥 同上　⿰魚甲 ｜鰈鱗次多貌　跲 ｜行行聲

郟 ｜鄏地名　迊 漢人名　鋏 劍也　⿰齒夾 缺也　合 升｜十勺爲｜　鴿 白｜鳥名

韐 韎｜大帶　⿱竹⿰革甲 竹笪也　岬 山旁也　⿰飠夾 餅也　餄 　⿰飠甲 同上　⿰革盍 鞍｜韉

⿰甲鬼 竊鬼　埉 水旁土　玾 玉名　筴 謀也籌也竹器　郃 和也　⿸广夾 癖也

⿸疒夾 足病　⿰言夾 妄語也多言也　唊 同上　⿰夾鳥 鳥名　愜 志滿也快也音篋　㥦 同上

鞈 防汗也　鉿 聲也　蛤 蚌｜魁｜蛙名　押 檢束也輔也音壓　跲 躓也音刼急

晗 眇也 俠 傍也 音協
押 按也署也 音甲 鴨 水名小鳥也滦江也 ⿰氵甲 撕下濕 ⿱穴甲 入脉刺穴也 鵖 同鴨
⿸疒甲 病劣也下室貌 庘 屋欲壞也 閘 開閉門也音頡 浥 水流下貌音邑 ⿰王合 開閉門也音洽 厭 臨也 入聲
壓 壞也笮也塞補也 ⿰谷甲 媚也
刼 奪去也─掠強取也剽掠 刦 同上 劫 強取也奪也勢脅也 ⿰去刂 同上
⿰目力 急視也 ⿰糸力 ─緤 縫也 ⿰禾及 草名 砝 硬也 衱 衣領也裾也 蜐 石─ 蟲名
鉣 組帶鐵也 鉫 同上 抾 持也 跲 代也 音夾 急
帀 周也徧也 迊 同上 匝 俗同上 眨 目動也 䀹 同上 瞌 眼─欲睡貌

咂 入口也 ⿰口乏 餮食 ⿺走匝 走貌 ⿺走合 同上 魳 魚名 鉔 香─也
歃 歃也盟也血塗口旁也 㰳 同上 呷 吸─吸而飲也 哈 同上 欱 同上 翕也合也 ⿰魚甲 ─鮮 魚名多
䛅 多言也 合─ 詥論─ 鼻息 ⿰鼻夾 同上
霎 小雨也 霅─ 雨聲 霅 同上 颯 風聲 唼 佞言也 啑 ─喋 鴨食也
翣 棺羽飾也 箑 扇也 音捷 ⿰豕疌 豕毋也 ⿱竹⿰豕疌 同上 ⿱⿰豕疌女 同箑 ⿰豕妾 獸名
⿰木疌 木理起貌 卅 三十也 毾 ─眼 睫長貌 ⿺走臿 行疾也 靸 履也 ⿰亻臿 不謹貌 傝─
⿰目臿 目也 醃 醜也 食也 㙝 墮聲
⿰目夾 濕相也 音拾 硤 ─石 州名 祫 合祭曰祫 峽 巫峽 山名

八十二

茶山文史論稿

后 记

本书名曰《茶山文史论稿》，顾名思义，它就是一堆杂七杂八、“大杂烩”一样的文稿，全部都是“卑之无甚高论”，绝对不是一言九鼎、一字不易、字字珠玑、句句精妙、高深莫测、石破天惊、震耳发聩的定论。但是，本书还是有我的一片苦心在焉。

《“茶园”“茶山”地名初考》是在2019年年底写的，其时我忙着编写《茶山乡贤》等事，忙得不可开交。一天，单位安排我审阅茶山某学校编写的校本教材书稿。我赫然发现书稿中关于茶山的来源，采用的居然是在坊间甚嚣尘上的“‘茶山’原名‘查山’”说。我觉得此事必须严肃对待，有必要正本清源，不能放任“谬论”流毒学生，造成极坏影响。于是，我真的是在百忙之中专门腾出一个多月时间撰写了《“茶园”“茶山”地名初考》。2022年，我以这篇拙文参加广东省人民政府地方志办公室举办的2022年广东省地方志理论研讨活动，侥幸获得优秀论文二等奖，但这只是额外的收获而已，完全不是我的根本目的。

《“茶园”“茶山”地名初考》将收录于活动论文集中正式出版，也将在《广东史志》上发表。编辑本书时，我在明成化《广州志》卷二十五发现重要史料：“雁塔寺。在县东茶园村，刘汉时（917—971年）觉□和尚创□，立石塔于寺，取昔比丘葬雁立塔之事，因名。”据此，我对拙文作了重要修改。我觉得，有了新材料而修改自己的文稿，是最正常不过的事。学术大师如王力，晚年还会修正自己早年的观点呢。

《19世纪东莞方言音系——基于〈字彙较正〉〈东莞方言〉〈粤语东莞方言〉的研究》是在2016年、2017年花了七八个月时间写成的，2018年在暨南大学汉语方言研究中心主办的《南方语言学》（第13辑）上发表。拙稿原文有3万多字。发表时，主编甘于恩教授问我是否分两期发表。我不敢太过浪费珍贵的版面，便将拙稿删减至约1.5万字，在一期内发表。拙稿在本书中全文收录，最重要的是补回了原来删掉的《〈字彙较正〉音节表》——此表在拙稿中花费我最多的时间，代表了我对《字彙较正》的全部观点。

《19世纪东莞方言音系》发表后，杨宝霖老师赐函勉励我说：“是书若有灵，当谢君也。”“是书”指的是《字彙较正》，它是东莞“字汇”类文献的唯一刻本。为了让更多的人研究、利用这部重要文献，我借来原版古籍扫描，附录于本书之后影印出版。

茶山先贤刘文亮序《莞沙续集》云：“检收文稿，胜于检收白骨。”然则，在《字彙较正》编著者吴锡荣面前，我岂敢居功？又，茶山先贤袁应淦序《莞沙续集》云：“藉以附名于青云之末。”岂不正是附录于本书之后的《字彙较正》，让本书并非可有可无，而是有了流传于世的价值？本书岂不正是附名于《字彙较正》之末？

本书除了收录《“茶园”“茶山”地名初考》《19世纪东莞方言音系》这两篇比较重要的拙稿外，还收录了一些在2018年《茶山历代碑刻》出版后新发现的、与茶山相关的碑刻，其中最重要的是何真为其母亲所立的“故妣夫人叶氏墓”碑，已有800多年历史的“宋故卫公墓”碑，以及卢挺之母墓的四通碑刻等。此外，本书收录的拙稿似乎都算是可有可无。

当然，这些拙稿也并非真的可有可无。从文史资料的角度去看，每篇都有其一定的价值所在。例如，我自己也明白《〈茶山历代碑刻〉中与农业相关的明代碑刻》（共三篇）写得不是很好，甚至可能有很多错误、瑕疵。但是，正是这三篇拙稿起到了“抛砖”的作用，让东莞之外的学者知道了《茶山历代碑刻》这本书，进而关注茶山碑刻的历史文化价值。从这个角度去看，这三篇拙稿并不是毫无价值。

总的来说，《茶山文史论稿》就是一堆粗糙的、未经烧制的“泥砖”，甚至不能看作是精致的、有较高技术含量的“水磨青砖”。我怀抱为传承茶山优秀传统文化事业“添砖加瓦”的道心，在茶山这片土地上费尽苦心造出了这堆“泥砖”。我极盼望我造出来的这堆“泥砖”，能为茶山文史研究引来更多的“美玉”。

不过，以我近五十年的人生经历，我知道：同一件事，不同的人会有不同的看法。茶山先贤邓淳《病中检〈宝安诗正〉书中错误之字》诗云：“问心是我犹非我，横议谗人即吉人。”邓淳自注：“时有讥余辑诗为好事。”饱读诗书如邓淳，编辑煌煌巨著《宝安诗正》尚且被旁人讥讽，而我费尽苦心造出《茶山文史论稿》这堆“泥砖”，何敢奢望例外？但是，我还是愿意以邓淳为榜样。

是为记。

陈贺周

2023年8月26日